U0071673

# 七優曇華

## 明末清初的女性禪師

**Senen Udumbara :**
Female Zen Masters
In The Ming-qing
Transitional Period

蘇美文 著

謹以此書

獻給我的母親

蔡錦治女士

以及

法界一切女性

## 序

# 拈華微笑的女佛陀

洪啟嵩

這是一本令人欣喜的書。蘇美文博士這本書的出版，成了我心中最深層的喜樂與敬悅。這本書也讓我在女覺性議題上多年來的努力，有了美麗而燦爛的成果。

2008 年，我在廣州南華寺主持禪七，此處是六祖惠能大師的道場，也是中華禪宗的發源地。在奇特的因緣下，走進了中國第一位女禪師無盡藏比丘尼的道場：「無盡庵」。

無盡藏比丘尼是惠能大師的女弟子，在遇到六祖前就已出家，並讀解《大涅槃經》多年。《六祖壇經》如是記載：

> 師自黃梅得法，回至韶州曹侯村，人無知者。有儒士劉志略，禮遇甚厚。志略有姑為尼，名無盡藏，常誦大涅槃經。師暫聽即知妙義，遂為解說。尼乃執卷問字。
> 師曰：「字即不識，義即請問」。
> 尼曰：「字尚不識，曷能會義？」
> 師曰：「諸佛妙理，非關文字」。
> 尼驚異之，遍告里中耆德云：「此是有道之士，宜請供養」。

無盡藏尼深知六祖為悟道之人，而號召曹溪當地村民重建寶林寺（今南華寺），並請惠能住持說法。由於這段因緣，自唐代以來，無盡庵皆與南華寺並存，而無盡庵則作為女性修行道場。

我在南華寺主禪的第六天，解七的前一天，帶領禪眾經行至無盡庵。庵中平時極少信眾至此，住持尼師看一行人靜默而來，問道：「你們是來見祖師的嗎？」遂而歡喜開三門迎接。殿中原供有尼師的不壞肉身，卻在文革時期慘遭破壞，目前只有其真身塑像。大眾在殿中安身禪坐，與女禪祖師共於堂中參禪相會。此時，我向大眾宣示了女禪者時代的來臨。



在人間以男性為主體的社會結構中，禪宗可說是最尊重女性的。但即便如此，仍然無法讓偉大的女禪師得到應有的地位，令人深感遺憾。這也是為什麼我在 1998 年，寫下《女人禪》，從經籍中的隻字片語，仔細採集女禪師的史料，以現代語彙，讓唐代到清代四十位女性智慧覺者的風姿，重現於 21 世紀。

令我感到欣喜的是，此書成了作者投身女覺性之旅的指標，祝福與鼓舞的力量。

多年來她對我女性覺悟議題的訪談，記錄了一場又一場現代「女化」運動思想的啟蒙。其自述：「多年多次的直言扣問，成了一場場女化對談，長養了力量，開闊了心量，也醞釀來一場女化運動。於是老師率先給出《女人禪》二冊，獨步奇峰，為在歷史暗夜的女性禪師身影，點上了火炬，示以直然行動之無礙，示以有為者亦若是之祝福。」

女性的成就者，在佛教中自有不斷相續的傳承事實，而女性的修行條件，雖然與男性的修行者，有著各自的優點，但是在實相中本無差別。可惜的是，在世間的因緣外相中，卻遭到疏忽與壓抑，而使其本然的光輝與力量，不能如實的彰顯。

早從達摩祖師以來，其傳法弟子中，就有一位總持比丘尼，被達摩稱許為得到他的肉。而這女人禪的傳統，雖然自古以來，在男性中心的社會中，不能成為顯著的大流，但是傳承是沒有斷絕的。

在《華嚴經》〈十地品〉中說：「此諸法法性，若佛出世，若不出世，常住不異」，即使是佛陀的出現與否，對實相都無影響，更何況是男性、女性呢？

性別的議題屬於世間生滅的因緣，在緣起相中，人類有男性、女性的狀態，但許多的眾生，更以「無性」，或「不確定性」，來影響其存有及延續。

女禪師的議題，是因為男禪師的議題而來的，如果沒有對男禪師的執著，女禪師的議題就不需要出現。所以有女性議題的出現，是因為男性太執著或對男性的太執著，這是很清楚的。佛法的核心第一義諦是：「成佛是超越性別的」、「非男女相」，如果主張男性才能成佛，那不就跟佛法核心相牴觸了嗎？原本這個議題是不用談的，一個是世界悉檀：「說男說女」，一個是第一義悉檀：「非男女相」，當然要談的是第一義悉檀。但是面對世間緣起，為了破除世間對世界悉檀的執著，所以又回來講另一個世界悉檀。才能東壁打倒西壁，呈現第一義諦。所以，不講女禪師，就無以彰顯「非男女相」，就無法突顯第一義悉檀。

佛陀在處理女性的議題時，是十分溫柔的。他安住於實相之中，體悟這是文化的我執，而文化是不斷生滅的過程。在經典中，有的觀念在現代的緣起看來是必須轉化的，例如，將妻子、兒女視為可布施之物。在《生經》中說：「衣食珍寶，國土妻子，是為外施。支體骨肉，頭目髓腦，是為內施。」在佛陀身處的時代，或許認為這是天經地義的偉大佈施，但在現代，這恐怕是違法了！佛陀在隨順世間因緣的同時，也隨時幫助一切生命調整方向，趣向中道。這也是為何經典中女性修行、成佛的議題，不斷地被提出的原因。

在實相的世界中，一切都是不生不滅，體性無礙的。在現實的世間因緣，不管是女是男，乃至於一切性別與生命，都能展現平等的實相與究竟的修行實證。

在這個時代，無論是印度、西藏乃至中國，女性的成就議題，必將成為未來實證及佛法界的核心。從女禪師到女佛陀，最終是走向男女對消、超越男女相的實相之途。女禪師的出現，是一種深層的願景與行動。期望在所有的法界宇宙，不只是在法界萬相本然圓滿，而且無論是性別、種族與生命，也能在種種的因緣萬象展現下，現前平等。





本書是世界上第一本深入研究女禪師修行與教化的學術專題論述。作者用心考據明末清初七位女禪師的史料，其修證法要與弘法的風貌，透過作者深刻的文學底蘊與修證觀點，使七位女禪師的絕世智慧與風姿，脫去歷史的塵燼，宛如佛經中數千年一現的優曇華，在 21 世紀重現芳華，開悟眾生覺性。

期待本書讓一切女性的智慧，能綻放在 21 世紀，讓人間過去那麼多個陽剛世紀當中，對人間所造成的耗損，能夠在溫和、敦厚、美麗的女覺性智慧中，得到甦息。女性不需要脫離女的自性，而去運用或移植男性中心的模態展現，在逐漸走向的女覺性世紀當中，女覺性的智慧必然如實地昇華人間。祈願每一個女性的自覺者，能發覺自身即是禪心智慧，自在展現自身真、善、美、聖的風姿，成為真正的觀自在者。

女禪師們，正從歷史舞台上現身，在燦爛的春陽中，微笑著帶引我們走向地球的新黃金世紀！

祇園禪師像

一揆禪師像

# 目錄

## 參、修悟行傳





## 肆、傳承與弘法網絡（上）



## 伍、傳承與弘法網絡（下）

## 陸、禪教化與性別智（上）



## 柒、禪教化與性別智（下）

## 捌、名言與寫真







## 玖、比較與定位

# 圖表目錄



## ■表

## ■圖

# 摘要



禪宗以盪相遣執、纖毫不立為教化風格，性別執取亦是遣盪之列，也因此禪宗女性的風采與智慧，特別耀眼，甚至還留下許多折服男性的故事。但與所有文獻資料一樣，女性的身影特別模糊，女禪者們總如煙火燦耀，瞬然消失。幸而，明末藏經《嘉興藏》內，收錄了七部女性禪師語錄，總算讓她們留下較多的訊息，尤其是上堂開法作為一位女禪師的內容。因此，本論文想藉由這些語錄內容，來塑寫論述明末清初的這七位女性禪師，建立「女禪」的面向與典範，期望為佛教女性史、明清佛教史、明清女性史、禪宗史提出一個有意義的內涵與方向。

這七位女性禪師名號分別是：祇園行剛、義公超珂、一揆超琛、季總行徹、寶持玄總、祖符玄符、子雍成如。她們的語錄是本論文的核心文獻，由此再廣蒐相關的燈傳、僧傳、地方志、佛典、語錄等資料來配合論述。

研究方法與內容是從女性、性別視角出發，亦從佛法「大道無男女，女男顯大道」的基本觀點下，考證並建構她們的修悟行傳，再論述她們的傳承與弘法網絡、禪教化與性別智、名言、寫真與比較等。還特別提出「全女禪」、「女禪三輪」的研究架構，企圖顯現她們無關性別的「禪教化」與關乎性別的「性別智教化」，並因此有效地論析出她們的十一種「性別智」之取徑與典範，亦即女禪的特質，以彰顯她們身為女性，貼近女性，引導女性，見證女性悟道等，不同於男性禪師的應機教化。這些性別智亦形成一套完整的有機體，各各面向具足，有破有立，有典範的呈現：圓滿典範女佛陀、菩薩典範、女禪祖師典範；有禪法的語言文字：女禪書寫、女性詞彙與悟道；有教化的展現：女禪機鋒、折服男性、超男越女，亦有自身為證、無聲而化，顯現出女禪性別智的豐富內涵。

同時還從佛教女性、禪宗女性以及連結到她們置身的時代上參看，包括佛教女性的處境、歷年來的禪宗女性，以及是怎樣的時代讓這些女性禪師浮現？而這些女性禪師又走出她們怎樣的風範？明末清初是個改朝換代的時代，是臨濟復興與僧諍紛擾的時代，這是個對女性、比丘尼有鬆解開放，有緊縮制約，有蘊育，有壓抑，有鼓勵，亦有譏嫌的時代；她們在這當中修悟、弘法，勇敢履踐出一條大路，還帶出一段女性禪師的繁盛風潮。

所以藉由這些探討與發掘，已經開出明清女性、佛教女性一個嶄新的面向，也提供出具體的女性禪師行傳、禪法與特質，讓禪宗在女性議題上的特色更為清晰，讓明清女性議題有重要的開展。

佛經記載：佛陀出世應時應機，希有難得，如優曇華開現。女性禪師之出現，亦象徵女佛陀出世，相應於七位女性禪師，七優曇華亦當全現。故本書以「七優曇華」為名，彰顯此義。

# 壹 緒論

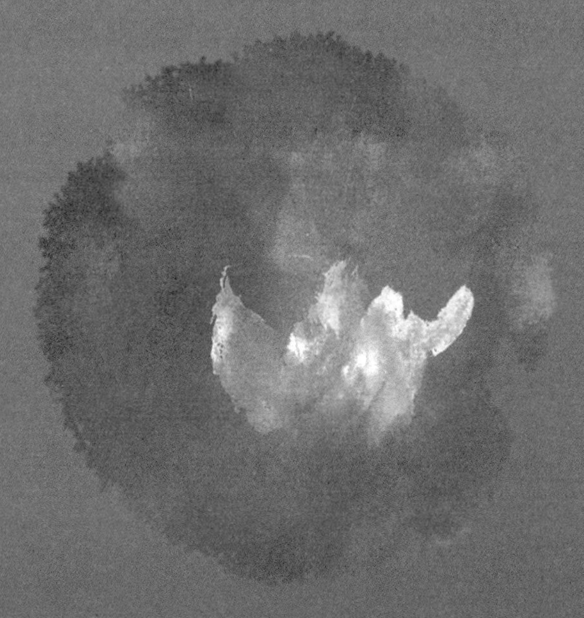

# 一、研究目的與文獻探討*

明末開刻到清初才完成的明版大藏經：《嘉興藏》收有七部女性禪師語錄，這是目前所見漢文大藏經僅見的女性禪師語錄，在大量的男性禪師語錄裏，她們蒙著厚塵，沒被注目，卻曖曖含光。

這七位女性禪師分別是祇園行剛（1597-1654）、義公超珂（1615-1661）、一揆超琛（1625-1679）、季總行徹（1606-？）、寶持玄總（？-1661 前歿）、祖揆玄符（？-1670 仍在）、子雍成如（1648-1699 仍在）。她們皆活動於明末清初，所以她們的語錄不僅是明末清初佛教的重要史料，更為佛教、禪宗、女性留下珍貴的宗教資料，藉由這些語錄文本可以很具體地探索女性禪師的修行、開悟、弘法、禪風，甚至女性修行教團在當時的運作情形，使一向資料間接、乏少、煙滅不顯的女性修行史，得以有較全面完整的觀察根據。



佛教女性的文獻資料並非沒有，只是較少，更在不受重視的因素下，若是存在，可能未受書寫，有幸被書寫，可能未能留存，既有留存，卻多只存在隻字片語、斷簡殘篇，不容易被關注，以致於被書寫者多灰飛，被留存者多塵封。所以重要性云云，實則與關注性有關，能受關注，習於此者便多，有所成者亦多，所存者也就多，所存者多，自然會受關注，數量與質量，兩兩相乘，重要性就於焉產生了。然而女性於此，正好相反，兩兩相減，漸次灰暗無聲。不僅是佛教女性文獻如是，其他宗教女性，甚至所有女性之文獻資料都有這樣的處境。

而女性或宗教女性、佛教女性之所以未受書寫、關注，自然與整個社會文化之公領域表現以男性為主有關。直到近代女權運動的興起，女男平等成為人權的基本精神，便開始注意到各層面的女性處境與待遇，而宗教女性的問題亦在其中，甚至因為某些宗教教義，讓宗性女性所遇到的困境更迴別於一般女性。然而即使從宗教女性來看，各宗教女性的處境又不盡然相同，但佛教女性的問題應該是這當中較沒有那麼大衝突矛盾的，雖然有一些為了隨順現實運作而產生的折射扭曲，但一旦大乘

* 本書寫作曾獲國科會 98 年度學術性專書寫作計畫之補助，NSC 98-2410-H-157-001，98/08/01 ～ 100/07/31。並經編審會議匿名審查通過出版。

佛教經典裏的女性以及禪宗女性出現，便讓這個問題從根本處、究竟處得到解決。來到漢傳佛教，禪宗有著「教外別傳」之顛覆風格，掃蕩一切虛妄，更包括男女相之虛妄執取，所以在禪宗教法下，女性的出現，便是對男修行者的一大顛覆與考驗，讓他們對性別有更徹底的反省，也因此無形中給予女性較大、平等的空間，甚至因而造就出一些機鋒不讓、形象鮮活的禪宗女性，例如禪婆、女禪師，所以禪宗女性在佛教女性中算是最精彩，最靈活自在、機鋒不讓的一群，而女性禪師語錄的浮現，不僅是佛教女性文獻的浮現而已，更是對佛教女性議題，極具典範價值與意義的。

雖然禪宗有這樣的特質，但整個大環境未變，比起男性禪師，她們浮現出來的人數還是不夠多，留存的文獻更是稀少簡略，自唐代達摩座下的妙總開始，從清初燈傳之集大成《五燈全書》裏可採集到的女性禪師有五十位左右，再旁其三十位左右之禪婆（優婆夷），連帶民國釋震華《續比丘尼傳》多著錄者十餘人等等，看來似乎也不少了，但比起燈錄裏成牘累篇的男性禪師傳記，真是九牛一毛，而且男性禪師除了燈傳所載外，多有語錄留存傳世，這些女性禪師或禪婆多只在燈傳短短地留下隻字片語，或只是附著在男性禪師的傳記裏，直到明末清初祇園等七位女性禪師的語錄出版行世，並被《嘉興藏》收納，我們才得以見到比較完整的女性禪師修證、弘法的資料文獻。

由於語錄所載常有序文、上堂、法語、小參、詩偈、行狀、塔銘、跋等內容，包括個人傳記、禪法教化、時人觀點、弟子信眾、弘化道場等等，有禪師自己、弟子信眾、時人居士的參入，更有女性禪師的肖像寫真，所以幾乎是一本以法為中心的全傳記了，其豐富度比起燈傳之單調記載，不啻有天壤之別，由此切入探索女性禪師之種種，正是確當其所，亦足以作為當時女性禪師之表徵，可彌補禪宗女性文獻之不足，讓禪宗女性形象更見清晰，更可為禪宗歷史、佛教女性添上有意義之一頁。

連帶地，由此擴及到其所處的時代：明末清初，也發現不只這七位女性禪師，而是有一群女性禪師的出現，有些亦有出版語錄，可惜未見留存，換言之，當時有女性禪師之繁盛現象，更正確地說，有許多女性禪師接受禪門傳承、弘法度眾，而且被書寫下來。明清的禪宗被視為中國禪宗的衰微期，禪宗盛況不再，漸為淨土法門所取代，但臨於明末清初，卻有密雲禪師之臨濟復興，然這個復興只是迴光返照，迅即隱沒無力，不過，因為這段迴光，卻照亮出前所未有的女性禪師身影，這不僅是禪門與女性的問題而已，已經涉及禪宗史，以及其與時代文化的互動狀況，因此使得這個議題，擴及到時代文化層面，更具有探索討論的價值。

從中再進一步探問，既然當時有一群女性禪師的出現，何以選擇這七位女性禪師及其語錄？只因為只有這些語錄留存？這是否被文獻限制？這當然是被文獻所限，尤其是女性文獻缺乏的環境之下，況且學術研究本是根據文獻證據說話，基本上都受文獻所限，只是如何從有限的文獻中發掘有意義的內涵，才是重點。就如前面所言，這七部語錄，是目前僅見的女性禪師語錄，就這點來說，其重要性不言可喻，所以與其說是文獻所限，無寧說是在極其有限、困難的文獻環境下，藉此發掘難得的女性禪師狀況，因為除此之外，我們無由得見她們具體的身影，而她們的身影與教化，在禪宗女性史、佛教女性史、宗教女性史，甚至中國女性史，都極其重要。

在同一時代，亦有其他的女性禪師出版了語錄，卻未能留存，這當中有幸與不幸等各種因素，而其中的關鍵在《嘉興藏》，因為被這部藏經收入，七位女性禪師語錄才得以保存，相反的，其他人的語錄也因沒有被收入，無緣與後人相見。我們無法探問為何她們沒有被收入，但卻可以探索這七位女性禪師語錄為何會被納入《嘉興藏》。

所以本論文將以這七位女性禪師為中心，以其語錄為文本基礎，分別從禪宗／女性／語錄出發，以禪宗為中心，其與女性、禪法、時代文化之互動；以女性禪師為中心，其與佛教、禪宗、男女性別、禪法教化、信眾道場、寫真形象、時代文化的關係；以語錄為中心，其與禪宗語錄出版、藏經出版、時代女性出版的互動；以女性為中心，觀察禪宗與淨土教法下的女性形象。並由此提出幾個問題：由這些女性禪師語錄呈現怎樣的女性禪師之參學、修證、教化、形象？她們的禪法如何？她們對性別問題的看法？她們對男女信眾的教化有何特別之處？為何她們的語錄能在明末清初出版，甚至入藏？語錄出版背後呈現的書寫意識為何？相對於其他宗派，禪宗女性的特質為何等等。

由這些問題的提出、探究與解決，不僅可以看到禪教平等法義的具體實踐，更應該可以比較完整、真實地看到禪宗女性的典範人物，以及可以給予佛教女性議題一些典範性的詮釋。

## 二、研究現況

禪宗遣破性別的教化，非常有特色，連帶地禪宗女性比之於其他宗派女性更來得精彩，可惜學界關注的不多；而關乎有語錄留存的這七位女性禪師之研究，在筆者寫作相關議題時，學界並無相關具體研究，是以，也未有以這七位為整體議題來討論的論文。筆者以此作為博士論文主題，寫作期間也將先行探索的祇園禪師之成果陸續發表，例如〈女性禪師的道影：從「寫真與名言」探析祇園禪師之形象〉、[1]〈亂象中有新生：論明末清初比丘尼之形象與處境〉、[2]〈明末清初女性禪師語錄的出版與入藏——兼論《嘉興藏》的入藏問題〉、[3]〈伏獅女禪：祇園禪師之參悟與弘法〉等，[4]這樣的發掘與探索，有幸得到一些關注與迴響，讓禪宗女性漸次得到正視與理解，所以就在筆者完成論文口試同時，美國佛教女性學者 Beata Grant 出版了這七位女性禪師的研究專著 Eminent Nuns:Women Chan Masters of Seventeenth-century China，中文可譯為：《卓越的比丘尼：17 世紀中國的女性禪師》，[5]該書就引用筆者之前發表的相關論文；其對這些女性禪師的研究，長於明末清初、禪宗復興等時代背景的性別議題分析，對於禪師最核心的禪法部分，較為簡單。之



1 蘇美文〈女性禪師的道影：從「寫真與名言」探析祇園禪師之形象〉，《佛學研究中心學報》第 10 期（2005 年 7 月），頁 235-286。

2 蘇美文〈亂象中有新生：論明末清初比丘尼之形象與處境〉，《中華技術學院學報》第 27 期（2003 年 5 月），頁 227-243。

3 蘇美文〈明末清初女性禪師語錄的出版與入藏——兼論《嘉興藏》的入藏問題〉，《臺灣宗教研究》第 4 卷第 1 期（2004 年 12 月），頁 113-174。

4 蘇美文〈伏獅女禪：祇園禪師之參悟與弘法〉，《能仁學報》第 10 期（2004 年 12 月），頁 101-130。

5 Beata Grant *Eminent Nuns: Women Chan Masters of Seventeenth-Century China* Honolulu: University of Hawaii Press (2009)

後，大陸亦有一、二篇單篇論文出現，但也只是泛論而已。

在此之前，對於這幾位女禪師都只在介紹總論中國比丘尼、編集傳記時，談及祇園等人的存在，例如：釋恆清《菩提道上的善女人》，第三章第四節〈禪宗的傑出善女人〉曾提及祇園，但只是描述性的舉例說明。[6] 楊孝容《中國歷史上的比丘尼》〈主修禪宗的比丘尼〉只提及祇園、季總、祖揆三人有語錄行世，只是簡單介紹。[7] 即使如蔡鴻生《尼姑譚》之〈尼姑參禪〉也未見這七位女性禪師之身影。[8] 至於其他傳記式的著作，如李哲良《中國女尼》亦是闕如。[9] 台灣釋惟明法師編《禪林珠璣 比丘尼篇》，[10] 本書蒐集女性禪師之傳記、言行、詩偈，但並不全面，內容也只是節錄，祇園等人都有在其中，並附有男性禪師對女性參禪的看法，基本上的資料的蒐集，作為弘法教化之用的書。還有洪啟嵩《女人禪》1、2，此書運用白話文為這些女禪師、禪婆作傳，並展現她們的禪法智慧，內容生動活潑、禪機處處，[11] 是有關女禪師禪法的現代重要著作，或因禪宗史觀之故，以唐宋為主，最後只收錄至祇園為止，祇園之後的六位，及明末清初的女性禪師群未編集在內。

在這些簡介式的著作中，大多只談及祇園或季總，其他幾位幾乎沒有觸及，更不知她們亦有語錄編入《嘉興藏》。不僅現代人如此，即使是清中期之後所編之女性文集，收入不少比丘尼的某詩某作，卻未現祇園、季總之外的五位女性禪師之詩作，她們語錄所收之詩偈頗多，卻未見錄之。民初徐世昌編《晚晴簃詩匯》特別收集了一卷比丘尼詩謁，也只收入祇園一人。因為祇園、季總之詩偈曾被朱彝尊《靜志居詩話》所收，文人、總集編者於是以此為據流傳，所以她們二人曝光量較大，其他如義公、一揆、寶持、祖揆等女性禪師卻鮮少現之，由此可見，文人、學術界對佛教藏經文獻甚不熟悉，對藏經語錄之文獻資料，沒有發




6 釋恆清《菩提道上的善女人》（臺北：東大書局，2005 年）。

7 楊孝容《中國歷史上的比丘尼》，《中國佛教學術論典》碩博士學位論文，冊 45（高雄：佛光山文教基金會印行，2001 年），頁 421-422。

8 蔡鴻生《尼姑譚》（廣州：中山大學，1996 年）。

9 李哲良《中國女尼》（成都：四川人民，1997 年）。

10 釋惟明《禪林珠璣 比丘尼篇》（臺南：和裕書局，1994 年）。

11 洪啟嵩《女人禪》1、2（臺北：全佛，1998 年）。

掘之能力，既對這些女性禪師文獻所知尚且不足，對明末清初女性禪師繁盛現象自然未能了知，也自然未能由此深入探討她們的禪法。

由於本論文之議題關乎禪宗女性、比丘尼、明末清初比丘尼、佛教女性，故轉而觀察這些方面的研究現況，以為外圍狀況之了解。關乎禪宗女性的議題，有釋恆清〈禪宗女性觀〉Chinese Bhiksunis in the Ch'an Tradition 一文，[12] 首先標舉出禪宗對女性是最尊重友善的，文中並舉出許多女禪師機鋒不讓的例子。黃敬家〈智慧的女性形象——禪門燈錄中禪婆與禪師的對話〉，是針對禪門女居士：禪婆的形象來討論。[13] 另外 Miriam L. Levering 從西方與佛教的聖人特徵，再加上性別因素，來觀察中國宋代女性禪師妙總（東方女性聖人），採用跨文化比較研究。[14]

至於佛教女性或比丘尼的研究，是關乎佛教女性之議題，由於女權意識之興起，再加上西方許多女性接觸佛法甚至出家，引動這方面的熱烈討論，呈現非常蓬勃的發展，李貞德〈最近中國宗教史研究中的女性問題〉、[15] 陳美華〈解讀「比丘尼」在西方人眼中的隱含〉、[16] 李玉珍〈佛教的女性，女性的佛教——比較近二十年來中英文的佛教婦女研究〉及〈比丘尼研究——佛教與性別研究的交涉〉與〈佛學之女性研究——近二十年英文著作簡介〉[17] 等文皆有介紹討論，所謂近二十年指的是西元 1980-2001 年。許多西方學者甚至是比丘尼投入相關的議題討論，諸

12 釋恆清〈禪宗女性觀〉，《臺大哲學論評》第 15 期，（1992 年 1 月），頁 181-207。

13 黃敬家〈智慧的女性形象——禪門燈錄中禪婆與禪師的對話〉，《佛學研究中心學報》第九期（臺北：臺大佛學研究中心，2004 年），頁 129-154。

14 Miriam Levering, *"Women Ch'an Masters: The Teacher Misao-tsung as Saint."* In *Women Sants in World Religions,* edited by Arvind Sharma, pp. 180-204. Albany: State University of New York Press (2000)。

15 李貞德〈最近中國宗教史研究中的女性問題〉，《近代中國婦女史研究》第 2 期（臺北：中央研究院近代史研究所，1994 年 6 月），頁 251-269。

16 陳美華〈解讀「比丘尼」在西方人眼中的隱含〉，《中華佛學學報》第 11 期（臺北：中華佛學研究所，1998 年）頁 311-326。

17 李玉珍〈佛教的女性，女性的佛教——比較近二十年來中英文的佛教婦女研究〉（《印順導師思想之理論與實踐：人間佛教與當代對話——第三屆祝壽研討會論文集》，2002 年 4 月）、〈比丘尼研究——佛教與性別研究的交涉〉（《法光雜誌》第 148 期、2002 年 1 月第二版）、〈佛學之女性研究——近二十年英文著作簡介〉（《新史學》第七卷第四期，1996 年 12 月）。

如 Rita M. Gross《父系制度後之佛教》、[18] Diana Y. Paul《佛教的女性》[19] 等等，李玉珍視此為新興學術領域，介紹其重要議題有：「轉女身成佛——佛教經典中的女性形象」、「法脈傳承——女性的僧伽制度」、「歷史典範——女性的宗教生活」、「佛教之女性主義——女性之覺醒」等。例如金佩瑋《重構女身成佛的話語場景》、[20] 郭忠生〈女身受記〉[21] 等等，又，2007 年 12 月玄奘大學等單位舉辦的「宗教文與性別倫理」國際學術會議，[22] 亦非常熱烈討論佛教性別問題，包括佛教性別平等運動、佛教性別倫理研究二大單元，顯然這個議題已為中外學界所注目，當時如此，如今亦正在發展之中。





這些佛教女性、比丘尼研究，有以古代比丘尼為對象，亦有以現代比丘尼，諸如台灣、東南亞、西藏比丘尼為對象者，其中台灣比丘尼之表現更為學術界所樂於探究。在中國方面，例如李玉珍《唐代比丘尼》、[23] 許智銀〈論北魏女性出家為尼現象〉、[24] 還有 Ding-Hwa Hsieh（謝定華）"Images of Women in Ch'an Buddhist Literature of the Sung Period"[25] 有宋代佛教禪文學裏的女性形象、"Buddhist Nuns in Sung China（960-1279）"[26] 是關於宋代比丘尼的研究。黃敏枝〈宋代婦女的另一側面——關于宋代的比丘尼〉[27] 等等。

---

18 Gross,Rita "Buddhism after Patriarchy: *A Feminist History, Analysis,and Reconstruction of Buddhism*" New York: State University of new York (1993)

19 Diana Y. Paul *"Women in Buddhism: Images of the Feminine in the Mahâyâna Tradition"* Berkeley, Los Angeles, London: University of California Press (1985)

20 金佩瑋〈重構女身成佛的話語場景〉，《普門學報》第 52 期（高雄：普門學報社，2009 年 7 月），頁 544-563。

21 郭忠生〈女身受記〉，《正觀》第 14 期（南投：正觀雜誌社，2000 年 9 月），頁 32-158。

22 會後將論文結集出版《「宗教文化與性別倫理」國際學術會議論文集》（臺北：法界，2008 年）。

23 李玉珍《唐代比丘尼》（臺北：學生書局，1989 年）。

24 許智銀〈論北魏女性出家為尼現象〉，《許昌師專學報》第 20 卷第 6 期（河南：許昌師專學報編輯，2001 年 6 月），頁 42-45。

25 收入 Peter N. gregory/Daniel A. Getz Jr. *Buddhism in the Sung* (2002.11.1)，p.148-187。

26 收入 *Journal of Sung-Yuan Studies 30* (2000)，p.63-96。

27 黃敏枝〈宋代婦女的另一側面——關于宋代的比丘尼〉，鄭小南編《唐宋女性與社會》下，北京大學盛唐研究叢書（上海：上海辭書，2003 年）。

在印度方面，例如林莉莉《佛教出家女性求道歷程研究——以漢譯佛典中的阿含部、本緣部、律部及《長老尼偈》為研究對象》、[28] 阮氏秋月《女眾出家在部派佛教中的地位——以《十誦律》受戒事為中心》，[29] 或以《長老尼偈》為主的研究：李玉珍〈《長老尼偈》的修辭敘事——兼以對照《長老偈》〉[30] 等等。西藏部分，則有德吉卓瑪《藏傳佛教出家女性研究》、[31] 劉婉俐〈智慧的女性——藏傳佛教女性上師傳記與佛教女性身份認同議題〉，[32] 而關乎臺灣佛教女性，例如《釋天乙——走過台灣佛教轉型期的比丘尼》、[33] 江燦騰〈從齋姑到比丘尼——台灣佛教女性出家的百年滄桑〉及〈日據時期臺灣北部客家區重要新興佛教女性專修道場——苗栗大湖郡獅潭庄桂竹林「弘法禪院」〉、〈二十世紀臺灣尼眾教育的歷史觀察〉、[34] 釋慧嚴〈一九四九年前臺灣尼僧教育實況〉、〈略探尼僧在台灣佛教史上的地位〉等、[35] 李玉珍〈寺院廚房裡的姊妹情：戰後台灣佛教婦女的性別意識與修行〉、〈齊姑與尼僧教育資源之比較〉、[36] 釋見曄《政府遷臺與臺灣女修行者：十八位「出



---

28 林莉莉《佛教出家女性求道歷程研究——以漢譯佛典中的阿含部、本緣部、律部及《長老尼偈》為研究對象》（嘉義：中正大學中國文學研究所碩士論文，2004 年 7 月）。

29 阮氏秋月《女眾出家在部派佛教中的地位——以《十誦律》受戒事為中心》（華梵大學東方人文思想研究所碩士論文，2004 年 5 月）。

30 李玉珍〈《長老尼偈》的修辭敘事——兼以對照《長老偈》〉，《佛學研究中心學報》第 9 期（臺北：臺大佛學研究中心，2004 年），頁 1-36。

31 德吉卓瑪《藏傳佛教出家女性研究》（北京：社會科學文獻，2003 年）。

32 劉婉俐〈智慧的女性：藏傳佛教女性上師傳記與佛教女性身份認同議題〉，《中外文學》第 28 卷第 4 期（1999 年 9 月）。

33 釋見曄編著，釋自鑰校訂《釋天乙——走過台灣佛教轉型期的比丘尼》（新店：中天書局，1999 年）。

34 江燦騰〈從齋姑到比丘尼——台灣佛教女性出家的百年滄桑〉，《歷史月刊》第 105 期（1996 年 10 月），頁 22-32。〈日據時期臺灣北部客家區重要新興佛教女性專修道——苗栗大湖郡獅潭庄桂竹林「弘法禪院」〉，《客家文化研究通訊》第三期（2000 年 7 月），頁 118-128。〈二十世紀臺灣尼眾教育的歷史觀察〉，《比丘尼的天空—— 2009 佛教僧伽教育國際研討會論文集》（臺北：香光尼眾佛學院主編，2010 年），頁 70-95。

35 前文見《比丘尼的天空——2009 佛教僧伽教育國際研討會論文集》，頁 33-48。後文見《玄奘佛學研究》第 8 期，2007 年 11 月，頁 55-74。

36 李玉珍〈寺院廚房裡的姊妹情：戰後台灣佛教婦女的性別意識與修行〉，《婦女與宗教：跨領域的視野》（臺北：里仁書局，2003 年），頁 281-332。後文見《比丘尼的天空——2009 佛教僧伽教育國際研討會論文集》，頁 51-69。

家人」訪談錄》、[37] 陳美華〈另類典範——當代台灣比丘尼的實踐〉、[38] 盧蕙馨〈現代佛教女性的身體語言與性別重建：以慈濟功德會為例〉[39] 及有關香光尼眾僧團、證嚴法師之慈濟志業、曉雲法師之藝術與教育工作，甚至九華山無名比丘尼等等；更有宗教改革運動者，如昭慧法師廢除八敬法之呼籲，集成《千載沈吟——新世紀的佛教女性思維》一書為理論與運動之結合。[40] 也因台灣比丘尼之蓬勃發展，相對東南亞、西藏之佛教女性無傳承可受戒為比丘尼的處境，便引來關切，有釋惠敏〈中土比丘尼傳承與西藏比丘尼僧團之重建〉、[41]〈比丘尼受戒法與傳承之考察〉、宣方〈當代南傳佛教國家佛門女性解放運動之考察——以恢復比丘尼傳承運動為中心〉對此有所討論。[42]





就明清時期的佛教女性研究來看，近年致力於明代佛教史研究者的陳玉女，亦涉及明代佛教女性，其《明代的佛教與社會》內〈明代婦女信佛的社會禁制與自主空間〉、〈明代佛教醫學與僧尼疾病〉、〈明代婦女的疾病治療與佛教依賴〉等，[43] 探究明代婦女信佛狀況，以及她們的所實踐出來的自我約束與自主空間，還有醫療與佛教、女性的關係。其指導學生簡瑞瑤《明代婦女佛教信仰與社會規範》，[44] 亦討論明代婦女與社會禁制、佛門設防的互動關係。及黃惠瑞《明代江南比丘尼之社會經濟活動》，[45] 以江南比丘尼為對象，探討她們在寺院經濟、社會經

---

37 釋見曄訪問《政府遷臺與臺女性修行者：十八位「出家人」訪談錄》，（臺北：國史館，2010 年）。

38 陳美華〈另類典範——當代台灣比丘尼的實踐〉，《佛學研究中心學報》第 7 期（2002 年），頁 295-340。

39 盧蕙馨〈現代佛教女性的身體語言與性別重建：以慈濟功德會為例〉，《婦女與宗教：跨領域的視野》（臺北：里仁書局，2003 年）。

40 釋昭慧、釋性廣編著《千載沈吟——新世紀的佛教女性思惟》（臺北：法界，2001 年）。

41 釋惠敏〈中土比丘尼傳承與西藏比丘尼僧團之重建〉，《佛學研究中心學報》第 3 期（1998 年）、〈比丘尼受戒法與傳承之考察〉，《佛學研究中心學報》第 4 期（1999 年）。

42 宣方〈當代南傳佛教國家佛門女性解放運動之考察——以恢復比丘尼傳承運動為中心〉，《印順導師思想之理論與實踐：第四屆「人間佛教薪火相傳」學術研討會論文集》（臺北：財團法人弘誓文教基金會，2003 年 3 月）。

43 陳玉女《明代的佛教與社會》（北京：北京大學，2011 年）。

44 簡瑞瑤《明代婦女佛教信仰與社會規範》（臺北：稻鄉，2007 年）。

45 黃惠瑞《明代江南比丘尼之社會經濟活動》（臺南：成功大學歷史研究所碩士論文，

濟、勞動力上的角色，並在戒律、形象上的問題，並以祩錦的孝義庵為「比丘尼教團振興戒律」之實例來解析。總之，她們分別探討明代比丘尼、信佛婦女與社會規範、經濟活動的關係。運用大量史料來呈現，在婦女信佛上，主要是《古今圖書集成、閨媛典》、《善女人傳》等，可惜運用到比丘尼史料時，只運用《續比丘尼傳》，未能運用到這些女性禪師群與語錄之資料，如果這些資料能參入，例如對孝義庵的解析，如果有祇園之伏獅女禪教團的參看，對其論述必然產生重要影響，雖然這些女性禪師都處明末清初，但與明代的關係亦相當密切。另有蔡鴻生〈嶺南三尼與清初政局〉，[46] 論述日曜、今再、自悟三位比丘尼之事蹟，並論及比丘尼與遺民史的關係，及其在佛教史和社會史上的地位，如果他能運用到女性禪師寶持、祖揆之資料，必然在論述上更有助益，因為寶持與祖揆都是繼起的法嗣弟子，而繼起是號稱以「忠孝作佛事」與遺民關係密切的僧人，而且寶持的俗家公公是殉難而死，其俗夫與弟弟們自此絕於仕途，亦屬遺民之一員，除此之外，女性禪師們的男居士信眾，多有在鼎革後歸隱之士大夫，仔細深究，她們與遺民的關係亦不淺，可惜蔡氏之文，未能運用這些資料。

回顧現前這些研究，可以發現學術界並沒有關乎明末清初女性禪師之專門研究，所以藉由本論文之探究，俾能為佛教比丘尼史、禪宗女性史、明末清初禪宗史添上新穎的一頁，而且若能運用到這些女性禪師資料，必然對明末清初，甚至明清兩代之佛教女性、比丘尼、宗教活動之各種議題論述，有重要的影響。

## 三、釋名定義

書名《七優曇華：明末清初的女性禪師》；「七」者，七位女性禪師也。「優曇華」，梵語為 udumbara，完整音譯為：優曇缽羅、烏曇婆羅、優曇婆羅、優曇波羅、優曇跋羅，又簡譯為：優曇缽、優曇、烏曇。意譯是：靈瑞花、空起花、起空花。此花非常珍貴祥瑞，在佛經裏

---

2005 年 1 月）。

46 蔡鴻生〈嶺南三尼與清初政局〉，《中山大學學報》季刊第 1 期（社會科學版）（廣州：中山大學學報編輯，1994 年），頁 61-68。

常用來比喻人身難得、佛法難聞，更常用來比喻「佛陀出世」，例如《長阿含經》卷四云：

> 須跋固請，乃至再三，吾聞如來時一出世，如優雲鉢花時時乃出，故來求現，欲決所疑。……[47]

如來出世，能開悟眾生覺性，故以此花為喻。而「時」之字，頗為重要，有應機、恰當之意，此時難得珍貴，此時應機恰當也，所以此花也用來比喻佛陀說法，尤其演說無上妙法之時，如《妙法蓮華經》卷一〈方便品第二〉云：

> 佛告舍利弗：「如是妙法，諸佛如來時乃說之，如優雲鉢華，時一現耳。舍利弗！汝等當信佛之所說，言不虛妄。舍利弗！諸佛隨宜說法，意趣難解。所以者何？我以無數方便，種種因緣、譬喻言辭，演說諸法。是法非思量分別之所能解，唯有諸佛乃能知之。所以者何？諸佛世尊唯以一大事因緣故出現於世。舍利弗！云何名諸佛世尊唯以一大事因緣故出現於世？諸佛世尊，欲令眾生開佛知見，使得清淨故，出現於世；欲示眾生佛之知見故，出現於世；欲令眾生悟佛知見故，出現於世；欲令眾生入佛知見道故，出現於世。舍利弗！是為諸佛以一大事因緣故出現於世。」[48]

這是著名的佛以一大事因緣出現於世，乃為令眾生開、示、悟、入佛之知見故。為此，佛隨宜說法，應機於眾生心念，演說妙法，如優曇華之應機而現。所以優曇華有佛陀出世、佛演妙法之難得珍貴、應機恰當之意。

觀諸女性禪師語錄所呈現，諸如季總展現說法浩浩，穩健大器之禪風時，寫序的男居士張銖即讚歎曰：「見者謂勝優曇，爭歎重來古佛」，[49] 另一位男居士嚴大參亦云：





---

47 佛陀耶舍、竺佛念譯《長阿含經》卷四〈遊行經第二〉，《大正藏》冊 1（中華電子佛典協會 ‧CBETA 電子佛典集成，2008 年 2 月），頁 25 上。以下所引《大正藏》、《新纂卍續藏》文獻皆為此版本，之後不再贅明。

48 鳩摩羅什譯《妙法蓮華經》卷一〈方便品第二〉，《大正藏》冊 9，頁 7 上。

49 趙祥記錄《季總禪師語錄》張銖序，《嘉興藏》冊 28（臺北：新文豐，1987 年），頁 442 下。被讚為「古佛再來」者，還有祇園。以下所引《嘉興藏》文獻皆為此版本，之後不再贅明。

從古有言，優曇鉢華三千年一度現，大善知識五百世許相逢，且曇華作麼現？知識作麼逢？滿眼煙波難泊岸，釣竿未舉早先知，莫道世間無駿骨，追風現有季法兄。[50]

佛為最大善知識，優曇華三千年才一現，大善知識五百世才得相逢，都甚為難得，嚴大參以禪門語言作「曇華作麼現」？「知識作麼逢」？而揭示「追風現有季法兄」，季法兄，季總是也。張銖、嚴大參等用「優曇華」來喻季總，即使未臻「佛之出世」，亦有大善知識出現之意，而且更有以「華」來呼應其女性性別之意，是故以優曇華來喻女性大善知識之出現，以及出現之珍貴難得，是極甚恰當的。而且這七位女性禪師之出現，給當時的人一種性別應機之教，更因她們的語錄，讓後人也得到性別應機之教，優曇華之應機意義由然呈現。何況，在女性禪師之性別教化中，標舉出「女佛陀」典範，圓滿實踐佛教法性平等、女男平等之教義，所以女性禪師之出現，亦象徵女佛陀之出世，相應於此，優曇華亦當一現，所以「七優曇華」即七位女性禪師之現，即七位女佛陀之現。

「明末清初」，就一般定義言，約指明代之隆慶、萬曆年間到清朝之康熙、雍正這段時期，而本論文討論的這七位女性禪師就都活動於這段期間。

「女性禪師」，本論文將之定義為修習教授禪法的比丘尼，或可稱為禪尼，並將焦點集中在語錄被《嘉興藏》納入的七位女性禪師。「女性禪師」一詞的用法，與禪宗典籍、燈傳有所不同，古籍一般會稱尼某某禪師或某某尼禪師，甚至不特別標出「尼」字，為了使詞意清晰，筆者使用現代詞彙「女性禪師」來表達。而歷史上還有許多習禪有成的女居士，古稱禪婆、禪婆子，這部份不在論文的論述之中。

至於本論文論述時相當著重的女禪、性別智、性別作略等名詞，因為關乎研究方法與理論建構，所以將於下列論述研究方法時再作定義與釋名。

50 《季總禪師語錄》嚴大參序，《嘉興藏》冊 28，頁 442 中。

## 四、研究方法

### （一）「大道無男女，女男顯大道」之基本觀點

佛法的基本核心在三法印：諸行無常、諸法無我、涅槃寂靜，三者歸攝於「緣起性空」，緣起，指出現象紛紜是彼此關連產生的，性空，指出現象的本質是沒有一個不變永恆的存在體，因為諸象本質為空性，所以諸象是平等一如的。而性別是諸象之一，所以種種性別是緣起互生，亦是空性，亦是平等一如。這是佛教基本的觀點，佛教經典中有大量的闡述，其中關注於性別男女者，亦是如此，隨可舉一經為證。《別譯雜阿含經》卷二，佛陀面對波旬魔王化各種美醜之人來壞亂人心，即言：

> 爾時世尊告波旬言：汝於長夜生死之中，具受如是好惡之形，汝當云何得度苦岸？如是變化復何用為？若有愛著於男女者，汝當變化作眾形相，我今都無男女之相，何用變化作眾形為？佛說是已，諸比丘聞佛所說，歡喜奉行。[51]

開悟解脫的佛陀，都無男女之相，波旬變現各種形態來壞亂也無所用，點出道無男女之義。又見《菩薩瓔珞經》卷七：

> 觀諸世間法，悉空無所有，當觀是非法，不動度無極。……觀諸佛土淨，清淨無瑕穢，常以平等道，神通度無極。……度脫一切眾，不限劫遠近，真道無男女，順一度無極。……[52]

「真道無男女」，指出執取男女相之虛妄。又有《佛說大淨法門經》，文殊言：

> ……眼則無主，則無吾我，亦無所受。道亦無主，則無吾我，亦無所受。耳鼻口身意亦復如是，則無有主，亦無吾我，亦無所受。道亦無主，則無吾我，亦無所受。又計眼者，無男子法，無女人法，已解了道無男女法，無男無女，則為道矣。耳鼻口身



---

51 《別譯雜阿含經》卷二、初誦第二（三二），《大正藏》冊 2，頁 384 上。

52 竺佛念譯《菩薩瓔珞經》卷七〈隨行品第十九之餘〉，《大正藏》冊 16，頁 66 上。

意，亦無男法，亦無女法，道亦如是，無男無女。……[53]

因無主、無我故，一切法皆是虛妄不實，在男女相上亦是如此，所以道無男女、大道無男女。諸如此類的教法，比比皆是，是佛法基本內涵之一。

而道無男女是在空性上言，因空性故，所以萬法究竟平等，道無男女，亦即含具男女平等之深刻意義，而空性是對緣起現象的本質理解，這份本質理解，並非抹殺緣起現象本身，反而會因為理解緣起變化故，依緣起、願力而來度化眾生，並不會因空性故，而停止作為，反而因為空性故，更能平等、調柔、無我地作為，於是大乘行者由此產生積極入世的菩薩行，例如觀音之示現女身，大慈大悲，廣度眾生，地藏之願入地獄，地獄不空，誓不成佛。尤其是觀音，其示現女身，是為了更貼近眾生得度之機緣，是為了更貼近女性得度之機緣，所以她藉由女形來度眾生，來顯大道，換言之，道無男女，是男女相虛妄之義，亦是男女相平等之義，在此意義內，亦蘊含積極的菩薩行，亦即藉由男女相來顯教化、行大道，即謂之「女男顯大道」。這樣的意涵在禪宗亦常常顯發，所以女性禪師子雍面對學人來問「大道不分男女相，還許某甲問話麼？」時，則直截了當云：

……又問：「大道不分男女相，還許某甲問話麼」？師云：「師姑本是女人做」。進云：「且道大眾雲集，畢竟那箇是女中丈夫」？師云：「人人頭頂天，箇箇腳踏地」。僧便喝。師云：「亂喝作麼」？僧便禮拜。[54]

「師姑本是女人做」，是機鋒，亦是破除偏執於空的人，這便是「女男顯大道」之作用矣。這也是本論文探索女性禪師時，於「大道無男女，女男顯大道」意義下，必需顯發其女禪教化的基本觀點，也唯有如此才能呈現女性禪師的教化意義。



53 竺法護譯《佛說大淨法門經》卷一，《大正藏》冊 17，頁 818 下。

54 祖圓記錄《子雍如禪師語錄》卷三〈老和尚請和尚上堂陞座法語〉，《嘉興藏》冊 39，頁 827 中。

### （二）以「女性視角」解讀文獻

在研究方法上，本論文特別以「女性視角」來解讀、詮釋文獻。企圖讓文獻比較能夠回歸現象本身，而刻意忽視，或先不理會那些對現象的價值判準，例如引用錢牧齋（1582-1664）對女性修行者成為上座、有語錄、被印証而有所批判的文獻時，筆者特意將這些批判暫且略過，而是看到：有一些女性修行者成為上座、教化信徒、有語錄出版，而且這種現象還不少。當湛然圓澄（1561-1626）對有沙門拜女人為師、女人受沙門禮拜的情形感到憂心，而被當作晚明佛教衰微的現象來討論時，筆者忽視湛然的憂慮，取其呈現出的「女人為師」現象，以証成當時女性修行者的宗教弘法能力。因為，面對這些大多以男性眼光所寫的文獻，無形中或多或少忘了女性的存在，或是慣性地以男性自身為出發點，如果單調地依著他們的眼光、判準來閱讀了解文獻，不僅錯失了對這些現象的全面認識，也連帶要沾上這些男性單一的價值觀，而看不到比較完整的面向。所以為了避免這樣的盲點，在文獻的解讀上，是從女性角度來看這些男性文人筆下的女性現象，讓這些現象的解釋權回歸現象本身，不要讓許多先設的意識形態障蔽了我們認識當時女性的視線，如此閱讀文獻，應該會對這些女性修行者有更有效、深入、細膩的認識、甚至可以微調、鬆解、重新認識那些既定的判斷。

### （三）以「女禪、性別智、全女禪」詮釋禪法

同樣在「女性視角」下，面對女性禪師語錄文本時，除了以禪法來理解詮釋外，還要運用「性別視角」來突顯她們的性別教化，包括對女性、男性的教化，讓女性禪師在禪法教化中的「女禪特質」能更清楚地粹瀝而出，換言之，整個禪法架構是：無關性別之禪法教化與關乎性別的女禪教化，兩者合稱為「全女禪」。

作為一位禪者，自證取悟後，自然要幫助眾生解脫、悟入實相，教化於世間，也使佛法傳繼不絕，讓所有眾生皆能受益，這是禪者的本份事，也是其核心所在。而實相一同，教化施設則多端，禪宗的教化方式特別別具一格，所謂不立文字，教外別傳，卻因此把文字、語言、聲音、動作運用到極致，呵佛罵祖、棒下喝斷、瞪目結舌等等千變萬化，

禪師們以心傳心，應機點撥，雖有傳承，卻各顯特色。因此，探析女性禪師的種種面向時，禪法教化為何？是很核心的問題，尤其是她們身為女性，其禪法教化是否會因性別不同而有不同的特質？

在平等平等、離一切相的教法中，要在禪法中尋找其女性特質，其實困難度極高，而且還有恰當與否的問題。因為特別關注女性議題，想從女性禪師禪法中觀察其女性特質，是我們這個時代想理解的問題，並非明末的女禪師們必然想展現的，我們想理解，自然有這個時代的因素，所以以女性的角度來探究女禪師的禪法，即使在超越性別的禪法下，也是有其意義的，因為既然超越性別，應該是不礙性別分判，不否定性別，又怎會妨礙以女性來看女性禪師呢？禪法本質無男女之分、悟性也無男女之分，但不可否定，在因緣上有男女種種差別相，禪法之所以變化多端就是因應於差別萬相，所以禪無男女，卻不礙男女。

禪法教化是應眾生之機而變化多端的，若從語錄觀察到禪風特質，但禪法姿態因人而異，這些特質，到底是屬於禪師作為女性而有所不同？還是只是禪師個別特質的不同？如何去分辨？面對一般女性，能輕而易舉以「母親」這個別於男性的關鍵點來檢視分判，但女性禪師獨身修道，無法使用這個方法，所以在分判上確實頗有難度，況且女性特質是否一定是限於某種範圍？「柔順」一定就屬於女性特質嗎？這也是值得懷疑、商確的。所以既然女性禪師們身為女性是確定的，其所展現的特質就是代表女性禪師的一個面向，這是以女性禪師的性別為基礎，廣義的女禪教化。

然而，在有效的比較、參照下，確實又有些女性禪師展現出比較明顯的對自己或對女弟子之特別期許與教化，這樣的特質，就是標準的女禪教化，筆者也使用另一個名稱：「性別智」稱之，「性別智」指的是對性別的智慧、處理性別問題的智慧，以及因應性別、因性別而起的特別關懷與教化，兼具智慧與作用。因此有時筆者亦會使用「性別作略」一詞來特別指稱作用的部分，亦即因應性別而有的特別教化，作略者，禪宗用語，指禪師為了啟悟弟子所使用的言語、動作、聲音等等各種方式。一般男性禪師之教化，甚少能觸到「女性」、「性別」問題，唯有出現「女性」時，才會衝擊到這個議題，例如參究天女散花、末山娘娘等公案之時，面對禪婆、女性禪師之時，因此，女性禪師之出現會特別引起性別的討論，而她們自身也必然特別在「女性」上有所應機，相對於此，也會自然呈現對「男性」的應機教化，故稱女禪教化為女性禪師之「性別智」，其義在此。

總而言之，「女禪」的定義，可以是指女性禪師表現特別關懷女性（或特別相應於男性）的禪風，亦即女性禪師之性別智，也可以廣義地純粹指涉女性禪師的禪法啟悟。

就禪法本身來觀察，其實女性禪師大部分是關乎悟道而無關性別的禪法教化，只是為了應機女性、男性，而有性別智之女禪教化，因此完整地言，女性禪師之教化，包含禪教化與性別智二面，前者是超越性別，顯現「禪師」悟者本色，後者是應機於性別，顯現身為「女性」之特別處，兩者俱全，為了要區隔，亦稱之為「全女禪」。筆者在研究這七位女性禪師的禪法時，就以這樣的架構與定義來切入、詮釋。





### （四）以「三輪架構」析論

佛法有施者、施物、受者之三輪義，並有三輪體空之義，本論文亦依此三面向架構與義涵來分析。

**1、立「師、法、徒」架構來論**

論女禪性別智時，依「師」、「法」、「徒」三個面向切入，來觀察三者的互動。其基本架構就是：女性禪師、女禪性別智、女性弟子，或女性禪師、女禪性別智、男性弟子。成立的關鍵就在於「女性禪師」這一端。

而這三輪既是體空，更能支撐出「大道無男女」之基本教義，而亦有女性禪師特於此呈現其性別智的，故也能對她們有詮釋效果。

**2、立「宗教活動、道場空間、弟子信眾」架構來論**

這七位女性禪師之所以珍貴，很重要因素是因為她們有語錄出版，而她們的語錄正是上堂弘法的內容。所以整個弘法活動是這七位女性禪師展現弘法能力與影響力之處，有弘法活動則須道場空間，亦有弟子信眾聚集，故本論文論述她們的弘法時，依「宗教活動、道場空間、弟子信眾」之三輪架構來分析。

結合這二種架構，對整體女性禪師之論述會呈現：個人行傳修證、禪法教授、弟子信眾、道場空間、宗教活動的面向。並會依據各禪師特色有所增加，例如季總、祖揆，特別在文學上有精彩的呈現，故會針對此另啟章節論述。

### （五）以「寫真與名言」相參

因為祇園與一揆之語錄，各有一幅她們的肖像寫真，讓我們珍貴地看到女性禪師的面容，除了這二幅外，筆者目前僅見無盡藏比丘尼之肖像而已。為了恰當地運用這二幅寫真，本論文以「寫真與名言」互相參看的方式，來詮釋她們二人的形象，所謂寫真，即肖像，所謂名言，包括像讚，以及弟子信眾、禪師自我的文字描述。



### （六）以「比觀相呈」突顯

由於有些女性禪師採取的性別智，是隱而不顯，屬於較基礎平面式的，是以會採取與男性禪師比觀的方式來呈現，有二種相呈的方法：一者，以女性禪師對男弟子、女弟子的教化來互相參照。二者，以當代男性禪師們對女性修行者的教化為參照點。期望盡其所能地突顯其女禪性別智之特質。

明末清初，佛法主流正處於禪漸衰，淨漸盛的狀況，淨土法門實樸專靜之風格，受到很多女性的篤信，而女性誠修淨土也讓男修行者、社會道德價值觀所信任放心，更增添淨土女性的繁盛，因此正可與之跟女性禪師相比觀，以呈現禪宗女性與淨土女性的異同，更突顯女性禪師的特色。

### （七）以「敘事角度」析論

#### 1、語錄也是敘事文本

文本，是書寫所成，其呈現必然是經過選擇的，所以必然有敘事者、敘事文化的觀點在，它與事實永遠存在著距離，我們惟有確認這份距離，並從敘事者、敘事文化的觀點來探索，了解他們從文本想要釋放的訊息，才能真正貼近文本。語錄，是禪宗的典籍，是禪師們言行的記載文本，既是文本，當然亦是有敘事者與敘事文化在，所以面對女性禪師語錄時，筆者亦會依此觀點找著力點來析論。

然而，語錄還是與一般敘事文本不同，它以禪師言行為主，尤其偏重在語言部分，書寫者往往是弟子學人，並非禪師本人，又因為帶有教化、典籍的神聖意義，所以會強調對禪師言語採取一字不易的態度，在禪宗不立文字、文字只為啟悟教化之用的觀點下，所謂敘事者的觀點將更為無形與跳躍，此點在從敘事角度析論時，也因此同時呈現出來。

**2、從「書寫意識」切入**

為了解答女性禪師語錄出版之內在因素，除了女性禪師自我修證有成外，得掘發出讓語錄出版之書寫意識，亦即要從直接促發語錄出版者：禪師本身、弟子信眾、時人僧俗等人的言論中切入。而在這樣的觀察下，卻也發掘出禪宗語錄不同於一般敘事文本的書寫意識，這一點還可以為敘事理論帶來一些新觀點。

**3、從「性別詞彙與稱謂」切入**

詞彙、稱謂的運用，代表著一種敘事者的心態，也代表整個敘事文化的背後心態，所以本論文在討論女性禪師的女禪教化時，都會特別對於她們語錄中「女」、「婆」、「婦」、「末山」、「總持」等表徵女性、女性禪師的詞彙與名號，以及「丈夫」、「和尚」、「僧」、「漢」等表徵中性或男性的詞彙與稱謂，來進行考察，觀察女性禪師自身如何使用這些詞彙與稱謂？如何運用來教化？如此教化其意義為何？他人面對她們時又如何使用這些詞彙稱謂？等等問題，由此觀察討論女禪教化、禪宗性別環境、語錄書寫所呈現的性別氛圍與印象、女禪特色與意義，以及它們背後的心態。

尤其是稱謂，它象徵此人的社會、文化、宗教等角色職位，字面上雖然無有性別意涵，但實際上卻黏附著性別之區分與印象，這些性別印象背後都有些濃厚的文化意識，而女性禪師之稱謂，往往呈現中性化，甚至男性化，這是一個很特別的現象，面對這個現象，筆者以「稱謂」來切入探究，並得出一些看法。

### （八）方志資料與田野調查

本論文除了以這七位女性禪師語錄作為基本文獻外，還著重運用當時其他男性禪師之語錄文獻。而且為了處理建構女性禪師之生平、道場所在、信眾弟子生平，大量運用地方志之史料，許多資料都是直接披覽尋索而得，大都是以往學術界未曾運用過的，這些史冊資料對於呈現這些女性禪師的生平已有一定的完成度，尤其祇園資料之蒐集，最為完整。

除了運用方志等文獻外，筆者還以田野調查的方式多次大陸，實地走訪女性禪師修證、道場之所在地，計有嘉興（祇園之伏獅禪院）、湖南衡陽（季總之南嶽）、蘇州（祖揆之洞庭東山靈瑞庵）、寧波（子雍之祖庭：瑞巖禪寺）、宜興（季總之祖庭：禹門龍池禪院、磬山禪院）。

雖然女性禪師之道場，在現代無有留存者，但親履其地，回過頭來面對案頭上的語錄文獻時，卻能增加不少空間上的想像與靈感。這當中以祇園的伏獅禪院所得最多，由此查索到近代《王店鎮志》還留下它的資料，禪院直到中共大煉鋼時，只剩大鐵佛，遂被送入煉鋼廠煉鐵去了，當筆者親至嘉興王店時，還得以親聽當地老人談小時候的鐵佛庵（伏獅禪院之舊名）等等，因此寫就伏獅道場之昔今變化這部分的內容。

### （九）對語錄的基本反省

語錄，是屬於教化的典籍，其內容必然會選擇正面、有教化意義的部分來呈現，由此研究女性禪師，其面向自然往這個方向走，即使有些非正面的狀況存在，也會因此無由從知，對此，研究時會保持一份基本的反省，在探究女性禪師各各面向時，也會極盡所能地蒐集語錄之外的文獻來參照。然而女性文獻本來就稀少，有女性禪師語錄的浮現已經非常不容易了，語錄之外的文獻更也不易蒐尋，這是以文獻作研究的基本不足，也是學術研究難以避免的問題，更是研究女性問題先天上的不利。

然而，當我們慶幸這些女性禪師語錄能夠留存之時，卻也看到語錄文本對於研究者的先天局限性。語錄是禪師或上堂說法，或頌古、詩偈、書信等內容，有語言，亦有文字之記載，但以語言記載為主，尤其是本論文所研究的七位女性禪師，她們的語錄少有以文章形式來表達思想的。而這些語錄語言多為機鋒對答、偈頌詩語，並以啟悟教化為本，不在說理論述之文；機鋒對答，多為心心應機，是老師與弟子「以心印心」、「悟境相呈」，它實踐於師徒二者的身心，即使當時有第三者在場，可能也莫衷一是，無法介入其中，何況千百年後的研究者？即使是偈頌詩語，亦屬抽象擬喻，本為悟道所設，研究者循文責實，必然錯落分歧，知其一二，知其背面趨向，卻無知於趨向的理則，所以容有一二可分說，但若要論及「禪法思想」，則有臨風追索之空疏感。所以只憑據語錄記載的機鋒文字來循溯其禪風如何如何，本來就是捕風捉影，這是學問、文獻與實踐、言行的永遠矛盾，也是學術研究者先天上的缺陷，這是不得不然的，也是研究禪宗語錄的基本反省。

不過，空白處得其一二，即要善用一二，而既有一二可說，就以其一二而說，再以一二指月，雖不見得得其月，但方向在矣，不僅聊勝於無跡可循，也不負當年下筆紀錄這些語錄，入藏促成出版的時賢之心。也因為有此體認，筆者基本上是站在詮釋的立場，儘量藉由文獻的深刻閱讀、體會，與禪師「以心印心」，來詮釋她們的禪法，而這樣的詮釋必然是主動而積極的。

# 貳 佛教・女禪・明末清初

觀察明末清初的女性禪師之前，有必要先從佛教女性、禪宗女性作一番扼要性的省視，然後再進入明末清初，具體來看這個時代的女性禪師，以及她們所形成的特色與現象。而這個現象就是女禪風潮的興起，其內涵是女性禪師的繁盛、女禪教化的展開、女性禪師語錄的被出版、被收入《嘉興藏》。整體而言，可聚焦在「禪師」與「語錄」上，並由此作為探討這個現象背後時代文化因素的切入點，亦即怎樣的時代文化背景促成女性禪師的繁盛，並讓她們的語錄有機會出版與入藏？以下就是針對這些問題，提出一些探討與看法。

# 第一章　佛教女性與禪宗

## 第一節　佛教傳統下的女性角色

論及佛教的女性，都得談到第一位比丘尼大愛道，她是佛陀的姨母，佛陀允許以她為首的女性出家作為教團的一部分，於是教團具足了四眾修行者，也因此形成一個對女性修行的思考模式與案例。這個案例，有著法性平等之思惟，亦即在印度種性制度下，還是平等開放地給予女性有修行教團的機會與空間，但仍有佛教在世間運作的考量，亦即考慮世間的緣起性，隨順世間某些對男女性別運作的方式，以及為了設防保護而產生額外的限制，其造成的結果與背後思惟包括：教團發展仍會因女性加入而減少幾百年、女身不潔、女身五障、社會風俗之重男輕女等女性障重的說法。所以有曰：佛教早期在女性問題上，是「解脫上的男女平等主義」、「制度上的男性優越主義」、「修行上的厭惡女性主義」。[1] 另一方面，亦有佛陀授記比丘尼証阿羅漢果，[2] 摩登伽女也證阿羅漢果，而佛陀前生亦曾以女身得到預備受記。[3] 大乘經典更出現許多輕視女性的小乘聖者被揶揄，智慧女性被突顯的經典，諸如《佛說月上女經》、《佛說須摩提菩薩經》、《佛說離垢施女經》、《佛說長者女菴提遮師子吼了義經》、《勝鬘師子吼一乘大方便方廣經》等等，[4]

1 釋恆清《菩提道上的善女人》，第一章〈早期佛教的善女人〉第三節〈早期佛教的婦女觀〉，（臺北：東大圖書，2005 年），頁 28-44。

2 求那跋陀羅譯《雜阿含經》卷十一（二六七經），《大正藏》冊 2，頁 75 中下。被授記的是摩訶波闍波提比丘尼（即大愛道比丘尼）與五百眾比丘尼。

3 竺法護譯《生經》卷五〈佛說譬喻經第五十五〉，《大正藏》冊 3，頁 107 上。釋迦佛陀過去生曾是賣油膏的獨母，有比丘得其允許每天取麻油膏，為佛燃燈，有數年之久，當時的佛陀，便授記比丘「汝後當作佛」。後來也授記獨母：「此比丘作佛時，汝當從其受決」。亦即這位比丘成佛後，將授記獨母「當作佛」。

4 可參見釋永明《佛教的女性觀》第五章〈大乘佛教時代的女性觀〉（高雄：佛光書局，1991 年），頁 111-113、146-151。

更於《法華經》、《華嚴經》、《維摩詰經》等重要經典，出現龍女成佛、善財五十三參的女聖賢、舍利弗與天女等著名女性，亦授記大愛道與摩耶夫人未來當得作佛。雖然這當中還有「轉女身成佛」：轉女身為男身而成佛的描述，[5]但在法性平等、法身無相、男女身相如幻的核心教理下，大乘菩薩在男女身相之間神通變化，廣度眾生，消融性別界線，實際顯現身相如幻，而以女身受記，以女身成佛，便是水道渠成之事，[6]也在大乘經典將之實踐出來，《菩薩處胎經》〈諸佛行齊無差別品〉第十三，就是這樣的說法：

> 佛告無盡意菩薩，過去五十四億恒河沙劫，有世界名曰火焰，佛名無欲如來、應供、正遍知、明行足、善逝、世間解、無上士、調御丈夫、天人師、佛、世尊。說法度人，善修梵行，四審諦法，施惠一切。彼土人民，悉受女身，解了無常苦空非身，分別受入無諸煩惱厭患身苦，齊同一願，發大弘誓，著無畏鎧，欲度眾生，淨佛國土，蠲除穢惡，立志堅固，樂不退轉。時有七十萬二千億女，在大曠野，非人行處，齊同一行解空無相無願之法。一日一時，三等通達，即成佛道，眾相具足，存亡自在，以小受大，以大入小。即於彼日，度阿僧祇無量眾生，於無餘涅槃，化度眾生，是謂不捨身受身而成佛道。爾時世尊欲重宣此義。而說頌曰：「法性如大海，不記有是非。凡夫賢聖人，平等無高下。唯在心垢滅，取證如反掌。道成王三界，闡揚師子吼。分別本無法，無有男女行，今在五濁世，現有受身分，斷滅計常者，障閡經劫數」。爾時世尊說此偈時。八萬四千億眾生立志堅固。皆願成佛不經後身。[7]

5 據郭忠生〈女身受記〉所論，經典中轉女成男的時間點大致有三：1、得記前轉女身受記。2、得記後當場轉女身。3、得記而壽終之後，來生轉女身。作者並認為「大乘佛法也許認為轉女身是重要的，但並沒有嚴重到非轉女身不可，所以有的經典根本不談轉女身」。郭忠生〈女身受記〉，《正觀雜誌》第十四期（南投：正觀雜誌社，2000 年 9 月），頁 149。

6 有關此問題，郭忠生〈女身受記〉，所論頗為允當。郭忠生〈女身受記〉，《正觀雜誌》第十四期（南投：正觀雜誌社、2000 年 9 月）頁 32-167。

7 竺佛念譯《菩薩處胎經》卷四〈諸佛行齊無差別品〉第十三，《大正藏》冊 12，頁 1035 中下。

此經又名《菩薩從兜率天降神母胎說廣普經》，佛陀告訴無盡菩薩，有個世界名火焰，有佛名無欲，說法度人，這個國度的人民都是女身，有七十萬二千億女一同發願修行，即成佛道，化度眾生，是「不捨身受身而成佛道」，即為女身成佛。「女身成佛」，將佛教與女性的關係作了最究竟圓滿的解決。

佛教之弘傳在世間，必然要隨順、因應於某些世間價值，以達到應機而教的效果，但其打破無明、解脫生命的內涵，對世俗價值又有強烈地解構與革命意義。「佛教與女性」的關係上，亦是如此，在佛教不斷發展的過程當中，一方面隨順世間文化、社會制度在男女性別上的差異對待，甚至男尊女卑的意識，一方面法性平等的核心精神與實踐卻也一直在，所以也就不停地以核心精神來調整消融，以期讓核心價值貫串於時代制度、意識，使同趨於真理實相。[8]





## 第二節　歷代禪宗女性及其意義

佛教傳入中國，發展出各種宗派，其中禪宗特有「不立文字，教外別傳」之性質，這樣的特質具有強烈的顛覆性格，亦即將般若空意發揮得淋漓盡致，強調蕩相遣執，破掃一切，並直指人心，見性成佛，具核心、簡易、直截的教化風格。這樣的顛覆性格、直入核心，最適合讓受到壓抑的女性來發揮，由她們掀起的顛覆，力道十足，於是在女性問題上展現出極大的空間與自在，[9]於是便出現許多精彩的女修悟者，形成不少折服男性的智慧與機鋒不讓之禪者形象，她們的機鋒同時也被男性禪師們作為參究之公案話頭。而禪宗的顛覆開放，也讓男性禪師在詞彙運用上經常不避「女」、「婆」等字眼而曰：「玉女抛梭」、「老婆心

8　釋恆清《菩提道上的善女人》，第二章〈大乘佛教的婦女觀〉之結論，曾歸納歷史上佛教女性觀為五個發展階段，最後一個階段，即以《維摩詰經》、《勝鬘夫人經》、《菩薩處胎經》為例，「女人不再需要「轉身成佛」，「即女身成佛」乃理所當然。至此終於發展出最正確、最積極、最符合佛教精神的婦女觀」。頁 103-105。

9　關乎禪宗女性之討論，有釋恆清〈禪宗女性觀〉Chinese Bhiksunis in the Ch'an Tradition 一文，《臺大哲學論評》第 15 期，（1992 年 1 月），頁 181-207。其餘《菩提道上的善女人》也曰：禪宗的宗風以破執見性為特色，其展現出的自由自在、無執無礙的作風更是徹底，所以比之於其他宗派，對女性比較有容受之空間，所以不管是女性禪師或禪婆多有入燈傳者。頁 132-137。

切」、「師姑是女人作」等女性詞彙來教化，同時女禪者更讓這樣的詞彙得到正面的呈現，讓女人正正當當地當個女人。換言之，「大道無男女」之核心教理，在禪宗的教化風格下，幾乎是非常自然而能直通理解的。

這些女禪者有出家的比丘尼，有在家的優婆夷，由語風老人圓信（1570-1647）較定、郭凝之彙編《優婆夷志》，[10] 就編納三十位禪宗之優婆夷，亦即禪婆，超永《五燈全書》亦記載許多比丘尼，亦即禪尼、女性禪師，有五十位之多，今將兩者分別製表如下：





**【貳-1】《優婆夷志》所記載之禪婆**

| 名　號 | 名　號 |
|---|---|
| 龐行婆 | 靈照女 |
| 煎茶婆 | 凌行婆 |
| 李行婆 | 臺山婆 |
| 轉藏婆 | 一掌婆 |
| 無語婆 | 插田婆 |
| 寄宿婆 | 臨齋婆 |
| 鄭十三娘 | 住菴婆 |
| 平田嫂 | 閉門婆 |
| 鳳林婆 | 賣餅婆 |
| 拋兒婆 | 甘贄妻 |
| 崔練師 | 陳道婆 |
| 俞道婆 | 燒菴婆 |
| 行錢婆 | 覺菴祖道人 |
| 明令人 | 范縣君 |
| 秦國夫人 | 沈道婆 |

10　語風老人 圓信較定、郭凝之彙編《優婆夷志》，《嘉興藏》冊 23、《新纂卍續藏》冊 87，皆有收入。圓信即與密雲同門之雪嶠圓信。

## 【貳-2】《五燈全書》所記載之女性禪師

| 名　號 | 師　承 | 所在卷數 | 備　註 |
|---|---|---|---|
| 尼總持禪師 | 達摩弟子 | 卷二 | 有目，於達摩文中 |
| 尼道深禪師 | 芙蓉楷禪師法嗣 | 卷三十 | 只存目，無內文<br>有男性禪師法嗣 |
| 尼明悟 | 雲居智禪師法嗣 | — | 有目，無文 |
| 瑞州末山尼<br>了然禪師 | 高安大愚禪師法嗣 | 卷八 | 又稱末山娘娘 |
| 尼實際 | 杭州天龍和尚法嗣 | 卷八 | 在婺州金華山俱胝和尚文中 |
| 東京妙慧尼<br>慧光淨智禪師 | 淨因成禪師法嗣 | 卷三十 | — |
| 遂寧府香山尼<br>佛通禪師 | 石門易禪師法嗣 | 卷三十 | — |
| 平江府西竺寺尼<br>法海禪師 | 本覺一禪師法嗣 | 卷三十六 | — |
| 平江府妙湛寺尼<br>文照禪師 | 甘露宣禪師法嗣 | 卷三十六 | — |
| 蘇州西竺尼<br>智通惟久禪師 | 黃龍新禪師法嗣 | 卷三十九 | 又稱空室道人 |
| 溫州淨居尼<br>慧溫禪師 | 龍門遠禪師法嗣 | 卷四十四 | — |
| 溫州淨居尼<br>妙道禪師 | 大慧宗杲禪師法嗣 | 卷四十五 | 尚書黃公裳之女 |
| 平江府資壽尼<br>無著妙總禪師 | 大慧宗杲禪師法嗣 | 卷四十五 | 丞相蘇公頌之孫女 |
| 溫州淨居尼<br>無相法燈禪師 | 淨居尼溫禪師法嗣 | 卷四十六 | 為女性禪師之法嗣 |
| 紹興大慶尼<br>了菴智悟禪師 | 雪峰信禪師法嗣 | 卷五十四 | — |
| 蜀北龍山尼<br>足如瀾禪師 | 破山明嗣 | 卷七十 | — |
| 當湖思禪尼<br>法淨皓禪師 | 費隱容嗣 | 卷七十二 | 父為水部臨鵠公 |
| 伏獅尼<br>祇園剛禪師 | 石車乘嗣 | 卷七十二 | 嘉興胡氏女 |
| 南嶽尼<br>季總徹禪師 | 萬如微嗣 | 卷七十二 | 湖廣衡州劉氏女 |

| 名　號 | 師　承 | 所在卷數 | 備　註 |
|---|---|---|---|
| 明因尼<br>覺柯信禪師 | 山翁忞嗣 | 卷七十四 | — |
| 杭州雄聖尼<br>惟極致禪師 | 石奇雲嗣 | 卷七十五 | 姚江名家女 |
| 虞山直指尼<br>圓鑑元禪師 | 牧雲門嗣 | 卷七十六 | 邑之曹氏女 |
| 東皐普照尼<br>高源清禪師 | 浮石賢嗣 | 卷七十七 | 紹興山陰金氏女 |
| 伏龍菴主<br>印月霖禪師 | 林野奇嗣 | 卷七十九 | 姚江黃太沖侄女 |
| 秀州尼<br>蓮花山度禪師 | 介庵進嗣 | 卷八十一 | 淮安田氏子 |
| 檇李尼<br>明心佛音禪師 | 介庵進嗣 | 卷八十一 | 濮鎮葉氏子 |
| 自登尼<br>法雨瀛禪師 | 剖石壁嗣 | 卷八十三 | 崇明管氏女 |
| 嘉興妙湛尼<br>寶持總禪師 | 退翁儲嗣 | 卷八十七 | 郡之金氏女，隋州太僕之冢媳 |
| 靈瑞尼<br>祖揆符禪師 | 退翁儲嗣 | 卷八十七 | 湖州李氏女 |
| 玉峰靈時（峙）尼<br>仁風印禪師 | 退翁儲嗣 | 卷八十七 | 崑山顧文康公從孫女 |
| 蕪湖太平尼<br>一真恩禪師 | 本充盛嗣 | 卷九十 | 山陰王季重女 |
| 吳山寶聚密印衍禪師 | 本充盛嗣 | 卷九十 | — |
| 清涼覺悟祖尼禪師 | 虛舟省嗣 | 卷九十二 | 杭之趙氏女。<br>應是：覺悟超祖 |
| 當湖善護庵尼<br>一音見禪師 | 祇園剛嗣 | 卷九十三 | 為女性禪師之法嗣 |
| 參同尼<br>一揆琛禪師 | 祇園剛嗣 | 卷九十三 | 為女性禪師之法嗣<br>嘉興大司寇孫簡肅公之曾孫女 |
| 人華法庵主 | 繼總徹嗣 | 卷九十三 | 為女性禪師之法嗣 |
| 吳興蕭山尼<br>天一具禪師 | 旅庵月嗣 | 卷九十四 | — |

| 名　　號 | 師　　承 | 所在卷數 | 備　註 |
|---|---|---|---|
| 武林雄聖尼<br>靜諾越禪師 | 惟極致嗣 | 卷九十五 | 郡之林氏女 |
| 丹徒正覺尼<br>佛機元禪師 | 中璞如嗣 | 卷九十六 | — |
| 四明薜蘿尼<br>慧空禪師 | 拳石沃嗣 | 卷九十七 | 鄞縣王氏女 |
| 真州大慈尼<br>桴海濟禪師 | 法音灤嗣 | 卷九十七 | — |
| 蘄水增福尼<br>聖拙地禪師 | 山鐸在嗣 | 卷一〇二 | — |
| 武林�尼<br>象菴慧禪師 | 豁堂巖嗣 | 卷一〇三 | 郡之莊氏女 |
| 江都尼<br>拈花靈璽融禪師 | 巨渤恒嗣 | 卷一〇三 | — |
| 蘇州天池古滌尼<br>慧照蓮禪師 | 巨渤恒嗣 | 卷一〇三 | 金沙孫氏女 |
| 梁溪龍護尼<br>道遇禪師 | 檗菴志嗣 | 卷一〇五 | — |
| 荊州延壽尼<br>上機本禪師 | 水鑑海嗣 | 卷一〇六 | 魯山人，姓金 |
| 永嘉白塔尼<br>照清光禪師 | 天目智嗣 | 卷一〇七 | 相國張文忠公孫女 |
| 永慶子雍如禪師 | 古律範嗣 | 卷一〇七 | — |
| 瑞安雙貞尼<br>通禮敬禪師 | 紫芝有嗣 | 卷一〇八 | 姓陳，林眉聲堂孀 |

其中道深禪師還有男性禪師之法嗣：奉聖紹才禪師、妙慧智禪師。女性禪師之師徒都有被著錄者：1、淨居尼慧溫禪師，她的弟子是淨居尼無相法燈禪師。2、伏獅尼祇園剛禪師，其法嗣有二人被著錄：當湖善護庵尼一音見禪師、參同尼一揆琛禪師。3、南嶽尼季總徹禪師，她的弟子是人華法庵主。4、杭州雄聖尼惟極致禪師，其弟子為武林雄聖尼靜諾越禪師。

除了這五十位女性禪師與三十位禪婆之外，應該尚有未被蒐列進來的禪宗女性，即使如此，在這些女修悟者身上，已經能體現出相當精彩的女禪者風範，例如唐代的末山了然，她還被稱為末山娘娘（孃孃），修證有成，機鋒鋭利，折服前來挑戰的男性禪師灌溪，灌溪因此自願擔任園頭三年，實有舍利弗與天女對機之典型，甚至有過之無不及。宋代的無著妙總，在大慧座下開悟。大慧言其：

> 老僧頃年初住此山，常州許宅有箇無著道人，法名妙總。三十歲便打硬，修行遍見諸方尊宿，皆蒙印可，然渠真實畏生死苦故，要真實理會本命元辰下落去處。特來山中度夏，時同夏者一千七百衲子，馮濟川少卿，亦在此山不動軒隨眾。[11]

當時在大慧座下參禪者有一千七百多人，其中有馮楫（字濟川）居士，他是龍門眼禪師法嗣，《五燈全書》亦有傳。[12] 有一次大慧陞座舉藥山初參石頭，再參馬祖而悟的公案，無著於言下忽然省悟：

> ……是時陞座纔再提撕。無著於言下忽然省悟。下座後亦不來通消息。時馮濟川隨老僧後上方丈云：「某甲理會得」。老僧問伊：「居士如何」？濟川云：「恁麼也不得蘇嚧娑婆訶，不恁麼也不得悉哩娑婆訶，恁麼不恁麼總不得蘇嚧悉哩娑婆訶」。老僧亦不向他道是。亦不向他道不是。却以濟川語舉似無著。無著云：「曾見郭象注莊子。識者云：却是莊子注郭象」。老僧見他語異，亦不問他。却舉巖頭婆子話問之，無著遂作一偈云：「一葉扁舟泛渺茫，呈橈舞棹別宮商，雲山海月俱拋棄，贏得莊周蝶夢長」。老僧亦休去。後一年濟川疑他不實，得得自平江招無著到他船中問：「婆生七子，六箇不遇知音。只這一箇也不消得，便棄在江中，老師言：「道人理會得，且如何會」？無著云：「已上供通，並是詣實」。濟川大驚。[13]

面對無著之悟、不通消息，大慧採取「以濟川語舉似無著」、「見他語異，亦不問他」、「休去」的間接、沈默觀照的方式來啟悟，並再藉無著之語又來啟悟濟川，這當中大慧明眼，無著自在，馮居士卻有懷疑，特地招她來船中問，無著穩穩當當之「供通詣實」，讓男居士大驚失色。有一次無著見大慧：

11 蘊聞編《大慧普覺禪師語錄》，卷二十二〈示永寧郡夫人〉，《大正藏》冊 47，頁 903 下。

12 超永《五燈全書》卷四十四，給事馮楫濟川居士。《新纂卍續藏》冊 81，頁 110 上。

13 蘊聞編《大慧普覺禪師語錄》卷二十二〈示永寧郡夫人〉，頁 903 下。

又嘗到室中。老僧問他：「古人不出方丈，為甚麼却去莊上喫油糍」？無著云：「和尚放妙總過，妙總方敢通消息」。老僧向伊道：「我放爾過，爾試道看」。無著云：「妙總亦放和尚過」。老僧云：「爭奈油糍何」？無著喝一喝，便出去。是時一眾皆聞渠如此祗對。看他纔得一滴水，便解興波作浪，蓋渠脫離世緣，早信得這一著子，及雖嘗被邪師印破面門，却能退步，知非決定，以悟為則，故纔見善知識提撕，便於言下千了百當。[14]

這一段機鋒過程，當時大眾「皆聞」。無著之「和尚放妙總過」、「妙總亦放和尚過」，一退一進，悟者對事對機之圓智充分表達，大慧仍追究「爭奈油糍何」，都已無事，油糍做啥，所以無著「喝一喝」，就走人了。大慧印可她，讚譽她能「以悟為則」，於言下千了百當。





在禪婆方面，更有著來無影去無蹤的神秘感，但又有「婆婆媽媽」的平實形象，她們的來歷多不明，好像突然冒出來似的，卻又特別厲害，例如燒庵婆：

昔有婆子供養一庵主，經二十年，常令二八女子送飯給侍，一日令女子抱定曰：「正恁麼時如何」？庵主曰：「枯木倚寒巖，三冬無暖氣」。女子舉似婆，婆曰：「我二十年秖供養得箇俗漢」。遂遣出，燒卻庵。[15]

供養僧人二十年的婆子，要試試他的修行如何，便使出「女色」這一招，實實在在考驗他，遂令「女子抱定」，問曰：「正恁麼時如何」？僧人以「枯木」、「三冬」自喻，雖是嚴持戒行之意，卻未能勘破男女相，反而現出枯死之態，這樣的修行，是無法活潑靈活，是無有用處的。於是婆子毅然絕然將之遣出，放一把火燒了庵院。對此，《優婆夷傳》舉千巖（？-？）之頌、[16]憨山之評，並有圓信的拈頌，以下看千巖與圓信的部分：

千巖長頌云：「供他死漢亦徒勞，發我無明把火燒，若是久經行

14 蘊聞編《大慧普覺禪師語錄》，卷二十二〈示永寧郡夫人〉，頁 903 下。

15 語風老人圓信較定、郭凝之彙編《優婆夷志》〈燒庵婆〉，《嘉興藏》冊 23，頁 311 上。

16 千巖，即千巖元長，字無明，號千巖，為南嶽下二十三世，天目本禪師法嗣。〔宋〕明河《補續高僧傳》、〔清〕超永《五燈全書》等燈錄史傳皆有著錄。

陣者，不妨一箭落雙鵰」。語風信拈云：「冷地看來，這婆子也不唧溜（左口右留），何待遣出這僧，方燒却。且道語風意落在甚麼處？具眼者辨看」。頌云：「正恁麼時會也麼，漫勞更問我如何，比來一樣娘生肉，徹底風流不較多」。[17]

千巖，字無明，所以「無明把火燒」來呼應婆子一把火把菴燒了。續而「不妨一箭落雙鵰」，更揭示不只一箭「射僧人」，亦有「射僧既射婆」之高明手眼在。圓信則在火燒草庵中冷地看之，更厲害地說：「何待遣出這僧，方燒卻」？並指向「一樣娘生」、「徹底風流」，人人本具佛性，有體有用處。





燒庵婆的故事後來成了禪門熱門公案，許多修行者以此參究，許多禪師亦以此舉拈教授弟子，女性禪師祇園亦有〈燒庵婆〉頌古，云：

抱定正當恁麼時，賊過張弓落二機，不是婆婆親薦得，幾乎放過老頭皮。[18]

當女子抱定，再問「正恁麼時如何」？實則已落入第二機，賊已過，才張弓，但這僧人枯死在地，還是躲不過弓箭之射。看來很有修行人本色的一句話，在禪門看來卻是執死守枯，不能雙遣雙破、自由自在；狀似高處，卻死在當下，不能扭轉鼻頭，體用活潑、海闊天空。這是非常微妙、關鍵之處，所以祇園讚美這位婆婆是真正證悟之人，能覷破最後一機。

燒庵婆以男女之事，切入探測僧人，對男性來說，這是其修行最關鍵處，否則不必在在處處設防女性。而從此處亦可看出，不管禪婆或女禪師之出現，對男修行者來說，每每都是「男女性別」問題的大考驗，禪婆與女禪師更多在此發揮「不是婆婆親薦得，幾乎放過老頭皮」非常精彩，張力十足的機鋒。

諸如此類的末山、無著等女性禪師典範，燒庵婆等禪婆典範，自來都為禪者津津樂道，更是作為參究、舉拈作頌的公案，也常用來鼓勵女修行者，更常用來勘破修悟之關鍵處，尤其在性別問題上。

17　圓信較定、郭凝之彙編《優婆夷志》〈燒庵婆〉，《嘉興藏》冊 23，頁 311 上。

18　《伏獅祇園禪師語錄》卷上〈燒庵婆〉，《嘉興藏》冊 28，頁 428 中。

# 第二章　明末清初之女禪風潮

## 第一節　女性禪師之繁盛

禪門的女修行者自來就有非常精彩的呈現，以無著為代表的宋代女禪師就頗具特色，當時序進入明末清初，女性禪師卻大量浮現出來，儼然形成「女性禪師群」之繁盛，帶起一股「女禪風潮」，證之《五燈全書》，其所收入女性禪師共五十位，屬於明末清初者，就有三十五位，人數超過總數的三分之二。

又根據釋震華《續比丘尼傳》來看，從梁朝到民國三十年左右，傳主二百位，附傳四十七位。第七十四位開始記載明代比丘尼，到第七十八位就是萬曆年間（萬曆之前只記載五位），至第一三五位印月比丘尼，她是林野通奇（1595-1652）的嗣法弟子。印月之後可能還有屬於這個時期的比丘尼，但未有較明確之年代，所以粗略地估計這個時期從第七十八位到第一三五位，就有五十八位，加上附錄五位，總共六十三位矣。從梁到清共有一七三位，再加上附傳二十五人，共一九八位。而明末清初就佔六十三位。這六十三位比丘尼中，可明確看出修行禪法、開堂說法的女性禪師就有四十位左右，顯現這些被書寫的比丘尼大都是弘揚禪法的。而這麼大量的比丘尼真實事蹟書寫中，都是節操自持，甚至是勇猛修道、上堂弘法的一方之師。

所以將《五燈全書》與《續比丘尼傳》合看，單單屬於這個時期的女性禪師，則共有約四十六位，這個數量已是前代女性禪師總和的三倍了，其中確定有住持庵院者也有三十四位，而實際數量應該不只如此，今製表如下：

## 【貳-3】明末清初之女性禪師表（四十六位）

| 名　號 | 籍貫姓氏 | 住持居住庵院 | 師　承 | 著　作 |
|---|---|---|---|---|
| 祇園行剛 | 嘉興人<br>胡氏 | ＊梅里伏獅禪院 | 參密雲圓悟，石車通乘法嗣 | 《祇園禪師語錄》，入《嘉興藏》 |
| 德密 | 桐鄉人 | ＊某庵 | — | — |
| 季總行徹 | 湖廣衡州<br>劉氏 | ＊興化普度庵<br>蘇州慧燈禪院<br>檇李福國寺<br>當湖善護庵 | 於山茨通際有省，萬如通微法嗣 | 《季總禪師語錄》，入《嘉興藏》 |
| 圓鑑行玄 | 常熟<br>曹氏 | ＊常熟虞山直指庵 | 參密雲圓悟，牧雲通門法嗣 | 有語錄年譜行世 |
| 法淨行浩 | 當湖人<br>孫氏，<br>父水部臨鵁公 | ＊當湖思禪庵 | 費隱通容 | — |
| 如如傳慧 | 甘泉人 | ＊淮安拈花社（規模一如叢林） | 淮安湖心之南庵老人 | 檀柳絜才，行楷清潤韶秀。有上堂法語，一導禪師採入《虞山正燈錄》 |
| 覺柯本信 | — | ＊檇李明因庵 | 木陳道忞 | 《覺柯信禪師語錄》 |
| 惟極行致 | 姚江人<br>名家之女 | ＊杭州雄聖庵 | 參密雲圓悟、石奇通雲 | 《惟極詩文語錄》 |
| 高源行清 | 山陰人，<br>金氏 | ＊如皋普照庵 | 依月惠尼披剃詣密雲圓悟受具，得浮石通賢印可 | — |
| 可度 | 淮安人<br>田氏 | 秀州蓮花庵 | 介庵進 | — |
| 佛音 | 檇李濮鎮<br>葉氏 | 明因庵 | 介庵進 | — |

| 名　號 | 籍貫姓氏 | 住持居住庵院 | 師　承 | 著　作 |
|---|---|---|---|---|
| 法雨濟瀛 | 崇明人<br>管氏 | 自登庵 | 剖石壁 | — |
| 祖揆玄符 | 湖州人<br>李氏 | 靈瑞庵、<br>妙湛庵 | 繼起弘儲 | 《祖揆符禪師語錄》入《嘉興藏》 |
| 仁風濟印 | 崑山人<br>顧文康公從孫 | ＊玉峰靈峙庵 | 繼起弘儲 | 《仁風濟印禪師語錄》 |
| 寶持玄總 | 嘉興人<br>金淑修。金九成之孫女，隨州太僕徐世淳之媳 | ＊妙湛庵、海鹽南詢禪院 | 繼起弘儲 | 《季總禪師語錄》，入《嘉興藏》 |
| 一真玉恩 | 山陰人<br>王季重女 | ＊蕪湖太平庵 | 於愚庵盂受具本充盛得法 | — |
| 覺悟超祖 | 杭州人<br>趙氏 | ＊清涼庵 | 盧舟省 | — |
| 一音超見 | 戈氏<br>適沈 | ＊當湖善護庵 | 祇園行剛 | — |
| 義川超朗 | 南潯人<br>董氏 | ＊潯溪般若庵 | 祇園行剛 | — |
| 義公超珂 | — | ＊梅里伏獅禪院 | 祇園行剛 | 《伏獅義公禪師語錄》，入《嘉興藏》 |
| 一揆超琛 | 嘉興人<br>孫氏<br>嘉興大司寇孫簡肅公之曾孫 | ＊鴛湖参同庵 | 祇園行剛 | 《参同一揆禪師語錄》，入《嘉興藏》 |
| 天一超具 |  | 吳興蕭山庵 | 旅庵月 | — |
| 靜諾超越 | 杭州人<br>林氏 | 杭州雄聖庵 | 惟極行致 | — |
| 佛機超元 | 丹徒人 | 正覺庵 | 中樸隱 | — |

| 名　號 | 籍貫姓氏 | 住持居住庵院 | 師　承 | 著　作 |
|---|---|---|---|---|
| 慧空 | 鄞縣人<br>王氏 | 薜蘿庵 | 林野通奇 | — |
| 桴海超濟 | 真州人 | ＊大慈庵 | 法音澿 | — |
| 聖拙兆地 | — | ＊蘄水增福庵 | 初參山鐸在 | — |
| 象庵隱慧 | 武林人<br>莊氏 | 筠庵 | 豁堂嵒 | — |
| 靈璽上融 | 江都人 | ＊拈花庵 | 巨渤恆 | — |
| 慧照契蓮 | 金沙人<br>孫氏 | 蘇州天池古滌庵 | 巨渤恆 | — |
| 道遇 | | ＊無錫龍護庵 | 檗庵志 | — |
| 上機明本 | 魯山人<br>金氏 | ＊荊州延壽庵 | 水鑑海 | — |
| 照清明光 | 永嘉相國張文忠公孫 | ＊白塔庵 | 參天目智 | — |
| 通禮敏敬 | 瑞安人陳氏，<br>林眉聲堂孀 | 雙貞庵 | 紫芝有 | — |
| 行琳印月 | 浙江餘姚人<br>黃氏<br>姚江黃太史沖侄女 | ＊伏龍庵 | 參林野通奇 | 《伏龍印月禪師語錄》 |
| 蘊古希古 | | ＊某縣普應庵 | 祝峰善法 | — |
| 子雍成如 | 湖北荊門人氏父周志祥<br>母牛氏 | ＊永慶庵、永壽寺、吳山碧霞禪院 | 古律範 | 《永壽尼子雍如禪師語錄》，入《嘉興藏》 |
| 頓覺超悟 | 江蘇<br>常熟人 | ＊不詳 | 虛舟省 | 《頓覺禪師語錄》 |
| 自如 | — | ＊福祿院 | | 《自如禪師語錄》 |
| 超衍密印 | — | ＊不詳 | — | 《超衍密印禪師語錄》 |

| 名　號 | 籍貫姓氏 | 住持居住庵院 | 師　承 | 著　作 |
|---|---|---|---|---|
| 荊隱神一<br>又字龍隱<br>原名淑吉<br>字美南 | 華亭人<br>夏考功女 | ＊不詳 | — | 《昇略問答》二卷、《龍隱遺草》、《杜關語錄》 |
| 蘊古宗 | — | ＊某縣普應庵 | 寶如玉 | — |
| 御符元端 | 嘉定人<br>盧氏 | ＊杭州明因寺<br>嘉興伏獅寺 | 天童山曉 | 禪餘吟詩，多佳作 |
| 東悟明本 | 吳人<br>陳氏，<br>父久康<br>母高氏 | ＊燕都齊化鄂外靈官庵、石林智林法苑 | 費隱通容之四世法嗣 | 著語錄南帙九卷、《鑒雲》、《留跡》諸集，都十餘卷。 |

1. 資料來源：超永《五燈全書》、釋震華《續丘尼傳》、《嘉興藏》之七部女禪師語錄、楊謙《梅里志》、王桐初《奩史》、長谷部幽蹊《明清佛教史研究序說》、胡文楷編：《歷代婦女著作考》。
2. 取擇有記載修習禪法者。
3. 以明末崇禎至清初順治、康熙、雍正為主，並略及於乾隆者。最後一位：明本，有乾隆庚午（十五年）的記錄。
4. ＊，表示確實有住持庵院。有語錄者，應有住持寺院，故若有語錄，卻不知住持何處，即以「＊不詳」表示。

所以從文獻上看，自唐代以來，女性禪師之數量，在明末清初時期出現非常繁盛的情形，再證之時人的說法亦可見之一般。例如錢牧齋（1582-1664）《有學集》（坐脫比丘尼潮音塔銘）曾寫道：

> 予觀近日宗門，女戒鋒起，闍黎上座，林立鏡奩，語錄伽陀，交加丹粉，咸有尊宿印證，支派流傳，可羞可愍，莫斯為甚……[1]

所謂宗門女戒鋒起，即指女禪者紛紛出現，有的上座開法稱師，有的是寫作語錄偈頌，有的被尊宿印證，傳衍法脈等等，雖然看來錢牧齋甚為不認同，但他傳達出當時女禪師的繁盛現象。木陳道忞（1596-1674）〈湖州禪定菴比丘尼大賢墓碣銘〉曾談及當時禪林亂象，而云：

> ……惟大雄氏之道亦然，不分男女，靡間智愚，能如其說，身體

1　錢牧齋《牧齋有學集》下，卷三十六〈坐脫比丘尼潮音塔銘〉，（上海：上海古籍，1996 年），頁 1276。

而力行之，其于超凡入聖脫死離生也，蓋如麵作？，如金貿市，如執券而索要，如白晝之經營，亦莫不從心所欲者。世衰道微，持戒則僧不如俗，精進則女倍乎男，然未有食我桑黮不懷好音如近代之庸妄可訝也。[2]

道忞在大道不分男女的觀點下，認為當時「世衰道微」，在持戒上，僧人不如在家人，在精進上，女子還加倍於男人，亦傳達出當時女修行者表現突出。為女性禪師子雍寫序的超永，是《五燈全書》總編輯者，他相當重視僧史，其言道：

大法西來，而比丘尼能欽承正道，機辯穎悟，扣擊無虛，弘揚法化者，自初祖嗣總持，高安嗣末山，然後代？乏人，本朝所推重金粟乘祖嗣祇園剛、龍池微祖嗣繼宗徹、雪竇雲祖嗣唯極致、天童奇祖嗣印月霖，諸禪師建立門庭，鉗錘後學，著奇操偉業，精通至理，其所持說，雖碩學名德，莫能難焉。俱各傳續其人，乃相率折節，為勤儉程猷經用，風教盛行江浙齊楚，樹聲保社，規模嚴肅，彬彬然大有可觀也。[3]

女性禪師自總持後，有末山等人，之後就乏人接繼，到清初（實則是明末），卻出現許多傑出的女性禪師，傳承法嗣，建立門庭，上堂說法，立論精闢，規模嚴肅，風教盛行江浙齊楚，彬彬然大有可觀，超永連舉祇園剛、繼宗徹（季總徹）、唯極致、印月霖（琳）等女性禪師來證明。這樣一位重視僧史的比丘，以歷史的眼光，看出當時女性禪師繁盛的現象，而且這種繁盛並非只是數量上的，更是質量上的，她們修證有成，傳承法嗣，上堂教化，並有語錄出版，其中還有七位女性禪師語錄，編入明版藏經《嘉興藏》。

## 第二節　促發之時代因素與處境

女性禪師之繁盛，除了個人的修證努力之外，整個時代文化給予的烘托與機會，亦是重要觸媒，而這樣的繁盛現象只是單純地繁盛嗎？不

2 道忞《布水臺集》卷十五〈湖州禪定菴比丘尼大賢墓碣銘〉，《嘉興藏》冊 26，頁 366 下。

3 《子雍如禪師語錄》超永序，《嘉興藏》冊 39，頁 819 上。

然，它的內涵是交錯複雜的，大有在所謂的亂象中，走出一片新生之感。以下將從時代風氣、女性處境、女性宗教活動力、禪宗發展來觀察。

值得附帶提及的是，在時代風氣變化中，明末清初的朝代更替是很重大的變革，許多官宦世家、士大夫等或橫奪官位，或流離失所，或志為遺民，他們的女眾眷屬在這樣的亂世中有因此出家者，較為著名的是所謂嶺南三尼：日曜（潮州望雲庵或王姑庵）、今再來機（廣州無著庵）、自悟（及無我，番禺檀度庵）。日曜，為世代食封中州的周王之女，後來周王被俘殺。今再來機，是天然函昰之妹，天然，為番禺望族，是清初曹洞宗重要大師，許多遺民出家者都皈其門下。自悟，是平南王尚可喜之女，尚可喜為遼東人，降清後入關南下，被封平南王，鎮粵二十多年，暴虐橫為。這三位比丘尼，是否以禪門為宗，以參禪為法？這應該多少都有的，尤其是今再，但可惜無有確然資料可知其是否開堂說法，成為女性禪師，所以論及女性禪師時，就無法兼及，也無法立此為其時代因素之一來討論；然而留下這樣的線索，或可讓女性禪師繁盛的時代背景因素，補上一些外圍的氛圍。





### （一）傳統價值、女性制約的鬆動

明末清初在政治上，是個朝代替換的「世變」時代，朝代的末微有各種不安與動盪，盜賊流寇紛起而民不聊生，最後更被異族統治，形成民族自尊心的劇烈傷害，因而士大夫有夷夏之辨的強大撕裂，有的自殺殉國，有的惱恨逃禪，有的苟延山林，有的幽憤以終，有的立於新朝等等。在經濟上，是邁向資本主義的時期，有書籍大量的印刷流通，書商的興起，甚至有賈而好儒者，人口激增、物產豐厚、城市興起、資訊傳播加快、財富的增加也促進消費增強，個人藉由各種商業行為便可容易擁有財富，有了財富可以購買一切，以往所謂貴族的標誌象徵，例如稱號、衣服、房舍，都可以用財富去購得，因而打破了仕商的界限，廣大的庶民逐漸形成主流力量，這便是所謂世俗化的社會傾向[4]。在世俗化的

4　有關明代社會風氣的變遷，參考徐泓〈明代社會風氣的變遷——以江浙地區為例〉（《第二屆國際漢學會議論文集》（明清與近代史組）），〈明代北京的社會風氣變遷

過程中，庶民展現強大的社會活力，強調個人化、自由化，對以往的價值觀漸次漠視不在意，連帶地對女性的限制也產生鬆動，這些鬆動包括行動空間、經濟、服飾、才華的展現等等。

但是因為社會繁榮富裕，社會風氣走向奢華，我們也常常在明末士人的筆記中讀到感嘆階級與倫常已然失序混亂、風俗敗壞奢華的言論。不過由這些資料中我們反而看出各種個人自由的展現。例如顧起元（1565-1628）《客座贅語》提到：

有一長者言曰：正、嘉以前，南都風尚最為醇厚。薦紳以文章政事、行誼氣節為常，求田問舍之事少，而營聲利、畜伎樂者，百不一二見之。逢掖以呫嗶帖括、授徒下帷為常，投贄干名之事少，而挾倡優、耽博奕、交關士大夫陳說是非者，百不一二見之。軍民以營生務本、畏官長、守樸陋為常，后飾帝服之事少，而買官鬻爵、服舍亡等、幾與士大夫抗衡者，百不一二見之。婦女以深居不露面、治酒漿、工織紝為常，珠翠綺羅之事少，而擬飾倡妓、交結姏媼、出入施施無異男子者，百不一二見之。[5]

他引一位長者所言，認為正德、嘉靖以前社會風俗極為醇厚，各種求田問舍之事、營聲利、蓄伎樂、投贄干名、挾倡優、耽博奕、交關士大夫、買官鬻爵、服舍不依規矩、婦人裝飾得像倡妓、與巧言的婦人交往、出入跟男子沒有兩樣等等情形很少，而反襯出嘉靖之後，這些情形比比皆是。由顧起元的描述正可以反映出，明末商業發達，尤其是各種娛樂業，而庶民的經濟條件富裕，可以不顧階級之分。其中婦女可以打扮得很美麗，而且比較有人際交往空間，出入也比較自由。

張潮《松窗夢語》亦有云：

國朝士女服飾，皆有定制，洪武時律令嚴明，人遵畫一法。代變風移，人皆志于尊崇富侈，不復知有明禁，群相蹈之。如翡翠珠冠、龍鳳服飾，惟皇后、王妃始得為服，……五品以上用紵絲綾羅，六品以下用綾羅緞絹，皆有限制。今男子服錦綺，女子飾金

——禮制與價值觀的改變〉，《大陸雜誌》第 88 卷第 3 期，1994 年）。

5　顧起元《客座贅語》卷一〈正嘉以前醇厚〉，（北京：中華書局，1997 年），頁 25-26。

珠，是皆僭擬無涯，逾國家之禁也。[6]

他認為當時尊崇富侈為尚，而且一般庶民百姓皆有能力群起仿效。以服裝為例，已經不遵循朝廷以階級來分各種服制的規矩，只要買得起，一般平民女子也可比之皇后貴婦而「飾金珠」。可以想見各種由上至下的社會規範已經鬆動瓦解。

就學術界士人的思想上，是陽明心學的興起，也正是舊有權威價值被打破而必須要重新評估與詮釋的時期。讀書人正面臨各種思想的解放，甚至佛教也受到這樣的流風所及，例如沈德符（1578-1642）《萬曆野獲編》記載當時名僧雪浪道盛：





然性佻達，不拘細行，友人輩挈之游狎邪，初不峻拒。或曲宴觀劇，亦欣然往就。時有寇四兒名文華者，負坊曲盛名，每具伊蒲之饌，邀之屏閣，或時一赴。時議譁然，遂有摩登伽、鳩摩羅什之謗。……曾至吳越間，士女如狂，受戒禮拜者，摩肩接踵，城郭為之罷市。雪浪有侍者數人，皆韶年麗質，被服紈綺，即衵衣亦必紅紫，幾同煙粉之飾。予曾疑之，以問馮開之祭酒：『比丘舉動如此，果于禪律有礙否？』馮笑曰：『正如吾輩十數婢妾，他日何害生西方登正覺耶！』其愛護之如此。[7]

雪浪道盛當時不拘細行，出入曲宴劇場，並有年輕麗質之侍者多人，穿著鮮艷。而文中的馮開之即是馮夢禎，是萬曆進士，官至國子祭酒，是位護持佛法甚力的居士，曾事袾宏、真可。他以蓄婢妾，無害生西方登正覺的思考，一方面維護雪浪道盛，一方面也呈現出當時士人對於以往既定的道德觀，會以「重心不拘形」的方式來破解。然而，也同時呈現當時亦有如沈德符者，對這樣的放縱行為有所疑惑、有所譁然。值得注意的是，當時吳越之地的士女對雪浪甚為崇拜，他一到此地就引起「士女如狂」，而受戒禮拜的人之多，足以讓「城郭為之罷市」。可見當時女性在情感上可以自由表達出宗教狂熱之情，在宗教上也可以選擇修行人來受戒禮拜。

---

6 張瀚《松窗夢語》卷七，（北京：中華書局，1985 年），頁 140。

7 沈德符《萬曆野獲編》卷二十七，（臺北：新興書局，1977 年），頁 692-693。

傳統價值觀的鬆動，特別是對女性制約的鬆動是當時庶民大眾的現象，就如前面所引社會風俗奢華讓士人感到憂慮一樣，當時對於女性限制的鬆動也同感憂慮而寫出很多「女訓」的作品，所以明清時期的女訓著作就特別繁榮，根據《中國叢書綜錄》記載，明清兩代的女教書籍就有三十種，而明代以前只有四種。[8] 所謂「女訓」即是對女子的家訓或女子寫的家訓，在此專就對女子的家訓而言，其內容就是專門教導女子如何相夫教子，強調女德的訓規。例如儒士王相編集所謂《女四書》，就是將明仁孝文皇后徐氏的《內訓》、漢代班昭的《女誡》、唐代宋若莘的《女論語》、以及自己的母親劉氏的作品《女范捷錄》合集而成。還有呂近溪《女小兒語》呂坤《閨范》、解縉《古今烈女傳》、李文定的《訓女文》、趙南星注釋《女兒經注》、王劉氏《古今女鑒》、朱浩文《女三字經》、傅以浙《內則衍義》、陳宏編《教女遺規》、清順治貢生陸圻的《新婦譜》等等。[9] 這麼多的有關女教的書籍無非是以家庭倫理價值為中心的女性規範，表面看來似乎這個時代女性非常傳統，有嚴格的女教，要遵守倫理規矩，而且諸多史書也記載著比前朝更多的貞節烈女，旌揚牌坊林立，但是由史料比對深入來看，其實是因為當時庶民大眾女性的規範已然漸次鬆動瓦解，大量的制衡力量紛紛出籠以期待回歸安定的傳統。



### （二）「天地精英，鍾于女性」之說的流傳

朱國楨曾為李氏董夫人（1578-1632）寫傳、壽誕序，李氏即女性禪師義川之養母，她十八歲夫死守寡，一直到她去世，守寡三十八年，因此得到旌表，朱國楨為其作傳〈董節婦李夫人傳〉表揚，並感歎地說：

> ……豈非天地精英之氣，鍾于婦人，不于男子，且借貞節大發其祥，以振衰門，光我鄉閭，為朝廷重耶？[10]

---

8　徐少錦、陳延斌著《中國家訓史》，（西安：陝西人民，2003 年），頁 553。

9　引自徐少錦、陳延斌著《中國家訓史》，頁 553。

10　朱國楨《朱文肅公集》〈董節婦李夫人傳〉，《續修四庫全書》集部．別集類，冊 1366，（上海：上海古籍，1997 年），頁 192。

明清史冊上的貞節烈婦，超乎前代甚多，形成一種特殊的時代現象，而天地精英之氣，鍾于婦人的觀念，在明末，甚至明清兩代都甚為流行，也使得男性對婦女表現出特別的興趣，並由女性身上詮釋出他們自己對「情真」的情色觀，以及「超越名教」的嚮往。[11] 例如馮夢龍《古今譚概》有一段記載：

> 謝希孟在臨安狎娼，陸氏象山責之曰：「士君子乃朝夕與賤娼女居，獨不愧於名教乎」？希孟敬謝，請後不敢。他日復為娼造鴛鴦樓，象山聞之，又以為言。謝曰：「非特建樓，且有記」。象山喜其文，不覺曰：「樓記云何」？即口占首句云：「自遜、抗、機、雲之死，英靈之氣，不鍾於世之男子，而鍾於婦人」。象山默然。[12]





去狎娼，被理學家所責，但謝希孟認為，自魏晉風流士人之後，天地英靈之氣，已「不鍾於世之男子，而鍾於婦人」矣，再而崇禎五年的《續玉台文苑》序云：「非以天地靈秀之氣，不鍾於男子；若將宇宙文字之場，應屬乎婦人」。崇禎六年的《古今女史》序亦有「海內靈氣，或不鍾男子而鍾女人」。清初《紅蕉集》序言：「抗、遜、機、雲沒，而乾坤清淑之氣，不鍾男子，而鍾婦人，難言哉」！諸如此類，正也呼應朱國楨的感慨與看法。

為女性禪師祖揆語錄寫序的李模，是位士大夫，他便言道：

> 金烏玉兔，交互爭輝，天苞地符，亭毒示異，世界清奇之氣，不在於此，即在於彼，況觀音大士現婆羅門身，赤腳渡流沙河來，壁觀九年，分皮析髓，一等是人家男女，纔跨得渠門限，骨頭都

---

11 鄭培凱〈天地正義僅見於婦女——明清的情色意識與貞淫問題〉，《當代》雜誌第16、17期，（1987年08月-1987年09月），該文對明清士人對女性表現出特別興趣的情色解析，甚為精闢。這種天地英靈之氣獨鍾女性的心情，亦可見秦蓁〈女子關係天下計——論明清時代男性在女性面前的慚愧意識〉一文，從另一面來談男性的慚愧意識；熊月之、熊秉真主編《明清以來江南社會與文化論集》，（上海：上海社會科學院，2004年），頁57-63。

12 轉引自鄭培凱〈天地正義僅見於婦女——明清的情色意識與貞淫問題〉；《當代》雜誌第16期，（1987年08月-1987年09月），頁48，以下英靈之氣鍾於婦女之文獻引文，均轉引此文。

換卻了也。[13]

李模講得比較客氣中庸，世界清奇之氣，不在於此，即在於彼，他為女禪師寫序，自有清奇之氣，落在女性之意。所以舉女性形相的觀音，化成男性形象之達摩，來中土教化，以「一等是人家男女」，歸攝佛法男女相虛幻之核心教理。這比之一般世俗「天地精英，鍾于女性」之說法，更切入覺性來談，也更符合女性禪師。而由李模之說法，亦可看出獨鍾女性之說，亦為其所知。

這種天地精英之氣流轉、輪替的說法，不以仕宦、在野、農工、商賈等角色為流轉對象，而將視角放在男女性別，認為之前在男性身上，現在已流轉至女性矣，顯然是因為對女性有了特別的注目、興趣與看重。所以明末清初這種「天地精英，鍾于女性」之看法頗有流傳，這樣的觀念必然是流竄在男性社會，他們或許是因為末代、改朝的失落感所致，但對女性而言，這並不重要，重要的是因為男性這樣的心情，無形中提供出一個空間，讓他們更注目於女性，願意發掘女性、欣賞女性、舉揚書寫女性才華。在這種氛圍之下，必然有助於女性禪師的被認肯、被書寫。

### （三）守貞與情欲之籠罩與超越

在富奢的社會風氣下，婦女的限制得到鬆解，但相對地也引來大力疾呼重建禮教。而當女性在社會上得到較多的自由時，更使女性找到自主的方向，女性才華展現的機會更多，男性也在這樣的氛圍裏，鼓勵女性展現才華並出版詩文集，因此明末女性詩文集的著作出版數量都超越前代。另一方面，民間小說筆記有關情欲的書寫也超越前代。[14] 而當疾呼重建禮教時，守貞的重視與表揚也就大量出現，不管是史書或地方志，明代對貞節烈婦的記載與褒揚，其數量更是前所未見。

兩種端極不同的立場交織在一起，在這當中卻有一群女性，既離開了家庭倫理價值觀，也不務求才華、情感的展現，而是以宗教修持、脫

13 《靈瑞禪師語錄》李模序，《嘉興藏》冊 35，頁 715 上。

14 有關明清情欲問題討論甚多，例如熊秉真、余安邦合編《情欲明清》，有遂欲篇、達情篇二種。（臺北：麥田，2004 年）。

越生死為理想，選擇出家修道，有的未婚出家，有的夫喪出家，雖然不在傳統倫常的範圍內，但因為是獨身，所以也就等同守貞守節，符合當時對女性的道德要求。就其個人言，也可因此找到人生新方向、了生脫死，否則也可以成全社會道德，免去被逼再嫁的困擾，安養天年，所以她們亦可說是在守貞與情欲之外，追求生命解脫的智慧女性。

然而無法避免的，這個時期的比丘尼也常被人從守貞、情欲面向來看。例如女性禪師一揆，其行實談到：

> ……不幸盛君遘疾，醫禱不效，願以身殉，復自念云：倘棄所天，徒死無益，思投入空門，為出世計。……未幾，作未亡人……自後師毀容變服，茹素持誦，日不下樓，一意焚修。[15]

當一揆俗家的丈夫盛君，病入膏肓時，一揆就想以身殉之，但又想「徒死無益」，於是「思投入空門」。後來夫死，她就毀容、專意朝向修行之路。這個過程中有位林泉老師，啟發其佛法。所以出世，既能追尋生命答案，又兼具守貞守節的觀念。又，當朱彝尊（1629-1709）《靜志居詩話》談到女性禪師祇園時：

> 先伯祖母趙淑人嘗師事祇園，疑義必質，故余少日曾見之，威儀醇樸，毋論空門行業，即以節婦論亦宜，存其片言以當鳳樓新戒也。[16]

在他看來：先不論祇園修道境界為何，就其節操，就可以稱之為節婦，其言行也可以作為女子的訓規。將比丘尼比為節婦，正代表這種視出家兼有守貞功能的看法。在講究守貞節婦的時代裏，這是促發女性出家的原因之一，所以出家在形式上成了女性守節安頓之所。

另一方面，明代經常將比丘尼冠上「三姑六婆」之名，[17] 認為她們穿堂走戶，煽惑婦女，敗壞社會風俗，成為淫媒仲介者，甚至尼庵成了



15 《參同一揆禪師語錄》〈參同一揆禪師行實〉，《嘉興藏》冊 39，頁 16。

16 朱彝尊《靜志居詩話》。《明代傳記叢刊》冊 8，（臺北：明文書局，1991 年），頁 466-467。

17 衣若蘭《三姑六婆——明代婦女與社會的探索》，對此問題有些探討，（臺北：稻鄉，2002 年）。簡瑞瑤《明代婦女佛教信仰與社會規範》（臺北：稻鄉，2007 年），黃惠瑞《明代江南比丘尼之社會經濟活動》（臺南：成功大學歷史研究所碩士論文，2005 年 1 月）。及蘇美文〈亂象中的新生：論明末清初比丘尼之形象與處境〉，《中華技術學院學報》第 27 期（2003 年 5 月）。對明代的比丘尼處境有所論述。

婬窟勾欄。許多明清之筆記小說的比丘尼形象更多如此，充滿情欲、敗俗的象徵。許多明清衛道之士也對比丘尼多有設防，都有女子禁入佛寺、婦女不佞佛之勸戒，甚至因此有禁毀尼庵之舉。

比丘尼離俗出家，守貞本為必然，世俗的倫理道德也為她們所遵守，她們實則是在情欲、守貞之外，亦即超越情欲與守貞，以解脫生死為志業的。但在大量浮現情欲解放，願意顯揚女性的時代，以及大量舉揚守節婦女，又對比丘尼充滿敵意的時代，一方面正是呈現比丘尼數量增多，活動力變強，一方面卻也被籠罩在情欲與守貞之間，讓真正修行的比丘尼遇到或只以守貞見之，或專以情欲見之而詆毀她們的世俗環境。



## （四）比丘尼、女禪師的宗教活動力強

### 1、比丘尼的經濟能力

從明代筆記中也可以看到宗教活動中，女性參與的人多了，而比丘尼活動力、經濟力也頗強，顧起元（?-?）的《客座贅語》中提到：

> ……尼之富者，衣服綺麗，且盛飾香纓麝帶之屬，淫穢之聲，尤腥人耳。……至於講經說法，男女混殺，晝夜叢沓，尤當禁戢。而邇年以來，僧道無端創為迎接觀音等會，傾街動市，奔走如狂，亦非京邑所宜有也。表立清規，楷正流俗，是在有識者深計之而已[18]

有錢的比丘尼可以穿著綺麗的衣服，而且還帶上裝飾品。講經場合從早到晚，男女混殽參與。而迎接觀音法會時，則是「傾街動市、奔走如狂」。雖然其用語都是批判之意，但就「尼之富者，衣服綺麗」的現象來看，某些比丘尼可以稱為「富」，擁有強的、自己的經濟能力。

又，當時著名的律學復興大師：見月律師（1602-1679），名聞教界，所以有位尼師心聞，志在持戒，想來寶華山依戒乞求安居：

> 楚漢陽府尼心聞，年五旬，志在持戒，同徒等九人，一帆不憚險遠，十眾登山乞求安居三月，供米六十石，銀二十兩。……於設

18　顧起元《客座贅語》〈尼庵〉，（北京：中華書局，1997 年），頁 68。

齋日，不肯入堂禮拜，齋畢集眾，呼彼語云：汝發心遠來學戒，為何不進齋堂禮僧？律制比丘尼縱年百歲，當禮初夏比丘，今自大慢僧，非學戒者。彼云：某在楚中，若有善知識處，俱往設齊，方丈皆以客禮相款，並不禮拜。余云：彼貪圖利養，敗壞法門，……有弟子古潭入室白云：彼尼遠來，常住空虛，和尚且方便攝受，一則不退彼心，次則大眾有半月之供。[19]

這是見月律師堅持八敬法戒律的一段敘述，個中判斷暫且不論，但可以發現，心聞與徒眾帶著「米六十石，銀二十兩」來寶華山供眾，這些東西足以供養大眾半個月。而她們過去一向都是：只要遇有善知識，都會前往設齋供養的。相對的，當時寶華山是「常住空虛」的。由此可見，當時有些比丘尼是有強的、自主的經濟能力。[20]





**2、女性禪師的弘法能力**

祇園的弟子義公超珂，其語錄有高以永之序，其言：

……惟吾禾郡則不然，吾郡自鼎革來，名閨巨族多有克自振拔，或能棄顯榮而嚮道，或因賦別鵠而被緇，聞見固多，親炙不少。[21]

高以永是康熙十二進士，曾知河南、安州地方官。他指出江南嘉興一帶，明末清初有頗多大家族女性修學佛法、出家學道的，[22] 他耳聞很多，甚至親自參訪的還不少。看來當時士人參學問道的對象，還包括不少的女禪者（師）。可見女性禪師的証道弘化，在當時的禪林是重要的一環。

以祇園為例，她曾出外多處參學多年，在石車通乘門下開悟後，就在嘉興梅里的伏獅禪院（之前名為董庵）弘法，形成女性禪法教團。朱彝尊的先伯祖母趙淑人也是她的弟子，而且是「疑義必質」（見上引文），朱家在當時是書香門第、官宦之家的旺族，能夠得到官婦的請益

19 見月《一夢漫言》卷下，此書與《安樂集》（道綽撰）、《格言別錄》（弘一大師撰）合集。（臺北：新文豐，1990 年），頁 78。

20 黃惠瑞《明代江南比丘尼之社會經濟活動》，亦論及當時比丘尼之經濟力。（臺南：成功大學歷史研究所碩士論文，2005 年 1 月）。

21 《伏獅義公禪師語錄》序，《嘉興藏》冊 39，頁 1。

22 這現象或多或少與晚明遺民逃禪、戰亂離亂有所關連。

而讓其成為弟子，必非徒是信仰層面之給予，必定有義理修持之深厚為後盾，從語錄中與趙淑人的對答書信亦可知。而朱彝尊又以節婦比擬之，曰其「威儀醇樸」，顯現其戒行修為。除了女性弟子（有比丘尼、女居士）之外，也有隨著女性而來的男性家人（男居士）一起皈依的，但基本上以女性為主體，凡有志於參禪者都聚集在伏獅禪院，祇園開堂說法、話頭啟悟、棒喝點撥，帶動一股女性參禪的熱潮，有相當大的弘法攝受力。証之清初楊謙《梅里志》所記載：

> 伏獅院在板橋北，女僧蘭若，俗呼董庵，規模宏整，鑄鐵為佛像，徒眾亦盛，為諸菴冠冕。……其名伏獅則後祇園禪師所命也，菴前後殿二房樓五，西設方丈，兩旁廚庫集（左示右集）寮，咸具有業林之規，故名曰院。祇園為天童密雲孫，金粟石車子，以女身相宏臨濟法，來住斯院，故曰禪。[23]

伏獅禪院在祇園的帶領下，成為當時嘉興梅里一帶「徒眾最盛，為諸菴冠冕」。而梅里在明清時期是江南文化隆盛之地，能夠在此大開女性參禪之風，足見其弘法之盛。又例如，《梅里志》所談到的覺柯禪師：

> ……惟覺柯禪師嗣平陽木陳，祖密雲，在臨平修建明因道場，住二十餘年，會下女眾常百餘人，其道風最著。[24]

覺柯行信禪師是木陳道濟之嗣法弟子，木陳道濟是密雲圓悟之弟子，與祇園同為臨濟楊岐一脈，覺柯禪師亦有語錄行世，但今已不存。她建立明因道場，弘法二十多年，經常有女眾百餘人，道風很顯著。

目前所知，有資料可証的明末清初時期女性禪師所住持的禪（庵）院頗多，皆可証明女性禪師弘法活動力之興盛，今專以住持庵院者製表如下：



23　楊謙《梅里志》卷四〈寺觀〉，伏獅禪院下，前段轉引自《春風錄》，後段出自王庭〈重修伏獅禪院記〉。《續修四庫全書》史部．地理類，冊 716（上海：上海古籍，1997 年），頁 710。

24　楊謙《梅里志》卷四〈寺觀〉，伏獅禪院下，王庭〈重修伏獅禪院記〉。《續修四庫全書》，史部．地理類，冊 716，頁 710。

## 【貳-4】明末清初女性禪師之住持庵院表*[1]*[2]

| 女性禪師之名號 | 住持庵院 |
| --- | --- |
| 成慈 | 廣州 總持庵*[3] |
| 祇園行剛 | 梅里 伏獅禪院 |
| 德密 | 某庵 |
| 季總醒徹（行徹） | 興化 普度庵、蘇州 慧燈禪院、檇李 福國寺、當湖 善護庵 |
| 圓鑑行玄 | 常熟虞山 直指庵 |
| 法淨行浩 | 當湖 思禪庵 |
| 如如傳慧 | 淮安 拈花社 |
| 覺柯本信 | 杭州餘杭 明因庵*[4] |
| 惟極行致 | 杭州 雄聖庵 |
| 高源行清 | 如皋 普照庵 |
| 祖揆濟符（玄符） | 嘉興 妙湛庵 |
| 仁風濟印 | 崑山玉峰 靈峙庵 |
| 寶持濟總（玄總） | 嘉興 妙湛庵、海鹽 南詢禪院 |
| 一真玉恩 | 蕪湖 太平庵 |
| 覺悟超祖 | 清涼庵 |
| 義川超朗 | 潯溪 般若庵 |
| 義公超珂 | 梅里 伏獅禪院 |
| 一音超見 | 當湖 善護庵 |
| 一揆超琛 | 鴛湖 參同庵 |
| 桴海超濟 | 大慈庵 |
| 聖拙兆地 | 蘄水 增福庵 |
| 靈雪上融 | 拈花庵 |
| 道遇 | 無錫 龍護庵 |
| 上機明本 | 荊州 延壽庵 |
| 照清明光 | 白塔庵 |
| 印月行霖 | 伏龍庵 |
| 子雍成如 | 永安寺、洪恩寺、永慶禪院、碧霞禪院 |
| 超衍密印 | 吳山 寶聚庵 |
| 自如 | 福祿院*[5] |
| 頓覺超悟 | 不詳*[6] |

| 女性禪師之名號 | 住持庵院 |
|---|---|
| 蘊宗希古 | 某縣 普應庵 |
| 蘊古宗＊7 | 某縣 普應庵 |
| 龍隱神一 | 不詳 |
| 御符元端 | 杭州 明因禪院、嘉興 伏獅禪院 |
| 東悟明本＊8 | 石林 智林法苑、<br>燕都齊化鄂外 靈官庵 |

＊1 此表之資料來源有：釋震華《續比丘尼傳》、楊謙《梅里志》、《嘉興藏》中之女性禪師語錄，超永《五燈全書》、王桐初《奩史》、胡文楷《歷代婦女著作考》、長谷部幽蹊《明清佛教史研究序說》。

＊2 女性禪師們確實的生卒年，大多不詳，只能大致推斷是在明末清初這段時間，所以表格內前後秩序只是大約狀況，並非明確的年代秩序。也容許可能有二、三位之年代已到了乾隆時期。

＊3 此表所列都是明確有教授徒眾、上堂開法、弘法之事蹟者。

＊4《續比丘尼傳》記載為檇李明因庵，但據楊謙《梅里志》王庭〈重修伏獅禪院記〉云，明因禪院在臨平，臨平在杭州餘杭。王庭與覺柯相識，其記載應該較為正確。

＊5 根據胡文楷《歷代婦女著作考》，頁619，自如禪師有《福祿院自如禪師語錄》依例判定「福祿院」即是她住持弘法之處。

＊6 所謂住持庵院不詳者，是因其有語錄的出版，可以証明有弘法，所以列入。

＊7 蘊古宗，據長谷部幽蹊《明清佛教史研究序說》考証，是寶如玉之法嗣，住持普應庵。而蘊宗希古，據釋震華《續比丘尼傳》冊136，是祝峰善之法嗣，也是住持普應庵。兩人是否同一人？待考。

＊8 明本，在《續比丘尼傳》為「明本」，《歷代婦女著作考》引《擷芳集》記載為「明修」。

## （五）亂象與開放之間

### 1、比丘、居士眼中的亂象

對比丘尼、女性禪師之繁盛，經濟、弘法能力強的現象，也產生一些流弊而引起痛責，連帶地被視為禪門衰微的現象之一。[25] 就如前引錢

25 對晚明佛教之衰微法運，討論甚多，江燦騰《中國近代佛教思想的諍辯與發展》〈晚明佛教叢林衰微原因析論〉，（臺北：南天書局，1998年），所論頗深。

牧齋（1582-1664）《有學集》〈坐脫比丘尼潮音塔銘〉所寫：

予觀近日宗門，女戒鋒起，閣黎上座，林立鏡奩，語錄伽陀，交加丹粉，咸有尊宿印證，支派流傳，可羞可愍，莫斯為甚。是比丘尼（指潮音），卻避市塵，遠離俗姓，不唱參訪之緣，不掛大僧之籍，一聲佛號，十念往生，旌表末法，甚難希有……善乎波居士推言之曰：『世尊說法，四眾同集，法華會上，比丘尼與諸大弟子等記作佛。奄及末運，以逮今時，出頭露面，幾成戲事，盲參瞎仰，斷送佛法』。[26]



牧齋認為潮音比丘尼是「卻避市塵，遠離俗姓」，而且「不唱參訪之緣，不掛大僧之籍」沒有到處參禪問道，也不依附有名的師父，只是「一聲佛號，十念往生」修行念佛法門。潮音這些德性正可以對比作為上師、編著語錄、傳承法脈的女性禪者是「可羞可愍，莫斯為甚」，並認同這種現象是「出頭露面，幾成戲事，盲參瞎仰，斷送佛法」。這樣的說法當然包括在錢氏對當時禪門盛而教理弱、禪宗的機鋒棒喝偏空、莽蕩之批評之中，[27] 連帶地，女性修行禪法形成的現象也就成為這些偏空亂象中的亂象。雖然他批評禪門偏空莽蕩，但生平多與禪師交往頻繁，還為密雲禪師寫塔銘，所以並非全然否定禪門，但提起女性為上座、傳承法脈等事時，使用相當嚴厲的語詞來批評。牧齋在〈送性恆比丘尼歸窆靈墟頌〉中又云：



我觀後後世，正法漸冥晦，魔民坐道場，取次多魔女，影掠口頭禪，渾身坐漆桶，自稱大和尚，高座受禮拜，諸餘摩鄧種，婺娯弄唇舌，……如來法海水，豈獨女無分，後後五百年，佛智照及故，如是比丘尼（案：性恆），能修真實行，不依莽蕩空、撥棄有為法，能于劫火中，護持佛法僧。[28]

性恆比丘尼是修頭陀行的，是獨修自苦、不務弘揚的修行方式，所以牧

26 錢牧齋《牧齋有學集》下，卷三十六〈坐脫比丘尼潮音塔銘〉，（上海：上海古籍，1996 年），頁 1276。

27 錢牧齋在〈募刻大藏方冊圓滿疏〉云：「昔苦法弱而魔強，今苦宗強而教弱，魔強法弱，魔在法外，宗強教弱，魔在法中。棒喝交加，豁達莽蕩，是為惡醉而洪飲，誰能引鏡而識頭？」，錢牧齋《牧齋有學集》下，卷四十一，頁 1399。

28 錢牧齋《牧齋有學集》下，卷四十二。頁 1455-1456。

齋讚歎她的德行，一方面也要對比禪門中所謂「取次多魔女」、「諸餘摩鄧種」之「嫈嫇弄唇舌」。所以雖然牧齋對女性修行者不是一律都批評，對於禪門男性禪師也並非完全否定，但卻對於有比較外顯的、弘揚式的宗教行為，如成為上座、印行語錄、傳承法脈等的女禪修者，顯然不能認同。同樣地，這樣的批評也正顯現當時女性禪修、弘法現象的興盛。

明末曹洞宗重要禪師湛然圓澄在《慨古錄》中談及佛答應姨母出家、比丘尼八敬法之事，也連帶提到這種現象，其態度是：

> ……今也，沙門多有傍女人住者，或有拜女人為師者，或女人為上輩，公然受沙門禮，而漫不知為非者，所謂滅正法者，不其然乎？[29]

依其前後文來推斷，此處的女人應是指比丘尼或是帶髮修行的女子。這是湛然在佛教叢林中的觀察，暫不討論其觀點之曲直，就觀察其議論背後所展現出來的現象即是：有拜女人為師者、有女人為上輩，公然受沙門禮。，所以女性、比丘尼宗教活動力強由此更加證明。

《梅里志》曾記載到王庭之夫人蔣氏提唱宗風，與祇園比盛：

> 王菴在伏獅院水南，方邁人公別業，蔣夫人居之，暮年佞佛，披緇執拂，提唱宗風，道俗皈依，與祇園比盛，時古南牧公屢致書公子覺菴，力言其非，諭以諫止，并祇園聚講之不可，皆不能從。[30]

古南牧公，即是牧雲通門，密雲之嗣法弟子之一，算是祇園的師叔，祇園要到伏獅弘法時，曾先向其敘法脈，並且在其圓寂前被請來作証，還為祇園舉行安座、封龕等法事。地方志中引用牧雲間接說法的資料顯示：當時有位蔣夫人，是王庭之妻，王庭曾任廣州知府、江西右布政使等職，晚年杜門謝客，以明道著書為己任。他的妻子蔣夫人晚年「披緇執拂」，在王庵提唱宗風，當時道俗皈依之盛，可與祇園相比。可能因為蔣夫人並非比丘尼，只是女居士收受道俗皈依者，所以牧雲寫信勸蔣

29 湛然圓澄《慨古錄》，《新纂卍續藏》冊 65，頁 373 上。

30 楊謙《梅里志》卷四〈寺觀三〉，《續修四庫全書》，史地．地理類，冊 716，頁 712。

夫人的兒子（王援，字覺菴），要其勸阻母親。尚且不論戒律問題，從這段描述，一方面證明祇園弘法之盛，一方面亦顯現縱使一位女居士亦能得到「道俗皈依」，女修行者弘法能力之強，可想見一般。

**2、開放的聲音與禪門本懷**

晚明帶起所謂明末狂禪風潮的李卓吾（1527-1602），就可以代表這種容受力的聲音。其在回憶妻子的詩〈憶黃宜人〉之一云：「今日知汝死，汝今真佛子，何須變女身，然後稱開士」。[31] 這是肯定女性與男性一樣皆能成為真佛子，無需要轉女身為男身才能成佛。曾經有位女修行者梅澹然拜其為師，並藉書信問道，李卓吾以書信答之，其中有一首詩〈繡佛精舍〉是祝賀梅澹然生日的：



> 聞說澹然此日生，澹然此日卻為僧，僧寶世間猶時有，佛寶今看繡佛燈，可笑成男月上女，大驚小怪稱奇事，陡然不見舍利弗，男身復隱現是誰？我勸世人莫浪猜，繡佛精舍是天台，天欲散花愁汝著，龍女成佛今又來。[32]



這裏使用天女散花、龍女成佛[33]的典故來說，舍利弗曾問天女為何不將女身轉除？因為他認為女身障礙多。天女回答：「我從十二年來，求女人相了不可得，當何所轉？」。於是舍利弗被天女化為天女相，就舍利弗而言，他是男或是女呢？而天女自化身如舍利弗，就天女而言，他是男是女呢？所以說「男身已隱現是誰」。而天女將花散下，落在舍利弗身上竟黏著而無法拂去，即使用神通力也無法去除，這些都是因為舍利弗心有所分別，所以反成執著。今日如有人分別男女相，而有所執著的

---

31 李卓吾《續焚書》卷五，（北京：中華書局，1959 年），頁 111。此處關於李卓吾的史料依據，參考江燦騰《中國近代佛教思想的諍辯與發展》〈李卓吾與晚明佛教思想以及對其「狂禪」的批評〉（臺北：南天書局，1998 年），頁 376。該文以李卓吾因梅澹然所引起的爭議來討論，此處是以梅澹然等女性修行人受到容受與認可的方向來論。

32 李卓吾《焚書》卷六，《傳世藏書》子庫，諸子第 6 冊，（海口市：海南國際，1996 年），頁 97。

33《法華經》中有八歲龍女成佛之事，引起龍女成佛是否須轉女身為男身才能成佛的熱烈討論。但依李卓吾詩文前後之義，他應是直以字面的「龍女」來表達女身也可成佛之義。天女散花的典故來自《維摩詰所說經》。而前面李卓吾直接以「僧」來說梅澹然女居士，似乎是更進一步將僧的意義擴大，但也可以說是將僧的定義攝入核心，亦即只要是真實修行的即是僧，不管是比丘、比丘尼、男居士、女居士。

話，就像天女散花下來，就有欲除之而後安的煩惱，所以女性成道、龍女成佛正是考驗著世人，也呈現世人的執著。而李卓吾以這些典故來點出世人執著男女之相的驚怪猜疑。這是站在究竟平等義上，所謂「雖現女身而非女也，是故佛說一切諸法非男非女」。[34]

李卓吾又有〈答以女人學道為見短書〉：

> ……故謂人有男女則可，謂見有男女豈可乎？謂見有長短則可，謂男子之見盡長，女人之見盡短，又豈可乎？設使女人其身而男子其見，樂聞正論而知俗語之不足聽，樂學出世而知浮世之不足戀，則恐當世男子視之，皆當羞愧流汗，不敢出聲矣。[35]

他認為不應說男性的看法就好，女性的看法就不足觀，學道見解是沒有男女之差別的，其判準是在見解本身體悟的高低，所以只要女性能知出世之學，衝決網羅，男性也該汗顏。以上這些說法雖然不是直接指比丘尼，但都是針對女性學道的問題，比丘尼亦包括在其中，因為佛教內比丘尼比女居士地位還高，一般女性如果學道有成都可以被承認，何況是比丘尼呢？而這樣的思想也代表著明末清初某些對女性的開放平等態度，[36] 強調不可因性別而有先天之預設。這種較尖銳、極端的觀念在這個時代衝撞流竄著，也讓比丘尼等女性修行者受到某種程度的容受與接納，甚至產生無形的鼓勵，而展現出較強的宗教活動力。

女性禪師祇園在石車座下開悟時，石車以如意付予祇園，象徵付法之意，後來再付予法脈傳承，當時也引起相當大的「疑駭」：

> 當先師祖車和尚開法金粟，法席甚盛，首以如意付先師，諸方禪侶無不疑駭，至是睹師從真參實悟中，顯大機大用，咸自遜謝。[37]

石車接在密雲之後住持金粟寺，正是金粟寺法緣最盛的時期，諸方禪侶對於石車授如意給祇園都感到疑駭，但終究在目睹祇園是真參實悟、大

34 此段所引二語，皆見《維摩詰所說經》卷二〈觀眾生品〉，《大正藏》冊 14，頁 548b、548c。

35 李卓吾《增補焚書》卷二，《中國哲學叢書．宋明哲學．子部》（臺北：河洛圖書，1974 年），頁 57。

36 可參考李國彤〈明清之際的婦女解放思想綜述〉，《近代中國婦女史研究》，第三期。

37 《伏獅祇園禪師語錄》卷下〈祇園行狀〉，《嘉興藏》冊 28，頁 438 中。

機大用後「咸自遜謝」。又，當祇園到伏獅禪院弘法時，一般認為現女相來弘法，恐怕無法服眾，在此難以行化：

> 師至院時，或謂師現末山尼，恐此鎮難以行化，及見師法矩嚴肅，性地朗徹，丰姿儀表，卓犖不凡，……其時遐邇聞風，戶履日滿。[38]

但是一看到祇園威儀嚴肅、性地朗徹、儀表卓犖不凡，又能平等接引信眾，都以慈悲本色化導，所以大家漸漸地釋了疑慮，而「遐邇聞風，戶履日滿」。這些都顯現出在「疑駭」、「恐難以行化」之後（或之外），這個時代還是有些容受、認可的空間存在。





更何況在男性禪師語錄中，在在處處都已表達「大道無男女」之核心本懷觀念，更有如燒庵婆點撥的超越兩端，所以即使如批判「拜女人為師」亂象的圓澄，依然能以核心為準，例如曾有客問：「女人柔弱，又不能遍訪賢良，文字全然不識，未知亦有方便令彼脩否」？圓澄答云：

> 答曰：女人若辨肯心，正好參禪。何也？教明二障者，所謂煩惱障、所知障也。女人惟一，學人具二，煩惱障輕，所知障重。女人無之。只是無明重覆，不得發心，若也發心，曾無二念，一直頓超也。如靈照女．淨居尼．妙總尼等皆處女也。龐行婆．俞道婆．秦國夫人等，彼皆優婆夷也。且如妙總禪師者，……觀他問答綿密。特語超常。豈女人則不能耶。……[39]

女人若有心，正好參禪，何況女性成就者所在多有，圓澄還特別拈舉靈照女、淨居尼、妙總、龐行婆、俞道婆、秦國夫人等來見證。而且從這位學人或為家中女眷所問的問題，亦可體會女性修道受到某種程度的重視。而禪門「大道無男女」之本懷，比比皆是，這也是女性禪師之所以繁盛的基本環境。

女性、比丘尼、女禪師之繁盛的現象，或有流弊產生，而被社會或教內人士垢病，或因傳統觀念的固守，而遭來質疑，或因開放的思潮，

---

38 《伏獅祇園禪師語錄》卷下〈祇園行狀〉，《嘉興藏》冊 28，頁 438 上。

39 《湛然圓澄禪師語錄》卷八，《新纂卍續藏》冊 72，頁 352 下。

而被容受，或因禪門本色，本無男女相，如果先暫時放下這些判斷，可以發現它們都指出了一個共同的方向，即這個時期比丘尼活動力極強、女性禪師繁盛，不僅數量多，甚至比以往更有參學、修道、傳承法脈、弘法度眾的機會與現象。

### （六）密雲帶起的臨濟復興

臨濟宗之密雲圓悟禪師（1566-1642），出身漁樵，識字不多，中年出家，苦修悟道，弘化時以臨濟棒喝聞名天下，不務宗旨公案，直接悟境相呈，並帶出許多可居一方之師的弟子，創出所謂「臨濟復興」的輝煌，或許可視為中國禪宗最後一陳迴光。一般論及明清佛教時，總以他和漢月所謂的「清初僧諍」，或寺院管理興復等問題來論，卻少有發見其禪法者，[40] 實則密雲禪法之直截無文、迅機利落，能夠切入禪門本懷，大有回歸「不立文字，教外別傳」之風，又正與臨濟棒喝之峻烈相呼應，是這段臨濟復興的核心。黃端伯〈密雲禪師語錄序〉云：

> 庚午之春，余在武林僧舍，偶見大師語錄一編，始知臨濟宗風，至今未墜。……棒喝交馳，學者無開口處，莫不望風而靡，以為臨濟再來也。大師操履巖峻，有古尊宿之風，行解相應，與末世之狂禪迥別，余嘗睹其用處，縱奪自繇，每吐一言，蓋天蓋地，其所從來者異矣，應般若多羅之讖，而中興臨濟之道，於今時正令全提，坐斷十方世界至矣哉。[41]

舉凡「始知臨濟宗風未墜」、「臨濟再來」、「中興臨濟」，都是時人對密雲禪風的描述，他的教化「棒喝交馳」令學者無開口處，正是以悟境相呈，覷破思辯識巧。密雲一生歷住六大道場：龍池山禹門禪院、浙





40 除了陳垣《清初僧諍記》有關乎密雲者外，目前所見密雲之研究，只有徐一智《明末浙江地區佛教寺院經濟之研究——以雲棲袾宏、湛然圓澄、密雲圓悟為中心》，（中壢：中央大學歷史研究所碩士論文，2000 年）。其亦有〈晚明密雲圓悟禪師（1655-1642）之研究〉，《史匯》第 6 期（2002 年 8 月），頁 59-83。可惜徐一智只著重在生平、寺院興復管理上，並無其禪法之論。筆者認為，關乎明代佛教研究，學界多以明末四大師為主，另外一種即是陳垣的研究，他以僧諍的角度，為明清佛教早早地開了一扇篤實的史學之門，但密雲作為臨濟中興祖師，卻因此被攪和在這段諍議的歷史裏，而沒有得到完整的正面看待。

41《密雲禪師語錄》，黃端伯〈密雲禪師語錄序〉，《嘉興藏》冊 10，頁 1。

江天台山通玄禪寺、嘉興金粟山廣慧禪寺、福州黃檗山萬福禪寺、寧波鄮山育王廣利禪寺、寧波天童山景德禪寺。蔡聯璧〈密雲老和尚語錄序〉云：

> ……總不如老人嘑嘑論實，單單據本，不鋪文彩，不通意解，直下勦絕窠臼、斷人命根，或與當頭摑、攔胸搊，或與驀面唾、劈脊摟，覿體提持，未嘗有一法與人。……老人出世晚，歷年多利人廣，自禹門至天童返通玄，踞座六大剎，金粟稱最盛，……法裔如林如藪，振濟宗者，皆出自金粟，……蓋老人極慈悲是極惡辣，極惡辣是極慈悲，杖頭所指十方猊象，航海梯山，纔動齒牙，遐邇兢布，則謂是老人語錄，老人何有哉？……[42]

不通文彩、意解，直截心源窠臼，其作略有「當頭摑、攔胸搊，或與驀面唾、劈脊摟」等，以「一條白棒」教化天下，是「極慈悲是極惡辣，極惡辣是極慈悲」，這正是其標誌。而蔡聯璧居士正是敦請密雲到金粟寺住持的護法居士，金粟寺也因而振興，參學者無數，成為當時江南重要名剎，密雲許多法嗣弟子都從此出，首揭女禪風潮的女性禪師祇園，正是來到金粟寺參訪密雲，後來在密雲法嗣石車座下得悟，受法脈傳承，金粟寺也成了祇園修悟的重要道場，而這全受密雲開創臨濟中興之法恩故。

臨濟（？—886）之棒喝，再加上大慧（1089-1163）之話頭，臨濟宗以迅捷作略、單刀直入，來啟悟學人，所以向來有機鋒峻烈之稱，由於這樣的禪風，對悟境之掌握、直指核心至為重要，密雲之禪風正是如此，切入禪門本懷，無怪乎時人見之有「始知臨濟宗風未墜」之讚。這樣的宗風下，無有一法可取，對於男女性別之相，更能直趨「大道無男女」之核心，不會陷入葛藤糾纏，自能從從容容、直截了當地為女修行者開放，影響所及，密雲的弟子亦是如是，所以當時女性禪師有語錄行世者，其師承大部分都是密雲及其弟子門下，與臨濟宗風、密雲開創臨濟復興，確然大有關係。而且觀諸大慧之座下，也出現三位女性法嗣：妙總、妙道、秦國夫人，她們都被列入禪史燈傳，妙總更是最著名的一

42 《密雲禪師語錄》，蔡聯璧〈密雲老和尚語錄序〉，《嘉興藏》冊 10，頁 1。

位，似乎臨濟宗自來就有這樣的傳統了！

而當時同為臨濟宗者亦所在多有，為何獨獨密雲一系能出那麼多女性禪師？這除了因為當時禪林幾乎都是密雲法脈的天下，更應該是密雲能超越俗見、親踐臨濟宗風之處，也正是他能帶出「臨濟中興」之大力用。

當祇園來參密雲時，密雲見其甚有根器，便能以唐代女禪者鄭十三娘視之。後來祇園在密雲弟子石車座下悟道，石車首先授與祖衣、如意，傳承臨濟下第三十二世法脈，這件事甚至引起諸方疑駭！可見石車掌握核心之識見。另一位女性禪師季總，是在山茨座下有悟，應該是密雲同門天隱圓修（1575-1635）之一系，但她從南嶽來到江南，萬如見其修證有成，願意授與法脈，她便成了密雲一系。授與法脈，一方面印可其修證，一方面認可其弘法能力，所以密雲一系，以禪門本懷、非常開放的態度，讓這些女修行者能得到正面看待，有機會修學證悟，並讓她們有成為一方之師的機會。

## （七）戒律重整之風

體認到戒律不興造成佛門各種亂象，明末清初時期有多位大師級的人物開始對戒律之學有所重整、著疏、實踐與提倡，如見月讀體（1602-1679）、雲棲袾宏（1535-1615）、蕅益智旭（1599-1655）等，帶起了一股戒學復興的風氣。其中見月讀體就是專弘律學的大家，其所選輯的《傳戒正範》，成為明末以來叢林傳戒的重要典據之一。[43] 他在弘光元年（1645）建立《叢林十條規約》來律己律人，實踐於寶華山，被多所推崇。這十條規約中有一條是：

> 諸方叢林多安化主，廣給募疏，方丈讚美牢籠，執事訊勞趨敬，故今矜功欺眾，把持當家，大錯因果，退息檀信，今華山不安一化主，不散一緣簿，道糧任其自來，修行決不空腹。[44]

禪林中為了募款，對施主多所酬應，甚至造成「矜功欺眾、把持當家」

---

43 釋果燈〈見月律師與明末清初之律學復興〉（三～五），《海潮音》83 卷，第 10-12 期，（臺北：海潮音雜誌，2002 年 10-12 月）。

44 見月《一夢漫言》卷下。與《安樂集》、《格言別錄》合刊（臺北：新文豐，1990 年），頁 57。

而「大錯因果」，被利益、名聞利養所扭曲，造成僧人無法專心辨道修行，以道殉利。所以見月瀟脫地認為「道糧任其自來」，堅信「修行決不空腹」，而主張「不安一化主，不散一緣簿」，以杜絕這種扭曲。這樣的主張，同樣也出現在女性禪師祇園身上，她自順治四年（1647）到伏獅禪院住持時，告訴弟子要以丹霞、趙州、楊岐的清苦淡薄為範，要效法宋代芙蓉道楷（1043-1118）「終身不發疏簿、不請化主」的清淨行，[45] 因此弟子們也跟著謹遵這樣的清規。祇園的這種堅持，讓她在弘法上被形容為「法矩嚴肅」，[46] 而朱彝尊對她亦有「威儀醇樸」之稱，這些形容與評斷，都趨向嚴謹儉樸之意，所以必然與她效法「不發疏簿、不請化主」的住持風格有關。





祇園在往生前，曾到雲棲寺，對其教團的戒律精嚴，甚有同感：

> 癸巳季秋，師往雲棲，修水陸儀文，見蓮大師遺風不墜，戒律精嚴，謂言：當今禪和見到者多，行到者少，必須嚴守戒律，行解相應，庶作中流砥柱，不可口口談空，撥無因果，自誤誤人，戒之戒之。[47]

看話禪、棒喝交馳的教化方法，常被視為晚明禪林的偏空亂象之一，但人自誤道，非道誤人，祇園就是以此方式來鉗煉弟子，但她卻也體會到當今禪門「見到（道）者多，行到（道）者少」，所以要弟子們「必須嚴守戒律、行解相應」，不可「口口談空，撥無因果」，而「自誤誤人」，這也正是她平時對弟子要求「敬守清規、不立化主」的精神所在。所謂「蓮大師遺風不墜」，正是袾宏住持雲棲時，制定〈雲棲共住規約〉等，所建立起來的「戒律精嚴」門風。而袾宏正也是這個時代對律學有所反省、實踐的人物。

雲棲所形成的精嚴門風，在當時應是一個典範，多被有識之士尊從，祇園的弟子一揆，住持參同庵，在去世前：

---

45 《伏獅祇園禪師語錄》卷下〈祇園行狀〉，頁 438 上。芙蓉楷是宋、道楷禪師，他在〈祇園正儀〉中談到：「……山僧行業無取，忝主山門，豈可坐費常住，頓忘先聖附囑，今者輒欲效古人，為住持體例，與諸人議定，更不下山，不赴齋、不發化主，……務要省緣，專一辨道……」。《新纂卍續藏經》冊 63，頁 166-167。

46 《伏獅祇園禪師語錄》卷下〈祇園行狀〉，《嘉興藏》冊 28，頁 438 上。

47 《伏獅祇園禪師語錄》卷下〈祇園行狀〉，《嘉興藏》冊 28，頁 438 下。

……十七日邀子麟老居士至榻前，分付法門後事，語不及私，老居士即錄「雲棲規約」呈覽，師云：「可刊在板，一挂山門，一挂佛殿，一挂齋堂」。[48]

一揆叮囑以「雲棲規約」為參同庵之規約，要將之「刊在板，一挂山門、一挂佛殿，一挂齋堂」。當她平時糾眾打七時，都「悉尊報恩規則，鉗錘甚嚴」，[49] 顯然也是對叢林規約的學習與遵行。

因為沒有專門女性修行的大叢林，所以大叢林的規約內，常是慎防女性，以維護清規，例如費隱通容（1592-1660）在住持金粟寺時有〈叢林兩序須知〉，其「知客須知」、「監寺須知」內分別有：

尼師女客到山，須安置女客堂，毋得混雜。（知客須知之一）

本處女客到山，宿食語言，應加照顧，但不得親厚。（監寺須知之一）[50]

金粟寺是祇園參學、悟道之寺院，設有女客堂，專門安置來寺的尼師、女客，由「宿食」之句看來，女客可以短暫住宿，但無法長期在此修行。所以對尼師女客，採取「毋得混雜」、「應加照顧」、「不得親厚」的原則，自然流露出以男性為主體的禪林規約，而女性修行者是無法長期薰習、享受到這種大叢林嚴謹清規的修行環境。所以當女性禪師足以弘法時，都是住持於私人庵院之中，儘管如此，她們也在這些大師提倡清規、重整戒學的反省下，如法而行，於庵院中實行叢林清規，讓一同修行的女性，也能有此環境、共同維護戒行，也因此得到外界的尊重，就如同祇園，一揆一樣。

戒學重整的一個重要指標，就是比丘尼的二部僧受戒。二部僧受戒之法在中國時有時無，到了明末，見月律師有《沙彌尼律儀要略》、《教誡比丘尼正範》（已佚失）的著作，並為蜜照、超塵等四十餘位比丘尼，舉行二部僧受戒的如法儀式。[51] 他的弟子書玉（1645-1721）受巨源比丘尼之請，將昔日所見，記載為《二部僧受戒儀式》。而巨源比丘





48 《參同一揆禪師語錄》，《嘉興藏》冊 39，頁 17 上。

49 《參同一揆禪師語錄》，《嘉興藏》冊 28，頁 16 下。

50 通容〈叢林兩序須知〉，《新纂卍續藏》冊 63，頁 669、672。

51 書玉〈二部僧授戒儀式〉之〈緣起〉，《新纂卍續藏》冊 107，頁 230。

尼本身亦從書玉的法侄松隱，受二部僧戒，可見當時帶起了比丘尼二部僧受戒的一些示範作用。[52]

在有語錄的七位女性禪師中，從祇園的資料看來，她曾皈依鮑塔庵智圓比丘尼，後來在金粟寺密雲座下受具足戒。祇園的弟子一揆，在祇園處出家，後來到道忞處圓戒，所以祇園、一揆兩人應該都有受二部僧戒。其他女性禪師雖無直接資料可證，但她們亦時時強調嚴守戒律的重要性。

然而，戒學的復興與女性禪師發展的關係，筆者認為是比較複雜的，可能是個雙面刃，因為禪宗的女性，比起其他比丘尼，被認為擁有較自由不拘的空間。對於禪林清規的嚴整，除了提升外界對女性禪師的觀感與尊重外，是否在無形中更加倍對她們的制約、不利於她們向大叢林比丘學法的環境？是否影響女禪師傳承法脈、上堂開法？對於比丘尼戒法的要求，除了二部僧受戒外，也包括八敬法的遵守。而八敬法的嚴格要求，對女性禪師的形成、發展是利？還是壓制？這些可能不是單一的答案可解釋的，筆者已於本論文之第八章、十二章有所討論。在此，舉一例明此複雜性：弘揚戒律的見月律師之所以撰集《教誡比丘尼正範》，是因為有位心聞尼師，帶著徒眾九人、米六十石、銀二十兩（可資大眾半月之需），想來寶華山乞求安居，結果因為不肯禮僧，被見月以「律制比丘尼縱年百歲，當禮初夏比丘」，而退回供養，拒絕其入山。心聞師徒「作無明會，接銀領徒，即下後山」。後來對自己慢僧，心生慚愧，又折回來誠心學律。[53]這個記載一般都詮釋為：見月對戒律之堅持、對八敬法之嚴持，不苟且於流俗，令人可敬可佩，但是就女性的角度來看，一位能領眾弘法、又有經濟能力、又願意參訪布施、依制安居的尼師與徒眾們，當時對戒律、律師要求遵循八敬法禮僧，「作無明會」之想，遂接銀領徒，揚長而去，這樣的舉動，無寧更耐人尋味。她們心中所起的不只是「慢」心而已，應該還有受到不平等待遇之怒




---

52 釋惠敏〈比丘尼受戒法與傳承之考察〉，《佛學研究中心學報》第四期（臺北，臺大佛學研究中心，1999 年）。

53 見月《一夢漫言》卷下，頁 78。「戒律重整之風」這部分，是經《臺灣宗教研究》之匿名評審提點而寫就的，雖然筆者認為戒律復興對佛教女性並非全然有利，但此一提點促發筆者思考這個明末佛教的重要議題，在此致上謝意。

吧。

總之，在大方向上，戒律重整，使得禪林規矩趨向精嚴，是讓出家僧人整體得到尊重，女性禪師也因為承習嚴謹的清規，在住持的女眾庵院管理上，如法而行，掃除三姑六婆的慣性印象，取得應有的尊重，讓世人更願意正面看待她們。

## 第三節　語錄之出版與入藏

明版藏經《嘉興藏》，收入了七位女性禪師語錄，這七位女性禪師即是本論文的傳主，分別是祇園行剛、義公超珂、一揆超琛、季總行徹、寶持玄總、祖揆玄符、子雍成如。由於語錄之出版與入藏，代表她們的弘法得到肯定，象徵她們的教化可傳之千里，留之後世，是禪師教化有成的具體呈現。而且這些女性禪師語錄之出版入藏，更是前所未見的，所以明末清初女性禪師之繁盛，最具體的表現即在她們有語錄之出版與入藏上。

依目前資料所見，當時有十六位女性禪師出版語錄，這樣的語錄數量雖然還無法與當時男性禪師語錄等量齊觀，但是比起之前女性禪師未有語錄出現而言，卻是特別的豐富了。而當時有語錄出版，卻不一定能入藏；能入藏者就代表已出版，依此，可分二個層次來討論：一、當時是怎樣的時代文化因素促成這麼繁盛的女性禪師語錄出版？二、為什麼這七位女性禪師語錄能夠入《嘉興藏》？它是在怎樣的時代背景下刻印的？有入藏標準嗎？入藏的情況為何？有何入藏的特質？又如何來看待女性禪師入藏呢？

前面已討論女性禪師繁盛、女禪風潮之因素與處境，此處再針對她們的語錄之所以會出版、入藏的因素。這些因素，可分為二種，一種她們自身之修證之故，亦即內部因素，這將於本論文之個論部分呈現，一種是外在時代之促發，亦即外部因素，這將於下文來作探討。因為是文化風氣之外部因素，所以從總體來說，這些因素也應該可以算是之前促發女禪風潮的因素之一部分。

## （一）歷代女性禪師史料之分析

禪宗語錄的記錄出版史上，為何這些女性禪師語錄會在這個時期（明末清初）被出版、入藏？早在南朝梁時達摩座下，已經有中國歷史上第一位女性禪師的出現：總持尼，到了唐朝開始有禪宗語錄體的著作，在禪宗燈傳中女性禪師雖是少數，但畢竟仍然可見她們上堂說法、機鋒不讓的事蹟，但是為什麼直到明末的《嘉興藏》才有女性禪師語錄被出版、入藏？實有必要對此作一些時代文化背景的考察。

為了說明這些被《嘉興藏》保留的女性禪師語錄之重要性，有必要先了解歷代以來（《嘉興藏》之前）對女性禪師的記載情形，而女性禪師之資料多在比丘尼傳、燈傳中，所以由此著手了解其史料情形。

歷史上專門為比丘尼作傳成書者有二：[54] 一是梁．寶唱撰《比丘尼傳》四卷，[55] 記載自東晉升平年間至梁天監年間，共 65 位比丘尼之事蹟。二是民國初年釋震華（1908-1947）編述《續比丘尼傳》六卷，從梁達摩弟子總持尼到民國初的觀願尼，共有比丘尼傳主 200 人，附傳 47 人。也就是說從南朝梁有比丘尼傳外，一直到民國才有第二本比丘尼傳，這與歷代的比丘僧傳相比，實在是少數。就女性禪師而言，在禪宗燈錄中女性禪師的數量亦是少數。清初超永所編的《五燈全書》是燈傳的集大成者，其所記載的女性禪師共有五十位，其中六位有名字卻沒有單獨立傳 [56]，她們的法語言行附在某一僧傳之內被順便提及，例如總持尼即是附於達摩祖師傳中。有單獨立傳、繼承法嗣，例如末山了然（《景德傳燈錄》）、無著妙總等人，其記載都頗為簡略，只略述其法




54 這裏並不包括近代的作品。近代尚有比較通俗的成書傳記，例如洪啟嵩老師《女人禪》一、二集（臺北，阿含文化，1998 年），李哲良《中國女尼》（四川：人民，1997 年）等。又有資料編輯的，例如惟明法師編述《禪林珠璣──比丘尼篇》（臺南：和裕，1994 年）。

55 根據釋震華的弟子超塵為《續比丘尼傳》所作的〈續比丘尼傳跋〉中曰：「丁丑夏書成，忽發現施蟄群先生於學生雜志發表黃心大師一文，引言謂北平某藏書家，庋有明鈔本《比丘尼傳》八卷。」當時得到這個資訊，他們喜出望外，想設法借得，但適逢淞滬戰爭起，不僅來不及調查此事，連法師所寫之文稿也遺失了，後來才再追記重輯完成。而此處所說的《比丘尼傳》八卷是否是寶唱的四卷本之續作？此資料是否仍存在？則不得而知矣。《比丘尼傳全集》之釋震華撰《續比丘尼傳》（臺北：佛教書局？年），頁 151。

56 這六位是尼總持禪師、尼道深禪師、尼慧光智禪師、尼佛通禪師、尼明悟。

語機鋒。這是傳記的情形。若說傳記之記錄本為簡短扼要，所以再從最能表現禪師一生行誼、語默教化，並往往附有行狀、塔銘等，也可以算是完整傳記的語錄著作來看：歷代禪師語錄數量極為豐富，是了解禪宗思想、教化的重要資產，但在《嘉興藏》之前卻沒有一本女性禪師語錄留存。尋之文獻的記載也只見到無著妙總「乃開堂於資壽，拈香為大慧之嗣，唱提具於語錄」[57]的記錄。所以明末之前是有女性禪師的出現，而且能上堂說法、承繼法嗣，或許當時有法語流傳於禪林，但卻沒有完整的語錄留存下來，只剩下片言片語留存在史傳、燈錄上，直到《嘉興藏》所收錄的這七部女性禪師語錄出現。因此就目前所見，這些女性禪師語錄是清朝以前僅見的完整女性禪師語錄[58]，紀錄著女性禪師的風範，所以其重要性不言可喻。





### （二）女性禪師語錄之出版情形

明末清初女性禪師語錄之出版，據目前資料所見，有十六人，其中有七位被收入《嘉興藏》。在此只單純呈現這些女性禪師與語錄，至於語錄的成書、出版等情形，將於個論之傳記部分討論。

《嘉興藏》所收的七部女性禪師語錄，依慣例都是弟子所記載、編輯的。語錄編輯時，這七位女性禪師都還在世（除了義公）。今將這七部女性禪師語錄、可考之生卒年、編者、寫序者等情形製表如下：

**【貳-5】《嘉興藏》收錄的女性禪師語錄表**

| 語錄名稱 | 禪師名號、生卒年 | 編者 | 撰序、跋者 |
|---|---|---|---|
| 《伏獅祇園禪師語錄》 | 祇園行剛（1597-1654） | 嗣法門人授遠、超琛等 | 朱茂時、吳鑄、吳麟祥 |
| 《季總徹禪師語錄》 | 季總行徹（1606-？） | 侍者超祥　記錄 | 譚貞默、嚴大參、葉紹顒、張銖、王相說 |

57　釋震華撰《續比丘尼傳》卷二，頁33。

58　歷代有許多大藏經的編纂，佛教經典書籍由此得以留存，而未編入藏經的典籍往往煙滅於歷史洪流之中，或有留存在某處，但鮮為學界知曉者。至於敦煌遺書也還未全部整理出來。今人方廣錩持續編集《藏外佛教文獻》（北京：宗教文化，1995年），專門蒐集未被歷代藏經收羅的佛教文獻，或許未來可以期待有另外的女性禪師語錄的出現，也未可知。

| 語錄名稱 | 禪師名號、生卒年 | 編者 | 撰序、跋者 |
|---|---|---|---|
| 《靈瑞尼祖揆符禪師妙湛錄》 | 祖揆濟符（1670 年仍在） | 學人師炤 等記 | 李模、行際 |
| 《寶持總禪師語錄》 | 寶持濟總（？-1672 已歿） | 參學門人明英 記 | 確菴曉青 |
| 《伏獅義公禪師語錄》 | 義公超珂（1615-1661） | 明元 記錄 | 高以永 |
| 《參同一揆禪師語錄》 | 一揆超琛（1625-1679） | 嗣法門人普明、明俊編錄 | 施博 |
| 《永壽尼子雍如禪師語錄》 | 子雍成如（1648-1699 仍在） | 侍者祖圓 記錄 | 永潛叟（超永）、王治 |





依此來看，祇園出生的最早：明萬曆 25 年（1597），而子雍成如應該是最晚（康熙 38 年（1699）仍在）。這些女性禪師的名號，前二字是號，後二字則是法名。她們都被附予法脈傳承，並能教化弟子，形成女性教團，在《五燈全書》皆被立傳。

當時除了有七位女性禪師語錄被入藏外，依目前所見，還有：語錄有行世但未入藏、目前未見留存的九人：惟極行致、[59] 圓鑑行玄（圓鑑元）、[60] 印月行霖、[61] 覺柯本信、[62] 密印超衍、仁風濟印、自如、[63] 頓覺超

59 《參同一揆禪師語錄》〈參同一揆禪師行實〉所記載，收於《嘉興藏》冊 39，頁 16。另外，汪啟淑編《擷芳集》中有《維極詩文語錄》的記載，其為浙江仁和人。

60 《五燈全書》卷 76，收於《新纂卍續藏》冊 82，頁 397 中。

61 印月行霖禪師有《伏龍印月禪師語錄》。姓黃氏，號伏龍，浙江餘姚人，先適謝氏，後披薙。《然脂集》有著錄。見胡文楷編《歷代婦女著考》〈清十五〉（上海：上海商務印書館，1957 年），頁 619。

62 覺柯本信，有《覺柯本信禪師語錄》行世。她與祇園之弟子一揆頗相契。一揆離開伏獅禪院後，禪院後繼無人，經過幾多年，覺柯被居士請來伏獅禪院住持，以重振禪風。根據《梅里志》卷十一〈釋道〉，頁 810，以及卷十六〈著述〉，皆有其語錄行世的記載。收於《續修四庫全書》史地、地理類，第 716 冊，（上海：上海古籍，1997 年），頁 872。

63 密印超衍、仁風濟印二人，《五燈全書》都有著錄，她們與自如，在〔清〕王初桐《奩史》卷六十一〈術業門三姑六婆〉中記載：「尼超衍密印語錄一卷，尼濟印仁風語錄一卷，尼自如語錄一卷。」《奩史》收於《北京圖書館古籍珍本叢書》72（臺北：書目文獻），頁 589。在胡文楷《歷代婦女著考》〈清十五〉亦有，分別是：
超衍禪師《吳山密印衍禪師語錄》，姓丘氏，號密印，杭州半山人。
濟印《玉峰靈峙仁風禪師語錄》，姓顧氏，字仁風，江蘇崑山人。
自如禪師《福祿自如禪師語錄》，姓王氏，江蘇淮安人。

悟、[64]龍隱神一[65]等（其中三人《五燈全書》未收入）。而這九人的年代也大約是明末清初時期，所以在這個時期就有十六位女性禪師有語錄出版行世，其師承關係如下（名號下標黑線者，為女性禪師）：

## 【貳-6】明末清初
## 有語錄行世的女性禪師之師承表

| 臨濟下30世 | 31世 | 32世 | 33世 | 34世 |
| --- | --- | --- | --- | --- |
| 密雲圓悟 | 石車通乘 | **祇園行剛** | **義公超珂** | |
| | | | **一揆超琛** | |
| | 萬如通微 | **季總行徹** | | |
| | 漢月法藏 | 繼起弘儲 | **寶持玄總** | |
| | | | **祖揆玄符** | |
| | | | **仁風濟印**（語錄今未見） | |
| | 木陳道忞 | 遠庵本僼 | 古律元範 | **子雍成如** |
| | | **覺柯本信**（語錄今未見） | | |
| | 石奇通雲 | **惟極行致**（語錄今未見） | | |
| | 牧雲通門 | **圓鑑行元（玄）**（語錄今未見） | | |
| | 林野通奇 | **印月行霖**（語錄今未見） | | |
| | 費隱通容 | 木充行盛 | **密印超衍**（語錄今未見） | |
| ? | ? | ? | **頓覺超悟**（語錄今未見）＊ | |
| ? | ? | **自如**（語錄今未見）＊ | | |
| ? | ? | **龍隱神一**（語錄今未見）＊ | | |

＊ 指《五燈全書》未立傳，目前未知法嗣傳承。其中頓覺超悟禪師，有「超悟」之法名，應為「超」字輩，所以將之列在臨濟下33世。

二書皆引自《然脂集》。而《然脂集》是王士祿所編著，二百三十卷，但未刊印，現上海圖書館藏有手稿本九冊，許多明清女性著作，今多散佚，此書之著錄讓這些作品得以留名。其體例《然脂集例》一卷，收於《叢書集成續編》集部、冊156，頁101（上海：上海書店，1994年）。

64 頓覺禪師有《頓覺禪師語錄》，名超悟，江蘇常熟人。言如泗等《常昭合志》有著錄，見胡文楷編《歷代婦女著考》〈清十五〉，（上海：上海商務印書館，1957年），頁621。

65 神一禪師有《杜關語錄》一卷，其初字荊隱，又字龍隱，俗姓夏氏，原名淑吉，字美南，江蘇華亭人，明吏部夏允彝女，侯洵妻。早寡。勵志操，善詞賦，後棄家入道。另有《昇略問答》二卷、《龍隱遺草》。亦是《然脂集》著錄，見胡文楷編《歷代婦女著考》〈清十五〉，（上海：上海商務印書館，1957年），頁620。

由此可看出，除了不明法嗣的頓覺超悟、自如、龍隱神一之外，其餘皆出於密雲圓悟禪師（1566-1642）或其弟子之門下，屬於臨濟宗楊岐派。密雲是明末清初禪風復興的最重要人物，他的嗣法弟子有十多人，在當時都是名重一時的一方之師。

## （三）女性禪師語錄之出版因素

### 1、女性書寫與出版的盛行

自從唐代有雕版印刷術之後，印刷書籍的量與質開始產生急速的變化，從官府、書院到私家、書坊都能印書發行，宋代開始有私家藏書的風氣，而到明代中晚期私家與書坊精刻非常發達，不僅分布的範圍多，有時刻書者就是藏書者，而就更講究套色印刷、名家評點、繡像插圖等變化，使得量與質更是突飛猛進，甚至因此講究起刻版的收藏，清初錢牧齋的藏書目錄就創出有記載版本的體例，與前人以錄略為主有所不同，[66]這是因為可以大量印刷書籍，並開始講究印刷的好壞，於是書籍從單純的知識承載體轉成可鑑賞的物品。再加上明末商業的發達，書籍成了販賣的商品，書商（也有士人從事書商工作）為了營利推波助瀾，擴大市場的需求，開發小說、傳奇、戲曲、個人文集等書籍大量出現，也使得書籍不只限於文人的閱讀品，也可以是市井小民的休閒讀物，更擴大了閱讀人口、文化參與的層面。[67]

晚明因為有這樣蓬勃的印刷環境，無形當中鼓勵大量的私人文集的印行，甚至也因此鼓勵了一向是文學邊緣的女性從事寫作等文藝活動，所以此時出現一種以往沒有的現象：亦即女性文學家的大量興起及其詩詞文集的刊印。有些是男性文人編集出版的，有些是女性作家自己編集、創作、出版。這些女作家，有些是文人家族的一群，有些是與文人交往的名妓。以詞來說，萬曆以後女性詞創作出現了前所未有的熱鬧景象，個人的詞人超過五十人：王鳳嫺、徐媛、陸卿子、董如蘭、楊宛、

66 到了清乾嘉時期，更產生所謂賞鑑書志的目錄學形態。錢牧齋的族孫錢曾所著的《讀書敏求記》就是其中的先河，其內容就是純粹討論繕寫雕刊的巧拙、異同、傳流等。

67 本文有關目錄學、文獻學、印刷的發展情形，參考昌彼得、魏美月合著《中國目錄學》（臺北：文史哲，1986 年），周彥文編《中國文獻學》（臺北：五南圖書，1993 年），張秀民《中國印刷史》（上海：人民，1989 年）。

柳如是等多人，更有數個家族性的寫作集團例如：吳江沈氏一門近十位女作家、黃媛介姐妹三人、吳中三吳（吳山、吳琪、吳綃）。尤其是位處江南一帶，女詞人的密集度更是前所未有。[68] 另外，桐城方氏家族的方孟式、方維儀、方維則、吳令儀、吳令則等五位也結社吟酬，寫作詩文出版。這樣的現象即使是編集明代文學總集的錢謙益《列朝詩集》、朱彝尊《靜志居詩話》都列有「閨門（香奩）」一類。朱氏甚至還分有比丘尼、女道士類。

有的是男性文人為女子編輯詩文出版者：田藝蘅的《詩女史》，並為朱桂英《閨閣窮玄錄》作序。屠隆合刻其妻楊氏、女瑤瑟、媳沈天孫的詩為《留香草》，並為陸靜專《蘭雪齋集》、姚青娥《玉鴛閣集》、袁九淑《伽音集》作序，顯然這些女子都有專集問世。鐘惺編《古今名媛詩歸》，錢謙益編《列朝詩集．閨集》，王士祿編《然脂集》三百餘卷等等。女性的專集出版有徐媛《絡緯吟》、三位女性評註《牡丹亭》的《吳吳山三婦合評牡丹亭還魂記》。葉紹袁、沈宜修夫婦為其女兒葉小鸞、葉紈紈、葉小紈等家族女性詩文編輯出版《午夢堂集》，她們原本各有專集。顧若璞《臥月軒集》、黃字鴻《閨晚吟》、方孟式《紉蘭閣詩集》及《清氛閣集》等等。並有女性編輯女性文學總集的：桐城方維儀編有《宮閨文史》、《宮閨詩史》。季嫻編《閨秀詩選》。柳如是編《歷朝詩集．閨集》。王端淑編《名媛文集》、《名媛詩緯》等。[69] 另外更有散曲、彈詞的女性劇作家出現在這個時期。這些女性文學活動興盛的原因可能頗多，但是書籍私人刊印的發達想必具有推波助瀾的效果。

除了女性私人文學大量出版外，亦可從《續比丘尼傳》等文獻資料發現，這時期的比丘尼有語錄出版之外，有詩才者亦不少，她們的詩文有的被女性詩文總集所收錄，有的是個人詩集出版。例如上鑒、再生比

68 劉紅梅《女性詞史》〈女性詞的初放——萬曆以后詞壇〉，（濟南：山東教育，2002 年），頁 182-225。張宏生編《明清文學與性別研究》之俞士玲〈論明代中後期女性文學的興起和發展〉（南京：江蘇古籍，2002 年），頁 164-181。

69 俞士玲〈論明代中後期女性文學的興起和發展〉、許結〈明末桐城方與名媛詩社〉、陳書祿〈「德、才、色」主體意識的復蘇與女性群體文學的興盛——明末吳江葉氏家族女性文學研究之一〉等論文，收於張宏生編《明清文學與性別研究》。

丘尼：

> ……善畫工詩，能文章，與松陵周飛卿瓊，著有比玉新聲集，……宜為名媛詩話所賞，所著詞名曰瑣香。……再生，亦長洲人，……著有再生遺稿。[70]

又有無垢比丘尼「以事焚修，然不廢吟詠，……著繡佛齋集，茹蕙集」。石巖「書法董文勉，尤精於斯邈篆隸。亦時作蘭竹小畫，文則工六朝，儷體詩絕似義山飛卿」、曙光比丘尼著有紅于詞等等。[71] 又，例如哈佛大學燕京圖書館所立「明清婦女著作」網站，其中比丘尼者，有五十五位，屬於明末清初時期就有 29 位左右。[72]





女性從事文學活動不僅社會的接受度比以往高，甚至還受到鼓勵，所以這個時期在文學上女性作家數量比諸以往更多，並且刻印個人詩文集或女性文學總集，同為女性，只是出家的比丘尼，亦在這波浪潮裏，她們也因此比前代女禪者更能出版詩文集、禪宗語錄。

**2、傳承與語錄增盛之禪林現象**

在明末有臨濟宗禪師密雲圓悟，大開法筵，嗣法弟子十二人，之後皆成為一方之師，於是臨濟宗一時如日中天，大有禪宗興盛之象，而《嘉興藏》中的七位女性禪師多為密雲弟子或再傳弟子的門下，繼承臨濟法脈。又因印刷出版事業的發達、士人參禪成為風潮等因素，使得這個時期的禪師語錄出版格外興盛，但也因此被當時人有垢病，例如陳懿典在為湛然圓澄寫塔銘時就說：

> ……今且以合頭棒喝為佛事，而視理義文節為不足為，以支離偏見為無上悟門，而視三藏大典為麤淺言句，以杜撰無理語錄，為向上真詮，而視天下古今為可欺誑……[73]

他認為當時禪宗一方面輕視義理文字，一方面更撰寫機鋒語錄來自立己見，所以輕視三藏經典，以棒喝語錄為真詮，目空古今聖言。可見當時

---

70 釋震華《釋比丘尼傳》，《比丘尼傳全集》，頁 87-88。

71 釋震華《釋比丘尼傳》，《比丘尼傳全集》，頁 88、85、90。

72 參考哈佛燕京圖書館之「明清婦女著作」網。http://digital.library.mcgill.ca/mingqing/search/results-compound-b.php

73 《湛然圓澄禪師語錄》卷八，陳懿典撰〈雲門湛然澄禪師塔銘〉。《新纂卍續藏》冊 72，頁 839 下。

語錄隨著這樣的禪風，流行於世。又有時人徐芳在其〈與某上人〉中談到：

雲門和尚，說法如雲，絕不喜人記錄其語，見必罵逐曰：「汝口不用，反記我語，他時定販賣我去。」今號為大和尚者，紛紛語錄，自記自刻，若惟恐不販賣者，異哉！[74]

在此說得更明白，當時記刻語錄的風氣很盛。而且記刻語錄另外一個意義就是展現傳承，藉由語錄來表現法脈，表達正統。而明末禪宗傳承法脈的爭議激烈，這在歷史學者陳垣的《清初僧諍記》中已有詳細的呈現。之所以對傳承法脈有爭議，太過浮濫的傳承是因素之一。大量的法脈傳承又是以大量的語錄來展現。所以法脈傳承、語錄是彼此相關的，法脈傳承浮濫也就使得刻印語錄盛行。當時林時對在〈禪宗源流論〉中言：

……今之禪非禪也，公案而已矣，棒喝而已矣，……今之宗門，逢場演說，上堂下座，戲比俳優，瞎棒盲拳，病同狂易，一庵院便有一尊祖師，一祖師便有一部語錄，吟詩作偈，互相讚歎，慧命斷絕，同陷於泥犁獄中，披毛帶角，宿業未艾，良可憫矣。[75]

一庵院就有一位祖師，代表法脈傳承繁衍之多，而每一位祖師也都會傳印一部語錄，就因為這樣的風氣，傳承盛行而語錄也到處皆有。他認為這些泛濫的傳承師生之間，常是沒有實學只會互相吹捧、抬高身價，禪門機鋒成了逢場演戲，已沒有禪的真正精神，只剩公案，只剩棒喝，而這些都表現在來往酬酢間以及語錄公案上。相對地，對於沒有傳承法脈者也會有所非議，對於傳承的正當性與其來源也因此非常重視，而產生爭議。黃宗羲曾言：

萬曆以前，宗風衰息，雲門、溈仰、法眼皆絕，曹洞之存，密室傳帕。臨濟亦若存若沒，什佰為偶，甲乙相授，類多隨寐之徒，

74 周亮工所編《尺牘新鈔》（三）卷三，頁 491。此處轉引自廖肇亨《明末清初遺民逃禪之風研究》，頁 156。本文在此幾處的史料根據，皆參考之。該論文認為遺民逃禪造成「繼承宗師祖席，創作語錄」等名利是競之行。（臺北：臺大中文所碩士論文，1993 年）。

75 《留補堂文集選》卷一，《叢書集成續編》冊 188，（臺北：新文豐，1989 年），頁 391。

紫柏憨山別樹法幢，過而唾之。紫柏憨山亦遂受未詳法嗣之抹殺，此不附之害也。其後胡唱亂棒，聲焰隆盛，鼓動海岳，開先從而厭之，既飲荊溪而野祭無祀之鬼，開先亦遂為唐子逋人，此附而不附之害也。[76]

據黃宗義的觀察，當時臨濟宗衰微，傳承彼此之間只是私相授受，多是附贅之人，萬曆之後，禪宗聲勢隆盛，但卻是「胡唱亂棒」，傳承法嗣勢必更泛濫，傳承的排他性卻頗強，因此常會排拒非傳承或沒有傳承的人或先入傳承又離開者，所以像紫柏、憨山等人，還因為傳承不明被人們所唾議。





《雲外澤語錄》卷十四〈妄刻續燈諸錄說〉：

近代据師位者，往往急于求嗣，交閭巷庸俗之所為，有勢利相傾，名位相誘。……瞎眼宗師，見學者稍具天資，如籠生鳥一般，生怕走了別人家去，急忙傳拂付卷，稱賞贊揚，互相欺瞞。[77]

當時有禪師為了讓自己的勢力更大，而急於收受徒弟，或為了貪求利益而隨便付予傳承付法。使得傳承法脈成為收受利益的工具、壯大勢力的方法，語錄也正代表傳承的象徵，這更使得傳承愈多，語錄愈增矣。

傳承、語錄增盛的現象，有其正面的價值，也有負面的弊病產生。以上歷史資料所顯現的都是其負面弊病，但是筆者認為：明末清初出現完整的女性禪師語錄，並有傳承法脈，就是傳承、語錄增盛的環境下產生的正面價值。或許有論者將女性禪師的增多包納在亂象之列，所以多傳承多語錄就只有壞處了，但觀諸這些女性禪師的修行証悟都有其篤行嚴謹之處，教化弘法亦甚得名聲，將之全歸入亂象之中是不公平的，例如永瀯叟為女性禪師子雍語錄作序時言：

本朝所推重金粟乘祖嗣祇園剛，龍池微祖嗣繼宗徹，雪竇雲祖嗣唯極致，天童奇祖嗣印月霖，諸禪師建立門庭，鉗錘後學著，奇

---

76 《南雷文案》卷六〈三峰禪師塔銘〉。《四部叢刊初編》集部 340 之《南雷集》（臺北：商務印書館，1965 年）。

77 轉引自陳垣《明季滇黔佛教考》下，卷二，（石家庄市：河北教育，2000 年），頁 281。

操偉業，精通至理，其所持說，雖碩學名德莫能焉，俱各傳續其人，乃相率折節為勤儉程猷經用，風教盛行江浙齊楚，樹聲保社，規模嚴肅，彬彬然大有可觀也。……而比丘尼中如南方諸禪師輩，全提直指向同髏（左婁右頁），而能破除生死情妄，可為軌式模範者，指不多屈。[78]

他直指在南方的祇園剛、季總（繼宗）、唯極致、印月霖都是名門之後，也都是真修實證者，教化後學，而能風教盛江浙齊楚，展現出嚴謹的規模。相較之下，都城的女性禪師則少，所以他為子雍作序是為了保存都城女性禪師的資料，以免都城交了白卷。可見當時江南的女性禪師群已名聞天下，並非一村一地之名而已。朱彝尊在《靜志居詩話》也選列了祇園、季總二人與其語錄，並認為祇園「威儀醇樸」。而且祇園語錄還有貴陽太守、朱彝尊之伯父朱茂時作序，朱茂時是當時著名的士大夫，也參與後期《嘉興藏》刻事的重要居士。繼總有譚貞默、嚴大參、葉紹顒等人作序，他們分別是憨山德清的在家弟子、費隱通容、朝宗通忍的嗣法居士，皆屬臨濟 32 世；寶持有嗣法同門之僧鑒曉青為序；祖揆有天啟進士李模作序；同為弘儲法嗣的張大圓（有譽）也為寶持、祖揆合著的《頌古合響集》作序，這些都是當時有名望的士人居士，參學於叢林極為深入活絡，而且都是能受傳承的嗣法之人。這個時期的禪宗語錄多有士人參禪的留跡，士人居士為語錄序跋塔銘之事比比皆是，而這些女性禪師語錄可以得到這些嗣法居士作序稱讚，足以顯現當時女性禪師的存在，某種程度上已被禪門、士大夫認同，她們的修証更得到與其他禪師相同的待遇，所得的讚賞與肯定，也足以証成其修為具有一定的聲望。

雖然前面所談，錢牧齋對當時比丘尼產生的亂象曾提到：「女戒鋒起，闍黎上座，林立鏡奩，語錄伽陀，交加丹粉，咸有尊宿印證，支派流傳，可羞可愍」，[79] 這段話其中的是非判斷是可以討論、商榷的，因不在本文論述之中，姑且不論之。但是如果摒除價值判斷，可以觀察到

78 《子雍如禪師語錄》序，《嘉興藏》冊 39，頁 819。

79 錢牧齋《牧齋有學集》下，卷三十六〈坐脫比丘尼潮音塔銘〉，（上海：上海古籍，1996 年），頁 1276。

它所呈顯的現象是當時：比丘尼多了，比丘尼為師教授弟子者也多了，而女性禪師語錄也產生了，並多有承受傳承法脈的情形。而女性禪師有傳承，有語錄出版、入藏，也就是在多傳承多語錄的環境之內產生的。換言之，在傳承、語錄增盛的明末禪林，有更大的空間來正視女性禪師的修証，進而促發女性禪師語錄的紛紛出版，擺脫傳統的價值觀，讓女性修証的情形能夠如實地被留存下來，這便是傳承、語錄增盛的正面價值。





## （四）《嘉興藏》之入藏問題

首先，來探明《嘉興藏》的出版緣由，再來考察《嘉興藏》收書入藏的情形為何？有具體的標準嗎？刻藏者如何議事？有那些收書入藏的現象？經過這些觀察，提出《嘉興藏》入藏的品質與特質，並由此論述看待《嘉興藏》價值的方式。再推論女性禪師語錄入藏的因素之一。

### 1、《嘉興藏》的出版

《嘉興藏》刻版發起於明萬曆七年（1579 年），直到清康熙十六年（1677 年）正藏才完成，歷時有九十八年之久，而續藏在此之前已陸陸續續印行，但最後一部書要延遲至乾隆四十九年（1784 年）才完成[80]。其特別之處在於它是第一部將梵筴本改為方冊本（線裝書）的藏經，所以又稱為「方冊藏」。因為方冊本比起梵筴式更來的輕便而易流通，所以當紫柏（1543-1603）等人發起刻藏之事時，[81] 就決定以方便閱讀、流通易廣、價錢低廉的方冊本來刊印，為得是要讓佛法廣為流傳，利益廣大的眾生。而且這次是私人刻藏，比起以往官刻藏經在流通上也較方便、收書也較不受限制，並可避免大小巨細之事都須奏請的麻煩。這樣的考量正呼應之前所描述的晚明清初的書籍刊印生態：書籍的私刻發達、流通普遍、商業買賣，而佛教人士在這樣的潮流中也想以此作為弘法的利器，將佛書普遍流通到一般市井小民，不願佛經成為徒有尊貴

80 《嘉興藏》完成的時間有各種不同的說法，此處引藍吉富先生在〈《嘉興大藏經》之研究〉的說法。《諦觀》第 70 期，（臺北：諦觀雜誌社，1992 年 7 月）。

81 此事可見紫柏〈刻藏緣起〉，在《紫柏尊者全集》卷十三，《卍續藏》126 冊，（臺北：新文豐，1977 年），頁 854。

而蒙塵無用、束之高閣。

由於《嘉興藏》是私人刻經，經費乃募款所得無法有穩定的來源（後來只得以流通所得來續刻經版），所以歷經近百年的時間，造成它除了正藏是以《北藏》為底本外，其餘（續藏、又續藏）也大量收納各地所刻的佛教典籍，而由嘉興楞嚴寺來流通發行，這些各地佛典都被納入《嘉興藏》中，所以《嘉興藏》，尤其是續藏、又續藏的部份，究實而言是「楞嚴寺所發行的一套佛教叢書」、「明末清初由嘉興楞嚴寺所售佛典的總稱」。[82] 所以相對於歷代官刻的藏經而言，《嘉興藏》是民間印刻的，只要是當時教界認為值得流傳弘揚的，或當時著名禪師的語錄，或有民間寺院、居士發起印行者，都有機會可以入藏，因此可以說它的收書有包容性、時代性。也因此它成為目前收集最多明清佛書的一部藏經，首度入藏的佛典就有五一二部之多，完全未被其他藏經收錄的佛典就有二八八部之多（包括這七部女性禪師語），亦即有二八八部佛典是獨本收藏，[83] 此中大部份是明末清初諸禪師的語錄，所以不僅是研究明清佛教文化很珍貴的資料來源，還能從中探知明清政治、宗教、經濟等社會文化資料。

### 2、密藏禪師的入藏意見

關於《嘉興藏》刻藏的各種規則，目前所知文獻有〈密藏禪師定制校訛書法〉、[84]〈檢經會約〉、〈刻藏規則〉、〈刻藏凡例〉、〈刻場錢糧經費畫一〉、[85]〈藏逸經書標目〉。[86] 其中對中國著述經籍的去取有具體討論的，只有密藏道開（生卒年不詳，以下簡稱密藏）的〈藏逸經書標目〉。因為《嘉興藏》的正藏是依《北藏》而刻印，所以沒有取捨的

---

82 藍吉富〈《嘉興大藏經》之研究〉的說法，《諦觀》第 70 期，（臺北：諦觀雜誌社，1992 年 7 月），頁 102。

83 藍吉富〈《嘉興大藏經》之研究〉，《諦觀》第 70 期，頁 104。

84 《密藏開禪師遺稿》，藍吉富編《大藏經補編》第 14 冊，（臺北：華宇，1986 年），頁 360。

85 以上四篇收於《明徑山方冊本刻藏緣起》。見嚴靈峰編《書目類編》第 50 冊，（臺北：成文，1978 年）。有關經典流通的統一標價，因為時代拉得很長，價錢有所變動，所以還有〈懇定經直畫一〉、〈楞嚴經坊重定畫一緣起〉〈懇免賒請經典說〉，《嘉興藏目錄》，《書目類編》冊 53。

86 藍吉富編《大藏經補編》冊 14，頁 439-447。

問題，但中國著述，尤其是明代當時人的著作就有討論空間。密藏是早期刻藏的執行者，其〈藏逸經書標目〉內容是對當時收集的藏外佛書（《北藏》以外的佛書），或該取或該捨有些簡短的評論，但並未論及這些女性禪師語錄，因為密藏在萬曆二十五年（1597）即「因事隱去」，[87] 沒有再繼續主持刻藏之事，這七位女性禪師最早出生的祇園，剛好也是萬曆二十五年出生，所以密藏撰寫此文時，這些女性禪師的語錄全都還未出現，所以根本不會討論到。而且密藏離開之後，刻藏還持續八、九十年才完成，人事、環境的變化極大，這份取捨觀點是否能延續到底？而密藏又是《嘉興藏》重要的發起人之一，影響整部藏經的性質走向，是實際執行前期刻事的人，所以筆者歸納其評價標準、方式，作初步的觀察，檢視他的取捨後來被遵循與否。





密藏共列出一一二本佛典，皆是本土著述，在評論之前他有一段前言：

> 凡北藏未收者，無論其言義得失，悉採錄其名目如左，以俟明哲揀辨而出入之。[88]

基本上他的態度是開放的，只是呈現自己的看法或所知，供大家來討論揀擇。依此而言，這份取捨應該還未經過大家議決，並非最後定論。文中並無年月記載，無法得知究竟那一年寫的，但有「密藏禪師道開遺筆」，或許是他離開前所留的。針對其評論方式可以分為下列六種：

(1) 未加評論，只列書名，或加上作者、版本種類、流行情形。

(2) 有所評論，但未明言入藏與否。

(3) 有所評論，有明言要入藏、不宜收入、似不必收等語。

(4) 未加評論，直言宜購求之、宜入藏、可收可不收。

(5) 未加評論，言《南藏》已收。

(6) 尚未閱覽，無法判斷。

從第 (2)、(3) 項評論部分以及第 (6) 項對於未閱覽部分的提問來看

---

87 此時間根據李富華、何梅《漢文佛教大藏經研究》〈關于《嘉興藏》的研究〉的說法。（北京：宗教文化，2003 年），頁 489。至於密藏為何隱去，未有確論。可參考藍吉富〈《嘉興大藏經》之研究〉的分析。

88 〈藏逸經書標目〉，收於藍吉富先生編《大藏經補編》冊 14，頁 439。以下所引的密藏的入藏意見，都引自此文。

他對入藏的看法有：

(1) 本來單獨的疏、鈔，將之釐經入疏，釐疏入鈔，成為會本。或是重點摘要的摘要本，這些已收入單獨原本者，則會本、摘要不必重覆入藏，避免繁沓雜亂。例如《楞伽會譯》、《華嚴合論約語四本》、《華嚴疏鈔會本》《華嚴會玄》、《法華玄義文句摘要》等。

(2) 有歷史價值者，不得不收，如《五燈會元》。如有重覆，則可無收，如《禪宗正脈》。

(3) 對禪門公案、頌古的評唱著作，嚴厲批評。如《評唱碧巖集》、《從容菴錄》、《空谷集》、《虛堂集》。

(4) 知見真切者，如《楚石語錄》、《愚庵語錄》、《全室語錄》。

(5) 知見稍正，但悟處不足，如《笑巖集》、《雨花集》、《冬谿內外集》。

(6) 知見義理不正，不宜收入。例如《法華大意》、《金剛經十七家註》、《金剛科儀錄說記》、《心經無垢子註》、《犖絕集》、《慈度集》、《法舟謄語》。

(7) 邪教魔種，無為（無念）教者。如《冰壺集》、《五部六冊》。

(8) 多語世諦言者，似不必收，如《冷齋夜話》。膚淺差　，不足取者，如《永嘉集註》。

(9) 對於尚未閱覽者，以「未知邪正得失？」來提問。

這份評價意見，可總歸成三點：1、經典註疏的會本型、摘要型著作，不必入藏，免得重覆。2、對禪宗評唱型的著作，不表贊同。3、以知見邪正與否來作判斷。

但是有時密藏在評論後卻沒有直言入藏與否，一方面可能是此文並無固定格式，行文順勢走筆即是，何況觀其評論即知肯否之意；另一方面可能是專在申明己意，以待他人共議揀擇。例如他對公案評唱之書有激烈之語：

> ……奈何繼此而評唱又出焉，波濤洶湧，枝葉蔓延，而根源喪盡，……凡在教乘，不獨經論，即註疏家，一句一字一音一義，有補經論者，無妨珍重流通，獨宗門下事，誠無舌人解語，即終

日言說，累牘盈篇，實未嘗談一事，而況古人葛藤，雖千七百則，欲覓一元字脚，寧可得耶？……所當不惜身命以爭，深惡痛絕，以謝佛祖而報深恩，即一言半偈，亦不可不嚴辨緇素，別是非，而垂一定之鑒……[89]

密藏對當時禪林流行講演背誦公案評唱的現象提出看法，他認為對歷代禪師的公案與經論不同，經論可以註疏以了解其義，但公案是某個時、空、心靈下的產物，離開那個時空就成了古人葛藤了，徒然加以拈古、頌古，已是不得已，如果又要評唱之，真是「枝葉蔓延而根源喪盡」。所以他要「不惜身命以爭，深惡痛絕」。雖然嚴厲的批評，但並未直截提出「不能入藏」之語，或許密藏知道這種流行的現象，不是那麼容易禁止的，也不見得會得到多數人的贊同，他只能善盡責任表達自己的看法，供其他與事者來討論，正是他所謂「以俟明哲揀辨」之意。

就如前面所言，密藏的態度是開放的，留下這份評論提早離開，後來人事更迭、時日延盪，這份入藏的看法後來的情形是：反對入藏者（包括直言出之、批判）有二十三本，贊成入藏者（包括直言收入、贊美）有十五本，有評論但無法明顯判斷入藏與否者有十九本。（以上不包括未作評論部分）。以下就根據這些著述後來實際上是否入藏來考察：[90]

先論其反對入藏者：密藏反對入藏的二十三本典籍中，有十七本符合其意，但有六本被入藏。例如「非西來正脈，不宜收入」的犖絕老人《犖絕集》及「犖絕上足，其邪惡過師十倍」的《慈度集》，皆未入藏。「其教雖非白蓮，而為害殆有甚于白蓮者乎」之無為教的羅靜《五部六冊》、「真近代魔種」的蘭風《冰壺集》，也未入藏。《金剛經十七家註》「邪見甚多……不足取」、《金剛科儀錄說記》「不足取……宜出之」、《心經無垢子註》「此解甚邪見惡業，不足取」、「畫龍摸象」的《雨花集》等皆如密藏之意，未入藏。而六本被入藏的分別是：他認為「知見邪惡」的太虛居士《法華大意》在康熙十六年的

---

**89** 藍吉富編《大藏經補編》冊 14，頁 445 ～ 446。

**90** 此處依新文豐版的《嘉興藏》、蔡運辰《二十五種藏經目錄對照考釋》來比對。（臺北：新文豐，1983 年）。

《嘉興藏目錄》中列在續藏二十一函。「佛法知見殆煢絕之流」的《法舟牓語》，也入了藏。[91] 還有《楞伽會譯》、《華嚴會玄》、《禪宗正脈》、《評唱碧巖集》。

其中，他所反對的而且提及的會本型、摘要型著作，如《華嚴疏鈔會本》、[92]《法華玄義文句摘要》等未入藏。評唱型著作是他反對的，他提到四本：《碧巖集》、《從容菴錄》、《空谷集》、《虛堂集》，只有《碧巖集》入藏，其餘未入藏，後來皆被日本《卍字續藏》所收。

他贊成入藏的有十五本，只有《楞嚴論》、《心燈錄》、《諸方宿衲傳》、《全室語錄》四本未見入藏，其餘十一本如其所言入藏，包括《楚石禪師語錄》。

有評斷但無法判定密藏之確切意思者十九本，其中有四本是「未見閱覽」（皆未入）、七本是只言「南藏或北藏有收」（六本入）、三本是指出「世多流行本」（二本入）、三本是有好、壞皆具的評斷（皆未入），即《笑巖集》、《冬谿集》內外二卷、《楞嚴管見》。「可收可不收」的一本：《人天眼目》（入）。一本只言版本之事：《禪門宗要》（未入）。[93]

整合而言，將無法判定的部分除外，和密藏入藏與否的看法符合者有二十八本，不符合者有十本，符合的比例有百分之七十以上。

由此看來，密藏的入藏意見被採納的比例頗高。如果單純從密藏的標準看，甚至可以說極為嚴正，尤其對時人的著作。而密藏的入藏意見在他離去後，還比例如此高地吻合，這種情形因為沒有其他入藏標準的文獻可與之核對，所以或許有另外因素左右入藏不入藏，而並非單純因為遵循密藏的緣故，或是至密藏離開時，這部份的目錄已完成，後繼者遵循之，只是繼續加入新的典籍而已，這也不是不可能，但是至少可以說：初期刻藏工作是以密藏為核心，他的入藏意見在當時應該受到相當的尊重，而且即使時日延宕，到了刻藏後期，都未被變動太多，而受到

91 此書並未出現在康熙十六年的目錄上，是收於中央圖書館所藏善本書《嘉興藏》中，屬於有書無目的「未入藏」部分。新文豐版本將之列入最後一冊（第 40 冊）。

92 《嘉興藏》之後的《龍藏》還特別奉旨加入《華嚴疏鈔會本》此書。

93 有關被密藏提及但後來實際未入藏的著作，大部份都被當時的目錄《大明釋教彙目義門》所記載，可見這些著作在當時頗為流行的。此書為明萬曆的蘊空禪師所著。

頗高程度的遵循著。

### 3、以共議、公告來維持入藏基本標準

《嘉興藏》是由民間刻藏，是紫柏真可、密藏道開、幻余法本，以及多位當時著名的佛教學者、位居要職的居士發願護持，有傅光宅、瞿汝稷、唐文獻、徐琰、于玉立、曾乾亨、吳惟明、曾鳳儀、袁了凡等人，還請諸方有名望者為文勸募刻藏，也敦請憨山德清號召，可以說是集合當時佛門重要僧俗人物參與。而這些人當然也會參與刻藏各項規則的制定，從〈檢經會約〉、〈刻藏凡例〉〈校訛書法〉的校對規則來觀察，其中對於有疑議者，都有「出眾見截奪」之語。[94]〈檢經會約〉也曾請憨山德清來審定：「此必得師命乃可舉行，有便乞示下，《檢經會約》并校草格板新求文字，俱俟十月初顯人問候附去」。[95] 密藏親定的〈密藏禪師定制校訛書法〉末，更提到「樂子晉居士誓願與貧納清校經藏，凡有經欲校義付刻，可共商之」。[96] 密藏在〈募刻大藏文〉又言：「請以三藏並校，參之英賢，正其訛謬」。勸募者之一的樂晉在〈五台山刻方冊大藏序〉亦說：「是役也，費以三萬計，畢事以十年，校對訛謬則義學沙門與居士也」。[97] 密藏離開前留下入藏意見，而明言「以俟明哲揀辨而出入之」，所以顯然的，刻藏的各種規則甚至收書目錄是有規劃的，而由密藏等沙門與居士們共同參議。因此，初期印行《嘉興藏》有密藏與居士們共參共議，必然在入藏的問題上有基本標準在。

中晚期的刻藏，繼刻者一個接一個，從密藏的弟子念雲興勤，到瞻居法鎧、繼慶利根主持到明末，清順治年間由按指契穎、白法性琮擔荷這份重任，到了康熙年間還有徹微印開、巨徹、寂暹等人來主持。[98] 其中，按指契穎在順治十五年就將密藏與其他居士的刻藏願文開刻印行，

94 《明徑山方冊本刻藏緣起》，收於嚴靈峰編《書目類編》冊 50，（臺北：成文，1978 年），頁 22514、22519、22522。

95 《密藏開禪師遺稿》〈與憨山老師〉，藍吉富主編《大藏經補編》冊 14，頁 364。

96 《密藏開禪師遺稿》，藍吉富主編《大藏經補編》冊 14，頁 361。

97 二處引文皆見陸光祖等著《明徑山方冊本刻藏緣起》，收於嚴靈峰編《書目類編》冊 50，頁 22439、22499。

98 此處參考李富華、何梅《漢文佛教大藏經研究》〈關於《嘉興藏》的研究〉，頁 478-497。

對密藏等人都感佩萬分，因此密藏的入藏意見被後人所尊重，也是順理成章之事。他們都是懷著深切的宗教的熱誠，誓願以身心奉獻來完全此事，對這部藏經的佛典擁護之情溢於言表。同樣的，也有佛教居士鼎力支持，參與議事，例如釋觀衡〈刻方冊藏經目錄序〉中有提到利根「先之雲間，商之徐李諸大檀越，欣然就事」，[99] 是利根在江蘇省松江縣組織「松江弘法會」來共成刻藏之事。又，順治十六年在釐定刻印經典的統一價格時，可以看到馮去邪、嚴大參等居士參與討論。順治四年的〈楞嚴經坊重訂畫一緣起〉是朱茂時、朱茂曙所寫，並談到：「我輩檀護商於白法老人」，〈懇免賒請經典說〉是朱大猷所擬，[100] 在在顯示當時居士與沙門共商共議之情形。其中，朱茂時是貴陽太守，朱彝尊之伯父，嚴大參是費隱通容法嗣，傳承臨濟 32 世，這些居士都是有學有証的人物，再加上後繼者主刻者對刻藏之事殷殷期盼，意圖全盡己力，畢竟其功，所以在與居士共同規劃議訂下，藏經的基本品質應該會得到重視與維護。

從資料顯示，目錄的編輯大多是為了要公告捐刻的統一價格，因為那是所有資金的來源。由於物價的變動或為了防止人為的營私，還請官府作証，維護寺院利益、懲戒惡事，並公告目錄及價錢，以昭公信。由此可知，這種公告目錄的情形，一方面是價錢的公信力。一方面也形成目錄的公信力，昭告天下：這些典籍具有價值，已經入藏，可供天下人來助印佈施。初期，密藏等人共議各項規則，就作成正藏是依《北藏》目錄來刻印的決定，而《北藏》未收的當代著述從密藏的〈藏逸經書標目〉中看出已在審定中，當密藏離開後，想必也要共議完成，編成目錄昭告天下，以受公評。尤其中後期，刻藏更需要大眾資金的參與，而許多當代的著作也陸續入藏，目錄勢必要常常增加而作更新，以利大眾投入。所以每次目錄的編定就必須具備一定的公信力，對新入藏的著作必然會作必要的審定。

對於目錄的更新，從女性禪師語錄出版的時間也可以觀察到：這些



99　陸光祖等著《明徑山方冊本刻藏緣起》中。嚴靈峰編《書目類編》冊 50，頁 22541。
100　以上皆見《嘉興藏目錄》，嚴靈峰編《書目類編》冊 53。

女性禪師語錄出版，最早約在清順治五年（1648），最晚約在康熙四十年（1701），大概是《嘉興藏》刻藏的中、晚期。所以初期密藏與居士們共議成的目錄是不會包括這些語錄。由順治十六年（1659）的愬定經值畫一公告中可知，順治四年之前、順治四年（1647）都有目錄的刊出，[101] 內容為何無得而知。但康熙十六年（1677）的《嘉興藏目錄》續藏、又續藏[102] 中就列入這七位女性禪師語錄了，續藏標出康熙十六年，又續藏卻沒有標出年代，其年代應該晚於此，因為置於最後的《子雍如禪師語錄》其跋是康熙四十年（1701）寫的，即使語錄是預先編入目錄，也不至於早了三十四年，所以應是在康熙四十年前後入藏的，而這份又續藏的目錄也應是此時編出。祇園與季總的語錄入於續藏，年代應在順治年間，其餘在又續藏，應皆在康熙年間刻印入藏。[103] 因為當代著作出版的時間各有不同，而且年代相差頗遠，例如祇園與子雍的語錄就相差近五十年。所以即使原先有規劃目錄，為了因應新入藏著作，勢必會有所更動。[104]

雲棲袾宏，密藏隱去時他仍在世（袾宏萬曆四十年去世），約處於刻藏的前期略後，他在《竹窗三筆》有〈續入藏諸賢著述〉：

> 古來此方著述入藏者，皆依經論入藏成式，梵僧若干員，漢僧若干員，通佛法宰官若干員，群聚而共議之，有當入而未入者，則元之天目高峰禪師語錄、國初之琦楚石禪師語錄，皆寶所之遺珍





101 這些目錄內容目前未見，都是為了公告印刻某部經典的公定價格，以昭公信，免得有人妄抬高價或低估價值，以賺取私利、叢弊作奸。見《嘉興藏目錄》收於嚴靈峰編《書目類編》冊 53，頁 23747-23751。

102 《嘉興藏目錄》〈續藏經值畫一〉、〈又續藏經值畫一〉。這些目錄也是為了公告統一價格用的。但又續藏部份到後半部就沒有寫上價錢了，亦可証成訂定的時間應晚於康熙十六年。《祇園禪師語錄》七分，《季總禪師語錄》一錢零四厘，其餘在又續藏中皆未見金額。收於嚴靈峰編《書目類編》冊 53。

103 中央圖書館之《嘉興藏》善本微捲，祇園的語錄卷首標有「清順治間刊本」，寶持的語錄則標「清康熙間刊本」。

104 李富華〈關於嘉興藏的研究〉中推論「《嘉興藏》續藏目錄是否已在正式雕刻前編就，我想我們的回答應該是肯定的」，認為「一個早已草就的目錄是一定準備就緒的」。依《嘉興藏》入藏情形看來，密藏離開前還提出藏外著述（正藏以外）的入藏意見，供明哲揀辨之，顯然續藏目錄還在討論的階段；後來入於續藏的《祇園語錄》，此時更是尚未出版，何況要入藏？所以續藏目錄早就編定是不可能的，而說在刻藏前「草就」的目錄已準備就緒，並無實質意義。此文見《漢文佛教大藏經研究》（北京：宗教文化，2003 年），頁 480。

也。近歲又入藏四十餘函，而二師語錄依然見遺。有不須入者反入焉，則一二時僧與一二中貴草草自定，而高明者或不與其事故也。嗟乎！天台師種種著述，及百年然後得入藏，豈亦時節因緣使之歟！後更有入藏者，二師之語錄其最急矣，特闡而明之。[105]

此處點出中國著述入藏，本就有僧俗共參共議的傳統，但還是有些典籍應該入藏卻未入藏，他特別提到二部：天目高峰禪師語錄、琦楚石禪師語錄。而這二部語錄在最近的一次入藏工作中，又被遺漏，而不須入藏的反而入藏了。此處應該指的是《嘉興藏》。他認為可能是高明者不與其事的緣故，只是一二時僧與一二中貴草草自定而已。並希望他的闡明能讓下一步入藏工作時，趕快將之納入。其中所提琦楚石禪師語錄在密藏的〈藏逸經書標目〉中已然標明其為「真的骨血」，認為要入藏的。袾宏談論時，雖然此書尚未入藏，但後來果然入藏（續藏）無遺。而高峰的語錄後來也入續藏矣，所以雖然袾宏對當時入藏的審定有所批評，但證之後來，都能補納遺珍，將藏經的水準維持住。由這點來看，反而証明《嘉興藏》對入藏與否的審定或有侷限，但終能廣納意見，達到基本共識標準。[106]也可知，入藏確實是一批批的，每次勢必要公告書目，而目錄的公佈即有昭告天下，以為公評的意義，基本標準就在此無形中建立了。

**4、具有時代性、廣納度的入藏特質**

《嘉興藏》中收入很多當時人的著作，是最多明清佛典的一部藏經，獨本收藏就有二八八部佛典之多，這個現象一方面是因為參與者有此認知，一方面是因為其刻藏、流通的方式而形成的。

在釋觀衡〈刻方冊藏經目錄序〉有言：

105 《竹窗三筆》，收於藍吉富編《大藏經補編》冊 23。（臺北：華宇，1986 年），頁 267。

106 藍吉富〈刊本大藏經之入藏問題初探〉以袾宏這段話來論說《嘉興藏》的編輯群是不盡理想的，也舉《法華大意》作列子來証明，因為密藏認為《法華大意》：「知見邪惡不可當」，而這個意見後來沒有被接受，此書反而入藏。但是証之資料，密藏的入藏意見雖然在此書上沒有被遵循，但是其餘的意見卻有頗高比例的被接受（在本文「密藏的入藏意見」一節中有詳論）。而袾宏此處認為應該入藏而無入藏的二本語錄，後來也被接受入藏了，所以與其說編輯群不盡理想，不如說只是一時編輯的不夠理想，到最後仍然能維持住當時公認標準的。該文見《中華佛學學報》，第 13 期卷上。（臺北：法鼓山文化，2000 年）

老人（案：紫柏）未盡之事有八：四方之版未歸徑山，一也。版未完未製方冊藏首序，二也。……搜括古今名集遺漏未全，七也。……[107]

釋觀衡作序時，是《嘉興藏》刻印進入明末之時，他認為紫柏所遺留下來的未盡之事有八項，其中特別提出「搜括古今名集遺漏未全」，可見他認為「搜括古今名集」亦是重點之一，覺得當時的著作亦是重要，值得也有必要將之入藏，並沒有一味的重古賤今。從當代的著作大量入藏的情形來看，可以說這樣的觀點是後來刻藏者的普遍共識（上一節袾宏的說法亦可推知），就這一點觀察，《嘉興藏》的收書是具有時代性的特質。而所謂「名集」當然是須符合一定的標準之上的著作，所以也可証明《嘉興藏》對搜集的古德今賢著作的重視，並且要具有某些真修實証的水準，而女性禪師語錄就是其中之一。

《嘉興藏》是私人刻印，財力本來就是信徒所捐輸，開始時是由楞嚴寺統一刻印，一邊刻印一邊讓信徒請購，而請購的收入再繼續刻印，如此循環，或是由出資者指定想要捐刻的佛典，來刻印發行。後來又接受由捐助者先於已處刻印，再將版、書送回楞嚴寺來流通。因此許多當時禪師的語錄著作，由弟子們捐刻，送來楞嚴寺，而自然就被包括在《嘉興藏》中，這也是形成《嘉興藏》能夠收入這麼多當時的禪師語錄的原因之一。而當時捐刻的典籍不只是禪師語錄，更多是經典論疏，所以這種方式不僅加速刻藏的流通，更解決財務上的問題，其實這也正符合當初紫柏等人不願只由幾人捐助而意欲普及的初衷，因此就收納廣狹來看，就展現出其廣納性的入藏特質。

而這種捐刻入藏的方式，是否是其弟子的擁護之力而促成入藏的？因此能夠入藏的原因，可能有局限於某部分主觀意識的運作、市場需求，或因經濟力量而促成？這部份是讓學者認為《嘉興藏》不夠嚴格篩選的主要因素。《嘉興藏》的印刻本來就是要讓廣大佛子（包括出家、在家）來捐刻，並藉此廣佈流行，所以捐刻入藏是常態。所謂法布施為最上，助印佛典便是一種法供養，是佛教徒行布施、積福德的方式之

107 陸光祖等著《明徑山方冊本刻藏緣起》中。收入嚴靈峰編《書目類編》冊 50，頁 22542。

一。捐助者之名之願之回向，常常附加於所助印的佛典之末，類似功德名錄，並可表昭公信。所以常看到某某捐刻某經，願個人如何、願法界眾生共同成佛等等不同的祈願、回向。是充滿宗教虔敬、神聖情懷的。所以捐刻入藏並不能以一般經濟力、私人哄抬主導入藏來論斷，容或有弟子擁護之故而捐印，也是基於宗教情懷，而且有時反而代表此佛典被當時人所看重，或此語錄名重一時、有修道傳世價值，才有捐刻的價值，也才願意將之捐刻入藏，藉此積功累德，也正是《嘉興藏》能表現那個時代佛典狀況的特質。況且由前面論述可知，有以共議、公告目錄的方式來維持入藏基本標準在，已然做最後的把關工作。

所以要論斷某佛典是否有入藏的價值，無法以是否捐刻入藏來判定。亦即有捐刻入藏的佛典，並不能就推定其是被經濟、市場力量所推動。況且由經濟、市場推動出來的不見得就沒有價值，因為它可能代表的是當時受到重視的真實狀況。因此，這些女性禪師語錄是否是「捐刻入藏」的問題，就不重要了，因為有資料顯示是某某捐刻入藏的話，只是增加語錄入藏直接動力的資料罷了，無法就此論斷是否有價值。[108]

**5、正視《嘉興藏》展現當代佛學成果的價值**

《嘉興藏》之後，清朝官方編了《龍藏》，把大量禪宗典籍、語錄刪除，包括被雍正撻伐的漢月法藏之語錄、在梅里古南禪院弘法甚利的牧雲通門之語錄等等多至二百多部，而這些女性禪師語錄也包括在內。因為此部藏經雍正皇帝介入甚深，其在〈御製重刊藏經序〉中言，由官方刻的《北藏》都有未經精校之失，何況是民間刻的《嘉興藏》，所以需重刻藏經，又曰：

> ……又歷代名僧所著義疏及機緣語錄，各就其時所崇信者，陸續入藏，未經明眼辨別淄澠，今亦不無刪汰，俾歸嚴淨……[109]

他認為這些禪師語錄未經過精選，只是崇信者印行將之入藏的。顯然他覺得《嘉興藏》的大量禪師語錄是過於浮濫，但因為雍正所謂的「明眼

---

108 目前所可查索的四部女性禪師語錄，都沒有捐刻入藏的資料。筆者找尋了中央圖書館的《嘉興藏》善本書微捲，四部女性禪師語錄後面都沒有捐刻者的標印。另外三部：義公、一揆、子雍的語錄，中央圖書館善本缺佚，新文豐版本是依日本駒澤大學所藏的版本印製的，因此只能靜待他日再尋索。

109 《新編縮本乾隆大藏經總目錄》（臺北：新文豐，1992 年），頁 15。

辨別」，驗之史實，是近於個人獨斷判準，身為帝王豈容討論空間，所以此藏大量刪汰語錄的作為，並未得到精審嚴格的美名，反而得到政治皇權介入宗教的評斷。所以也無由推定女性禪師語錄是在不合標準下被刪除的。正因為如此，讓《龍藏》失去收入這些禪師語錄的機會，而讓《嘉興藏》擁有收入獨本的史料價值，尤其是收了其他藏經所沒有的女性禪師語錄。

或許是受到雍正對《嘉興藏》的評斷影響，面對《嘉興藏》的入藏問題時，多有對其入藏嚴謹度不夠的看法（包括前面所談的捐刻入藏）。但是如果立於藏經除了保存佛教重要經典外，還有表現當代佛學成果的功能之立場上，尤其是私人刻印的藏經，那麼《嘉興藏》的重視當代佛典、包納性廣的特質，正是它之所以產生的實際狀況、存在的最大價值。如果說藏經的定義與價值不局限於藏諸名山、束諸高閣，而是依其實際狀況，認知到時人對其之期許是讓廣大佛子參與、廣納古今名集的話，《嘉興藏》收納很多當時佛教界認為的名集，本為其本份，不應該遭到不嚴謹、浮濫的評斷。況且收書多，不一定代表毫無標準、浮濫爛收，也不一定所收的書就沒有價值，有時反而代表開放多元、展現當代成果。收書少，也不一定就是精嚴可貴，有時反而代表思想鉗制、保守、內容貧乏。所以應該由各別的佛典來作判斷，才公允。或許這是我們在觀察判斷歷代藏經編著時，可以思考的問題。換言之，如果只以：入藏不嚴謹但有史料價值來論《嘉興藏》是不夠的。是否不必只以收書嚴謹（或許是保守的）來論斷藏經的價值？能展現當代佛學成果，亦應有等值的價值才對，而這樣的價值經常是私刻藏經的常態。就《嘉興藏》而言，筆者認為，女性禪師語錄入《嘉興藏》正為《嘉興藏》有基本收書標準、能夠展現時代成果、具有史料價值作了見証。

從上所論得知，密藏的入藏意見符合的比例很高、袾宏的意見被採納，而且幾代的刻藏主事者戮力從事，與居士協力共議的情況，幾次公告目錄、價錢以昭公信，維持品質的意義，所以女性禪師語錄入藏是因為她們在當時具有名望，而其語錄能符合教界的公認價值。而《嘉興藏》重視當代的佛典著作，多元廣納收書的特質，剛好提供這些女性禪師語錄出頭、留存的空間與機會。

## （五）女性禪師語錄入藏因素之分析

觀察《嘉興藏》的入藏情形與特質看來，這些女性禪師語錄既然已入藏，就包納在這些標準、特質之中，再衡諸地理、出版等原因，可以歸納出其能入藏的四點因素：

**1、語錄具有名望，符合教界公認價值。**

依前所論，從剛開始有沙門與居士的共議規則，到密藏的入藏意見能夠與後來的目錄高度吻合、袾宏的意見也被採納，可以顯見後來繼刻主持者的恭敬行事與尊重前賢規劃。而整個刻藏工作雖然經過朝代更異遷延時久，但是是全國共知之事，更是佛教界的大事，後來雖然沒有再出現明確的入藏標準文獻，但是繼刻主持者依循前賢規劃的精神，也藉由公告接受公評，即使有不理想之處，也能有所調整。當時江南佛教又是整個中國佛教最興盛之處，勢必要更具公信力與水準，才足以服人。所以女性禪師語錄入藏正代表她們皆是能夠弘化一方的禪師，具有名望，在當時佛教界的共識標準中被認可，有一定修証弘法的水準在。

**2、《嘉興藏》之特質提供空間**

依前所論，《嘉興藏》具有時代性、廣納度的特質。因為《嘉興藏》的發起是為了佛經的流通，其籌劃、募款、校對、刻印、流通等所有過程都是民間自主進行。紫柏當時就堅持不要少數人的巨資捐助，更拒絕皇太后的公款資助，而是要向四方廣募，在宗教上可讓大家財施、法施，同種福田，在藏經的宣傳、流通上也是極為有利的。後來又開放民間僧俗捐刻請購，教界投入情況必定熱烈，只要是當時有名望的禪師，其弟子、信徒必然為其印行語錄，並以能入藏流通為榮，所以也就自然收納了許多當時禪師的著作，而刻藏的主事沙門、居士，亦認同這種重視當代著作的觀點，收入當代禪籍二百多部，而形成有時代性、容納度較大的入藏特質，尤其是續藏、又續藏部份。而這樣的特質，再加上語錄能夠出版的時代因素下，讓這些女性禪師語錄得到以往所沒有的入藏機會。

**3、居處佛教中心江南之地利**

藏經的入藏收書多少都會受地域的限制或影響，何況是重視當代性的《嘉興藏》？所以除了子雍有段時間在北方，後來亦到西湖碧霞禪院住持，與江南亦有關連，其他六位女性禪師的參學弘法地區則都在江南一帶，尤其祇園與其弟子弘法之處：伏獅庵、參同庵都在嘉興，寶持、祖揆的妙湛禪院也在嘉興，與《嘉興藏》的流通處——嘉興楞嚴寺等於同處一地，地緣關係非常密切，因此語錄的入藏應該是有其地利之便的優勢，更何況這個區域亦是當時整個佛教的中心。她們對《嘉興藏》刻藏事宜應該很熟悉，弟子、居士們基於對佛典的尊重，想必也會投入編印發行等實務或是捐刻的行列。例如為祇園寫序的朱茂時，曾為《嘉興藏》寫〈楞嚴經志重訂畫一緣起〉。為祖揆之文集寫序的張大圓，在〈懇度經直畫一〉文中寫到他「擬減柒分」，對請購經典的金額有某些作法，也呈現出他有參與發行之實務。這些居士或能因此促發語錄的入藏。





就弟子而言，當時出版、入藏之事應是弟子們所熟知，也會因而促發弟子有出版語錄，使之入藏的意願。但是，有時畢竟方外之人不拘文字留名之務，居士也會積極推促，例如祇園弟子義公的語錄，是在她圓寂後十七年才出版入藏的，根據行狀所云，是「偶有耆宿輩見師稿底，合掌嘆曰：此為女中標格，何不早刻流通？」[110] 她的弟子才懺悔地著手進行，所以因為在這個區域刻藏流通，自然形成出版入藏的氛圍，而讓此地區的佛教人士容易投入其中、受到促發。在禪師的修証德行方面，一來比較容易被刻藏主事者、參與者所聞知，所以具有形式上的便利與動力，但另一方面也同時會受到更清楚的考評，所以並不減損第一項：具有名望，符合教界公認價值的部分。

**4、為女性禪師留下時代証據**

女性修行者在各種客觀條件上本就不足，所以能夠証悟的女性實屬難得，但是明末在各種條件配合下，女子不管出家、在家的修行風氣都很盛行，而這些女性禪師能傳承禪宗法脈，棒喝交馳弘法教化，更是特殊，因此為這此女性禪師出版語錄的弟子們，都有為老師留下資料，供禪宗撰史者了解，以垂不朽的心情。為語錄寫序、跋、塔銘的沙門居士們，也都有惜才寶珍之意，一方面希望這樣難得的事能宣揚，一方面也

110 《伏獅義公禪師語錄》，《嘉興藏》冊 39，頁 5。

將之納入歷史上女性禪師的系譜中看待。例如一揆為其師祇園作行狀時言：

> 茲所述者，百不計一，尚俟緇林明眼，白社高賢，運如椽手筆，錫金玉鼎言，以垂不朽，法門幸甚，琛輩幸甚。[111]

又如，譚貞默為季總禪師語錄作序時言：

> ……其為滴骨滴髓臨濟兒孫，同是知繼總徽聲，固足爭光無著，為先後宗門兩大總持也，迺繼（季）總師之竿頭進步者在說法浩浩中，還視無著道人，實為得未曾有。……更應令楞嚴藏冊，妙麗莊嚴，添一重提魚籃賣笊籬，應化神通大作略，庶於慧燈普炤少分相應云爾。[112]

無著者即是平江資壽尼、妙總禪師，是宋朝大慧禪師的弟子，同樣是女性禪師，所以將季總與妙總相貫串，而謂「宗門兩大總持」。認為要讓語錄入藏，增麗莊嚴藏經，並顯慧燈相傳普照之意。又，永濬叟為子雍禪師語錄作序時言：

> 余因思都下比丘尼中以本分接人，可存一證據者甚難，許其所請，序述顛末而付梓……[113]

這樣的心情促成了語錄的出版，以為流通，也同樣的促成其入藏，為時代留下証據，因為要讓這些語錄不只能流通當代，更能留諸歷史的最好方式，即是入藏。而後來事實果然証明如此。

## 小結

就其是目前僅有也首見的女性禪師語錄而言，這七部語錄就具有極高的價值。而《嘉興藏》為我們保留了這些語錄，可以說這些語錄是因為入藏才得以保留至今，所以《嘉興藏》的價值在此更添一筆。[114]

值得一提的是，當時有語錄出版但未入藏者尚有九人，她們的語錄

---

111 《伏獅祇園禪師語錄》卷下，《嘉興藏》冊 28，頁 439。

112 《季總徹禪師語錄》序，《嘉興藏》冊 28，頁 441。

113 《永壽尼子雍如禪師語錄》序，《嘉興藏》冊 39，頁 819。

114 《嘉興藏》的史料價值，學界提出甚多，此一價值是目前研究《嘉興藏》的學者還未提出的。

不見得是不流行於當世，也不見得弘法不普，例如維極行致，當時在杭州雄聖庵弘法，她是石奇通雲的嗣法弟子，名列於《雪竇石奇禪師語錄》的行狀塔銘中。其律行精嚴，海內宗仰，根據《正始續集》記載云：

> 維極卓錫在雄聖庵，順治丙戌應聘，開戒說法，律行精嚴，間作詩詞，微言清雋，一時名宿，推為蓮臺上品。[115]

這樣一位能開戒說法，被推為蓮臺上品的著名的禪師，有語錄出版，但或許因為未能進入嘉興藏的流通系統中，而無法留存下來。所以有入藏者表示有一定的價值、原因，但未入藏者，並不見得代表禪師修証不精、弘法不盛。只因未入藏，而淹埋散失，語錄的傳與不傳，實各有因緣矣。



經過分析，筆者歸納出明末女性禪師語錄的促成出版的文化因素有二點：1、女性書寫與出版的盛行。2、傳承與語錄增盛的禪林現象。而七部女性禪師語錄是具備下列幾點因素得以入藏：一、語錄具有名望，符合教界公認價值。二、《嘉興藏》之特質提供空間。三、居處佛教中心江南之地利。四、為女性禪師留下時代證據。

女性禪師祇園等人修行有成，繼承法脈，弘法利生，形成一陣女禪風潮，是當時禪林的一片風光，引發的時代因素與處境是：1、傳統價值、女性制約的鬆動。2、「天地精英，鍾于女性」之說的流傳。3、守貞與情欲之籠罩與超越。4、比丘尼、女禪師的宗教活動力強。5、亂象與開放之間。6、密雲帶起臨濟復興。7、戒律重整之風。

亦即在明末清初社會風俗奢華，有了經濟能力，庶民展現強大的社會活力，而鬆動了傳統思想價值，連帶也鬆動了對女性的傳統限制。時代潮流亦有「天地精英，獨鍾女人」之觀，思想界對女人學道較能平等看待，禪門「大道無男女」之精神仍在，女性、比丘尼的宗教活動力得到有形無形的助力，更於密雲所帶起的臨濟中興，讓女修行者能得到開放、正式的納受，而當時禪林戒學重整之風起，女性禪師因承習實踐叢林清規，也得到尊重。然而世俗以三姑六婆、以守貞或情欲的眼光來看

---

115 轉引自胡文楷編《歷代婦女著作考》〈清十五〉，（上海：上海商務，1957 年），頁 621。

待她們，以及佛門之禁制設防的態度等不良處境，依然舖設在那裏。

佛教之女性，經歷早期女人五障之業重觀，到大乘之即女身成佛，已然將經典文字與核心的法性平等教理，趨合統一。而中國禪宗顛覆破妄的教化風格，與此更無有障礙，可直通相合，甚至不避諱以禪婆、女禪師公案來參究，勘破對男女性別身相之執著。到了明末清初，女性禪師的繁盛，她們有修證，能上承下傳法脈，能上堂開法，甚至出版語錄，還能入藏經系統，這股女禪風潮，可視為更進一步地在宗教之實際運作與教理之法性平等，趨合統一。

# 參 參悟行傳

明末清初七位留下語錄的女性禪師，從語錄的序言、行狀、詩偈等，或方志、燈錄等文獻記載中，或多或少可以拼貼出她們的行誼傳記之一二，並會藉由她們的機峰、法語，點染其教化與道場，極盡所能地將她們難得出現的身影展現出來；但畢竟不是被放在歷史舞台上的人物，可憑之資料少，可採之文獻沒，所能勾勒出來的非常有限，甚至有些只是點與點的呈現而已；然而換個角度來說，在無處現形，在虛處著彩，即使未盡全貌，但總算朦朧見晴，一葉一世，一花顯界，聊有點睛之效。

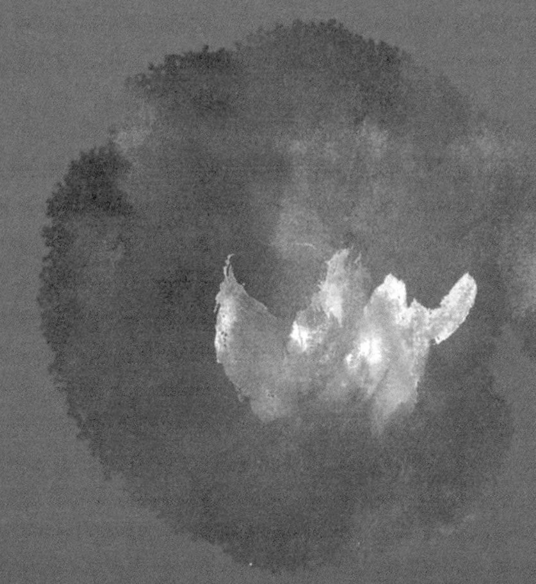

# 第三章　七位女性禪師之修悟行傳

## 第一節　祇園行剛之修悟行傳

祇園行剛（1597-1654），是七位留有語錄的女性禪師中，出生最早，最早圓寂，最早上堂開法，語錄出版得也最早。她成為名家宗師法嗣後，引來諸方疑駭，終見其真參實悟，並能大機大用，才心服口服。她禪風峻嚴，棒喝迅妙，行事卻內斂謙退，其二位嗣法弟子義公、一揆，亦是七位女性禪師中的二位，另外二位寶持、祖揆亦曾參學於她，而其信眾多有士大夫者，應該是這七位女性禪師中影響最大的。

祇園行剛，參悟弘法於明末清初，石車通乘之法嗣弟子，為臨濟下第三十二世，留下語錄一部《伏獅祇園禪師語錄》（以下簡稱《祇園語錄》），並被收入明版大藏經《嘉興藏》。禪宗燈錄方面，清、超永《五燈全書》卷七十二。民初釋震華《續比丘尼傳》卷四都有著錄。

在文學總集上，朱彝尊《靜志居詩話》卷二十三〈尼〉，收入其小傳與〈孟夏關中詠〉詩。惲珠《國朝閨秀正始續集》附錄亦著錄小傳與〈靜中吟〉詩[1]。沈季友《檇李詩繫》卷三十五，亦有傳與〈孟夏關中詠〉詩。汪啟淑《擷芳集》[2]、阮元《兩浙輶軒錄》卷四十閨閣、許燦



---

1 惲珠《國朝閨秀正始續集》附錄，清道光十六年（1836）紅香館刻本。18a、b。引自哈佛燕京圖書館之「明清婦女著作網」，網頁：http://digital.library.mcgill.ca/page-turner-3/pageturner.php 惲珠所收〈靜中吟〉：「破衲隨風倒掛肩，洗心自結靜中緣，蒲團穩坐渾忘世，一任紅塵歲月遷」。而朱彝尊所收〈孟夏關中詠〉則是「百結鶉衣倒挂肩，飢來喫飯倦時眠，蒲團穩坐渾忘世，一任塵中歲月遷」。《祇園語錄》卷上〈孟夏關中閒咏〉之二：「百結鶉衣倒掛肩，饑來喫飯倦時眠，蒲團穩坐渾忘世，一任　前日月遷」。三首詩應該為同一首，但字句卻稍有不同。

2 此書之著錄，引自哈佛燕京圖書館之「明清婦女著作網」之內容。網頁：http://digital.library.mcgill.ca/mingqing/search/details-poet.php?poetID=1622&showbio=1&showanth=1&showshihuaon=1&showpoems=&language=ch

《梅里詩輯》亦有著錄[3]。民初胡文楷《歷代婦女著作考》也著錄。

地方志部分，崇禎、羅玠修、黃承昊纂《嘉興縣志》卷七〈寺觀〉，於「樂善庵」下提及。康熙、袁國梓纂修《嘉興縣志》卷十七〈仙釋〉，並在卷十八〈記下〉著錄祇園語錄。光緒、許瑤光等修《嘉興縣志》卷六十二〈方外〉、卷九〈才媛〉，同時皆著錄之。乾隆、楊謙纂《梅里志》卷四〈寺觀〉之「伏獅禪院」、卷十一〈釋道〉之「尼行剛」、卷十六〈著述〉之「尼行剛祇園語錄」，皆著錄之。同治、徐士燕《竹里述略》卷十二，於樂善庵、孝思祠、篁里竹枝詞三十首等處亦錄及。

《欽定古今圖書集成 博物彙編 神異典》二百六卷、尼部列傳，亦著錄之，只是被誤置於宋代尾端、明朝之前。

以下這篇修悟行傳，對祇園身家背景、參學、悟道部分採取較完整的呈現，並有所析論，而弘法部分，由於之後將會全面論及，便先採取簡略敘述，一方面不致冗長重覆，一方面仍能維持行傳的完整性。

## 一、出生到守寡時期（1歲～26歲）

### 明萬曆二十五年～天啟二年（1597-1622）

祇園行剛，祇園，字號也，行剛，法名也。俗姓胡，俗名不詳。生於明萬曆二十五年（1597），歿於清順治十一年（1654）。浙江嘉興府嘉興縣新行里、鮑塔郵胡家巷人（今浙江省嘉興市新篁鎮），是處士胡日華（字素養）的女兒，母親有高氏、陶氏，而她是陶氏所生，是父母唯一的子女。後來父母還有繼子，名延脉，字胤長。[4]

鮑塔郵胡家巷，據崇禎《嘉興縣志》所載，是北宋理學家、教育家胡瑗（字安定，993-1059）之子遷居來此的：

3 阮元是根據許燦《梅里詩輯》之祇園小傳而來。阮元記載之詩亦是〈孟夏閉關有詠〉，題目略有不同，內容則與朱彝尊所引相同。

4 從胡士龚〈胡氏孝思祠堂記〉文中可知。見羅炌修、黃承昊纂《嘉興縣志》卷五、「胡家巷」下。收於《日本藏中國罕見地方志叢刊》，據明崇禎十年（1637）刻本影印。（北京：書目文獻，1991年），頁212。

胡家巷，在鮑塔村，相傳宋安定先生教授蘇湖時，有子姓樂此村風氣迴合，遂攜家土著焉。其後枝葉繁衍，乃名胡家巷。今太學鄉賓胡日華其名裔也，歿後，其子文學胤長，言念音容，即其讀書處築孝思祠堂，肖像奉之。[5]

所以胡家巷裏的胡氏家族就是胡瑗之後，而胡日華是當地有德望之名賢，其去世後，繼子胤長為了紀念他，在其讀書處為其建孝思祠堂。胡氏家族在當時是非常興旺的：

……胡氏當明中晚時，有田數千頃，甲科相繼，埭上屋五千餘間。[6]



明代中晚期，胡氏家族在鮑塔村胡家巷是「田數千頃，甲科相繼，埭上屋五千餘間」，可謂既是書香門第亦是大戶人家。有關胡日華之賢名，其姪子高道素曾曰：

……公生平敦孝，重節義，浮雲富貴，嘗慨然有擔當世道之思，……公諱日華，養素其別號也。以廩例遊太學，高尚志節，不就膴仕，脫有時賢如袁淑公，搜集無名高士為真隱傳，此真無愧稗史也。[7]

他認為祇園之父敦孝重節義，志節高尚，不就權位，是個真正的隱士。而祇園就在這樣的家族家庭成長的。

她自幼性格樸實，喜好念佛，每日晨昏必定禮拜諸佛菩薩，從小就深具佛緣善根。十八歲時嫁給庠生常公振（名鉱），不久便守寡，但仍盡心奉事公婆。

在這段守寡的過程中，或許是丈夫早逝之故，或許從環境的體悟而來，也或許是宿世的因緣，在〈伏獅祇園剛禪師行狀〉（以下簡稱〈祇園行狀〉）提到她：（師指祇園）：



5 羅炌修、黃承昊纂《嘉興縣志》卷七、「胡家巷」，頁 212。

6 徐士燕纂《竹里述略》卷十二〈樂善庵〉。《中國地方志集成》鄉鎮志專輯冊 19，清同治三年纂，根據南京大學圖書館藏抄本影印（上海：上海書店，1992 年），頁 437。

7 徐士燕纂《竹里述略》卷十二〈樂善庵〉下，高道素〈重修鮑塔邨關帝廟樂善庵記〉，頁 436。

一日忽思光陰迅速，空住閻浮，生死到來，將何作主？愁悶日增，以不能參請知識為愧，日夜精勤長跪佛前，願此生得成正果。[8]

有一天忽然感到光陰迅速，空過人生，佛家所謂的生死大事未了，等到有一天死亡大限一到，將何去何從？又將如何作主自在呢？如果沒有解決此事，只是空住人間一遭而已。一想到此，愁悶之情與日俱增。另一方面，因為身為女兒身，在先天上自由活動的空間受到較大的限制，何況既嫁了人、又守了寡，公婆仍在，需要奉養，在社會倫常觀念下要出外參學更是難上加難，所以祇園內心深深地為自己沒有機緣、福報參學、無法請益善知識，無法修行解脫生死之法，而感到福薄慚愧。因此只好日日夜夜精勤長跪佛前，祈願這一生有機會能夠解脫生死，得成正果。

萬曆四十七年（1619），祇園二十三歲時，胡日華捐資重建飽塔庵，更名為樂善庵，並築生墓在此，祇園在庵後築慈孝堂，一邊就近奉養父母，立志節孝廬墓，[9]一邊佛前焚修，[10]立志解脫悟道。此時她已守寡五年，能夠回來與父母同住，或許與她並無子嗣，又是父母獨生女有關，也或許就是「生死到來，將何作主」之愁悶讓她想修行的緣故。而此慈孝堂連結樂善庵即是胡庵。

祇園的父母只有她這個兒女，一直都是惜如掌上明珠，看她這麼親近佛法，怕她受苦，便不讓她茹素，但是修道心切的祇園，只好斷絕飲食，以不吃東西來表達決心，父母看得可憐，最後只好隨順她。

她禮飽塔庵原守尼智圓為師，捐奩田二十三畝為常住焚修之資。[11]

就這樣，祇園以她的決心，在受限的環境下默默堅定地等待參學修行的因緣。



8 《祇園語錄》〈伏獅祇園剛禪師行狀〉，《嘉興藏》冊 28，頁 437。

9 羅炌修、黃承昊纂《嘉興縣志》卷七〈樂善庵〉，頁 289。

10 徐士燕纂《竹里述略》卷十二〈樂善庵〉，頁 436。

11 羅炌修、黃承昊纂《嘉興縣志》卷七〈樂善庵〉，頁 289。

## 二、參學訪道時期（26 歲～ 36 歲）

天啟二年～崇禎五年（1622-1632）

### （一）第一次參學：參天慈老師（26 歲～ 33 歲）

這一段守寡的歲月，也是祇園深心向道的蘊釀，到二十六歲她才第一次有參學的機會，在〈祇園行狀〉中寫道：

其年二十六歲，參天慈老師，依慈行為師。[12]

從小喜歡念佛拜佛的她，十八歲結婚、失去丈夫，一直到二十六歲這九年之間，從行狀中無法得知祇園到底是何年、何事使她開始對生死之事產生巨大的愁悶感，但可以確定的是她在這當中深刻體會到生死事大，而佛法就是在解決生死之事的方法，所以便促發她志願上求佛道，要上求佛道就要有老師指引，明末禪宗雖已然進入中國禪宗的衰敗期，但卻有密雲圓悟（1566-1642）與其門人開展出臨濟中興之氣象，四方參學絡繹不絕，棒喝交馳氣象萬千，這種禪風在當時甚為流行，自然也會讓早晚禮佛拜佛的祇園所聽聞，而心生嚮往。即使她身處閨閣之內、求師不易，但求法心切，一切外在的逆境，都無法阻止她想尋求生命作主的答案，也因此尋求明師、出外參學悟道是乃勢在必行。於是到了二十六歲，她參學於天慈老師，而依慈行為師，開始展開參學之路。

天慈、慈行這二位老師，不知何許人也？也不知他們的寺庵住於何處？亦不知是比丘亦是比丘尼？慈行曾與祇園一起到金粟寺參禮石車，[13] 應該是比丘尼，而是否即是樂善庵的智圓？是頗有可能的。

三十一歲，父親去世。祇園為獨生女，父母之繼子胤長，建孝思祠紀念之，更承遺命，讓祇園朝夕上食，[14] 孝思堂距離樂善庵、慈孝堂（胡庵）不遠，在胡庵的祇園，朝夕到孝思祠堂上食，祇園生時奉養父母，父歿廬墓守孝，在此亦可得證。

12 《祇園語錄》卷下〈祇園行狀〉，頁 437 中。

13 《祇園語錄》卷下〈祇園行狀〉，頁 437 下。

14 羅炌修、黃承昊纂《嘉興縣志》卷五〈胡家巷〉下，姚士粦〈胡氏孝思祠堂記〉，頁 212。

### （二）第二次參學：參密雲圓悟禪師（33 歲～ 35 歲）

#### 1、首次參禮密雲

經過八年，到了三十三歲時，祇園終於有機緣可以前往金粟山廣慧禪院參密雲。金粟山在今日浙江省嘉興、海鹽市六里鄉茶院村。廣慧禪院建在此山，故也被稱為金粟寺，此禪院早在三國吳時由康僧會所創建，是江南三大古剎之一。當時密雲在金粟寺已經六年，將衰毀的金粟重建起來，並大振宗風，門庭踴躍，住眾甚至達到千人之多。祇園遇此時代，又遇明師來到嘉興境內，前往參究，看似順理成章，卻正顯現其直取高明之見識，尋訪明師之心切，而且以一位女性而言，離開閨閣來到約二、三十公里外的金粟山來，離鄉跋涉，更足見向道心志之精進。一見到這位名師，她便問密雲這樣的問題：

> 師（案：祇園）問云：那裏是我安身立命處？老和尚（案：密雲）云：念汝遠來，放汝三十棒，師禮拜退。自此以後，只體究那裏是我安身立命。亦無入頭處，終日悶悶不樂，自惜空過時光。[15]

從二十六歲開始參學到三十三歲，已經過了八年，這八年以在家人的身份，參禪禮佛，尋尋覓覓地找尋答案，有機會來參訪當時名重一時的名師，當然想捉住這難得的機會，所以一開口就點出她的根本疑惑：「那裏是我安身立命處？」這個疑問對祇園是根本的生命問題，在之後的幾次參悟中屢次被提出，後來在伏獅弘法時亦常常以此啟悟弟子。結果，密雲回她：「念汝遠來，放汝三十棒」。密雲一方面虛晃臨濟的棒來試她，一方面安慰她求道遠行的心。但是祇園尚無體悟可對，只得無功而返，禮拜而退。根據〈祇園行狀〉，密雲此次初見祇園，就認為祇園是當世的鄭十三娘，鄭十三娘是唐代的一位女禪者，十二歲參禮溈山靈祐禪師，展露禪機。

然而對祇園來說，外在的讚譽如何，終究要面對的是自己生命的真切問題，離開金粟山後，從此就開始體究：「那裏是我安身立命？」時時提起，分分起疑，但依然不得其門而入、找不到入處，不能悟入，因

15 《祇園語錄》卷下〈祇園行狀〉，頁 437 中。

此便天天悶悶不樂，感嘆時光白白空過。

**2、出家修行、受戒於密雲**

三十四歲，母親去世，此時父母都不在了，所以祇園沒有親人的牽掛，就決定出家，她將所擁有的屋產、衣飾一切都割捨，公婆兄嫂都留她不住，自己就住在父母墓傍的祠堂，也就是慈孝堂、胡庵，立誓參究修行，不再回俗家。

祇園的父母已逝，所以身為人子的責任已了，而丈夫早死，看來是沒有子女，但因為尚有公婆，婆家父母奉養之責還在，她要出家，如何處理這一層社會倫理責任？在《祇園語錄》〈復常翁居士〉她寫道：

> 遠承垂念，知二位大人尊體康泰，欣慰無量，幸添兩令嗣，常氏家門重興，某願足矣。所云田事，某昔日告別時，面對二大人言過，某痛念生死事大，無常迅速，時不得人，發憤要明此事，辭親棄俗，甘旨不供，不能盡世間孝道，所以某將從前自置數畝奉二親供膳，聊表寸心，以免不孝之罪，久後可付令嗣，以作先道伴饗祀，以盡某在常門一番事也。去年四月八日掩關，一切併捐，所謂傳佛心印，續佛慧命，豈細事哉？故只杜門守愚且以度日耳。[16]

這位常翁居士，從信中提到「幸添兩令嗣，常氏家門重興」之句來看，應是其俗世先夫的兄弟。提到的「大人」應是俗世的公婆。不知常翁居士是為什麼談到田地之事，只見祇園將當年告別公婆，出家修道的心境娓娓道來，並對當時不能盡世間孝道，耿耿於懷，所以將「從前自置數畝，奉二親供膳」，「聊表寸心」，以免不孝之罪名。藉由這份田地的各類所得供養俗家公婆，生時供養、死時祭祀，還包括對先夫之祭祀，以作為她不能親奉親祭之資，所謂「以盡某在常門一番事也」，以了此因緣、圓滿此因緣。而田產「久後可付令嗣」，意謂常翁應有一子過繼給常公振，由姪子來繼嗣延香火，等姪子長大，田產就由其繼承，祭祀之事也由其繼續下去，這是明代宗祧繼承的規定。[17] 接著信函再談到





16 《祇園語錄》卷上〈復常翁居士〉，頁 430 中。

17 白凱《中國的婦女與財產：960-1949 年》〈第二章：宋代至清代寡婦的繼承權〉之明清時代的寡婦。（上海：上海書店，2007 年），頁 51-58。

她去年開始閉關時，就將一切身外物捐出，「只杜門守愚，且以度日耳」，可見此時未有弘法之意，其以道為心，清貧度日的性格顯露無遺，而祇園就是用此方式來圓滿解決俗世孝道的責任。

祇園寫這封信時應是出家多年、在石車座下悟後、隱修閉關於胡庵的第二年（四十三歲，距離立志不住俗家時，有十年），胡庵在祇園父母墓旁，當時她有長久沈潛的打算，等於是回到故鄉清貧度日。因為無法得知常居士來信的原文，所以大膽依文設想：常居士應該已經聽聞祇園的苦參實究，並得到石車之法脈傳承的事情，現在回鄉閉關，所以善意地想將當年祇園出家前作為奉養俗家公婆之用的田地，再歸還給祇園。因此祇園才再次重申自己當年的決心，以及為盡孝道的設想，表達無有收回之理。而常居士歸還這分田地，是想供養祇園，一方面閉關之用，一方面讓其「傳佛心印，續佛慧命」，所以祇園才說閉關時已經「一切併捐」，而「所謂傳佛心印，續佛慧命，豈細事哉？」她現前只是「杜門守愚」而已。除非祇園此信寫得相當宛轉隱微，否則信中看不出來信者是惡意的。果真如此，常氏一門對祇園的出家修道並未加以為難。

行狀裏提到祇園父親在她三十一歲時去世，三十三歲遠行至金粟寺參密雲，三十四歲母親去世，這時候就決志出家，出家時「所有屋產衣飾等一切俱捨」，又如上面所引，特別將自置的數畝田地留給俗世婆家，換句話說，可能還有非自置的部份，也許是夫家所分配有的，也許是娘家嫁妝給的，這一切當然在她決定出家時，都歸回本來之處，不加取留。所以〈祇園行狀〉才言：「昔年在俗家稱素封，及一心向道，寸絲不掛，空手出家，時值暑天，惟身穿夏布粗衣而已」。[18]

三十五歲，她自行薙髮，再往密雲處受具足戒。決志出家、不住俗家、自行剃髮，都還未具備完整程序，要依師受具足戒才算正式出家，所以她就再前往金粟山密雲處受具足戒。她三十四歲決定出家這一年，密雲在三月離開金粟寺，十月才回來。三十五歲這年，密雲分別在二

18 《祇園語錄》卷下〈祇園行狀〉，頁 439 上。這裏所講的暑天，與祇園在金粟寺受具足戒正式出家時間：約在二～四月之間似乎不太吻合。因為二至四月應該還是春天時節。所以這裏的暑天，應是祇園自行剃髮、決定出家、還未受戒之時。

月、四月離開金粟寺，亦即二月時被請至寧波阿育王廣利禪寺，再回金粟寺，四月又被請至寧波天童山景德禪院，從此就離開金粟寺未再回來住持。所以祇園是在密雲來往之間的空檔，捉住機會前去受具足戒的，時間相當緊湊，也顯現她追隨師父受戒參道之心切。

**3、再參問密雲**

當她成為正式的出家人，再次看到密雲時又啟問：

> 師問：心如杲日時如何？密云：你曾悟麼？師云：實未究竟，求和尚慈悲開示。密連打三棒，師禮拜退。[19]





這次的祇園與第一次見密雲時已有所不同，在修行上可能有些定境光明的經驗，所以就問此境界現象如何？密雲直接問她：悟了嗎？祇園老實地回答：實未究竟。密雲連打三捧，祇園就禮拜而退。繼續參究。距離她第一次參禮密雲時已過了三年。

## （三）第三次參學：參二宮慈菴老師（35 歲～ 36 歲）

好不容易到當代名師處參學，但三年下來，從避俗住靜到正式出家，仍找不到入處，百思百行都鑽不出個所以然，密雲在四月就離開金粟寺到寧波天童山景德禪院去，而且似乎短時間不會再回來，所以要在金粟山向他參學的機會也沒有了，或許無法再追隨到寧波去，又或許認為罷了，因緣不在此，換換別處參學或許才有機緣。況且禪門本有到處參學的傳統，不必盡侍一師，甚至在此不悟，為師者還會指點學者到他處參學，這是極為正常的，就如接下來的慈庵老師。祇園從密雲處退下後，就轉參慈菴：

> 往鹽官參二宮慈菴老師，求開示，菴指參「萬法歸一，一歸何處」。久無入頭。菴云：「你因緣恐不在我處，可往金粟參石車和尚」。[20]

鹽官在今日嘉興海寧市，從金粟山再往西行。慈菴指點她參「萬法歸一，一歸何處」。這個話頭是趙州和尚與僧對答機鋒而來的：僧問趙

19 《祇園語錄》卷下〈祇園行狀〉，頁 437 中。

20 《祇園語錄》卷下〈祇園行狀〉，頁 437 中。

州：「萬法歸一，一歸何處？」州云：「我在青州做領布衫重七斤」。這個話頭跟祇園幾年來用功參究的「那裏是我安身立命處」不同，或許轉參這個話頭會有悟入的機緣。參了近一年，卻仍然是「久無入頭」。慈菴老師便指點她：可能因緣不在我這裏，可以到金粟寺參石車通乘（1593-1638）和尚。於是她再度踏上前往金粟寺的參學路。石車是密雲的嗣法弟子之一，密雲離開金粟寺後由他繼任住持。金粟寺對祇園而言再熟悉不過了，從金粟寺下來，繞了一圈要再回金粟寺，這次要找的不是密雲而是他的弟子石車和尚。





## 三、悟道、傳承法脈時期（第四次參學：參石車通乘禪師）

（36 歲～ 42 歲）崇禎五年——崇禎十一年（1632-1638）

### （一）只是不會

這時候祇園三十六歲，再度來到金粟寺，她將在此為久參苦悟劃上句點。見到石車時：（粟，指石車）

粟問：你一向作甚麼？

師云：參萬法歸一。

粟云：一歸何處？

師云：不會，求和尚開示。

師（案：應為粟）打云：你死了、燒了、向何處安身立命？

師遂跪粟前，討個落處。

粟連打云：今日畢竟要你還我落處。

師云：我實不會。

粟云：你是個箇靈利漢，有甚不了？

師云：只是不會。

粟云：你參父母未生前本來面目，去！[21]

石車問她一向都是修行什麼法門，祇園表明她在慈菴那裏參了近一年的「萬法歸一，一歸何處？」的公案。接下來是一連串的逼考，石車又以

21 《祇園語錄》卷下〈祇園行狀〉，頁 437 中。

最初祇園久參未果的公案「何處是安身立命處」來問她，整個下來，祇園連三個「不會，實不會、只是不會」，充份表達出她求法心切，要個落處，但又無入處，只得攤手坦白的苦。而石車也連連要促她開悟，兩相無功，最後石車給了她一個公案：「父母未生前本來面目」。「去！」必定要在此放下一切，悟入佛之本懷。

### （二）苦猛參究而吐血三碗

> 師領話，又參一年。
>
> 復謁粟，亦無下口處。
>
> 粟云：你過了一年，原是這般模樣。甚是不悅。
>
> 復云：你從今此去，若不大悟，不用見我。[22]



從石車那裏領受到公案話頭，祇園又參了一年，再去見石車時，仍然無見地、無悟處可問可說可示，被石車嚴竣要求：「若不大悟，不用見我」。以祇園二十六歲正式參學至今已十二個年頭了，距離她「生死到來，如何作主」的愁悶，又更久，至此仍沒有消息，可想見其焦急之情，也可想見她不放棄的道心，因為不能見師等於放棄修行了，放棄修行，日日愁悶的生死感又如何放得過她，所以：

> 師從此回菴，七日為限，痛切追究，自恨愚拙，向佛痛哭，睡魔又重，將戒衣頂戴，跪于佛前，遇境逢緣，初不放過，晝夜逼拶，不得透脫。一日正坐時，如暗室中忽見白日，須臾又被浮雲遮卻，蓋工夫太急，不惜身命，一日吐紅三碗，飲食不進，其工夫實不放過，雖省發數次，本參尚未覷破。[23]

石車下達最後通牒，祇園被兩處夾逼，只得以七日為期，痛切追究話頭，在晝夜逼拶下，雖有「暗室中忽見白日」的境界，但「須臾又被浮雲遮卻」，也因工夫用得太急，竟然吐血三碗、飲食不進。即使如此，她仍不放過繼續用工夫，雖然有幾次的進境，但是所參「父母未生前本來面目」的話頭仍未徹底參破。

22 《祇園語錄》卷下〈祇園行狀〉，頁 437 中。

23 《祇園語錄》卷下〈祇園行狀〉，頁 437 中、下。

## （三）裂破話頭、觸緣了了

開始有了境界，祇園便又來到金粟寺，這次她和最早皈依的老師慈行師同行，在石車與慈行師對話時，祇園當下有所觸悟：

> 又往金粟坐次，
>
> 粟問慈行師：你看那則公案？
>
> 慈答云：參誰字。
>
> 師在傍有省，遂答云：問是誰，答是誰，穿衣喫飯任施為。
>
> 粟云：你主人公在甚麼處安身立命。
>
> 師乃頓足。
>
> 粟云：你死了、燒了、又作麼生？
>
> 師豎拳，
>
> 粟便打。
>
> 師云：和尚死了、燒了、在甚麼處？
>
> 粟云：海底起紅塵。
>
> 師禮拜。
>
> 粟云：見處也好，未曾透脫。[24]

修行人時時參究無有空隙，觸緣都是悟處，所以祇園在旁人對答中觸動到空性智慧的靈光，靈光乍現，不容錯過，石車便以話語來堪驗她、幫她突破，而祇園也不同以往：反問老師、頓足、豎拳、禮拜都運用上。勘驗後，石車指示她：有見地，但仍未徹悟，要再密密參究。

有了老師的指示，祇園立誓若不徹悟，決定不休，於是禁足不出，切切追究，果然「正在疑中，忽然裂破話頭」，所謂打破疑情、參破話頭，遂作詩偈表達悟境，當時三十八歲：

> 父母未生前，虛凝湛寂圓，本來無欠少，雲散露青天。[25]

她參的本參是「父母未生前本來面目」，今日徹悟的也由此展現，表達出人人本具的真如體性、本來面目是圓滿無缺無漏無少的。

接下來更有進境：

24 《祇園語錄》卷下〈祇園行狀〉，頁 437 下。

25 《祇園語錄》卷下〈祇園行狀〉，頁 437 下。

一日午間，剃頭下單立地，面前豁然一開，身心粉碎，魂飛膽喪，觸目遇緣，無不了了。[26]

體悟到本來面目後，這次在觸緣下的「豁然一開，身心粉碎、魂飛膽喪」，這種大破身心的真實感受，讓她悟入法性，「觸目遇緣，無不了了」，開始要具備大立、向外作用的能力了。

### （四）悟後如何用

打破無明，悟入佛性，但佛性如何在世間作用呢？修行還有這麼一層階段要圓滿，祇園又再度來到金粟寺，向石車問法：





復到金粟，

師問云：動靜不相關，隨緣本自然，觸處非他物，頭頭自現前，請問現前後如何行履？

粟云：你向何處安身立命？

師云：金粟山頭萬枝松。

粟云：非汝境界。

師云：打開珍寶藏，露出夜明珠。

粟云：此話且置，還我實悟底境界來。

師云：出入潛龍與師同用。

粟云：未在，更道。

師無語，

粟便打。

遂呈偈云：直下承當事不差，息機忘見始堪誇，心如杲日當空炤，爍破乾坤無物遮。[27]

祇園問：動靜已然離兩邊，不相對立，一切舉止本是隨緣自在，而觸觸所見都是自然現前，這是悟入法性見地，已是法體空性，但一切現成現前時，如何運用？如何身處世間，應對種種對立的人、事、物呢？石車重提她以前在密雲處久參不入的話頭「向何處安身立命」，直探龍穴，

26 《祇園語錄》卷下〈祇園行狀〉，頁 437 下。

27 《祇園語錄》卷下〈祇園行狀〉，頁 437 下。

再啟新端，以問題來回答問題。以前安身立命處是解脫之處，現在的安身立命處則是如何行履處世。以往雖然久參不入，但就因久參必然有功，功不唐捐，而悟後就能觸通左右，以此來探揭、點化祇園未通徹之處。結果祇園連說三次，皆被石車否定止置，我們無法在平面的文字語言中窺知為何石車要說「非汝境界」、「此話且置」、「未在」。但禪師的對應本是臨機應化，是生命與生命的真實相呈，禪師在弟子的語默動靜中洞察其生命的明暗，是無處躲閃的。在一無語、一便打之下，祇園是心如杲日、爍破一切、無物遮。是空性大光明之境，但仍是「息機忘見」，尚在「空」邊，無有用處，不過卻已具用之體。

> 又一日，粟問：如何是你本來面目？
>
> 師云：眉横鼻直。
>
> 粟云：未在，更道。
>
> 師云：雙手托開華藏界，當機覿面現如來。
>
> 粟云：如何是你日用事？
>
> 師云：穿衣喫飯，隨緣瀟灑。
>
> 粟云：如何是你體？
>
> 師云：體遍三千界，無去亦無來。
>
> 復呈偈云：體性圓明遍大千，如如無礙任隨緣，一真獨露常光現，照破乾坤劫外天。[28]

石車再提本參「如何是你本來面目？」，再問「如何是你日用事？」、「如何是你體？」，以問題來代替解答，用來啟發她的覺性。即使同樣的問題，時機不同，效果必然有異。祇園這次以「如如無礙任隨緣」，相對於之前的「息機忘見」，已展現用的自在，而且「一真獨露」，體性轉化，展現功用，能常光常現，而「照破乾坤劫外天」，相較之前的「爍破乾坤無物遮」，更見照破的力道，超化體性，顯而外用。悟後如何用的問題，祇園似乎找到出處。

28 《祇園語錄》卷下〈祇園行狀〉，頁 437 下。

## （五）體用如如

一日設齋請粟上堂，

師問云：向上宗乘即不問，纖塵不立事如何？

粟云：藏身露影。

師一喝。

粟云：喝後又作麼生？

師即禮拜。

是後粟乃付如意。

師呈偈云：如意拈來一脈通，無今無古耀虛空，若還識得真如意，不動如如在手中。[29]

祇園問「纖塵不立事如何」，仍是問用處這一邊。但這一次石車沒有再問問題，而是正面回答：將身藏只露影，影的作用萬千，身如如不動。結果祇園「一喝」，將藏與露雙破，「用」是在雙遣中展現才是大用。石車即以「喝」之機，順勢而問：「喝後又作麼生？」石車密密地窮追不捨，務必要徹通最後一著：破遣後，是否能大用呢？祇園，順順當當禮拜，因為有人指點，自然感謝師指點，有來有往，用處就在此處。這一瞬間，師徒朗朗相呈，體、用的障礙煥然無痕。石車即以如意付予祇園。這個動作有付法之意，亦有體用如如之意。將如意付予一位女性禪師，在法法平等中，本是平常之事，但是畢竟在世俗或佛門之中，都仍存在著以男性為中心的現實環境，所以：

當先師祖車和尚開法金粟，法席甚盛，首以如意付先師，諸方禪侶無不疑駭，至是睹師從真參實悟中，顯大機大用，咸自遜謝。[30]

石車接在密雲之後住持金粟寺，正是金粟寺法緣最盛的時期，諸方禪侶對於石車授如意給祇園都感到疑駭，這是可以想像的，但終究在目睹祇園是真參實悟、大機大用，而放下男女差別相，平息疑駭。

29 《祇園語錄》卷下〈祇園行狀〉，頁 437 下、438 上。

30 《祇園語錄》卷下〈祇園行狀〉，頁 438 中。

### （六）受臨濟下三十二世法脈（42 歲）

崇禎戊寅二月初四，粟示微疾，命師到山，

粟問：一靈真性，不假胞胎時如何？

師云：凝然湛寂。

粟云：出胞胎後事如何？

師云：赤條條地。

粟云：作家相見事如何？

師云：當機覿面。

粟云：好好為後人標格。遂付祖衣。

粟云：此衣表信，善自護持，并囑付云云。

時師年四十有二，從是隱跡胡菴，真操實履，攻苦食淡，艱辛備嘗。[31]

這一年祇園 42 歲，距離她參禮石車已第七年，石車這一期生命將要到達盡頭，於是將她喚來，把此一法緣作個圓滿的句點，為眾生開啟一些希望。石車問了三道問題：「一靈真性，不假胞胎時如何？」（入）、「出胞胎後事如何？」（出）、「作家相見事如何？」（大用），祇園以「凝然湛寂」（空性）、「赤條條地」（自在）、「當機覿面」（應機）來向老師交出最後的成績單。石車將祖衣付予給她，正式給予臨濟宗楊歧派、臨濟下第三十二世的法脈。[32] 在佛法離相平等的教法下，尤其是破諸萬相的禪門中，看到一位女性禪者能真參實悟，顯大機大用，而且還能在俗世中得到名實相符的對待，這無疑將大大地鼓勵更多的女性修行者，也為男性修行者扎扎實實地上了一課。

祇園對石車之寫真有二首〈金粟本師車和尚真贊〉：

咄，者老人，骨格稜稜，無相光中，驀現此身，一條白棒，斷人命根，親遭毒手，徹恨最深，而今觸者當年事，一番提起一番新。

又

31 《祇園語錄》卷下〈祇園行狀〉，頁 438 上。

32 石車一共傳了三位嗣法弟子：祇園剛、息乾元、眉庵秀。三人中只有祇園是女性。

> 傑出叢林，金粟和尚，惡辣鉗鎚，佛祖不讓，凡聖當前，頓絕伎倆，咄，全提向上不留情，天上人間更無樣。[33]

對石車之教化有著深刻的感受。祇園〈源流頌〉最後一首，即是寫石車之偈頌：「拈花微笑露言前，電捲星馳一著先，白棒當陽施妙用，燈燈相續古今傳」。[34] 這份〈源流頌〉就代表這份傳承的責任。

## 四、隱跡胡庵時期（42 歲～ 51 歲）

崇禎十一年～清順治四年（1638-1647）





傳承法脈後，這是何等重要之事，也是要大弘法道之時，但祇園選擇回到胡庵，這個父母墓旁的祠堂私庵，開始過著隱跡住靜的生活，時間長達九年之久。這段九年悟後清貧苦修的時光，她沒有正式開堂說法等弘法之事，但由弟子義公曾隨學二十餘年來看，當時她應該有隨學共修之同修、弟子。

行狀對這段時光記載不多，只有「真操實履，攻苦食淡，艱辛備嘗」，以及「（祇園）嘗出敝衣百結，云：『吾住靜時，所服勞苦重務，一身兼之』」，[35] 都表達出在胡庵時期是苦行勞務、艱辛備嘗的生活，也表達出一種清貧隱靜、韜光養晦的沈潛，而且在這期間還有三年的閉關生活。[36]

而這種清貧隱靜的性格，貫穿著祇園一生，即使她到董庵弘法、教授弟子，正是弘法盛況之時，還有退院守靜之舉。

## 五、開法伏獅時期（51 歲～ 58 歲）

清順治四年～順治十一年（1647-1654）

### （一）梅溪、潯溪居士禮請

在胡庵度過九年之後，五十一歲，順治四年（1647）三月望日，祇

33 《祇園語錄》卷上〈金粟本師車和尚真贊〉，頁 431 中。

34 《祇園語錄》卷下〈源流頌〉，頁 437 上。

35 《祇園語錄》卷下〈祇園行狀〉，頁 439 上。

36 《祇園語錄》卷上〈示眾〉「出關示眾」有云：「三載關中藏拙衲……」，頁 426 中。

園被請至嘉興梅里鎮的董庵開堂說法，在語錄中談到：

> 山僧雖參金粟先和尚付授，自揣愚拙，決定住靜，但先師囑累為重，刀耕火種，覓一箇半箇，以報先師法乳，于願足矣。因董菴幽靜，頗覺相宜，昔眾檀信，堅請上堂，山僧再三固辭，不得已，陞座示眾。[37]

當石車圓寂後，她是決定要隱跡住靜的，但是石車在臨終前與她問答，以及對她的囑付，都是希望她好好弘法，將此開示悟入佛知見之法傳揚下去，讓更多人受益，所以雖然她一開始是在胡庵住靜，但經過漫漫的九年後，有護法居士來請其開法，因緣也就成熟了，她貫串起之前師父的付囑，又見董庵清淨，頗覺相宜，雖然再三推辭，最後就答應留下來，展開接下來八年在伏獅禪院的女性禪法教團。

當時敦請祇園入院的是誰呢？〈祇園行狀〉言：

> 順治丁亥，潯溪帷儒董居士及李宅諸檀護，暨縉紳士庶，請住梅溪董菴，師辭再三，勢不能已，方允其請。師先省候古南老人敘法脈，然後入院。眾嘉師知大體，董菴今易名伏獅禪院。[38]

是由潯溪（南潯）董帷儒居士及李家諸檀護所請。從弟子義公超珂（1615-1661）之〈行實〉談到的部份來看：（師指義公，老和尚指祇園）

> ……又值兵火之變，移居南潯，顧氏董夫人另啟般若新菴供養，時梅里董菴虛席，師與川師白檀越，議請新行樂善菴祇園和尚[39]住持，次年老和尚飛錫梅里，董菴即易名伏獅禪院。[40]

之所以董、李等檀護要請祇園來開法，是義川、義公建議的。義川與義公原住於董庵，因戰亂移居南潯（潯溪），住於董夫人顧氏另啟的般若庵，如此一來，董庵無人住持，遂建請檀護居士們請祇園來住。而董庵之建與義川與相當大的關係。

---

37 《祇園語錄》卷上〈示眾〉，頁 427 上。

38 《祇園語錄》卷下〈祇園行狀〉，頁 438 上。

39 此處指稱「新行樂善菴祇園和尚」，樂善庵即祇園早期修行之所，亦即是胡庵。

40 《伏獅義公禪師語錄》；《嘉興藏》冊 39，頁 5 上。

董庵建於明末天啟、崇禎年間，為董氏家庵，之前是梅里士紳李曙巖之三女嫁給潯溪人董嗣昭，嗣昭二十一歲舉進士後不久即去逝，膝下無子，便認養一女，此女長大不願出嫁，董夫人（李女）於是為她在家鄉梅里蓋一庵院，讓她修佛清住，此庵院成之於董家人，故稱董庵，而此女即是義川。[41] 後來董庵的所有權屬於董帷儒所有，其母親奉佛甚勤，所以母子兩人便成為祇園的重要護法。

自祇園住持之後，將董庵改名為伏獅（庵）禪院，頗有將私庵改成十方道場之意，而弘法也非常興盛，頗有叢林之規，祇園從此被稱為伏獅祇園。



### （二）先敘法脈

特別值得注意的是，祇園來到董庵之前，先向古南老人敘法脈。此雖為〈行狀〉作者一揆之語，祇園自己只說「省覲古南法叔大和尚」。古南和尚即是牧雲通門（？-1671）亦是密雲的嗣法弟子，是石車的師兄弟，所以祇園稱他法叔，當時他也正在梅里古南禪院住持。牧雲與祇園因緣頗恰，祇園臨終前還請他來作法脈証明，祇園圓寂後牧雲還為她舉行安座封龕等佛事。敘法脈者就是敘幻有正傳（1549-1614，密雲之師）以傳密雲，密雲以傳石車，石車以傳祇園的臨濟宗法脈，亦可上承慧能、達摩、佛陀一貫相傳開示悟入佛知見的佛法。法脈代表的是以法傳法、以心印心，要教化眾生，將佛法傳揚下去使眾生受益，才有所謂的法脈，所以敘此法脈正代表祇園上能承接祖師之教，下要開始弘傳臨濟之佛法、教化眾生，一方面自我警惕，尊重法脈，不妄污師名，一方面也代表弘法的正當性。而敘法脈的對象則應是傳給法脈之人，對祇園而言應是石車，但石車早已圓寂，密雲也不在了，所以祇園敘法脈的對象當然只得是石車同輩之人，與她因緣甚恰的牧雲也就順理成章成為敘法脈的代表。所以祇園從九年獨修的日子裏走出，要到董庵之前，先來到牧雲處，應非單純省覲而已，即使不是有個敘法脈之名，應該也有向

41 楊謙《梅里志》卷四〈寺觀〉，伏獅禪院下，王庭〈重修伏獅禪院記〉，《續修四庫全書》，史部．地理類，冊 716（上海：上海古籍，1997 年），頁 710。

法叔報告自己將要受請開法的心情，此種心情即是面對師、法的嚴肅與責任。這個省覲的動作，讓祇園的臨濟宗法脈傳承在語錄中顯得相當明顯而重要。

### （三）形成女性禪法教團

祇園非常難得地以女修行人（比丘尼）的身份繼承了臨濟宗的法脈傳承，並且隱跡九年潛心淡泊，被請至伏獅庵弘法，一直到她圓寂，共有八年的弘法生涯。短短的八年卻帶起一群女性修行者的參禪風潮，建立起女性修行的禪法教團，形成所謂伏獅門下，[42] 伏獅庵也擴展成禪院的規模，並讓當時一向男性居多的禪林、士林，帶來不小的讚賞與震撼。所以祇園初來時，一般認為現女相來弘法，恐怕無法服眾，在此難以行化：

> 師至院時，或謂師現末山尼，恐此鎮難以行化，及見師法矩嚴肅，性地朗徹，丰姿儀表，卓犖不凡，……其時遐邇聞風，戶履日滿。[43]

但是一看到祇園威儀嚴肅、性地朗徹、儀表卓犖不凡，又能平等接引信眾，無論貴賤，都以慈悲本色化導，所以大家漸漸地釋了疑慮，樂意親近聞法的人愈來愈多。朱彝尊《靜志居詩話》列入了《祇園語錄》，並言：

> 先伯祖母趙淑人嘗師事祇園，疑義必質，故余少日曾見之，威儀醇樸，毋論空門行業，即以節婦論亦宜，存其片言以當鳳樓新戒也。[44]

朱彝尊的伯祖母趙淑人是祇園的弟子，每每遇到疑問一定會向祇園直接提出，顯然師徒之間不是交際應酬，而是真實修行。所以朱彝尊評論祇園為：「威儀醇樸」。並言如果不論宗教修道境界為何，就其節操來看

---

42 《祇園語錄》卷上〈陞座〉，頁 424 上，祇園在陞座時所說：「……若到伏獅門下，一點也用不著，且道有甚長處，下座一時打散。」

43 《祇園語錄》卷下〈祇園行狀〉，頁 438 上。

44 朱彝尊《靜志居詩話》，《明代傳記叢刊》冊 8（臺北：明文書局，1991 年），頁 466-467。

可以稱之為節婦，其言行也可以作為女子的訓規。曾任貴陽太守的朱茂時在語錄序時也以「光儀峻肅」形容她，她的禪法教化大機大用，受到當時禪林大德、士大夫的讚賞心折。

所以祇園在伏獅弘法，等於豎立了女性亦能參道、証悟、傳承、弘法的典範，因此自然吸引了很多女性投入，甚至闔家都是祇園弟子護法，尤其是嘉興一帶士大夫家族的夫人、母親、姊妹們，多因此習禪打坐，皈心向道，有的追隨出家，有的成為女居士，祇園給她們法名，屬「超」字輩，例如超覺（朱茂時之母、朱彝尊之伯祖母）、超蔭（吳鑄之妻）、超慧（吳稺仙之妻）、超進（李曉令之妻）、王門董氏（史王言之妻）、錢門胡氏（錢聖月之妻）、超臻（孫茂時之妻）、董門顧氏（董帷儒之母）等等，亦有海鹽士人之女眷，例如吳老夫人朱氏（吳仲木之母）、吳門董氏（吳曰夔之母）等等，亦有南潯之董門顧夫人（超域，董帷儒之母），亦有一般人家女性等等。連帶地她們的男性眷屬們：包括父親、丈夫、兒子等，或因女眷的因緣而參訪祇園，或因男眷引介女性而來，頗有形成闔家式的信眾形態，也形成以女性為中心的女禪教團。

但是來往參學者不見得加限女性，許多士大夫家、文人墨客亦登門造訪，問道甚勤，當時「緇白瞻禮，殆無虛日……無論識與不識，聞其風者，皆手額曰：古佛再世也」。[45] 並在每年結制時，「自淮海閩廣江寧諸省禪人，不憚險阻而來」。[46] 後來還須增建禪堂來容納信眾，讓本來只是私人庵堂形式的董庵，儼然形成禪院叢林的規模。在祇園的帶領下，伏獅禪院已「具有叢林之規」、「莊嚴之勝，甲於諸方」，以女相之身在此弘法，由於真修實証的展現，使之形成以祇園為宗教導師、伏獅禪院為宗教場域、女性修行人為主的女性禪法教團。祇園不僅以女性之相成為禪門開悟者，帶給女性修行者一個典範，引領出一個女性禪法教團，更因而引導人們超越男女相，惟以証悟為核心，來上求佛道、下化眾生。





---

**45**《祇園語錄》卷下〈祇園塔銘〉，頁 439 下。

**46**《祇園語錄》卷下〈祇園行狀〉，頁 438 上。

順治五年（1648）五十二歲，已編有部分的語錄，吳鑄為之寫序。

順治八年（1651）五十五歲，春，一揆超琛與母來參謁。冬結制時，披剃一揆超琛。

## （四）退院守靜（56歲）順治九年（1652）

祇園在伏獅以「謹嚴」著稱，除了是她啟悟弟子痛棒熱喝，不假人情、管理伏獅以持守清規為重之外，與她清閒隱跡的個性有關。幾次敘述到隱跡時她自己都用「杜門藏拙」、[47]「杜門守愚」、[48]「自揣愚拙、決志住靜」、[49]「終日如愚」、[50]「自知疏拙隱為安」[51]等句子來表達心跡。而悟道後在胡庵閉靜九年，亦有閉關三年，到伏獅禪院開法八年中的第六年，又曾有謝事退院守靜之舉。當時祇園已經五十六歲，距離她圓寂只有二年多的時間，她這一年仲秋開始不再上堂，決定閉門守靜，原因是：她看到當時末法時期，人們對於佛法正邪不分、黑白莫辨，而出頭弘法的人已很多了，所以她想「退居且作神仙客，瀟灑清閒天地間」。[52]她還以「普勸諸人莫外求」來呼應她自己謙實的話：「山僧才疏福渺，懶汨塵緣，藏鋒納鞘，隱遯度時」。[53]這次的退院守靜，應該是指不公開、不上堂說法，這種在弘法興盛中仍清閒隱跡的個性貫串她的一生。

這一年春，前往鹽官為師兄息乾和尚之母昭覺師舉火。

付囑一揆超琛。

順治十年（1653）五十七歲。季秋，師往雲棲，修水陸儀文，蓮大師遺風不墜，戒律精嚴，深以嚴守戒律，行解相應之重要。

---

47 《祇園語錄》卷上〈示眾〉，頁427中。及〈書問〉，頁430下。

48 《祇園語錄》卷上〈書問〉，頁430中。

49 《祇園語錄》卷上〈示眾・法語〉，頁427上。

50 《祇園語錄》卷上〈偈語・掩關二首〉，頁429上。

51 《祇園語錄》卷上〈偈語・孟夏關中閒詠〉，頁429中。

52 《祇園語錄》卷下〈祇園行狀〉，頁438中下。

53 《祇園語錄》卷上〈陞座〉，頁425下。

## 六、末後一事（58 歲）順治十一年（1654）

清順治十一年，春天，五十八歲的祇園就有離世之想，叫嗣法弟子義公回伏獅庵（當時義公在潯溪的般若庵修行），告訴她：「老僧世緣已盡，自知九月要去矣」。

到八月八日，果然開始微恙，粒米不進，但其容色如常，弟子請醫進藥，但祇園不肯嘗，弟子跪求哀懇，祇園堅定地說：「我病不須服藥，自知秋殘必要去」。大家都涕淚不已。祇園：「我休心已久，有何繫戀？但末後數事，須得古南法叔來」。古南法叔即當年祇園到伏獅弘法時，先向其敘法脈的人。祇園在最後一刻仍請牧雲來為其見証，以安排世間的法脈傳承問題。於是九月初二，祇園在牧雲與護法居士的見証下，付囑塔院委由義川超朗料理，伏獅禪院則由義公超珂主持。十八日以祖衣二頂付義川、義公二人。並囑云：「祖祖相付一脈，善自護持，深蓄厚養，隨緣化度」。二十三日喚大眾集方丈，曰：「汝輩隨我有年，我去世後當守我規矩，無得效世俗行孝禮」。復云：「我還有三日世緣，寅時當去」。

二十六日中夜，祇園沐浴更衣，趺坐說偈曰：「如月映千江，一輪光皎潔，今示以趺坐，眾生瞻覷破，若問末後句」，撫掌云：「只者是」。微笑而逝。時九月二十七日寅時也。到辰時，頂門還煖氣如蒸。[54]

龕留三日，顏面若生，遺命塔全身於伏獅院之右，[55] 世壽五十有八，法臘二十有三。

嗣法門人七位：普聞授遠、怡然超宿、義川超朗、義公超珂、一音超見、古鼎超振、一揆超琛。奉教緇白弟子，不能悉數。

離世之時間是清順治十一年（1654），隔年整理語錄全集行世。

祇園離世後，由牧雲法叔主持安座、封龕法事，當時其〈安座〉偈語如是說：

那伽常在定，無有不定時，生□與去來，總是閒名字，惟我祇





54 《祇園語錄》卷下〈祇園行狀〉，頁 439 上。

55 十三年後，清康熙六年（1667 年），祇園嗣法弟子之一：一揆，將祇園塔院與義公塔院移至嘉興參同庵，以利其供養看顧。所以接受遺命繼住伏獅禪院的義公，已在之前（1661 年）圓寂矣。

園姪，生死親証此，既□此，全身沒後露全機，便是雙林為人句。[56]

〈封龕〉偈語則云：

遍界不曾藏，為甚要遮掩，透過祖師關，順逆皆方便，

祇姪和尚，生身閨閣之中，□□□盧頂上，二十餘年，撐一隻斷頭船子，不著□□，□□彼岸，不住中流，還接仝類，悉濟苦河，証登道□，□□女中丈夫，僧中麟鳳，是故近者悅，遠者來，今畢其能事，覿體掃真，面目儼在，只是不許時人容易窺覷，大眾莫怪老僧瞞汝，去也！卓拄杖，云封。[57]

生身閨閣，女中丈夫，僧中麟鳳，二十餘年親證此道，教化弘法，近者悅，遠者來。如今事畢，生身去也，全身沒後，也露全機，面目儼在，自由自在。這位法叔，是石車沒後，祇園與師門連繫的最重要人物，也是她最尊敬的長輩，到伏獅前向其敘法脈，末後一事請其來見證，並為自己作最後的總結。

與石車同輩之費隱，其弟子百癡，曾任金粟寺住持，他也曾寫下一首〈悼尼祇園禪師〉：

霜風吼葉屋頭寒，忽訝祇林罷釣竿，黃菊愁含千點淚，碧海怒捲萬里灘，寥寥法道誰為主，濟濟英賢我獨看，常寂光中如首肯，相逢依舊不相瞞。[58]

時值晚秋初冬，霜風屋寒，「忽訝」祇園罷竿離世，「黃菊愁含千點淚」，在法道寥寥之世，又失去一位英賢矣。祇園在金粟寺悟道，有許多弟子也來自金粟寺信眾，她與金粟寺的師友應該頗為相熟，百癡語錄也記載到幾次祇園弟子一音請其上堂等等來往，而且由此詩的情感看來，他與祇園本人應該頗為熟悉。

祇園曾在「題自像」二首詩中對自己有這樣的描寫：

祇園不會禪，饑喫飯來倦打眠，人來問道無他說，劈脊粗拳絕妙





---

56 《牧雲和尚七會語錄》卷三〈安座〉，《嘉興藏》冊 26，頁 558 中。

57 《牧雲和尚七會語錄》卷三〈封龕〉，《嘉興藏》冊 26，頁 558 中。

58 《百癡禪師語錄》卷二十一，〈悼尼祇園禪師〉，《嘉興藏》冊 28，頁 111。百癡接繼其師費隱，於順治五年接任金粟寺住持，順治十年退院。住於嘉興梵勝禪院，順治十一年五月到松江明發禪院，應在此時聞祇園離世訊息。

玄。

手攜如意，閒閒無慮，玉潔冰貞，寒梅發蕊，咦，無限香風動，

我無隱乎爾。[59]

這樣的女性禪師，開示悟入佛之知見，弘法度眾於當世，形成女性禪法教團，給女性修行人深深的鼓勵，也在中國禪宗史上樹立極為重要的典範。

## 七、語錄之出版





《祇園語錄》有上下二卷，三篇序，分別是朱茂時、吳鑄、吳麟祥三人所寫。上卷包括陞座、小參、示眾、機緣、拈古、頌古、偈語、書問、題贊、佛事。下卷則是〈源流頌〉，從第一世南嶽讓禪師到第三十五世石車乘禪師。以及一揆所寫的〈伏獅祇園剛禪師行狀〉、吳鑄〈塔銘〉。

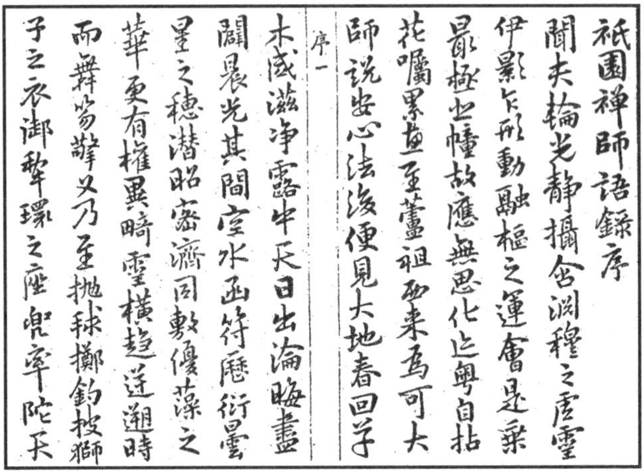

祇園禪師語錄序
聞夫輪光靜攝含淵穆之慶雲
伊影乍形動融樞之運會是乘
最極也幢故應無思化迄粵自拈
花囑累直至蘆祖西來為可大
師說安心法後便見大地春回芓
序一
木盛滋淨露中天日出淪晦盡
闢晨光其間空水函符歷衍曇
星之穗潛昭密濟同數優藻之
華更有權異畸雲橫趨逆遡時
而舞芻韡又乃至拋毬擲鈎披獅
子之衣御犂環之座兜率陀天

圖一 《祇園禪師語錄》書影

順治十二年（1655）孟秋七夕，一揆為祇園作行狀。

一揆〈祇園行狀〉提到語錄有「前錄一冊、源流一冊，又錄一冊、後錄一冊，嗣有全錄行世」，語錄的三篇序只有吳鑄有紀年，為順治五

59 《祇園語錄》卷上〈題贊、題自像〉，頁 432 中。

年（1648），依此來看，吳鑄的序在祇園到伏獅的第二年就已寫了，所以顯然所謂前錄、又錄、後錄等，是在祇園生前就已陸續編集，而且應該已在不同時間印行，甚至出版，祇園圓寂後再全部整編為全錄，入《嘉興藏》續藏。

與同輩份的季總相比，季總來到蘇州等地是順治八年，《季總徹禪師語錄》序有五篇，標有年代的是順治十三年（1656），而預估其語錄之出版應是離開江南前後的事，約順治十五年左右，而祇園離世於順治十一年，之前語錄已部分出版，圓寂後又有全錄出版，所以祇園語錄之出版必然先於季總的，因此《祇園語錄》應可判斷為明末清初這七部女禪師語錄最早印行出版的。



## 第二節　義公超珂之修悟行傳

義公超珂是祇園的法嗣弟子之一，而且就由其來繼席伏獅禪院，她禪風開闊，奈何法緣冷淡短暫，知音不遇，諸緣不具，其語錄也在她去世後十七年才出版，許多資料可能因此散失不少，甚至連《五燈全書》亦未著錄之。祇園所創的伏獅女禪，亦因此有如曇花一現、燦爛煙花，一瞬而過，雖然同門一揆超琛猶有餘緒撐持，但仍只是慧星曳尾，瞬即消失在歷史當中。但她的存在象徵女性禪師傳承的第二代，而二代女性禪師皆有語錄留存，這是極具重要意義的。

義公超珂禪師（1615-1661），義公，其字也，法名為超珂，祇園禪師法嗣之一，為臨濟下第三十三世，被付予繼任伏獅禪院之責，祇園塔院則由義川超朗（？-1660）來照護。繼席伏獅六載便去世，留下語錄一部《伏獅義公禪師語錄》（以下簡稱《義公語錄》），收入《嘉興藏》。

### 一、八歲出家（1 歲 ～ 8 歲）

#### 明萬曆四十三年～天啟二年（1615 ～ 1622）

義公超珂，梅里人。[60] 由行狀最後的記載，義公去世時世壽四十七

60　根據高以永《義公語錄》序所言，《義公語錄》，頁 1 上。

歲，戒臘三十九，所以其是出生於明萬曆四十三年（1615），而且八歲時就出家了。

## 二、一段缺漏（8 歲～ 32 歲）

### 明天啟二年～清順治三年（1622 ～ 1646）

義公的行狀是明元所寫，但是行狀前半部，不知何故，明顯脫漏未印出，[61] 只看到從義公、義川共請祇園來到梅里董庵開始，一直到最後義公去世的記載。義公之前如何出家？俗家何姓何名？曾參學於何人？與董庵的關係為何？與義川的關係為何？與祇園的關係呢？等等都無法確切得知。這段出家時光，一直到移居般若庵、請祇園來住持董庵，只知她修行的是參話頭法門，而且已有一段時間了。行狀原文為：「（缺）示話頭，師自此回菴，胸次煩悶。」[62] 不知她回的庵是董庵？還是另有他處？

## 三、與義川議，敦請祇園（32 歲～？歲）

### 順治三年（1646）～？

大約在順治三年（1646）左右，32 歲的義公與義川，向梅里、南潯兩邊的檀越提議，請祇園禪師來梅里住持董庵。在這之前正是明清易鼎之際：

> ……又值兵火之變，移居南潯，顧氏董夫人另啟般若新菴供養，時梅里董菴虛席，師與川師白檀越，議請新行樂善菴祇園和尚住持。次年老和尚飛錫梅里，董菴即易名伏獅禪院。[63]

所謂兵火之變，即是明清之際的戰亂，她移居到南潯（今浙江省湖州南潯鎮），由顧氏董夫人啟建般若菴來供養之。根據筆者考察：義川為董嗣昭（1575-1595）與夫人李氏（1578-1632）之養女，董家為其



61 筆者前往國家圖書館查索其微捲，亦是缺漏了這一大頁。連帶的在行狀之前的源流頌最後一位：祇園禪師只有行誼、問曰、答曰，但結尾之頌詩也缺漏了。依《嘉興藏》原來的版面，屬於方冊型態，一面有左右兩頁。

62 《義公語錄》，頁 5 上。

63 《義公語錄》，頁 5 上。

啟建董庵以供修行，後來李夫人選擇董帷儒（1623-1692）為香火繼承者，李夫人去世後，其財產繼承權便歸於董帷儒母子，董帷儒之母就是這位顧氏董夫人，於是董帷儒母子便擁有董庵的所有權。既然有這一層關係，董帷儒在道義上於義川亦有照顧之責，所以他們贊成義川與義公的提議：請祇園住持董庵，成了祇園的護法，也護持義川，為其建般若庵，所以資料顯示義川常住般若庵，成為般若庵主，被稱為般若和尚。[64] 但是，在義公行狀中，只能約略順知義公也到般若庵了，義川到般若庵是正常，為何義公也到了般若庵？而且後來義公還多次住於般若庵，即使繼席伏獅了，還曾到般若庵養病。在敦請祇園住持之事上，也是她與義川一起提出的，可見其與義川、般若庵的關係甚深，再加上法名同有「義」字，顯然二人必然有比同一師門更密切的關係，而可能有親族關係。可惜，因為義公行狀的缺漏，讓兩人的關係無法進一步得到確認。

董嗣昭之養女即是義川，其資料根據是《梅里志》王庭所寫的〈重修伏獅禪院記〉，但其內容卻隻字未提義公：

> ……孺人女從祇園薙髮，錫名義川，執侍二十餘年，同六人受記莂，祇園歿後，義川暨同門者再繼席，俱不久而歿，次一揆師住，稍振飭之，復不終。[65]

孺人女，即是董嗣昭與李氏之養女，她依祇園出家，法名義川，隨侍二十餘年，可見祇園來伏獅之前，義川即已隨學祇園矣。祇園去世後，是義公繼席、義川照護塔院，王庭卻只是模糊地說：「祇園歿後，義川暨同門者再繼席，俱不久而歿」，顯然義川之同門者指的是義公，如果義公與義川有密切的親族關係，為何王庭不直接寫出義公，而只說同門者？何況繼席伏獅者是義公，義川反而另有道場：般若庵，為何全文完全沒有提到義公？也沒有說義川後來到般若庵，為般若庵主？伏獅興盛時期，王庭還是少年之時，或許因此所知模糊不清？或許是文章取擇的面相不同，不得而知。存此疑點，有待發掘別的資料來補其空白。

---

64 《義公語錄》〈義川法兄和尚封龕〉：「……嗚呼我法兄般若和尚，心同赤子，行逾古人……」，頁2。

65 楊謙《梅里志》卷四〈寺觀〉，伏獅禪院下，王庭〈重修伏獅禪院記〉，頁710。

隔年，祇園應請來到董庵，並將董庵改名為伏獅禪院，這時義公約為 33 歲，她與祇園相見時是這樣的：

> 老和尚見師禮拜起，乃曰：「正是堂中打磬的」？師默自思忖：「和尚如此受記，我若不大徹，如何親近得老和尚？我胸中礙膺，尚未脫然」。[66]

祇園見其禮拜起，以「正是堂中打磬的？」相問，這個問話表面看來，兩人似乎不是很熟，義公卻認為祇園有受記、重視之意，禪門語句本有不拘格套之常態，所以也可能是有所寓意。因為不知前緣，無法推知此時義公與祇園的關係為何？但可確定的是她對祇園頗為敬重。在與祇園的對話中，義公反省自己雖然受到祇園的看重，但仍認為疑礙未脫、未能徹見底蘊，所以一直覺得需要有進一步的修行，才能不辜負祇園，繼續親近這位悟者。

而之前行狀說其移居般若庵，後來請祇園來時，又有與祇園相見之事，不知此時義公是常住於般若庵或是伏獅禪院呢？從後來她是在南潯遇到靈隱寺的侍師，又在般若庵打禪七，祇園去世前從般若庵叫回義公的狀況來看，她在般若庵的時間應該是比較多。





## 四、發奮參學，仍放不過（33 歲～ 35 歲）

### 順治四年～六年（1647 ～ 1649）

34 歲時，義公又發奮參學，她先到皐亭參石雨和尚：

> 三十四歲，發奮又往皐亭參石雨和尚，師問：「父母未生前事作麼生」？石曰：「佛子住此地，即是佛受用」。進云：「謝和尚指示」。石曰：「指箇甚麼」？師無語，辭退。[67]

石雨明方禪師（1593-1648），[68] 屬曹洞宗下，當時正住持於杭州皐亭山

66 《義公語錄》，頁 5 上。

67 《義公語錄》，頁 5 上。

68 石雨和尚去世於順治五年（1648）正月初八。依照石雨〈行狀〉所云，其結制舊例，一向在前一年冬天開始，直到這一年的正月二十九才解制，但順治五年時，他突然囑咐正月初三日結制，並在初四辭眾出山，到過去住持過的寺院交待各項事宜，八日申時於杭州龍門山悟空禪寺入寂。事見《石雨禪師法檀》卷二十〈行狀〉，收於《嘉興藏》冊 27，頁 155。石雨在這一年中只活了八天，這八天除了前三天是結制期間外，

佛日淨慧禪寺（自順治三年（1646）開始住持）。義公首先參問「父母未生前事作麼生？」祇園平時多以參「父母未生前本來面目」話頭來教授弟子，義公也問了這話頭，顯然她平常用功之處亦在此或曾在此。石雨正面回答之：「佛子住此地，即是佛受用」，表達出本來面目即是佛地、佛性。義公聽此，立即領受，石雨卻不讓她這麼隨隨便便就跳脫過去，所以就追根究底地踏其言、究其意：「指箇什麼？」，非得讓她坦白不可，結果義公無法透出，答不出來。於是就辭退而出。

之後，義公又前往蘇州靈巖山的崇報寺，參謁繼起弘儲禪師（1605-1672）：

> 又往靈嚴謁繼起和尚，纔入方丈，繼曰：「好箇英靈納子，我與汝啟箇別號揆英」。即示偈曰：「列聖同揆祖父田，四隅八素絕偏圓，森森天下全承蔭，獨許英靈一著先」。師對川師曰：「幾被善知識稱贊，我自己即是放不過，必竟要絕後再甦，始得」。[69]

繼起是漢月法藏的弟子，算來與祇園同一輩分，是義公的師伯。當時繼起住持於靈巖山的崇報寺，法席漸次興盛，後來還被稱為靈巖繼起。義公一入方丈室，繼起就以「好箇英靈納子」來稱她，還為她取別號：揆英，並依名字意義示四句偈。

這次在靈巖山，義公或許遇見得記於繼起的女性禪師祖揆，也或許之前她們四處參學時就曾同行同參過，總之她們有負笈同行同參之誼，祖揆還為她寫過〈伏獅尼義恭珂禪師讚〉、〈寄董庵主人〉、〈悼伏獅義恭禪師〉等詩。[70]

在此得到繼起的讚賞，但義公自己仍然面對同樣的問題：縱然外在多有贊美，仍然過不了自己內心那一關，悟與不悟，自己是最清楚的，騙不了自己。所以她坦白的跟義川表示：「我自己即是放不過」。明知未是，卻找不到著力之處，是被自己瞞卻？卻又明知不可瞞，不敢大死

後五天都到各地囑付後事，而這一年就是義公 34 歲之時。由此觀來，義公要在 34 歲時參問到石雨的機會非常非常小，除非就是在這三天之中，否則應該是在順治四年冬天結制時所參問的，也就是在她 33 歲之時。歲數之計算，有虛實之差異，在資料乏少下，無法精準算出，正負 1 的誤差在所難免，存此說明。

69 《義公語錄》，頁 5 上。

70 《靈瑞禪師嵒華集》卷三、卷五，《嘉興藏》冊 35，頁 753 下、758 中下。

一番，卻又知道要「絕後再甦」，盲眼亂竄，卻又知道密在己邊，她觀照力強，卻繞了數多圈，把自己綁起來，看到自己「尚未在」，卻無力打破自己，顯然觀照力比實踐力強。她正在找尋打破這一層黑漆桶的機緣與力道。

## 五、打個急七，桶底脫落（34 歲～ 36 歲）

約順治五年～七年（1648 ～ 1650）

秋天，她在南潯遇到一位來此養病的靈隱寺侍者，這位侍者有啟悟禪人的能力，於是義公很高興地跟義川商量：一定要請這位侍師來打箇急七。但是般若庵是座女性道場：「女庵」，依戒律與世俗觀感，都無法讓比丘直接來到庵內打禪七，更容易引起非議，但又不能因為這些外在形式的避諱就放失自己開悟的機會，尤其義公多次參學總覺力有未逮之時，更讓她不想放棄這個近在咫尺的機會，於是她們想到運用中介者的協助支持，一切公開進行，就可避免私下擅為之閒言閒語與瓜田李下之嫌，這位中介協助者就是伏獅禪院、般若庵的所有權者董帷儒居士：

> 秋間，卻遇靈隱有一侍者到南潯養病，竟有抽釘拔楔之手腳，師聞知，欣然謂川師曰：「我們殊非請這侍師來打箇急七，始能撒手，但女菴不便擅為，必須仝帷儒檀越則可」。與川師往詣，帷儒居士一諾，就於菴中分為兩堂打七，侍師不時進堂策勵。[71]

由於般若、伏獅都屬於私庵、家庵型態，是由家族出資所蓋，而非募款、公眾所成，所以其所有權仍然屬於私人家族，屬於繼承者董帷儒。於是兩人一起去見董帷儒，向他求援，一方面將希望比丘來庵院打禪七之事告知，一方面也請他作證，甚至請他參與，以示公開透明，無有曖昧。所以才說「必須仝帷儒檀越則可」，董氏在南潯是書香門第，名家大戶，帷儒在鄉里中又是受人敬重、為鄉好義之人，他當下一諾答應協助，也形同向社會輿論保證。於是義川她們就在般若庵分成兩堂來打七，所謂的兩堂應該是指男、女兩堂，男眾那一堂應該是男居士參與的，女眾這邊應該是般若庵的住眾與女居士們。侍師一邊在男眾那邊應

71 《義公語錄》，頁 5 上。

機教化，一邊不時地進來女眾這一堂策勵啟悟。達到男女眾分開，避免雜處，而且一切公開，無有私諱。

這一場禪七，讓義公的修行有了重大的突破性，為了這個難得的機會，她發下誓願：如果沒有大徹悟，決不出堂：

> 時師發弘誓願，此番若不大徹，決不出堂，孜孜默默，晝夜無間，至第九日，長跪佛前，忽於竹篦子話，豁然桶底脫落，覺得通身輕快，對侍師曰：「如今瞞某甲不得也」。侍師曰：「是則雖是，還須大宗師棒下翻身始得」。師忖云：「我從來無意承當法門，一生作箇自了漢，但念不曾在叢林苦行一番，猶恐福薄」。遂立志參學，其年三十有六。[72]

她發願精進：「此番若不大徹，決不出堂」，努力參究，晝夜無間，一直到第九天，長跪於佛前時，忽於「竹篦子話」下豁然桶底脫落。竹篦子是禪堂中教學工具之一，以竹子所製，不論舉、放、置、打等，以相以名，更與禪師語言配合，運用得千變萬化，而所謂竹篦子話，以大慧禪師最為著名：

> 所以妙喜室中，常問禪和子：喚作竹篦則觸，不喚作竹篦則背，不得下語，不得無語，不得思量，不得卜度，不得拂袖便行，一切總不得。爾便奪却竹篦，我且許爾奪却，我喚作拳頭則觸，不喚作拳頭則背，爾又如何奪？更饒爾道箇：請和尚放下著。我且放下著。我喚作露柱則觸，不喚作露柱則背，爾又如何奪？我喚作山河大地則觸，不喚作山河大地則背，爾又如何奪？……所以古人道：懸崖撒手，自肯承當，絕後再甦，欺君不得。到這裏始契得竹篦子話。[73]

他舉竹篦問：這叫作竹篦子，錯，不作中竹篦子，也錯。那麼要叫什麼？甚至有「不得下語，不得無語」、「不得思量，不得卜度，不得拂袖便行」，一切總不行，截斷心念攀緣的慣性，讓心念無處躲避，才能反轉見性，死去活來，悟自本心。義公就是在這樣的話下，桶底脫落，

72 《義公語錄》，頁 5 上。

73 《大慧普覺禪師語錄》卷十六。《大正藏》冊 47，頁 1998 上。

通身輕快。而且能夠下語講話曰：「如今瞞某甲不得也」。相對義公之前，不能自許，也無法承擔的困境，已有很大差別了。只是這位侍師認為，義公還需要在大禪林、大禪師的手眼下堪驗、點撥，才能算穩當到家。

這樣的提議，間接點出比丘尼在修行道場上的問題。這位侍師來自靈隱寺，位處西湖的靈隱，這是大叢林。中國的叢林道場，是以修行為目的的大團體，平日有修行亦有作務，又有一日不作，一日不食的農禪傳統，意在自給自足。修行者眾，有群策群力的效果，也有見賢識廣、服務大眾的機會。師資上，多是有名望的大禪師，學與教上都有豐復的歷練，門下也自然聚合各地精英。總之，在大道場中較容易有好的師資，好的同修，雖然辛苦，但也因此有實作培福、服務大眾的機會。另一方面，如有所得，也容易為大眾、教界所知曉，甚至被付予法脈，責付弘法大任。就如同祇園一樣。換句話說，如果沒有大叢林的經驗，難有較好的受教環境，即使有所証悟，也會寂然無聞，較少弘法的機緣。現在義公在修行上已有所悟入，好的師資、同修的需求較低，何況已有祇園與一揆等師友，所以唯有實作培福、承當法門二事，沒有在大叢林中歷煉無法得成。但是義公自認為：「從來無意承當法門，一生作箇自了漢」，只是「不曾在叢林苦行一番，猶恐福薄」，在這樣的個人志向下，她再立志往叢林參學，當時三十六歲。



## 六、伏獅監院，閉關般若（36 歲～ 40 歲）

### 順治七年～十一年（1650 ～ 1654）

之後義公又到那裏實踐她「叢林苦行」呢？期間多久？行狀並沒有記載。之後，應該是在一至二年的時間，她又回到伏獅院，成為常住眾。但從義公之前「無意承當法門，一生作個自了漢」，或謙虛或志向的話，可體會後來她沒有久待於伏獅的抉擇，並且隱隱約約預示繼席伏獅後，知音稀少的困境。

一回到伏獅院，義公就被任命為維那，[74] 那時伏獅已非昔日的董庵

74 維那，是禪林中負責安排僧眾各種事務者，例如新到僧人，為其介紹各處所，安排

了，法席興盛，各方來參請的絡繹不絕。祇園知道她是法器，常常觸發她：

> 到梅里伏獅禪院時，法席甚盛，諸方參請不絕，師竟進方丈見老和尚，人事畢，命職維那，老和尚（案：祇園）早已知是法器，觸目遇緣，必敲擊逼惱。一日入室，揭簾擬跨進，老和尚把住云：「內不放出，外不放入，道一句看」？師直得無言可對，歸堂，寢食俱泯，心中著疑：已躬下事，了了明明，因甚說到此間，卻又礙住？[75]

義公在南潯有「桶底脫落」的境界經驗，如有明師進一步敲擊逼惱，必能再所進境。有一天，義公正要入室，揭簾擬跨進，祇園一把把住問：「內不放出，外不放入，道一句看」。當義公擬跨進時，重點在「擬」上，此時心有所向，其向在外，但仍未到外，處於由內到外的瞬間，從內這一念要過度到外這一念，這個瞬間常是不假思索，依慣性而行，祇園捉住這個霎那因緣，用言語切斷慣性問：在內的，不放你出外，在外的，也不放你進入，要出出不得，要入也入不得，在此在彼都被截斷，讓修行者能達到身心統一的定境，自見心念斷處，看能不能徹見那不來不去處。結果義公無言可對。祇園掩蔽兩邊，欲顯那離了兩邊的自在處，她被阻斷了，但也因此看不到明處。回到禪堂，義公忘了要吃飯睡覺了，心中極為疑惑：已有上次悟入的經驗，已了了明明，為何老師一問又礙住不通呢？由見之前靈隱侍師所言不假，義公上次的悟境，還未真正開悟，需要再翻身始得。

存著這樣的大疑惑，義公又繼續修學。一揆在順治八年（西1651）來到伏獅，冬日結制才有所悟境。兩人因此有同修之緣，一揆當時擔任祇園侍者，常常與義公討論修行公案，彼為相契，有一天，義公與她談及揭簾的那段公案：

> 揆師曰：「兄何不祇對：到這裡有出入，莫教壞人家男女，看者





食、睡、參禪的位置。並處置堂內香燈，灑掃堂前供器等等，並連繫協調各個職事。可參見宗賾《禪苑清規》、通容《叢林兩序須知》等禪林清規。

75 《義公語錄》，頁5上。

老漢如何合煞」？師點首云：「元來不假思惟」。[76]

義公臨終前，將伏獅法門事盡託付一揆，兩人同門道誼很深。此時一揆聽了義公所疑，提出自己的看法云云。義公遂有「元來不假思惟」的感悟，從此用心愈切，對公案也漸漸透脫。這期間祇園讓義公擔任監院一職。

監院一職，是總管寺院所有的行政工作，比起之前的維那一職，負更大的責任，需要總攝整個寺院行政，而且還負有面對官員、檀越、施主等外部人物的應對進退。依伏獅禪院法緣漸次興盛的情況，其工作應該相當繁忙，所以接任不到一年，義公就打退堂鼓了：





不期年，師嫌其事繁，竟閉關於潯溪般若菴，即川師之道場也。[77]

她因監院一職事情繁瑣，不易靜修，便離開伏獅，到南潯的般若庵閉關，正呼應她之前「一生作個自了漢」的謹慎志向。般若庵，就是之前帷儒母親董氏顧夫人供養義川的家庵，義公還與其因避戰亂而到此安居，義公繼主伏獅後，也曾到此養病。現在又避伏獅事繁而來此閉關，此庵於義公而言，應有其相應機緣在，極可能是與義川（及董家）有親戚之誼，也因此讓她可以自由來去。當然也因為這裏人少、事簡，很適合靜修閉關，符合義公的個性，所以整個過程看來，般若庵比起伏獅院更像是她的本庵母地。

## 七、祇園付囑，繼席伏獅（40歲） 順治十一年（1654）

應該是閉關不久後，祇園有了離世之相，染上病疾，義公行狀記載：

老和尚終日思念，染成微疾，時甲午年，遺書叫師出關，七月十六日回伏獅，老和尚見師禮拜起，即曰：「我要死，汝再不來看我」！師曰：「惟願和尚常住在世，弘法利人，說恁麼話」！尚云：「我雖不臥榻，其病已內，至霜降必要去世矣。汝可為我

76 《義公語錄》，頁5上。

77 《義公語錄》，頁5上。

料理後事，塔院託汝與義川二人為主，建于西園，伏獅一剎囑汝繼席，付祖衣一頂，善自護持」。老和尚果於九月二十七日寅時（原字：上㞢下日）示寂，時師年四十歲也。[78]

祇園因終日思念義公，而染成微疾，她自知時至，所以寫信催促義公出關，義公便在七月十六日回到伏獅，祇園見到義公就說：我已經要死了，你再不來看我！言下頗有：「你若不趕快來，就來不及了！我就無人囑付了！」之意。顯然祇園囑意其為伏獅繼席者，是早有定見的，即使這位弟子之前任監院不滿一年，就避靜於般若庵了。也可惴測義公當時離開時，祇園應該頗為不捨。義公以長久住世弘法來挽留她，但祇園自知病疾已入體內，很清楚世緣將盡，留也無用矣。所以交待伏獅由義公繼席，塔院託義公與義川二人為主。建於西園。

有關這段過程，祇園行狀的記載是這樣：

甲午春，慨有離世之想，時義公珂掩關潯溪般若菴，七月，師以手書喚之，公至，師見欣然曰：老僧世緣已盡，自知九月要去矣。公云：「和尚是何言歟，還須久住度眾」。師云：「白牛固水草尋常，然而腳下無私，要行便行」。……塔院委義川朗料理，伏獅義公珂主席……。十八日，以祖衣二頂付義川朗、義公珂，囑云：祖祖相付一脈，善自護持，深蓄厚養，隨緣化度。……遺命塔全身於伏獅院之右……[79]

祇園行狀的內容，並無思念義公成疾之說，只說「慨然有離世之想」。兩者皆有親自寫信召喚義公回院，以及兩人對話，並加以付囑之事。但在塔院部份，只記載「委由義川朗料理」，與義公行狀：「塔院託汝與義川二人為主」。略有不同，但義公既為伏獅繼主，塔院之事必然應關照，這也是正常之事，所以實質上應該沒有差別。而祇園囑付塔院建造的地方「西園」，與「伏獅之右」應該也是同在一處。

義公行狀是其弟子明元所寫，祇園行狀是一揆所寫。比較祇園、義公行狀對繼席之事的記載，義公行狀文字質僕口語，尤其是義公與祇園

78 《義公語錄》，頁 5 中。

79 《祇園語錄》，頁 438 下、439 上。

的對話，並且特別強調祇園對義公的倚賴與重視，祇園行狀則寫得比較莊雅，雖然亦有「師見欣然」之語，呼應義公行狀，但卻沒有那麼明顯。

從缺漏的義公行狀看來，義公與祇園相處的時間好像不長，最多也只是從 36 歲到 40 歲之間的四年，這四年的前端，又有在叢林苦行之志行，後端又有般若庵閉關之舉。前扣後扣，所剩時間不多，而最重要的「桶底脫落」入境，也非在祇園座下達到，這種現象在禪林雖然不足為奇，但其實兩人有二十多年的師徒關係。義公行狀所言：祇園早已知是法器，觸目遇緣，必敲擊逼惱，但兩人相對的機緣公案也只記載一則，不像祇園行狀記載其參請石車時，來來回回地多次應對，甚為縝密。祇園付囑義公為繼席，不可能不了解義公，也不可能對其學習不加聞問堪驗，而且為義公寫序的高以永，曾言她於祇園處「聞道最早」，[80] 所以顯然是明元無法了解細述以及行狀缺漏所造成的。而義公曾請一揆「備細提拔」之，以完成自己的行狀，所以祇園對義公的點撥，行狀唯一記載的例子，就是義公曾經跟一揆討論過的，可見這個例子應該是一揆提供出來的。至於其他狀況，明元不知，一揆因沒有參與也不知，又在不必枚舉的準則下，所以就無法細膩記載其參悟過程。最重要的是，因為行狀前半部有缺漏，缺漏的這段時光應該正是義公隨祇園修行的大半時光，因為她在〈哭本師和尚〉詩有：「二十年來海內師」之語，[81] 可惜，她們師生之緣的狀況，受限於行狀的缺漏，只有點到為止。

祇園在臨終前，還為義公將來的繼席，謹慎地做好安排：

> 師云：「我休心已久，有何繫戀，但末後數事，須得古南法叔來」。時古南老人適謝事天童，回舊院，師聞之喜曰：「是滿我念也」。即命徒輩迎至。居士胡觀舟，師之姪也，同坐榻前，徒眾環立，師面談巨細，命義公珂為伏獅第二代住持，指撥諸事，井然有條。師雖自主，蓋欲古南老人為一證據耳。時九月初二日也。塔院委義川朗料理，伏獅義公珂主席，檀護省候，皆面言

80 《義公語錄》，頁 1 上。

81 全詩為：「二十年來海內師，縱橫拄杖絕支離，爐煙丈室何曾滅，慚愧兒孫似舊時」。《義公語錄》，頁 2 上。

之，更願始終護法。[82]

所謂古南法叔，即是牧雲通門，密雲嗣法弟子之一，他住持梅里的古南禪院時，法緣興盛，所以又稱為古南牧雲。祇園來梅里弘法時，曾來古南寺向他「述法脈」，有向師門報備之意（當時石車已去世），亦是代表將來弘法是有傳承的。祇園自知自己時間不久，又希望牧雲能再來為其最末一事做證明，剛好牧雲從天童寺卸任回來古南寺，祇園非常歡喜，請弟子前往迎請。胡觀舟者，是祇園俗姪，也是吳鑄之女婿，就是經由他敦請吳鑄為祇園寫塔銘的，可見胡觀舟應該是位讀書人，也相當護持祇園。在牧雲、胡觀舟居士的見証下，徒眾環立四週，祇園將伏獅繼席等事，一一交待清楚。每有檀護來關心時，也一一當面告知，要居士護法們能繼續護持伏獅，護持義公。當祇園表明此身秋殘將去，不必服藥，弟子泣涕不止，祇園才言：「我休心已久，有何繫戀」？只是後事要交待清楚，所以要請牧雲法叔來。一揆為這段交待後事的過程下了：「師雖自主，蓋欲古南老人為一證據」的註腳。祇園有七位嗣法弟子，祇園是正式接臨濟下第三十二世法脈的，所以承她法脈者，就是接下第三十三世法脈。這些嗣法者，多是平時有所悟時，就印可付囑，不必等到最後，但繼席寺院、授與祖衣者，多是在需要之時、最後之時才由禪師抉擇。所以祇園所欲交待的後事，最重要的就是在繼席者、嗣承祖衣者，結果她授與義公與義川這份弘法的責任，尤其是將自己開創出的所謂伏獅門下，交予義公，要她不僅同其他嗣法弟子一樣傳承臨濟法脈，又要傳承下這份屬於女性的伏獅女禪。在傳承上師徒以心傳心，在悟道上自心取證，都與他人無關，但在弘法環境上，就需要因緣具足，護法護持，所以祇園要讓義公能在這個過渡時期得到協助與護持，減少弘法上的困難，或因性別，或因傳承上的因素。當年她得石車之法脈，並未繼席寺院，隱跡九年，因緣際會來到董庵，才展開弘法生涯，受法脈時、初弘法時都曾因女性之身受到懷疑。她得自男性禪師所授法脈，以女身弘法；義公得自女性禪師之傳，亦要以女身弘法，在某個角度上，處境比她還困難。這就是為何她休心已久，還有末後事要做；能自

82 《祇園語錄》，頁 438 下。

主安排，又要請牧雲來作一證據的原因了。請來牧雲，代表臨濟法脈的見證，有胡觀舟居士同坐榻前，是讓男性的居士、讀書人也能見證護持，其用心細密如此！

《義公語錄》有一組〈和慈受禪師披雲臺十韻〉詩，其原詩是宋代住持於靈巖山的慈受禪師之〈披雲臺十頌〉，該詩刻於石版，於順治十一年（1654）春天被發現，也就是祇園去世那年的春天，當時包括繼起及諸方知識門弟子都作頌和之，[83] 義公有此和詩，可能是於此年到過靈巖山，但也無法排除住持伏獅之後再到靈巖之可能，總之此和詩一定不會是在這之前所作。而與義公同參的祖揆，及其法兄、也是女性禪師的寶持，都有披雲臺和詩留存。[84]





## 八、人情皆變，師門冷清（40 歲～ 46 歲）

### 順治十一年～十七年（1654-1660）

祇園於順治十一年九月二十七日寅時圓寂，距離她七月初示疾，約三個月。這期間祇園細心安排，井然有條。義公當時四十歲。義公曾自言繼席六年，[85] 以此而推，應該是隔年順治十二年才正式繼席，擔任伏獅住持。祇園遺命塔院建在伏獅西園、伏獅之右，由義公負責塔院之事。但接下來的發展令人意外，祇園的安排即將付之流水，因為連第一項工作：建造塔院，都出現問題，直到第四年清明才建好、將祇園入

---

83 慈受禪師為靈巖山崇報寺之宋代住持，曾作〈披雲臺十頌〉，是其登靈巖披雲臺懷老藥山之作。此頌詩刻於石上，石版出自澮池山，當時是順治十一年（甲午、1654）春。根據繼起《靈巖記略》所載其發現的經過：「……甲午春，和尚五十誕辰，以檀資建二閣於法堂之左右，左曰天山，老和尚影堂地。右曰慈受，蓋取毒來慈受之義。已而澮池得石碣，磨洗讀之，乃此頌也。慈受二字，閣名先兆，眾異之……，遂用韻成十頌，適中峰徹大師至各再和，于是諸方知識門弟子咸有和章」。繼起亦和之二次，共二十首。如其所言，當時有不少弟子相和，寶持、祖揆、義公也皆有和詩。《中國佛寺志叢刊》冊 46，（楊州：江蘇廣陵古籍刻印社，1996 年），頁 56。

84 《靈瑞禪師嵒華集》卷四〈披雲臺頌、再和前韻〉。《嘉興藏》冊 35，頁 754 中下。《寶持總禪師語錄》卷下〈和宋慈受深禪師披雲臺十頌〉，《嘉興藏》冊 35，頁 712 上。

85 祇園去世時義公是四十歲，義公四十七歲去世，所以前後算來，義公應該在伏獅有八年。而在〈行實〉中，義公自言繼席六年，但一揆〈奠義公禪師〉中卻言「七載繼席」。兩者皆不是八年，所以應該是祇園去世後，隔年再正式繼席。至於為何有六年、七年之差別？可能是因為義公是在順治十八年初去世，如果此年未算入，就是六年，此年計入，即是七年。之後行文，將依義公自言的六年來表達。

塔。義公行狀記載：

> 豈una老和尚寂後，人情皆變，師為塔院受盡委曲，究竟不能本菴啟造，至第四年，清明入塔。[86]

到底什麼是人情皆變？而且還嚴重到受盡委曲，無法在本庵啟造祇園塔院？無法得知，也令人費解。塔院之事不是義川負責？為何沒有義川的記載？而且據資料顯示，義川後來住持於般若庵，顯然沒有住在伏獅院。為什麼呢？如果是因為私庵之故，董氏家族有意見，但伏獅（董庵）之所有權者帷儒，他與母親顧氏對佛法相當護持，也是祇園重要的護法，不可能阻撓塔院之建造。總之，連塔院之建造都不能本庵啟造，後來建成之處，也是在「荒郊道路，人難看守」，[87] 為此，一揆後來千辛萬苦地將祇園塔院移至參同庵安置。塔院之事為何這麼棘手？義公與一揆語錄行狀中都未明言，只是點到為止，應該是在不願傷人的考量下，隱諱不言。而且語錄記載的核心意義，不是在歷史，而是在教化，所以似乎也不宜記載這種屬於世間的是是非非。

接下來，不到兩年的時間，順治十七年（1660）義川去世了，她費心地來往梅里、南潯兩地，長途跋涉，處理義川的喪事：

> 未及兩年，義川師已去世，一切主持喪事，皆師一人費心，途路跋涉，經營辛苦，川師一七內，師即染成一疾，秋間帶病往雲棲完願，回來就在南潯般若菴養病。[88]

結果因為太過辛苦，在義川去世的一七日內，染上疾病。秋天時，帶病到雲棲寺完願，回來後，就到義川的道場般若庵養病。她到雲棲寺完什麼願呢？不得而知。但這卻代表她即將結束此生的世緣了。她與義川這一生密切的緣份，也因緣散而緣滅，語錄中有一段她為義川封龕的偈語：

> 義川法兄和尚封龕。以拄杖云：「嗚呼！唯我法兄般若和尚，心同赤子，行逾古人，見道十年，行道有規，巧若拙，智若愚，辯如訥，剛如柔，為眾如為己，盡人合天機。我與你同條生，你捨

86 《義公語錄》，頁 5 中。

87 《參同一揆禪師語錄》〈自敘行略訓徒〉，《嘉興藏》冊 39，頁 18 上。

88 《義公語錄》，頁 5 中。

我以長往，嗚呼！肅清寰宇，函蓋乾坤，千眼大悲覷不見，八臂那吒無處尋，普化搖鈴振在雲端，大梅臨終錯聽鼯鼠，大眾要見和尚面目麼」？卓拄杖云：「遍界不曾藏，莫道瞞汝好」，遂云：「封」。[89]

即使義公與義川沒有親族關係，她們兩人作為同參道友的時間，一定很長，應該有二十年以上吧！？義公稱其為法兄，如果不是義川出家、入門時間早，便是年紀較長。義公繼席伏獅六年多，行狀就只記載有關塔院以及為義川料理後事之事，對於弘法等事卻付之闕如。還好行狀之外，語錄中尚有一些開示、詩偈可以拼窺其在伏獅弘法的蛛絲馬跡，但總體來看，她在伏獅弘法的日子充滿著「師門冷落，知音難遇」之慨。



義公在順治十七年（1660）染病，這一年她46歲，於是秋天先到雲棲完願，再至般若庵養病，不久，仲冬晦日，再回伏獅院：

至仲冬晦日，歸伏獅，臘月一日，参同和尚來問疾，師即對曰：「我病不能起矣，目下還不妨，恐臘底兄又不得工夫，俟新正立春後，命舟來接兄也」。[90]

十二月一日，一揆來探望她，義公自知此次生病是不會好了，所以要一揆等年底忙完，隔年立春後，請舟船去接她，意欲由她來處理自己的後事。大有預知時至之準備。而一揆在祇園去世後，即到嘉興鴛湖附近的參同庵修行，由此來看，那時嘉興市到梅里，應該多是依南湖走長水塘的水路路線。

## 九、身後之事，囑付一揆（47歲） 順治十八年（1661）

隔年，順治十八年（1661）正月初六，立春，果然義公之病愈來愈沈重，飲食漸漸減少：

其年正月初六立春，師自知交節，愈覺沈重，飲食漸減。初八，對眾曰：「我想門庭已廣，職事人少，我末後事，必須早接参同和尚來，大眾盡要齊心，如待我一樣」，眾皆欽服：「和尚放心，不必為慮」。[91]

89 《義公語錄》，頁2中。

90 《義公語錄》，頁5中。

91 《義公語錄》，頁5中、下。

到了初八，她先對大眾宣佈：伏獅門庭已有一定的規模了，但常住職事太少，所以其後事一定要早早請一揆來主持，希望大家齊心，像對待她一樣對待一揆。對於這樣的表示，大家都欽佩服從，並要她放心。由此看來，義公是要讓一揆接任伏獅，就常理而言，繼席者應該是義公的弟子，她這樣的決定，不是弟子還不夠成熟無法承擔，就是沒有弟子可承接。在這件事上，義公表現出無私、以法為重的精神。而伏獅的住眾對此，也看不出有任何爭執、不合之處，都能欽服認同。所以到了初十，接來一揆，義公對她有一番誠懇的付託：

> 初十日，接揆和尚到，師聞，即刻請進方丈，起座對曰：「伏獅法席，元是祖庭，深知兄一向好靜，所以不肯與我同住，而今事到臨頭，只得要撐持一番，不置法門冷落，況我身後事，全賴兄主張，我雖則繼席六載，無有契我本心者，惟明元隨我十餘年，所有語錄頌古草稿二卷，他可知一二，但其年輕，不能習我行狀，煩兄備細提拔，明元記我始末因由，亦不必枚舉」。[92]

義公很清楚她是伏獅第二代住持，也是祇園女性禪法的接繼者，伏獅是祖庭，是祇園打下了基礎，無奈她世緣淺薄，似乎這個基礎正在流失當中，而且過了短短六年多一些，又再度面臨過渡的關卡，這一關比起祇園當時更危脆，因為這段期間，義公似乎遇到一些困境，無法有所作為。所以她向一揆懇託時說：「而今事到臨頭，只得要撐持一番，不置法門冷落」，自己不得不離開，而法門又似乎有冷落的危機，祖庭之事非同小可，不能斷在自己的手上，所以務必要一揆來撐持、延續下去。更重要的因素是，義公清楚明白地自認伏獅住眾或弟子中「無有契我本心者」。弘揚佛法，需能自證自悟才能教人，否則以盲導盲，徒增過患。所以義公於此不容矇混，有她作為修行者的基本堅持，也因此轉而託請一揆來住持，並料理她的身後事。

元宵節過後，她一一檢視自己喪事所需的各種供器等，見都有所準備，頗為歡喜。到了二十七日，還親自寫遺囑給董帷儒，交待他要速請一揆來繼任：

> 燈節後，命端整衣服，龕圍供器等一切俱備。師要過目，見之喜



92 《義公語錄》，頁 5 中、下。

甚。二十七日親書遺囑：「董檀越，我寂後，當速請參同和尚主席。三十辰刻，命侍者扶我到西丈室坐，坐接參同和尚來細談。半日絕無倦意。[93]

因為伏獅院之產權尚為董氏家族所有，雖然傳法者傳心，但在作法上，仍有必要照會董氏，以示尊重，而且除了義公自己囑託外，也需由他代表護法居士，出面邀請一揆，來支持與協助完成這個過渡，一方面代表一揆的正當性，一方面也表達出居士護法對她的尊重。剛開始一揆以父老年邁不忍離開，加以固辭，即使董帷儒再三懇請之。後來因那年冬天一揆父親過世，才於年初答應來伏獅接任。[94]





一揆答應接任後，義公可以了無牽掛了，三十日這天，當面與她細談許多事。當時見有草蘭盛開，還親自為之拔草。但她的時間已接近尾聲了，身體非常衰弱，一揆希望她能寫下一偈言志勉徒，沒想到她寫不到幾個字，就「舉筆如擎杵一般」拿不動筆了：

時面前有草蘭盛開，師親為盆中拔草，揆和尚曰：「看兄有興，何不遺一首偈」？師遂索筆硯，寫數字，即閣筆嘆曰：「我舉筆如擎杵一般」。侍者猶恐太繁，急扶上單安息。黎明課誦畢，即對揆和尚曰：「我昨日有偈不能得寫，今說與兄，為吾寫出來」，曰：「十二年吹管無孔鐵笛，知音少遇，祇因不落宮商，而今世緣已滿，逍遙拍手歸鄉，一生脫灑自由，何勞大眾悲傷」，拱手謝曰：「吾明日早行矣」。時（原：上屮下日）二月初二日寅時，怡然而逝。世壽四十七歲，法臘三十有九，荼毘建塔于參同菴，左與老和尚同一塔院，有碑記流通。[95]

侍者擔心她太過勞累，趕快扶她上床安息。隔天一早，義公要求一揆為其寫下昨日無法寫的遺世偈：「十二年吹管無孔鐵笛，知音少遇，祇因不落宮商，而今世緣已滿，逍遙拍手歸鄉，一生脫灑自由，何勞大眾悲傷」？對自己一生修行之緣遇、臨終之心境都有所表白。她並自言：吾明日早行矣。隔天，即二月二日寅時，怡然而逝。當時是清康熙元年（1662），結束她四十七年的世緣、三十九年的出家生活。一揆曾寫

93 《義公語錄》，頁 5 下。

94 《參同一揆禪師語錄》〈自敘行略訓徒〉，頁 18 上。

95 《義公語錄》，頁 5 下。

〈輓義公法兄〉：

> 夢覺含悲聽鐘，空彈血淚染丹楓，追思共唱無生曲，何意風吹別調中。[96]

兩人同出祇園門下，雖然異地而處，但因伏獅之法運而牽繫在一起，相互扶持，可惜義公住世太短，一揆繼席因緣不具，眼見伏獅即將因此快速走入荒廢之路。義公出外參學時的同參祖揆亦曾寫有〈悼伏獅義恭禪師〉

> 家山揖別向南詢，負笈擔簦秖兩人，君就獅林稱導首，我從鴛水獲閒身，雲泥異勢將誰怨，冰雪盈懷各自珍，今日素帷陳茗奠，白頭雙泪更傷神[97]。

一位認真參究、修證有成的女禪師，放下一切因緣，肉身荼毘。大約六年之後，隨著祇園塔院遷建參同庵，也建塔於祇園之左。一揆並在參同庵建祖堂，供奉師門三人：祇園、義川與義公。

## 十、十七年後，語錄出版

《義公語錄》，沒有分卷，內容可分為二部份，前半部是法語佛事與詩偈，之前有高以永之序；後半部是「諸祖源流頌古」，並附有行狀、一揆寫的跋。義公臨終時，曾囑咐一揆幫助其弟子明元來完成語錄相關事情：

> ……惟明元隨我十餘年，所有語錄頌古草稿二卷，他可知一二，但其年輕，不能習我行狀，煩兄備細提拔明元記我始末因由，亦不必枚舉。[98]

義公並無正式的嗣法弟子，但明元是隨其十餘年的弟子，言行記載的保存編整由其來完成，但因仍年輕，無法清楚、明白義公一生的行持，一揆與義公同出伏獅，相契論道，所以希望一揆能協助明元將其行持始末記載下來，成其行狀。這位明元，後來還再隨一揆修道，成其嗣法弟子之一，一揆相互扶持之情，可見一斑。

96 《參同一揆禪師語錄》，頁 9 下。

97 《靈瑞禪師嵒華集》卷五，頁 758 下。

98 《義公語錄》一揆跋，頁 5 中下。

其語錄內容字數不多，根據一揆的跋所言，是因為當時乏人記錄：

> 今集語錄頌古一冊，乃廣陵散也。予忝為法門昆季，殊身同心，期老雲窟，竟如鴻飛雪中，莫可蹤跡，嗚呼痛哉！情不能已，聊作弁辭，明知添塵明眼，栽棘梅林，然與我同條生，不敢為不鳴之蟬、無口之瓢耳。當時記錄乏人，散失不少。猶一花可識無邊之春，勺水可分圓滿之月，且恐失真，一字不易，傳信不傳疑，法兄和尚於常寂光中，當不以予言為謬。[99]

一揆以「廣陵散」來稱義公的語錄，表達出對義公不得知音，又棄世太早之嘆憾。再加上「當時記錄乏人，散失不少」，廣陵散不得完整矣，但禪家本有不立文字之教，況且「一花可識無邊之春，勺水可分圓滿之月」，一揆等人就以「一字不易，傳信不傳疑」的「存真」、「現成」態度，讓義公語錄樸素地留存下來。



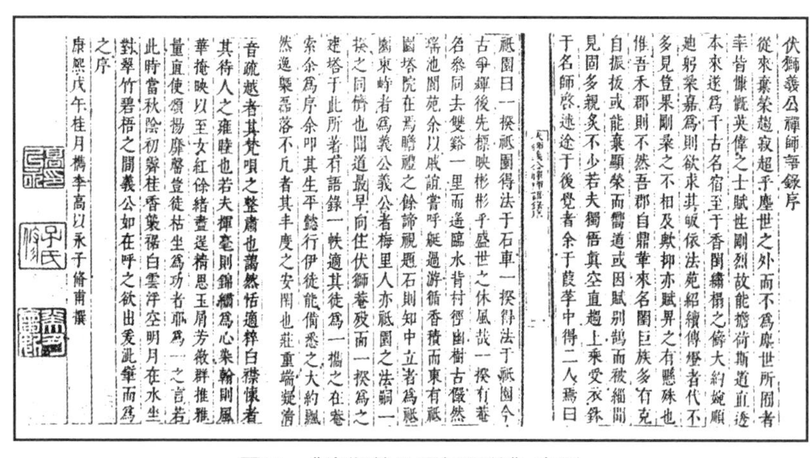

伏獅義公禪師語錄序
從來棄榮趨寂超乎塵世之外而不為塵世所囿者
幸皆慷慨英偉之士賦性剛烈故能擔荷斯道直透
本來遂為千古名宿至于香閨繡榻之儔大約婉順
廸躬柔嘉為則欲求其皈依法苑紹續傳燈者代不
多見豈果剛柔之不相及歟抑亦賦畀之有懸殊也
惟吾禾郡則不然吾郡自鼎革來名閨巨族多有克
自振拔或能棄顯榮而嚮道或因賦別鵠而被緇間
見固多親炙不少若夫獨悟真空直趨上乘受衣鉢
于名師啓迹途于後覺者余于葭莩中得二人焉曰
祇園曰一揆祇園得法于石車一揆得法于祇園今
古爭輝後先標映彬彬乎盛世之休風哉一揆有菴
名參同去雙谿一里而遙臨水背村倚幽樹古儼然
瑞池閬苑余以戚誼嘗呼艇過游循香積而東有祇
園塔院在焉瞻禮之餘諦視題石則知中立者為祇
園東峙者為義公義公者梅里人亦祇園之法嗣一
揆之同儕也聞道最早向住伏獅菴歿而一揆為之
建塔于此所著有語錄一帙適其徒為一揣之在菴
索余為序余叩其生平懿行伊徒能備悉之大約飄
然逸槩磊落不凡者其丰度之安閒也莊重端凝清
音疏越者其梵唄之整肅也藹然恬適粹白襟懷者
其待人之雍睦也若夫揮毫則錦繡為心染翰則風
華掩映以至女紅餘緒畫選精思玉屑芳徽群推雅
量直使頌揚聲譽豈徒枯坐為功者耶為一之言若
此時當秋陰初霽桂香叢褥白雲浮空明月在水坐
對翠竹碧梧之間義公如在呼之欲出爰泚筆而為
之序
康熙戊午桂月檇李高以永子脩甫撰

圖二　《伏獅義公禪師語錄》書影

這部語錄遲至康熙十七年（1678）才印行，高以永序亦在此年八月所撰，距離義公去世已十七年之久，明元在行狀中曾自責曰：（師指義公）

> 師生平好行善事，直心為眾，視人如己，但明元素不通文墨，不敢彰於明眼。嗚呼，儀形雖則遠矣，然非述其出世之因，焉得一回拈出一回新耳？數年前早欲付梓，因見時世重法者少，不忍狼籍，所以蹉跎到今，偶有耆宿輩見師稿底，合掌嘆曰：此為女中

99 《義公語錄》一揆跋，頁6。

標格，何不早刻流通？明元因此觸省自悔綿力所錯，荷罪深矣，而今慟定思慟，不畏智愚，聊存是實。[100]

明元本要「早欲付梓」，但見「時世重法者少，不忍狼籍」，又自惴「不通文墨，不敢彰於明眼」，她一者是對禪林之風有「輕率不重法」之感，一者對文墨之事有「力有未逮」之感，所以蹉跎了十七年。在偶有耆宿見義公之語錄稿，嘆曰：「此為女中標格，何不早刻流通？」才一語驚醒夢中人。沒有印行流通，義公之行誼風範勢必掩沒，即使記錄得少，散失得多，即使禪林紛擾、文墨不通，終有儀形可「一回拈出一回新」，終有標格可為後世傳習，何況是稀少為貴的女性禪師？

從這段記載，我們無法確知耆宿是出家人？還是在家居士？如果是出家人，可見出當時禪林對文字出版有重視的傾向，如果是在家居士，他們自來都比禪門、女性更重視與熟悉以文傳世之歷史價值、世俗意義，他們與禪人交往時，自然把這樣的價值帶了進來，但是修行人以自悟悟人為職志，留名千古本為餘事，儒家者流亦有此思，何況佛子？所以一揆也言：

儒家朱文公曰：「吁嗟身後名，於我如浮煙」。又曰：「且人為善，自是本分事，何須任地寫出」？況我宗無語句，善名俱不立，伊人往矣，取其遺語而付之梨棗，不亦虛空著橛、缽盂安柄哉？雖然，使建立法幢，為世所知，正不必重說偈言，以彰聲譽。[101]

修行在身心體究，修行在法法相承，人已往矣，卻專取其遺語言句刻印出版，在文字名聲上講究，不就是「虛空著橛、缽盂安柄」？這是佛門平常的道理，禪人常常也不在意、不留意於文采。然而文字、出版不必然是壞事，它能讓事物穿越時空，流通出去，留駐下來，於弘法利生上，也能產生較長遠的功效，所以一揆就立於：文字言句能「建立法幢，為世所知」、「不必重說偈言，以彰聲譽」，讓法能廣為人所知、人所譽的立場上，對義公語錄的印行有正面的看法。尤其在浩翰的所知所譽中，女性、女性禪師的機會又相對的少了很多，所以更有廣為人知、人譽之必要。而義公的弟子明元所流露出來的是：不留意於文采，

100 《義公語錄》，頁5下。

101 《義公語錄》，頁6上。

卻欲以文采要之的謙卑，在耆宿的重視提醒下，才幡然悔悟，完成刻印。

晚明的禪門有語錄繁盛的現象，所留下來的語錄比之前代多出甚多，除了因為出版業發達之外，與士大夫們帶來的觀念亦有推波之力，相對的，禪人對於文字卻有多一層反省，一份不必措意的先天態度，但是在這股推波之力下，他們於不立文字與出版印行之間，早已產生一條可行的詮釋之道。

前面提到一揆以義公語錄為廣陵散，實乃因為義公一生知音稀少，棄世亦太早之故。義公去世時是四十七歲，才繼席伏獅六年多，還來不及有一番作為，再加上祇園塔院之事橫梗難行，旋即染病去世，又無嗣法弟子，伏獅禪院也因此漸次荒廢，雖然一揆為其料理後事，受義公託付繼住伏獅，後來離開又有再回，但終究無力可回天矣。





## 第三節　一揆超琛之修悟行傳

一揆與義公同為祇園法嗣，只是一揆沒有被付予繼席的責任，但她卻比義公法緣興盛，道行酷似祇園，甚至還被認為智過於師。她另立道場，道誼合融，勇猛精進，卻也堅持冷淡家風。然而義公早逝，她義無反顧受託回伏獅，為祇園塔院倍極辛苦，可以算是為伏獅女禪出力最大、堅持到最後的人。

一揆超琛禪師（1625-1679），法名超琛，法號一揆，女性禪師祇園之嗣法弟子之一，為臨濟下三十三世。有《參同一揆禪師語錄》（以下簡稱《一揆語錄》）留存，入於《嘉興藏》。超永《五燈全書》卷九十三有傳，[102] 內容多根據語錄而來，釋震華《續比丘尼傳》亦有傳。地方志部分，光緒、許瑤光等纂《嘉興府志》將之列於卷六十四〈列女、貞女〉、「孫貞女」。康熙、袁國梓纂《嘉興府志》卷十七〈人物一、仙釋〉記載祇園時，亦提到一揆為其高足。

一揆之語錄內容有：施博序、示眾、詩偈、頌古、禪堂規約、機緣、答問、佛事、王庭〈參同菴記銘〉、〈參同一揆禪師行實〉（以下

102　超永《五燈全書》卷九十三、參同尼一揆琛禪師。《新纂卍續藏》冊 82，頁 522 上中。

簡稱〈一揆行實〉）、〈自敘行略訓徒〉。其中〈一揆行實〉與〈自敘行略訓徒〉兩篇記載一揆的生平行持，頗為詳實，所以以下行文便依這二篇文獻直接敘述，不再加註資料來源，語錄其他部分有年日、事蹟可證者，將依時依事附入，並以註解標明出處。此外，依需要亦會運用語錄之外的輔助資料。

## 一、名宦之後，詩書孝友（1～14 歲）

### 明天啟五年～崇禎十一年（1625-1638）

一揆超琛，生於明天啟五年（1625）六月一日辰時，嘉興縣人，世居甪里。父親為太學孫茂時，母親高氏。曾祖父為大司寇孫植（謚簡肅），[103] 在當時是名門盛族，孫植治家嚴謹，重視詩書孝友，有《孫植家訓》傳世，據〈朱彝尊書孫氏同爨會圖後〉言：

> 吾鄉孫簡肅公治家以嚴，子弟侍立，暑不去衣，然其教初學飯後必散步歌詩，以吟咏性情，故其子六人皆善詩，家居為同爨，會三日一集必有詩，列圖于前，聚詩其後，裝池為卷，孝友之語，充溢丈幅之中，可謂天倫樂事矣。……公裔孫某出示予，因跋其後……。[104]

至孫植之孫，仍重視這種家人同爨、會聚歌詩之圖，可見孝友之教依然為子孫所奉持著。她的長兄孫子彰，是孝廉，官中翰。仲兄文學孫鍾瑞，字子麟，[105] 少年修道有成，能登三教壇，也以友愛仁濟著稱，嘉興境內都尊其為「孫先生」。家裏三個女孩，一揆居最幼，從小聰慧敏捷，精於女紅，在孝友詩書的家庭風氣下，她也不由師傳而通書義，也能繪畫。

之後一揆整個修道過程，二哥子麟與她一直亦友亦師，相與扶持，未出家前，親族女眷已共聚參禪，以及她後來結交許多同參道友，有道誼合融之特色，這些應該與她俗世家庭教養有所關連。

103 袁國梓纂修《嘉興府志》卷十七、人物四，孫植之傳，頁 803。

104 許瑤光《嘉興府志》卷八十三、藝文二，《中國方志叢書》華中地方 53 號（臺北：成文書局，1970 年），頁 2601。

105 一揆為祇園所寫〈伏獅祇園剛禪師行狀〉曾提到：「……時琛隨侍，琛俗姓孫，有兄字子粦，諱鍾瑞者，三教精研，眼空一世……」。於《祇園語錄》卷下，頁 438。

## 二、出嫁守寡，念佛焚修（15～23歲）

### 明崇禎十二年～清順治四年（1639-1647）

及笄之年，嫁給庠生盛子逵，克盡婦道，孝順翁姑，與胞姊屠又雍孝廉公夫人最友愛，姑嫂妯娌之間，情意融恰，禮節具全，沒有離間之閒言閒語。

之後，子逵竟然不幸染病，醫禱皆無效用，於順治四年（1647）九月間去世，當時一揆二十三歲，有意以身殉節，但又自念：如果就此死去，也無有益處。於是興起投入空門，出家學道之志。有位林泉老師一向與子逵相契，當子逵病體沈重時，常常來病榻開示佛法，一揆在旁聽受，頗能體會，求道之心益切。子逵去世這一年三月，祇園來到梅里伏獅禪院開法。

自此，一揆「毀容變服」，茹素、持誦經典，日不下樓，一意焚修，並大書「萬法俱空，一心念佛」等字在牆壁上，立志堅貞。那時她勤於念佛、誦經、禮拜等等，還不知道有參禪之道。

## 三、母兄親族，共相參禪（24～25歲）

### 清順治五～六年（1648-1649）

順治五年（1648），仲兄子麟居士見妹婿這麼年輕就離世，感受到人生有如朝露，生死無常，有何樂趣？唯有脫越生死才能解脫，於是生死心切，苦志參禪，並對一揆言：等我拼卻性命參禪，如能悟入，你也就不難依此解脫出世了。子麟當然知道妹妹以寡婦之身，四處訪師求道沒有那麼方便，自己卻有充分機會接觸禪法與師友，可以先為其抉擇、鋪路，並以自己身心來驗證禪法，再來教導她，以助其出世之志。這位二哥與一揆向來友愛，一揆一生之修行每每受其鼓勵與指引，後來的道場參同庵，也是子麟為其籌措安排的。於是子麟便奮身打禪七，終於有所悟，明瞭生死大事，得師印可。他立即告知一揆：妳趕快參禪做工夫，要大死一番，才能大活過來，這樣就能解脫生死了。參禪則必需要參話頭，還要有明師煅煉，才能徹悟。自此一揆才知參禪了脫生死之道。

當時開法於梅里伏獅禪院的祇園，其母親（非親生）與一揆母親為同一高姓家族，算來有親戚之誼，所以一揆對祇園的修行早已企慕多年了，但因為不出閨門，無法叩謁承教，只能先依兄長所教的方法開始參究話頭，晝也參究，夜也參究，非常用功。然而參著參著，話頭難以撲破，如吞鐵丸一樣，哽之在喉。見子麟逍遙放曠，自己參話頭起疑情，是愈疑愈悶，但是這是參話頭的必經過程，急也急不得，只得繼續努力。

剛好有位湯老太太，戒行精嚴，彌切引進，與她共修，即使在夏季溽暑之天，禪坐至半夜，蚊叮遍體，都漠不自知。又，有機會歸寧回娘家，就與母親等親族同志數人，朝夕精進地在觀音大士像前唸佛誦經，佛聲響徹戶外，一時感動遠近，因此而長齋皈佛的就有數十人，整個居家生活都以修行為核心，彷彿就是古代龐居士之家風。

有一天，一揆與子麟趺坐蒲團各說志願，一揆云：我願意效法祇園和尚。子麟居士云：我要渡親入道，寧願為蓬萊雞犬，也莫作塵世公侯。之後，一揆出家修行，道行酷似祇園，居士嗣後遇異人，了悟宿世因緣。兩人可謂各符其所願。

## 四、參謁祇園，悟入出家（26～27歲）
### 順治七～八年（1650-1651）

順治八年（1651）春天，二十七歲的一揆買舟，與母親一起行水路，前往梅里伏獅禪院，參謁祇園。祇園一見她，讚許是佛門法器。子麟託其寄呈偈語，祇園也大加稱賞。並問一揆參何話頭？她回答：「誰字」。祇園就言：不必改變話頭，繼續參究，妳可以悉聽兄長的指示，到時候必有進境，要受我印證並非難事。這時一揆尚未出家，基於女子出外不易，其兄長所悟亦不凡，所以祇園為了讓其能在家修行方便，指示她可以請教兄長，懇切修行，一旦時節因緣成熟，必能悟入得到印證。

一揆是早有出世之志，而且得以一償宿願受祇園之教，向祇園學法，機會難得，所以回去後，再於同年冬天結制之時，與母親共赴伏獅座下，跟大家同參話頭。她之前已參究話頭多時，現在到這裏與大家一起共修，彼此精進之力，非同小可，尤其又有明師親自點撥，當然不同於在家時之佛聲響徹戶外而已。果然到第二個七（即第八天至十四天之間），忽然入定，四柱香的時間瞬息而過，大地平沈，洞徹本來面目。當子麟居士聽到妹妹有這等境界，當下大悅，笑說：「這不唧——漢，遲至今朝方摸著鼻孔，何鈍如之」！兄妹砥勵之情，溢於言表。祇園立即加以印可，並為其剃度出家。

出家時，一揆立即將俗世夫家盛門財產返還盛氏，孫門嫁粧歸還孫氏，赤條條不留一物，親戚對之都讚嘆生敬。當時一揆二十七歲。但一揆之〈自敘行略訓徒〉曰：「二十六歲出家」。存此疑點，待考[106]。





## 五、祇園付囑，伏獅法嗣（28～29歲）

### 順治九～十年（1652-1653）

隔年（1652），二十八歲，祇園即付囑其為嗣法弟子。

此時林泉老師已去世，碧光庵的心傳老師，是嘉興佛門的大尊宿，一揆曾參謁之，他告訴子麟曰：又添一個法堂。

有自明禪師者，與一揆父親相契，還稱一揆為「法門棟梁」，喜贈偈語。又，牧雲和尚、隱菴息禪師，都加以讚嘆等等，顯示一揆被當時的禪師們深深期許。

## 六、母師皆亡，守塔三載（30～32歲）

### 順治十一～十三年（1654-1656）

三十歲時，順治十一年（1654）六月，一揆母親病痢不起，她勞瘁服侍，哀號籲天，希望老天增母壽命。但是母親終究無法恢復，臨終前

106 此處根據的是〈一揆行實〉所言：「辛卯春，師買舟往梅谿同母夫人參謁祇老師翁……即于是冬結制，偕母夫人復到師翁座下，同參話頭……師翁即印可披剃。……」辛卯年為順治八年（1651），一揆為二十七歲，但王庭〈參同菴記銘〉云一揆：「年二十六，赴梅溪伏獅院禮祇園禪師，薙髮受具……」指一揆二十六歲出家。其〈自敘行略訓徒〉亦曰：「二十六歲出家于本縣梅溪伏獅祇和尚會下披剃」。又〈一揆行實〉結尾云：「世壽五十五，僧臘三十」。如果僧臘三十年，應該也是二十六歲出家。但依生年算來，行實所說的辛卯年，應為二十七歲才是。

見青蓮、紅蓮湧現，還稱說了三次。之前母親有一次以七天為期，在家坐禪，參「一念未生前」的話頭，到了第五天，於定境中衝口說出偈言：「眼底光明驀地來，腹中自覺笑顏開，今朝一片平陽地，明日蓮花朵朵開」。母親平素並不懂偈語，也不會作偈，根本不知道為何能隨口宣說，也不知偈語所指為何？直到臨終前見蓮花兩朵現前，剛好應驗了之前偈語之意。除此之外，還見紅綠幡幢的瑞象，應該是往生樂土無疑。在康熙、袁國梓《嘉興府志》〈人物、列女〉，有這麼一條記載云：

> 常氏，嘉興太學孫弘來室，性寬仁，和大體，治家整肅，晚年學佛有得，生平不習文字，忽于定中述偈，自道所得，辭旨可觀，臨終時目擊蓮花湧現，幢節來迎。訓成二子鍾琦，丙子舉人。鍾瑞，隱居學道，以儒家自任，學者歸之。[107]

其所敘述之事與一揆〈行實〉所記無異。母親七七日的喪事完成後，一揆回到伏獅，到了九月，沒想到祇園也示寂，一揆相當悲痛，甚至還割股療之，無奈因緣如此，深有「天何奪我母，又奪我師，我何生為」之慟。但仍然默念要以付託為重，擔荷起祖師道業，弘揚佛法來報答師恩，於是在伏獅守師塔三載。[108] 其在孝親事師上篤摯愛敬如此。



## 七、結茅參同，清幽六載（32～37歲）

### 順治十三～十八年（1656-1661）

在伏獅守塔期滿後，因為伏獅參請者眾，所以她思考要離開伏獅，結茅住山，找一處水邊林下幽靜之處潛修，以保任悟處，大有效法祇園

107 袁國梓《嘉興府志》卷十七、人物一、列女下。《稀見中國地方志匯刊》冊 15，（北京：中國書店，1992 年），頁 690。此志言常氏有子鍾瑞，鍾瑞是一揆二哥子麟是確定的，所以此「常氏」為一揆之母應該沒有疑問，只是〈一揆行實〉言：「賢母高氏，法名超臻」，她的母親是高氏，並非常氏，依理〈一揆行實〉所記應該不至於有誤，不知為何方志會與之不同？又方志云：常氏之夫為孫弘來，其應該是孫植之孫無誤，與〈一揆行實〉記載其父孫茂時，為孫植之孫同，但因為到目前為此，筆者仍未能在方志裏發現孫弘來之傳記，所以無由得知孫弘來之字號是否為茂時？姑存此疑，來日或可明之。

108 根據《一揆語錄》王庭〈參同菴記銘〉「當祇園示寂後，經營伏獅塔務，偕法兄義公守師塔三載」，頁 15 中。

隱跡九年之行，而且義公已繼席伏獅，另覓他處也比較妥當。一揆出家時已將所有資財歸還盛孫兩家，以修行人清貧樂道為志，要另覓靜處，苦無其地，亦無缽資能置，還好兄長子麟慨然竭盡所能，花費千金，創建靜室，辦足一切什物，於順治十三年（丙申、1656）冬天，請三十二歲的一揆來住錫。此處便是參同庵。其地點根據王庭〈參同菴記銘〉：「禾城東南五里，有菴曰參同」。[109] 禾城即嘉興市也。

參同庵之命名，有子麟的意見在，取其三教皈于一源之意，並請弘覺老人（即弘覺國師木陳道忞）書額，王庭寫〈參同菴記銘〉一篇。此處原為一揆個人靜修之所，她在此克苦忘形地修行六年，共住者有六、七人，頗有林下之樂。

子麟為一揆建參同庵作為其悟後潛修之所，也見諸史冊，據光緒、許瑤光等纂《嘉興府志》卷六十四〈列女、貞女〉所載：

> 孫貞女，名一揆，鍾瑞妹，守貞志寂，鍾瑞建參同精舍，以遂其志焉。[110]

此時一揆已出家，地方志將之列入「貞女」，而未列於「方外」，顯然著重其「守貞」，而漠視志寂、出家之事實與心志。

這段時間，董帷儒曾邀請她住持南潯之般若庵，般若庵為法兄義川之道場，乃帷儒母親顧氏捨宅供養，母子兩人都是祇園重要的護法，義川因身體生病，有退院之心，所以曾由帷儒出面邀請一揆，[111] 只是不知一揆是否有前往？倒是一揆語錄有一則「般若禪院打七示眾」法語，此時義川已去世，般若監院等大眾請她主持禪七。義川約去世於順治十七年（1660），這則示眾不知是義川去世這一年去的，還是隔年義公也去世後某個時間？

109 《一揆語錄》，王庭〈參同菴記銘〉，頁 15 中。

110 許瑤光等《嘉興府志》卷六十四〈列女、貞女〉、孫貞女，頁 1950。

111 根據周慶雲《南潯志》卷十五、寺廟四，般若庵下，〈董漢策致女師一夔啟〉，《中國地方志集成》鄉鎮志專輯冊 22 上（上海市：上海書店，1992 年），頁 164。

## 八、塔院為念，回住伏獅（37～43歲）

順治十八年～康熙六年（1661-1667）

在參同庵過了清幽的六年，一揆三十七歲這年，順治十八年春天，義公自知世緣將盡，執意請她到伏獅為自己料理後事，並希望她能延續祖庭，一揆盡心為義公處理完後事，卻沒有答應住持伏獅，諸檀越還特別到參同庵來堅請，但一揆顧念老父仍在，不宜遠離，所以以偈〈辭梅溪諸護法〉固辭。[112] 沒有想到，年底臘月，父親茂時公卻也去世了，董帷儒等檀越再三相懇繼住，一揆心想：以前有老父掛心，今後可一心一意辦道弘法了。所以就在康熙元年（1662）答應住持伏獅禪院。當時她三十八歲。

到伏獅後，一揆見恩師祇園的塔院坐落於荒郊道路，人難看守，如此狀況，令她身心如懸，甚為難過，想到才不過幾年的功夫，門庭就衰敗至此，於是住持伏獅期間，只以祇園塔院為念，不攀緣涉世，她在康熙五年（1666）臘月起工遷祇園塔到參同庵，並重新建義公龕，為其荼毘火化立塔於祇園之側。為義公寫序的高以永曾談到他到參同庵時：「……循香積而東，有祇園塔院在焉，瞻禮之，諦視題石，則知中立者為祇園，東峙者為義公」。[113] 祇園塔院在參同庵之東面，中立祇園，東邊為義公。康熙六年（1667）一揆並在參同建祖堂：伏獅堂，供奉三人之神主，有〈丁未供本師和尚像〉法語，[114] 對恩師塔院在荒郊道路冷坐八年，甚為痛心，所以不顧危亡一心要遷塔安置。遷塔、造塔、立祖堂之事宜直到康熙六年（1667）清明時整個完成，一揆立刻於當年中秋從伏獅退位，回參同庵。

這期間，於康熙二年（1663）到金粟寺弘覺國師道忞座下圓戒，此時道忞已受順治召見後回南方，一揆因而有〈禮金粟弘覺老和尚御筆像讚〉一首。[115] 當時有位大蓮聽和尚贈偈，一揆次韻二首。[116] 也認識了女





---

112 《一揆語錄》〈辭梅溪諸護法〉，頁 9 中。

113 《義公語錄》序，頁 1 上。

114 《一揆語錄》〈丁未供本師和尚像〉，頁 14 中。

115 《一揆語錄》〈禮金粟弘覺老和尚御筆像讚〉，頁 9 下。

116 《一揆語錄》，頁 9 下。

性禪師覺柯本信，兩人頗為相契，並得晤適南和尚，其特別對一揆所有注目，似有終身托付之意。覺柯禪師後來住持於明因禪院，她與一揆相契，也與伏獅禪院結下緣分，於康熙二十一年（1682）在伏獅門下皆無人，禪院陷入既荒且廢、無人照管的狀況下，來伏獅住持，肩負起興復之責。[117]

康熙二年除夕，立惺元為監院，並示偈。[118]

康熙四年元旦，立為一為監院，並示偈。[119] 此二監院之立，不知所立之院為伏獅？參同？為一是義公隨侍十餘年的弟子，後來成了一揆嗣法弟子。





## 九、回參同庵，弘法經營（43～54歲）

康熙六～十七年（1667-1678）

康熙六年（1667）中秋，四十三歲，回參同庵。菊月，牧雲禪師為其寫〈一揆禪師像贊〉。[120]

康熙八年（1669）季秋，請適南和尚、子麟居士在參同庵糾眾打禪七，一切都遵循報恩寺的禪堂規則，鉗鍾嚴肅，一揆不斷精進，在棒喝禪下，仍禮下彌恭。一揆的弟子為一、惺元也在此次禪七各有得力醒發。

後來適南和尚抱病欲覓靜室休養，一揆還為其買地蓋屋，供養衣食，雖然後來延醫無效而示疾，一揆仍竭力盡禮，請弘覺國師收骨入塔。

康熙九年（1670）冬，受雄聖維極禪師之請，到杭州的雄聖禪院，於其結制時擔任首座，並得以結識維極之弟子靜諾超越，結為莫逆。[121] 與惟極禪師的相處，亦是水乳契合，相珍相重，期滿時還揮涕而別，一揆對她相當敬重，語錄中還留存多首與惟極來往之詩作、序語。

---

117 楊謙《梅里志》卷四〈寺觀〉，伏獅禪院下，王庭〈重修伏獅禪院記〉，頁 51-52。

118 《一揆語錄》，頁 10 下。

119 《一揆語錄》，頁 10 下。

120 《一揆語錄》，頁 7 上。

121 據〈一揆行實〉所言，其在惟極禪師的雄聖禪院之機緣，載於《雄聖語錄》，可惜筆者至今仍未發現《雄聖語錄》之蹤跡。

康熙十一年（1672）春分，四十八歲，雄聖惟極禪師至，出詩索和。[122] 春仲望日，到國福禪林隨喜萬佛懺，與昔日同參敘集，其中自可道兄，二十餘年來始晤，一揆與之談心話舊，晨夕忘倦。又值自可五旬大壽，曾口占詩偈奉贈。[123] 同年閏七月底，惟極示寂而逝，[124] 一揆有〈哭雄聖法叔大和尚〉。[125]

康熙十二年（1673），四十九歲，她曾於臨終前自言此年：

> 四十九上憫絕娑婆世界，覷得世態如冰，實求早離如願，業緣又使七春……。[126]

此年不知所遇何事？而有世態如冰之慨？並出「憫絕娑婆」、「實求早離」的離世之言？〈行實〉並未提到。

康熙十三年（1674）五十歲，作〈辭諸親法眷慶壽拙偈三首〉，[127] 推辭大家為其祝壽之舉。

康熙十四年（1675）五十一歲，距上次離開伏獅九年後，又因祖庭聲墜，列派分疆，法道異端，受南潯梅溪護法之堅請再三，臨危受命，再回伏獅住持。將之列職安眾，嚴整一番。此次回伏獅，時間應該不長，所以〈行實〉並未記載。[128]

康熙十七年（1678），五十四歲，菊月到南潯萬善禪院叩謁常一老師，一揆於三十年前曾於嘉興保壽庵參請過常一。常一，名智緣，嘉興荷花地蔡氏女也。十九歲出家，為普明寺明巖仁領和尚法嗣，臨濟宗二十九世，卻以禪淨雙修為教法。[129] 三十年後再見，一揆頗有「不異初





122 《一揆語錄》，頁 11 下。

123 《一揆語錄》，頁 12 上。

124 《比丘尼傳全集》之釋震華《續比丘尼傳》卷四，清、杭州雄聖尼行致傳。（臺北：佛教書局，？年），頁 71。

125 《一揆語錄》〈哭雄聖法叔大和尚〉，頁 12 上。

126 《一揆語錄》〈行狀〉，頁 17 中。

127 《一揆語錄》，頁 12 上。

128 此事是根據《一揆語錄》中有「乙卯冬檀越請師復住伏獅」之陞座說法而知。頁 9 上。

129 周慶雲纂《南潯志》卷二十三、方外、智緣，有其小傳。同書卷十五、寺廟四、萬善庵。以及同書卷三十八、碑刻三，有董漢策〈萬善庵碑記〉，記載萬善庵延請常一以及其弘法南濤的狀況，當時常一已七十餘歲。分別在頁 238、頁 164、頁 445-446。

參」之溫暖，於是晨夕隨侍四旬，日不離左右，以遂孺慕之意。[130]

這大段時間，一揆到處參訪禪林，禮敬明師，結交法友，彼此砥勵，教化弟子居士，盡心盡力。她與檀越張老夫人到金粟寺起齋供眾時，天岸和尚（1620-1673）還以御賜爐、衣供養她[131]，並不以法姪相待。弘覺國師道忞並贈以祖衣。楊墳資福禪院之靈機大和尚（1616-1681，費隱通容之法嗣）等當時著名的宗師，都對她讚歎不休，王庭就曾說在祇園的眾多弟子中，一揆「有智過於師之譽」[132]。

四方檀護皈敬護持不少，例如姚江召太常夫人遇見她後，不遠千里而來，要求教導。董帷儒母子也對之禮遇有加。徽州孫老儒人明覺、王儒人明慧，吳翼桓夫人、烏鎮沈儒人明證、鹽官胡令修，及其妻子、後來出家的大隱禪師，這些都是親近多年，久而彌切。雲間王夫人明鏡帶兒子公郎拜師，一揆錫名：實璋。還有許多本土當地的男女居士，也都皈敬不已。

同門兄弟間也是和睦友愛，始終如一，常感義川、義公教導之功。對道友同參，亦是一貫友愛，而非泛泛之交，如陳庵主洞雲，丘庵主心學，洞庭庵主蓮——等。

她一生自奉儉薄，見當時禪林處於末法，掠虛失真，工文詞為家私，習機鋒為了當，便訓戒弟子要以真操實履為要，莫以文采口滑為工。所以常常說：「閻羅老子不怕伱口快」！並拈高峰祖師語：「開口動舌無益于人，戒之莫言，舉足動步無益于人，戒之莫走，舉心動念無益于人，戒之莫起。」寫成座右銘，自警警徒，勿要逞文采口舌之禪，要能真參實履，舉心動念均要有益於人。參同弟子受其法教，都能老者安之，少者懷之，平日修行生活亦能周其衣單，均其勞逸，各隨才器，各得其宜。即使有所謂負恩者，亦沒有與之計較。不僅是弟子大眾的法

130 事見《一揆語錄》，頁 13 上。

131 天岸和尚即天岸本昇，是弘覺國師之弟子，主要住持於山東的法慶寺（舊名大覺寺），與其師一樣，也曾出入皇室，秉拂說法。據《天岸昇禪師語錄》卷十三，記載他到金粟寺首座寮秉拂，其中一則「啟建華嚴寶懺秉拂」，記載了「康熙乙巳年八月初一日，海鹽金粟寺華藏莊嚴菩提道場」，此為康熙四年（1665 年）。但不知天岸在金粟總共停留多久？一揆應該是在他來金粟的這段時間參訪的。《嘉興藏》冊 26，頁 717 中。

132 《一揆語錄》王庭〈參同記銘〉，頁 15 中。

導，亦是砥柱安眾之石。

這段時間因為世局巨變，收穫屢屢欠佳，參同住眾又增加至四、五十人，連維持淡泊生活都甚為困難，一揆備極劬勞，又素恥募化，所謂「不立化主」的堅持，這也是她的老師祇園所教育的清貧風格，但一揆卻也因此進退維谷，精神衰弱。

## 十、末後離世，付囑珍重（55 歲） 康熙十八年（1679）

康熙十八年（1679），五十五歲，春天往太湖洞庭山、遊穹窿山。並有〈洞庭歸舟中偶占〉。[133] 她還抄錄對聯「食不畊、衣不織，飽暖須知慚愧，打可憐，罵可惜，忍辱便是修行」歸，警策大眾。但自此即抱徵恙，食不下咽，身無痛苦。六月，不進飲食，半個月只喝水過日，預知大限將至，阻卻醫生、占卜。

六月十日，邀兄長子麟到榻前，分付法門後事，所談都非私事。子麟以「雲棲規約」呈覽，一揆云：可刊之在板，一掛山門，一掛佛殿，一掛齋堂。與一揆契闊十年的常一和尚，又剛好遠臨來訪，一揆抱病仍敬執師弟之禮，侍問不倦。二十七日，常一才告別離去。

二十九日，請來兄長子麟、內姪蘇門，並對普明說：「我早已付囑你，今天將祖衣杖拂交付給你，請你擔任參同住持，祖師一脉相承，要善自護持珍重」。普明五體投地，推辭再三，子麟老居士在旁促之：「這是法脈責任，要承當起來，不必再讓」。再叫法源明俊來，以如意予之，並言：「這如意，是幻有老人傳至石車和尚，再傳至先師祇園的，今日付予你，非比等閒，切須珍重」。接著再將拂子付予為一明元，並云：「你佛事說得幾句的」。將鐵如意付予惺元明湛，云：「你心須如鐵，守護常住」。老居士為之言：「法源上座得體，接曹溪之正脉，為一上座得用，支扶參同之門庭」。一揆云：「是是」。子麟老居士再問：「有偈語否」？一揆云：「無」。老居士：「無語句即為語句矣。吾宗不立文字，世尊說法四十九年，未嘗說一字，若有言句是名謗法。今各位向無語句中會取」。接著，一揆云：「素封明麟隨我多年，





---

133 《一揆語錄》，頁 13 上。

甚合我意，服勤左右，夙夜匪懈，可謂孝矣，可取我像描他在傍，本來要題寫幾句給他，現在也來不及矣。而曇現老成，可作總管」。這兩位弟子未傳承法脈信物，但各安以其位。一揆就這樣將各各執事一一派定，大皆井井有條。今冠在語錄前端的一揆肖像，是她的獨像，這位弟子素封，被應予可描畫於一揆旁，象徵老師的侍者，象徵護持之功，以及一揆對她的感念。而從一揆這段話似乎可以揣度，當時禪林有畫肖像、題讚語之風氣。

武水有位朱近文者，名家之子，棄家為高僧，其妻沈氏，一揆曾視為法門美器，但因子幼未及剃度，子麟老居士當面鼓勵她：道在心不在境，無論僧俗，都可以不壞世間而修實相。一揆認肯之，又叮囑云：「吾一生小心謹慎，一一言一動，並不放膽，汝等知之」。子麟老居士見其臨終前仍能光明清然，一心不亂，認為是世所希有，非數十年的定力靜功、行解相應，那裏能夠達到這樣的境界？另一方面，派遣徒眾遍謝諸法眷檀越，並預知示疾之期為七月初三立秋之時。

至七月初三黎明，先期報鐘，一揆云：「又擔閣（擱）我一日」。

初四日辰時，沐浴更衣，說偈云：

> 這漢一生骨硬如釘，一處轉腳最難移根，二十四上知有此事，十年克苦忘形，四十九上悯絕娑婆世界，覷得世態如冰，實求早離如願，業緣又使七春，目今鐵釘如灰、四大風火分散，葉落知秋，正是歸根時候，呵呵呵，逍遙惟我。[134]

便端坐而逝，臨行安舒自在，真得生上三昧。

弟子普明等人，肝腸如裂，遠近緇白，哭聲震野，如喪考妣，遺命請子麟居士拈香領眾，送進方丈入龕。子麟遵其命，見之大慟曰：「昔陳白沙先生弔羅一峰先生，大笑，笑一峰死得其所，復大哭，哭失一良友。世道無人，其今日之謂乎」？

遺命要荼毘入塔，無奈一揆素無貲蓄，兼且荒年無糧，常住也一貧如洗，而子麟居士以古禮速葬，不待制滿，就入塔為安。同師內姪青巖、青岫、蘇門，師外甥屠躬？居士，捐貲鳩工，於康熙十九年（庚

134 《一揆語錄》〈己未秋前一日親題辭世偈〉、〈一揆行實〉，頁 15 上、17 中皆有。

申、1680）清明節，塔于參同庵祇園塔院之右。

一揆生于明天啟五年（乙丑、1625）六月一日辰時，圓寂於清康熙十八年（己未、1679），世壽五十五，僧臘三十。弟子普明於此年冬至，為一揆寫行狀。其法語詩偈由普明編刊、明俊記錄成語錄，普明捐貲敬印。一揆以實悟實修，實心實行，所以不太在意文字之留存，有許多題贈書扎並無留稿，挂漏甚多，弟子稟持師父實心實行之教，不敢易一字，誑一語，依實存集成語錄一部。雖知一揆素不好名，但無此，無法取信於今、傳承於後，所以弟子仍勉力印行之。

隔年（庚申、1680）孟春，施博為語錄寫序，有「以見今日固有末山、妙總其人者」語，[135] 遂成《參同一揆禪師語錄》，收入《嘉興藏》。

一揆禪師偈贊

鴛湖之小濟澂以流流以秀出卅英其尤
閨獅学縱入角王室立雪同乃面壁非默
衣鉢在手林下隱跡許師會佛嗒我蒼柴
克勤克存靡夏靡冬厥操瓦嘉厥化方隆
棠棣參翩薝蔔齊濃一機孤峻千聖參同
丁未菊月
檇林憬叟題

參同一揆禪師語錄序

古德云只貴子見地不貴子操履此
極則語也蓋自威音以後迄于盡未
來際未有舍見地而談禪道者其如
錯會者幸以半青不黃承虛接響妄
謂一切不礙菩提苦哉茲見參同尼

圖三　《參同一揆禪師語錄》書影

135 《一揆語錄》施博序，頁 7 中。

## 第四節　季總行徹之修悟行傳

季總禪師，修證出家於南嶽群山峻嶺之中，之後千里來到江南這個佛法淵籔，一瓢一杖，遍歷參訪，並受士大夫之請，在蘇州慧燈禪院上堂開法，大闡有威有力之禪風。其禪風通透穩建大器，說法浩浩湧暢，是七位女性禪師中最擅長說法者，她還有幾組有關南嶽的詩偈，文彩斐然，情感豐沛，頗為可觀，最後她光環歛隱，回歸南嶽終老。她體現一份悠然清幽、靈動風流，但擬歸南嶽時，「士無俠客空呈劍」之嘆卻也迴響不已。





季總行徹（1606-？），有語錄《季總徹禪師語錄》（以下簡稱《季總語錄》），在山茨通際下開悟，承繼萬如通微之嗣，為臨濟下三十二世。此處行傳，根據季總自己述說的〈行實〉來敘述，但行實只記載至到普度庵弘法之前，之後的部分，會依據其他資料補充之，其他部分若有行實未談及者，亦依有限之資料儘量補充。季總除了語錄之外，超永《五燈全書》卷七十二、釋震華《續比丘尼傳》、《興化佛教通志》都著錄之。

在文學總集上，朱彝尊《靜志居詩話》、王端淑《名媛詩緯初編》，以詩人的觀點收錄之，除了介紹生平，也選評詩偈。

地方志方面，1、〔康熙〕張奇勛、周士儀纂修，譚弘憲、周士儀續修《衡州府志》卷二十六〈寺觀〉；2、〔乾隆〕陶 易修、李 德纂《衡陽縣志》卷十〈仙釋〉；3、〔光緒〕李惟丙、勞銘勳修《衡山縣志》卷三十六〈仙釋〉有著錄。

屬於南嶽山志者，1、〔康熙〕朱 袞重修：《衡岳志》卷三。2、〔乾隆〕高自位重編：《南岳志》卷四；3、〔光緒〕李元度纂：《重修南嶽志》卷十六也都著錄於「釋」人物，內容皆大同小異。其中高自位《南岳志》卷八方外詩還收錄其〈過九仙觀〉詩，此詩亦見於《季總語錄》卷四。

### 一、名宦之後，生有瑞相（1歲）　萬曆三十四年（1606）

季總行徹（1606-？），法號：季總或繼總，法名：行徹、醒徹，[136]湖廣衡州府人，俗姓劉，父親劉善長，母親宋氏。有一天晚上父親夢到有位老僧索取住處，父親答應他。之後，母親就懷孕。十二個月後胎鳴三聲，於萬曆三十四年（丙午、1606）八月十八日夜出生。當時室內大明似白光照耀，燈月都掩蔽無光。大家因此都嘖嘖皆奇。自幼就不喜歡茹葷，每每吃下葷食就吐了出來。

她出生官宦名門之家，祖父劉幻臣，曾任蘇州刺史。外祖父是南中丞宋公，她八歲時，曾從外祖父，禮足憨山肉身，有夙根猛利之機緣。祖父劉幻臣詢訪善知識，修行參禪，參「無位真人」話頭，有所悟，在九十一歲臨歿之時，還能預知時至。[137]





## 二、夫亡守寡、造庵訪道（？歲）

稍長一些，她偏好看儒書佛經，厭處世間塵繁之中，並痛念生死事大，懇求父親希望能捨身出家，父親不答應，後來便許配給陳氏，出嫁後，過了幾年，陳氏遊宦廣西，死於非命，根據嚴大參的序言，季總還為其「白簡鳴冤，報仇雪恨」：

> ……師生緣南楚，姓劉，適陳，陳君宦西粵，殞於非命，師白簡鳴冤，報仇雪恨，即弃家學道……[138]

只是不知陳氏到底所遇何事？如何殞於非命？季總如何為其白簡鳴冤、

---

136 到底是季總？或是繼總呢？在《季總語錄》中，只有譚貞默所寫的第一篇序，用「繼」總來稱呼，其餘舉凡目錄、內文書眉、每卷標題、語錄的第二、三、四篇序與序文都是以「季」總來稱呼，其他如李元度《重修南嶽志》，以及《衡州府志》、《衡陽縣志》等方志是以「季總」名之。但她的老師：山茨和尚之語錄內文，則記載為「繼總」，還有朱彝尊《靜志居詩話》、王端淑輯《名媛詩緯初編》也用「繼」總。另外，有關法名部份，朱彝尊、王端淑之書均用「行徹」。釋震華之《續比丘尼傳》、《興化佛教通志》，醒徹、行徹並用。依萬如之傳承法脈而言，她與祇園同為「行」字輩，應是「行徹」，不知震華法師之「醒徹」根據為何？而守一《宗教律諸宗派》所載山茨通際從「通」字起，演派二十字為：「通達本來法，宏開祖道隆……」（此排序亦見《南嶽山茨際禪師語錄》卷四〈立法派偈〉），山茨弟子皆用「達」字，如依此序，季總應名為「達徹」，但卻未見文獻有如此稱呼的。《宗教律諸宗派》《新纂卍續藏》冊 88，頁 560 下。《季總語錄》，《嘉興藏》冊 28。

137 事見譚貞默序，以及季總自言：「僧先祖幻臣劉公，曾作蘇郡刺史，詢訪知識，參箇無位真人話，有省，年九十歲，一日，忽云：高工部進衙時，吾示寂矣。壬辰冬月，公聞銳聲，便坐脫。」《季總語錄》卷一，頁 447。

138 《季總語錄》嚴大參之序，頁 442 中。

報仇雪恨？因為她嫁給陳氏，因而地方志也以「季總徹，衡陽陳婆子」稱之。[139] 根據王端淑《名媛詩緯初編》卷二十六著錄，季總有二子一女：

> 尼行徹　姓劉氏，字繼總，父名善長，母宋氏。衡州人，適陳氏，生二子一女，早寡，入空門，為臨濟龍池萬大師法嗣，付以衣拂弁偈云云。
>
> 端淑曰：徹師超凡入靜，非有大夙根、大力量不能至此。且諸詠幽峭靈動，當是詩中郊島一流人物。閱其語錄，不禁神往云。[140]

端淑選錄其詩，並評論她「諸詠幽峭靈動，當是詩中郊島一流人物」，而且觀其語錄，頗為神往，該書所收錄的作品為〈山居雜詠〉二首以及〈辭南嶽和尚〉，分別是語錄內〈南嶽山居雜〉之其七、其二十一，及〈辭南嶽山茨和尚塯〉，[141] 但文字略有差異。對於她的詩偈，朱彝尊《靜志居詩話》亦云：

> 行徹，字繼總，衡州人，劉善長之女，嫁陳氏子而寡，中歲出家為僧，通微弟子，住嘉興福國禪院，有語錄。
>
> 繼總偈語多近詩者，如〈山居〉云：「野猿探果熟，巢鳥入林深」。〈送人〉云：「晚食蓴絲滑，秋衣薜荔輕」。〈落葉〉云：「秋聲千葉墜，遠影一巢孤」。均有郊島風骨。〈秋日懷母〉云：「不見慈闈秋信來，籬邊黃菊帶霜開，為憐消息無人寄，一日峰頭望幾回」。[142]

彝尊言其「偈語多近詩」，並截錄山居、秋日懷母等詩句，並論評「有郊島風骨」，與王端淑所論類同，顯然當時文人對季總在文學上的才情有所注意，姑且不論彝尊與端淑所論「郊島風骨」是否確然，季總的語錄確實收錄了許多文情並茂的詩作，尤其是山居、懷念、描寫南嶽風景

---

139 陶易修《衡陽縣志》卷十、仙釋，《中國地方志集成》湖南府縣志輯 36（南京：江蘇古籍，2002 年），頁 336。

140 王端淑輯《名媛詩緯初編》卷二十六緇集，選入季總之詩偈。清康熙六年（1667）清音堂刻本。引自哈佛燕京圖書館「明清婦女著作」網站掃描該書之資料，頁 26.5a-26.5b。http://digital.library.mcgill.ca/page-turner-3/pageturner.php

141 《季總語錄》卷四、詩偈〈南嶽山居雜咏〉其七、其二十一，〈辭南嶽山茨和尚塯〉，分別於頁 462 上、下。467 下。

142 朱彝尊《靜志居詩話》。《明代傳記叢刊》冊 8，頁 465-466。

的作品。

夫死之後，季總開始專注於了生脫死之事，起先都做些造庵修像等福田功德，但也能朝夕靜坐，喜歡閱讀戒律，也決志出家，逐日出外訪尋善知識。

## 三、衡山煙霞，參尋山茨（約 33 歲）

明崇禎十一年（1638）

有一天她參訪海天老師時，見案上有山茨和尚（1608-1645）刻行的《南嶽禪燈錄》。讀之，卻參不透古德宗旨，於是問海天：「山茨和尚目前潛隱在何處」？海天答云：「他結廬在煙霞峰」。季總便登上衡山煙霞峰參訪之。相見時，天茨問：「你在家作什麼修行功課」？季總答：「念佛」。天茨曰：「念佛，怎麼得道」？！季總禮拜云：「所以特地前來，求和尚為我開示」。天茨曰：「你參『一口氣不來，向何處安身立命？』」季總得到指示，從此發起疑情，努力參究話頭。此時，應該在明崇禎十一年（1638）之後，因為山茨在此年春天到衡山結茆，而季總於崇禎十二年（1639）三十四歲出家，所以此時應該約三十三歲左右。



## 四、閉關悟入，受戒出家（約 34 歲）崇禎十二年（1639）

有一天，山茨要其閱讀《禪關策進》，她開卷一覽，見鵝湖大師示眾語：「莫祇忘形與死心，此箇難醫病最深，直須提起吹毛利，要剖西來第一義」。[143] 便問：「如何是西來第一義」？山茨打一棒云：「向這裏會取」！

於是季總立即歸家閉關，或行或坐，七晝夜中眼睛都沒有閉過。一天，見古語錄中有「百年三萬六千日，返覆元來是者漢」之語，便知諸根、諸行、諸業皆是幻化不實，日用尋常了無他事，於是作偈：「有物

143 鵝湖大師，即鵝湖大義禪師，是馬祖禪師之法嗣。在《禪關策進》卷一，鵝湖所教化垂誡之完整語句為：「莫只忘形與死心，此箇難醫病最深，直須提起吹毛利，要剖西來第一義，瞠卻眼兮剔起眉，反覆看渠，渠是誰，若人靜坐不用功，何年及第悟心空。」《大正藏》冊 48，頁 1098 中。

不生不滅，無形非聖非凡，晝夜相隨，去住胡為，冷坐寒巖」。然後寫信，把悟境之偈呈給山茨，山茨回信云：「偈語雖佳，不離記憶揣摸，非親證親悟之言，明眼人見之，不值一笑」。季總開信一看，頓覺寒毛卓豎，冷汗浹背。於是又或行或坐，參究四十九天，晝夜不倦。正用功時，忽然之間，呆去了三四時，不見有身心器界存在，偶聞外面有迅雷打過，就如在網羅中跳了出去，當下疑惑全無，一時銀山鐵壁登時粉碎。便作偈云：「八萬門頭一箇關，一關本是絕遮闌，驀遭霹靂頂門開，堂上家親竟日閒」。再寫信將偈語呈給山茨和尚，這一次，山茨頷首認肯之。





有一天，住在荊紫峰的無學大師來看她，[144] 季總開關，以禮接待，並設齋供養，無學問她：「你二六時中，做什麼工夫？」季總云：「日間一食，夜來一覺」。無學曰：「我知道你是不會空過時間的」。季總答云：「多謝和尚證明」。

後來出關，上峰去見山茨，來到山茨結茆的綠蘿庵。山茨問：「聽說你設齋請學兄無學禪師」？季總答：「是」。山茨曰：「他向你說什麼」？季總就把之前的問答具實告之，山茨曰：「你只知道問話的人，卻不了解自己的本分事」。季總便曰：「自己只是如此」。山茨曰：「如何是你自己」？季總便喝，山茨曰：「喝後如何」？季總就作禮而退。

隔天，又入室見山茨，山茨給予天童源流，她接過來問曰：「一代傳一代，傳個什麼」？山茨答曰：「你忘卻那」。季總：「還是要問過才行」。山茨默然良久，季總曰：「達摩西來中土，直指人心，見性成佛，後分二派，各立門戶，各有旨趣，五宗二派且不問，如何是德山棒」？山茨曰：「你那裏見過德山來著」？季總看看柱杖，山茨便打，

144 《正源略集》卷八「湘鄉荊紫峰無學幻大師」條下，有簡短記載。從學法嗣不明。《新纂卍續藏》冊 85，頁 52。另〔清〕李元度《重修南嶽志》卷十六〈無學〉下，亦有簡介：「無學，徽州人，王氏子，早歲遊庠，為學使熊廷弼所賞拔，忽棄家披剃，攜一瓢入南嶽荊紫峰，縛茅以居，署其庵曰：單丁。湘人苦迎出山，示偈曰：『世亂難出山，多病懶開口，閒坐深澗中，高拱兩隻手』。山陰某巡撫請出住能仁寺，桂王請演法衡州，皆不赴。張獻忠陷湖南，無學歎曰：『吾往返娑婆屢矣，際此劫火焚如，正吾楖栗橫擔獨步時也』。因說偈，端坐而逝，著有荊紫遺語二卷。」《中華山水志叢刊》山志卷三十一，（北京：線裝書局，2004 年），頁 337。

並示偈云：「覿面為提持，全施殺活機，棒頭彰正眼，痛處好思惟」。於是山茨和尚便為其剃度、受具足戒，然後吩附她要住靜隱修，杜絕俗眷往來，季總就在衡山結茆住了下來。當時季總三十四歲，時間為明朝崇禎十二年（1639 年）。

## 五、結茆隱修，杜絕俗眷（34 ～ 39 歲）

崇禎十二～十七年（1639-1644）

接下來的時光，季總遵循山茨所囑，住靜隱修，杜絕俗眷往來，在衡山過草庵山野的修行生活。有一天，她問山茨：「世尊未離兜率，已降王宮，未出母胎，度人已畢，此意如何」？山茨答曰：「家家門前火把子」。季總就呈頌云：「來中去兮去中還，玉樹橫枝四海間，黑漆盋盂添箇柄，拈來擊碎祖師關」。山茨閱之，默然。

又，季總問：「薰風自南來，殿閣生微涼，此意如何」？山茨曰：「攔顋與汝掌」。季總亦呈一頌：「薰風南來有何極，殿閣微涼祇自知，晴蝶逐香翻上下，辰雞閱日唱東西，從今覷破真消息，萬象森羅展笑眉」。山茨徵問云：「如何是你自知之處？」季總曰：「空懸一片月，爍破萬重山」。山茨問：「山既破，你即今腳跟立在什麼處？」季總云：「翻身一擲騰霄漢，管教鼻孔自撩天」。於是山茨擲還頌稿，季總便走出。

## 六、山茨圓寂，仍居山隱（40 ～ 45 歲）

清順治二～七年（1645-1650）

崇禎十七年（甲申、1644），山茨下衡山，到長沙府瀏陽的南源禪寺。在南源寺期間，並曾給季總「南元（源）寺垂示法語」二十則。季總自覺離師太早，也想出山再依師受教，但是沒想到山茨卻在隔年（乙酉、1645）因領寺眾開田作務時，誤食澗芹，示寂而終。她與其他弟子奉請靈骨回衡山，建塔於綠蘿庵，[145] 并做諸追薦道儀等佛事，一切將之

145 山茨臨末之事，《南嶽山茨際禪師語錄》〈臨濟第三十一代南嶽山茨際禪師塔銘并序〉，當時山茨只有三十八歲。南嶽弟子們，都是山中老宿，塔銘序言：「嶽之老

處理圓滿。

六年後，於清順治七年（庚寅、1650）六月初八日，禮辭和尚骨塔，下衡山，往江南而來。那時她四十五歲。

從她三十四歲在衡山出家，一直到四十五歲下山，約十二年左右的時光都結茅於衡山，[146] 前六年，是她的老師山茨和尚在衡山之時，後六年，是山茨已圓寂之後。衡山林藪清幽、山石秀峭，歷來多有佛教修行者在此，也出了南嶽懷讓等大禪師，是山靈水秀之修行佳所，所以山茨亦有「我本愛林泉，遂成煙霞癖」之語，[147] 季總隨師於此清貧隱修，閒然自得，因而語錄還有〈南嶽山居雜詠〉詩二十五首、〈山居〉詩八首，以及記南嶽勝境之詩作。





## 七、行參江南，受萬如嗣（45 歲～？）

順治七年（1650）～？

下了衡山，經湘江，涉洞庭，[148] 經過汨羅灣，作有〈泛沅湘登法海禪院〉：

> 深秋獨泛汨羅灣，夾岸芙蓉醉玉顏，綠葉紅英憐我老，清風碧潦羨君閒，沈湘舊恨應難洗，弔古新篇豈易刪，落落緬懷書不盡，何當乘興叩玄關。[149]

單瓢隻杖，乘船北上東行，此時為深秋時節，景物史情皆濃蘊，有辛苦亦有法樂，有緬懷亦有前瞻。之後她來到武昌，住宿之處竟然失火，山茨和尚的手稿都被燒光，行李也全成灰燼，漢口的道俗請住菩提菴，在

---

宿，哀慟悲戚，如喪考妣，力請龕還嶽，遠近號泣，為營塔於綠蘿，不負師幾生夢在綠蘿菴之意也。」《嘉興藏》冊 27，頁 374。

146 季總有：「山僧曾住祝融峰頂」之句，祝融峰是衡山七十二峰之最高峰，所以也可能只是以祝融峰來替代衡山。此句於《季總語錄》上堂說法時所說，頁 446。而釋震華《續比丘尼傳》則曰：「杜絕俗眷，住靜別峰」，不知根據何處資料？《比丘尼傳全集》（臺北：佛教書局，？年），頁 67。

147 《南嶽山茨際禪師語錄》卷四，〈答招〉，頁 368 中。

148 《季總語錄》嚴大參敘：「茨師圓寂，單瓢隻杖，泛湘江涉洞庭，慨然有南天臺北五臺之遊，掃祖墖探禹門，機契籠池萬如和尚授記莂焉。……」根據其文意，季總從南嶽出來後，即遊浙江的天台山、河北的五臺山，再到江蘇宜興掃祖塔。但行實並未談到遊天台五臺之事。頁 442 中。

149 《季總語錄》卷四，頁 464 中。

漢口曾作〈漢口倚樓望南嶽〉，次年順治八年（1651）三月始到金陵。

四月底，到江蘇鎮江的鶴林寺見牧雲和尚。牧雲問曰：「你來作什麼」？，季總答云：「特別來親見參問和尚」。牧雲云：「看見我了，怎麼樣？」。季總云：「昔日聞風，今朝覿面」。牧雲云：「覿面後如何」？季總云：「眉毛在眼上」。牧雲云：「除了這裏，又有什麼？」季總一喝。牧雲云：「那裏的學人，晃個虛幻之影頭來」？！季總云：「瞞和尚不得」。牧雲云：「我有三十棒，恕汝遠來」。季總遂禮拜而出。

接著，到同為鎮江的京口（今名丹徒）夾山禪寺（又稱竹林寺），見箬庵和尚（1604-1655），箬庵是山茨之同門，在天隱圓修（1575-1635）座下有成，與山茨相知最深，歷事始終最久，山茨寂後，於順治九年（壬辰、1652）為其寫塔銘。箬庵一見她來，問曰：「不是拜南嶽和尚的季總嗎」？季總答云：「是」。箬庵云：「拋家亂走作什麼」？季總云：「輝騰今古，爍破乾坤」。箬庵云：「正是拋家亂走」。季總云：「騰身獨立太虛外，鼻孔從教塔上唇」。箬庵云：「我有三十棒，未到你在」。季總拂袖便出。箬庵至江蘇宜興的慶山（磬山）禪院、杭州理安寺時，季總皆隨侍朝夕參請，這樣過了三個月餘，才辭去離開。

接著季總再上宜興之龍池山禹門禪院，拜掃師翁幻有正傳（1549-1614）之塔院，見到後來成為其本師和尚的萬如通微禪師（1594-1657），並在此圓戒。

幻有曾弘法於龍池寺，故塔院在此，其乃天隱之師，天隱是山茨之師，算來是季總的師祖，而此時龍池寺的住持是萬如。[150] 萬如問她：「你是湖廣那一府」？季總以手畫圓。萬如云：「還有別的伎倆嗎」？季總便喝。萬如又說：「再喝喝看」。季總云：「怎奈舌頭在我口裏」。季總隨著萬如之言而畫圓、喝，你要她隨之起舞，她已要自己作主了。萬如於是說：「舌頭雖在你的口裏，奈何卻說不出來」！季總云：「未問之前，已然說過了也」。萬如問：「曾親近什麼人來」？季總云：「南嶽茨和尚」。萬如云：「他即今在什麼處」？季總云：「一

150 現今宜興之龍池山上，還存有禹門祖塔，立有三座塔，分別是幻有、密雲、萬如。原禹門禪院已毀，今已重建新全新的禹門禪院。

輪皎潔孤峰頂，爍破龍池徹底清」。萬如打云：「閒言語」。季總云：「輕輕曳杖龍池過，惹得傾湫倒嶽來」。萬如復打，季總云：「也是醉後添杯」。萬如曰：「喚作棒，即錯」。季總便作禮而退。

一天，入方丈室，萬如問曰：「昔日巖頭道大小，德山未會末後句，如何是末後句」？季總便云：「和尚萬福」。萬如即曰：「這是最初句」。季總云：「任由師父分別」。

一天，入方丈室，萬如云：「除卻言詮，道一句看」？季總，鳴指一下。萬如云：「還有麼」？季總云：「太無厭生」。便出。

一天，請和尚設戒上堂。季總立出問道：「猛虎入山逢獬豸，蛟龍出水避蜈蚣，手提三尺龍泉劍，誰敢當頭觸萬峰，當頭一句即不問，萬峰獨露是如何」？萬如云：「試借劍看」。季總云：「半空伸出挐雲手，奪得驪龍頷下珠」。萬如云：「空開大口」。季總以手呈珠勢云：「請師高著眼」。萬如云：「背後底，又作麼生？」季總一喝。萬如云：「亂喝」。季總云：「大似日下孤燈」，便歸眾。

次日，向萬如辭別，欲歸南嶽，萬如云：「下路人學道甚難，回山之念且止，老僧完你底事，可在下路度眾」。遂付季總源流、拂子。季總力辭欲歸，萬如云：「江南住住好」。那時剛好有一師來自興化，請求住持普度庵，萬如即命季總前去主持。

## 八、住持慧燈，雲蹤遍歷（49 稍前～ 53 歲）

### 順治十一年稍前～順治十五年（1654-1658）

在興化普度庵住持一段時日，但可能不長。並在此宣說〈行實〉，之後，到泰州僧舍靜居。

她還被眾檀越請就嘉興國福禪院，開爐陞座。受當湖善護禪院，一音院主同諸護法紳衿請，就院開爐上堂，此一音院主即是祇園的嗣法弟子一音超見，創立善護庵者。[151] 另外，並曾在太倉、盛澤圓明寺、嘉興

151 季總住持禪院之時間先後不明，在〈行實〉末言，季總受萬如之命，來興化普度庵住持弘法，所以普度庵應該是季總第一個住持的寺院，但如果依《季總語錄》卷一「上堂」部份來觀察，除去隨緣上堂之類的，有進院者其先後順序是：慧燈禪院、國福禪院、普度庵、善護禪院。這與行實不符，但語錄是否按照前後順序安排，未可知之，所以無法確定普度庵是否為先，以及其他寺院的先後。不過基本上，語錄印行時，即嚴大參寫序之時，語錄中已有所有寺院的上堂語了，而且序文內稱語錄

如如庵受請上堂，她從南嶽衡山來，行走參遍江浙道場，所至之處也隨緣弘法，甚至所至之鄉，居民靡不皈投禮敬，唯恐落後。[152]

順治十一年（甲午、1654）二十六日，四十九歲時，於蘇州橫塘之慧燈禪院進院，上堂開法。身為女性禪師，她機鋒峻捷，句意玄新，法道弘廣，道風普被，見者都謂「勝優曇」再現，爭歎「重來古佛」。[153]

順治十三年（丙申、1656）秋，五十一歲，到檇李拜訪嚴大參時，嚴氏請其將慧燈禪院所說法要，予以付梓印行。

順治十五年（戊戌、1658）元旦，季總曾作〈戊戌元旦〉，此時應該有歸去之心：

> 又見東風度藥闌，可盤桓處且盤桓，金爐火在香初遠，石磬敲來聲未殘，蹋遍吳山何地好，漫思楚水對春寒，老梅不減先年韻，把茗吮豪試咏看。[154]

此時的她已遍歷江浙之地弘法，但卻有「何地為好」之嘆，語錄中時見其感嘆佛法衰微，在〈與黃樵雲居士〉：

> 山埜寓姑蘇有年，每見縉紳居士參究此道者，不是見地偏枯，便為知解籠罩，真參究者屈指全無，昔日龐居士、楊大年、李駙馬輩皆操履真實，見道穩密，此等流亞，無復再見。……山埜忝據法筵，每念德薄智淺，無益後進，惟思衡嶽峰頂，嘯月眠雲，以消餘業了現報而已。其餘又何慕哉……。[155]

所謂「真參實悟者屈指全無」，而自己也無益後進，無法挽救這種局面，季總寫來失望至底！所以想念南嶽嘯月眠雲之生活。在這之後又有〈孟夏將歸楚送畫先兄遊越〉詩，顯示將於孟夏回南嶽，應該是這一年的孟夏，但〈擬歸南嶽〉詩中卻有秋景之寫，所以或是孟夏、仲秋左右。





---

為「慧燈語錄」，語錄中她常自稱「慧燈」，可見「慧燈禪院」是她最主要的弘法處。又，語錄中有其〈擬歸南嶽〉詩十首，或許慧燈也是她在江南最後住持弘法之處。

152 這段被四處請法上堂的時間，是在未到慧燈禪院前？還是已到慧燈禪院後？還是都有？皆不得而知。

153 此處根據《季總語錄》之張鉌序。

154 《季總語錄》卷四〈戊戌元旦〉，頁 465 下。

155 《季總語錄》卷四〈與黃樵雲居士〉，頁 469 上中。

## 九、晚歸南嶽，淨瓶終老（53 歲）

順治十五年（戊戌、1658）～？

這一年，季總有回歸南嶽之想，在語錄中還留下她一連賦詩〈擬歸南嶽〉十首，其中有「收綸罷釣老頭陀，歸踞融峰不較多，種石且圖抽紫筍，培松寧羨弔青蘿，檻前山色應如舊，谷口人情任易他，但得此身還故隱，草堂風月自婆娑。」[156] 這樣的心緒，想必非常深密，南嶽是她心靈的故鄉，是她修行的源頭，也是她的恩師埋骨處，於是她回到南嶽淨瓶岩，再度結茆度日，遠離江南的繁華虛妄，特別是在佛法上，所謂「探盡炎涼又住山，不留朕跡落人間，世無俠士空呈劍，林有柴扉且閉關」。[157] 但這些都無妨，她來江南之緣已盡，「歷盡煙波意坦然，掉歌聲裏過前川」，[158] 回歸楚地南嶽了。淨瓶岩位處煙霞嶺下，與恩師山茨的塔院、綠蘿庵不遠，季總回到修行的故鄉，也願意在此「破衲擁蘿龕」，[159] 歸伴恩師，歸枕青山。康熙、《衡岳志》卷三記載：

> 季總徹禪師，衡陽陳婆子，住姑蘇慧燈禪院，晚歸南嶽淨瓶岩。上堂：臥雲深處不朝天，剖一微塵出大千……。[160]

光緒、李元度《重修南嶽志》記載得差不多，她最後回到南嶽淨瓶巖：

> 季總，衡陽人，住姑蘇慧登禪院，晚歸南嶽淨瓶巖，嘗示偈云：「臥雲深處不朝天，剖一微塵出大千，獅子吼斷黃金索，象王耕破劫初田，當機曾得真消息，火內重開五葉蓮」。[161]

在江南九年，回歸淨瓶巖後，又歷多少寒暑？最後圓寂於何處？就不得而知，彷彿離開江南，就離開人間，離開歷史，不知所終，她似乎從此就消失在文獻中。《五燈全書》曾記載她有一位嗣法弟子：人華法。內容為：「人華法庵主　頌明星悟道曰：『祇為貪他一粒粟，却來悞了半年糧，分明千古無人識，夜夜山頭空斷腸』(繼總徹嗣)」。[162]

---

156 《季總語錄》卷四〈擬歸南嶽〉其四，頁 466 中。

157 《季總語錄》卷四〈擬歸南嶽〉其二，頁 466 中。

158 《季總語錄》卷四〈孟夏將歸楚送晝先兄遊越〉，頁 466 上。

159 《季總語錄》卷四〈擬歸南嶽〉其十，頁 466 下。

160 朱衮《衡岳志》卷三，《中華山水志叢刊》山志卷 32，（北京：線裝書局，2004 年），頁 275。

161 李元度《重修南嶽錄》卷十六〈季總〉，頁 337。

162 超永《五燈全書》卷九十三補遺、南嶽下三十六世隨錄、人法華庵主，頁 524 下。

淨瓶巖在煙霞峰，祝融峰是南嶽的最高峰，其下方為煙霞峰，山茨之綠蘿庵也在煙霞峰下，據李衮《衡岳志》所載：

淨瓶巖，在煙霞峰，原知休居此。[163]

綠蘿庵，在煙霞峰下，舊名野雞潭，去淨瓶岩二里許，山茨和尚墖院。[164]

山茨離世後，塔院建在綠蘿庵，而淨瓶巖與綠蘿庵同在煙霞峰，相距二里許。[165]可見季總回歸南嶽時，選擇與恩師塔院同一山峰處結茆，年老歸隱自樂自閒，也或許有與師為伴之意？！之後雍正時期在南嶽祝聖寺住持的曉堂明哲（？-1734），曾有〈禮綠蘿庵山茨老人塔〉詩：

綠蘿寒極處，風雨日封門，不畏輪流苦，尤懷過去尊，春來花是歷，秋老樹無魂，展轉情難盡，隨雲下遠村。[166]

其中對「不畏輪流苦」句，曉堂自註云：「老人燈分四枝，每枝輪守三載，余來南嶽時，已輪七十餘年矣，因不勝今昔得人之感」。曉堂此時，山茨塔院已豎立於綠蘿庵七十餘年矣，曉堂仍看到山茨弟子四系，每系輪守三年，依然「尤懷過去尊」、「展轉情難盡」，敬守塔院輪流不輟。這四系弟子，並沒有包括季總，因為她在江南嗣法於萬如矣。但師恩不變，季總在南嶽時必然時時探訪之。近代著作《南岳旅遊文化概論》曾記載綠蘿庵云：「有山茨和尚塔，清初已有此庵，光緒間有尼住持，因無人檢修，后圮毀」。[167]季總有法嗣：人法華，不知此「光緒間尼」是否與季總或其法嗣有關乎？





163 李衮《衡岳志》卷一。《中華山水志叢刊》山志卷、冊 32，（北京：線裝書局，2004 年），頁 188。

164 李衮《衡岳志》卷二，頁 197。

165 民國九十六年八月初筆者走訪湖南南嶽，體受季總山居歲月之一二。登祝融峰，見南嶽由低至頂，峰峰連綿，山山秀異，雲霧飄裊，美不勝收，所謂「滿目青山盡是法身三昧」是在乎？！從地圖得知，煙霞峰在祝融峰的右前方，奈何山頭林立，究竟何峰？只能大約識得這個區塊，想尋訪煙霞峰下的綠蘿庵舊址、淨瓶巖所在，但因並非景點所在，沿路相問，當地人都不識矣，從南天門沿中軸線道路而下，知道煙霞峰必然在此右方，但沿路苦無明確方位，又無跡可循，終至下至半山亭，無緣得見。事後再符對地圖，推敲相對位置，可能需要從鐵佛寺、鄴侯書院、竹木道院附近深入旁支小路才是。

166 譚岳生、康華楚、廖德年選注《南嶽方外詩選》，南岳佛教協會主編（長沙：岳麓書社，1993 年），頁 84。

167 胡健生編著《南岳旅遊文化概論》（長沙：岳麓書社，2000 年），頁 107。

總括她一生居處之地，陸續如下：衡陽→衡山→衡山結茆→下衡山、到武昌、漢口、金陵→鎮江鶴林寺（牧雲）→鎮江京口夾山禪寺（箬庵）→宜興之磬山禪院→浙江之杭州（箬庵理安寺）→宜興之龍池寺（萬如）→興化普度庵→嘉興國福禪院、當湖善護禪院、太倉積慶庵、盛澤圓明寺、嘉興如如庵等→蘇州慧燈禪院→南嶽衡山淨瓶岩。

## 十、語錄之出版

《季總徹禪師語錄》四卷，前三卷是侍者超祥記錄，卷四詩偈是侍者超遠記錄。共有五篇序文，分別是譚貞默、嚴大參、葉紹顒、張銖、王相說所作，並有一篇〈眾護法請住蘇州慧燈禪院開堂啟〉。卷一是上堂法語，包括順治十一年（1654）到姑蘇慧燈禪院、太倉、盛澤圓明寺、嘉興如如庵、國禪禪林、昭陽普度庵、當湖善護庵、小參。卷二，有示眾、機緣、法語、行實。卷三，有拈古十二則、頌古四十七則、源流頌。卷四，是詩偈（分五言八句、七言八句、七言四句、四言）、書問、雜著、佛事。除了詩偈、拈古有可能是南嶽時所作，其他大部分都是在江浙時所作所言。

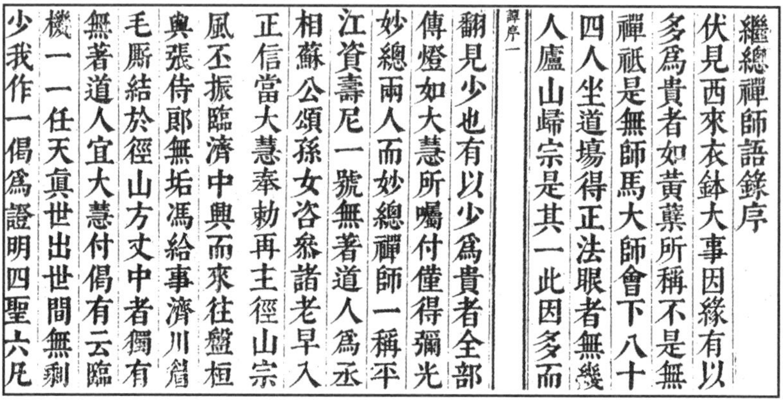

繼總禪師語錄序
伏見西來衣鉢大事因緣有以多為貴者如黃蘗所稱不是無禪祇是無師馬大師會下八十四人坐道場得正法眼者無幾人廬山歸宗是其一此因多而
譚序一
翻見少也有以少為貴者全部傳燈如大慧所囑付僅得彌光妙總兩人而妙總禪師一稱平江資壽尼一號無著道人為丞相蘇公頌孫女咨叅諸老早入正信當大慧奉勅再主徑山宗風丕振臨濟中興而來往盤桓與張侍郎無垢馮給事濟川眉毛厮結於徑山方丈中者獨有無著道人宜大慧付偈有云臨機一一任天眞世出世間無剩少我作一偈為證明四聖六凡

圖四 《季總禪師語錄》書影

有關語錄之出版，據嚴大參序云：

> ……丙申秋日，師來訪余，出慧燈語錄，讀之，如食哀家梨，令人爽口快心，又如入山陰道中，令人應接不暇，又如杲日當空，光芒閃爍，令人不得正眼相覷，余請付梓，使有目者共睹曇華出

現，有識者咸欽知識相逢。[168]

丙申，是順治十三年（1656），而其他四篇序有紀年者是譚貞默序：「順治丙申長至月望」，也是這一年冬至。《季總語錄》卷首即是以「住姑蘇慧燈禪院，於順治甲午歲二月十六日進院」開始，即順治十一年（1654），而且又有眾護法請住慧燈禪院之請啟，可見季總在慧燈開堂是很正式的，不過語錄之後仍有其他庵院之上堂法語，並非只有慧燈而已。所以嚴大參說季總「出慧燈語錄」，應該是以首則且正式的慧燈開法來括約整個語錄，但也可能那時只有慧燈的內容。當時季總的法語已被記錄下來，大參看了，甚為讚歎，請能付梓，張銖的序也呼應這個過程：

> 丙申秋杪，師有事武林，還訪轅轢嚴公於檇李，機緣相契，懇師出稿，付剞劂氏，用廣流通，予承師命，佐董是役……。[169]

季總到杭州，要回去時來檇李（嘉興）探訪嚴大參，兩人機緣相契，於是請季總出稿印行，廣為流通。而語錄詩文有紀年的是順治十五年（1658）元旦，亦推論季總在這年孟夏回南嶽，由此看來，語錄的記錄、印行，季總都知曉，並早在順治十三年就預備印行，而且當時即有入《嘉興藏》之準備，據譚貞默序言：

> ……如許白紙黑字，的的空谷足音，可使截斷眾流，亦可使乾坤函蓋，應效菩提流支彈指讚歎無已，仍作左行梵書流傳西土，俾西土沙門東向遙禮聖人，更應令楞嚴藏冊，妙麗莊嚴，添一重提魚籃賣笊離，應化神通大作略，庶於慧燈普炯少分相應云爾。[170]

而目前所見的《嘉興藏》版本，應該是直到順治十五年才整個完成，而印行出版、入藏的。

季總到蘇州慧燈禪院開法是順治十一年（1654）二月十六日，同在這一年九月，祇園圓寂離世，在這之前順治四年（1647）祇園來到嘉興住持伏獅禪院，順治八年（1651）季總才到達江蘇，之後受萬如傳承，於興化普度庵弘法，所以她們曾有四年時間同在江浙區域，季總也曾到嘉興，不知兩人是否彼此相聞，甚至相見面？

168 《季總語錄》嚴大參敘，頁 442 中。

169 《季總語錄》張銖序，頁 442 下。

170 《季總語錄》譚貞默序，頁 442 上。

## 第五節　寶持玄總之修悟行傳

寶持未出家前，是個擅長詩畫之才女，但有個時代悲劇縮影的人生歷練，公公殉難，丈夫抑鬱歸隱，後來兒子顯達，但她心皈空門，解決生命的根本問題，成為弘法之師，其修悟行傳不但可以見證那個時代，也可以見證一位女性修行人自覺、覺他的過程。

### 一、厭棄世相，出家悟道





寶持玄總禪師（？-1661前歿），法名玄總，字寶持，[171]是繼起弘儲（1605-1672）的法嗣弟子，為臨濟下第三十三世，曾於兩處禪院住持開法，一者：嘉興妙湛禪院（園）。[172]一者：海鹽南詢禪院。留下《寶持總禪師語錄》二卷（以下簡稱《寶持語錄》），收入《嘉興藏》，另有與祖揆合著的《頌古合響集》，亦收入《嘉興藏》。[173]史傳中，超永《五燈全書》卷八十七有著錄之，釋震華《續比丘尼傳》卷四亦根據此載入其法語機緣。特別的是，二部女詩人文集收入其作品：惲珠輯《國朝閨秀正始續集》卷二，有其簡介，並收入二首詩。陳芸撰《小黛軒論詩詩》，有簡介及詩評。[174]一部畫論：張庚《國朝畫徵續錄》亦著錄評論之。施淑儀《清代閨閣詩人徵略》、胡文楷《歷代婦女著作考》依據這些資料也著錄之。[175]顯然她不僅是位女性禪師，還曾是女詩人、女畫

171 語錄中寶持的自稱、被稱，多以弘法禪院：「妙湛」名之，或是總上座、總道人、妙湛總等等，為統一起見，以下行文時，皆以字號：寶持稱之。

172 寶持語錄，稱妙湛禪院，祖揆語錄是曰：妙湛園。以下將統稱「妙湛禪院」。而其「妙」字，語錄作「玅」，如果引用原文，將尊其字體，如為筆者行文，則使用通用之「妙」字。靈巖之「巖」字，語錄多用「嵒」，亦是如此處理。

173《頌古合響集》是寶持與祖揆合著，寶持住持於妙湛禪院，祖揆出家於靈瑞庵，所以內文以「妙湛」、「靈瑞」稱呼兩人。但新文豐版之《嘉興藏》冊 28 的目錄，標出此書作者為「明徹（尼）符（尼）合頌」，「明」，年代。「符」，指祖揆玄符。「徹」字，顯然是錯誤，應該是寶持「總」才是。

174 此二書，皆見哈佛大學「明清婦女著作網」。網頁如下：http://digital.library.mcgill.ca/mingqing/search/details-poem.php?poemID=26594&language=ch http://digital.library.mcgill.ca/mingqing/search/details-poet.php?poetID=1246&showbio=1&showanth=1&showshihuaon=1&showpoems=&language=ch

175 施淑儀《清代閨閣詩人徵略》卷二，引用《國朝畫徵續錄》、《國朝閨秀正始續集》著錄。（臺北：台聯國風出版，1970 年），頁 92。胡文楷《歷代婦女著作考》

家。在此就先從女禪師開始論起。

關於寶持與其同參祖揆之法名首字，釋震華《續比丘尼傳》皆以「濟」字為首字，亦即濟總、濟符。但遍觀兩人語錄，提及兩人時，並沒有以「濟」名者，而是玄總、玄符。以總持來說，不是稱一字，如總兄、總上座，就是以自己住持的寺院：「妙湛」自稱，他人亦有稱之：妙湛總道人、妙湛總公、寶持總，除此之外，還有二例是稱為「玄總」的，碓庵的《寶持語錄》序：

> ……師諱玄總，字寶持，初住嘉禾妙湛，次住鹽官南詢，得法靈巖退翁和尚，為臨濟三十三世云。[176]

《寶持語錄》卷下，機緣部分：

> 師在靈嵒坐夏，同眾入室，老和尚問云：「如何是道者得力句」？師云：「玄總自來不分外」。尚云：「趙州洗缽盂話作麼商量」？師云：……[177]

碓庵直接道出其法名為「玄總」。而她也自稱「玄總」，可見以自身語錄為證，寶持之法名應該是「玄總」無誤。而震華法師之所以以「濟總」名之，應該是依據（清）守一 重編《宗教律諸宗演派》所載：漢月法藏演派三十二字：「法宏濟上，德重律儀……」，而判斷兩人以「濟」來命名。而該書又有靈巖山繼起宏儲演派十六字：「法宏修智，道行超宗，代持真實，永緒　琮」。[178]「宏」之下，是「修」字，不是「濟」字，也不是「玄」字！守一為光緒年間之人，年代距清初已有一段時間，其編輯之演派資料固有其可信之來源根據，但總不如寶持自身語錄所證為確，當時法名文字排演的情形，可能頗為多端，不是單純一條線脈而已，而且觀繼起語錄中有許多弟子之名也以「玄」為首字，所以寶持之法名，應該是「玄總」無誤。

---

卷十一清五：「淑修，浙江秀水人，徐魯湘妻。擷芳集作金氏，水部徐肇森妻，幼穎慧，喜讀書，工書畫」。其中「魯湘」者，是徐肇森之別號嗎？目前尚無法得知。（上海：商務印書館，1957 年），頁 314。

176 《寶持語錄》卷上，《嘉興藏》冊 35，頁 705 中。

177 《寶持語錄》卷下，頁 715 中。

178 守一《宗教律諸宗演派》，《新纂卍續藏》冊 88，頁 561 上。

寶持玄總，確實的生卒年不詳，活動於明末清初時期，只知順治十八年（1661）之前去世。其師繼起弘儲，傳承自密雲圓悟→漢月法藏→繼起弘儲，漢月與密雲雖是師徒關係，但兩人之間卻引出一段明末重要法諍，除去人際之諍不論，在法理上，漢月著有〈五宗原〉，主張「確立五家宗旨」，尤其是臨濟宗旨之「三玄三要」等；密雲等卻強調以悟為則，全體作用，全憑悟者棒喝指點，不論五宗教則為何。住持於常熟三峰寺的漢月，他的主張不能得到師門的認肯引起喧瀾大波，但其門下弟子卻深受他的禪法思想影響，另外形成一個特色，遂被稱為三峰派。繼起的禪法如是，寶持師承於此亦是如此。這段過程的時間點，正處於明末清初，而繼起在鼎革之後與許多悲痛喪志的士大夫遺民密切來往，甚至收納遺民為僧，有「以忠孝作佛事」之名，[179] 讓三峰派在清初變成南方明朝遺民聚集之淵藪，卻也引來之後雍正掃滅此派的可能動機之一。三峰派之禪法特色，將併於寶持禪法部分再深刻討論，而繼起與明遺民之間的密切關係，與寶持的來歷也有某種程度的關連，其出家的機緣亦與明末戰亂、家族巨變絲絲相繫。





根據《五燈全書》對寶持的記載：

> 嘉興妙湛尼寶持總禪師，郡之金氏女，隋州太僕之冢媳，夫亡脫俗，力參有省。[180]

她為嘉興人，金氏女，是隋州太僕之「冢媳」，丈夫去世後出家參禪，有所悟入。這段過程在張有譽（1589-1669）為寶持與祖揆合著《頌古合響集》寫序時說得更清楚：

> 大慧沒五百年，繁音雜興，靈嵒老人出而還之正始，座下繼響無著者兩人，一則玅湛總道人，一則靈瑞符菴主也。道人，名家子，適徐門，其翁殉節隨州，贈太僕卿，祖翁為少司馬，家傳忠孝，忽焉，大雅云：「亡風吹別調」，厭棄世相，晨夕同符菴主苦志力參，一日讀靈嵒錄，如寒谷忽遇陽春，亟趨參老人，一見，以大丈夫目之。夫亡畢葬，即詣山剃染受具足戒，隨眾

179 此為徐枋之語，引自全祖望《鮚埼亭集內編》卷十四〈南嶽和尚退翁第二碑〉，全祖望《鮚埼亭集》校注，冊 2（臺北：國立編譯館，2003 年），頁 350。

180 超永《五燈全書》卷八十七，頁 479 上。

參請老人，每令下語，痛加錐箚，寢食俱廢，驀地撥著向上關棙，與符菴主唱拍相隨，兩口無一舌，老人為之助喜，囑令加護。……[181]

張有譽，大圓居士，亦是明遺民之一，依繼起為師，隨侍於靈巖山二十多年，是繼起很重要的弟子。無著，即妙總也，宋代女性禪師，於大慧宗杲（1089-1163）座下悟道，承嗣其法，張有譽認為繼起就像五百年後的大慧，而其座下可以接繼無著者，即是寶持、祖揆二人。他指出，寶持為名家之子，嫁給徐門，其公公殉節於隨州，贈太僕卿，公公之父，官至少司馬，一門以忠孝傳家。

公公殉節，為整個家族帶來巨變，之後，寶持對世間之相有了厭離之心、無常之念，遂發願學道，晨夕與祖揆苦志力參。某一天，當她閱讀繼起的靈巖語錄時，「如寒谷忽遇陽春」，有所省發，當時繼起在蘇州靈巖山崇報寺，她便立刻前往參問，繼起非常看重她，視為可堪修悟的「大丈夫」。等到她的丈夫亡故，葬畢，寶持就到靈巖山上在繼起座下剃染、受具足戒，隨眾參請，開始出家修道的生活。繼起以公案禪法教授，在繼起的毒辣手眼下，寶持參得寢食俱廢，勇猛精進，在某個時節因緣之下，「驀地揆著向上關棙」，得而悟入。自此了卻人生大事。

她的公公殉節而死，對整個家族來說是一件非常劇痛的過程，家族成員的命運與抉擇，也隨著即將到來的朝代更替改變，而她又來到與明遺民甚善的繼起門下修悟，其因緣也頗為巧妙。而這位殉節的公公是誰呢？當時到底是如何？這段過程應該帶給她不小的人生歷練與感受，對她出家的決定必然有所影響。

## 二、公公殉難，夫家劇變

寶持的公公即是徐世淳，他殉節而死的事件，與明末李自成、張獻忠之戰亂有關。根據康熙《嘉興府志》卷十七記載，殉節於隨州者名曰：徐世淳，其父為徐必達：

徐世淳，字中明，舉人，謁選署建德教諭已補永嘉撫按交薦。丁

181 《頌古合響集》敘，《嘉興藏》冊 28，頁 565 上。

丑，擢四川重慶府推官，釋冤滯，逐婪貪，忤蜀之司銓者，移刺隨州，時楚有闖賊之亂，驟突襄鄧，漸逼隨州，世淳叱馭入登陴拒守，賊率全營十萬壓城，相持七晝夜，食盡援絕，城陷，世淳單騎巷戰，遇賊脅下馬，世淳罵曰：「有死城州官，無下馬州官也」。賊飛矢貫頤，眼鼻橫斷，既墜馬，猶罵不絕口。仲子文學肇樑，抱父屍罵賊，誓死不屈，賊殺之，臨死語州人曰：「州印埋官廨後，好護還官長，以待命」。後州人果掘地得之。世淳妾趙氏亦罵賊，死，僕從死者十八人。長子肇森，自楚走燕，重趼泣血，以死事聞，適按臣疏亦至，有云：遇賊而不下州官之馬，生不辱身，埋印而不畀賊人之手，死不辱國，蓋實錄也。詔贈太僕寺少卿，賜祭葬恩廕仍命湖廣浙江二省，並建特祠，春秋致祭。肇樑贈國子助教祔祠。肇森以弟殉難，讓其廕于遺孤弘燿。……少子彬、善俱以文行世其家學。肇森子嘉炎國朝以博學宏詞薦舉御試授檢討與修明史。[182]

再依許瑤光等修、光緒《嘉興府志》所記，徐世淳是萬曆四十六年（1618）舉人。「闖賊」指的是張獻忠，其時間點是崇禎十四年（1642）。[183] 徐世淳當時為隨州知州，遇到張獻忠之亂，獻忠以全營十萬壓境，僵持七晝夜，終至食盡援絕，城被攻陷下來，世淳奮勇衝出，單騎巷戰，遇賊脅迫，仍堅持：「有死城州官，無下馬州官也」，最後寡不敵眾，慘遭橫禍，殉節而死。其次子徐肇樑，抱父屍罵賊，誓死不屈而亡，世淳之妾趙氏與僕從共十八人，亦不屈從而被殺。

此事震驚整個家族，世淳的長子肇森，為父弟奔走，爭取他們應有的死後榮銜與祭祀，世淳因而獲贈太僕寺少卿。張有譽所言「其翁殉節隨州，贈太僕卿」即是如此。至於「祖翁為少司馬」，即指徐必達，見康熙《嘉興府志》徐必達之傳，[184] 他為兵部左侍郎，此職亦稱為少司馬。

由此來看，寶持嫁入的徐門，即徐世淳一門，其夫即世淳之子。世淳的兒子有四位：徐肇森（字質可）、徐肇樑（字文可）、徐彬（字忠

182 袁國梓纂修《嘉興府志》卷十七〈人物一〉，頁 659。

183 許瑤光等修，《嘉興府志》卷五十〈嘉興列傳〉，頁 1327-1328。

184 袁國梓纂修《嘉興府志》卷十七〈人物一〉，其卒後贈兵部尚書，頁 656。

可）、徐善（字敬可）。寶持之夫是那一位呢？不管是正史或地方志，即使是有功業文名的男子，作為妻子的女子，何名何姓並不容易得知，但如果是身為有功業、有文名者的母親，這位女子就比較有可能被書之史冊，寶持的生平資料浮現就是因為如此。

## 三、工於翰墨，教子成立

在康熙《嘉興府志》卷十七，屬於秀水縣〈烈女傳〉部分有這麼一條記載：

> 金氏，孝廉金九成女孫，徐肇森妻，幼穎慧，喜讀書，工翰墨，性至孝，母姚孺人病瘵刲股者再，及卒，自斥腴田為父母窀穸，同母弟死，撫其二女如己出，太僕殉難請卹，格於部議，氏罄簪珥以襄其事。中歲而寡，遂不復事筆墨，長齋禮佛，教其子嘉炎成立，有頌古合響集。[185]

之前已知，寶持為金氏女，嫁給徐世淳之子，這位在〈烈女傳〉中的金氏，是世淳大兒子肇森的妻子，符合金氏女、徐世淳之媳的特徵，而且傳文中還有「長齋禮佛」之句，與佛教拈上了邊，除此之外，卻無出家的記載，不過最重要的是最後一句：「有頌古合響集」，正符合寶持與祖揆之合著著作之名，容或有世淳其他媳婦亦姓金，亦長齋禮佛的可能，但同樣有《頌古合響集》著作的則微乎其微，至此，應該可以確定未出家前的寶持，即是世淳大兒子肇森的妻子金氏。

根據方志所載，寶持是孝廉金九成的孫女，自幼穎慧，喜歡讀書，工於翰墨，性格至孝，曾一再割股療治母病，以自己豐美的田地作為父母墓地，同母弟去世後，撫養其二女視如己出。世淳殉難請卹，她拿出所有的首飾來幫助此事，肇森因為弟弟肇樑也殉難，身為長子的他有權力接受父親之遺蔭，但他卻將之讓給弟弟的遺孤，這個作法應該也得到寶持的贊同。到了中年，肇森死後，她便不再從事筆墨之作，終日長齋禮佛，教導兒子嘉炎有成。還因此誥贈一品太夫人（見下文），此時她應該去世多年了。

185 袁國梓纂修《嘉興府志》卷十七〈人物二、烈女〉，頁 719-720。

方志只言「長齋禮佛」，卻未言出家，而《頌古合響集》是寶持出家後，參究公案有得，與祖揆共同完成的頌古合集，知此著作，必然知其出家，知其出家，卻不明言，是記史者之觀點在焉？地方志之烈女傳，包括節婦、貞女、賢母等德性，將寶持列入此中，應該是著重在「教其子嘉炎成立」，亦即「賢母」這個角色上，因為她這位兒子嘉炎，官至內閣學士兼禮部侍郎，還曾受康熙召見，母以子貴的意義顯露無遺，而出家是離卻世俗，血緣雖在，但距離母職遠矣，或許因此撰史者對出家之事略而不談。



## 四、女詩畫家，金氏淑修

寶持之祖父金九成有文名，著有《史論》、《史辨》、《元史考誤》。[186] 是以她出生於書香門弟，是一位知書達禮、工於翰墨的女子，所謂「工翰墨」，不只是指她擅長詩文，還包括善於繪畫，張庚（1685-1760）《國朝畫續錄》[187] 卷下「閨秀金淑脩」：

> 金淑脩，明隨州牧殉難贈大僕卿徐世淳長子肇森配。善山水，局度軒敞，有丈夫氣，不輕作，故流傳甚少。子嘉炎，舉康熙己未博學鴻詞科，入史館，官至閣學，累贈太夫人。[188]

至此方知，寶持之俗名為金淑修，她善畫山水，畫風佈局軒敞，具雄渾丈夫之氣，不輕易創作，所以流傳得少。張庚本身亦是畫家，此書蒐集明末清初至乾隆中葉的畫家一千五百餘人，其中有二十九位是女性畫家，其論畫講究皆寓目所見，徵實嚴謹：

> ……凡畫之為余寓目者，幀障之外片紙尺縑，其宗派何出，造詣何至，皆可一二推識，竊以鄙見論著之。其或聞諸鑒賞家所稱述

186 許瑤光等修《嘉興府志》卷五十一〈嘉興文苑〉有金九成傳：「金九成，字伯韶……著史論、史辨各三十卷，又別為元史考誤四十卷，詩格在高季迪、袁景文之間，五言今體尤其遒上。……」，頁 1363。

187 張庚，秀水人，原名燾，字浦三（山），後改名為庚，易浦山為號，字公之于，又號瓜田逸史、白苧村桑者、彌伽居士。著有《浦山論畫》、《圖畫精意識》、《國朝畫徵錄、續錄》。其中《國朝畫徵錄》三卷、《續錄》二卷，是清代最早的一部斷代畫史，從明末清初至乾隆中葉，共收錄畫家 1150 餘人。其中有 29 人為女性畫家。

188 張庚《國朝畫續錄》卷下。《續四庫全書》子部．藝術類，冊 1067（上海：上海古籍，1997 年），據乾隆四年刻本影印，頁 160。

者，雖若可信終未徵其蹟也，概後附錄，而止署其姓氏里居與所長之人物山水鳥獸花卉，不敢妄加評騭漫誇多聞。[189]

所以雖然寶持之畫作流傳者少，但張庚應該曾見過，「局度軒敞，有丈夫氣」之評，應該頗真實的。看來他似乎也不知寶持出家之事，但他的評論已透見寶持之心志矣。

惲珠《國朝閨秀正始續集》收錄清代的女詩人，也著錄到她與其二首詩：

金氏，浙江秀水人，侍郎徐嘉炎母，誥贈一品太夫人，著有頌古合響集。按嘉炎，字勝力，康熙己未薦舉鴻博，召試一等，授館職，有文名，得之慈訓居多。

題山水畫

雲煙俱淨，水天一色，雁序秋光，樹疏山特，靈泉妙境，天造地設，彼何人斯，擎舟坡側，箕踞肅傲，悠然自得，此中幽趣，惟雅人識，庸庸者流，焉能窺側。

七夕

天上停梭候，人間乞巧時，登樓穿踩縷，陳菓卜蛛絲，月照鴛鴦帳，風飄翡翠帷，雙星今夕會，情緒問誰知。[190]

〈題山水畫〉詩，正應了張庚所載，寶持善於山水畫，想必此詩是題於她自己的畫作上，「雲煙俱淨，水天一色，雁序秋光，樹疏山特」，由詩揣畫，天地寬闊之境似乎歷歷在目，張庚所評「丈夫氣」之畫風，也與詩意清淨悠然，遺世獨立之思相協合。〈七夕〉，則頗有女子幽情，遺韻不盡之意，這些應該都是出家前的作品，並沒有出現在其語錄中。另外，陳芸撰《小黛軒論詩詩》亦有其簡介及詩評，兩書所載之生平，大同小異，只稱金氏，也都未談及出家，但都提到《頌古合響集》。應該是依方志的資料寫成，可能不知道她還有語錄行世，或不以語錄為詩文之作故。陳芸採取以詩來論詩，提及金氏之詩：

189 張庚《國朝畫徵錄》自題。《續四庫全書》子部．藝術類，冊 1067（上海：上海古籍，1997 年），據乾隆四年刻本影印，頁 101。

190 見哈佛大學「明清婦女著作」網：惲珠輯《國朝閨秀正始續集》卷二，頁 2.7b-2.8a（清道光十六年（1386）紅香館刻本）。http://digital.library.mcgill.ca/mingqing/search/details-poem.php?poemID=26594&language=ch

> 宛懷韻語許西湖，偶葉吟秋對碧梧，縷縷茗香香遠處，唾餘頌古作跏趺。[191]

這首詩論及：許瓊思、顏佩芳、邵廣仁、陸珍、楊素書、趙貴娥、陳慧姝、曹氏、金氏等九位女詩人，其中最後一句「唾餘頌古作跏趺」，唾餘，指曹氏之《唾餘集》。頌古，即是寶持之《頌古合響集》。作跏趺，顯然是表達金氏禪坐、修道之意，如果只有在家禮佛，不必如此強調，所以極有可能已了知金氏後來是出家的，否則也是因為《頌古合響集》是為公案作頌古，禪意十足所致。





據方志所言，她守寡後（或出家後）「不復事筆墨」，這應該也是張庚所言其畫作「不輕作，故流傳甚少」的緣故之一。詩文筆墨以情感為核心，修道則以勘破俗情，得自在解脫為目標，兩者當然有其扞格之處，寶持後來不復事筆墨，是可想而知的，也是必然的。但從語錄內容來看，她仍有詩文之作，只是都屬禪詩性質，有時是開示弟子，有時是有感而發、觸景說理，例如〈和宋慈深禪師披雲臺十頌〉之八與〈絨荷花〉：

> 嘯月披雲足比鄰，閒花野艸總成真，琴臺響屧渾無恙，人面于今花更新。[192]
>
> 無影枝頭錦色鮮，煙霞風月滿長川，若將真妄論高下，瞎卻眾生眼萬千。[193]

詩風與〈題山水畫〉等，已大大不同，顯得穩定而自在。除此之外，寶持更多的是為公案作頌古詩，那是顯現對公案的領悟、藉公案來顯禪機。比起她的同參祖揆，寶持非公案頌古類的禪詩確實較少，「不復事筆墨」之心志確實存在著。只是她未出家前即擅長詩文，以詩文抒發情感理想，經過一番大歷練後出家悟道，她的詩才化入禪門公案的智慧語言，使她所寫的不再只是才女式的詩文，而是女禪師的禪詩頌古，不再是抒發解不開的情緒，而是展現解開生命迷網後的心境。如果頌古式的

---

**191** 哈佛大學「明清婦女著作」網：陳芸《小黛軒論詩詩》二卷。頁 27b-28a。民國三年刻本。http://digital.library.mcgill.ca/mingqing/search/details-poem.php?poemID=24785&language=ch

**192**《寶持語錄》卷下，頁 712 上。

**193**《寶持語錄》卷下，頁 712 中。

禪詩不被排拒於詩的國度之外，那麼所謂「不復事筆墨」，應該是說她不再以文字藝術為用心的目標、情感的出口，而是轉向生命的領悟與超越上用心，但她的文字才華都在，於是女詩人的才華融入女禪師的智慧，結合了才女與禪女、智女，既是女禪師，也是女詩人。

## 五、丈夫節義、兒子孝母

她對兒子徐嘉炎教養有成，而她出家的時間是在丈夫肇森去世之後，那麼肇森是何時去世的呢？且看肇森在嘉慶《嘉興縣志》的記載：

> 徐肇森，字質可，世淳子，崇禎三年鄉試副榜。世淳殉難隨州，肇森奔訴楚之當事者，復詣闕，請卹如例。明亡，攜子嘉炎避兵寧波雪竇，聞繼母喪而歸，日夜泣曰：城亡去國全臣節，母死奔喪盡子情。寢疾旬月歿。[194]

崇禎十七年甲申（1644）是明朝滅亡之年，也是順治元年，肇森在明亡後，帶著兒子嘉炎避亂於寧波，聞繼母喪事而歸，日夜泣悲亡國與母喪之痛，便生病而亡。後來其子嘉炎將「口誦心識，終身不敢忘」的父親殘餘詩作二十餘首，編成《焚餘草》刊出，其中就有這首「城亡去國全臣節，母死奔喪盡子情，何處首陽堪採蕨，不如歸骨傍先塋」詩，[195] 顯露出國破家亡、無處可歸之悲哀，這些作品是肇森「作于乙酉、丙戌流離播遷之際」，[196] 丙戌為順治三年，只是無法確知其母去世之年月，所以寶持出家之時間，只能推得是在順治三年（1646）之後。

肇森，字質可，他與寶持這段夫妻之緣，因戰亂災禍、朝代更替，烈者血淚殉節，深者掙扎自毀下，顯得清苦堅毅，而佛法的教化早就在他們生活中了，女性禪師祇園的語錄中，曾有一則小參法語，是為肇森之死而來：

---

194 司能任輯《嘉興縣志》卷二十四〈列傳四、孝義〉，《故宮珍本叢刊》冊 96，浙江府州縣志第 5 冊（海口市：海南，2001 年），頁 127。

195 徐肇森《焚餘草》〈歸墓口占〉，此詩集與嘉炎自己的文集《抱經齋文集》合刊。《四庫全書存目叢書》集部．別集類，冊 250（臺南：莊嚴文化，1997 年），頁 554。

196 徐嘉炎《抱經齋文集》附《焚餘草》末後之識語，《四庫全書存目叢書》集部．別集類，冊 250（臺南：莊嚴文化，1997 年），頁 554。

小參，陞座云：質可徐公，其生也忠肝義膽，其死也豁徹靈明，穎異過人，真是豪傑，世間希有，闔府與山僧往來數年，居士每與山僧談及此事，有心領神會處，但世緣深重而不能純一修行，若非曩劫薰習，焉能如是正信，須知四十三年，萬境之中種種，皆是佛之妙用，何以見得？……[197]

祇園是嘉興縣人，亦弘法於嘉興梅里，與肇森同鄉，他們闔家、當然包括寶持，都與祇園已經往來數年，於佛法每有心領神會之處。肇森去世後，祇園讚其能正信佛法，但也為其「世緣深重，而不能純一修行」感到痛惜，對他的忠肝義膽，稱讚「真是豪傑」。後來兒子嘉炎等人亦與祖揆有所往來，請其上堂問法，祖揆也曾寫過〈壽勝力居士〉，[198]勝力，為嘉炎之字也。嘉炎曾作〈拙菴語錄序〉：「余于禪宗，雅不能為楊大年、張無垢之入室，顧常留心考證之學，于方外典籍，時復博稽而詳核之。」[199]自言于佛教典籍能博稽詳核，所以他也與叔叔（肇森之弟）徐善曾協助《嘉興藏》後期的刊刻事務，徐善有〈楞嚴寺經坊總論〉，檢點藏經刊刻之緣起、過程、困難，並為之後刻印、流通佛典提出建議，顯然參與甚深，[200]而徐善與弟弟徐彬，和女禪師季總也有往來，[201]整個家族二代都與佛教有密切關連。從祇園法語看來，肇森應該是在四十三年歲去世的。肇森生前，祇園還為其寫過〈題質可徐居士耦耕圖贊〉：

咄，質可質可，無可不可，富貴不戀，隱遁耕耘，深藏務本，本立道生，齊眉舉案，共樂清貧，榼樽共賞，稚子候門，忠心俊傑，傳上丹青。[202]



197 《祇園語錄》卷上，頁 426 上。

198 《靈瑞尼祖揆符禪師妙湛錄》（以下簡稱《祖揆妙湛錄》）卷一，頁 716 上中下。《靈瑞禪師嵒華集》（以下簡稱《嵒華集》）卷五〈壽勝力居士〉，頁 758 下。兩書皆收入《嘉興藏》冊 35。

199 轉引自陳垣〈清初僧諍記〉「三、五燈全書諍」，張曼濤主編《現代佛教學術叢刊》冊 15，《中國佛教史論集》（六）明清佛教史篇（臺北：大乘文化，1977 年），頁 220。

200 袁國梓纂修《嘉興府志》卷十八〈記下〉，徐善〈楞嚴寺經坊總論〉：「……于是嚴居士大參首倡厘剔，紳士沈閎劭、嚴勳、沈廷勷、嚴臨、譚吉旃，高佑釲、譚瑄、徐善、徐嘉炎、高以永等從而和之。……」，頁 1083。

201 《季總語錄》卷四，有〈贈忠可徐居士〉、〈贈敬可徐居士〉，頁 465 上。

202 《祇園語錄》卷上，頁 431 下。

「富貴不戀，隱遁耕耘」顯現肇森過著隱居自耕的生活，「齊眉舉案，共樂清貧，樝樽共賞，稚子候門」是夫妻、兒女之融恰互動，此時應該是世淳已殉節、寶持未出家前與肇森的生活狀況，兩人對佛法已然長期親近、有所修悟了，所以當肇森去世，寶持選擇出家修道，並非無路可走，而是有其理路、有跡可循。寶持之子嘉炎亦有傳：

> 徐嘉炎，字勝力，世淳孫，肇森子，以秀水籍中康熙十一年鄉試副榜，十八年舉博學宏辭，授翰林檢討，充明史纂修官，典貴州鄉試，歷侍讀學士，與學士張廷瓚、曹鑑倫、史夔同直南書房，召問嘉炎：五經通鑑皆能成誦否？隨舉《尚書》咸有一德篇，嘉炎奏明書旨，朗誦終篇……，尋擢內閣學士兼禮部侍郎，充三朝國史會典一統志館副總裁……嘉炎居家事母孝，待昆弟群從以誠，貧不自給，典朝衣，冬夏歲以為常，卒賜祭葬（吳志）。嘉炎在京師，日僦屋讀書其中，題曰：抱經齋，即以名其集。子祚增，內邱知縣，亦有才名。[203]

嘉炎，字勝力，自稱華隱氏，有《抱經齋詩文集》，生於明崇禎四年，卒於清康熙四十二年（1631-1703），他隨父親避亂於寧波時，才十四歲。後來歷任翰林檢討、明史纂修官、侍讀學士到內閣學士等官職，但他是在康熙十一年（1672）四十二歲中鄉式副榜、四十九歲舉博學宏辭之後，才開始踏上官場，此時距離明亡已近三十年了，寶持已出家多年，而且也已去世了（見下文），所以嘉炎是在母親出家多年並已去世後，才朝官場發展。他在晚年曾談到自己與叔叔徐善同年同師，彼此對填詞各有擅場，後來徐善不入科舉，也絕去詩詞綺語，而自己則是：

> 而余以老母在堂，不能任情，於是出處與翰墨間，皆從浮湛以自適。……余以晉楚在望，既不欲執鞭弭以備魯衛，復不能捧盤盂而甘邾莒，穎韜箋裂，托隱已爾。[204]

「老母在堂，不能任情」，即使文章滿腹，也因時局與孝心，而不欲進取於任途，托隱過日而已。[205] 依此看來，或許即使寶持出家了，嘉

203 司能任輯《嘉興縣志》卷二十三，〈列傳三〉，頁 112。

204 徐嘉炎《抱經齋詩集》卷十四〈玉臺詞〉後記，頁 486。

205 嘉炎加入仕途之時間甚晚，應與祖父殉節，父親也有「城亡去國全臣節」遺民之思有密切關連，家族深烙著忠節之印，讓他對科舉入仕有著先天上的排斥與疏離。然

炎仍奉母如故，作母親永遠的護法，也一直沒有求取功名、離開母親。這也足證方志所言「居家事母孝」，正也相應於寶持的「教子成立」之言。

## 六、妙湛禪院之弘法

經過生活的劇變，早已苦志參禪的寶持，在丈夫去世後，選擇出家，並於繼起座下悟道，解決了生命大事，接下來，她的生命價值就只在弘法度眾了，於是她到妙湛禪院，展開另一段生命行履。妙湛位於浙江嘉興市（禾城），寶持也是嘉興人，開法於此，算是在地弘法。後來同參祖揆接繼寶持來此開法，有一次，短暫離開妙湛要回洞庭東山時曾言：「暫別城東秪樹林」，[206] 可見妙湛應該在嘉興市城東。又有文獻曾記載寶持兒子徐嘉炎與朱彝尊經常往來，而嘉炎居於城東角里，[207] 所以妙湛禪院與嘉炎之居所都在嘉興市城東，祖揆之語錄也曾稱妙湛禪院為「妙湛園」，再回顧前所提，嘉炎事母至孝，一直到母親去世後才入仕來看，即使寶持出家，也極有可能仍受到嘉炎等家族的照顧，因此妙湛禪院是否原為徐家之一處園院，供她出家清修弘法之用？這是頗有可能的。

在妙湛開法之初，祖揆也時常來此協助，祖揆與寶持同門，同為繼起門下，寶持被祖揆稱為法兄，應該是寶持比較年長、或是出家較久之





---

而當時他才十四歲，根本還未進入明朝科舉政治之路，所謂「臣節」也未免沈重，而且有佛法素養的父母，對於「忠臣」之義，不一定百分之百是儒家式的，這是頗為複雜的心理，但畢竟他還是在母親去世後多年，才出仕。況且經過清朝統治已經近三十年，勢必將來也會繼續，嘉炎走入仕途，甚至蒙康熙召見，應該有其無可如何、隨波逐流之隱哀處。觀其為父親結集《焚餘草》，在自己快七十歲告老還鄉之時，執意要將之加在自己文集內來印行，並言：「嘉炎行且七十，恐遂不傳，乃以先公詩與叔子序并付剞劂，俾子孫讀之于行間字裏，具見先公忠孝至性，杜公云：孝子忠臣後代看。亦聊誌我罔極之悲爾」，便深涵此意。《抱經齋詩文集》附《焚餘草》，頁 554。

206 《祖揆妙湛錄》卷一，頁 718 下。

207 朱彝尊與徐嘉炎同年舉為博學宏辭（康熙十八年），所以兩人頗有交情。徐 珂輯《清稗類鈔》詼諧類〈朱移尊徐家筵〉：「禾中朱竹垞、徐勝力為康熙己未宏博同徵友，竹垞居梅里，勝力居城東角里。勝力嘗邀竹垞飲，或竹垞移尊勝力家，彼此嘗以名相戲，有『今日朱移尊【音同彝尊】，明日徐家筵【音同嘉炎】』之謔」。（臺北：臺灣商務印書館，1966 年）冊 14，頁 4。楊謙纂《梅里志》卷十八、詩話，亦記載此事，頁 893。

故。兩人是同參道友，互相琢磨公案，彼此唱和，並先後住持於妙湛禪院，關係甚為密切。當寶持入妙湛開法時，有謝同門：

> 謝同門，上堂，佛祖心髓，人天眼目，點滴不殊，光輝相屬，大家出手共扶宗，靈瑞一花千古獨。擊拂子，下座。[208]

寶持初進妙湛，祖揆就協贊之，如同光輝相屬，一起出手共扶宗，從「靈瑞一花千古獨」句看來，寶持對祖揆頗為相知相惜。《寶持語錄》中亦有幾則她們兩人彼此應對之機鋒，[209] 甚至就同一主題，各自寫詩，例如寶持有〈和宋慈宋溪禪師披雲臺十頌〉、[210] 祖揆亦有〈披雲臺頌和宋慈受深禪師原高韻〉；[211] 寶持有〈和劭監院師贏得楊岐第一籌四首〉，祖揆也有〈和劭監院師四偈〉，[212] 二者都是和劭監院〈贏得楊岐第一籌〉詩。也有應該是同一經驗所寫的禪詩，如寶持〈絨牡丹〉、〈絨荷花〉，[213] 祖揆亦有〈王夫人製彩絨牡丹甚精示以二偈〉、〈絨荷花示正平〉[214] 等。

寶持在妙湛有上堂、結制、解制、晚參等等修行弘法之事，主要以公案禪法教授學人，在語言道盡之處，兼以棒喝點撥，她於開堂日云：

> ……乃拈起拄杖云：即此用，離此用，臨濟德山咸奉重，煆凡煉聖大爐錘，來者命根遭斷送。卓一下云：不能離土，十影神駒，若解沖霄，九苞丹鳳。[215]

在弘法錘煉中，讓來者「命根斷送」，正是斬斷生生不息之無明煩惱，而臨濟棒德山喝，是即此用，離此用，毫無執滯，如十影神駒、九苞丹鳳。所以寶持在與弟子參究公案時，常常以雙破雙遣，形成「壁立萬仞」之語勢，讓人無執取可執，如能懸崖撒手，則可全顯大開。

208 《寶持語錄》卷上，頁 706 上。
209 《寶持語錄》卷下，機緣，頁 709 中。
210 《寶持語錄》卷下，頁 713。
211 《嵒華集》卷四，頁 754 中。
212 《嵒華集》卷四，頁 755 中。
213 《寶持語錄》卷下，頁 712 上中。
214 《嵒華集》卷四，頁 756 中。
215 《寶持語錄》卷上，頁 705 下。

## 七、南詢禪院之弘法

經過一段時間，寶持自妙湛退院，前往海鹽南詢禪院弘法。語錄中並無其退院離開之原因資料，但仍有一條線索可供猜測。其祖父金九成，原是嘉興縣人，後來歸臥武原之望虞山，著作詩文，自號望虞山人，年二十九而卒。而武原即是海鹽縣治所在，而光緒《嘉興府志》之記載，金九成同時被列入嘉興文苑傳、海鹽流寓傳[216]，所以金九成之後代，可能就留在海鹽居住，海鹽就成了寶持童年之鄉，因此寶持到海鹽來弘法，很可能與其娘家在此，有密切的地緣關係，或受請而來，或想回歸鄉野，如其祖父一般。





她到南詢之前，敦請祖揆來妙湛禪院接繼弘法，有「請靈瑞和尚住妙湛兼退院」上堂法語，語中對祖揆祝頌有加，所謂「文佛遠孫靈瑞如來，將于此座成最正覺，轉妙法輪……」，[217] 還自喻：「且道山僧落箇甚麼？一瓢水月歸雲壑，百衲麻衣臥竹關」，[218] 頗有閒居歸隱之意，與其祖父歸隱望虞山之志可為輝映。

寶持在南詢禪院歷經結制、解制、中秋、重陽、除夕、元旦等時間點，顯然在這兒起碼有隔了一年的時光。這段時間，寶持仍與弟子有上堂、結制等修道生活，亦有學人參問，還很有力地弘法著，例如她的入院法語與元旦上堂：

> ……南詢這裏，不貴雲興缾瀉，秪圖就事風光，行者淘米著火，人工煮粥蒸飯，一任諸人橫吞豎咬，得飽便休，且道還有為人處也無？喝一喝，云：開得這張口，坐得這箇座。[219]
>
> 元旦上堂，拈起拂子向空畫一畫云：歲朝把筆諸事迪吉，一願，拄杖子不生枝葉。二願，草鞋跟不惹塵煙。三願，粥飯頭大家得力。四願，佛法藏元字不留。此是山僧新年頭對眾所立四弘誓

---

216 許瑤光等修《嘉興府志》卷五十一〈嘉興、文苑〉金九成傳；卷五十七〈海鹽、流寓〉，亦有金九成傳。頁 1363、頁 1641。海鹽之縣志：方蓉纂修《澉水新志》卷九「流寓」亦有傳。《中國地方志集成》鄉鎮志專輯，冊 20（北京：上海書店，1992 年），頁 635。

217 《寶持語錄》卷上，頁 707 上。

218 《寶持語錄》卷上，頁 707 上。

219 《寶持語錄》卷上，頁 707 上。

願。一願不成不取正覺，復擊一下云：猶有這箇在。便下座。[220]

她以「就事風光」的風格來教化弟子，淘米、著火、煮粥等既是實際之事，也是參禪心境來點化弟子。拄杖、草鞋、粥飯、佛法藏來立四弘誓願，也即拈即破。運用「喝一喝」、「拂子向空畫一畫」、「擊一下」等動作教化，更有「不成不取正覺」的壁立萬仞之語勢，讓人不得捉取，這樣的語句與口氣，即使是閒居歸隱，寶持之禪風仍然虎虎生風、生動有力！

## 八、去世的時間





寶持是何時去世的？語錄中並無記載任何關於她離世之事，倒是在祖揆的語錄中看到寶持之子有「對靈」之法事：

> 孝子徐為等，請為尊慈寶持總禪師對靈，陞座，拈香云：此一瓣香，眉毛廝結，鼻孔無差……，爇向爐中，供養前住竗湛總公法兄禪師，伏願乘般若舟至涅槃岸，嘗為諸佛真子，永作眾生導師……山僧雖非敏手，今日因孝子徐古顏等殷勤三請，勉陞此座……，且道如何是我總兄歸根得旨一句？擲下拂子云：水流原在海，月落不離天。[221]

在南詢禪院後，不知經過多久，寶持去世了，其子徐為（字古顏）請當時住持妙湛的祖揆來舉行法事，而且寶持忌辰時，又有「孝子徐焉、徐然等請上堂」，[222] 顯然徐為、徐焉、徐然也是寶持之子。魏僖（1624-1680）曾為世淳寫〈殉節錄敘〉，[223] 並受嘉炎之請寫〈焚餘草敘〉，其中談到：

> 余既敘徐太僕公殉節錄，太僕之孫嘉炎率其弟然，復再拜，奉先君質可先生遺詩，請敘於余。[224]

---

220 《寶持語錄》卷上，頁 708 中。

221 《祖揆妙湛錄》卷一，頁 716。

222 《祖揆妙湛錄》卷一，頁 716。

223 魏禧《魏叔子文集》冊 3、卷 8〈殉節錄序〉，於王雲五編《景印岫廬現藏罕傳善本叢刊》（臺北：臺灣商務印書館，1973 年），頁 909-911。

224 徐嘉炎《抱經齋詩文集》附徐肇森《焚餘草》敘，頁 551。

此處點出嘉炎有弟曰：「然」，亦即徐然，與請祖揆舉行法事的兒子之一相同。可見寶持應該有嘉炎、為、焉、然四子。《祖揆妙湛錄》另有一次請陞座，是：「孝甥鍾淵映為薦母舅古顏徐君，請陞座」，[225] 顯然徐為此時已歿，請超薦的是徐為之甥鍾淵映，淵映自己死於康熙六年（1667），[226] 可見徐為之死早於淵映，而寶持之死又早於徐為。又，《祖揆妙湛錄》是在順治十八年前就刻印發行，此錄既然有對寶持對靈的記載，這表示寶持過世的時間不會晚於順治十八年（1661）。

## 九、語錄之出版



寶持留下一部語錄：《寶持語錄》（全名為：《寶持總禪師語錄》），有碓庵曉青之序。碓庵曉青（1629-1690），又稱僧鑒，也是繼起的嗣法弟子，寶持與祖揆也都曾向之參請問道、商量公案過，他在繼起圓寂後繼任靈巖山崇報寺，他為寶持語錄寫序時云：

> 歲在壬子，嘉興妙湛園寶持總禪師弟子炤公，以其師二會錄來吳問序於余，余與師同出退翁老人之門，雖媿不文，義難辭讓，今歲丁巳錄始刻成，乃為之序。[227]

壬子，康熙十一年（1672），距離寶持去世的時間有十年以上了，寶持弟子炤公才來向僧鑒請序，五年後，直到康熙十六年（1677）語錄才刻成，而序文也才寫就，與語錄一起入《嘉興藏》。這位炤公，應該就是師炤（照）。

僧鑒當時已住持靈巖寺，所以序文題為「於大鑒堂中」。大鑒堂就在靈巖山崇報寺裏。而寶持的老師繼起就是在請序這一年去世的，或許炤公請序時，繼起已經離世，所以才請僧鑒作序。但不管是康熙十一或十六年，寶持的語錄出版或入藏的時間都比祖揆的語錄來的晚，而且是在她去世多年後才刻印出版的。

---

225 《祖揆妙湛錄》卷三，頁 723。

226 淵映，字廣漢，為徐嘉炎姊之子，其父為鍾宣遠，宣遠與祇園禪師亦有所來往。徐嘉炎曾為淵映之死寫傳〈姊子鍾廣漢傳〉，見《抱經齋文集》，《四庫全書存目叢書》集部．別集類，冊 250（臺南：莊嚴文化，1997 年），頁 544-545。

227 《寶持語錄》序，頁 705 上。

序
歲在壬子嘉興妙湛圓寶持總禪師弟子炤公以其師二會錄來吳問序於余余與師同出退翁老人之門雖媿不文義難辭讓今歲丁巳錄始刻成乃爲之序曰無上妙道非卽語言非離語言卽語言而求之是執花以爲春也離語言
二
而求之是棄花而覔春也惟執與棄皆倒亂心非眞實見卒難與以會道有智人焉知春之不專在花而偶拈一花以示顧且謂曰此亦春也而愚者不解乃謂春盡在是徒玩手中之花葉竟忘域內之風光豈唯雙眼不靈將使大塊減色矣讀是錄者亦猶是耳謂師之道盡在於是非知師者也謂師之道不在於是亦非知師者也然則師之道果何在乎曰亦不外是譬如大海忽起一漚認爲全潮固非指爲異海亦錯知此意者當從一字一句之中透出非字非句之外始不負師垂語之初心而炤公板行之志亦於焉畢酬矣若夫師之道在是

圖五 《寶持總禪師語錄》書影





## 十、小結

寶持遭逢公公殉節之家族劇變，與丈夫、兒女過著隱遁清貧的生活，又適逢明亡的朝代更替，丈夫憂哀無著而離世，看著這一切的無常變化、哀苦輪迴，有文采善繪畫，具女詩畫家之才的她，選擇超越名利、才華，甚至超越忠孝、倫常，而朝了生脫死的解脫之道，這非關政治與忠節，所以她不是遺民僧，也不必是遺民僧，更沒有遺民僧的枷鎖，而是這段時代與家庭同時滾動的巨變，淬煉著她，讓她決定尋求生命真正的出路。多年後她有〈寄洛陽夫侯夫人〉：

> 憶昔滄桑歎別離，十年消息重相違，金樽檀板君無恙，石室蒲團我正宜，春暖未融凝鬢雪，夢醒方辨處囊錐，幾番領得般勒意，回首中原更有誰。[228]

這位侯夫人似乎是寶持未出家前的舊識，昔日滄桑別離，今日十年已過，侯夫人是「金樽檀板君無恙」，而寶持自己則是「石室蒲團我正宜」，雖鬢髮霜雪，但生命已然夢醒，佛性已然豁開。全詩有著世事變化、歲月遷流之感，但卻篤定於修道解脫。又在給〈張夫人〉有云：「浮華轉盻屬雲煙，草座麻衣悟息肩」，浮華與滄桑並起，總是雲煙幻

---

**228** 《寶持語錄》卷下，頁 712 下。

夢，修道解脫雖清苦，卻能卸下煩惱重擔。這些多少可看出其出家修行的本懷，她在語錄中展現出教化弟子的自在大用，是女性禪師的悟者風範。從金淑修到徐夫人，再到寶持玄總，她是女詩畫家，是賢妻良母，最後成為教化度眾的女性禪師，每個角色她走來都那麼投入、認真。而她超越常情選擇投入參禪修悟，並解決了生命重擔，成為一方之師，應該是她心目中最有意義、價值的角色。

## 第六節　祖揆玄符之修悟行傳





祖揆，是在七位女性禪師中最具女禪意識者，其舉末山機用、和無著頌古、為當代女性禪師作讚，更有掀翻男女祖師傳承之志，性別智顯得積極鮮活，氣象萬千。禪風靈動恣暢，機鋒銳利不絕，被喻為如公孫大娘舞劍，虎嘯生風，如干將莫邪，不可攖犯。更且到最後還辭眾請法，要弟子棄禪入淨，徹底顛覆自己的法門。她的文學才華可與季總比肩，季總是南嶽策杖山色，她則是太湖湮舟水漾，月光禪心，涵蓄其中。其生平資料甚少，皆由語錄來建構行傳，但法語、拈古、頌古、詩偈非常豐富，題材也多端。

### 一、出家靈瑞，得記靈巖

祖揆玄符禪師（？-1670 年仍在），法名玄符，字祖揆，是繼起之嗣法弟子，為臨濟下第三十三世。出家於靈瑞庵，同時弘法於靈瑞庵、嘉興妙湛禪院。留下的語錄有二部：《靈瑞尼祖揆符禪師妙湛錄》五卷（以下簡稱《祖揆妙湛錄》）、《靈瑞禪師嵒華集》五卷（以下簡稱《嵒華集》），還有與寶持合著之《頌古合響集》，前二者，收錄於《嘉興藏》冊 35，後者收錄於《嘉興藏》冊 28。史傳上，超永《五燈全書》卷八十七有著錄之；寶林達珍（1731-1790）編《正源略集》卷九，於繼起的法嗣五人中收錄之。釋震華《續比丘尼傳》卷四，也編入其法語機緣。

祖揆之法名，[229]釋震華《續比丘尼傳》稱為「濟符」，從祖揆語錄著作內容來看，他人稱她或靈瑞大師、靈瑞和尚、靈瑞禪師，或靈瑞符庵主、祖揆符、靈瑞尼，她則自稱符上座、符道者、靈瑞、妙湛（到妙湛禪院弘法時），否則就是山僧云云。只有一則在《嵒華集》卷三為「藏雲室十二種日旋三昧」作注的小敘末，自署「玄符謹志」。除此之外，並無「濟符」之名，震華法師所根據的應該是屬於較外圍的資料，這點在討論寶持法名時已論及，寶持之法名應是「玄總」才是，所以兩人依語錄，同時可證明都是以「玄」字為首作法名，因此祖揆的法名應是「玄符」才是。

祖揆，生卒年不詳，其生平，目前所能知者，都集中於語錄部分，所以出家前的狀況皆付之闕如，只見《五燈全書》與《續比丘尼傳》對其記載如下：

> 靈瑞尼祖揆符禪師，湖州李氏女，具大智慧，得法靈巖儲……[230]（《五燈全書》）
>
> 濟符，字祖揆，湖州李氏女，具大智慧，出家靈瑞庵，從蘇州靈巖退翁儲公得法。……[231]（《續比丘尼傳》）

祖揆為湖州李氏女，具大智慧，出家於靈瑞庵，得法於繼起。張有譽《祖揆嵒花集》序也談到祖揆是：

> 師少警敏，具大根性，得記靈嵒，開法玅湛，其上堂錄，已板行于世。[232]

「少警敏，具大根性」與「具大智慧」似乎都是在讚揚她先天上具有超俗見地、出世間智慧。這與寶持從苦難無常、厭棄世相中出發，略有不同。

《頌古合響集》張有譽序，曾言及其法兄寶持有「厭棄世相」之念時曰：「忽焉，大雅云：「亡風吹別調」，厭棄世相，晨夕同符菴主苦志力參」，此時寶持還未出家，如果這樣的敘述沒有時間跳躍的話，寶

229 為統一起見，皆以字號「祖揆」來稱呼，而不以寺院名「靈瑞」稱之。
230 超永《五燈全書》卷八十七，頁 479 上。
231 釋震華《續比丘尼傳》卷四，《比丘尼傳全集》（臺北：佛教出版，？年），頁 74。
232 《嵒華集》序，頁 741 上。

持與祖揆是在未出家前即認識，而且「晨夕苦志力參」，她們是家人嗎？不得而知，但出家之處應該不同，否則張有譽不會只談寶持在繼起下出家而已。祖揆出家、修道應該是從靈瑞庵開始的。

## 二、住山歲月，雨滴嵒華

祖揆《嵒花集》張有譽序又言：

> ……茲集，居靈瑞，日與從上諸老，眉毛廝結，激揚酬對，代別徵拈，彙聚成編，命名嵒華，取雪竇顯和尚畣諸佛本源語也。[233]





此集之內容，是在靈瑞庵「與從上諸老，眉毛廝結，激揚酬對」的代語、別語、拈頌等禪語編集而成的，所謂「從上諸老」，應該是同修道友與徒眾們，因為其內容有許多是「示眾」機語。而此集之所以取名為「嵒華」，其典故來自雪竇禪師因學人問：「如何是諸佛本源」？他回答：「千峰寒色」。學人又問：「未委向上，更有也無」？他答：「雨滴巖花」[234]。「嵒華」即「雨滴巖花」也。而這段對答是雪竇居於洞庭湖東山的翠峰禪院時所說。這些在靈瑞所作的機鋒相對、代語別語，都是悟道之履跡，都是通往諸佛本源處，也是她文字才華之展現，所以祖揆將之目為「嵒華」，想來必定對此相當寶惜。再應前面祖揆出家於靈瑞庵之言，祖揆在此出家、修行，而得悟道、通諸佛本源，也曾在此開始弘法，靈瑞庵之於祖揆來說，是修悟的起點處，也是完成處，也可能是她後來歸隱之所，具有重要意義，所以語錄中她常被冠以靈瑞而成：靈瑞尼、靈瑞禪師、靈瑞符。

那麼靈瑞庵在那裏呢？李模為《祖揆妙湛錄》寫序時曰：

> ……那知靈瑞符大師，據虎頭收虎尾，……趯倒洞庭山，掀翻柳毅井，出世為人唱虎丘之道，師資赤幟適出，一時吳越之間，風行草偃，始靈瑞，既妙湛，分身兩處……。[235]

「始靈瑞，既妙湛」，也指出祖揆先在靈瑞庵，再於妙湛禪院弘法。李

---

**233**《嵒華集》序，頁 741。

**234** 超永《五燈全書》卷三十三「明州雪竇重顯禪師」下，頁 711 中。

**235**《祖揆妙湛錄》李模序，頁 715 上。

模形容祖揆「趯倒洞庭山，掀翻柳毅」，又有虎丘之道云云，祖揆自己亦題了記語：

> 昔坐夏洞庭，晝長無事，取從上機語，翻覆溫研，輒有神會，拈提頌述，不敢自謾，歲月浸久，遂繁㸃墨，……[236]

她並自署為「靈瑞住山符道者題」，同樣表達住山於靈瑞，在此結夏安居修行，與同住的修道者互相琢磨禪法。而從「昔坐夏洞庭」所言與李模的洞庭山、柳毅井，祖揆〈自題〉：「洞庭山高不露頂，太湖水深不溼腳」、「休夏東山」來看，[237] 靈瑞庵所在地必與洞庭山、東山、太湖有關。蘇州太湖果然有洞庭山，洞庭山分東山、西山，東山是伸入太湖的半島，西山是太湖裏的島嶼，古柳毅井也在東山。祖揆語錄中亦常提到七十二峰，例如她以此舉機鋒：

> 一云：七十二峰個個隨波逐浪，東山西嶺兩兩截斷眾流，如何是函蓋乾坤句？代云：目前是甚麼？又云：一合相不可得。[238]

太湖內的大小島嶼、沿湖山峰、半島即號稱七十二峰，東山、西山就是其中著名者，祖揆這個機鋒問句，就是以七十二峰與東山西嶺對舉。綜合起來，靈瑞庵就在太湖洞庭山的東山附近，應無疑也。回顧之前所言，《喦華集》之命名典故來自雪竇禪師在東山翠峰禪院之語，東山即太湖洞庭山之東山，靈瑞庵亦在洞庭山東山，自此更能了解，祖揆為何要將在這裏的筆墨文字以雪竇之語來命名了，因為她與當年的雪竇禪師曾居住於同一個地方。[239]



---

236 《喦華集》卷一，頁 741。

237 《喦華集》卷三〈自題〉，頁 754 中。卷五〈休夏東山〉，頁 759 中。

238 《喦華集》卷二，頁 745 下。另外，卷三〈示靈捷道者〉：「一壑松風庵小小，七十二峰青未了，畏寒懶剃髮鬔鬆，溪深杓柄長多少」，亦有「七十二峰」。頁 758 中。

239 筆者於民國 96 年 5 月探訪太湖東山。翠峰塢的翠峰禪院與相傳的悟道泉，已毀壞枯竭。島上亦無「靈瑞庵」者。倒是有一座「紫金庵」，始建於梁陳，庵內大殿有佛與羅漢、諸天像，據載是南宋之作，很難得地逃過文革劫難，保存下來。十六位羅漢極為生動，為南宋雕塑名家雷潮夫婦所作。釋迦三尊像，古樸厚實，垂目俯視，觀者立於各個角度，總覺得佛眼正看視之。諸天像中有手持華巾者，與殿後觀音頂上的華蓋，都是以泥塑表現飄逸柔軟布質的佳作，所以佛眼、巾蓋、華蓋被稱為紫金庵三寶。另有靈源寺，原為東山最大寺院，今已毀，只剩千年古松、靈源泉與殿基石階，當地政府目前預備大興土木重建之。在一片湖光青山茶香中，祖揆之靈瑞庵，其名其跡都已未存在於當地了。

祖揆在此過著清修式的生活，雖然歲寒年窮，仍有禪法滋潤，她有〈除夜小參〉四首，皆以「歲盡年窮會也麼」開頭，又有〈歲朝示眾〉，各錄其一如下：

> 歲盡年窮會也麼？道人豐儉秪隨家，北禪苦把耕牛宰，奪角爭蹄亂若麻。
>
> 鐘聲披起鬱多羅，貧到無錐意氣多，佛祖位單留不得，聲光贏得徧娑婆。[240]

山居生活物質本就較為薄淡，再加上朝代更替、戰火或漫延或過後，百廢之狀，整個大環境都不佳，但對修道者來說，修行是本懷，悟道自能適然，她有〈自贈〉：

> 住山歲月總不記，但見四山青又黃，博飯栽田爭如我，說禪浩浩讓諸方。[241]

日月不記，山青山黃，吃飯、栽田怎如我，這般又平常又認真呢？既使如此，靈瑞地處太湖東山，大自然山水雲月的千變萬化，也讓她的詩裏充滿著江南美景風光，例如〈月夜閒行〉五首之二：

> 門外峰巒列翠鬟，昏鴉隊隊帶聲還，微風吹落浮雲片，月色如銀萬境閑。
>
> 秋江如練浸長天，萬籟無聲月正圓，好景不須他處覓，清光只在指頭邊。[242]

這些翠峰、昏鴉、微風、片雲、銀月、秋江、清光美景，都熱熱鬧鬧地籠照在她的一片閑境中。東山的碧螺峰有產茶葉，素來聞名，原名「嚇煞人香」，後來被康熙賜名「碧螺春」，祖揆詩中亦留下這種「嚇煞人香」：

> 綠樹成陰春已休，晝長山舍事悠悠，茶芽離焙忽穿鼻，笋角帶泥爭出頭。[243]

---

240 《嵒華集》卷四〈除夜小參〉、〈歲朝示眾〉，頁 756 上。

241 《嵒華集》卷四〈自贈〉，頁 755 中。

242 《嵒華集》卷四〈月夜閒行〉，頁 755 下。

243 《嵒華集》卷四〈披雲臺頌，和宋慈受深禪師原韻，再和前韻〉之八，頁 754 下 -755 上。

春末初夏，穿鼻而入的茶芽香必是那嚇煞人香的碧螺春。茶春與新筍讓山舍悠悠生活，憑添一絲趣味。除此之外，東山自來栽種很多花果，尤其是橘、柚、枇杷等，暮春時節花果香氣瀰漫島上，祖揆有首〈山居〉詩即云：

> 一舍三楹翠岫圍，離離柚晚香飛，石床昨夜生秋夢，似向松門跨虎歸。[244]

在翠岫圍繞的山居茅舍，橘柚晚香微微飄送，山居人石床秋夢，夢中跨虎松門歸，寫得既幽閒又豪俊諸如〈山居襍偈〉、〈山居即事〉等等詩，也都閃動著修道者山居既悠閒又萬象紛紜之美智之境。[245] 這段靈瑞庵時期，她也經常出外參學，如〈還山渡湖〉四首之一、〈歸山自嘲〉：

> 舞棹呈橈泛水雲，鷺鷥飛入蓼花汀，天然一色難分別，孤負身心百不靈。
>
> 妙峰孤頂無行路，到者全心當下灰，堪笑白雲無定止，被風吹去又吹來。[246]

參學遍處，歸來渡湖，這光景，也有宋代女禪師妙總「一葉扁舟泛渺茫，呈橈舞棹別宮商」的禪機，[247] 被風吹去又吹來的行腳路，有個「無行路」之定處了嗎？一點一滴的心境睹之於前。也有許多禪友的互勉、對弟子的開示、遠方同參的通一消息，例如〈可仁道者住庵示之〉、〈慧安禪德請開示留贈〉、〈勉無聞道者〉、〈示隨侍諸子〉、〈寄自可道人〉等等，[248] 在靈瑞庵的歲月，清樸卻豐富。

祖揆有一首〈別洞庭舊隱〉，應該是離開靈瑞，要到妙湛所寫的：「自攜瓢笠下雲岑，彼此無言意甚深，分付洞庭峰頂月，清光留取照同心」，[249] 對在靈瑞庵的同參有一股悠然深意，在靈瑞的時光，對祖揆而言，有著深刻的意義。

---

244 《嵒華集》卷四〈山居〉，頁 760 上。

245 《嵒華集》卷四〈山居襍偈〉、〈山居即事〉，頁 757 上中。

246 《嵒華集》卷四〈還山渡湖〉四首之一、〈歸山自嘲〉，頁 755 中。

247 《大慧普覺禪師語錄》卷二十二〈示永寧郡夫人〉，《大正藏》冊 47，頁 903 下。

248 《嵒華集》卷四、卷五多首。

249 《嵒華集》卷五，頁 757 中。

## 三、參學往來，一隊女禪

洞庭湖東山屬於蘇州，距離靈巖山頗近，《嵒華集》中有〈師到靈嵒省覲〉、〈一日偕同參入室〉、〈到靈嵒首座寮〉等與繼起應對的記載，[250]難得的是，繼起《南嶽繼起和尚語錄》卷二「蘇州靈巖崇報寺語」、卷五「住蘇州虎丘雲巖寺語」，亦各有一則「靈瑞符道者請上堂」之法語，[251]記載著她的出現，而能在老師的語錄中留下名號，可見她在靈瑞庵期間必定常常追隨於繼起座下，來往靈巖山、虎丘參問公案、坐夏安居等等。寶持的語錄中亦記載至靈巖坐夏，[252]她與寶持兩人此來彼往、亦來亦往，同師同門同參，最明顯的是《頌古合響集》的完成，這是她們兩人對同一公案（共 43 則）的無著頌古，各自亦以頌古和之而成，即使弘法之後亦還互相往來、彼此助成，兩人參究道誼很深。





祖揆與寶持是同參，從祖揆語錄中亦可顯現她與其他女禪者之間有所往來，大多因為參學之故，例如她寫〈悼伏獅義恭禪師 舊與師同參〉、〈伏獅尼義恭珂禪師讚〉詩，[253]義公是祇園的弟子，有留下語錄，後來繼席伏獅禪院，祖揆與她有同參之誼，義公曾參學多處，亦曾於繼起處參問（順治五年、西 1648 年左右），不知祖揆是於繼起處、還是在祇園處，還是其他禪師處與義公相遇而同參的？又，從她寫過〈董菴尼祇園禪師讚〉，[254]祖揆應該也曾參問於祇園。她又有〈靈峙和尚五十壽頌〉、「到靈峙為仁和尚壽」[255]之作，靈峙和尚即女性禪師仁風印（？～ 1666），亦是繼起弟子，應該也是同參於繼起門下結識的，仁風住持於崑山靈峙庵，修證有成，《五燈全書》對其有簡單法語記載外，[256]《百城煙水》有比較詳細之記載：

---

250 《嵒華集》卷二，頁 746 下。

251 《南嶽繼起和尚語錄》卷二、卷五。《嘉興藏》冊 34，頁 287、301。

252 《寶持語錄》卷下，機緣，頁 709 中。

253 《嵒華集》卷五〈悼伏獅義恭禪師 舊與師同參〉，頁 758 下。卷三〈伏獅尼義恭珂禪師讚〉，頁 753 下。

254 《嵒華集》卷三〈董菴尼祇園禪師讚〉，頁 753 下。

255 《嵒華集》卷五，頁 758 下。《祖揆妙湛錄》卷一，頁 718 下。

256 超永《五燈全書》卷八十七，「玉峰靈峙尼仁風印禪師，崑山顧文康公從孫女……」，頁 479 中。

靈峙庵，舊名水月庵，明萬曆末念西印禪師開山。……順治己亥，其徒仁風印禪師受法靈岩，眾請主法，因改今名。師六歲喪父，十五歲易服，十九歲禮念西為師，年二十，上徑山披剃，壬午夏掩關本庵，力參三七，聞檐瓦落水缸聲得省，邑中士紳敦請繼席。康熙丙午示寂，說偈伽趺而逝，端坐五日，顏貌如生，入塔時天雨五花，四眾嘆仰，弟子月庵湛，長州繆氏子；粹機果，昆山顧氏子。月庵輯刻其師《靈峙語錄》一卷，所著有《亦世草》、《種竹詩》、偈頌諸集。[257]

胡文楷《歷代婦女著作考》、[258] 王端淑《名媛詩緯初編》也著錄之，端淑簡介生平，評論之，並選錄〈上堂偈〉一詩：

尼濟印，姓顧氏，字仁風，崑山人，文康公鼎臣從孫女，苕年不御華飾，未笄即以出家懇母，母許之，為置入道之具，自吳而楚，砥志參訪，遂為天台靈嵒大師法子，付以衣拂，並偈云云。著有《玉峰靈峙尼仁風禪師語錄》。

端淑曰：師本名家子，髫年即能謝去鉛華，耑心內典，歷十五寒暑，而得靈嵒和尚之法，直接宗統，為佛門大器，噫，奇矣，一偈即知不凡。

上堂偈

松林月冷霜威遠，梅嶺香生春意回，意氣不從天地得，英雄豈藉四時推。[259]

惜筆者眼目所及，並未見仁風之語錄。祖揆到靈峙庵為仁風祝壽，兩人應該時有密切往來。這幾位女禪師一時之間，紛紛呈現在祖揆語錄當中，交織成一幅女性禪師群像，她們是同參道友，之後也一一各自一方

257 徐崧、張大純編輯《百城煙水》卷六，昆山縣。此書並記載仁風禪師是顧文康公六世孫女。此書為康熙二十九年出版。《江蘇地方文獻叢書》（南京：江蘇古籍，1999 年），頁 394。

258 胡文楷《歷代婦女著作考》清十五：「玉峰靈峙仁風禪師語錄。〔清〕尼濟印撰（顧氏）然脂集著錄（未見）。濟印，姓顧氏，字仁風，江蘇崑山人，神釋堂脞語云：諸尼提倡，靈峙為優，語句亦省淨明潔。」，頁 622。

259 王端淑輯《名媛詩緯初編》卷二十六，緇集。清康熙六年（1667）清音堂刻本。引自哈佛燕京圖書館「明清婦女著作」網站掃描該書之資料，頁 26.4b-26.5a。http://digital.library.mcgill.ca/page-turner-3/pageturner.php

開始弘法！

除了這些有資料可尋的女禪師們外，還有諸如天台尼自覺禪師、寒山尼元明老師、靈瑞尼宗遠老師等，祖揆也都為其寫讚詩，顯然她特別注意到這些女性修行者，並提筆為她們留下隻字片語。還有，許多與她是同參或是弟子的巨宗道人、雪穎澄侍者、引慈上座、雲林上座等等人數頗多、[260]但卻無緣得知從何而來，從何而去的女修道者，都因祖揆的語錄而排列在我們的眼前。





## 四、接繼妙湛，略露家風

當寶持住持妙湛時，祖揆曾往來協助之，當寶持從妙湛退院到南詢禪院時，也同時請祖揆住此弘法，這樣的道誼與弘法的因緣，祖揆曾在〈寶持兄開法南詢寄之〉二首詩中表達：

> 運水搬柴事偶諧，隨家豐儉絕安排，盋盂添柄新翻樣，直得虛空笑滿腮。
>
> 門庭建立太無端，慚媿頭陀倒剎竿，互換機輪看仔細，作家今日笑阿難。[261]

第一首以「運水搬柴」、「盋盂添柄」來喻修行生活、住持弘法，而這些都是事偶諧、絕安排，無所執取。如今要翻個新樣、換個地方，虛空都笑滿腮了，因為還是空性無執，只是此來彼去而已。第二首運用一則公案：阿難問迦葉云：「世尊傳金襴袈裟外，別傳何物？」葉喚云：「阿難」。難應諾。葉云：「倒卻門前剎竿著」，[262]阿難聞之有悟，後來迦葉便付法給阿難。迦葉被禪門視為印度初祖，阿難則為二祖。法門這二大兄弟，在造像上經常侍立於佛陀左右。剎竿者，寺前的幡竿，有建立法要、法門之意。祖揆將自己喻為阿難，而法兄寶持則是付法給阿難的迦葉，兩人以法相傳，互成互承，以法兄為前導而「互換機輪」來妙湛，兩人正是互相傳承的禪門兄弟。但「門庭建立」太無端、就如立

260 《祖揆妙湛錄》卷一、卷三，頁 716 下、725 上中等多處。

261 《嵒華集》卷五，頁 758 中。

262 《無門關》卷一，《大正藏》冊 48，頁 295 下。

個剎竿，是要被迦葉倒卻的。自己來到妙湛弘法，好似立個剎竿，也是太無端，只好自己先將之倒卻，也先大笑一番，免得被別人先笑去。祖揆一方面表達兩人接繼在妙湛弘法，有弘法傳承之意義，一方面也正破遣門庭傳承的建立，因為傳承不在建立門庭，只是為了弘法而已。

對於在太湖中的靈瑞庵而言，地處嘉興的妙湛禪院是文化繁盛的中心城市，在靈瑞是「窯花香飯剛個飽，荷葉碎衣勞再拴，斗大茆庵傍溪住，不知是馬是驢年」[263]式的山居頭陀歲月，到妙湛則是面對人來人往的文化菁英，而從語錄中透顯出來的主要是寶持夫家：徐門人士的請法與護持。徐門是書香之家，也多為佛教居士，雖因寶持公公殉節而死，但也因此名高節清，甚得尊重。所以祖揆入妙湛的法語有云：「山僧福薄德涼，無心坐此床座，既爾業緣難避，不免略露家風」，[264]謙遜地顯露她山居清閒之本色。但因為她來到嘉興妙湛，才得以將大機大用的家風一露，所以也似乎相對地得到較大的弘法力用，在語錄的呈現上，她在妙湛的說法內容顯得綿密清晰，並時有長篇議論，禪風之靈動翻轉、變化多端，時而柔軟，時而猛利，她還在此為多人如慧月、修顒、巨宗、自閒、一心、嘉善朱道人等剃度，顯然有許多徒眾加入，而且上座說法時有較明顯的一來一往應機之談，不像在靈瑞時的記錄多是單純的自問自代語，妙湛時期，除了一般寺院的上堂、小參、晚參、結夏、解夏等平日修行生活外，還有對靈、忌日小參、祈雨、送竈等法事，這也是靈瑞時期所未記載的，而且在妙湛的語錄比在靈瑞的還早出版，應該與妙湛法緣較盛有關。

另外，妙湛禪院時期，語錄還有二則：「病起，上堂」、「病瘧起，上堂」[265]的法語，《嵒華集》亦有〈病起贈朗仲居士 士善歧黃〉詩。

---

263 《嵒華集》卷五〈山居即事〉，頁 757 中。

264 《祖揆妙湛錄》卷一，頁 716 上。

265 《祖揆妙湛錄》卷二，頁 721 中、723 上。

## 五、辭眾請法，并勸念佛

到了妙湛後，不知過了多久，寶持去世，從此祖揆獨自奮勉於妙湛，法緣頗盛，上堂說法之內容就有三卷之多，但是到了後期，她觀察到禪門衰相已現，她對於當時法門彼此攻詰紛諍，極為痛心，對於為嗣法而起的鬥爭心、分別心，也有深切反省，對於禪法流於浮曲，以盲導盲之現象，感觸甚切，所以到後來，她還「辭眾請法，併勸念佛」，並寫〈念佛偈示徒〉要弟子們專志念佛，她這麼做，放棄她開悟的法門：參究公案，也等於是放棄作為一位女禪師的角色，回歸弘法的本懷，以幫助眾生解脫為最大目標，所以不拘教門之別，明白勸告弟子要由禪轉淨，[266] 才是當前的最好法門，因為她認為在末法時期、在禪門已朽亂之時，最為方便，最能修行得益的是專念彌陀，往生極樂淨土。對於一位開悟者而言，是禪師，是淨土行者，都與她無關了，什麼方式最能幫助弟子與眾生解脫，才是她要思考在意的。

## 六、退席妙湛，閒居隱跡

當行際在康熙九年（1670）為《嵒華集》作序時，言道：「大師善藏其用，退席閒居」，[267] 顯現此時祖揆應該從妙湛退席下來，「善藏其用」，但不知閒居隱跡於何處？極可能是回到東山的靈瑞庵，並在此時將之前於靈瑞庵所成之拈提頌述等文字，或再加上從妙湛歸來之作，彙整成《嵒華集》的，這或許也是之所以嵒華集會比妙湛錄晚出版的原因之一。而祖揆為嵒華集所寫的小序，屬名「靈瑞住山符道者」，也標誌著她已回到靈瑞庵住山矣。之後，她的修行生活如何？又是如何履踐她在禪與淨，由禪轉淨的身份與修持？又在何時、何地去世？這些都超出兩部語錄所記載的時間點，但起碼可以確定的是，行際寫序之時，她仍然活著，正閒居隱跡度日。



---

**266** 《祖揆妙湛錄》卷三，頁 726 下 -727 上。

**267** 《祖揆妙湛錄》行際序，頁 715 中。

## 七、語錄之出版

祖揆的二部語錄是：《祖揆妙湛錄》五卷（全名為：《靈瑞尼祖揆符禪師妙湛錄》），李模、行際序，記載在妙湛禪院示眾法語，並有拈古 104 則、頌古 100 則。《嵒華集》五卷（全名為：《靈瑞禪師嵒華集》），張有譽序，記載在靈瑞庵時期的內容，有示眾法語代語、垂問代語、機鋒問答、公案代語，亦有詩詞贊詞。

靈瑞禪師語錄序
金烏玉兎交互爭輝天苞地符亭毒示興世界清奇
之氣不在於此即在於彼況觀音大士現婆羅門身
赤脚渡流沙河來壁觀九年分皮析髓一等是人家
男女纔跨得渠門限骨頭都換却了也我吳閶素稱
淼教淵藪虎丘一片石壁立萬仭諸峰兒孫羅列其
下時則有資壽之妙總西竺之淼海惟久皆以錦繖
英雄展繡旗作略後先演暢左右激揚至今瞌睡虎
穴中三日子皆吒呀地到處哮吼大宗之庭唐哉皇
哉終不敢眈眈正眼一覩靈嵒山頭旗鼓高張凌跨

靈瑞禪師語錄序　一

宗祖一旦以四衆排闥移鎮此山攤出家藏原本契
書人人白晝見日那知靈瑞符大師攃虎頭收虎尾
向威音巳前早巳違得便行趯倒洞庭山掀翻柳毅
井出世爲人唱虎丘之道師資赤幟適出一時吳越
之間風行草偃始靈瑞旣妙湛分身兩處露刃當門
三關劈箭平施陷虎之機舉目提綱力振張麟之網
語句流布諸體畢具一一如銕釘木札不可齩嚼如
干將莫邪不可嬰犯如雲涌波譎不可按摸眞所謂
頓挫瀏灕舞劒器渾脫者耶豈少林得肉之人雙徑
註莊之客可得睥睨殆高安灘頭高高山頂立不露
頂者耶讀是錄者一杓半杓莫亂斟酌吳郡密菴居
士李模題

圖六　《靈瑞尼祖揆符禪師妙湛錄》書影

靈瑞禪師嵒花集叙
臨濟之道迥出常情諸佛妙理非關文字若但向筆
峰墨海間浮沉上下豈止湮没法身即名身句身亦
胥淪喪首楞嚴經中佛語阿難汝等若以緣心聽法
此法亦緣如來無礙境界若用有思惟心領攬如人
以手撮摩虛空祇益疲勞終無得也況我祖師門下
言如雷火搓之而一點隨游事比蟾輝唱之而孤輪
不墜直須以心中眼觀身外相觀之又觀乃辨眞僞
徒以名位楷模形言區別豈眞具擇法眼善知知識
者哉讀靈瑞大師語足可隳情城裂見網龍種飛騰

靈瑞禪師嵒華集序　一

原出牝牡驪黃之外若執常經以相皮毛是知駑駘
而不識騏驥未可與語鞭風策電之機也師少警敏
具大根性得記靈嵒開法妙湛其上堂錄巳板行于
世茲集蕃居靈瑞日與從上諸老眉毛廝結激揚酬
對代別徵拈彙聚成編命名嵒雩取雪竇顯和尚會
諸佛本源語也衆生迷其源法身流轉五道若病眼
之見空花諸佛窮其源惑業皆成智光同淨水之含
寶月達磨骨髓神光臂血打下曹溪混成滴水至滹
沱其源益濬其流益長嚙雲噬空滔天沃日譬諸百
川至海臻極孰能窺其涯涘曷可辨其端倪除是金
翅鳥王力量擘開洪浪直取龍吞餘皆望洋難與語
大若僅蠡盂鐼子盛貯少許充肰止足謂我得也得
也自是器量有限又爭怪得不聞古人有言汝若一
悟便了只將自巳所見亞在胸臆動即傷鋒犯手出
世爲人不得且道病在於何只爲大淼未明從上綱
宗未透雖有衲僧巴鼻未具金剛眼睛安能辨驗龍
蛇決擇倒正我靈瑞大師口門濤涌舌底瀾翻有時
將全海攝入一滴盡乾坤乾爆爆棒打石人抵貴實
論有時將一滴散成全海亘古今局漉漉不圖入水
要見長人果肰出海自高請看甚生標格因他家曾

圖七　《靈瑞禪師嵒華集》書影

張有譽（1589-1669）之《嵒華集》序，寫於「重光赤奮」，即辛丑年，即順治十八年，並言當時《祖揆妙湛錄》已版行，[268] 所以《祖揆妙湛錄》的出版，應在順治十八年（1661）之前。但行際為《祖揆妙湛錄》寫序卻是在康熙九年（1670），並言已看過《嵒華集》矣，李模序則未紀明年月。張有譽去世於康熙八年（1669），當行際寫序時，已是有譽去世的隔年了，據有譽所言《祖揆妙湛錄》先於《嵒華集》出版，那麼為何《祖揆妙湛錄》行際之序還比《嵒華集》張有譽之序還晚呢？

可能是：《祖揆妙湛錄》或是其一部分，先於順治十八年（1661年）之前已板行于世，再於順治十八年左右（1661 年）準備出版《嵒華集》。等到九年後，康熙九年（1670 年）《祖揆妙湛錄》或要入藏，或是編整為完整版後，再請行際增補上序文。至於，祖揆與寶持兩人合著的《頌古合響集》，也是張有譽作序，所以應該在他去世之前，即康熙八年（1669 年）之前，即已收集完成要出版。而這些時間點，祖揆都還在人世，換言之，她的全部著作，應該都是在她生前即已出版行世了。



## 第七節　子雍成如之修悟行傳

子雍，她來自京城，是七位女性禪師裏最晚出現，也是唯一在北方的。語錄有些些皇城味，幾次遇見皇上，有公主大護法，為朝官夫人說法，令人不得不猜想其背後似乎隱藏著某些權貴助力。然而她參學二十年、三上五臺，也是實踐篤行而悟道的。從一些機鋒對話可以看出，時人對她的「女性」性別特別感興趣，常常由此切入發問，甚至給她「慈航普度」的稱號。其禪機常藉由萬象千景的花、月、雲、雪、風、鳥、蝶與啼、靜、平、收、吹、破等來觸發，帶著春花秋月的優美與悠然，更充滿自信道出「賣盡春風孰敢當」；她效法善財童子南詢五十三參，到江南禮塔訪道，示範出女性禪師的千里參學路，也彌足珍貴。

子雍成如，子雍，其號也；成如，其法名也。一般以號行世，也有依禪門傳統稱之為「子雍如」。因慈悲垂教故，也被稱為「慈航普度」，又加上在北京一帶弘法，故亦有「燕山慈航禪師」之名。師承古律元範（？-？），為臨濟下第三十四世，古律之師為遠庵本僼（1622-1682），遠庵之師為木陳道忞（1596-1674），木陳是密雲法嗣之一。傳

268 《嵒華集》張有譽序，頁 741 上。

承臨濟下第三十四世法脈，被載入《五燈全書》。[269] 留有《子雍如禪師語錄》四卷（之後簡稱《子雍語錄》），收入《嘉興藏》。釋震華《續比丘尼傳》亦著錄之。

以下根據子雍應執事之請所說〈行實〉為本，再佐以語錄相關資料來敘述。

## 一、出生與出家　清順治五年（1648）- ?

子雍成如（1648-1699 仍在），俗姓周，生於清順治五年（1648），湖北荊門人氏。祖籍關東，流寓都門已很久，父親周志祥，母親牛氏。清朝開國之初，父親曾經隨駕出征而有功勳，[270] 但他不欲為官，隱居耕讀為生。其父生性樸素醇謹，見善必為，信奉佛教。年逾半百，尚無子息，於是祈求三大士，發弘誓願，虔禱求嗣，終於得生子雍。由她的父親能隨駕建功來看，其父親與朝廷應該有某些密切關係。

至於子雍的生年，在〈行實〉裏並未言明，但依語錄中一首〈丙子述懷〉詩可推得，詩文：「韶華經幾度，四十九年春，處世雖無偶，問心只自親，炷香消白晝，闔戶遠紅塵，痴夢從今醒，如如閒道人」。[271]「丙子」述懷時，已度四十九年春，丙子年是康熙三十五年（1696），當時她四十九歲，往前推之，亦即順治五年（1648）是其生年。

子雍幼時，不苟言笑，稍長，便有脫塵之志。等到及笄之年，父母卻強迫她婚嫁。她不貪嗜欲，不戀富貴，素性貞潔，立願長齋繡佛，奮志脫塵，最後禮補仁和尚為師，剃度出家。〈行實〉只言：「年及笄，父母迫之於歸」，[272] 並未確言是否曾踏入婚姻。

---

269 超永《五燈全書》卷一〇七，頁 664 中。

270 子雍在〈行實〉中言：「開國之初，父從駕屢著功勳」，「駕」字採用另行單抬的方式，代表皇上，此開國之初的皇帝是指努爾哈赤（1559-1626）？還是皇太極（1592-1643）？〈行實〉中並未言明。努爾哈赤明萬曆四十四年（1616 年），建國號大金，為金可汗，戎馬一生。皇太極在崇德元年（1636 年）改後金為大清，正式稱帝，他分別於天聰元年（明天啟七年、西 1627 年）有「寧錦之戰」、崇德六年（明崇禎十四年、西 1641 年）松錦之戰。子雍之父在「年逾半百」時才求得子息生下子雍，子雍生於清順治五年（1648 年），所以其父約生於西元 1698 年左右，依這樣的時間點以及皇太極為建立清朝者，子雍父親所隨之「駕」，應該是以皇太極較有可能。

271《子雍語錄》卷一〈丙子述懷〉。《嘉興藏》冊 39，頁 821 下。

272《子雍語錄》〈行實〉，頁 831 中。

## 二、參學二十年

從此開始參究禪旨，參學諸方，她曾自言：「生平行業證入在五臺、遼西」，[273] 在各各道場屢訪明師，受他們的深加追拶、層層勘驗，勇猛精進，卻也備歷艱辛，整個參學過程有二十餘年，最後終在其本師古律禪師之棒喝點撥下，「死而復生」，膺礙釋疑，契入本懷，受古律印可，承繼臨濟下第三十四世法脈。所以她曾在一次上堂拈香祝願時曰：

> 次拈香曰：此一瓣香，遍歷諸方門戶，嘗盡多少辛酸，末後三上臺山，遇著惡毒老漢，當眾勘驗，逼得如上座，死而復生，怨恨難忘，爇向爐中供養現住仁壽堂上，傳臨濟正宗第三十三世上古下律大和尚，用酬法乳之恩。[274]

經過遍歷門戶，各方參請修證，最終是三上五臺山，受恩師的切切點撥，逼得無明頓斷，智慧遍明，死而復生。這段過程令她難忘，也令她感恩萬分。她修持的法門是臨濟宗的參話頭，曾曰：

> 山僧十三年前，抱一個話頭，廢寢忘餐，如痴如兀，死人一般，十三年後，如杲日麗天，無所不照。[275]

「抱個話頭，廢寢忘餐，如痴如兀，死人一般」，這就是典型的參話頭過程。在參學的過程中，她還曾經險遇虎狼、賊寇，甚至水火、刀兵等等天災人害，但都能不驚不怖，視之淡然，化險為夷。即使平安無事之時，還遇到天晚要在寺院掛單，卻不被接納，只能「中宵露坐心同寂」的情況[276]。又有一次朝五臺山時迷路，文殊菩薩還現身指示方向，讓她寫下「峰巒疊翠號清涼，煙雨幽深覓上方，踏破青山紅日現，從空湧出法中王」[277] 之詩。她時時勤苦自勵，未嘗有偷得半日閑之念，拚著身心性命，誓願入聖超凡。

至於〈行實〉所謂「行業證入在五臺遼西」，語錄是多次提到入五臺山，得古律教化，得其傳承，但卻沒有明顯提過遼西，是她的剃度師

273 《子雍語錄》〈行實〉，頁 831 中。

274 《子雍語錄》卷一，頁 819 下。

275 《子雍語錄》卷一，頁 820 中。

276 《子雍語錄》卷二〈參方日晚投山寺不納感賦〉，頁 822。

277 《子雍語錄》卷二〈朝五臺山路迷失感菩薩現身指示賦以紀異〉，頁 822。

補仁和尚之所在嗎？或是南來北往參學時，有大善知識者在遼西？或是指古律？目前不得而知。

## 三、慈航普渡名，公主貴婦眾

歷經一番修證，終能解脫悟道，子雍遂展開弘法生涯。首先住持於永安寺與洪恩寺。康熙三十年（1691）佛成道日，再於永慶禪院開法，當時她四十四歲。之後應該也於永壽寺弘法，這些寺院都在京城（見下文），再加上又是女性禪師，所以信徒中多為宮中、官宦的貴婦夫人，例如吳夫人母難日請上堂、解制時趙夫人請上堂、舒夫人為夫主捨替僧、衲夫人婆媳雙亡請對靈小參等等，甚至康熙的女兒，亦即當今皇朝公主亦曾駕臨，語錄卷一就有「大護法公主領眾善信 舒門趙氏、那門葛氏、趙門蒼氏、吳門王氏請開光小參」云云。[278] 也因此頗得所謂「金枝玉葉」的富女貴婦，以及護法宰官等人的助建梵剎。寺院稍成規模時，切切念念都在接引後學，開示修悟之道，為此她曾坦言：「接引後昆，於心甚切，然而修造尚未次第，安禪結制未盡本懷，利濟世人亦嘗曲垂方便」[279]，為了利濟世人，善用調柔應機之法，雖然未盡本懷，常常方便隨緣而行，必讓弟子信眾有機會接觸佛法，也因此有「慈航普度」之名。

在她四十九歲時，康熙三十五年（1696）有〈丙子述懷〉詩：「韶華經幾度，四十九年春，處世雖無偶，問心只自親，炷香消白晝，闔戶遠紅塵，痴夢從今醒，如如閒道人」。[280] 由此推得其生年。

五十二歲，康熙三十八年（1699）春天，她捧持這九年的弘法語錄一冊，至北京石景山（西山）的聖感寺參禮住持和尚：霽崙超永為其語錄寫序。為了慎重起見，超永沒有立刻答應，直到秋天，子雍再度扣室勤懇，超永見文字雖無文，但篤至有本色，機用也穩實，又可為北方女禪師留下證明，遂答應其請。

同樣在這一年，康熙三十八年（1699）冬天，受涿州坡河屯信士袁

278 以上舉例皆見《子雍語錄》卷一，頁 820。

279 《子雍語錄》〈行實〉，頁 831 中。

280 《子雍語錄》卷一〈丙子述懷〉，頁 821 下。

善人之請，到雨花庵開法。涿州位處北京西南方，子雍在此依然打七、解七、結制、解制、小參等等開示，亦有學人僧尼參問。

因為涿州距京城有段距離，子雍在此應該渡過一段閒居山林的日子，也或許是另有山寺之居。她樂愛山林，享受清幽的山居歲月，例如有「從來學道喜山居，靜夜彌陀意自餘，會取本來真面目，何須更要理鯨魚」、「雪裏梅花別有春，久居深谷不凡塵，清身欲度香風遠，幾樣風流別樣神」、「鉏雲種月學山居，不盡山花道有餘，石做枕頭不是虎，一天明月半床書」之偈詩，[281] 似乎回到參學時代與道相合的純粹心靈，但此時心已放下了。





## 四、慈航拜觀音，南詢五十三

五十三歲左右，康熙三十九年（1700）春天。子雍開始實踐她「南詢五十三參」以及到南海朝聖的願望。

子雍參學的生涯過程中，多在山西五臺山、遼西一帶的北方，但她的法脈傳承是來自南方，禪宗的發展也以慧能為中心地在南方蓬渤發展，以南方為主的禪宗歷史由來已久，在明末清初時期亦是如此，許多大禪師在此弘法，四方禪子也自然地匯集於此參學，所以子雍心中一直有一個到南方朝聖的心願。《華嚴經》有善財童子五十三參的典故，內容講述善財童子為了實踐菩薩道行，發願往向南方的五十三位聖者居處去參學求道，每位聖者各有其修行之道，也各有其行菩薩道度眾的方便，這是菩薩行者為了救度眾生，廣學一切法的用心，也是向聖者的一種致敬，所以子雍受此感召，在弘法之餘，展開她的南詢五十三參之行。

臨行前，法俗子弟相送，弟子不忘以南詢為機峰，求道問法。子雍亦有〈京都引眾送行讚詩十首〉，其中一首：「扁舟遙泛月明中，薊北南天風景同，諸子漫言情念切，秋來依舊看歸鴻。」。[282] 在明月中遙泛扁舟出京，就她看來南天北地風景一同，佛法亦是南北一如，法法平等，但師徒之間的道情卻也情念切切，還有「惟愛燕山玉水情，清風明

281 《子雍語錄》卷二〈雜偈八首〉之三、五、七，頁 824 中。

282 《子雍語錄》卷三，頁 825 下。

月兩相迎，株禽也解知端的，飛近征車作遠盟」，[283] 她對京城、燕山之情溢於言表。

她乘船走水路，循著京杭運河、浙東運河，千里迢迢從北京來到浙江寧波，再從寧波出海，到南海普陀山，這是觀世音菩薩的道場，這個朝南海之願，應該也是相應於她被稱為「慈航普度」的因緣吧！成了「慈航拜觀音」！在普陀山，她在短姑道頭留下了詩偈。

接著她可能於秋天前回到北方，於隔年康熙四十年（1701）二月，乘船到桃花口，接受孫居士領眾護法等請上堂說法。此時可能是要開始第二次南詢行履了。

而在此年，康熙四十年（1701）的二月或是四月，她很有可能在康熙皇帝巡視永定河時，與康熙在某地因某種機緣遇見，並寫下〈辛巳遇皇上偶呈二絕〉。又於這段時間的某時某地第二次遇見康熙，寫了〈遇皇上恩口占二偈〉。

她往南參訪南方寺院，到浙江的柯城、楊州的拈花庵，江蘇鎮江金山塔都留下了詩句。到紹興平陽寺禮拜弘覺（木陳）祖塔，也留下掃塔法語；到寧波的天童寺拜謁密雲塔院，並有呈當時天童住持老和尚的偈語。也到瑞嚴寺，拜謁她的師祖：遠庵禪師的塔院，並於普同塔上供，而留下掃塔法語。當時的瑞巖寺方丈，還請子雍上堂陞座，拈香說法，並與僧人有一段有關「師姑本是女人做」的精彩問答。這段謁祖拜塔之行，是子雍「南詢五十三參」朝聖的主要核心，也象徵承先啟後之意義。

她到蘇州的寒山、虎丘，離開京杭大運河的路線，轉而沿著長江，出了江蘇，到安徽省的下三山（在長江邊，於安徽蕪湖、當塗之間）、采石磯（在安徽馬鞍山市西南、翠螺峰山麓，突出於長江邊）、二郎東西兩梁山（安徽當塗與蕪湖的長江岸邊，分立兩山）、蕪湖縣節婦居（在安徽）等，留下詩偈。還在安徽朝禮地藏菩薩的道場：九華山，當時夜行住宿於甘露庵，又在此參禮道家的頂淨觀（安徽九華山），而有「足下踏來四不相（像），到（倒）騎來與老僧逢」的句子。[284] 又到從

**283** 《子雍語錄》卷三，頁 825 中。

**284** 《子雍語錄》卷三，頁 828 下。

心庵、望江臺（在安徽歷山上，有堯舜禪讓之遺蹟）等處時，也寫下了詩偈。在這段長江路線中，她還曾省禮古律，可能是古律來到這個區域。

接著回到杭州，參禮西湖兩峰各寺院，包括上、中、下天竺寺等。在杭州吳山，當地的士紳護法、諸山耆宿們留住她，請她在碧霞禪院開法。

## 五、吳山碧霞院，燕派向南流



子雍被延請至杭州吳山的碧霞禪院時，是五十四歲那年的秋天。參訪朝聖之腳步停歇下來，產生另一層意義：子雍在五臺、遼西等處修行參禪、繼承法脈，這些地方皆屬北方，而她於杭州碧霞禪院上堂開法，則有法脈南流之重要象徵。當時杭州的諸大護法以及碧霞院之監院等，還寫下「杭州諸大檀護紳士請住碧霞公啟」、「碧霞闔院公請啟」等公告文書歡迎她，「公啟」末是由趙吉士領銜等二十八位士紳護法屬名。他們購材募匠，建築禪堂、丈室，掃徑設座，殷殷期盼這位北方來的、承繼臨濟法脈的女性禪師能在此上堂開法。於是她依禮進院，有進院法語、上堂偈、上堂法語。她在碧霞禪院期間，曾領眾結制、小參、起七、解七，留下許多法語與問答機峰。還為覺智沙彌剃度，並有護法、夫人設齋請上堂等等佛事。並在此付囑智西堂衣拂（西堂，是首座弟子之稱謂，法名：？智，應是「佛智」），為子雍之法嗣。子雍雖在北方，但其師承卻從南方而來，她禮拜祖塔即是回歸祖源之意，今日她從北方來，再把法脈授出，就如她自己傳法時所說：「燕山一派向南流，到處分明月映州」，[285] 南來北往、北來南往，皆是到處分明，如月映千江，這就是她南北通宗觀點的具體實踐。



## 六、南詢朝聖後，唯兢業實行

她在碧霞禪院至少待到康熙四十年的冬天，此後是繼續留下？亦是回北京？無從得知，只知至此子雍所有的說法詩偈被整理成語錄四卷，

285 《子雍語錄》卷四〈付囑智西堂衣拂偈曰〉，頁 830 上。

匯入《嘉興藏》的「又續編」，印行出版。五十三參南詢、朝南海之願達成後，弟子大眾曾禮請她詳示行由，她簡單說出〈行實〉，在末了談到接下來的生活將是「兢兢業業，唯守暮鼓晨鐘，苦修實行，聊以自遣」。

講〈行實〉時子雍與弟子們在那個寺院？是永壽寺？永慶寺？還是在雨花庵？還是另外新的寺院？還是依然在碧霞？不得而知。語錄的時間點也到此告一段落。之後子雍如何了？住於何寺？如何弘法？南詢之後是否影響她在北京寺院的弘法？最後又是在何時、何地去世？葬於何處？這些問題，更無法從語錄中得知矣。





## 七、師承法脈

語錄談及子雍的剃度師是補仁和尚，目前並無資料可知其人其事。至於她的臨濟師承則來自古律禪師。

子雍，乃古律元範之法嗣，古律之師為遠庵本僼，遠庵之師為木陳，木陳之師即是密雲圓悟。所以子雍是臨濟宗下第三十四世。從子雍的法名「成如」之「成」字亦可得知其為木陳一系。木陳在紹興平陽時，另演二十八字的法脈排序：「道本元成佛祖先，明如杲日麗中天，靈源廣潤慈風溥，照世真燈萬古懸」，[286] 古律是「元」字輩，子雍則是「成」字輩，子雍之弟子則為「佛」字輩。密雲之後，應是「通」字輩，之後為「行」，再而為「超」字。[287] 木陳在嗣法密雲之前另有師承，所以未以「通」字為名，他之後又另起法號排序矣。

根據《五燈全書》對古律的記載，稱其「淮陰長壽古律範禪師」，是遠庵之嗣，而子雍語錄後跋的作者王治則稱其為「易水律公和尚」。淮陰，地名也；長壽，應該是寺院名；而易水，在今河北省保定市易縣

286　守一空成重編《宗教律諸宗演派》，頁 560 下。

287　所以另一位女性禪師祇園，她師承密雲之法嗣：「通」乘，自己法名「行」剛，其徒為「超」字輩。密雲所運用的傳承文字，見（清）守一空成重編《宗教律諸宗演派》：「臨濟下二十二世（天台下十五世）閩中雪峰祖定禪師演派二十字：『祖道戒定宗，方廣正圓通，行超明實際，了達悟真空』。龍池幻有正傳禪師剃度（密雲、天隱）圓（悟、修）禪師傳法亦用此派，今（天童、磬山）後哲均用上派傳法者，遵龍池意也。龍池復續空字下接演二十字：『覺性本常寂，心惟法界同，如緣宏聖教，正法永昌隆』。天童亦續空字下二十字：『嗣續曹源脈，傳等濟眾功，慧燈恒照世，佛法亘穹窿』。頁 559 中、下。

（在北京市的左下方），應該是地名。所以顯示古律曾在淮陰（江蘇省淮安）的長壽寺住持過，或是在易水這個地方弘法過，或者他就是易水人。如果是易水人，那麼他就是北方人到南方參學、弘法。《五燈全書》對他的記載只是簡短的問答，並無生平資料可循，目前亦未見有其語錄留存，反而是其師遠庵《遠庵禪師語錄》中有一首〈範知客請〉贊：「丹青描出未是真儀，言說不到俱為剩辭，作何楷範與世為師，殊不知模子裏脫來諸方故套，印板上打出今時設施，等閒露些風彩，貴要人天共知，飛騰變化，不假強為，皇皇雅度，濟濟芳規，百丈以前人自律，並無繫綴一絲絲」。[288] 這是一首由範知客所請的贊詞，意即畫有範知客之寫真上，請遠庵來題贊，其中「百丈以前人自律」以及之前「作何楷範」句，有古律範之名義在，所以範知客者，應該就是古律。只是究竟在遠庵住持過的那個寺院任職知客就無從得知。[289]





子雍語錄有〈語尚和呈偈〉：

承師究竟得便宜，臨濟家風今始知，突出三玄并三要，只教當下語多奇。知師超卓法無邊，獨坐燕山奮赤拳，打破虛空兮分兩路，無憂高枕法皇前。[290]

依文意，應該是子雍呈給老師的偈語，所以標題「尚和」二字應是倒置，轉為〈語和尚呈偈〉才通。從偈語「獨坐燕山奮赤拳」看來，其師當時應該在北京區域弘法，而且有一段時間了。又從「臨濟家風今始知」推論，應該就是她的臨濟傳承師：古律禪師。又，子雍曾自言參禪後期，三山五臺山，得到古律的教誨點化，語錄中亦提到：上臺山過妙德庵，禮覲本師老人云云，[291] 所以推斷古律也曾住於五臺山妙德庵，這是在子雍悟道這段時間。

超永於康熙三十九年的序文談到：「範兄昔年寓仁壽間，嘗從余

288 《遠庵禪師語錄》卷十四，《嘉興藏》冊 37，頁 396。除了此首外，還有多首都是弟子請的贊詞，遠庵各各根據個人的形象、角色，藉贊點撥法語。

289 遠庵，一生五坐道場，曾於潭州神鼎山資聖禪寺（順治十四年入院）、明州太白山天童弘法禪寺（順治十八年入院）、明州瑞巖山開善禪寺（康熙十一年入院）、越州平陽山興福禪寺（康熙十三年入院，十五年又歸瑞巖）、明州白雲山延祥禪寺（康熙十八年入院）。

290 《子雍語錄》卷三〈語尚和呈偈〉，頁 825 下。

291 《子雍語錄》卷一〈上臺山過妙德庵禮覲本師老人同諸位大師〉，頁 821 中。

游，而信余言有切於法門，是以不辭晦明風雨，樂與晨夕，抑揚厲志」。[292] 而子雍入永慶禪院（康熙三十年）時亦稱「現住仁壽堂上……上古下律大和尚」。[293] 超永約在康熙二十二年（1683）入京，與古律「樂與晨夕」應該就在這之後，所以古律住持於仁壽寺，是在這段時間左右。考察北京名曰仁壽寺者，就在正陽門外、靈佑宮西邊，[294] 古律或就在此弘法吧！

在子雍南詢過程的詩偈中，突然出現一組〈省師四偈〉，這組詩夾在〈下三山〉、〈題采石磯〉安徽地名的詩偈中間，內容是：

> 訪師終日意寥寥，塵念何曾留一毫，喫飯著衣隨分度，一如木死未經燒。
>
> 一自無心萬事休，也無歡喜也無憂，無心莫謂便無事，尚有無心箇念頭。
>
> 逆順未嘗忘此道，窮通一味信前緣，自從了卻虛空性，不動絲毫本自然。
>
> 萬里長江一葉舟，風波歷遍志難酧，誰知水盡山窮處，覿面相逢話白頭。[295]

「萬里長江一葉舟」，顯露出身處長江流域，而且她是「省師」、「訪師」，古律當然就在她面前，所以古律應當就在這個區域了，此時是康熙四十年左右。意寥寥、無塵念、無心萬事休、也無歡喜也無憂、了卻虛空性、不動、隨分度、本自然等都表達出對道的體會，即使逆順無常，也「未嘗忘此道」，而此道是佛道，也是古律所傳之道。直到最後一首，才稍露世間得失之面象，「風波歷遍志難酧」、「水盡山窮」，是古律志難酬？還是子雍自己？此時子雍約五十四歲左右，古律應該超過這個年齡，他（她）即使弘法志業不能完成，師徒兩人依然可以「覿面相逢話白頭」，覿面相逢大有實相對實相，毫無假借之意。

---

292 《子雍語錄》序，頁 819 中。

293 《子雍語錄》序，頁 819 下。

294 據于敏中《日下舊聞考》所記載，名曰「仁壽寺」者有二座，一者：卷四十一：「仁壽寺在弘仁寺東」。但此寺似乎是乾隆二十年建，約在西安門內太液池南。一者：卷五十五：「仁壽寺，顯德廟遺址也。……」是萬曆元年賜額曰：仁壽。該書（北京：古籍，2001 年）冊 2，分別為頁 653、891。

295 《子雍語錄》卷四〈省師四偈〉，頁 828 上。

從這些資料綜合下來，古律或為易縣易水人，到南方參學，受遠庵教化，得臨濟傳承，在淮陰長壽寺、五臺山妙德庵、北京仁壽寺住持弘法過，應該還曾再回南方到長江、安徽一帶。

## 八、語錄之內容與出版

子雍留下語錄一部，全名為《子雍如禪師語錄》，共四卷，收入《嘉興藏》冊 39「又續藏」部份，在七位被收入《嘉興藏》的女性禪師語錄中，出版時間最晚，大約在康熙四十年（1701）之後，距離《嘉興藏》最晚出版的時間：乾隆四十九年（1784），[296] 還有八十幾年，屬於《嘉興藏》編輯的晚期之初。





語錄的四卷中，有一篇序、二篇跋，還有一篇〈行實〉。序的作者是釁崙超永；跋的作者分別是：石琳瑀、王治。兩篇後跋並非放在一起，一篇在卷三末，一篇在卷四尾。可能是前三卷本來已有一個完整體例，有序有跋，甚至或許已送出刻版了，後來第四卷的內容出來，原來的跋不足以代表整個四卷的情形，尤其是沒有論及第四卷的部份，所以再請人作跋，再把這一卷補上，送出刻版，一併完整印行。

永壽尼子雍如禪師語錄序
大法西來而比丘尼能欽承正道機辯穎
悟扣擊無虛弘揚法化者自初祖嗣總持
高安嗣末山然後代隊之人本朝所推重
金粟乘祖嗣祇園剛龍池徵祖嗣繼宗徹
雪竇雲祖嗣唯極致天童奇祖嗣印月森
子雍如禪師語錄序 一
諸禪師建立門庭鉗錘後學著奇操偉業
精通至理其所持說雖碩學名德莫能難
焉俱各傳續其人乃相率折節為勤儉程
猷經用風教盛行江浙齊楚樹聲保社規
模嚴肅彬彬然大有可觀也余進都門將
二十餘載其大家命婦入山問道當求開
示而眞爲實悟委蛻之際神識了然報身
斯驗者在在有之而比丘尼中如南方諸
禪師輩全提直指向同類而能破除生死
情妄可為軌式模範者指不多屈今年春
永壽尼子雍成如禪師造山參禮見其貌
古心虔頗有衲僧氣槩詢其師承古律範

圖八　《永壽尼子雍如禪師語錄》書影

296 《嘉興藏》完成的時間有各種不同的說法，此時間點是根據藍吉富〈《嘉興大藏經》之研究〉的說法。收於《諦觀》第 70 期（臺北：諦觀雜誌社，1992 年 7 月）。

超永，當時在北京聖感寺擔任方丈，聖感寺位於石景山，是所謂西山八大處的最大的寺院，始建於唐代，康熙十七年（1678 年）重修，改名聖感寺，[297] 西山本有帝王園苑之實，聖感寺即是帝王遊山駐蹕之地，超永能在此擔任住持，必非等閒之輩，難怪其編輯的《五燈全書》，還上呈康熙，請康熙寫序。

石琳瑀，由其跋文囑名「住廣東南雄興雲禪院傳臨濟正宗三十三世古南下石琳瑀書」可見，他住持於廣東南雄興雲禪院，與子雍同出密雲一系，但高其一輩，是牧雲通門之徒孫，南音言（1619-1674）之徒，[298]《五燈全書》有其著錄。[299] 石琳瑀來自廣東，不知是子雍江南朝聖之行時相逢知遇，還是子雍曾南下至廣東？

〈行實〉部份，是「執事同大眾禮請和尚詳示行由，以使某等有所式從」，[300] 所謂「執事同大眾」應該是子雍住持寺院的弟子與護法居士們，至於是那個寺院？無法得知。〈行實〉內容有出生、參學、嗣法、弘法以及到南方朝聖之願，極為簡要，卻表達出求道的堅毅心志。這篇行實的時間點應該是朝聖江南回來後，亦即語錄記載的最後時間點，置於第二篇跋之前。文末左中下方，還蓋有二枚印章，上者印文是「草字子雍」，正方形、陰文。另一枚為「比丘尼成如印」，正方形、陽文。

語錄四卷的標題分別是：子雍如禪師住永慶禪院語錄、永壽子雍如禪師語錄、子雍如禪師朝海語錄、碧霞禪院子雍如禪師法語詩偈。而序文標題〈永壽尼子雍如禪師語錄序〉、跋文標題〈碧霞子雍和尚語錄跋〉。一般而言，語錄的編輯方式是以住某寺院時開法上堂內容為首，如果住持多個寺院，就以多卷標出，一卷一個，並依先後順序排列，接著才是機緣、示眾、拈古頌古、詩偈贊、書信、雜著等等，有時也將在此寺院的小參、機緣、示眾，甚至拈古、詩偈等也集中於此卷中。由此

297 西山八大處即西山的八個寺院，故又稱八剎。分別位於西山東麓的翠微山、廬師山、平坡山之間。有長安寺、靈光寺、三山庵、大悲寺、龍泉庵、香界寺、寶珠洞、證果寺。其中香界寺即是聖感寺，是乾隆十三年（1748）乾隆將之改名的。

298 佛國南音言禪師，號真鈍叟，海寧凌氏子，十九歲出家，於牧雲通門座下有悟，遂為「古南下」。《五燈全書》卷七十六、《正源略集》卷六皆有著錄。

299 超永《五燈全書》卷九十五，頁 551 下。

300 《子雍語錄》卷四〈行實〉，頁 831 中。

觀察，從語錄卷名、卷首可以看出其住持之寺院。子雍語錄的卷一、卷四就標出了「永慶禪院」、「碧霞禪院」，而卷二開頭標出「請住雨花庵」，很清楚地說明子雍曾先後在永慶禪院、雨花庵、碧霞禪院上堂開法過，這三卷也分別記載在這些寺院的上堂、機緣、佛事、詩偈等。比較不同的是卷三，其卷名是「朝海語錄」、開頭標出「本庵起身朝海上堂法語」，「朝海」似乎不是寺院名，因為之前有「本庵」一詞，而其內容是到江南朝禮普陀山、拜掃祖塔等詩偈，所以「朝海」者，應該是朝禮南海普陀之意。





康熙三十八年（1699）春天，子雍呈上她在永慶寺、永壽寺約九年時間所記載的語錄，至聖感寺參禮住持超永，請他為語錄寫序，以便流行問世。超永是位史僧，編著《五燈全書》，他也是聖感寺住持，聖感寺是西山八大剎之主剎，是帝王遊山駐蹕之所，與皇族關係密切，是京城頗有份量的寺院，所以是個頗具史識又很得朝廷器重的僧人，他在這之前二年（1697）已刊刻完成《五燈全書》，[301] 並請康熙寫序，除非《五燈全書》之後有增補，否則早在子雍請序之前，她已被載入此燈傳之中，並選入機緣法語矣。而且子雍之師：古律也曾居於京城仁壽寺，與超永曾有交遊論道之誼，所以子雍拜見這位師伯輩，希望得到勉勵，讓語錄能順利問世流傳。

從序文可知，超永與子雍並不熟，初見子雍時「見其貌古心虔，頗有衲僧氣概」，知道她是古律之徒後，讓他憶起昔日與古律論法之誼，認肯古律「其相傳，或不造次也」，看了語錄：

讀之語，雖無文，然斤斤篤至，時露本色，機用穩實，而不迷

**301** 超永曾於康熙三十二年（1693）春天上呈〈五燈全書進呈奏疏〉，請康熙為此書寫序。同年孟秋，超永寫的〈五燈全書目序〉曾言，他自康熙二十二年（1683）入京後，廣蒐古今遺集，編成二百餘萬言，「又蒙頒內府黎板，命付剞劂，(永)承旨勉力鳩工，茲呈新刊御序并全書首卷，聖覽甚悅」。之前，康熙三十一年（1692）時，超揆〈五燈全書序〉則曰：「我深雪霽兄，為之痛心發憤，乃殫慮竭思，經營鉛槧，操三十年之苦心，而全書脫稿」。他指出超永用此書的用心已三十餘年。超永在康熙三十六年（1697）之〈五燈全書進呈奏疏（二）〉曰：「前呈百二十卷全書。早開七千餘僧正眼，欽承綸命，敬付梓工剞劂，已得告成裝飾，因為再貢。」表示《五燈全書》已得告成，呈貢皇上。所以《五燈全書》是在康熙三十六年刻印完成。以上俱引自《五燈全書目錄》《新纂卍續藏經》冊 81，頁 327-329。

味，聞其實德，感動閭聖，而有慈航普渡之稱。[302]

他認為語錄內容還算穩當而不迷昧，但是這樣一位重量級的師伯，自然對於下筆為文有一定的謹慎，所以起先還持保留態度在「唯唯否否間」。到了秋天，勇往虔誠的子雍，再度叩室勤懇，超永以他對僧史的靈敏度認為，在南方出現許多可以上堂說法、獨當一面的女性禪師下，北京「比丘尼中，如南方諸禪師輩，全提直指，向同□而能破除生死情妄，可為軌式模範者，指不多屈」，[303] 所以「思都下比丘尼中以本分接人，可存一證據者，甚難」，[304] 所以答應子雍之請，期望子雍的語錄，能為北京比丘尼留下一個證明。子雍之請與超永之期，這一來一往的善成美意，果然在三百多年後實踐出來，讓人得以一窺北方女性禪師之貌。

但語錄的卷二，卻是從這一年冬日開始，亦即卷二的內容是在超永寫序之後，可見語錄在當時並未立刻出版，還一直累積內容，直到子雍到江南朝聖、開法碧霞之後（亦即到卷四部份），康熙四十年（1701）之後才出版。或許是子雍在碧霞開法後，弟子護法們將之整理完成，送請嘉興楞嚴寺刻印發行，而成了《嘉興藏》的一部分，也形成了：北方的女性禪師被南方、民間刊刻的大藏經所收入。



---

**302**《子雍語錄》序，頁 819 中。此引文的上下文內容，都來自超永此序。

**303**《子雍語錄》序，頁 819 上。

**304**《子雍語錄》序，頁 819 中。

# 肆　傳承與弘法網絡（上）

除了勾勒女性禪師的個人行誼傳記外，這些能開堂說法的女性禪師自覺、覺人的弘法志業，也是相當重要的；自覺，需要有老師的引導，師友的相參；覺他，需要有護法的支持、法務活動、道場的空間。自覺與覺他的核心是佛法、禪法，老師付予禪法傳承，女禪師再將禪法傳揚出去，這樣的禪法教化內涵，將於之後專章論述，在此，先探析禪法教化的外發，所形成的傳承與弘法網絡，其內涵可以用「空間」、「活動」、「人際」面向呈現，所謂空間，即是寺院道場；活動則有機緣、參學、上堂等；人際則是師承、信眾、交遊等。藉此可以窺知當時這些女性禪師如何實踐自我，遺除自我，自度度人，故在行誼傳記之後，呈現其師徒傳承與弘法網絡。

# 第四章　伏獅門下

## 第一節　祇園之建立





### 一、名師傳承，女禪風潮

祇園隱跡胡庵九年，被請至伏獅禪院公開弘法，禪林讚歎，士大夫亦心折之，迅速凝聚形成一股女性禪師弘化的女禪風潮，尤其更帶起女性參禪，甚至闔家共參禪之盛，而且在明末清初女性禪師群裏居首起之位，被地方志、文學總集等文獻著錄最多。之後，康熙三十八（1699）《五燈全書》編者超永，在北京為同是女性禪師的子雍語錄寫序時，就舉例江南之祇園等人能悟證又能持拂教化，是女性修證的典範。而嘉興士大夫高以永為祇園弟子義公寫序時即云：

> ……吾郡自鼎革來，名閨巨族多有克自振拔，或能棄顯榮而嚮道，或因賦別鵠而被緇，聞見固多，親炙不少。若夫獨悟真空直趨上乘，受衣缽于名師，啟迷途于後學者，余于葭莩中得二人焉，曰：祇園。曰：一揆。[1]

自明清易代以來，他時常或聽說或親見許多名閨巨族的女性能「克自振拔」，修道有成，所聞雖多，但只有祇園與一揆是既能：「獨悟真空，直趨上乘」，又能「受衣缽于名師，啟迷途于後學」，不僅自悟自證，又能弘法度眾，伏獅禪院還頗已形成女性修行叢林之勢，據《梅里志》所言：

> 伏獅院在板橋北，女僧蘭若，俗呼董菴，規模宏整，鑄鐵為佛

1 《義公語錄》序，頁 1。高以永，康熙十二年進士，曾任河南內鄉縣、安州二地守令，很有清譽。屠本仁《嘉興縣志》卷二十三〈列傳三〉，《故宮珍本叢刊》冊 96（海口市：海南，2001 年），頁 111-112。

像，徒眾亦盛，為諸菴冠冕。[2]

伏獅禪院在嘉興梅里，當時梅里是江南很繁華的市鎮，亦是重要文化城鎮。祇園在伏獅禪院領導著女性禪修，使這個原來是董氏私庵的董庵，能「規模宏整」，而「徒眾亦盛，為諸庵之冠冕」。王庭（1607-1693）〈重修伏獅禪院記〉亦提到：

……菴前後殿二房樓五四設方丈，兩旁廚庫褀寮，咸具有叢林之規，……余少時見此院之興，其工費甚侈，莊嚴之勝，甲於諸方。[3]

祇園將董庵改名為伏獅庵，也因祇園在此弘法，而具有「叢林之規」，有了「禪院」的規模，甚至「莊嚴之勝，甲於諸方」，足見祇園弘法之盛。

在這之前，祇園因女性之身，曾遇到一些困擾。據行狀所載有二次，一次在石車付法之時，一次是初至伏獅之時，而實際的情形想必不只這二次。當初石車付予祇園如意一柄，象徵印可時，〈祇園行狀〉記載云：

當先師祖車和尚開法金粟，法席甚盛，首以如意付先師，諸方禪侶無不疑駭，至是睹師從真參實悟中顯大機大用，咸自遜謝。[4]

石車共有三位嗣法弟子，金粟寺在密雲弘法下成為當時很重要的禪林，來往參學問道者多，石車接繼後法席也很興盛，印可的第一個卻是位女性禪師，「諸方禪侶無不疑駭」，等看到祇園是真參實悟，能顯大機大用，才折服。受臨濟法脈後，隱跡胡庵九年，這九年中名聲應已傳揚，亦可能有參問隨學者，但正式上座弘法是在伏獅禪院。〈祇園行狀〉又云：

師至院時，或謂師現身末山尼，恐此鎮難以行化，及見師法矩嚴肅，性地朗徹，丰姿儀表卓犖不凡，兼之平等接人，無論貴賤，一以慈悲本色接待，動靜語嘿間，令人意移神化，汪汪乎若江海

2 楊謙《梅里志》卷四〈寺觀〉（其轉引自《春風錄》，此書似已不存），頁 710。

3 楊謙《梅里志》卷四，頁 710。

4《祇園語錄》卷下〈祇園行狀〉，頁 438 上。

> 之無不納，覆載之無不容。其時遐邇聞風，戶履日滿。[5]

梅里（今嘉興王店鎮）是當時文風相當鼎盛之地，如朱彝尊等士大夫、官宦人家等多聚集於此，所以以一位女性禪師之姿來此地弘法，便有「恐此鎮難以行化」之議，但在祇園「法矩嚴肅」、「平等接人」等真實教化下，「遐邇聞風，戶履日滿」。吳鑄〈祇園塔銘〉亦云：

> 師至首闢禪堂，創立榘矱，森嚴峻絕，法席儼然，緇白瞻禮，殆無虛日，師以平等接人，始終不異，及有參叩，痛棒熱喝，不少假借。當世士大夫家紈綺閨閣，無不湔除洗滌，北面向道，無論識與不識，聞其風者，皆手額曰：古佛再世也。[6]

當時緇素人等紛紛前來瞻禮，學人參叩時，祇園則「痛棒熱喝，不少假借」，因此士大夫家之富貴子弟、閨閣婦女，沒有不洗滌俗塵，開始修道參禪，而且不論識與不識，都風聞其教，額手稱揚「古佛再世」。顯然祇園在此帶起了一股參禪風潮，尤其是女性之參禪，許多女性或在家或出家成為其弟子，為她們帶來身心之安頓，例如吳鑄之妻錢宜人，皈依祇園，法名超蔭，死去再復甦：

> 超蔭生平勤修婦順，日持經卷，比年皈依師後，信道益篤，力疾趺坐，但令家人念佛，洎然而逝，少選甦云：頃所行處，自呼祇園弟子，一往無礙，惟見佛接引。連稱快活，復留三日而去。[7]

一句「祇園弟子」，就讓錢宜人在死亡的路上「一往無礙，惟見佛接引」。又有超慧為其夫吳稺仙居士對靈之感應，讓她們闔家俱乞名為及門弟子。女性修行者或個人或與其家眷，或請陞坐、小參、開示等等，聚集來受教並大力護持，諸如此類，與之前高以永能「受衣缽于名師，啟迷途于後學者」，《梅里志》所言「徒眾之盛，為諸庵之冠」、王庭「咸具有叢林之規」、「此院之興，……莊嚴之勝，甲於諸方」也正相合。

祇園的教化逐漸得到迴響，迅速傳揚開來，每年結制時，周圍各省的禪人紛紛前來參學問道，行狀云：

5 《祇園語錄》卷下〈祇園行狀〉，頁 438 上。

6 《祇園語錄》卷下〈祇園塔銘〉，頁 439 下。

7 《祇園語錄》卷上〈鼎陶吳居士述室人超蔭生平〉，頁 425 下。

每年結制，自淮海閩廣江寧諸省禪人，不憚險阻而來。[8]

這些學人不畏險阻而來，只為得到明師點撥啟化。這是學人來參問的熱絡，當祇園受請他方時，更引起當地極大的迴響，例如弟子一音超見，在當湖新建禪堂，請祇園前往隨喜觀禮：

當湖一音見兄，新搆禪堂，請師隨喜，舟尚未泊岸，集千人諸善士，懷香跪迓，請益求示者，無間晝夜，街衢巷陌，挨濟不通，師遂曳仗，闔邑僧俗男女皆垂淚懇留，師不顧。[9]

一音是在當湖的善護庵弘法，祇園搭船前往。結果當地請求開示的人「無間晝夜，街衢巷陌，挨濟不通」，甚至闔邑僧俗男女皆垂淚懇留。又一次，她到鹽官為昭覺師荼毗舉火，大家視她為「活佛出世」，自「城中郊外，蜂屯蟻聚」，爭睹容顏、羅拜道側，人數之多，幾以萬計：

壬辰春，息乾師伯請師往鹽官，為母昭覺師舉火，宰官達士并優婆塞、優婆夷，咸以活佛出世，得覩慈顏為快。自城中郊外，蜂屯蟻聚，羅拜道側者，幾以萬計，及舉火事竣，鄉紳士庶，或請上堂、小參，或求皈依開示，肩摩轂擊，杖履為之不前。又或齎香儀為敬，或陳齋筵為供，師力辭不赴，如行雲野鶴，即掛帆梅溪。不及見師者，舉如怨如慕、如泣如訴，徒步至伏獅，識荊求教，如嬰兒離母，不可名狀，四方緇素咸稱曠古奇觀，自天童密老人後未之見也。[10]

等舉火儀式結束，鄉紳士庶，有的要她上堂、小參，有的要求皈依開示，人數眾多擁擠，讓她都無法順利前進。有的要供香儀，有的要供齋筵，祇園都「力辭不赴」，即回伏獅，因此有來不及見祇園者，還「如怨如慕、如泣如訴」徒步至伏獅要求教示，如「嬰兒離母，不可名狀」。因此四方緇素咸稱「曠古奇觀」，自密雲後未之見。這樣的盛況，容或有些許管窺式的呈現，也不管這些群眾是為禪法而來，還是只為女性禪師之性別而來，都已足以顯現當時祇園確實引起一陣女禪旋

8 《祇園語錄》卷下〈祇園行狀〉，頁 438 中。

9 《祇園語錄》卷下〈祇園行狀〉，頁 438 中。

10 《祇園語錄》卷下〈祇園行狀〉，頁 438 中。

風，而「祇園弟子、祇園門下」，代表著真參實悟的女禪，不論世間出世間皆名聲顯揚，而她卻一直稟持著一份禪者的弘法精神，不執不滯，自在脫塵。

## 二、行事風範

### （一）寒梅之意象

祇園語錄卷首留下一幅她的肖像寫真，讓我們除了文字外，還能一窺祇園之相貌，是頗為難得可貴的女禪師肖像，畫中祇園手持如意，是石車付予的傳承信物，而語錄內有二首〈題自像〉贊：

> 祇園不會禪，饑喫飯、倦打眠，人來問道無他說，劈脊粗拳絕妙玄。
>
> 又　超潔超貞請
>
> 手攜如意，閒閒無慮，玉潔冰貞，寒梅發蕊，咦，無限香風動，我無隱乎爾。[11]

第一首，前二句是體性自在，後二句則顯教化風格。第二首，「如意」為教法傳承，「閒閒無慮」為悟者心境，接著以寒梅香風，點撥機鋒。祇園有一首〈詠梅花〉：

> 梅開雪裏倍精神，清徹馨香遍界聞，透出一枝天外動，園林獨占自芳芬。[12]

她居於梅里，梅里就因自古廣種梅花而得名，當時梅里亦是梅花處處，[13] 她取此自喻，或是隨地取材，或是特有抉擇，不管是那一種，這樣的寒梅形象，卻頗能與她弘法行事態度相合，也與他人對祇園個人特質的看法相合。當祇園困在「悟後如何用」的疑問中，石車曾以「如何是你本來面目」、「如何是你日用事」、「如何是你體」點撥，之後祇園呈偈云：

11 《祇園語錄》卷上〈題自像〉，頁 432 上。

12 《祇園語錄》卷上〈詠梅花〉，頁 429 上。

13 朱彝尊有鴛鴦湖棹歌一百首，第九十八首描寫梅溪，便有「溪上梅花舍后開，市南新酒醱新醅，尋山近有殳基宅，看雪遙登顧況台」。朱彝尊《鴛鴦湖棹歌》（浙江：寧波，1999 年），頁 179。

體性圓明遍大千，如如無礙任隨緣，一真獨露常光現，照破乾坤劫外天。[14]

這是石車交付如意的前一次堪驗所作，對「悟後如何用」的疑惑已有出處了，悟入體性，要顯體用如如矣。將這首詩與〈詠梅花〉比對來看，幾乎是同一方向、境界的表達：前兩句：「梅開雪裏倍精神，清徹馨香遍界聞」，以梅開、梅香的「倍精神」、「遍界聞」來表達實相體性的大用，即是「體性圓明遍大千」，而這種「遍界聞」亦是「如如無礙任隨緣」的展現。後兩句：「透出一枝天外動，園林獨占自芳芬」，「透出一枝」表達超越世出世間之覺悟，是沒有對立的，所以正是「照破乾坤」。而「天外動」所顯的覺悟之力用，正同於「劫外天」的意象。「園林獨占」象徵悟道的超越性，即是「一真獨露」。自「芬芳」，象徵從悟道而來的「利益眾生」之用，也即是「常光現」。

兩首詩的方向頗為相合，都朝「體用如如」來表達。但是〈詠梅花〉用「雪裏梅花」、「寒梅」來貫串，卻微微地產生不同特質的呈現，梅花在雪裏，雖然「倍精神」，但寒梅的經歷風霜、冷寒艱辛的意象也隱隱在目，這種風霜感看來是必然，但卻能引出「清徹」馨香，有所成就，但由「透」、「一」、「獨」、「自」字眼中看到，在艱辛之後，有著一種孤獨感，這種孤獨，並非寂寞無助，而是覺者之獨、濁世之孤。這種孤獨，又因能花開飄香，遂是「園林獨占自芬芳」，也形成一種脫灑無牽掛之姿態。所以歸納而言，寒梅形象有三個意涵：

(1) 雖處嚴寒，但「倍精神」、「遍界聞」，是悟者之自信顯揚。

(2) 經歷冷寒之必然與艱辛，有曖曖含光之志。

(3) 在嚴寒裏花開飄香，有嚴潔與脫灑之風。

而這樣的寒梅意象，很能夠涵攝祇園在經歷胡庵、伏獅的悟後、弘法過程的態度形象，亦即：

(1) 悟者體用如如之自信。

(2) 自身之清貧樂道，弘法之內斂謙遜。

(3) 教化之法矩嚴肅，行事之光儀峻肅、脫灑清閒，隨施隨捨。

14 《祇園語錄》卷下〈祇園行狀〉，頁 437 下。

這三者並非獨立切割，第 (1) 項是主軸，是悟者的共相，它遍融於 (2)、(3) 項之中。第 (2) 項是別屬祇園的個人特質，融攝入悟者自信的共相後，也就形成第 (3) 項在教化、行事的個人展現。

以下就依此展開說明，呈現祇園弘法行事之風格，但由於三者自然相扣，而悟者的自信遍融於中，故將隨著其他風格論析時自然呈現，無法別立一項。

### （二）清貧樂道，內斂謙遜





在語錄裏當祇園談到自己、表達意志時，常常有：愚、拙、德薄寡能、質鈍、力行苦行、杜門守愚、藏拙衲等語詞，尤其都是在有關「弘法」事情上，這些語詞，並非只是單純的自謙之詞，而是代表著「成為禪師、弘法教化」時的一種個性與態度，而這些自我形容，與上堂法語、小參示眾等，那種棒下喝裏、機先不讓的風格，都是頗有差距的。

祇園從繼承法脈到圓寂共有十七年，前九年到胡庵靜修苦行，〈祇園行狀〉曾記載她：

> 嘗出蔽衣百結云：吾住靜時，所服勞苦重務，一身兼之。嘗言昔年在俗家稱素封，及一心向道，寸絲不掛，空手出家，時值暑天，惟身穿夏布粗衣而已。一日到金粟，方過隆冬，酸風旁射，透骨僵立，發願施眾僧纏足布，回庵，即貸錢五千，躬自紡織，夜以繼日，數月成之，送至金粟，人沾其惠。[15]

出家時，將個人財物全部歸還俗家，空手出家。住靜時也是過著清貧自立的日子，衣服「蔽衣百結」，勞苦重務，一身擔起。發願布施金粟寺僧眾纏足布，還借錢購布，日以繼夜親自紡織。這期間甚至還閉關三年，出關時示眾法語云：

> 出關示眾，三載關中藏拙衲，幽深頗樂自恒然，堂堂正體無內外，逼塞虛空絕蓋纏，既無內外，又絕蓋纏，無形無相，覿體現前，攝大千于一毫端，融芥塵於十方剎，無拘無束，任運縱橫，

15 《祇園語錄》卷下〈祇園行狀〉，頁 439 上。

一喝一拳，迥然獨露，遂豎拂云：還會麼？正當任麼時，獨露一句，作麼生，道：橫拈豎用總無別，萬象之中不涉緣。[16]

除了表達悟境之自在，也對閉關藏拙衲，頗能自樂恒然，亦即內歛謙遜與清貧樂道，而且即使展現大用也總無別，萬象之中也不涉緣，這便是悟者之自信。在〈掩關二首〉亦云：

挈挈波波多少年，杜門息影隱林泉，乾坤踢破腳收轉，獨坐寒窗皎月圓。

終日如愚頓息機，箇中無是亦無非，堂堂坐斷聖凡路，亙古彌今一本如。[17]



杜門息影隱林泉，終日如愚，已踢破乾坤，但腳收轉而回，獨坐體性月圓中。已坐斷聖凡，無是無非，就一本如如歸自性。又有〈孟夏關中閒咏〉四首，被朱彝尊等人收入文學總集的，就是其中的第二首。這四首為：

諸老門庭家業盛，自知疏拙隱為安，玄機棒喝都休歇，萬法虛融莫問禪。

百結鶉衣倒掛肩，饑來喫飯倦時眠，薄團隱坐渾忘世，一任窗前日月遷。

高臥雲嶒寄幻軀，白雲翠竹兩依依，眼前幻境隨遷變，深掩柴扉樂有餘。

茅舍風高孰敢親，棒風喝月走煙雲，儼然寶鉢虛空托，淡飯黃薺自現成。[18]

百結鶉衣、白雲翠竹、深掩柴扉是清貧之境，疏拙隱安、忘世休歇，饑吃倦眠，自樂有餘，在在都顯現她的安貧道樂。即使以教化為用的棒喝，也被她說為「棒風喝月」。後來八年在伏獅正式開法，她自言來到伏獅禪院（董庵）的心境：

法語，山僧雖參金粟先和尚，付授，自揣愚拙，決志住靜，但先師囑累為重，刀耕火種，覓一箇半箇，以報先師法乳，于願足



16 《祇園語錄》卷上〈出關示眾〉，頁 426 中。

17 《祇園語錄》卷上〈掩關二首〉，頁 429 上。

18 《祇園語錄》卷上〈孟夏關中閒咏〉，頁 429 中。

矣。因董菴幽靜，頗覺相宜，昔眾檀信堅請上堂，山僧再三固辭，不得已，陞座示眾，解制日已，曾對眾白過，今禪道紛紛，魔強法弱，非具大智慧大力量大福德者，不能勝任，山野何人，自不度量，此事至大，若不慎于始，必殆于終，況乎遠祖汾陽數請不赴，且山僧才輕德薄者乎，唯護法亮之。[19]

石車付授後，她決志住靜，也確實在胡庵住靜苦修了九年，但石車傳承法脈給她，便是希望能將悟道的種子點播下去，所以祇園心中仍存著先師的囑累。後來得到信徒護法的堅請，才住持董庵，但對住持庵院都仍「再三固辭」，即使認為「禪道紛紛，魔強法弱」，禪林環境烏煙障氣，但自己「山野何人，自不度量」、「山僧才輕德薄」，不是足以擴清迷霧之大智慧者，所以都採取非常內斂謙遜的態度。

對於在伏獅禪院教化弟子的心態，其言：

山僧茲寓董菴，安貧樂道，凡遇種種委曲逆順之境，難治難調，甘心自受，況山僧二十餘年力行苦行，念念弘揚正宗，心心開發後學，願與眾兄弟苦志同參，視人如己，處險猶安，而且德薄寡能，故爾杜門藏拙。[20]

她表達自己的弘法態度是「念念弘揚正宗，心心開發後學」，但堅持「安貧樂道」、「二十餘年力行苦行」、「願與眾兄弟苦志同參」等苦貧精神。即使外境有「委曲逆順之境，難治難調」的考驗，也都「甘心自受」、「處險猶安」。而自己只是「德薄寡能」，故「杜門藏拙」，表達出弘法生活採取的是「安貧樂道」「韜光養晦」的心志。

於此，在伏獅弘法正盛之時，亦有不上堂，閉門守靜的退院之舉，當她決定從伏獅禪院退院，將一切寺務交由二位上座弟子來處理，自己要過守靜生活前的一次陞座法語云：

師誕日王夫人送法衣，請陞座，時師欲謝事，乃云：玉露垂珠映碧秋，金風拂拂晚涼浮，優缽羅花開碓嘴，普勸諸人莫外求。……山僧才疏福尠，懶汨塵緣，藏鋒納鞘，隱遯度時，諸人

19 《祇園語錄》卷上〈法語山僧〉，頁 427 上。

20 《祇園語錄》卷上〈山僧茲寓董庵〉，頁 427 上中。

衲衣下事，問取堂中二上座，大眾還知，山僧底意麼？退居且作神仙客，瀟灑清閒天地間。[21]

「才疏福尠、懶汨塵緣、藏鋒納鞘、隱遯度時」句，都是非常內斂的語詞，也都是一種「韜光養晦」的謙遜態度，並以此教化弟子「普勸諸人莫外求」。這些自我表露，正是寒梅意象中的第 (2)：梅花經歷冷寒之必然與艱辛。梅花開於雪寒之季，處於嚴酷的外在環境，這種外在環境更顯現寒梅之內斂，即使含光亦是曖曖之志。正如祇園清苦作務，隱跡實踐，一再以德薄寡能、才疏福渺、質鈍、山野自喻，所顯現的清貧樂道、內斂謙遜。但是，佛門以覺悟為要，舉凡「德、能、才、福」等價值，都是世俗、外在的，所以謙稱自己在這些價值上的不具足，也如同處於嚴酷不良的環境卻無所執取，即使內斂謙抑，亦是開堂說法、教化弟子，有著悟者的自信在。有悟者自信者不一定會這樣顯現，但祇園在作為禪師、弘法教化時，處處顯露內斂謙遜之志，這應該與她個人性格有關，也或許與「身為女性」有關，或許與對「女性成為一位禪師」有疑議的環境有關，但不管如何，她展現的弘法態度一直是清貧樂道、內斂謙遜。

### （三）法矩嚴肅，光儀峻肅

祇園在自我形容中透露出「韜光養晦」、「杜門藏拙」的內斂謙遜，在自身安置上則是清貧自持，但是不容忽視的是，即使是〈詠梅詩〉、題自贊，甚至語錄中教化弟子之言語，卻處處顯露出悟者的自信與力用。這種自信配上內斂的態度，卻顯成二個看似截然不同的弘法形象：一者在教化上法矩嚴肅，一者在個人行事上嚴潔峻肅以及脫灑清閒。「法矩嚴肅」順承於內斂的態度，所以祇園的內斂態度並沒有讓門庭蕭瑟，反而融貫於弘法上，成了「法矩嚴肅」的住持風格。並由此風格再順成為個人之「光儀峻肅」，這二者為同一質性，故合併於此部分來談。而「脫灑清閒」，則是清貧樂道、內斂謙遜的翻轉，因為內斂謙遜而可以放下許多外緣糾葛，因為安貧樂道而可以無滯於世間資財，自

---

21 《祇園語錄》卷上〈師誕日〉，頁 425 下。

然就顯脫灑清閒，隨施隨捨。此將於下部分談，而這三者就是寒梅意象之 (3)：在嚴寒裏花開飄香的嚴潔與脫灑。亦即教化之法矩嚴肅，行事之光儀峻肅、脫灑清閒，隨施隨捨。

內歛的態度，並不代表祇園弘法不盛，相反的，就如前述，祇園的弘法在當時相當興盛，引起風潮，但其弘法規矩卻是「法矩嚴肅」，〈祇園行狀〉云：

> 師至院時，或謂師現身末山尼，恐此鎮難以行化，及見師法矩嚴肅，性地朗徹，丰姿儀表卓犖不凡。[22]

因她在伏獅禪院法矩嚴肅，具有悟者風範，令人信服，吳鑄〈祇園塔銘〉亦如是說：

> 師至，首闢禪堂，創立矩矱，森嚴峻絕，法席儼然，……。[23]

她到伏獅後，創立規矩，森嚴峻絕，讓修行人能在戒行清淨下，專志參究解脫之道，所以〈祇園行狀〉又云：

> 或又以常住錢穀為念，師遂引丹霞終身一布衲，趙州所臥惟一折脚床，匾擔山餐橡栗過日，楊岐破屋不蔽風霜，清苦淡薄，元是衲子家風、祖先模範。昔芙蓉楷和尚終身不發疏簿，不請化主，我當效之。至今敬守清規不立化主，皆先師作法之良也。[24]

強調「清苦淡薄，元是衲子家風，祖先模範」，所以祇園效法芙蓉楷和尚，終身不發疏簿，不請化主，讓伏獅禪院亦「敬守清規，不立化主」，亦即不主動募款，不汲汲營營於寺院的經濟，所以她就曾舉懶瓚和尚不赴天子之召、名利不于懷之道行，來勉勵弟子應效古德風範。[25]當祇園到袾宏住持過的雲棲寺，見寺眾戒律精嚴，便叮囑弟子們：

> 謂言當今禪和見到者多，行到者少，必須嚴守戒律，行解相應，庶作中流砥柱，不可口口談空，撥無因果，自誤誤人，戒之戒之。[26]

---

22 《祇園語錄》卷下〈祇園行狀〉，頁 438 上。

23 《祇園語錄》卷下〈祇園塔銘〉，頁 439 下。

24 《祇園語錄》卷下〈祇園行狀〉，頁 438 上。

25 《祇園語錄》卷上〈示眾〉，頁 426 中。

26 《祇園語錄》卷下〈祇園行狀〉，頁 438 下。

教導弟子要「嚴守戒律」，不可有「口口談空，撥無因果」的浮濫習氣。她在戒子請陞座時說得最完整：

> 戒子請陞座。師云：諸佛之戒，迥然獨露，千華臺上，正體如如。……向這裏會去，波澄性海，徹見心源，了知全體，是戒無持無犯，其或未然，切不可撥無因果，還見麼？盧舍那身全體現，大坐當軒孰敢窺。[27]

「了知全體，是戒無持無犯」，如尚未如此，便不可撥無因果。況且「戒無持無犯」，兩邊俱遣，是心戒，也沒有犯戒的空間。所以很顯然，戒之重要與無戒之戒，祇園都了然於心。祇園之法矩嚴肅也表現在石車臥疾時發生的一件事上：

> 一生擔荷祖道，力為叢林，全副精神盡在裏許，當金粟車和尚臥疾時，及門竟有假源流承嗣者，先師不畏虎狼，隻身挺出，為法故也。至今禪流談及清源流一事，嘆其才識卓絕。[28]

晚明禪林有多語錄多傳承的現象，當時密雲門下最很興盛的一系，如果能有此系的傳承，在開法弘教上會得到很大的保證與護持，所以當石車生病，便有同門者並未受付法，卻假為源流承嗣者，身為石車付法弟子的祇園即「不畏虎狼，隻身挺出」，為之拓清止偽，禪流都嘆其「才識卓絕」。她當時已隱跡胡庵，正攻苦食淡著，隻身挺出，不為名聞也不為利養，只是嚴謹於法脈傳承之清淨。因此她自己教化時亦是門庭嚴峻，痛棒熱喝，不輕許人，就如吳鑄所言：

> 末法濫觴，夤緣假托，積習成風，師門庭嶮峻，勘辯學者，不輕許可，尤嚴持戒律律，嘗言當世禪和見到者多，行到者少，必須勤心持守，行解相應。[29]

這是對法的嚴謹，吳鑄所謂「夤緣假托，積習成風」，將其與禪林時風相比，也正呈現祇園為何隻身挺出，拓清源流的背景風氣。

他人看到這樣的祇園，自然感受到她的嚴潔自持，為祇園寫序的朱茂時，是朱彝尊的伯父輩，曾任貴陽太守，他稱揚祇園：

27 《祇園語錄》卷上〈戒子請陞座〉，頁 424 中。

28 《祇園語錄》卷下〈祇園行狀〉，頁 439 中。

29 《祇園語錄》卷下〈祇園塔銘〉，頁 440 上。

故總持紹嗣之初，代有式承之傑，今吾郡

祇園大師，光儀峻肅，凌秋　之霜華，玅性沖熙，照晴波之滿月。[30]

形儀光采峻嚴肅然，如凌秋　之霜華，體性卻是沖和熙然，如照晴波之滿月，一嚴肅、一沖和。朱彝尊（1629-1709）年少時曾親見過她：

……故余少日曾見之，威儀醇樸，毋論空門行業，即以節婦論亦宜，存其片言，以當鳳樓新誡也。[31]

他見其「威儀醇樸」，如不論空門開悟之事，正具有節婦之行儀者。與其弟子同輩的女禪師寶持總（？-1672 似已歿），有〈董菴和尚讚〉，董庵和尚即祇園：

定服嚴身，戒香瑩體，寬以待人，儉以約己，萬法皆圓，一真不取，我所知師，如是而已。[32]

所謂「定服嚴身，戒香瑩體」，便是表達其威儀峻肅、法矩嚴謹之形象。這些都是從清貧樂道、內斂謙遜的態度順承而成的。〈祇園行狀〉亦云：

……師相魁碩，面如滿月，舉止態度，純乎丈夫氣概，瞻其儀表，令人意消，居恒脫灑，談笑自若，每志慕古人，不尚世趣，見徒輩少涉時習，即正色痛戒，不為少恕。……一言一語一舉一動，無非利人為急，其自奉甚薄，間有善信餽遺，必給大眾，其心周匝篤摯，細行必矜。[33]

她志慕古人，不尚世間之樂，見徒輩稍涉世俗習氣，即正色痛戒之，不為少恕，其心周密篤實，微細之行都會慎重小心，這便是其威儀峻肅的顯發，以此為教，寺眾師徒皆法矩嚴肅。然而，於此她還「居恒脫灑，談笑自若」，純乎丈夫氣概，此則為其脫灑清閒之處，下部分將明之。

30 《祇園語錄》朱茂時序，頁 421 中。

31 朱彝尊《靜志居詩話》卷二十三〈女冠、尼〉，頁 466 ～ 467。

32 《寶持語錄》卷下〈真贊〉，頁 712。

33 《祇園語錄》卷下〈祇園行狀〉，頁 439 上。

### （四）脫灑清閒，隨施隨捨

祇園在伏獅第六年有「不上堂，閉門守靜」之舉，而有「退居且作神仙客，瀟灑清閒天地間」（見上文）的句子，這是悟道的自信配上安貧樂道、內斂謙遜的態度，融轉成不慕世名的「脫灑清閒」、「閒雲野鶴」形象。

如前所述，當她前往弟子一音處為新建禪堂觀禮時，面對「集千人諸善士，懷香跪逕，請益求示者，無間晝夜，街衢巷陌，挨濟不通」的人群盛況時，她曳仗而去，「甚至闔邑僧俗男女皆垂淚懇留」，她亦不顧。為昭覺師荼毗，大家視她為「活佛出世」，爭睹容顏，羅拜道側，或請上堂皈依，或供香儀齋筵，她都「力辭不赴，如行雲野鶴」，[34] 這可視為祇園之清貧樂道、嚴於法矩之精神內蘊，亦是呈現出一份脫灑不滯之風格，而在弟子的眼中，這樣的形象便成了「不可測識」的雲水道人。〈祇園行狀〉云：

> 師其時不自彰名，作一雲水道人，白龍魚服，不可測識。[35]

不自彰己名，非常內斂，就像白龍以魚的形象來出現，不能以表相來測知其深度，這是她不滯人事往來、名聞利養之脫灑。

這樣的脫灑來自悟者無執無拘，也來自安貧樂道之心志，因此亦表現在她對資財之布施，祇園俗家頗有田產之資，守寡修道時期，即將奩田盡捨予樂善庵，並樂於佈施，有需要之寺院僧眾來化緣，皆不負來意：

> 其平時海內僧眾，或興建或接待，有求于師，皆不負其來意，殆相習成風，乃稍稍謝絕，……至於出世，過當湖鹽官時，檀施雲委，師隨散諸山禪林，修祖塔齋僧，囊中無剩，琛輩隨侍左右，目擊如此。入雲棲時，遇輿夫舟子、途中乞丐，視之如恫瘝乃身，隨施隨捨，遇善人貧士，陰為周給，各踴躍歡呼而去，其惠濟有不能殫述。[36]

而到伏獅開法後，信眾供養的她也隨散於諸山禪林，作諸供養，常是囊

34 《祇園語錄》卷下〈祇園行狀〉，頁 438 中。

35 《祇園語錄》卷下〈祇園行狀〉，頁 438 下。

36 《祇園語錄》卷下〈祇園行狀〉，頁 439 上。

中無剩。遇有各類辛苦貧賤之人或善人貧士，也是隨施隨捨。而「其自奉甚薄，間有善信餽遺，必給大眾」（見上文），由此看來，祇園昔日之安貧樂道，不是不得已，而是她自願的選擇，也因此弘法後的她，亦能依然隨施隨捨、囊中無剩，這可說是觀眾生苦之慈悲，亦是她不滯資財物質之脫灑。

## 三、修弘道場

祇園從參學、出家、悟道、悟後隱跡，近三十年時光都是在胡庵，五十一歲時才被請至嘉興梅里的伏獅禪院，一直到八年後去世。參學的道場，則以海鹽金粟寺為主，所以胡庵是她修道、悟後隱跡之處，金粟寺是其參學悟道之道場，伏獅禪院則是她出世上堂，開法度眾之處。今對這三個道場分別從其歷史、創始、沿革作一番考察。其中胡庵、伏獅禪院是祇園修行、弘法之處，所以會以這二者為主。金粟寺的討論，則著重於女修行者到叢林道場的狀況，以及一般叢林規約中對女性參學者的安排。對於伏獅禪院、金粟寺曾前往嘉興王店鎮作了現地考察。





### （一）胡庵

#### 1、胡庵即慈孝堂、樂善庵

根據祇園〈行狀〉描寫，她決志出家時：

> 所有屋產衣飾等一切俱捨，翁姑兄嫂留師不住，父母墓傍向有祠屋，師又增置數楹，棲身參究，立誓不住俗家。[37]

當時祇園三十四歲，母親剛去世，父親已在她三十一歲時去世，祇園就在父母墓傍的祠屋，增置數楹建築，作為棲身參究之所，而不再回住俗家。出家後，幾次於各地參學後，亦有「師遂回菴」之語，可見此庵應該即是父母墓傍的祠屋（與增建部分）。當四十一歲，石車付予祖衣後，行狀亦云：

> 從是隱跡胡菴，真操實履，攻苦食淡，艱辛備嘗。[38]

37 《祇園語錄》卷下〈祇園行狀〉，頁 437 中。

38 《祇園語錄》卷下〈祇園行狀〉，頁 438 上。

她悟道嗣法後，沒有四處顯揚教化，卻到胡菴隱跡九年。此胡菴即是之前的祠屋嗎？從吳鑄寫的塔銘，可找到連接點：

……父母相繼歿，遂廬于墓傍，即今之胡菴也。……復閉關胡菴者九年，攻苦食淡，蓋將 而不聞也。[39]

吳鑄明言祇園於父母逝歿後，「廬于墓傍，即今之胡菴」，之後也在胡庵閉關九年。但據弟子義公超珂（1615-1661）之〈行狀〉記載，敦請祇園到伏獅禪院是：

……時梅里董菴虛席，師與川師白檀越，議請新行樂善菴祇園和尚住持。[40]

董菴為伏獅之舊名，祇園來後才改的。當時正值明清易鼎，鋒火連天，董菴虛席，義公與義川便與檀越商議邀請「新行樂善菴祇園和尚」來住持。吳鑄與祇園行狀所言皆曰祇園在胡菴隱跡，然後再至伏獅，而義公〈行狀〉卻曰從新行樂善菴請祇園到伏獅，那麼胡庵與新行樂善庵有何關係？兩者是同一庵院否？明崇禎十年（1637）刻本的《嘉興縣志》（以下稱崇禎縣志）有樂善庵的記載：

樂善庵，在里仁十都、正荒字圩，舊名鮑塔庵，宋臨江州守鮑廉，死節瘞骨處，庵前有關帝廟，嘉靖乙卯，遭倭兵火，廟存庵燬。萬曆己未，太學胡日華，重其節義，捐貲重建，更名樂善庵，築生墓其旁。女常節婦，十九而寡，于庵後築慈孝堂，以奉父母，拜尼智圓為師，捐奩田二十三畝為常住焚修之資，期于廬墓歿身，矢心節孝也。內姪高道素為之記。[41]

里仁（鄉），在嘉興縣東南五十里，其下有三都：九、十、十一都，[42]共四十七圩，其中一圩即為正荒字圩。[43]新行鎮，在嘉興縣東南五十四里，[44]兩者都指向同一方位範圍。又，祇園俗姓胡，嫁給常公振，未期



39 《祇園語錄》卷下〈祇園塔銘〉，頁 439 下。

40 《義公語錄》〈義公行狀〉，頁 5。

41 羅炌修、黃承昊《嘉興縣志》卷七〈樂善庵〉，頁 289。

42 羅炌修、黃承昊《嘉興縣志》卷一，頁 53、55。

43 羅炌修、黃承昊《嘉興縣志》卷九，頁 381。

44 袁國梓《嘉興府志》卷一，頁 183-184。此志也標明里仁在嘉興縣「治東南五十里」。所以明末至清初，此地名幾乎沒有變化。

而寡，文中記載的「女常節婦」，即是祇園，所以新行樂善庵即是此處的樂善庵也。那麼樂善庵與胡庵的關係呢？

據方志所言，樂善庵舊名鮑塔庵，是宋臨江州守鮑廉（？-1275）誓死守城抵抗元軍而殉死，此處即其埋骨處，而鮑塔庵前有關帝廟，在明嘉靖三十四年（1555）時因倭兵戰火波及，關帝廟留存，鮑塔庵卻燒燬了。到了萬曆四十七年（1619），太學胡日華（即祇園父親），重其節義，遂捐貲重建，更名為樂善庵，並為自己建生墓於庵旁。樂善庵重建時，祇園二十三歲，已守寡五年，她在樂善庵後築慈孝堂，以奉父母，自己也在此清修，並拜智圓比丘尼為師，捐奩田二十三畝作為常住焚修之資，因為父母擇墓於此，父母亡故後，亦等於在父母墓旁結廬，所以她打算在此矢志終身，守節守孝。由此看來，慈孝堂即是父母墓旁的祠屋。

根據祇園〈行狀〉，祇園三十一歲（1627）時父親去世，是樂善庵重建後九年。三十四歲（1630），母親去世，隨後祇園便出家，並住於胡菴修行。上面所引方志，乃崇禎十年（1637）刻版，當時祇園已出家，就在此隱修，蒐集史料者也應該已知其父母歿矣，所以才有「期于廬墓歿身」之語，但卻只說「拜尼智圓為師」、「捐奩田」，而沒有明言祇園已出家為尼，還強調她的廬墓節孝之舉，除非修志者沒有掌握到七年前的資訊，也可能是本為記載樂善庵，而附加女兒節孝之行，出家之事或尚無事跡可言，也不是重點，所以未寫入。

筆者更於鄉鎮志中找尋到這二者的連結，《竹里述略》卷十二有「樂善庵」的記載：

> 在里西北三里，舊名鮑塔庵，庵前有關帝廟，並宋景炎間建，明嘉靖間，庵毀廟存，萬歷中，太學胡日華重建，更今名，築生墓其旁，高工部道素記。日華女常節婦，復於庵後築慈孝堂，捐奩田為常住，載湯志，今土人稱胡庵。……庵後慈孝堂，今額尚存舊名，即常節婦薰修之所，常為諸生公振鉉室，後出家，名行剛，字祇園，師事石車通乘禪師，住梅里伏獅院，有語錄，詩見

明詩綜及檇李詩繫，伊志才媛、方外皆有傳。[45]

由此條資料，得知祇園俗家丈夫，名常鉱，字公振。此志纂於同治三年（1864），後祇園二百多年了，所以已能記載祇園出家後的狀況與被著錄的情形。竹里，即新行鎮，亦即胡庵所在地的鄉鎮志，因為舊時多種竹，故又稱為新篁里。此志這段記載與崇禎縣志相類似，只是多了一些對祇園的說明，尤其是在樂善庵之下、慈孝堂之後，有言「今土人稱胡庵」，也言慈孝堂「即常節婦薰修之所」，所以狹義來說，慈孝堂即胡庵，是祇園修行之所；廣義來說，胡庵即樂善庵與慈孝堂的組合，是祇園這段時期修行的整個區域。

至於當地人為何稱慈孝堂，甚至包含慈善堂的樂善庵為胡庵呢？依董庵是董氏家庵，董家所建之例可知，祇園俗姓明，樂善庵、慈孝堂為祇園父親及祇園所建，故俗稱為胡庵，這是很容易理解的。

**2、關帝廟、樂善庵與胡庵**

祇園禮拜智圓尼為師，據前引方志所言，應該是祇園在家之時，又，據胡日華的姪子高道素〈重建鮑塔邨關帝廟樂善菴記〉言：

明年辛酉，公遂捐橐中金，鳩工庀材，不踰月，而廟貌煥然改觀矣，再理灰燼，鼎新鮑庵，顏以樂善，俾原守尼僧智圓焚修其中，仍捨田二十三畝，永需春秋祭祀。[46]

此記寫於天啟二年（1622），清楚的寫明智圓是原守尼僧，即原來在鮑塔庵住的尼眾，由此可知鮑塔庵在重建成樂善庵前，即有尼眾在此修行。但祇園〈行狀〉未提到智圓，只曰：「其年二十六歲，參天慈老師，依慈行為師」，[47] 二十六歲的祇園還是在家身份，所以智圓是否就是慈行呢？但不管二者是否同一人，祇園三十四歲赴金粟寺密雲座下受具前，已曾先禮比丘尼為師。

45 徐士燕《竹里述略》卷十二〈述里西迤北〉「樂善庵」下，頁 436。

46 徐士燕《竹里述略》卷十二〈述里西迤北〉「樂善庵」下，高道素〈重建鮑塔邨關帝廟樂善庵記〉，頁 436。〔清〕袁國梓《嘉興府志》卷十八，亦記錄此文，但兩文文字略有差異，徐士燕在當時親見該文於樂善庵壁間，故以徐氏之文為準。

47 《祇園語錄》卷下〈行狀〉，頁 437 上。

高道素此篇記文並未提到祇園，而且在捐助田產上，與崇禎縣志有所不同，後者是祇園「捐奩田二十三畝，為常住焚修之資」，但此記依文意，卻是胡日華捨田二十三畝，為春秋祭祀之用。因為畝田數量同為二十三畝，應該是同一件事，但是一個是曰父親所捨，一個是說祇園捨自己之奩田。既是奩田，本為父母所有，喪夫後，祇園有修道之志，遂回家靜修，而樂善庵也原有尼眾智圓等人，故拜之為師，並將當年作為嫁妝的田畝捐給關帝廟與樂善庵，作為寺田，供春秋祭祀所需，也讓住庵尼眾有生活資糧，無形中女兒往後在此修行，也彼此有個照應，尤其在祇園出家之後，一前一後的地理位置，樂善庵可算公開領域的道場，胡庵可為私人靜修之所，彼此一體相成，互相通同，難怪義川〈行狀〉會直接以「樂善庵祇園和尚」稱呼祇園。

那麼祇園父親為何要捐建樂善庵呢？這有一段神奇事蹟。高道素〈重建鮑塔邨關帝廟樂善庵記〉言：

> 嘉靖乙卯，倭夷犯境，庵與廟櫛比也，一炬而鮑庵焦土，帝廟則巍然獨存，其入夜中，赤光燭天，空際有干弋戛擊聲，夷始駭奔，喙駾當湖鮑邨之民得庇，無恙，嗣後雨暘豐歉，禱無不應，迺靈宇卑陋，鄉人思所以一新之，而力未之逮矣。[48]

高道素此記，將樂善菴與關帝廟連稱，是因二者前後相連，有並為一體之勢。之前鮑塔庵前並創有關帝廟，嘉靖乙卯年遭倭禍，鮑塔庵燒成焦土，關帝廟卻獨存，沒想到當晚入夜後，關帝廟中「赤光燭天，空際有干戈戛擊聲」，倭寇駭逃而去，附近村民才得以免禍，之後當地遇有氣候、收成之事，向之祈禱，均有靈驗，鄉人想要整擴之，卻無能為力。其記又云：

> ……里人養素，胡公日華，……歲庚申，……公阻疾滋甚，公子文學胤長，虔禱帝廟，夕夢帝錫公壽黎，旦果霍然色起，今且矍鑠倍常也。明年辛酉，公遂捐橐中金，鳩工庀材，不踰月，而廟貌煥然改觀矣，再理灰燼，鼎新鮑庵，顏以樂善，……公居常逢朔望，必躬入庵廟，修瓣香之敬，嘗言生則慕其清芬，死當依其

48 徐士燕《竹里述略》卷十二〈述里西迤北〉，「樂善庵」下，高道素〈重建鮑塔邨關帝廟樂善庵記〉，頁 436。

英爽，以故於廟西隙地，僅可畝許，公即此而營壽藏焉，志可想也。[49]

祇園的父親胡日華有一次病得非常沈重，其繼子胤長虔誠地向關帝祈禱。結果經胤長之祈禱，夜晚便夢見關帝「增公算」，增加養素之壽命。明早，果然有所起色，之後精神奕奕更甚平時。為了感念關帝救命之德，捐資修建關帝廟，並重建被焚毀的鮑塔庵，改以「樂善庵」之名，並以廟西空地預作自己百年後的墓地，這樣一重建一立墓，讓祇園在此待了近三十年，遂其廬墓之孝，以及度過參學、修悟、悟後隱修的歲月。





### 3、節孝、修悟與隱跡之所

崇禎縣志有「于庵後築慈孝堂，以奉父母」，並有「期于廬墓歿身，矢心節孝」之語。《竹里述略》記載養素之子胤長，於父親歿後，在父親平常讀書處建孝思祠，並有肖像祀之。姚士粦為其寫〈胡氏孝思祠記〉，還提到祇園：

故以公所自顏之齋，中為祠堂，梓肖公像，棲托公神，而三徑有亭，來朋致益也，洗耳有軒，塞兑遠聽也，靖節流風，東籬娛晚，麗潭引養也，此皆公生素怡悅，神情所鍾，環列前後，自有踰于觴豆作供者，延脉固自嚴于蒸嘗主，更承遺命，使寡妹朝夕上食，致甘脆，事公若存，以繫其思，為百世宗祠也。[50]

胤長，字延脉，是養素過繼之子，他建孝思祠以祭奉養素，「自嚴于蒸嘗主」，自己為主祭祀者，更依養素之遺命，「使寡妹朝夕上食，致甘脆」，像人還在似的。此「寡妹」就是祇園。這樣的安排，有二層意涵：一者祇園之孝。一者父母之愛。祇園於孝道頗為看重，除了前面所談，建慈孝堂以奉父母、期于廬墓，以盡節孝外，她雖立志修道參學，卻一直等到父母皆去世後才出家（養素去世後四年，其母才去世）。後來在伏獅上堂開法後亦曾「薦考妣小參陞座」，[51]對弟子「有欲省親，

49 徐士燕《竹里述略》卷十二〈述里西迤北〉，「樂善庵」下，高道素〈重建鮑塔邨關帝廟樂善庵記〉，頁436。

50 徐士燕《竹里述略》卷十二，頁436。此記在崇禎本縣志亦有收錄：羅炫修、黃承昊《嘉興縣志》卷五，頁212。

51 《祇園語錄》卷上〈薦考妣〉，頁426上。

勸其孝敬勝于奉師」之教，[52]出家時對婆家亦有兼顧補孝之道。所以於繼兄所建的孝思祠「朝夕上供」，也必是祇園所要的，這些在在顯示其對辭親修道與孝養尊親之間的矛盾有細心安排與關懷，這是祇園之孝。另一方面，胤長既是過繼子，能繼承財產，處於弱勢的獨生女，父親這樣的安排，是其照顧的美意；要讓這個守寡，立志修行的女兒，在他身後「朝夕上食」，讓祇園因祭祀而得存養，不必求人，不必擔心未來的生活，也符合祇園之志，這是父母之愛。〈行狀〉也曾提到，父母對祇園愛護有加，養素是位品德高尚之人，對於惜如掌上明珠的女兒守寡回家，自然愛護有加，甚至不忍其茹素，吃素此事尚且如此，出家修道必更為父母所不忍，也難怪祇園要等到父母皆去世才正式出家。這種愛護女兒之情，勢必也延續到父母臨死前，要為其往後生計作好安排。而且證之其他，父親給的還不只祭祀宗祠之利，因為她還能夠「捨奩田二十三畝，為常住焚修」，也曾自言在出家前：「昔年在俗家稱素封」，[53]而「海內僧眾或興建或接待，有求于師，皆不負其來意」，[54]等到出家則「所有屋產衣飾等，一切俱捨」、「寸心不掛，空手出家」。[55]又，出家後回給夫家人的信談到：

> ……辭親棄俗，甘旨不供，不能盡世間孝道，所以某將從前自置數畝，奉二親供膳，聊表寸心，以免不孝之罪。久後可付令嗣，以作先道伴饗祀，以盡某在常門一番事也。[56]

她出家時將「從前自置數畝，奉二親供膳」，並設想往後交予後代姪輩，作饗祀之用，以盡孝道。觀諸這些狀況可以推知，在新行鎮是大戶人家的胡氏家族，雖然父親是敦孝節義之處士，他這一脈人丁也單薄，不一定擁有龐大家產，但應該還有田產資財維持一定的生活水準，從他父母的愛護與安排，讓她擁有一些田產的支配權、受益權亦可知，這些支配權讓她能不負有求者來意，捐田畝給樂善庵，並因此得到在胡庵修

52 《祇園語錄》卷下〈祇園行狀〉，頁 439 中。
53 《祇園語錄》卷下〈祇園行狀〉，頁 439 上。
54 《祇園語錄》卷下〈祇園行狀〉，頁 439 上。
55 《祇園語錄》卷下〈祇園行狀〉，頁 437 中、439 上。
56 《祇園語錄》卷上〈復常翁居士〉，頁 430 中。

行時的基本支撐。而負責祭祀父母，也讓她在盡孝之時，有某種程度的生活保障，並在出家時，得以盡捨一切屋產，並分配數畝田對婆家交代等等。這些田產並非以保有財產為資產（因為出家時，已空諸財產），而是以能將資產捐出捨棄的支配權為資產。在這種情況下，祇園盡捨一切，在胡庵一心向道，自力清苦，對弟子「嘗出蔽衣百結云：吾住靜時，所服勞苦重務，一身兼之」。[57]有一次為了佈施金粟寺僧人纏足布，「回庵，即貸錢五千，躬自紡織，夜以繼日」，[58]這是她自願捨棄一切，自力苦行的自我要求。

以祇園對孝道的重視，再因守寡回本家，「節孝」之名自然冠在其上，方志經常以「常節婦」稱之即是如此！雖然十八歲守寡後，有修道之志，但為盡孝道，沒有立刻出家，只是出外參學、回庵修行，一直到三十五歲受具足戒成為出家人，這當中有十多年之久，即使有參禪修道，外相上所示、人們所見、所譽的卻是「節婦」的節孝之行。

胡庵十多年「外現節婦行」的修行後，再經過七、八年的出家參悟，四十一歲時被石車印可，承繼法脈，祇園之名聲因此傳揚出去，此時應可出世弘法，不過她選擇繼續留在胡庵隱跡九年。是因為性別因素，弘法不易，須沈潛等待？是因為內斂謙抑的性格嗎？是悟後保任之故？我們無法單一判斷，但是修行上，祖師確實多有悟後保任之教，例如五祖付惠能衣缽時，要他「逢懷則止，遇會則藏」，於是到了四會，避於獵人隊裏十五年，直到「一日思惟，時當弘法，不可終遯」，才出山到廣州法性寺，展開弘法生涯。而祇園被付予象徵法脈的如意時，「諸方禪侶，無不疑駭」，[59]所以是悟後保任也好，是沈潛謙抑也好，這一段九年悟後穩跡胡庵的生活，是「真操實履，攻苦食淡，艱辛備嘗」。

這段悟後隱跡胡庵的歲月，雖然語錄中能明確檢視出的資料不多，行狀也簡單帶過，但朱茂時序有「得讀二菴諸錄，如行襲寶之林，似憩

57 《祇園語錄》卷下〈祇園行狀〉，頁 439 上。

58 《祇園語錄》卷下〈祇園行狀〉，頁 439 上。

59 《祇園語錄》卷下〈祇園行狀〉，頁 438 中。

荃香之囿」，[60] 此二庵應是胡庵、伏獅庵之謂，而語錄之編集是統合前錄、又錄、後錄而成的，所以語錄中應該有胡庵時期的內容，而其重要弟子朱老淑人，是在祇園到伏獅之前一年去世的，義公隨學祇園也有二十多年之久，這些都顯示她們受教於祇園來伏獅之前，亦即在胡庵時期，所以祇園在胡庵應該並非獨修無侶，悟後隱跡時也極可能有些同修信眾，只是沒有正式領眾、收徒、上堂開法、居住持之名，她雖然清貧度日，意欲隱跡無聞，但卻也無法完全絕聞於世，畢竟悟者之光終究是讓人欽仰渴求的。





由此而觀，祇園居於胡庵，可分三個階段：出家前、出家後、悟道後隱跡：

(1) 出家前。守寡後，回本家，志求解脫，外顯孝養父母、節志不嫁之志，被世俗倫理視為節婦、孝女。

(2) 出家後。父母已歿，了無牽掛出家，一切俱捨，參學苦修，克期取證，在修道上，以女身之姿承續法脈。

(3) 悟道後，保任隱跡，清苦作務，真操實履。

所以可以說，祇園在胡庵的修行過程是：盡孝守節、修悟、隱跡。而整個過程她對物質財產的處理方式，都是捐捨一切，清貧實踐，以修道為重。

祇園在胡庵的三個階段，前前後後將近三十年之久，她為何一直選擇在此？此處於她有何因緣？從這些過程看來，她出家前，住於胡庵，最重要的因緣應該是父母、本家所建之故，守寡回本家，有父母愛護之情，修行之志較有實踐的可能，一方面亦可善盡孺慕之意，所以在此最是穩切，尤其對女性而言。另一方面適有父親重建樂善庵，有慈孝堂附於後，作為清修之所，又有出家尼師可為修行之師友，能實踐解脫之志。父母並能給予經濟上的基本支持，她也能侍親奉養。第二個階段，父母去世後出家，一切房產俱捨，立誓不住俗家，所以慈孝堂就從私人廳堂轉成私人祠堂，又是個人修行庵堂。而胡家之於樂善庵，有捐田之德，孝思堂仍需祇園上供，雖然由此而來的道糧，可能不夠豐厚，甚至

60 《祇園語錄》朱茂時序，頁 421 中。

祇園仍「力行苦行」，但應該也能得到起碼互助與安居。第三階段，悟後隱跡時期，胡庵成為個人專修庵堂的性質更濃。既是隱跡，就不以弘法為務，不開堂度眾（但仍隨緣度眾），不建立道場，因此回到這裏是再自然不過了。而三段層次的經濟基礎，祇園在捨棄一切，清貧度日中仍有來自父母之恩蔭。

**3、祇園之後的胡庵**

編於同治三年（1864）《竹里述略》，作者徐士燕有〈篁里竹枝詞〉三十首，其中之一就是針對樂善庵等古蹟而寫：

> 孝思祠屋噪寒鴉，樂善庵前散雨華，猶記石車女弟子，結茅初地學全跏。[61]

齊舉孝思祠、樂善庵，表達出養素其人其行，以「天女散花」之典故引出後兩句，點出祇園為石車弟子，在此結茅修道的事蹟，此詩距祇園，已二百多年矣。另外，還收錄一首徐大杭〈偕葛壽平陪王鳳池夫子過胡庵〉：

> 讀罷從游到小庵，梅林寂靜愜幽探，一灣流水襟期淡，滿院煙花色相參，爨婦翦蔬供夕膳，佛奴問字助元談，臨江遺跡空千古，贏得祇園舊氏諳。[62]

詩文寫作之時，胡庵還在，臨近水邊，仍有人居，有寂靜幽深之韻，亦有滿院煙花相參之美，有婦煮蔬，有奴問字，只是不知此「佛奴」者是出家人否？素養之靈位是否還在？看來胡庵依然未老，仍讓人憶起祇園之修道，更相勝於千古遺跡。

新篁鎮在今日嘉興鳳橋鎮內，這區域附近有個胡庵村，不知此地名是否因當年祇園的胡庵而來？如果是，不知今日胡庵還存在否？

祇園受石車法嗣，卻回到胡庵隱跡九年，而這之前已在此參修近二十年了，這是祇園嚴謹醇僕之個性，以及在弘法上採取內斂謙遜的態度使然，但這一段尤其是悟後隱跡的過程，祇園並非與世隔絕，她仍隨緣度眾教化，只是不以禪師、老師自居，沒有上堂開法、收受弟子等弘



61〔清〕徐士燕《竹里述略》卷十二，頁 441。

62〔清〕徐士燕《竹里述略》卷十二，頁 437。

法形式，所以雖然沒有正式的弘法道場，但悟者之風教與名聲應該已經傳揚，讓朱彝尊的先伯祖母趙淑人這樣的官宦命婦願意親近受教，也因此在沈潛中仍能逐漸累積因緣，終至被請到董庵正式開法，而造就伏獅女禪的風潮與典範。

### （二）金粟寺

祇園在胡庵度過近三十多年，但是如果只修居於此，無法得到完整的參禪教授，所以祇園自從有離塵之志後，即有參學之想，但苦無機會。直到二十六歲才首參天慈老師，三十三歲後多次到金粟寺參密雲和尚。三十四歲在金粟寺出家，後又至鹽官參二宮慈庵老師，三十六歲再回金粟寺，參石車和尚，最後在石車座下開悟。所以金粟寺是其出家、悟道、承繼法脈之處，亦是參學的主要禪林。

金粟寺，是三國吳赤烏年間，康居國僧會所建，乃江南創始佛寺之一，位於嘉興海鹽縣西南約三十幾里，金粟山下（今海鹽縣六里鄉茶院村），據《金粟寺志》云：

> 寺創自吳赤烏三藏康僧會，始會從康居國來江南，以感舍利之祥，杖策遊茲，值盛夏，搆亭施茶。宋開寶二年己巳，錢吳越國王賜名茶院，後迺建寺。祥符戊甲元年，敕額曰：廣慧。高宗贈以御書。……嘉靖間倭闖郊原，樓殿半為灰燼，久之，僧眾寥落，民宅其地，桑麻雞犬，橫滿目前。[63]

會起初在此搆亭施茶。宋開寶二年，吳越王錢俶賜名「茶院」，宋大中祥符元年，敕額「廣慧禪院」。與康僧會在江南所創的保寧、萬壽二寺合稱「江南三剎」。因在金粟山，所以又稱金粟寺。法緣曾經盛極一時，各代有荒毀有重建，嘉靖間，因倭亂而樓殿半成灰燼，僧眾也散去，附近居民佔據為宅，至萬曆年間，據當地的方志《澉水新誌》云：

> 明萬曆中，寺久圮，茂才蔡聯璧居士感夢鬻田，偕廣道、本彥重建正殿、大悲閣、禪堂、方丈、祖師堂及僧寮若干楹，延雲棲大

63 佚名《金粟寺志》，《中國佛寺志叢刊》冊 79，據明末清初稿本影印（揚州市：江蘇廣陵古籍刻印社，1996 年），頁 21。

蓮開堂說法，天啟間，圓悟雲和尚重葺法堂、天王、寢殿。[64]

在蔡聯璧居士重建下，並邀請明師駐錫，金粟逐漸復原，尤其是他在天啟四年（1624），邀請密雲入院住持，自此大展禪風，機鋒教化，名震一時，各地參學禪人紛紛聚集，座下十幾位可以施化一方的弟子，大多在此陶煉而出，包括授與祇園法脈的石車，當時住眾曾經達到千人：

（案：密雲）主席金粟，緇素雲集，檀施山積，大廈鴻構，食堂嘗萬指，金粟故有千人井，蓋前定……晚居太白山，示寂化去，金粟有悟衣鉢塔。[65]

金粟寺如此大興，一直延續至清初，雍正還頒賜對聯，命懸方丈：「不佛求、不法求、不僧伽求，早已過去。無我相、無人相、無眾生相，卻是未來」。《金粟寺志》的記載是：

……天啟甲子春，敦請密雲禪師主席，大闡宗風，漸次贖回寺基，若于畝，闢大悲閣之左廡，建禪堂五間十三架，更以餘材夾殿之翼，輔以周廊，復於大悲閣之右鑿山開址為丈室，而天王寢殿與齋庫庖湢之屬，悉皆鼎新。崇禎五年壬申春，石車禪師繼席，復董成其事，撤大悲閣，於禪堂之後為藏堂，即大悲閣基為法堂，并建祖堂於法堂之左。戊寅遷化，……敦請費隱禪師住持，數年來法化大行，從前所未有者，如墖院、碑亭、船坊及且過、延壽二堂等處，俱已煥然畢備，禪剎之興於斯為盛。[66]

密雲在此約八年，崇禎四年（1631）又被請至寧波天童寺，並由石車和尚繼席金粟，石車逝後，再由費隱接任。整個金粟寺的建設完成在這三位禪師之手，換言之祇園來此參學之時，正是金粟寺最興盛的時期。

密雲來到金粟，後來石車繼席，這二人對祇園而言，是生命中最重要的法緣。她到金粟參學也因這二人，可分為二期：一、參學密雲，出家受戒（從三十三到三十五歲）。二、參學石車，悟道嗣法（三十六到四十二歲）。而且還有一次到金粟寺，感受到冬天寒冷，遂「發願施眾



---

64 方溶、萬亞蘭補遺《澉水新誌》卷六，《中國地方志集成》鄉鎮志專輯第 20 冊（上海：上海書店，1992 年），頁 599。

65 方溶、萬亞蘭補遺《澉水新誌》卷九，頁 639。

66 佚名《金粟寺志》，頁 22-23。

僧纏足布」。[67] 金粟寺在海鹽縣，祇園修行的胡庵在嘉興縣，兩者皆屬嘉興府，兩者距離約三十多公里，說遠不遠，說近也不近，對於一位女性修行者、比丘尼而言，來來往往於這段距離，應是頗為辛苦的，所以她第一次見密雲時，密雲即以「念汝遠來，放汝三十棒」回應，顯然此路途亦不近，但有幸遇逢密雲到家鄉嘉興境內，已守寡慕道多年的她，當然一定得前去求法參究，也有幸能得石車教化，受其傳承嗣法。

根據明末清初稿本的《金粟寺志》記載，金粟寺除了大雄寶殿等修行場所外，屬於生活起居的居室有東、西、南客堂、女客堂、延壽堂、涅槃堂、方丈、香積廚、退步寮（首座寮）、知事寮、值歲寮、執事寮、西堂寮、知客寮、合室寮（過客寮）、眾行寮，塔後寮、庫房、浴房、磨房、碓房、守船、田房、園房等。[68] 客堂，依文知義，即是接待客人之廳堂。而「寮」，是僧人居住的房屋，這些各種的寮房，多依職位、負責的職事來分。所以「客堂」與「寮」之不同乃在於，前者是或居士或暫時來寺居住的客人，而「寮」則是常住於此的僧人或修行人。其中客堂，就有「女客堂」之設置，其位址在齋堂右邊[69]，所以顯然金粟寺是以男性為主的大叢林，而祇園多次前往金粟寺參學問道時，應該會由女客堂來安排處理。

費隱通容（1592-1660），在崇禎十一年（1638）接繼石車住持金粟寺，他於隔年崇禎十二年（1639）著〈叢林兩序須知〉，規範寺眾，維護禪規，以利清淨修行。這些時間點，是祇園參石車悟道後的時間，這份兩序須知中的「知客須知」、「監寺須知」內就有二條有關女眾來寺的注意須知：

> 尼師女客到山，須安置女客堂，毋得混雜。（知客須知之一）
>
> 本處女客到山，宿食語言，應加照顧，但不得親厚。（監院須知之一）[70]

---

67 《祇園語錄》卷下〈祇園行狀〉，頁 439 上。

68 佚名《金粟寺志》，頁 29-35。

69 佚名《金粟寺志》，頁 30。

70 費隱通容〈叢林兩序須知〉，《新纂卍續藏》冊 63，頁 669、672。

從這兩條須知可以了解，金粟寺會接待尼師女客住宿，但宿食語言等相關行事，要加以照顧，但不得混雜，也不得特別親厚。而這些來寺的女眾應該就安置在女客堂裏，當年祇園多次來往金粟寺應該也是如此。

## （三）伏獅禪院

### 1、龍象駢臻，具叢林規模

伏獅禪院，原名董庵，建於明末天啟、崇禎年間（約 1627 年前後），原是董氏家族女眷的佛教修行場所。祇園於清順治四年（1647）被迎請來此開法，之前，以其隱跡內斂的個性，她再三固辭，卻無法如意，於是留了下來，也展開她正式教化的生涯，並將董庵易名為伏獅。後來因為法緣興盛，形成具叢林之規模，被冠上「禪院」之名，又因寺中有一鐵佛，也被稱為鐵佛庵。祇園在伏獅禪院形成了女性禪師弘化之盛況與典範，而吸引來的學人並非只有女修行者，更多有僧人、男居士，但對女性修行者而言，一定更具有鼓勵與示範的作用。

伏獅禪院位於嘉興梅里，屬於人文薈萃、佛法興盛的江南浙江，祇園禪師的弘法區域也都集中在此。梅里，又稱為梅會里、梅匯、王鎮、王店，即是今日浙江省嘉興市秀洲區的王店鎮。梅里是個古鎮，為何稱為梅里？根據楊謙《梅里志》記載：

> 梅里，秦漢屬由拳，吳為嘉興，唐時隸蘇州，至錢武肅王置嘉興鎮，設鎮遏使一人，時王逵居此，為王店鎮之始，宋初以嘉興隸浙西路，明吳元年屬直隸，洪武間改隸浙江，而梅里之稱，以逵環植梅花因名焉。[71]

在五代後晉天福年間，錢武肅王在嘉興設鎮，當時王逵居住在此，並在此地環植梅花，所以被稱為梅里。也有說王逵為鎮傷使，這裏開始聚集貿易市場，於是稱為王店：

> ……梅里乃屬嘉興，皇朝（案：明朝）因之，百年以來休養生息，物阜民康，為縣南一巨鎮焉，梅會里在大彭、嘉會二鄉間，石晉時鎮遏使王逵之居也，植梅百——，聚貨市易，今稱梅谿，

71 楊謙《梅里志》卷一〈沿革〉，頁 666。

亦曰王店。[72]

梅里有一條溪自西而東貫串而過，沿洄三里，屋宇就蓋在溪之南北，這條溪因此稱為梅溪，是交通重要的水路。從王逵以來，梅里開始發展，到了明代中葉，更是物阜民康，人文薈萃，不僅是嘉興縣南方的繁榮大鎮，更深具人文風華：

> 至明中葉而漸盛，民物殷阜，俗尚淳樸，已成一巨鎮，其掇科第而仕宦者，皆有以政績聞於時，國初人文薈萃，海內稱詩者，咸推朱檢討、李徵士兩家，而王言遠、周青士、沈山子諸人復相應和，故百餘年來，其流風遺韻至今弗替。[73]

從明中葉一路繁榮下來，科舉仕宦者多有聞名於當時者，到了清初朱彝尊（1629-1709）定居梅里，許多士大夫文人更是來往聚集，結社唱和，以詩詞文學聞著天下，甚至形成所謂梅里詩派。因為人文薈萃，再加上晚明的禪宗發展也處於復興之勢，士大夫餘暇鄉隱，參禪聞道、往來禪院亦是常有之事，所以園林宅第、寺院庵堂充錯其間。在這樣的環境之下，根據楊謙《梅里志》所言，伏獅禪院是當時「諸庵之冠冕」：

> 伏獅禪院，一名董菴，在小橋浜，左有東菴，今廢。〔補〕伏獅院在板橋北，女僧蘭若，俗呼董菴，規模宏整，鑄鐵為佛像，徒眾亦盛，為諸菴冠冕。[74]

「庵」的本意，是指小型的修行隱居之草屋茅舍，依《梅里志》中所描述的庵，都指小型的、家族的佛教修行處所，而不一定是女性道場，例如有福城菴，僧鶴僊住持。可彬菴，僧靜源住持等等。[75] 而董庵是由家族性色彩濃厚的家庵性質起家，而且是女庵，因為祇園的住持與修証，





72 楊謙《梅里志》卷一〈沿革〉，引自《至元嘉禾志》，頁 666。

73 楊謙《梅里志》，白繼昌〈梅里志序〉，頁 660。

74 楊謙《梅里志》卷四〈寺觀〉、伏獅禪院下，頁 710。

75 楊謙《梅里志》卷四〈寺觀〉、可彬菴、福城菴條下，頁 708。即使「庵」，作為佛教修行場所，不一定是由女性來主持，但不可諱言的，許多庵堂是由比丘尼住持的，這是因為在傳統觀念、佛門戒律下，女性修行者無法在比丘的大寺院叢林中長期居住修行，又沒有女性修行禪林可去，所以就得散居於小型、家族庵堂中，久而久之，「庵」就變成是佛教女性修行道場之專名。

讓它脫胎成當地重要的女性禪修道場伏獅禪院，之所以成為「諸庵冠冕」，是因為其「規模宏整」、「徒眾亦盛」。康熙《嘉興府志》也有相同的記載：

祇園行剛，比丘尼，嘉興胡氏女，早寡守節，棄家學佛，住伏獅禪院，從者如雲，有一夔超琛比丘尼為其高足，皆有語錄行世。[76]

「住伏獅禪院，從者如雲」與《梅里志》的「徒眾亦盛，為諸菴冠冕」在在都證明祇園在伏獅禪院的弘法盛況，所以〈祇園行狀〉也言：

其時遐邇聞風，戶屨日滿，……自是禪侶輻輳，禪堂狹小，難以容眾，更闢西禪堂一所，寮房一帶，數日落成，先師不過隨緣任運，並不以營建繫念，每年結制，自淮海閩廣江寧諸省禪人，不憚險阻而來。[77]

聞祇園禪風，參學的禪人戶屨日滿，更有自各省不遠險阻而來，因此伏獅原本建築無法負荷，於是加闢西禪堂、寮房等，語錄內亦有〈大悲菩薩開光〉、〈施主送韋駄菩薩進院〉、〈掛鐘板〉、〈入西禪堂掛鐘板〉等儀式偈語，其中〈施主送韋駄菩薩進院〉云：

菩薩密行難思議，覿面令人放寶光，內外障消魔永斷，大眾均沾慧日長，施主莊成功莫大，迷雲開處性天香，選佛場中行佛事，無窮護法鎮長行，大眾還見麼，南無護法韋馱尊天菩薩。[78]

韋馱菩薩是寺院之護法，一般置於大殿之前、山門之後的前殿。施主供養韋馱菩薩像，送進院來，為「選佛場中行佛事」的大眾護法，使障消魔斷、雲開放光。又〈入西禪堂掛鐘板〉：

佛祖權衡，叢林基業，舊令新提，鉗鎚玅密，龍象駢臻，徹骨徹髓，擊鐘板云：還聞麼？若將耳聽終難會，眼處聞聲方始知。[79]



76 袁國梓《嘉興縣志》卷十七〈人物、仙釋〉，頁 694。
77 《祇園語錄》卷下〈祇園行狀〉，頁 438 上。
78 《祇園語錄》卷上〈施主送韋駄菩薩進院〉，頁 432 上。
79 《祇園語錄》卷上〈入西禪堂掛鐘板〉，頁 432 下。

此西禪堂應該就是因應禪侶輻輳而來所建，所以龍象駢臻，鉗鎚妙密、徹骨徹髓地依佛法來調煉眾生，使大眾能通透如來覺性。祇園就以掛鐘板之鐘聲、聞性來點撥學人。伏獅的弘化規模已隱然有「叢林基業」之相了，而且讓董庵在實質上從私人的庵堂轉變成具有叢林規模的伏獅禪院，王庭〈重修伏獅禪院記〉就記載加闢後的規模：

> ……名伏獅，則後祇園禪師所命也。菴前後殿二，房樓五，西設方丈，兩旁廚庫湢寮，咸具有叢林之規，故名曰院，祇園為天童密雲孫，金粟石車子，以女身相，宏臨濟法，來住斯院，故名曰禪。……記余少時，見此院之興，工費甚侈，莊嚴之勝，甲於諸方，……[80]





當時是王庭年輕時所見，有前後二殿，五間房樓，西邊設有方丈室，兩旁還有廚房、庫房、浴室、寮房等生活空間，已然具有叢林之規模。這樣的伏獅，是投注很多經費，建築非常莊嚴，「甲於諸方」的禪院！祇園來此弘楊臨濟禪法，規模、徒眾俱增，有門庭規約在運作，也有學人來往參學，使得它能從家庵一變而成「具有叢林之規」的禪院。祇園「以女身相，宏臨濟法」，受到的考驗與檢證只會多不會少，還能夠在人文薈萃的梅里成為「諸庵冠冕」、「從者如雲」，相當難得，可見其修證之深、弘法之盛，得到很多護持與迴響。

**2、董庵之啟建，緣董李二家**

伏獅禪院前身，董庵，這座家庵是如何來的呢？從王庭〈重修伏獅禪院記〉的記載可以了解一二。王庭是當地有名的士大夫，常與祇園相往來請益佛法，祇園去世後伏獅禪院沒落，人去院空、殘破壁毀，當地人發起重修，王庭遂寫銘立碑，以遺來者。此重修記，寫於康熙二十一年（1682），延至康熙二十六年（1687）再繼記並刻碑。內容談到董庵建於明末啟禎年間（約 1628 左右），距當時已六十年矣，啟建緣起為：

> 梅里之有伏獅禪院也，自明末啟禎年間始也，先是里紳曙巖李公有第三女，適南潯董氏為董孺人，相中條公登少年第，不祿，因

80　楊謙《梅里志》卷四〈寺觀〉、伏獅禪院下，王庭〈重修伏獅禪院記〉，頁 710。

> 無所出，撫一女甚愛之，及笄，志不願嫁，孺人因令之出家，迺就李氏買宅，改築為菴以居焉。菴成於董，俗呼為董菴，初供一鐵佛，又呼鐵佛菴，其名伏獅，則後祇園禪師所命也。[81]

梅里有士紳李曙巖，字君時，曾任國子監助教，[82] 李家在梅里是大族，還被稱為王店李。[83] 他的第三女嫁給潯溪（今浙江南潯鎮）董家第三子：董嗣昭（1575-1595）。[84] 董家也是潯溪的旺族，嗣昭之祖父董份（1510-1595），父親董道淳、兄長董嗣成（1560-1595）都是進士，其么弟即是清初經、史、詩文都有所成就的董斯張（1586-1628），董嗣昭自己也是進士出身，但卻在二十一歲舉進士（萬曆二十三年乙未科）後不久便去世，他們膝下無子，守寡的董妻李氏便領養一女，非常珍愛，長大後女兒不想嫁人，董孺人（李氏女）便為其在自己娘家梅里蓋個庵堂，讓她出家修行處所。因為是董家人來建，所以當地人俗呼董庵，又因庵內供有一尊鐵佛，所以又稱為鐵佛庵。王庭談到，這位出家的女兒就是祇園的弟子義川：

> 孺人女從祇園薙髮，錫名義川，執侍二十餘年，同六人受記莂。[85]

義川隨著祇園出家，隨侍二十餘年，最後成為嗣法弟子之一。所以董庵之建立是因守寡的母親為了安置不願嫁的養女，讓她能夠安心奉佛修行。所以這二位女性：李氏董夫人、義川，是董庵之所以成立的重要人物。

董夫人李氏，梅里李曙巖之三女，生於萬曆六年，十六歲嫁給董嗣

---

81 楊謙《梅里志》卷四〈寺觀〉、伏獅禪院下，王庭〈重修伏獅禪院記〉，頁 710。

82 李曙巖，原名衷宏，萬曆元年舉人，後改名原中，登萬曆己丑進士。曙嚴其號也。曾為溧陽令，政尚慈和，案無留牘。後陞為國子監助教，年九十三卒。見楊謙《梅里志》卷八〈科第〉，頁 763 ～ 764，及卷九〈仕宦〉，小傳繫於父親李芳下，頁 774。

83 朱國楨為李曙巖父親寫墓誌銘〈繼泉李公墓誌銘〉曰：「嘉禾鼎族莫著于梅溪之李氏，一曰王店李……」。見朱國楨《朱文肅公集》，《續修四庫全書》集部．別集類，冊 1366（上海：上海古籍，1997 年），頁 97。

84 王曰禎《南潯鎮志》卷十二〈人物一〉董份下：「……嗣昭，字叔弢，號中條，以孝友稱，年二十一舉乙未進士，禮部觀政，僅五十日歿於京邸」。《續修四庫全書》史部．地理類，冊 717（上海：上海古籍，1997 年），頁 267。

85 楊謙《梅里志》卷四〈寺觀〉、伏獅禪院下，王庭〈重修伏獅禪院記〉，頁 710。

昭，十八歲守寡，卒於崇禎五年（1578-1632），享年五十五，在那個講究貞節烈女的明代，共守寡三十八年。天啟六年，守寡第三十年時，旌表為節婦，列入《梅里志》〈節烈〉中：

> 湖州進士董嗣昭妻李氏，國子助教原中女，嗣昭未除官，卒於京邸。因依母氏買田廬於里北，築伏獅菴，苦志焚修，長齋奉佛以終，天啟間旌。[86]

依其文意看來，李氏守寡後似乎長居於董庵「苦志焚修，長齋奉佛」，但比對另外的史料，並非不是如此，據朱國禎所寫的兩篇關於她的傳、序：〈董節婦李夫人傳〉、〈旌表節婦李氏董夫人壽誕序〉，不僅沒有談到其長住梅里董庵，反倒是嚴謹深居於南潯家中：

> 齊居茹澹，斥其餘，命家督，瘞骼賑貧，橋梁道路，多所脩葺，嘗製一舟歸寧，有貸者不能卻意怏怏，即售之曰：此豈異人可載。用形家言，易大門南向，見有丹漆，曰：孀居焉用此？立命削去，庭戶肅然，師婆絕跡，惟國博公至，乃一見，內外化之，不戒而慄，日禮佛課，誦有常度，蓋歷今又二十年往矣，節婦之稱，遠近無間。[87]

李氏嚴守節婦之行，「庭戶肅然，師婆絕跡」，[88] 只有父親來時（國博公即李曙巖），才與之相見，否則甚少出門、見外人，而且每日勤於禮佛課誦。所以遠近對其節婦之譽都沒有間斷過，這與《梅里志》所載「苦志焚修，長齋奉佛以終」相合。十年過後，李氏達到旌表的標準，朱國禎再寫一文祝福她，並再一次寫到她與父親的來往：

> ……及今已告事成，又幸未死，樂觀其盛，叔氏遐周連得二子，以一子之期，亦適居，而國博尚健，汎舟往來其間，俯仰數十年。[89]

前傳寫李氏嚴於門庭，甚少接觸外人，最多是與父親見面，並有買舟歸

---

86 楊謙《梅里志》卷十二〈節烈一〉，頁 815。

87 朱國楨《朱文肅公集》〈董節婦李夫人傳〉，《續修四庫全書》集部．別集類，冊 1366（上海：上海古籍，1997 年），頁 191-192。

88 師婆者，是「三姑六婆」中的六婆之一，指的是畫符施咒，請神問命之婦女。

89 朱國楨《朱文肅公集》〈旌表節婦李氏董夫人壽誕序〉，頁 137。

寧之舉。後面的旌表壽誕文，則言「國博尚健，泛舟往來其間」，因此可推論：有時父親來看她，有時李氏應該也有自己回娘家見父親，而且這種狀況應該頗多，否則不必寫出來。依其禮佛之虔誠，李氏回娘家必然也會到董庵禮佛，見女兒義川（這或許是她常回娘家的主要的原因），對董庵的種種必然多所關心，所以她雖然沒有長居於此，也是常常來此焚修禮佛。

祇園另一位嗣法弟子義公（1615-1661），她與義川早先已在董庵修行，而且在這之前就跟祇園參禪修行了，後來因戰亂兵火之亂，移居南潯，於是董夫人顧氏為她們在南潯建般若庵，供她們修行，董菴無人住持，義公與義川便向護法居士建議，請祇園來董庵，這些居士是由潯溪（南潯）董帷儒、（梅里）李姓家族諸護法士紳組成，亦即是義川的父親、母親二邊的家族。於是祇園於順治四年（1647）來此開法，展開八年的弘法生涯。

這其中有位重要人物，即董帷儒居士，名漢策，號芝筠，又號甦庵、帚園，[90]也曾有董麟科之名，[91]是董嗣昭之兄董嗣成之孫，故在輩分上他是義川的姪子，母親顧氏董夫人，與義川同輩，算是李氏的姪媳。李氏收養了義川，但畢竟是女兒，依觀念還是要有兒子為後嗣，所以李氏就以小叔董斯張之子誂為嗣，沒想到誂二歲時就夭折了，於是再以兩位姪孫來承嗣，[92]其中一位即是董帷儒，[93]雖然過程有些爭議，但是董庵的所有權，最終是轉移至帷儒身上，義川與帷儒的關係遂提升為同輩姊弟。（這段爭議，於一揆與義公之「獅音斷處頻相和」處有討論）

帷儒具俠義氣概，以孝聞名，博通經史釋道，拳勇絕倫，亦精通韜略，對養生奉死恤貧等公益之事，都不遺餘力，並帶領鄉民抵禦明末寇亂，對南潯鄉里貢獻甚巨，對母親孝敬有加。帷儒之母則是皈依三寶，

---

**90** 汪曰禎《南潯鎮志》卷十三〈人物二〉，「董漢策」有傳，頁 277。

**91** 汪曰禎《南潯鎮志》卷二十八〈碑刻四〉：「按題名中……董麟科即董漢策」，頁 448。

**92** 范長庚《南潯鎮志》卷七。道光二十一年編纂，《中國地方志集成》鄉鎮志專輯，冊 22。據民國二十五年鉛印《南林叢刊》本影印，頁 839。

**93** 汪曰禎《南潯鎮志》卷三十九〈志餘九〉中有《甦庵家誡》之引文，內容為董母傳家序一篇，談到此事。頁 592-593。

朝夕禪定奉佛之人，在南潯，護持僧人建設庵寺，是佛教大護法。母子兩人擁有董庵的產權，所以要禮請祇園來時，帷儒當然就是最重要的禮請者。祇園來此八年，也得到母子二人相當的護持尊重。

一位進士英年早逝，造成一個節婦守節奉佛三十年，節婦之養女不願嫁，遂建庵讓其出家，受教於祇園，再加上節婦嗣子之護持，梅溪李家與南潯董家這二大家族的因緣築構下，祇園有因緣來到董庵開法，有了正式公開弘法的機會與責任，也成就了伏獅女禪。



## （四）祇園之後的伏獅

### 1、人情丕變，荒廢無人

在伏獅八年，祇園便於順治十一年（1654）圓寂了，遺命義公繼席住持伏獅禪院，由義川來負責塔院，但是：

> 豈啻老和尚寂後，人情皆變，師（案：即義公）為塔院受盡委曲，究竟不能本庵啟造，至第四年清明入塔。未及兩年，義川師已去世，一切主持喪事，皆師一人費心，途路跋涉，經營辛苦，川師一七內，師即染成一疾。[94]

義公為了祇園塔院之事「受盡委曲」，還是不能於「本庵啟造」。直至四年後才完成，於清明節入塔。不到二年，義川就去世，義公為此途路跋涉，來往般若庵與伏獅之間，經營得相當辛苦，結果就染病，不久於順治十八年（1661）就去世了，她住持伏獅只有六年。至於對塔院之事，義公為何如此使不上力？還受盡委曲？這是否與伏獅為董氏家族所有，義公無法全權作主有關？所謂人情皆變，又是怎樣的狀況？這些都不得而知。塔院之事，應是義川負責，義川是董家之養女，而且擁有產權的帷儒母子，也相當護持祇園，為何還不能本庵啟造、受盡委曲？令人費解。祇園另一位弟子一揆曾說：

> 不意，辛丑春，義公法兄忽染沈痾，延余到榻，囑託後事，刻先師語錄，自已建塔，立當家規訓徒眾，以余法門手足，欲完先師未了公案。諸檀越特到參同堅請，余念老父年邁，以偈固辭。誰

94 《義公語錄》，頁 5。

料冬間，嚴尊亦故，當家病危，潯溪帷孺董檀越再三相懇，于壬寅正月，勉強應請。回見先師塔院，在荒郊道路，人難看守，余身心如懸，所以復進伏獅六年，惟以塔事為念，並不攀緣涉世。[95]

義公臨終前，請來一揆，囑託後事。義公無嗣法弟子，所以也親書遺囑，要帷儒請一揆繼席。從這樣的過程可知，帷儒對伏獅仍擁有所有權，所以要由帷儒出面邀請。此時一揆已居於兄長為其創建的參同庵，堅持辭讓，帷儒再三相懇，才於康熙元年（1662）入住伏獅，結果看到祇園的塔院在「荒郊道路，人難看守」，非常難過，所以她在伏獅六年，只以塔事為念，「並不攀緣涉世」，此話說得相當含蓄，與之前義公受盡委曲的處境，是否為同一困境？

一揆果然將祇園與義公的塔院遷移至參同庵後，在康熙六年（1667）從伏獅退位，並於參同庵設祖堂供奉祇園、義公、義川三人。但康熙十四年（1675）再被請回伏獅。不久，又回參同，一揆於康熙十八年（1679）便去世。為何八年後又要一揆再度回住？這八年主事者為何？一揆為何再住不久又退？一揆將師父與師兄的塔院遷至參同，顯然是被動、不得不然的，原因為何？種種狀況，不得而知。只知這段期間，主事者的狀況相當不穩定。義公、義川去世得太快，一揆無法分心照顧，又因某種窒礙難行的困擾，使得祇園弟子們欲振乏力。（祇園弟子之困境，於一揆與義公之「獅音斷處頻相和」處，還有詳論）。

一揆在時，稍有整頓振起，但她離開後，便「院虛無人」，王庭說：

……次一揆師住，稍振飭之，復不終。院虛無人，經年致荒而廢，蓋有繇矣。……，甫六十年，至荒廢之甚，器物去之，窗戶去之，牆壁又去之，始而散失，繼而拆毀，佛像之大者僅存，皆在風日中。[96]

95 《一揆語錄》〈自敘行略訓徒〉。語錄中董帷儒之「儒」字，皆用「孺」字，與方志不同，頁 16。

96 楊謙《梅里志》卷四〈寺觀〉，伏獅禪院下，王庭〈重修伏獅禪院記〉，頁 710。

寺內的器物散失，連建築物的窗戶、牆壁也毀壞，所有東西起初是散失，後來是被拆毀，只剩下大的佛像，在風日之中曝曬雨淋。

**2、募之十方，期於興復**

就這樣過了約八年左右，來到康熙二十一年（1682），王庭寫記之前。看到原來嚴盛的禪院，今日破敗如此，當地人常常歎惻不已：

> 董氏之後，主之者為芝筠公，地在遠，初不知，及知之，又不可問，旁觀者歎惻，共諉之，無如何，既而里中善信，因李氏謀之芝筠公求一可任興復者，僉稱覺柯禪師，遂因輿情獲請焉。[97]





芝筠，即帷儒，他還是董庵的所有者，但因帷儒遠在南潯，「初不知，及知之，又不可問」。後來李氏家族與帷儒想尋求能夠興復的法師，里中善信都認為覺柯禪師最有德望，應該敦請她來住持。覺柯，法名本信，也是女性禪師，在蘇州明因禪院弘法二十餘年，會下女性修行者常有百人之多，道風卓著。之前一揆離開時，也曾請之繼任。伏獅那時尚未荒廢，覺柯無意受此利養，而今既荒且廢，覺柯很有義氣地，在大家禮請下，反而願意承擔起來，於是從明因禪院乘舟南來。

覺柯來到伏獅時，數千信眾男女都聚集來歡迎她，大家環繞伏獅諸廊室間，見四壁無一全者，覺柯無處休息，便先於伏獅之東的東庵棲息。[98] 東庵當初是祇園另一嗣法弟子普聞所募建，雖然在伏獅之旁，但卻仍保堅固沒有被拆毀。覺柯遂有感嘆：

> 夫院主之一家而毀，菴以成之眾而存，師迺喟然嘆曰：此前事可鑒矣。且今之勢，亦仍有難責之一家者，商之董氏，亦以為然，師因遍募之里中，暨他郡邑，董氏亦為募之潯谿。[99]

---

97 楊謙《梅里志》卷四〈寺觀〉，伏獅禪院下，王庭〈重修伏獅禪院記〉，頁 710。

98 王庭〈重修伏獅禪院記〉有關「東庵」的這段文字，在「清光緒三年的刻本、上海書店 1997 年的影印本」，是模糊不清，有缺漏的。承蒙嘉興圖書館、秀水書店店長范笑我先生，請吳先生者幫忙找出幾個字來，在此致上謝意。雖然如此，但是否名為「東庵」，卻不確定，相證於《梅里志》伏獅禪院下，有「一名董庵，在小橋濱，左有東庵」句，斷定應是「東庵」。雖然無法全部找出原來文字，但依後文之意，亦可推測得知。

99 楊謙《梅里志》卷四〈寺觀〉，伏獅禪院下，王庭〈重修伏獅禪院記〉，頁 711。

「院主之一家而毀，庵以成之眾而存」這句話，點出庵院發展的困境，庵院初始多為私人所有，也因此容易受家族人事之牽制與影響，旁人也無從干涉。募之十方所成的庵院或叢林，反而因公眾之力，得以互相撐持、守護。所以伏獅毀壞，而東庵卻能固存。於是覺柯便與帷儒商量，改以募化方式來重建伏獅，募之梅里、南潯及其他郡邑，帷儒亦有同感。在祇園住持時，從更名、弘法上，將董庵由私庵帶往十方共修道場的路上走，此時，覺柯更實實在在地於募款上脫離私人附屬的角色，要將伏獅真正轉為公眾十方之禪院道場。

經過數月，鳩工集材，將伏獅先樸實地恢復起來。可惜的是，覺柯不久因生病，回明因禪院，便將興復伏獅之事交予弟子御符，御符亦善盡職責，悉心經營，不遺餘力。並將王庭所寫的記文刻碑留存，以為長久之計，此碑即豎於伏獅禪院山門內，[100] 此時是康熙二十六年（1687）。

帷儒之叔輩董說（1620-1686）還曾有〈夢至梅里詩〉，詩題下加註：「時聞老母過梅里董庵」，看來除了帷儒這一系外，其他董氏家族女眷也會來往此處。又有王翃：同滋萬姪過董庵〈風流子詞〉、王庭：訪俞亦伶在董庵〈歸自謠詞〉，王翃之詞為：

> 高龕函法鏡，通幽近，數畝帶蕭森，借重簾壓影，低開檐隙，群花奪色，滿貯階陰。微音絕，一塵吹地響，二水落門深，繡佛酣時，檀床八尺，空香散處，竹日千尋，元機逃女冠，剪芙蓉作鬣，寒玉抽簪，寧信青蓮缽裏，明月無心，問昔是何年，聚沙為墖，今來誰氏，布地皆金，多少春園柳路，變八禪林。[101]

「高龕函法鏡」、「繡佛酣時，檀床八尺，空香散處，竹日千尋」、「元機逃女冠」、「寒玉抽簪」都是指祇園之女禪儀風，也將董庵幽深美景描繪出來。

總而言之，伏獅禪院從董庵之名開始，祇園在此弘化八年，於順

---

100 楊謙《梅里志》卷十六〈碑刻〉：「重修伏獅禪院碑記，王庭撰，康熙二十六年立在山門內。」，頁 787。

101 上舉詩詞皆見楊謙《梅里志》卷四〈寺觀〉，伏獅禪院下，頁 710。

治十一年（1654）圓寂，囑付義公超珂（1615-1661）為伏獅第二代住持，義川超朗（？-1660）負責塔院。順治十八年（1661），義公圓寂，隔年，祇園另一嗣法弟子一揆超琛（1625-1679）受請住持。康熙六年（1667），一揆退位。康熙十四年（1675）一揆再回來主持。之後不久，一揆又退位。終致荒廢許久。至康熙二十一年（1682）前，再延請覺柯本信禪師住持，後康熙二十六年（1687），因覺柯生病，回明因禪院，遂由弟子元端御符主其事。

記載伏獅禪院的楊謙纂《梅里志》，約乾隆三十八（1773）之底本，再經嘉慶、光緒分別由李富孫補輯、余楙續補，其曰伏獅「今廢」，是乾隆底本之文，所收王庭重修記是約一百年前的康熙二十六年（1687）所寫，並沒有談到御符住持後的伏獅到底如何？御符之後又是如何？為何又再荒且廢而終至成為「今廢」？而之後補輯、續補也只補入一段引自《春風錄》伏獅為「諸菴之冠冕」文字，再之後的民國十一年（1922），余 霖編著《梅里備志》，裏頭也沒有記載到伏獅。二百四十幾年的漫漫時日，伏獅禪院歸於沈寂了。御符之後，是經費因素？是私庵、人事因素？是女性道場不易生存？是沒有修証有成的女性禪師、比丘尼可住持？清初之後，禪宗沈寂不少，整個佛教發展已不同於明末清初時期，對女性修行者亦是如此，不管是遇到什麼樣的困境，伏獅必是再度荒且廢兮，灰飛煙滅歸於塵土矣。

## （五）現地考察的伏獅禪院與金粟山

當筆者埋首於古典文獻、禪師語錄之中，也沒有想過有什麼痕跡留在現代，尤其是文化大革命等時世變局之大，對文化、宗教的破毀，是歷代少見的非比尋常，連大叢林道場都無法倖免，更何況是先天不足的女性道場？

直到民國九十三年八月（西 2004），以電腦蒐尋關鍵字，在一大堆無關緊要的資料尾端點到一條：「嘉興統計信息網」「嘉興概況」下的「曝書亭」介紹文章，最後一段是：

> 在王店鎮，就还有鐵佛寺，又名伏獅禪院、董庵，建于明崇禎末年（1644），庵内有大佛一尊，鐵鑄，身高约 3 米，佛像分三次

> 鑄成，現董庵已廢，有關部門擬重建。[102]

朱彝尊的曝書亭在王店鎮，是當地著名的景點，文章末尾附帶地提到王店的另一個訊息：一個已毀的庵堂：董庵，又名伏獅禪院，又名鐵佛寺，有關部門擬重建等等。短短的一段話，有如天外一光，照亮了伏獅禪院的現代蹤跡，讓祇園禪師活到現在來了！因網路搜尋、也因最近大陸發展觀光的熱潮、也因朱彝尊，這位在《靜志居詩話》選入祇園詩偈的人。他年青時見過祇園，其伯祖母就是祇園重要的女弟子。

於是首先上王店鎮公所網站，內容並沒有關於重建董庵之事，於是進入梅里論壇中詢問。版主梅曉民先生回應：「鐵佛寺已廢，大鐵佛也在大煉鋼鐵时被溶為鐵水，現僅存一幀照片在《王店鎮志》上」。再進一步詢問，另有姚建新先生回信告知：

> 「据《王店鎮志》記載及當地老人回憶，49 年的时候，寺院就已　，只留下一尊巨型鐵佛，當地鄉民搭了個草棚為之遮風擋雨。到了 58 年大煉鋼鐵的时候，鐵佛也被溶為鐵水。人世沧桑，目前已找不到一點痕迹了。《王店鎮志》，現王店鎮人民政府檔案室有藏，歡迎前來查閱，到時可贈送您一本」云云。

後來得知梅先生與姚先生都是王店鎮文化工作站的人員。沒想到，伏獅竟然沒有在清初毀廢！二百多年的消聲匿跡，竟還絲絲存續，活生生地殘存於文獻之外，而且目前還有當地的老人曾看過董庵！

正逢當年暑假筆者要至南京發表論文，便當下計劃前往嘉興王店，展開一趟尋訪伏獅祇園的過程，將紙張上的文字意象，化成眼中的具體風光，雖然庵堂已毀，然可看梅溪淌流，踏伏獅基地，聽祇園曾用來開堂說法、棒喝點撥的鄉音，以及是否可從地心傳響出三百年前的脈動？

姚建新先生曾提到：梅里还有很多老人对「鐵佛寺」有所了解，到時候可安排採訪。在九月十三日到達王店時，天氣陰雨，颱風剛離開台灣，正往浙江而來，姚先生、梅先生安排老人們讓筆者訪問，並相陪前往，一行人搭公務車，來到一個類似老人安養院之處，伏獅庵就在這附近。有七、八位老人聚集過來會客室，其中一位是姚先生的祖父。老人

---

**102**「嘉興統計信息網」之「嘉興概況」，網址 http://www.jxstats.gov.cn/jxgk/lyzy/bst.asp（民 103.5.8）。

們開始聊起鐵佛寺的大鐵佛，這些都是他們的兒時記憶。他們大約七十歲左右，共有六人。老人們講著方言，不會普通話，所以都由姚、梅二位先生翻譯，今整理如下：

1. 鐵佛寺，約在 1937 年就只剩下鐵佛，約四米高，大家搭草棚為其遮風檔雨。老人們小時候，還爬上去鐵佛的耳垂處玩耍。鐵佛表面是光滑的，額上有卍字。背後有小門，可入鐵佛內，內中有內臟、心、肺等器官（案：我進一步確認，老人們說他們有爬進去玩過，確實看到心、肺等臟器）。鐵佛究竟是那一尊佛，則不清楚。最後，鐵佛在大煉鋼時，被送去烈火煉鋼了。鎮上某個人家還有鐵佛的大照片。





2. 當地人傳說，以前有姓董的姑娘，不願意嫁，其母就在此為其建庵。但只知叫董庵，也稱鐵佛寺，卻不知有伏獅之名，也不知以前在此有位祇園女禪師。他們孩提時，整座庵堂是三間平房，鐵佛安置在中間那間。所以董庵在那時也是座尼姑庵，曾住有二位尼姑，一個不到 30 歲，一個約 40、50 歲，後來民國 38 年解放時，她們就跑離了，當時大家都喧傳她們是特務，現在被識破了，所以逃跑了。（案：姚先生聽到此處，便從旁說明：當時因為政治因素，常用這種方式來解釋，應該不一定是如此！）1948 年，有海寧來的比丘尼（案：之所以知道海寧，是根據一位海寧來的智泉和尚所說），從海寧的庵院拆來建材，用來整修董庵。

3. 當時庵堂男女都可去，寺旁有所謂的仙草，村人都會採煮來吃，說是可保平安（案：說到此，大家都笑著說，當時沒有東西吃，就吃草啊！）那時董庵香火很旺，可以抽籤。過年時會前往拜拜。

董庵當年所在地，相當於現今王店鎮廣平路上的印刷廠、衣飾廠之間，庵前昔日有條小河溝，今已填或蓋起來。

當年王店的尼姑庵有：梅溪庵、眉庵、慈義庵、自在庵、指日庵、觀瀾庵。

4. 董庵到古南禪院約 300、400 公尺。古南寺很大，有口大鐘，須三人合抱。有戲台。日本戰爭之前已毀。（案：古南禪院，是祇園師兄牧雲通門的重要道場，祇園到董庵開法時，曾先到古南向牧雲照會。祇園去世時，亦由牧雲為其安座、封龕）。孫中山曾在民國元年來到王店，之後當地人就將古南寺拆了，在車站附近蓋中山廳，以志紀念。

看來伏獅之名已歿，董庵之名依然，鐵佛之名之像也依舊，而作為女庵的性質竟然也沒有改變，是驚人的存活力？還是宗教綿密的力量？老人們講的是口述歷史，年代容有不確定者，但大致上與《王店鎮志》所言差不多，這本《王店鎮志》是西元 1996 年，由王店鎮編纂委員會，沈一超主編，裏面提到伏獅禪院，分別列於「文化、文物古跡」以及「民間傳說、古跡出典」下，其對伏獅禪院的過去歷史，根據的都是王庭的重建記，重要的是，增加了現代狀況的資料：

> 鐵佛寺，原名董庵，又名鐵佛庵，明末天啟、崇禎年間（1627-1628）建成，庵內原有鐵鑄大佛像一座，佛身高約 4 米，所用之鐵，厚達半個指頭，分三層鑄成。清代末年，董庵日漸破落，民國時，毀壞甚多，「大躍進」中，庵院盡毀，露天鐵佛一尊，在 1958 年「大煉剛鐵」中，亦作了煉鋼之用。1956 年後，曾列為省藝術建築二級文物，現僅存鐵佛像片一張。[103]

想當年或許為了讓佛像久留住世，以鐵鑄佛，果然鐵佛之存在，讓董庵在名義上多留世幾年，雖然落得日曝雨淋，引來鎮民建草棚遮風避雨，就如同當年荒廢時，旁觀者惻歎的心意一般，只是之前委之有人，今日卻敵不過世事人心的劇烈變化！代表僧寶的伏獅院名亡歿，仍存家族人事之董氏庵名，而鐵佛撐持到最後，在巨大烈焰中火煉成剛，董庵真正灰飛煙滅，寂滅矣。

當年王庭之所以會寫伏獅禪院重修記，是因王庭去見覺柯時，有建院辛苦艱難之慰問，覺柯卻說，建設不難，難在如何維持不墜，保持下去，她說：

> 所慮者，如此院之盛，甫六十年，已至於荒且廢，後此，更幾十、百年能保無此事乎？再冀於後之興復，當存碑碣於永日，使異時知之。[104]

此後過十、百年，難保伏獅不會再荒且廢，所以為了能維持伏獅的存

103 沈一超《王店鎮志》第三章，（北京：中國書籍，1996 年），頁 356。

104 楊謙《梅里志》卷四〈寺觀〉，伏獅禪院下，王庭〈重修伏獅禪院記〉，頁 711。

在，為了讓祇園之典型能住世，即使會再度荒廢，只要留下事跡，刻之碑碣於永日，後人見此記文，見賢思齊、見法知繼，就有再度興復的可能。今日，賴以永日的碑碣已滅，刻在紙張的記文仍在，作為十方道場的伏獅已廢，私人家庵的董庵也毀，堅立三百多年的鐵佛畢竟也化。今將伏獅禪院各時間點之興廢製表如下：

**【肆四 -1】伏獅禪院之歷次住持與興廢表**

| 朝代時間 | 西元 | 創建、住持者與狀態紀事 |
|---|---|---|
| 明天啟、崇禎年間 | 1627 年前後 | 董氏家庵。<br>董嗣昭之養女，出家在此。法名義川。 |
| 清順治四年 | 1647 年 | 請祇園住持開法，改名伏獅，有叢林之盛。 |
| 清順治十一年 | 1654 年 | 祇園圓寂。義公繼位，人情皆變。 |
| 清順治十八年 | 1661 年 | 義公圓寂。 |
| 清順治十九年 | 1662 年 | 一揆受請為住持。 |
| 清康熙六年 | 1667 年 | 一揆退位。 |
| 清康熙十四年 | 1675 年 | 一揆再受請住持。不久又退位。 |
| ？ | ？ | 主持者不明。院虛無人，終致荒廢。 |
| 清康熙二十一年間 | 1682 年 | 延請覺柯信住持。 |
| 清康熙二十六年間 | 1687 年 | 覺柯信弟子元端御符繼住持。 |
| 清乾隆三十八年 | 1773 年 | 廢 |
| 民國二十六 | 1937 年 | 剩下鐵佛，居民搭草棚為其遮風擋雨 |
| 約 1948 年前 | 1948 年前 | 尚為尼庵，還有比丘尼居住 |
| 約 1948 年 | 1948 年左右 | 有海寧來的比丘尼，整修之 |
| 1956 年 | 1956 年 | 列為省藝術建築二級文物 |
| 1958 年 | 1958 年 | 「大躍進」運動，庵院盡毀，存露天鐵佛一尊 |
| 1958 年 | 1958 年 | 「大煉剛鐵」時，鐵佛作煉鋼之用 |
| 約 1996 年 | 1996 年 | 僅存鐵佛照片一張 |

祇園參學開悟之地：海鹽金粟山，亦在這趟訪問過程也得以趨及。當我提及想探訪金粟山時，王店鎮之姚先生便積極幫忙連繫茶院

村，即金粟山所在地的政府機構，打了很多電話，終於請海鹽政府連絡茶院村村長，特地留在村公所等我們。於是司機載著我們下午三點十分起程往金粟山。

王店到金粟山，約 30 公里左右。一路經過農村田間，又因正有修路工程，於是繞這繞那，經過一個個小小的村落之間，問過一個又一個在地人：茶院村辦公處所在。眼目所及，有看到田間，也有山勢被削成一半，裸露內部紅、黃土的形樣。終於在四點三十分到達茶院村的辦公室。一棟樓房，蓋在一望無際的田中，只剩村長一人在等著我們。入辦公室稍談一下，就趕去看金粟山。在辦公室中問了個關鍵的問題：金粟山還在嗎？透過翻譯，村長說：「已經被鏟平了，用來作建材之石」。

乘車前往，約幾分鐘、先到重修金粟碑亭前，有碑有亭，眼目所及有茶院橋、水，這些水運網絡應是祇園參學路徑的選擇之一。此時雨已經開始再下下來。再走向所謂的金粟山位置，只見半圍（約四分之一）土丘台，約十公尺高。山之左右有公廠民房，但未貼近山。中間有青草一片，所以沒有靠近。村長說，本來山高約五十公尺（以下）。山四週原有 5000 多間房子，是以前的僧房。經年毀壞，又要蓋茶院橋，就把房子皆夷平。前幾年有新加坡的學者來訪過。[105] 看著横亙面前小土坡，濛濛的天氣，開始飄下細雨，拿起相機，匆匆按了幾下，雨絲愈來愈粗，落在相機上，也落在頭上，也落在心裏。

## 四、師友徒眾

### （一）與弟子信眾之互動

石車付法衣棄世後，祇園便隱跡胡庵，後來被請至伏獅，有人或擔心或猜想她在文風薈萃的梅里要以女性之身來教化，恐怕難以服眾，但



105 非常感謝嘉興王店鎮的朋友：姚建新先生、梅曉民先生的熱心協助，他們愛鄉之情溢於言表。還有嘉興圖書館秀水書店店長范笑我先生，為筆者尋索文獻上的缺字與趙叔人之資料。更感謝接受訪問的老人們：左鈺清女士、馮文培先生、徐幼騰先生、姚祥福先生、蔣贊成先生、王惠泉先生等六人。他們與鐵佛、董庵相處的童年記憶，他們的鄉音，對我而言都是很寶貴的資料。沒有這些長輩與朋友，就沒有這趟尋蹤之旅，對祇園、伏獅的了解也會缺了那活生生的一半。

之後見其真參實悟、法矩嚴肅，無不心折讚歎，〈祇園行狀〉曾曰：

> 間有憸人宵壬，素稱梗化，見師即皈敬，改過自新。有簪纓世冑，貴介自矜，見師則虛懷改容，稽首求教。文人墨士，世智多辨，見師則韜鋒斂鍔，似訥如愚。又有老衲高賢，覰一切主席叢林，無足當其意者，聞師道行，無不心折，稱道不絕。[106]

狹隘梗固之人，因祇園之化而恭敬自新，驕貴自以為是的貴族世家之人，見祇園便能謙懷和融，稽首求教。世智辯聰之文人墨士，於祇園機鋒下口訥不得言，有禪林老衲高賢，看遍叢林開法都，也都心折於祇園之道行。這段描寫顯露祇園折服許多很有格調的人，包括自視甚高、富貴人家、飽讀詩書的士大夫。

她對出家或在家的入門徒眾，除了禪法教化外，同參共住時，徒輩稍涉時習，即正色痛戒，心思周全篤摯，嚴謹於細行，自奉甚薄，有人餽贈，必給大眾，臨事應物，決志如神，機先果斷，但一言一語一舉一動，無非利人為急。[107] 徒輩生病時，親持湯藥，親自安慰，要回家省親者，勸其孝敬父母要勝於奉師，如有忤俗，必委曲調和，望其悔悟，所以及門徒眾：

> 咸望之凜然，親之藹然，久之幡然，願執事終身者也。[108]

這種外顯嚴謹，內蘊慈憫的風範，〈祇園行狀〉曾二次提及，另一次則曰：「伏獅開法八年，聞其風者如雷霆，瞻其貌者如春風，聆其教者如甘露」，[109] 此處從禪教著眼，棒喝峻烈，卻有春風藹然、甘露灌頂之感。這些是經由行狀作者一揆筆下所呈現的祇園與弟子信眾們的整體互動情形。

那麼祇園具體的交遊、弘化對象為何？他（她）們與祇園的具體互動又為何呢？於此，筆者從祇園語錄整理出其中出現的人物，並盡量蒐集其來歷生平，以具體呈現祇園之師承交遊與弟子信眾。

這些人物概分為：一、出家弟子部分，包括嗣法弟子七人，一般





106 《祇園語錄》卷下〈祇園行狀〉，頁 438 中。

107 《祇園語錄》卷下〈祇園行狀〉，頁 439 上。

108 《祇園語錄》卷下〈祇園行狀〉，頁 439 中。

109 《祇園語錄》卷下〈祇園行狀〉，頁 438 下。

出家弟子九人。二、禪門師友者，八人。三、在家居士部分：女居士二十七人。男居士三十八人。四、隨學關係不明，似為比丘尼，六人。以及隨學關係、僧俗性別不明，似為女性修道者，八人。共一〇三人。但可以想像的是，祇園實際的信眾交遊網路應該超過語錄出現的人與事。

由於佛門稱謂之傳統習慣，比較容易辨別出男女居士，卻很難檢別出出家女性，除非冠有「尼」字，但卻常常發現，是比丘尼卻不以「尼」稱之，而沿用一般的禪人、道人、僧、上座、和尚、庵主、山僧、山野等稱謂，或直接稱名（亦不知是不是法名？）者，這些所在多有，造成辨識的困難。其實這些稱謂都是中性的字眼，只是沿習之故，都將之預設為男性稱謂了。祇園語錄中的狀況也是如此，但依佛教戒律，而且祇園的嗣法弟子一揆、義川、義公等都有明確資料證明是比丘尼，所以語錄中出現這些弟子名號，都可以判斷為比丘尼。只是那種「僧來參」，就不知此僧是比丘還是比丘尼了，還有許多禪人、道人的稱謂也無從判斷。

所以祇園的弟子信眾有僧俗二眾，追隨出家者，應該是比丘尼；在家居士則男女眾皆有，比丘尼、女居士弟子都取有法名，為「超」字輩。而男居士多為士大夫，有寫序請法、問道小參、經濟護法等，參與受教之跡很明顯，但似乎未見有法名者。所以居士部分，應該是以女居士為入門主要弟子，也因為是以女居士為主，所以男居士會引介自家夫人女眷參與，自己當然已在其中，也可能因女居士投入，男性家眷也隨之參入，女性與家庭成員牽繫力強的特性，形成多有士大夫夫妻檔或母子檔等闔家式的徒眾。

而這些士大夫之男居士，常是成為弘化興盛的指標之一，他們有名有姓、交遊自由寬闊，不管是語錄的編撰或讀者在閱讀時，都比較容易被書寫、辨識出來，或許因此語錄名錄呈現出來的性別，男性還比女性多（性別不明者未計入），反而是作為重要入門弟子的女居士，黏附在男居士名下，只知其夫姓（或本家姓）或法名，她們的俗名、身世都付之闕如。

以下將分成四部分呈現：「出家弟子」、「禪門師友」、「女居士與男眷、無眷屬出現」者，以及「隨學關係、性別僧俗不明」者，並於各部分文末，分別製作表格以呈現完整的弟子信眾。在同門師友中，密雲與石車是祇園最重要的師承，理應別列於前來觀察，故首列這二位禪師。

### （二）受戒於密雲，嗣法於石車

祇園修道生涯最重要的二位老師，一為密雲，一為石車。密雲是帶起晚明臨濟復興之人，為所謂明末四大師之外，另一種祖師典型，以臨濟棒喝風行天下，也帶出許多弘法有力之門人，而石車就是密雲十二位嗣法弟子之一。祇園在他們座下之參悟過程已於前論，今稍為介紹二人之修悟弘化，以見祇園師承。





密雲（1566-1642），法名圓悟，俗姓蔣，宜興人，幻有正傳法嗣。從小未讀什麼書，八歲興起世相無常之感，遂恒誦佛號，從事耕穫作務，一次偶見六祖壇經，便釋鋤觀之，才知有佛法解脫之事。又一日過山徑，見積薪，恍然有省。二十九歲，安置家室後，投禮在宜興龍池山禹門禪院的幻有禪師座下出家。在幻有處：（龍池指幻有）

> 師事龍池，躬任眾務，備嘗勞苦，而不廢參究，但覺心境對立，與古人天地同根、萬物一體語，不能契合，因請益於龍池。龍池云：汝若到這田地，便乃放身倒臥，更無別語。後屢請益，惟遭罵詈，師慚悶交感，以致危疾，二七日方蘇，遂稟龍池掩關。……龍池云：終未大悟。在掩關千日時，與龍池往復諮酬，當機弗讓，而龍池卒未之許也。師亦自以恍惚，未得安穩。一日過銅棺山，豁然大悟，忽覺情與無情煥然等現，覓纖毫過患不可得，又密舉前所會因緣，宛爾不同，時年三十有八矣。[110]

他服各種勞苦眾務，又不廢參究，閉關千日，與幻有往復諮酬，幻有亦不輕予認可，終在過銅棺山時，豁然大悟，「忽覺情與無情煥然等現，覓纖毫過患不可得」。之後，有一次：

> 又一夕，龍池召師及報恩修禪師入室云：老僧昨夜起來走一回，

110 《密雲禪師語錄》卷十二，王谷〈密雲行狀〉，《嘉興藏》冊 10，頁 70 上。

把柄都在手裡，汝等為我扶持佛法。師便出，復呈偈云：若據某甲扶佛法，任他〇〇〇〇〇，都來總與三十棒，莫道分明為賞罰。龍池目之，大笑。師亦接而火之。[111]

密雲這偈頌正道出後來他聞名天下的棒喝，所謂「若據某甲扶佛法，任他〇〇〇〇〇，都來總與三十棒，莫道分明為賞罰」，祇園亦是受他「放汝三十棒」與「連打三棒」點撥。等龍池去世，密雲守喪三年，繼而請開法禹門禪院：

萬曆丁已，眾請開法于禹門，時儕輩易視之，一聞舉揚，莫不屈服，既而登匡廬，度夏於袁之泗州寺，有僧自天台跡師至袁，為萬年諸山請師住通玄寺，師初欲投閒，又念付託之重，幡然就之。師至通玄，相依衲子十數輩，多正因之士，師寅夕煅煉有開發者。天啟甲子，鹽官蔡君子穀請師主金粟山廣慧寺，眾滿三千指，是時宗風大振，學徒踵至，遂滿七百有奇，而超然神駿不可控抑者，多出于席下矣。[112]

展現大機大用，眾等莫不屈服，又至通玄寺，煅煉開發多人，後來至金粟山廣慧寺，更是宗風大振，學徒踵至，住眾甚至達到七百人之多，他大部分的法嗣多出自這裏，是其弘法的高峰黃金期，而此時也正是祇園到金粟參訪密雲之時，密雲初見之，視其為鄭十三娘再來，在密雲離開金粟之前，祇園及時在其座下受戒出家。

密雲後來被請至天童寺，「是時龍象雲集又倍於金粟矣」，各方參請絡繹不絕，多於座下有得，後來門下諸子亦各於一方，建立法幢，一時禪林氣象萬千，被時人稱為臨濟復興，[113] 甚至：

師或因事出山，當道及鄉紳士必得師復返而後已，所過之處，四眾喧闐，街衢為之不通，至登塔受禮不得舉七而去。師七十誕辰來祝者，肩摩袂接，寺不能容，多溢處于山谷間。[114]

這個景象，正與〈祇園行狀〉所云：祇園到鹽官為昭覺師舉火時，「自

111 《密雲禪師語錄》卷十二、王谷〈密雲行狀〉，頁 70 中。
112 《密雲禪師語錄》卷十二、王谷〈密雲行狀〉，頁 70 中下。
113 《密雲禪師語錄》卷十二、王谷〈密雲行狀〉，頁 70 下。
114 《密雲禪師語錄》卷十二、王谷〈密雲行狀〉，頁 71 上。

城中郊外，蜂屯蟻聚，羅拜道側者，幾以萬計」之景象相輝映，故才有「四方緇素咸稱曠古奇觀，自天童密老人後未之見也」之語，[115] 將祇園弘法盛況與密雲相比。密雲以一位耕穫勞務之人悟道，以峻烈棒喝、平實直截之禪風啟悟弟子，引起轟動，也成了一代宗師，弟子牧雲就很直接傳神地寫他，見〈天童老和尚〉二首：

> 生平愛打人，一杖手摩娑，奮然提正令，人天沒奈何，者般窮伎倆，殃及子孫多。
>
> 陽羨山中賣柴叟，霜髮根根頂門透，傳持臨濟正法眼，拄杖拂子嘗在手，描之畫之，恐成窠臼，要得其真，懸崖撒手。懸崖上人請 [116]

「陽羨山中賣柴叟」，正點出其出身。「生平愛打人」，棒喝點撥也，「殃及子孫多」，大闡宗風也。[117]

密雲離開金粟，祇園仍徘徊在話頭之外，不得入處，遂轉而到鹽官參二宮慈庵老師，卻也不契機，慈庵老師指示她再回金粟，此時金粟信眾已迎請密雲弟子石車繼住。石車切切逼拶、針針入縫，不肯放過，終於祇園見本具佛性，了此大事矣，而且還能在形式上受石車之如意、祖衣之法脈傳承，為臨濟下第三十二世。

石車（1593-1638），法名通乘，是密雲十二位法嗣之一，據《五燈全書》云：

> 嘉興府金粟石車通乘禪師，金華朱氏子。依天真海藏脫白，稟具顯聖，徧參諸方，終不自肯。後謁天童悟於金粟，頓契元旨。呈偈曰：我手何似佛手，赤腳蓬頭便走，直透向上元關，管教合取狗口。悟肯之，執侍七載，先出世杭之隆慶，次繼席金粟。[118]



---

115 《祇園語錄》卷下〈祇園行狀〉，頁 438 中。

116 《牧雲和尚嬾齋別集》卷七，像讚〈天童老和尚〉二首。《嘉興藏》冊 31，頁 587 下。

117 有關密雲之專門研究，有徐一智〈晚明密雲圓悟禪師（1566-1642）之研究〉，及其中央大學歷史所民國 90 年之碩論《明末浙江地區僧侶對寺院經濟之經營——以雲棲袾宏、湛然圓澄、密雲圓悟為中心》。前者收入《史匯》第六期（2002），頁 59-83。其雖以密雲為研究主題，但偏重於重建天童寺院與居士互動關係上，並未論及密雲之禪法教化，而此才是其大振宗風之核心所在。

118 超永《五燈全書》卷六十五，頁 303 下。《金粟寺志》亦有其傳、入院法語、上堂、偈。頁 49-54、76-85。

石車從崇禎五年（1632）住金粟，祇園在崇禎十年被付予如意，一時諸方疑駭，石車超越常情俗見之見識，自是不凡，無奈隔年他便離世，年四十六，離世前召來祇園，付以祖衣。他共傳承三位法嗣：眉庵秀、祇園剛、息乾元。當時石車有語錄印行，可惜今日未見之。[119]與石車同門之牧雲有〈石車和尚〉三首像贊：

昔日師門求德友，下問謙光有阿兄，面目至今無改變，當軒瞻仰倍分明，行濟北令，作僧中英，葛藤斬斷，大用縱橫，不虛與我同根生。

為天童子，坐金粟山，本分接人，牙爪斑斑，末後一著，把定牢關，鄉音曾不改，只是金華蠻。

雙眉在額，短鬚插面，代佛祖化，鑿人天眼，七八年來恢舊院，覺得精神倦，隨處偷閒且自便。[120]

以「德友」、「謙光」形容石車，並點出其在金粟寺之縱橫大用。

祇園對石車甚為感恩，在隱跡內斂的性格下，答應出世弘法，多因為報師恩，尤其是為酬石車付予法脈傳承之深意，一介悟者，隨緣教化即是，但身付法脈，即有教化傳承之責，所以祇園不能辜負老師付嗣之意。祇園曾迎請石車之寫真像入伏獅：

請金粟本師車和尚真到，小參，師云：這老漢一生逞盡伎倆，到臨末稍頭一事也無，引得不肖兒孫說道金粟和尚形影在這裏，畢竟和尚在什麼處，大眾還知落處麼？良久，云：騰今耀古元無住，一道圓光爍太虛。拈香大展三拜。[121]

逞盡伎倆教化，卻一事也無而去，其寫真還可讓子孫參個落處。亦在此時，她寫下〈金粟本師石和尚真贊〉及〈又〉：

咄，者老人，骨格稜稜，無相光中驀現此身，一條白棒斷人命根，親遭毒手徹恨最深，而今觸者當年事，一番提起一番新。[122]

---

119 黃端伯《瑤光閣全集》內的《瑤光閣餘集》卷三有〈石車語錄序〉，《四庫全書存目叢書》集部、別集類、冊 193（臺南：莊嚴文化，1997 年），頁 6。

120 《牧雲和尚嬾齋別集》卷七、像讚〈石車和尚〉三首，頁 587 下。

121 《祇園語錄》卷上〈請金粟本師車和尚真到小參〉，頁 426 上中。

122 《祇園語錄》卷上〈金粟本師車和尚真贊〉，頁 431 中。

傑出叢林，金粟和尚，惡辣鉗鎚，佛祖不讓，凡聖當前，頓絕伎倆，咄，全提向上不留情，天上人間更無樣。[123]

「親遭毒手徹恨最深」，在無明處切切針砭，惡辣鉗鎚，佛祖不讓，祇園方能全提向上，方能徹恨徹悟，而今觸著當年事，一番提起一番新。石車之語錄雖未見，當年授予祇園如意之識見，卻已由祇園顯發出來了。

## （三）出家弟子





祇園的嗣法弟子有七人：普聞授遠、怡然超宿、義川超朗、義公超珂、一音超見、古鼎超振、一揆超琛。語錄只記載付嗣怡然、義川時之機鋒對話。[124]

義公、一揆都留下語錄，義公繼席伏獅，一揆在參同庵弘教，義川是啟建董庵之家族親人，被付予守護塔院之責任，同時也在南潯般若庵，而一音在當湖善護庵弘法。一揆、一音於《五燈全書》卷九十三，則各有小傳法語，[125] 讓師徒兩代都為女性禪師的狀況得以顯現於燈傳史冊。

一般出家弟子者，寶持超湛、朗月明內、雲巖通猛、穎覺超珪等四人，隨祇園最久。其中朗月明內是朱茂時之甥女，應是朱老淑人的孫女，穎覺超珪則是曾送祇園法衣之王夫人，後來出家者。[126]

法淨上座，即法淨行浩（皓），應該是來伏獅參學，在此留有一段時間，且曾任職上座者，她在《五燈全書》卷七十二有傳，[127] 是費隱通容之嗣。這種情形應該就是〈祇園行狀〉所言，曾於祇園座下受調煉，後在他處受付囑者。[128] 法淨後來在當湖思禪庵行化。

---

123 《祇園語錄》卷上〈金粟本師車和尚真贊〉之〈又〉，頁 431 中。

124 《祇園語錄》卷上〈除夕師問西堂怡然〉、〈師問義川〉，頁 427 下。

125 一音傳記法語在《五燈全書》卷九十二，出現了兩次：「當湖善護菴尼一音見禪師」、「善護尼一音見禪師」，頁 517 下、518 上、522 中下。一揆在同卷之「參同尼一揆琛禪師」，頁 522 上中。

126 《祇園語錄》卷上〈師誕日王夫人送法衣〉有「王夫人，法名超珪」等，此時應該還未出家。

127 超永《五燈全書》卷七十二，〈當湖思禪尼法淨皓禪師〉，頁 353 中下。

128 《祇園語錄》卷下〈祇園行狀〉，頁 438 上中。

古鼎曾將一幅畫有密雲、石車與祇園的〈密老人車和尚并祇園剛三世圖〉請木陳道忞題贊。[129]

其他人之來歷，則不得而知。

**【肆四 -2.1】《祇園語錄》記載之人物（一）**

**出家弟子之一：嗣法弟子**

| 名　　號 | 法事與詩文 |
|---|---|
| 普聞授遠 | 陞座、機緣、行狀、塔銘 |
| 怡然超宿 | 機緣（付嗣）、示眾、行狀、塔銘<br>曾任伏獅西堂 |
| 義川超朗 | 示眾發問、機緣（付嗣）、行狀、塔銘<br>曾任伏獅西堂，其母為董庵建造者。受囑料理祇園塔院。居南潯般若庵。 |
| 義公超珂 | 行狀、塔銘<br>繼承伏獅禪院第二代主持 |
| 一音超見 | 結制陞座發問、請陞座、請陞座<br>弘法於當湖善護庵 |
| 古鼎超振 | 行狀、塔銘 |
| 一揆超琛 | 薙染陞座、陞座發問、書信〈示琛禪人〉、行狀、塔銘<br>作祇園行狀，編印祇園語錄。<br>弘法於鴛湖參同庵。受義公之囑附回伏獅禪院住持六年，後將祇園、義公塔院移至參同庵供養。 |



129 木陳道忞《布水臺集》卷十九・贊二〈密老人車和尚并祇園剛三世圖 尼古鼎請〉，《嘉興藏》冊 26，頁 383 下。

**【肆四 -2.2】《祇園語錄》記載之人物（二）**
**出家弟子之二：一般出家弟子等**

| 名　號 | 法事與詩文 |
|---|---|
| 寶持超湛 | 行狀，塔銘，隨師最久 |
| 朗月明內（朱茂時之甥女） | 行狀、塔銘，隨師最久 |
| 雲巖通猛 | 行狀、塔銘，隨師最久 |
| 穎覺超珪（即王夫人）* | 行狀、塔銘，隨師最久 |
| 法淨上座 | 為薦先嚴請陞座 |
| 古宿上座 | 仝錢門吳氏設普茶 |
| 超內 | 祇園語錄之書記 |
| 超潔 | 題贊〈題自像〉之〈又 超潔超貞請〉 |
| 超貞 | 題贊〈題自像〉之〈又 超潔超貞請〉 |

*王夫人法名超珪，而〈祇園行狀〉提到「穎覺超珪」，應即是王夫人，她後來應該是出家了。

## （四）禪門師友

語錄中出現幾則祇園與臨濟同輩男性禪師之機鋒對話，以及為法兄之母舉火入塔作佛事。至於密雲、石車這二位師承，已於前文言之。而牧雲為其重要師叔，列之於前。

### 1、牧雲

牧雲通門，為密雲法嗣弟子，祇園之法叔，也曾住持於梅里古南禪院，祇園要到伏獅上座開堂時，到牧雲之古南省覲敘法脈，當時石車已過世，祇園頗有視之為師向其報備之意。祇園圓寂前更請來牧雲，讓他為後事作見證。這些都記載〈祇園行狀〉。圓寂後，他更主持祇園的安座、封龕法事，稱她是「女中丈夫，僧中麟鳳」，了了祇園末後一事。[130]祇園弟子一揆後來亦參訪於他，他在一揆語錄留下一首像贊詩，為隸書體，他不僅修證有德，亦工於詩詞，行書秀勁：

> 通門，字牧雲，號澹翁，又號樗叟，常熟張澄宇子，髫度於恫聞和尚，為天童密雲法嗣。明崇禎之季開法古南，提倡宗風，有

130 《牧雲和尚七會語錄》卷三〈安座〉、〈封龕〉，《嘉興藏》冊 26，頁 558 中。

《嬾齋集》等著，識者比之雲棲法彙云。〔補〕梅里詩輯：通門住古南院，一時儒士咸親法會，凡七主叢林，實為臨濟龍象，兼工詩詞，行書亦秀勁。[131]

是以牧雲在古南弘化，極受士人之尊重，許多士大夫都與其詩文相酬，來往密切，例如鄭雲渡、李曉令、錢聖月等等，他們也同時出現在祇園語錄，他們的妻子都成了祇園弟子，可說是地緣相近，法緣相流。潘耒曾云：

潘耒〈牧雲禪師遺書序〉……近代則有牧雲禪師，道眼圓明，機鋒峻利，既已傑出諸方，而慧叢深廣，法辯縱橫，善以世間文章發揮第一義諦，凡詩篇傳記文人學土所長，皆優為之，尤邃於教乘……，為人孤高狷介，不狗俗情，未老而謝院事，雲行鶴翥，山水文墨自娛。……〔補〕㮲叟德行精深，學問淵妙，世際鼎革，儒門淡薄之士，咸歸法會，一時稱盛。……[132]

因為牧雲世出世間涵養俱佳，為人孤高狷介，明清鼎革之際，許多淡薄之士，咸歸法會，一時稱盛。與伏獅同處一鎮的古南禪院之名，是密雲所取：

古南禪院在王店西柵，明崇禎間建，順治初牧雲開堂。……〔補〕古南禪院在慶豐橋西，明季故有社菴為文人社會之所，僧依蓮居之，舍後陸地陡生蓮花，道俗嗟異，議建叢林，於是先高祖處士公刱捐基地，捨宅者接踵，佈金者恐後，經營易就，規製頓崇，天童密雲老人來主獅座，古南之號自是而更，未幾付法於書記牧雲，令繼斯席，古南遂為名剎。[133]

古南禪院因牧雲而大盛，從方志還看到當時許多施粥濟貧之事都在此舉行，成了梅里很重要的佛寺，一直到民初才告毀壞。[134] 在古南的牧雲可以說是在伏獅的祇園一個師門象徵，祇園對這位法叔極尊重，牧雲亦對

131 楊謙《梅里志》卷十一〈釋道〉、通門，頁 808。

132 楊謙《梅里志》卷十六〈著述〉、釋通門，嬾齋集等，頁 870。

133 楊謙《梅里志》卷三〈寺觀〉、古南禪院，頁 693。

134 筆者於民國九十三年到大陸嘉興王店鎮，尋訪伏獅禪院縱跡時，聽當地人所言，民國元年孫中山來到王店，當時為了紀念此事，就拆下古南禪院之建物，蓋紀念堂。

祇園與其弟子頗為珍重愛護。

**2、湛虛兄**

應是湛虛行微禪師，牧雲之法嗣，《五燈全書》記其機緣云：

> 參古南門。充西堂。一日瑋首座，秉拂上堂。師問曰：格外酬機即不問，箭鋒相拄事如何？座曰：兩眼對兩眼。師曰：恁麼則有意氣時添意氣。不風流處也風流。座曰：難瞞識者。師曰：非兄不委。座曰：塗污人不少。師便喝(牧雲門嗣)。[135]

這是一段湛虛在牧雲門下任首座時與牧雲的機鋒對話。牧雲曾於梅里古南禪院住持，故稱古南門，此對話地點應就在古南。





古南與伏獅同處一鎮，是平時散步即可到達的距離，[136] 語錄裏有一段湛虛與祇園的對話，在古南的湛虛到伏獅拜訪：

> 湛虛兄過訪，弟子言師不在家，茶罷，師出相見，虛云：將謂主人不在。師云：動若行雲，止猶谷神，虛云：非公境界，師便喝，虛云：這一喝未有主在。師即豎一指，虛亦喝，師云：再喝一喝看。虛云：鈍置殺人。[137]

湛虛來訪，弟子言祇園不在，結果喝完茶，祇園卻出來相見，因此引發這一段「主人在不在」之機鋒。

**3、不二兄**

尚未尋得來歷。應也是臨濟同門之男性禪師。這位不二兄是來商量建構屋室：

> 不二兄詣菴，商量搆室，索偈云：乞兄幫助。師云：劈面一掌。不二云：不要許多。師云：劈面一掌，頓絕伎倆，大施門開，度人無量。[138]

不知所謂屋室，是指庵院否？如是，看來是來向祇園化緣索偈。結果在祇園的「劈面一掌」話下，成了偈也承其意。

---

135 超永《五燈全書》卷七十六，湛虛微禪師，頁 391 下。

136 筆者曾到梅里（今名王店）探訪伏獅禪院遺址，也探明古南禪院所在地點，故了知兩者距離不遠。而古南是比伏獅更大的寺院，由牧雲領興而盛，朱彝尊等士大夫常與之交遊，寺院也都一直存在著，直到民初才拆毀。

137 《祇園語錄》卷上〈湛虛兄過訪〉，頁 427 中。

138 《祇園語錄》卷上〈不二兄詣菴〉，頁 427 中。

### 4、野水兄

應是費隱的法嗣：野水行廣禪師，道忞編修、吳侗集《禪燈世譜》即用此名，[139] 但其他燈錄卻是曰「天水行廣」，兩名應為同一人。《五燈全書》記其機緣：

> 在金粟為第一座。一夕容對眾曰：今晚風頭稍硬，各請歸堂去。維那劒眉便打。容曰：隨風逐浪。眉喝。容曰：早已行也。復曰：若去，則隨波逐浪。不去，則立地死漢。師出眾曰：惜取眉毛。容領之(費隱容嗣)。[140]

看來他也是因金粟寺而認識祇園的，野水曾送給祇園二首詩，讚賞她「得君堪繼襲」從總持以來的女性禪師歷史，而且能繼「龍池一派到金粟」，也勇於清假源流者，免於法門妄流。[141] 祇園以「說什麼無消息」、「箇中若了全無事」，將傳承、法脈、源流、女禪消息等等分別說，匯歸同源。[142]

### 5、金臺法師

目前尚不知其來歷，其與祇園是在天寧寺的一段機鋒對話。祇園問悟後如何行履？

> 金臺法師在天寧寺講經，師往問云：慧鏡常明照十方，纖塵不立絕商量，驊騮今上康莊路，鞭影不施到故鄉，請問老師到家之後，如何行履？臺云：汝做何工夫？師便喝。臺云：你這一喝落在何處？師云：一喝浮雲散，當陽日正輝。臺云：我這裏不用棒喝，只說三乘。師云：唯有一乘，法無二亦無三。臺云：這上座是利根人。師答偈云：當陽正照絕中邊，拄杖橫拈擊大千，放得源頭真活水，都教灌溉好心田。臺復偈云：枯木庭前蹉路多，行人到此盡蹉跎，只消本分酬他價，穿起婆衫卻拜婆。師又答云：枯木重榮覆大千，臨機無疑絕遮攔，明珠出現吞寰宇，一棒打通

139　道忞編修，吳侗輯《禪燈世譜》卷六，《新纂卍續藏》冊 86，頁 415 上。

140　超永《五燈全書》卷七十一，盱江資聖天水廣禪師，頁 346 中。

141　《祇園語錄》卷上〈答野水兄〉附來韻二首，頁 428 下～429 上。

142　《祇園語錄》卷上〈答野水兄〉附來韻二首，頁 428 下～429 上。

萬仞關。[143]

在喝聲中，祇園顯悟境之當陽日輝，金臺以「不用棒喝」否之，祇園則以唯有一法無別法來融徹。兩人遂分別以偈示意。祇園之偈語顯現出悟日之明照、機用之頓切。

**6、昭覺師**

即息乾元之母，其母應已出家。息乾元亦為石車法嗣，是祇園同條法兄。他的母親去世，請祇園為母親舉行法事，地點在鹽官，即金粟寺所在地。這時祇園已在伏獅開法，前往鹽官時，大家把她視為活佛出世，爭睹其容，「蜂屯蟻聚，幾以萬計」，各界人士紛紛請她上堂，要求皈依，可以說是舉城轟動，祇園卻力辭不赴，坐船回梅里，為此，許多人還徒步至伏獅，依依求教。[144]



**【肆四 -2.3】《祇園語錄》記載之人物（三）**
**禪門師友之一：比丘，臨濟師友**

| 名　　號 | 法事與詩文 |
|---|---|
| 密雲圓悟 | 行狀 |
| 石車通乘 | 請金粟本師車和尚寫真到小參、題贊〈金粟本師車和尚真贊〉、〈又〉 |
| 湛虛兄 | 機緣 |
| 不二兄 | 機緣 |
| 野水兄 | 偈語〈答野水兄〉 |
| 金臺法師 | 機緣 |
| 牧雲 | 行狀 |
| 源流頌共三十五位祖師 | 〈源流頌〉 |

143 《祇園語錄》卷上〈金臺法師〉，頁 427 中。

144 《祇園語錄》卷上〈祇園行狀〉，頁 438 中。

**【肆四 -2.4】《祇園語錄》記載之人物（四）**

**禪門師友之二：比丘尼**

| 名　　號 | 法事與詩文 |
|---|---|
| 昭覺師（息乾法兄之母） | 佛事〈為息乾法兄和尚母覺師舉火〉、〈入塔〉 |

## （五）女居士與男眷、無眷屬出現者

祇園在家弟子是以女居士為核心，但從語錄文字書寫之呈現，卻是得從男居士之「女眷」，這樣的身份角色才得以窺知她們，因為她們的來歷附著在男居士身份上，而形成夫婦、母子、闔家形式信眾，所以以下呈現女居士時，也會同時呈現她們的男眷，而這些男眷都是有名的士大夫。換言之，如果沒有這些士大夫男眷，即使有女居士之名，卻無法或不易了解她們的來歷。

以下呈現筆者目前查索得知之祇園居士弟子信眾或交遊往來者，先論女居士以及加上男眷所形成的夫妻、母子、闔家式信眾，之後再呈現無家眷出現者。若無男眷出現，則無以知此女性來歷身份，所以無家眷出現而又能得知身份者，都是男性，這是因文獻的性質而形成的偏頗狀態，必然不是實際的情形。

這樣的安排並非代表一定是女居士帶領男眷進入祇園教團的，是因語錄中呈現出來的活動以有女性參與者為多，而且出現法名者，都是女性，故是以女性為及門弟子，所以以女居士為前導。最後，再附上完整的語錄所記載之女居士與男居士表格，以為參照。

因為古籍稱呼某妻，有以夫姓稱，亦有以本姓稱，例如朱大啟之妻，其本姓趙，故有稱朱淑人，亦可稱趙淑人，或朱門趙氏，故以下稱呼時，若知本姓者，就以本姓稱之，不知本姓者才用夫姓。但朱淑人，因祇園語錄都稱朱淑人，未稱趙淑人，遂沿用語錄之用法稱之。

**1、朱老淑人，法名超覺。夫：朱大啟。子：朱茂時、朱子葆。姪孫：朱彝尊**

超覺，即朱老淑人，她是祇園最著名的女弟子，本姓趙，朱大啟

（1566-1642）之繼妻。朱大啟之叔朱國祚（1559-1624），是萬曆狀元，官至戶部尚書兼武英殿大學士，朱大啟也官至通議大夫刑部左侍郎。之後的朱彝尊（1629-1709），更是清初著名的文學家，浙西詞派的開創者，康熙十八年 (1679) 舉科博學鴻詞，授翰林院檢討，入直南書房，參與纂修《明史》。朱家書香門第，家聲顯耀可見一斑。

朱大啟，字君輿，別號廣原，世籍吳江，徒秀水，著有《曼寄軒集》。[145] 元配陸淑人（1566-1606），繼配趙淑人（1595-1646），二淑人從孺人、宜人、恭人以至淑人。朱老淑人即是趙淑人，為祇園語錄寫序的朱茂時，是陸淑人所出，語錄中為朱老淑人請小參超薦的朱子葆，即是朱老淑人（趙淑人）親生。她算來正是朱彝尊之先伯祖母，因她之故，朱彝尊少年時見過祇園，也因此種下彝尊於《明詩綜》著錄祇園詩傳之因，當彝尊介紹祇園時，還特別用了近一半的篇幅談這位先伯祖母。順治六年（1649）彝尊遷居梅里，此地正是伏獅禪院所在地，此時祇園已開法三年，正是極盛之時，彝尊必定會聽聞到祇園之弘教法譽，這與他少年時所見的經驗相應，當編輯《明詩綜》之時，這位在他眼中「威儀醇僕」、出自名師傳承的女性禪師，其語錄詩文自然在他著錄之列，而之後的文學總集之所以記載祇園，以及記載之內容，幾乎都是引化彝尊所言而來，這也讓祇園在語錄之外的文獻曝光率，遠高過其他亦有語錄的女禪師，這可謂是彝尊著錄之影響力所致，[146] 而又可歸根於朱老淑人與祇園這段師徒之因緣。以下即是彝尊著錄之全文：

> 行剛，號祇園，嘉興人，處士胡日華女，嫁諸生常公振，未期而寡，中歲出家為僧，通乘弟子，住嘉興梅會里伏獅院，有語錄。



145 許瑤光等修《嘉興縣志》卷五十二〈秀水列傳〉有其傳，頁 1412。盛楓《嘉和徵獻錄》亦有其傳，《四庫全書存目叢書》史部．傳記類，冊 125（臺南：莊嚴文化，1996 年），頁 323。

146 另一系文獻來源，是來自方志史冊，方志又可分成二方面，一者，是從記載祇園父親重建樂善庵之事而來，這是崇禎版《嘉興縣志》開始。一者，是記載伏獅的盛況，這是由康熙版《嘉興府志》開始。康熙版《嘉興府志》出版於康熙十一至二十年左右，朱彝尊《明詩綜》約在康熙四十一年完成，地方志的著錄，早於朱彝尊之記。

石車乘禪師以如意付祇園，此崇禎丁丑年事，先伯祖母趙淑人嘗師事祇園，疑義必質，故余少日曾見之，威儀醇樸，毋論空門行業，即以節婦論亦宜，存其片言，以當鳳樓新誡也。淑人，崇禎間兩朝中宮周后語宮人云：朝中命婦，率籧篨戚施薄福之相，維刑部朱侍郎妻，莊嚴婉麗，稱此象服爾。孟夏關中詠云：「百結鶉衣倒挂肩，飢來喫飯倦時眠，蒲團穩坐渾忘世，一任塵中歲月遷」。[147]

這是從彝尊這一面，略窺朱老淑人對祇園的狀況：嘗師事祇園，疑義必質。由此看來，朱老淑人並非那種不與尼寺來往之人，但也非不究義理地只知拜佛祝禱，更不是蜻蜓點水式的祈福拜佛，而是頗想探究生命解脫之道的人，所以她以祇園為參禪之師，有所疑義必直言質之。所以祇園才曰：「道人處富貴繁華之中，實為生死心切，真火中蓮也」。[148] 以彝尊之言再與祇園語錄中給她復之又復的六封書信內容來呼應，敦敦教示參禪、切切叮囑悟道，無有客套迎合、不涉交際俗言，就是莫喪光陰，不可蹉過，「穿衣喫飯，無非這個消息，語言談笑，亦無非本地風光」，[149] 正可見祇園於富貴不加彩，於泛輩不減色，不是空虛之口頭禪，而是學者參入，教者授手的實來實往。沒有祇園之信，無顯朱老淑人質言之內涵，沒有彝尊之語，不見祇園之平實真切。

彝尊還因此談到，崇禎之周皇后讚美朱老淑人是當朝命婦中相貌最莊嚴婉麗，最能稱合華貴官服的，不像其他人顯露出薄福之相。而刑部朱侍郎即是朱大啟。俞汝言（1614-1679）曾為朱大啟、陸淑人、趙淑人等三人一併寫行狀：〈明故通議大夫刑部左侍郎贈尚書廣原朱公暨配陸淑人繼趙淑人行狀〉，內容談到朱老淑人（即趙淑人）時亦談到她被帝后召見之事，以及往生前的遺言云：

趙淑人，公姊夫駕部昌期族妹，生慈谿而長京師，公第後委禽焉。讀書通大義，下筆琅琅可誦，嚴重明敏，能佐公以禮，在南

147 朱彝尊《靜志居詩話》卷二十三．女冠．尼，頁 467。於《明詩綜》卷九十二。

148 《祇園語錄》卷上〈又復〉，頁 429 下。

149 《祇園語錄》卷上〈又復〉，頁 430 下。

昌署中，恆脫簪珥佐爨，無難色，以成公廉。甲戌三月，以命婦朝皇后於武英殿，十月朝懿安皇后於慈寧宮，明年三月復朝皇后於隆道閣神廚，皇貴妃劉時掌六宮事，賜茶思善門？典也。國變以來，忽忽不樂，至丙戌七月二六日以疾卒，距生萬曆乙未四月初十日，年五十二歲，垂瞑得尺帛於腕，手書：老婦五膺封誥，三朝內宮恩數隆矣，帝后殉國，不能即死以覲地下爾，子孫無忘老婦，慎毋事二姓也。如是者一二百言，凜凜有烈丈夫　。……茂時，貴陽太守，……陸淑人出。茂晙，庠生……，茂昉，官生……，趙淑人出。[150]





陸淑人去世後，她嫁給大啟，多次受封，終至封為淑人。她讀書通大義，下筆朗朗可誦，端重明敏，深明大義，成就大啟之廉節。曾於崇禎七年（1634）三月，於武英殿朝觀崇禎之皇后周皇后，十月於慈寧宮朝覲懿安皇后（熹宗之皇后，即張皇后），崇禎八年三月，又朝周皇后於宮中隆道閣神廚，並受神宗之劉昭妃賜茶於思善門，備極恩隆。也就是這麼多次入宮見后的機會，周皇后才有莊嚴婉麗之讚。朱老淑人於順治三年（1646）去世，臨歿時，以尺帛書文繫於手腕，有「老婦五膺封誥，三朝內宮恩數隆矣，帝后殉國，不能即死以覲地下爾，子孫無忘老婦，慎毋事二姓也」云云一二百言，頗有忠義節操之凜然，所以俞汝言以她「國變以來，忽忽不樂」、「凜凜有烈丈夫　」為其下註腳。除此之外，並未有她參禪修行之語，更不論有談及祇園了。

彝尊、語錄所言與俞汝言之行狀，兩邊文獻對朱老淑人的呈現有段空白距離，朱老淑人這篇帛書文字未全整呈現，她自己下筆可成誦之文字或寫給祇園的信也未能見到，致使空白之處就只能是空白，但換另一角度而言，兩種文獻正也給朱淑人一個較全面呈現的機會，讓後人看到她狀似不同其實只是豐富的全體之不同的呈現而已，何況參禪之人不必不能成為忠節之士，臨濟的祖師大慧禪師就已示範在前，他與岳飛站在

150　俞汝言《俞漸川集》卷一，〈明故通議大夫刑部左侍郎贈尚書廣原朱公暨配陸淑人繼趙淑人行狀〉，《天津圖書館孤本秘籍叢書》冊 13，集部（北京：中華全國圖書館文獻縮微複製中心，1999 年），頁 542。

同一陣線，強調民族主義，力主主戰。[151] 語錄中祇園回信給朱淑人六篇書信，看來都是淑人寫信過來而回復的，而語錄之外各種形式的往來想必更為頻繁，其中一封還有「因乞」二字，呼應「疑義必質」義，顯示淑人的積極，但她們來往信件的時間都不得而知，依常理判斷，淑人事其為師，應是在祇園證悟之後，以崇禎十一年（1638）石車付法衣，祇園隱跡胡庵為始點，到順治四年（1647）至伏獅開法，朱老淑人已在前一年去世了，所以她們兩人的師徒之緣應是祇園胡庵時期，約八年左右的時間，這段時間跨越了改朝換代兵荒馬亂，祇園之回信有「接手扎乃知，道人世念漸疏，悲哀盡淨」、「尊體違和，切須保重」、「來諭大事茫然」等語，[152] 並有兒子朱子葆超薦小參，應該一直到淑人去世，她都還與祇園有來往，也許這些書信正是國變前後之來信呢！而俞汝言所言：「凜凜有烈丈夫　」，放諸國家忠節是也，也可以正是單向本來面目參究之女丈夫氣概，參禪的淑人也可以是忠君節義的淑人，也正是能參禪透見。不過「忠節烈丈夫」與「修證大丈夫」之內涵雖然沒有排斥，但終究還是不同，是俞汝言不知淑人參禪？亦是儒家本位、婦女禁入佛寺之戒而特意避談、只取一端？而淑人於閨閣內參禪，不見得眾所周知，況且也可能外顯官婦形象，內蘊參禪之修，外人亦無法一窺究竟。唯朱彝尊之言，為祇園與淑人的師徒之緣作了明確的見證。

倒是在行狀裏談到朱大啟與僧人交往：

> ……公歸，野服徒步，見者不知其貴人，結知老菴，竹樹四周，設茗酒其中，引衲僧故人，談禪賦詩，性喜文藝，接後進如不及，潦倒書生挾冊請見，引對終日不少倦，如者五六年。[153]

大啟歸家後，常於老庵竹林內，設茗酒，招請僧人故友，談禪賦詩等等。士大夫引衲談禪，是風雅韻事，婦女來往佛寺，即有傷風敗俗之

151 大慧身處宋金交戰之時代，主戰派之士大夫多為其方外道友、入室弟子、莫逆之交，他自己後來也因一首諷刺秦檜的詩歌以及與主戰派為伍，被毀除度牒，流放衡州。可參考楊惠南〈看話禪和南宋主戰派之間的交涉〉，《中華佛學學報》第 7 期（臺北：中華佛學研究所，1994 年 7 月），頁 191-197。

152 《祇園語錄》卷上〈復朱老淑人〉、〈又復〉，頁 429 下。

153 俞汝言《俞漸川集》卷一〈明故通議大夫刑部左侍郎贈尚書廣原朱公暨配陸淑人繼趙淑人行狀〉，頁 542。

憂，這是社交活動以男性為主，男女社會角色差異造成之雙重標準所致。

而大啟之子朱茂時，他與佛教的關係更為密切，據光緒《嘉興府志》：

> 朱茂時，字子葵，大啟子，以蔭補順天通判，攝宛平縣，……歷工部員外提督張秋河道，……時值用兵，撥挑河夫，為張秋脩城濬濠，置義田義倉，造鎗砲，練民為兵，籌之三年，孤城賴以保。出知貴陽府，安酋餘黨未靖，阿烏謎煽動諸夷為亂，討平之，定番州十六土司難，繩以法。……茂時既撫輯流亡，民漸復業，乃以邊士少文學，厚其廩給月課，而季試之，拔十數人，先後登科第。以憂去黔，人祀之，歸田後，四舉鄉飲大賓，壽至八十有九。[154]





曾任順天通判，攝宛平縣，歷工部員外，任貴陽知府時，平定番難，撫輯流民，並鼓勵文化教育，甚有官聲，明亡後，歸鄉嘉興，「家居築園池，名曰鶴洲，勝　甲於一郡」，[155] 才女黃媛貞為其側室。[156] 他除了為祇園寫序外，從明末開始刻印的《嘉興藏》，到順治四年有〈楞嚴經坊重訂畫一緣起〉，重新調整刻印定價之事宜，以便順利完成，此文即是朱茂時、朱茂暻共同署名。他經營鶴州園林，還積極興復寺院：

> ……滄桑以來，方營裴相之鶴洲，經綸大叢一寓於山林竹石之間，間從方外人遊，洞徹其秘妙，出千金創復真如浮圖，居一城之勝。[157]

---

154 許瑤光等修《嘉興縣志》卷五十二〈秀水列傳〉有其傳，頁 1417。盛楓《嘉和徵獻錄》亦有其傳，頁 324。

155 盛楓《嘉和徵獻錄》，頁 324。朱彝尊《靜志居詩話》卷十九，頁 81，亦談及朱茂時鶴洲園林。

156 黃媛貞，字皆德，秀水人，太守朱茂時側室，有詩文，工書法，是黃媛介之姊。媛介，字替令，楊元勳室，詩畫俱著名，在西湖邊擺攤賣字畫，引來文士墨客之欣賞，也與其他才女相唱和，是明末清初江南最著名的才女之一。故論詩畫名聲，媛介都超越其姊。但朱彝尊《靜志居詩話》曾曰：「……世皆盛傳皆令之詩畫，然皆令青綾步障，時時載筆朱門，微嫌近風塵之色，不若皆德之冰雪淨聰明也」。引自阮元《兩浙輶軒錄》卷四十，《續修四庫全書》集部．總集類，冊 1684，（上海：上海古籍，1995 年），頁 478。

157 俞汝言《俞漸川集》卷一〈朱葵石太守八十壽序〉，頁 511。

他常與方外交遊，對佛法頗有心得，並出千金創復嘉興之真如禪院。在《翼菴禪師語錄》之《真如語錄》卷一，即有「春中，朱郡侯葵石，同闔郡縉紳孝廉文學居士，暨令弟子葆、子蓉，令嗣範臣、迪臣，令孫辰始……，請住真如禪寺」，還舉辦放生社等等佛教活動。[158]

祇園為朱淑人〈題待漏圖〉時，題目下有「朱老淑人乞法名超覺」，亦即成為祇園正式入門弟子，此贊詩為：

> 朱老淑人逼我題真，超然迥脫，覺即無塵，咦，丹鳳朝金闕，獨示本來身，團圞共說禪家語，火裏蓮花徧界聞。[159]

待漏圖，是繪百官朝覲皇帝前在殿庭前等待的情景，「超然迥脫，覺即無塵」，嵌入超覺二字以為期許，丹鳳、金闕都顯示其朝覲帝后之隆顯，但「獨示本來身」才是修道根本處，所以大家等待之時，正是一家共說禪家話，處塵世亦是淨蓮徧界聞之時。祇園也期許她們一家正如龐蘊居士家一樣，各各識得本來身。她去世後，親生兒子朱子葆曾來祇園處請小參：

> 子葆朱居士請小參，師云：聖凡同一體，生死悉皆如，秖因自不了，致使受輪迴，朱老淑人還會麼？山僧示汝歸真，永證金剛固體，急薦取，莫遲疑，覺悟世間真幻妄，超生脫死定無疑，以拂子左右一擊，下座。[160]

從生時體貼入微、切真了當的教示，死後，呼持「朱老淑人還會麼」？祇園不忘給這位重要的女弟子，再一個提醒：「急薦取，莫遲疑」，就是這樣了脫生死，就如淑人曾經「來諭大事茫然」，祇園答曰「山僧道：不妨好個消息」，淑人應該當下已薦好消息矣。

**2、錢宜人，法名超蔭。夫：吳鑄。子：吳起源。婿：胡觀舟**

超蔭，是吳鑄之妻，有宜人之封，故稱錢宜人或吳宜人。吳鑄也是為祇園語錄寫序者，據楊謙《梅里志》云：

> 吳鑄，字鼎吾，崇禎丁丑進士，除廣信推官，廣信地界浙閩，山谷深邃，四方亡命相聚為盜，蹂躪數郡，莊烈帝敕各司會勦，撫

158 《翼菴禪師語錄》之《真如語錄》卷一、二，《嘉興藏》冊 37，頁 677 中、682 上。

159 《祇園語錄》卷上〈題待漏圖〉，頁 431 中。

160 《祇園語錄》卷上〈子葆朱居士請小參〉，頁 426 上。

按知其才，檄公監紀軍事，會華亭陳子龍，以紹興推官監浙軍，因合謀直擣其巢穴，斬偽大王吳救貧生，擒千里眼九爪龍等。十七年春，有旨內召，甫治裝，福王監國詔至，起公吏部主事，授禮部祠祭，明年春，奉使在塗陪京 遂遁跡梅里，杜門不與人事。順治三年，巡撫疏薦，堅不起。[161]

他是崇禎進士，任廣信推官，監紀軍事，勦除盜匪有成，南明朝時，雖有短暫擔任禮部祠祭，但很快謝絕仕途，遁跡梅里，杜門不與人事，堅持不再任官，應該是明亡歸隱之意，也因為如此，他在梅里與祇園有緣相會，之前他早聞祇園法譽，親見之，遂心折，不僅為祇園寫序亦作塔銘，妻子更在祇園座下修行有成，巧得是，其女婿胡觀舟正是祇園之俗姪。[162] 很自然地，從吳鑄的傳記並無法得知其妻錢宜人的狀況，但這錢宜人也是祇園皈依之弟子，她為我們提供出一則感應事蹟。

語錄有一則法語與附記，法語者，是吳鑄請祇園超薦妻子錢氏時的法語，附記便是記載錢氏去世前後的一段感應，附記云：

鼎陶吳居士述室人超蔭生平，勤修婦順，日持經卷，比年皈依師後，信道益篤。力疾趺坐，但令家人念佛，泊然而逝，少選甦云：頃所行處，自呼祇園弟子，一往無礙，惟見佛接引，連稱快活。復留三日而去。沒後其子源起夢母衣布素，稽首向佛于本菴禪堂，因請師對靈陞座，是夕復夢母乘座出堂，寶相莊嚴，香煙繚繞，大約超蔭一心不亂，其臨終得力如此。[163]

他自己在〈祇園塔銘〉亦要之曰：

即余先室錢宜人，矢心皈依，師命名超蔭，臨歿時，逝而復蘇者，再語家人曰：向冥途中，有以姓氏問者，應之云：我祇園弟子超蔭，所過未嘗驚怖，則師之為神天瞻敬者信矣。[164]

161 楊謙《梅里志》卷九〈仕宦〉‧吳鑄，頁 776。

162 這位俗姪在祇園臨終交待後事時，與徒眾及法叔牧雲同在現場，吳鑄塔銘之作亦是「其徒以事狀介觀舟，請為之銘」（見吳鑄〈祇園塔銘〉），可見應是伏獅的重要護法。

163 《祇園語錄》卷上〈鼎陶吳居士述室人超蔭生平〉，頁 425 下。方志言吳鑄，字鼎吾，此處卻曰鼎陶，不知何者為是？

164 《祇園語錄》卷下〈祇園塔銘〉，頁 439 下。

錢宜人皈依祇園後，信道益篤。臨終時死而復甦，自言剛剛行於路途，有人問起姓氏，她答：「祇園弟子超蔭」，結果一往無礙，無有驚怖。心中法喜充滿，生死無畏，三日後即去。之後，兒子吳源起夢到母親著素布衣，在伏獅禪堂禮佛。於是請祇園為錢宜人對靈陞座，當時祇園的陞座法語如下：

> 信官吳鼎陶居士率男源起，為薦先室宜人錢氏，法名超蔭，請師陞座。乃云：正體堂堂無去來，不貪富貴任盈懷，靈根夙植超今古，頓證無生笑滿腮。擊拂子云：虛空擊碎，愛網裂開，高超慧果，坐寶蓮臺，還知超蔭落處麼？寶華彌滿佛來迎，優鉢羅華襯足行。喝一喝，下座。[165]

正體堂堂，頓證無生，祇園擊拂子，擊碎虛空愛網，「還知超蔭落處麼」？正是佛來迎，華襯足。這場法事完成後，當天晚上源起又夢到母親：「乘座出堂，寶相莊嚴，香煙繚繞」等瑞像，必然往生善處。錢宜人在生死路上，還不忘自稱「祇園弟子」，可見她對祇園教化之信受奉行，而「祇園弟子」所代表的祇園教化之真參實悟，讓當時男女弟子信眾，尤其是女性，必然產生頗大的禪法攝受力。

可貴的是，吳鑄為這段感應下了「師之為神天瞻敬者，信矣」結論，給予祇園神妙之詮釋，但語錄內卻以「大約超蔭一心不亂，其臨終得力如此」為註腳，將之歸於錢宜人自身修行，才能一心不亂，生死無礙。〈祇園行狀〉談到另一則感應時，也只曰「師之至德感化，有難測識」，[166] 作為一位禪者語錄，這個分寸祇園或其弟子都把握得極好。而吳鑄之言，卻也透露出或許當時有一些感應事蹟圍繞在祇園身上，只是她法矩嚴肅，脫灑自由，不加以理會而已，因為感應事蹟還不只這一件而已。

而這位一直夢到母親的兒子吳源起，字準庵，是順治辛丑進士，授洛陽知縣，《嘉興府志》、《梅里志》都有傳。[167]

---

165 《祇園語錄》卷上〈信官吳鼎陶居士率男源起為薦先室宜人錢氏〉，頁 425 中。

166 《祇園語錄》卷下〈祇園行狀〉，頁 438 中。

167 許瑤光等修《嘉興府志》卷五十二〈秀水列傳〉．吳源起，頁 1421。見楊謙《梅里志》卷九〈仕宦〉．吳源起，頁 778。

錢宜人的身後法事應是由祇園來主持的，有〈吳夫人起棺〉：

諸佛妙道，八字打開，孝子追思，昊天罔極，超蔭宜人還會麼？借山僧拄杖送汝一程，五蘊山頭涅槃路，四方八面絕遮攔，在處曇華香滿域，先向枝頭洩漏音，覷透本來真面目，遍界全彰淨妙身，大眾出門一句作麼生？道：滿目青山千古秀，蓮臺九品任高登。喝一喝，云：驀直去。[168]

「超蔭宜人還會麼」？祇園拈她那一條白棒送錢宜人一程，曰本來面目，曰遍界全彰，也曰蓮臺九品任高登，錢宜人或為禪淨兼修者，而或禪或淨，祇園必然直指「本來真」「任高登」之核心。



**3、吳門卜氏，法名超慧。夫：吳稺仙**

卜氏，法名超慧，丈夫為吳稺仙，稺仙，名麟祥，也是為祇園寫序者之一，為金粟寺所在地海鹽人士，石車之弟子，《金粟寺志》記載當地仕紳居士敦請禪師住持，多在其列。據《澉水新誌》云：

吳麟祥，字稚仙，海寧學稟生轉咨太學，有吟住詩稿。蕭縣令子。……麟祥嘗與麟瑞及余鵬舉，結率園詩社，有浴鶴亭樂志園集。[169]

他曾請祇園至家中設齋供養，也曾派人寄藥物來，祇園因此寫一信覆之〈復吳稺仙居士〉：

尊使到，知老居士闔府起居佳勝，為慰。向承見招，到貴府飽領香齋，兼惠厚儀，而今復承遠寄妙劑，山野德薄，何以克當？感愧無量，居士念先和尚一脈，來索山野頌古。山野質鈍，難窮諸大尊宿之意。來諭師伯和尚婆心為任者，慚惶無地，但痛念先和尚早逝，弟子追憶無窮，何時得報？五月初回菴，杜門藏拙，以度時耳。[170]

不知此時祇園在胡庵乎？伏獅乎？稺仙之來信應該是對祇園頗為期許，更向其請索頌古。兩人同出石車一脈，自有一番報答師恩之語，祇園一貫地以杜門藏拙來回應。稺仙之妻卜氏，法名超慧，是祇園入門弟子，

168 《祇園語錄》卷下〈吳夫人起棺〉，頁 433 上。

169 方溶纂修，萬亞蘭補遺《澉水新誌》卷九〈人品〉，頁 629。

170 《祇園語錄》卷上〈復吳稺仙居士〉，頁 430。

稺仙過世，她請祇園對靈說法，在說法前諸眷屬竟有所感應：

……及師之至德感化，有難測識。溆浦吳稺仙居士，其室法名超慧，以稺仙之去世，請師對靈說法，吳氏諸眷屬未識師面者，皆預得異夢，夢中見師神儀挺特，五色寶幢空中垂下，及師至時，見師形儀，宛若夢中無異。咸贊奇哉，嘆未曾有。以故闔宅篤信，俱乞名為門弟子。[171]

吳家眷屬中從來沒見過祇園的，要參與稺仙居士之對靈法事前，卻都預先作了異夢，夢中出現祇園，神儀挺特，五色寶幢，從空中垂下。等到參與法會看到祇園，見師形儀，宛如夢中所見一般，大家皆嘖嘖稱奇，讚歎不已，於是闔宅篤信，俱乞名為門弟子。〈祇園塔銘〉也如是云：

溆浦吳氏，請師對靈小參，家人咸為異夢，見師神儀甚偉，幡幢羽蓋交導而前。師至，果如夢中所見，舉家嘆異。[172]

吳鑄親自接觸祇園，這樣的說法應非酬酢之作，而是信而不誣。為稺仙對靈陞座時，祇園之法語如下：

臘月八日，吳門卜氏，請陞座。師呈拂子，又左右一擊云：八字打開為君薦，分明顯示本來面，無滅無生常湛然，霜花映水稜層現。稺仙老居士曩參金粟先大和尚，言下知歸，居塵不染，平生操履潔如冰玉，夫婦如賓出入叢林，扇起仁慈助道之風，若非夙植德本焉能如是？山僧與麼告報諸人，若善參詳，不被生死籠罩。且道薦拔一句作麼生？道：願君得果成寶王，還度如是恒沙眾。下座。[173]

稺仙在石車座下有悟，夫婦兩人也都是禪林大護法，修行助道兩皆入裏，祇園祈期能再有菩薩大願，還度恒沙眾生。夫妻二人，夫為石車之弟子，妻為祇園弟子，應該是一方面祇園之修證，為其親見，眾口皆碑，一方面女修行者皈依女性禪師更有其穩當投緣之處。經由稺仙與卜氏對祇園的護持與敬重，再加上這段感應之事蹟，吳家親族確實有多人出現於語錄，見於下文自可明之。

171 《祇園語錄》卷下〈祇園行狀〉，頁 438 中。

172 《祇園語錄》卷下〈祇園行狀〉，頁 439 下。

173 《祇園語錄》卷上〈臘月八日吳門卜氏請陞座〉，頁 424 中。

#### 4、李夫人，法名超進，夫：李曉令

超進，李曉令的夫人，不知其本姓。[174] 李曉令，名寅，梅里人，李家在梅里亦是旺族，李寅之祖父李應徵（原名衷毅，號霽巖），與董庵（伏獅）建造者董門李氏之父李原中（字君時，號曙巖），為同輩堂兄弟，據《梅里志》云：

> 李寅，字寅生，號曉令，先六世祖也，崇禎壬午副貢，讀書尚氣節，入復社，衡文考業，志存用世，與婁東張天如、受先、吳門楊維斗、雲間夏彝仲、陳臥子諸公相師友，所學益粹然無疵。隆菴公殉節寧海，聞訃，崎嶇戎馬，間走三千里，愬其事於山東巡撫請卹，贈扶櫬以歸，既而結客破家，卒於嶺表。詩宗太白，華亭楊鏡序以三閭少陵之忠，愛比之？[175]

李曉令尚氣節，是復社成員，父親殉節，他自己亦客死韶州。曉令有三個兒子：李繩遠、李良年、李符很有才學，被稱為三李，與朱彝尊游京師時，朝士爭欲相識，名聞一時。[176] 曉令與古南禪院的牧雲特別投機，牧雲正是祇園最親近的法叔，牧雲語錄就留下許多與曉令的書詩往來，《梅里志》亦有〈釋通門過李子曉令藋園看牡丹紀興二首〉，[177] 當曉令的死訊傳來，牧雲「忽聞李子已作故人，五內悽然，舊交有來驚問，口不忍道」，並作〈悼李子曉令八首 并序〉。[178] 曉令的兒子李繩遠也皈禮牧雲為師，法名靈表。[179]

與牧雲論道交遊頻繁的曉令，也曾和鄭雲渡、徐吉士、張仲時等居士來伏獅設齋，請祇園陞座說法，這一次的場景突顯出來的，全部都是男居士：





---

174 楊謙《梅里志》卷十四〈閨秀〉．李瑤京。她為曉令之女，有詩才，此段記載談及「母顧孺人」，超進或即顧孺人乎？頁 855。

175 楊謙《梅里志》卷十〈文苑〉．李寅，頁 792。

176 楊謙《梅里志》卷十〈文苑〉．李良年：「李良年，……字武曾，號秋錦，能詩，格律甚嚴，所作奄有唐宋，別出機杼，少與兄繩遠，弟符齊名江左，目為三李，後與朱太史彝尊游京師，朝士爭欲相識，每召客輒詢座中有朱李否……」。頁 793。

177 楊謙《梅里志》卷六〈園亭〉、藋園，頁 728。

178《牧雲和尚嬾齋別集》卷十三〈悼李子曉令八首 并序〉，頁 629。

179 楊謙《梅里志》卷十〈文苑〉．李繩遠，頁 793。

解制日，檀越李曉令、鄭雲渡、徐吉士，張仲明等，設齋請陞座。師云：臨濟相傳直指禪，纔加點綴便廉纖，會中若有仙陀客，何用山僧更指鞭，豎拂子云：大眾還會麼？諸人直下承當去，一會靈山尚宛然。下座。[180]

鄭雲渡亦是文人雅士，可見這些人都是梅里當地的文人仕紳，姑且不論這次陞座居士們是來踢館的，亦是為法而來，祇園之「會中若有仙陀客，何用山僧更指鞭」，已全然開展，自信自然，禪者的慈悲亦然顯露，一句「大眾還會麼」？早已超越法戰的規模。而這些自視甚高，經常與男性禪師往來的居士，對祇園這樣的女禪師，在來之前或離去之後，想必都已經有所認同與佩服尊敬。亦可由此窺知，當地士大夫者來參訪者應不在少數，再與〈祇園行狀〉所述：當時有憸人宵壬、簪纓世胄、文人墨客等自衿多辯，不可一世，見祇園道行則虛懷改容，似納若愚，稽首求教，便可呈現一幅生動的畫面。

又，李夫人超進曾與曉令請祇園陞座，當時是為了母親生日慶誕而祈福問法：

曉令李居士同室超進，為令慈慶誕，請陞座。師云：六十年前蕊珠宮裏降神仙，今朝誕日錦上鋪花添喜色，萬瑞千祥如霧集，悟取中間不老人，如何是不老人？驀豎拳云：惟有這箇，與虛空同壽，向者裏會去，掀翻花甲子，能報劬勞德，出入栴檀林，逍遙惟自適。且道因齋慶讚一句作麼生？道：清新豈讓古人風，超然徹證無量壽。卓柱杖，下座。[181]

慶誕之時，要能悟取不老人，徹證無量壽，才能逍遙自適，才能回報劬勞。祇園「驀豎拳」之動作與「惟有這箇」，都是她直截了當的禪風展現。

祇園曾為曉令題贊〈李曉令居士〉：



180 《祇園語錄》卷上〈解制日檀越李曉令鄭雲渡徐吉士張仲明等設齋請陞座〉，頁424上。

181 《祇園語錄》卷上〈曉令李居士同室超進為令慈慶誕請陞座〉，頁424中。

請曉令自珍重，二六時中莫妄動，但有纖毫即是塵，咄，者一著，唯人自肯乃方親。[182]

又有一首〈題進禪人梅花像贊〉，進禪人，應該即是超進：

曹溪旨，絕廉纖，擬別會，隔天懸，急參透，省舊顏，咄，今人豈讓古人風，如梅臘盡春先占。[183]

一者「但有纖毫即是塵」，一者「絕廉纖」，還頗能相合的。寫給曉令是「自肯方親」，寫給李夫人超進，卻是「今人豈讓古人」、「梅占春先」，其積極進取之自信，絲毫不因所對者是女性而遜色自弱。在牧雲語錄裏，牧雲與曉令這麼頻繁的文字往來，卻未見有李夫人的出現，李夫人卻在祇園這裏有了法名為入室弟子，頗有男性居士皈依男性禪師，妻子女眷則皈依祇園座下的情形。

**5、董門顧氏，法名超域？。子：董漢策。附：董門顧氏之女，法名超戒**

顧夫人（1606-1655），是董漢策（字帷儒，1623-1692）的母親，南潯人，法名不詳，或為超域？因為語錄有一則〈題南潯董道人超域像贊〉，[184] 此南潯董道人超域頗有可能即是顧夫人。

顧夫人與兒子帷儒跟祇園的關係頗為深厚，漢策繼李夫人嗣，因此成為董庵之所有權人，也就是伏獅的最大護法，顧夫人篤實信佛與漢策對祇園相當護持，對祇園弟子如義川、義公、一揆等也都盡心盡力，例如對李夫人養女義川，顧夫人於南潯新建般若庵讓其安居，義公也經常往返伏獅與般若之間，成了義公很好的修行養病之地。祇園故後，多次禮請一揆住伏獅、般若，以撐持伏獅法脈。然南潯距梅里有段距離，加上時局荒亂，漢策無法及時兼顧，終至伏獅後來破毀無人聞問，之後才再商議，而有王庭重建之記。語錄有一封祇園回給帷儒的信〈復檀越董帷孺居士〉：

接翰教，知闔府佳勝，為慰。每念居士靈根夙種，妙慧今生，心宗頓契，大年再來，作皇家之柱石，為法苑之金湯，種種衛護，

182 《祇園語錄》卷上〈李曉令居士〉，頁 431 下。

183 《祇園語錄》卷上〈題進禪人梅花像贊〉，頁 431 下。

184 《祇園語錄》卷上〈題南潯董道人超域像贊〉，頁 432 中。

不勝感感，復承遠懷厚貺，山僧才輕德薄，何以克當，拜領遙祝，謝謝不盡，明春居士光臨嘉禾，可當一度河清也。[185]

他供養護持祇園，祇園表達謝意，並慰問闔家佳勝，顯現出帷儒的種種護持與彼此的尊重，祇園以「皇家之柱石，法苑之金湯」來讚美他，實因帷儒之為人孝義樂施於南潯當地貢獻良多，而且與佛道宗教都頗有淵源，史冊還留下他曾是道士之資料。

董家在南潯亦是書香世族，自嘉靖以來出現五位進士，帷儒之曾曾祖父董份（1510-1595），嘉靖二十年（1541）進士，任禮部尚書兼翰林學士。曾祖父董道醇（1537-1588），萬曆十一年（1583）進士，任工科給事中。祖父董嗣成（1560-1595）萬曆八年（1580）進士，任禮部主客司郎中。祖叔父董嗣昭（1575-1595）亦是萬曆二十三（1595）進士，嗣昭正是從梅里嫁來的李夫人之夫，義川之養父，因他的早逝，間接成就董庵之建。嗣昭的么弟董斯張（名嗣暲，1586-1628），詩雅清淡，即是《廣博物志》之作者，斯張的兒子董說（1620-1686）後來出家於靈巖繼起座下，[186]帷儒與這位出家的叔父年歲相近，感情很好，時常相與酬唱。然而在萬曆二十三年（1595）這一年，份、嗣成、嗣昭卻接連死去，嗣成這輩的兄弟也多英年早逝，致使家道陡然中落，時局又陷入兵荒馬亂，帷儒就出生在這段時間，據周慶雲纂《南潯志》云：

董漢策，字帷儒，號芝筠，又號甦庵，又號帚園，嗣成孫，……漢策廩貢生，少孤，好讀書，敦品行，意氣豪邁，……事孀母以孝聞，拳勇絕倫，亦通韜略，而折節友生，恂恂善下，傍及劍客酒人射奕醫卜之流，靡不傾接。……崇禎庚辰辛巳歲洊飢，身先捐賑，遠近賴焉。順治乙酉大兵抵震澤，潯民震恐，漢策即詣軍前，止勿夜來，潯卒無恙。時太湖土寇，焚劫囚人勒餉，潯固濱湖，自五月以後晨夕窺伺，不惜重貲募勇士捍禦。……[187]

185 《祇園語錄》卷上〈復檀越董帷孺居士〉，頁 431 中。此處作帷「孺」，但方志都是帷「儒」，故行文都以「儒」來稱。

186 關乎董說之研究可見趙紅娟《明遺民董說研究》（上海：上海古籍，2006 年）。

187 周慶雲《南潯志》卷十九．人物二．董漢策，頁 197。

帷儒孝德好義，拳勇絕倫，博學通韜略，在明末清初官與盜不清，處處打劫搶奪的局勢裏，他勇於承擔起護衛鄉里，群策群力之領導者。樂善好施，尤其對恤養濟貧施葬等等公益，不遺於力，處處可見於方志內，所謂：

……好獎掖善類，施惠無望報心，立義學，設義田，施幃絮、捨藥餌、葺橋梁、焚券已責之事，難更僕數。[188]

而這些公益善行常與佛道寺院相結合，例如於長生寺右建塔院，一方面捨地給此山禪師，建其師漁庵禪師之塔院，一方面建普同塔，廣納無主遺骸等等，而建普同塔，正因一段夢中群鬼求居處之異事。[189] 帷儒這類靈驗之事頗多，還曾乞雨應驗：

世間固有不可解之事，自非親身，鮮不目為誕妄者，如我一生所經歷，癸未閻羅之夢，甲辰元天之夢，無不歷歷奇驗，諸如此類奇兆甚多，即兩次在苕禾祈雨，剋期霑足，皆無心得之，雖事出偶然亦一奇也，倘載入稗官，後人必指為妄矣。[190]

其曾孫董兆元亦言：

徵君學貫天人，……晚年尤好道，時俗所傳神異，余不敢盡信，其可徵者有小像一幅，徵君道裝，與二三羽流共立石壇上，昂首望雲霄間，有白鶴數十二翔舞不下，相傳徵君能召鶴，洵不虛矣。[191]

徵君，即帷儒。當時傳說他的許多神異之事，而這些帷儒認為「倘載入稗官，後人必指為妄」之事，即使兆元亦不敢盡信，但見有一幅帷

188 周慶雲《南潯志》卷十九．人物二．董漢策，頁 198。

189 周慶雲《南潯志》卷三十八．碑刻三．董漢策〈長生塔院記〉：帷儒「夜夢群鬼千億計，環余書屋叫號悲嘯不少休，或斷骸折肱，或挈童戴白，其強壯輒操戈鋋以來，漸相逼，余以所執玉如意擊之，鬼即敗退，伏地摶顙云：我等所以來，皆兵火之後絕命喪軀者，遺骸沈草莽無藏埋地，願先生為熟計之。余試舉近壤某某所，群鬼輒不喜，為舉長生塔院，則粲然願往。余即乎令前去，去至院中，方與此翁坐話緣起，廡以外嘈嘈如沸，禁之不可，有侍余側者緇袍角巾，若世間典吏，狀操簿書，白事云：若類眾多，法令難遏，必分其州閭，免蝈螗矣。余領之，吏即草禁約懸廡下，沸聲迺息。覺而異之，平明，余即走柬此翁，備言前夢，遂捐貲倡始，勸募鳩工焉」。頁 442-443。

190 周慶雲《南潯志》卷五十六．志餘七，「甦庵家誡、又」，頁 681。

191 周慶雲《南潯志》卷五十六．志餘七．江峰筆記下，頁 685。

儒著道裝，有鶴翔舞之小像，才認為他應該確曾召鶴過。方志亦云其「癖嗜道家符籙，自以為雷雨可召，鬼魅可破，兼精青囊、青烏、易筮、乙蕞、風角、壬遁等學，並有奇驗」，而帷儒也自稱「芝筠道者董麟科」，這是其道士之名。[192] 這應該是他較晚年的狀況，而他與祇園相處的時間，正是剛接觸佛法的時期，故曾云：「余自丁亥歲，始好為瞿曇」，[193] 再加上他母親修佛甚勤，於南潯一地佈施捨券、助成護持庵寺，他也為母共助相成，例如他有〈慈蔭庵疏〉、〈極樂庵募修大殿疏〉、[194]〈重修嘉應廟募疏〉、[195]〈東草庵募引〉、[196]〈長生塔院記〉、〈塔院捨券〉、〈重修雲興寺碑記〉、〈重修通利橋碑記〉、〈萬善庵碑記〉、〈重修東藏禪寺碑記〉、〈極樂庵西偏留嬰堂碑記〉[197] 等等，其中〈萬善庵碑記〉談到母親顧夫人虔誠修佛，敦請也是女禪師的常一來住持：

> 潯北萬善庵，始于明季啟禎年間，有東明、永遠兩比邱尼，皈依弁峰瑞白禪師已久，篤信向上，募潯北隙地于 旌節先慈顧孺人，遂建紺殿稍葺廚湢。……癸巳，潯鎮善信咸稱嘉禾保壽院常一大師，道行高妙，於是金表孀嚴太夫人同先慈暨皇甫母周孺人，具質信請師住萬善方丈，……當是時先慈與嚴太夫人係中表妯娌，皆信乾竺，稱同志，恒有事于靜修，朝夕清齋，若雁行焉，以故善功無不舉，舉必有成，如萬善延請高禪其一端也。[198]

這間萬善庵當年是顧夫人捐地所建。而顧夫人與董家女眷嚴太夫人等，皆信佛法，並稱同志，志於靜修清齋，所以「善功無不舉，舉必有成」，一起修福修心。她們請常一來萬善庵住持，有了老師，再加上她



192 周慶雲《南潯志》卷十九．人物二．董漢策下：「按：順治甲午，漢策作紫光朝謝科儀序，自稱芝筠道者董麟科，蓋其道士之名也」，頁 198。

193 周慶雲《南潯志》卷三十八．碑刻三．董漢策〈長生塔院記〉，頁 442。

194 周慶雲《南潯志》卷十二．寺廟一．慈蔭庵．極樂庵。頁 131-132。

195 周慶雲《南潯志》卷十四．寺廟二．嘉應廟。頁 144。

196 周慶雲《南潯志》卷十五．寺廟四．草庵。頁 163。

197 周慶雲《南潯志》卷三十八．碑刻三．〈長生塔院記〉，頁 442-447。

198 周慶雲《南潯志》卷三十八．碑刻三．董漢策〈萬善庵碑記〉下，頁 445-446。

們這群女信眾，亦形成一個女修行者的寺庵團體，而以孝聞名又樂善好施的帷儒，自然助成母親完成這樣的心願善行。此序作時，顧夫人已去世三十多年，這期間常一在萬善庵篤實教化，以禪淨雙修的方式，凝聚許多修行女性，甚至有「十餘人皆能成器」，顯然這個女性修行庵院一直穩定發展著，而帷儒延續母親之志，也一直沒有失去關照護持，還為其寫下碑記，並云：「余追維先慈捨地敦請之遺志，今幸有成，不可不傳述也」。[199] 顧夫人修佛與帷儒之護持可見一斑，而母子兩人對祇園應該也是這樣尊重護持。

顧夫人在她自己所作〈傳家序〉也談到持齋奉佛的心志，當時她準備把整個家庭重任卸下，禪定奉佛：

> ……我年未二十歸於董氏，時方多難，尚書老爺棄世已久，三代科甲盡皆捐館，……倉廳所遺田產大半消耗，典中剩本不過二千金，中間掛空號的，又大約有小半，屋租零落不堪，朝夕饔餐不繼，……今雖粗安，我只是體不貼席也，從中力量，我道是全憑上天福庇，我因此發心持齋奉佛，……我今只要皈依三寶，念佛養靜，做箇在家出家的樣了，擇吉巳春，將所有家業交付與汝，汝可靜守哲訓，體我苦心，不必固辭，……我自聽堂前田畝，以供朝夕，禪定奉佛，閒居自好，是我之願，汝有孝心，正不必在飲食孝養上見。[200]

董家家道中落，顧夫人還未二十歲就嫁進來，積極努力撐起這個家族，並能教養帷儒有成，林林總總的困難，除了努力外，是上天的福庇，所以她發心持齋奉佛。到了晚年，要將家族的重責大任交給帷儒扛起，她只要念佛養靜，「做箇在家出家的樣了」、「禪定奉佛、閒居自好」，這樣的話語必非泛泛之談。諸如此類，都可見出她對佛法的深信篤行。

顧夫人未到二十歲即嫁給董廷勛（帷儒之父），但廷勛患有癎疾，所以她二十七歲就守寡，守節二十四年，再加上訓子有成，離世後曾旌表建節孝坊，《南潯志》列女傳下著錄之：

**199** 周慶雲《南潯志》卷三十八．碑刻三．董漢策〈萬善庵碑記〉下，頁 446。

**200** 周慶雲《南潯志》卷五十六．志餘七．〈甦庵家誡〉下，頁 678-680。

明副榜董廷勛繼妻顧氏，歸安瑤莊顧爾祿女，事姑盡孝。夫患痼疾，悉力調養，不愈，經理內外，備極辛勤。崇禎壬申，年二十七，夫亡，守節二十四年，撫孤漢策成立，教以義方，氏有傳家序一篇，自述甚悉，順治十三年 題旌，胡襄撰傳。[201]

並於坊表之節孝坊下有曰：

……在北柵外下壩般若庵前，順治十三年為副貢生董廷勳妻顧氏建。[202]

為顧夫人所建的坊表正是在她自己創建供養義川的般若庵前。同時在東柵董進士祠內亦有李夫人之坊表。[203]顧夫人二十七歲夫亡，那時是崇禎五年（1632），守節二十四年，依此推算其生卒年，應是萬曆三十四年至順治十二年（1606-1655），約五十歲。而傳家序則寫於順治十年（1653），離其去世只有二年。顧夫人守節持家，禪定奉佛，作布施建寺等功德，與帷儒戮力鄉里公益結合，母慈子孝，可為典範。帷儒曾有〈潯東草庵募引〉，是為一尼庵勸募：

梵行之盛，利在增崇，像法之衰，利在澄汰，蓋擇焉不精，則反滋擾亂，如獅身中蟲，自食獅子肉，曷若釐剔為善道也，然而五濁泥深，能出者少，彼丈夫猶爾，何況巾幗，脫令捐諸所有，獨踏大方，卓犖自命于雲霧之表，十方薄伽梵必盡稱歎，豈易及哉？潯東偏草庵，女僧現比邱尼身，力鬥五濁，作象王嚬呻，此殆欲增崇梵行者耶？余謂今以後，當究明性命，嚴淨毗尼，奉身如頭陀，然後可以紹慧命、扶像法，萬勿優游縱恣，勞心于利養名聞，為護持真乘者所笑。[204]

他讚嘆在東庵修行的女僧比丘尼，認為濁世泥深，能出離不陷者少，更難得有女性能獨踏大方，故要加以崇敬護持，以利佛道之化。並鼓勵大

201 周慶雲《南潯志》卷二十四．列女一「明副榜董廷勛繼妻顧氏」，頁 243。此志文內均有標明某部分引自汪志或范志者，乃指前人：汪曰楨、范來庚分別所著之《南潯鎮志》（一在道光，一在咸豐），今將之省略。

202 周慶雲《南潯志》卷十七．坊表，頁 181。

203 周慶雲《南潯志》卷十七．坊表：「在東柵三板橋西董進士祠內，為明進士董嗣昭妻李氏建」。頁 181。董進士祠，於同書卷十六、祠墓：「董進士祠，在東柵下塘，祀明進士董嗣昭，俗稱三祠堂」。頁 166。

204 周慶雲《南潯志》卷十五．寺廟四．草庵，頁 163。

家要究明性命，嚴淨戒律，紹佛慧命。他為草庵比丘尼作勸募引文，幫助她們能安心修行，相信對證悟有成又嚴謹謙遜的祇園更崇敬護持。

語錄中關乎帷儒的記載除了行狀提到由他與梅里士紳出面迎請祇園外，只有〈復檀越董帷儒居士〉一信，顧夫人者，她為義川、義公在南潯建般若庵之事是出現於〈義公行實〉，在祇園語錄裏卻沒有明確可確認者，除了〈題南潯董道人超域像贊〉疑似是為顧夫人所作，又有〈示南潯董道人〉，亦無法確認即是顧夫人，但其實可能性應該很大，今姑且觀之〈題南潯董道人超域像贊〉以及〈示南潯董道人〉：

> 道人處世，本來成現，錯認丹青，只因不薦，一念回光，不隔一線，咦，滿目兒孫自成辦，紅塵裏如來現。[205]
>
> 嘿嘿咨參渠是誰，忽然薦得了無依，看破始知來脈大，舉頭天外笑咍咍。[206]

本來現成，一念回光即是，所以兒孫自成辦，紅塵裏亦見如來，這與顧夫人的情況還算相合。而開示之語，則是指點參話頭，首句嘿嘿起頭，尾句咍咍結尾，還頗為有趣。

觀顧夫人的言行以及作為節婦的嚴謹，她所參與之佛教活動，應該是以南潯之寺院為主，但以祇園當時弘法盛況以及她與董庵的關係，必然也會多少有所往來。至於帷儒，祇園來伏獅時，他約二十歲出頭，還算年輕，但已始好佛學。即使如此，從各種資料顯示，作為董庵所有權人，祇園所言：「種種衛護，不勝感感，復承遠懷厚貺……」，都代表帷儒母子對祇園與董庵（伏獅）有足夠的空間與充分的護持。

除了顧夫人母子，語錄第二則結制陞座，有「秖如超戒，歸薦先慈董門顧氏」語，法名超戒，即是入門弟子，她是董門顧氏之女，此董門顧氏何人也？應非董漢策之母顧夫人，因為顧夫人〈傳家序〉作於順治十年（1653），她約順治十二年去世，祇園則比她早一年離世，不可能由祇園來超薦之。所以她或許是南潯董家之人，但並非顧夫人。而〈示戒禪人〉之開示，應該是寫給這位超戒？

205 《祇園語錄》卷上〈題南潯董道人超域像贊〉，頁 432 中。

206 《祇園語錄》卷上〈示南潯董道人〉，頁 432 中。

**6、吳老夫人朱氏。子：吳仲木。附：妯娌：朱氏**

吳老夫人，本姓朱，不知法名，兒子吳仲木，海鹽人。語錄有一則就是吳老夫人生病，請兒子吳仲木乞法語的開示：

> 吳老夫人病中，令郎仲木居士乞法語開示，乃云：願夫人將四大五蘊、名聞利養、順逆境界、病苦厄難，憂悲苦惱，萬緣一齊放下，直得淨裸裸、赤灑灑，胸次中空，牢牢地單究本來面目，朝參暮究，日用如是行持，一旦豁然猛醒，生死情關，頓然迸裂，踏著本地風光，自然心病身病俱消，方為廓落超方，為女中丈夫也。[207]

祇園期勉她萬緣放下，單提話頭努力參究，自然身心病消，超方立成女丈夫。另有一則是吳仲木、叔耕、季容居士，為伯母誥封淑人朱氏六旬誕辰而請陞座。都點出吳老夫人與兒子吳仲木等這家人與祇園的來往。

吳老夫人的丈夫即是李自成攻進北京城時殉國的吳麟徵，亦是前面已談過的吳麟祥（字穉仙）之兄，穉仙去世，其妻請祇園對靈超薦，眷屬有預見師容之異夢感應，闔家遂乞為門弟子，吳老夫人與仲木應當就是其中之人。吳家在海鹽是士大夫家族，亦是金粟寺的護法，也因此與祇園結緣，更因有所感應，成為弟子，便遠至梅里來參問乞示法語。

吳仲木的父親吳麟徵，字聖生，號磊齋，天啟二年進士，建昌推官等地方官，擒盜安民，廉正之名傳動天下，後任吏科都給事中，歷陳時政，奈何明朝氣數已盡，不能見聽，崇禎十七年春推太常少卿，當時：

> ……賊薄京師，公守西直門，以土石堅塞其門，募死士縋城襲擊之，賊攻益急，公超入朝欲見帝白事，至午門遇相魏藻德，引之出，遂還。明日城陷，乃入道旁三元祠作書訣家人曰：「祖宗二百七十餘年，宗社一旦至此，雖上有亢龍之悔，下有魚爛之殃，而身居諫垣，無所匡救，法當褫服，殮用角巾青衫，覆單衾，以志吾哀」，解帶自經，家人救之，甦，請待祝孝廉至一訣，許之。孝廉名淵，……明日淵至，……酌酒與淵別，遂自經，淵為視含斂去，贈公兵部右侍郎，謚忠節，建專祠曰：旌

207 《祇園語錄》卷上〈吳老夫人病中令郎仲木居士乞法語開示〉，頁 427。

忠，國朝賜謚貞肅，崇祠忠義。[208]

京城被攻下，給全國巨大的震撼，而麟徵殉國，更加倍造成這個家族劇烈的震憾，雖然它將為他們帶來榮耀，但也讓兒子們於仕途中隱跡消遁，而對妻子來說，勢必要往節婦賢母之路，走向未來漫長的人生路，但也因為如此，史冊才會將她寫入，讓她顯露於歷史台面上，《澉水新誌》記錄麟徵的妻子朱氏，便是在列女卷下之賢母：

朱氏，太常寺卿吳麟徵妻，幼有女德，父有庶子，氏愛之有加恩，太常居官廉苦，氏佐以淡泊，後聞太常殉難，驚號不食，濱死，母氏強以溢未進，蔬食終身，越十五年而卒。[209]



心性厚德，能佐丈夫以淡泊，丈夫殉國後，終身蔬食，從蔬食這一點，再輔以生病時向祇園乞法語之事，可略見她修佛之微意。朱氏也因此被封為淑人：

朱氏，吳太常麟徵妻，……以太常殉國封淑人。[210]

作為兒子的仲木，上京迎喪回鄉後，「遂棄諸生，絕仕進」：

吳蕃昌，字仲木，庠生，貞肅公次子。崇禎甲申，貞肅公殉國，間行淮上迎喪歸，遂棄諸生絕仕進。師事劉念臺先生，講求有得，與海昌陳確、桐鄉張履祥，探討精深，見諸踐履，作日月歲三儀以自範，為闔職三儀範其家族，有貧者鬻女，贖歸養為己女，歲以米遺其父母，臨歿遺命擇婿嫁之，恤其父母如故。著秪欠菴集，鄉人私謚孝節先生。[211]

在有國族喪滅之痛的年代，父親殉國就義的身影想必深深地刻在他的心上，絕了異族之冠冕，他將學問結實地展現在自身修為、教化鄉里。他是劉宗周的弟子，與同門之陳確（1604-1677）、張履祥（1611-1674）對心學探討精深，更能篤行踐履，孝親賢義，鄉人私謚孝節先生。

為伯母六旬誕辰祝壽，他與叔耕、季容（應該是兄弟）請祇園陞座說法，是為伯母祈福亦求智慧：



---

208 方溶纂修，萬亞蘭補遺《澉水新誌》卷九〈人品〉．忠良．吳貞肅公麟徵，頁 616。

209 方溶纂修，萬亞蘭補遺《澉水新誌》卷十〈列女〉．賢母壽母，頁 650。

210 方溶纂修，萬亞蘭補遺《澉水新誌》卷十二〈雜記〉，頁 682。

211 方溶纂修，萬亞蘭補遺《澉水新誌》卷九〈人品〉．孝義．吳蕃昌，頁 651。

吳仲木叔耕季容居士，為伯母誥封淑人朱氏六旬誕辰，請陞座。西堂問：道先天地，法亙古今，甲子掀翻，遐齡祝慶，敢問如何是祝壽一句？師云：九九八十一。進云：法座當陽獅子吼，堂前萱樹證金剛。師云：桂子正飄香。乃云：紫綬金章節義全，居塵不染現優曇，撥轉浮生花甲子，兒孫共慶萬斯年，所以道：惟一堅密身，一切塵中現，圓如明月珠，利若金剛劍。卓柱杖。下座。[212]

祇園祈願她：「紫綬金章節義全，居塵不染現優曇，撥轉浮生花甲子，兒孫共慶萬斯年」，也以節義之全比喻道行堅密之身，雖處塵中，可圓如明月，利若金剛，行圓智利。這位伯母也姓朱，應該就是麟徵之兄麟瑞的妻子，麟瑞，字思王，號秋圃，萬曆四十六年進士，居官甚有功蹟，[213] 他的夫人在《澉水新誌》列女、孝婦下：

朱氏，中丞吳麟瑞妻，年十六歸吳，時中丞曾大父大父母俱在堂，氏色養備至，及中丞貴，既絕請謁，一日有以主魚饋者，謂中丞曰：奈何以小物壞其操乎？及相勵嚴道類如此，後居舅姑之喪，篤盡誠敬，訓子孫以無忘先德，待下有恩，終身蔬布，祿六十有八，至今澉浦傳其家訓焉，已題。[214]

仲木伯母朱氏亦是「終身蔬布」，其誕辰祝壽是請祇園陞座說法，她應該與仲木母親朱氏一樣，都為虔誠奉佛之人，這兩位妯娌應該就是祇園之弟子，一則病中乞法語，一則誕辰祝壽請陞座，皆遠道從海鹽來梅里，對祇園之重視與尊敬自是不在話下。而且雖然只有二則例子，但仲木為伯母祝壽如此，為母親祝壽應該更會如此，許多未浮現於語錄的來往狀況，亦可由此舉一得三。

一個在儒家思想下有節義之讀書人，為母親生病來請開示法語，為伯母壽辰而請陞座，這或為孝順故，所以無法直接證明他信奉佛法，但起碼他並不排斥，甚至某些方面還可能互補於其心性之學，這本來就是

212 《祇園語錄》卷上〈吳仲木叔耕季容居士為伯母誥封淑人朱氏六旬誕辰請陞座〉，頁424下。

213 方溶纂修，萬亞蘭補遺《澉水新誌》卷九〈人品〉．忠良．吳麟瑞，頁616。

214 方溶纂修，萬亞蘭補遺《澉水新誌》卷十〈列女〉．孝婦，頁641。

理學與禪學之間的常態，這也是一個儒者私人生活的豐富多面性的展現。據方志言，仲木母親在麟徵殉國後越十五卒，故約順治十五年，當時喪事未除，仲木竟哀傷地也跟著離世，《浙江通志》云：

吳蕃昌，靜志居詩話：海鹽縣學生，師事劉宗周，講洛閩之學，卒時母喪未除，遺命以衰絰殮。其從弟裒仲，居母憂過哀，卒於喪次。里人並稱為孝子。[215]

其孝心頗為感人。此處所提之從弟，即吳謙牧，字裒仲，是麟瑞之次子，在祇園書信中有三封是寫給他的回信，在男居士中最多，因為他的女眷沒有出現在語錄，故放在末端來論。





**7、吳門董夫人。子：吳曰夔、吳為龍（吳曰龍）**

吳門董夫人，本性董，不知法名。丈夫為吳晉晝，兒子為吳曰夔、吳為龍，海鹽人。吳晉晝正是吳麟瑞的長子，亦即吳謙牧的長兄。晉晝去世得早，所以語錄中出現的場景是兄弟倆與母親在父親十週年忌辰時，請祇園陞座超薦：

孝子吳曰夔、吳為龍仝母董氏，薦接侯府君十週忌辰。請陞座。西堂問：月落西山日東上，生死去來無兩樣，請問和尚薦箇甚麼？師打云：當陽指出。進云：杖頭指出毗盧境，匝地清風任運騰。師云：蓮花世界藏不得，十方大地現全身。乃云：白蘋紅蓼楚江秋，思親孝子淚盈眸，杖頭指出逍遙路，天堂佛國任君遊，一念回機同本得，無滅無生覿體周。喝一喝，下座。[216]

接侯，吳晉晝之字，中丞即吳麟瑞，《澉水新誌》云其：

吳晉晝，字接侯，崇禎丙子舉人，丁丑會試，明通榜，中丞長子，天資純粹，才大思精，為文浩瀚，有流水行雲之致，詩擬長吉少陵，書得晉人筆法，孝友溫恭，清羸多病，病中不廢溫靖，恐傷二人意也。卒年二十七，有蓬蒿園集。[217]

215 嵇曾筠等監修，沈翼機等編纂《浙江通志》卷一八三、人物七、嘉興府、孝友、吳蕃昌。《文淵閣四庫全書》地理類．史部，冊 282（臺北：臺灣商務印書館，1983 年），頁 113。

216《祇園語錄》卷上〈孝子吳曰夔吳為龍仝母董氏薦接侯府君十週忌辰請陞座〉，頁 425 上。

217 方溶纂修，萬亞蘭補遺《澉水新誌》卷九〈人品〉．文苑．吳晉晝，頁 628。

他這一代還循著一般仕人之路走，為文浩瀚，詩書俱佳，只是清羸多病，英年早逝，他的妻子董夫人就得辛苦些，載入方志之列女、節婦：

董氏，孝廉吳晉晝妻，年二十六寡，撫二子曰夔、曰龍，心力俱瘁，有人所弗能堪者，已題。[218]

二十六歲守寡，為人所不能為，忍人所不能忍，撫養二子：曰夔、曰龍，兒子這一代便不入仕途了：

吳曰夔，字汝典，號采山，孝廉晉晝長子，恬澹閒雅，綽有古風，工書能詩，兼精究歧黃術，著物表亭詩文集。[219]

曰夔恬澹閒雅，工書能詩，精通醫術，而弟弟為龍：

吳為龍，字汝納，號思雲，曰夔弟，博綜群籍，尤好讀史，與徐孝績、查韜荒、李武曾昆季為莫逆交。康熙戊午，當事欲薦舉鴻博，力辭不赴，著讀史拾遺，樹萱軒詩文集。卒年六十二。[220]

博綜群書，好讀史書，欲薦舉鴻博，卻力辭不赴，應該他與哥哥都絕於仕途的。這一天是父親去世十週年的忌辰，他們與母親到伏獅請祇園超薦陞座，在一陣以生死超薦為機鋒的對話後，祇園體會這種生離死別而曰：「白蘋紅蓼楚江秋，思親孝子淚盈眸」。生死茫茫，唯有悟道才能心開意解，生者死者兩相解縛，所以「杖頭指出逍遙路，天堂佛國任君遊，一念回機同本得，無滅無生覿體周」，一念回機，得睹本性佛，祇園老婆心切地一說再說。

海鹽吳門三代人，從吳麟祥與祇園同為石車弟子，其妻（卜氏）成了祇園弟子，到麟祥之從兄麟徵之妻（李氏）與子（吳仲木）、麟瑞之妻（李氏）與子（吳裒仲）、子媳（吳晉晝妻 董氏）、孫（吳曰夔、吳為龍）等都紛紛出現於語錄，這個家族在麟瑞這輩，讀書入仕，政績卓著而貴顯，卻也立刻在麟徵殉國後，冰雪義節地絕於仕途，成了含莘茹苦之節婦賢母或孝德節義之庶民先生。在這段過程，他們與祇園有了弟子法緣，成了祇園弟子，尤其是家中女眷，每次與祇園接觸的例子都

218 方溶纂修，萬亞蘭補遺《澉水新誌》卷十〈列女〉．節婦．董氏，頁 640。
219 方溶纂修，萬亞蘭補遺《澉水新誌》卷九〈人品〉．文苑，頁 630。
220 方溶纂修，萬亞蘭補遺《澉水新誌》卷九〈人品〉．文苑，頁 630。

有女性在內，有妻子為丈夫超薦者，有為母親乞法語者，為伯母祝壽、與母親來請超薦等，雖然不見得只有女居士可成為祇園弟子，但顯然祇園的女性因素，讓她與女居士的相處多一份形式上與精神上的貼切，也讓女居士們安心積極地往她的人與法貼近。

**8、史門董氏，夫：史王言**

史門董夫人，本姓董，不知法名，丈夫史王言，梅里人，據《梅里志》言：

> 史宣綸，字王言，號練溪，教諭，遇子，天才絕高，文采風流，有聲藝苑，惜著作燬於火，僅有存者。……宣綸子，克恭，字左民。[221]

他是教導生員秀才的老師，天才絕高，文采風流，這位才士請祇園題扇，祇園作〈史王言居士請題扇示偈〉：

> 欲明生死大因緣，凡聖分明沒兩般，著相求真渾是妄，撥波尋水亦非禪，求玄覓妙乖真路，息知忘機豈等閒，史君請余題扇，只將春信報平安。[222]

無明與解脫分成兩半、真與妄分成兩端，此皆為虛妄，非禪也，祇園以無執無著，方為妙道春訊來題作。

而王言之妻董夫人，有一次請祇園陞座說，似乎是為超薦之事，超薦之對象或可能是一般所謂的冤親債主之類者：

> 王言史居士室人董氏，請陞座。師云：佛與眾生無優劣，祇因不覺生分別，妄想塵緣若不生，亙古靈明自豁徹，一念不生全體寂滅，有甚麼為冤、為對、為障、為礙？且超薦一句作麼生？道：不起纖毫修學心，無相光中常自在。卓柱杖，下座。[223]

從佛與眾生無分無別起始，恰與為王言題扇之偈意相合。一念不生，即能靈明豁徹，全體寂滅，即能平等無礙，這是最究竟的超薦，冤對障礙皆由分別而起，若是「不起纖毫」，就能無相光中常自在。





---

221 楊謙《梅里志》卷十．文苑．史宣綸。頁 796。

222 《祇園語錄》卷上〈史王言居士請題扇示偈〉，頁 432 中。

223 《祇園語錄》卷上〈王言史居士室人董氏〉，頁 425 下。

**9、錢門胡氏，夫：錢聖月**

錢門胡夫人，本姓胡，丈夫為錢聖月。聖月經常出入叢林、往來梅里，與牧雲文往頻繁，同時也在祇園語錄留下他與妻子的足跡。祇園曾有〈示錢聖月室人胡氏〉：

> 學道須當了自心，青蓮華發少林春，菩提種性人皆具，棒下翻身自古尊。[224]

人人皆具佛性，學道端在了心，祇園期勉她能「棒下翻身」，在痛棒熱喝下活出來。由此看來胡夫人應該有受祇園之教化。對聖月，祇園有〈錢聖月天童步趨圖贊〉：

> 透脫生平這一著，何必隨師步趨法，人人有條拄杖子，規持任汝超方作，咄，月印千江休卜度。[225]

這幅圖應是聖月隨在老師身邊或後面相隨之像，祇園以「何必隨師步趨」點撥，拄杖在手，靈機妙用，超方手眼，月印千江，正是禪者境界。題贊多為錦上添花，祇園乃禪師本色，正位正力，輕移撥轉，一射中的、一刀見血。

**10、孫門高夫人，法名超臻。女：一揆超琛。子：孫子麟。夫：孫茂時**

孫門高夫人，本姓高，法名超臻，女兒一揆超琛，兒子孫子麟，丈夫為太學孫茂時，孫家是大司寇孫植（謚簡肅）之後，一家人都與祇園往來為其信眾弟子。

一揆為祇園頗重要的出家法嗣弟子，祇園之語錄出版、行狀之作，甚至伏獅後來的法運，都靠這位弟子作最後撐持。一揆未出家前，即與母親等親族一起家中焚修，並立志效法祇園，她來伏獅坐禪結制都是與母親同行，母女兩人有志一同，成為祇園弟子，一揆後來出家，母親在參話頭修行。而她的哥哥子麟，名鐘瑞，精於濂洛之學，著有聖學大成等書，自視甚高，卻極信服祇園之道行，一揆在〈祇園行狀〉加入這段自己兄長的經驗：

224 《祇園語錄》卷上〈示錢聖月室人胡氏〉，頁 428 下。

225 《祇園語錄》卷上〈錢聖月天童步趨圖贊〉，頁 432 上。

琛俗姓孫，有兄字子彝，諱鍾瑞者，三教精研，眼空一世，與師機緣相契，為師瓜葛時，亦隨侍盤桓一月，密窺先師行履，嘆為莫逮。[226]

子麟曾隨侍祇園來往一個月，密窺其行履，讚歎不已。祇園亦有一首〈答孫子麟居士〉：

當皇獨露了無依，透出雲霄總不拘，描不成兮畫不就。大地山河不出渠，咦，若還認得渠，瞥爾翻騰迅若雷，文言中毒無輕泄，高寄雲峰且待時。[227]



祇園向其啟發體性之體相用，還別有用心地云：文言之毒無輕泄，高寄雲峰且待時。似有悟後，學養文學反能轉化得用，只是要停機待時而已。



一揆母親高夫人，據〈一揆行實〉云：（案：師即一揆、師翁即祇園、母夫人即高夫人）：

辛卯春，師買舟往梅谿，同母夫人參謁祇老師翁，……即于是冬結制，偕母夫人復到師翁座下，同參話頭。……甲午六月，師母夫人病痢不起，師服勞盡瘁，哀號籲天，母夫人臨終見青蓮紅蓮湧現，口稱者三。初，夫人在家坐香，參一念未生前，以七為期，至第五日，定中衝口說出：「眼底光明驀地來，腹中自覺笑顏開，今朝一片平陽地，明日蓮花朵朵開」。素不諳偈，連自家不知何故，茲見蓮花兩朵，適應讖語，現紅綠幡幢，往生樂士無疑。[228]

吳夫人與女兒乘舟到梅里，到伏獅祇園座下參加結制修行。吳夫人還曾在家中自修，以七天為期，參「一念未生前」話頭，至第五天，忽然在定中衝口說出一偈：「眼底光明驀地來，腹中自覺笑顏開，今朝一片平陽地，明日蓮花朵朵開」，她自來不會作偈吟詩，連自己也不知為何會衝出此偈。直到吳夫人臨終前，見「青蓮紅蓮湧現」之境象，方知與此偈意應驗相合。祇園對這一家人曾有〈題茂時孫居士家慶圖〉：

226 《祇園語錄》卷下〈祇園行狀〉，頁 438 下。
227 《祇園語錄》卷上〈答孫子麟居士〉，頁 429 上中。
228 《一揆語錄》〈參同一揆禪師行實〉，頁 16 中。

桂子蘭孫正茂時，馨香悠遠發新枝，千尋翠碧森森秀，滿目清光箇箇知，石上端然坐，默參古佛機，親逢渠面目，覷破自容儀，一門開正眼，何處不相宜，咄，天掀地揭憑君立，源遠流長孰敢窺。[229]

蘊禪機悟道與慶禱祝福之中，寫得極為貼切入裏，「親逢渠面目，覷破自容儀」，親見法性，透破無明，而馨香發枝，一門開正眼，這是對這家人最大的祝福。

**11、徐質可夫婦。妻：金氏（即寶持禪師）**

語錄有二則與徐質可有關的法語，一則是質可去世後的小參陞座，一則是〈題質可徐居士耦耕圖贊〉。質可的妻子為金氏，名淑修，後來出家，即是寶持禪師，祇園語錄有〈題金氏〉者，但無法確認此金氏即是質可之妻金氏。

質可，名肇森，其父徐世淳殉節，家中亦從此絕於仕途，歸隱避世，後來因母喪意鬱而亡，而在這之前他們闔家已與祇園來往數年了：

小參，陞座云：質可徐公其生也。忠肝義膽，其死也豁徹靈明，穎異過人，真是豪傑，世間希有，闔府與山僧往來數年，居士每與山僧談及此事，有心領神會處，但世緣深重而不能純一修行，若非曩劫薰習，焉能如是正信，須知四十三年，萬境之中種種，皆是佛之妙用，何以見得？玅性圓明，離諸名相，本來無有世界眾生，因妄有生，因生有滅，生滅名妄，滅妄名真，如何是真，遂舉拂子云：全憑這箇威光，不向四生流轉。[230]

祇園稱讚其忠肝義膽，豪傑希有，對於佛法修悟之事亦能心領神會。這次小參，質可應該已去世。又有〈題質可徐居士耦耕圖贊〉：

咄，質可質可，無可不可，富貴不戀，隱遁耕耘，深藏務本，本立道生，齊眉舉案，共樂清貧，榼樽共賞，稚子候門，忠心俊傑，傳上丹青。[231]

「齊眉舉案，共樂清貧，榼樽共賞，稚子候門」，可見此圖繪有夫妻兒

229 《祇園語錄》卷上〈題茂時孫居士家慶圖〉，頁 432 上。

230 《祇園語錄》卷上〈小參陞座〉，頁 426 上。

231 《祇園語錄》卷上〈題金氏像〉，頁 431 下。

女等全家，應是是質可父死，隱遁生活之時。

由於這樣的機緣，質可去世後，金氏便出家，往靈巖山繼起處參究，成其法嗣，法名玄總，字寶持，並在嘉興妙湛庵、海鹽南詢禪院說法教化，留下語錄一部。寶持之語錄還記載一則她在董庵見祇園與他人之應答機緣，正可作為他們與祇園來往的佐證。

至於祇園〈題金氏〉，今姑且觀之：

> 手拈拂子，非俗非僧，合門龐眷屬，聚首話無生，咦，到底還須親撒手，迥然出格自由人。[232]

「合門龐眷屬」句，祝福她們全家，頗有闔家都與祇園有來往之意，正合質可、金氏之情形，特別的是，祇園所描畫的金氏形象，是「手拈拂子，非俗非僧」，並非尋常婦女形象，如果此金氏即是寶持禪師的話，此題贊正為她後來的出家透露一些跡象。

**12、吳裒仲**

吳裒仲，名謙牧，他是吳麟瑞的次子，亦是前面所談的吳晉書之弟，也是那位為母乞法語的仲木之堂弟，他們兩個還曾一起過繼給兒子（吳麟趾）早死的叔叔（吳中偉），據《澉水新誌》云：

> 吳謙牧，字裒仲，庠生，中丞次子，整身修行，期為聖賢之徒，以困勉名其齋，遂棄諸生，事母朱恭人以孝聞，初尚書公子太學生麟趾卒，無子嗣，應謙牧，而生方一月不能執喪，乃嗣蕃昌，貞肅公命中分其產，及長，約以二仲並繼。中丞卒，謙牧執人子之喪，比太學配查孺人歿，人謂宜喪三年，謙牧曰：吾為父也三年，為叔也未之服，吾母在堂也，而人子養叔母，生也未嘗朝夕養，今歿而母之，而因喪之是利之也。盡歸其產二百三十餘畝，而為之服緦，蕃昌固不受，謙牧固以辭，乃以百畝為小宗義田，以百畝為大宗義田，以三十餘畝為族人義塾之田，人皆謂二仲善繼述矣。謙牧體素羸，治母喪葬，哀動行路，病間，手編父遺文成帙，卒至不起，世稱東海兩孝子，著繭窩集。[233]

232 《祇園語錄》卷上〈題金氏像〉，頁 431 下。

233 方溶纂修，萬亞蘭補遺《澉水新誌》卷九．人品．孝義．吳裒仲，頁 621。

過繼後，裒仲與仲木都不肯無勞而受產，遂將繼承到的二百三十多畝地全部施於公益之用，得到「二仲善繼述」之美名。而這二人還同時因為母親過世，哀傷過度，卒之不起，被並稱東海兩孝子，裒仲的母親也是祇園弟子，即前已談的吳麟瑞之妻朱氏。裒仲「整身修行，期為聖賢之徒」，在《嘉興府志》更云其：「初習禪靜，其後肆力正學，確遵程朱」。[234]

祇園語錄有三封回給裒仲的信，是回信最多的男居士，很具體地看出裒仲向祇園請開示，以及他「棄諸生」，認真地要「整身修行，期為聖賢之徒」之志，在〈復裒仲吳居士〉：

> 接手扎，知闔府迪吉安和，為慰。來諭更求開示，居士猶在光影門頭者，豈不薦取，山野前日棒頭落處，若果棒下見得親切，于日用中秉一口金剛王寶劍，臨機涉事，一斬斬斷，誰敢當鋒，果然到此地位，萬派千溪皆渤澥，七金五嶽盡須彌，此外更無別囑，呵呵。[235]

他們這個家族多為祇園弟子，但相隔兩地，所以書信往返中祇園會慰詢闔府平安。這封信裏祇園實實在在地指出「居士猶在光影門頭者，豈不薦取」？更點撥他：「山野前日棒頭落處，若果棒下見得親切」，才是入門之道，可見祇園也曾對他當面棒下啟悟。在〈答澉浦吳裒仲居士〉、〈又〉，裒仲以「日用未得一如」、「塵緣牽擾」來問，祇園教示他：向日用塵緣處當下體究，靜鬧閒忙皆無二無別，於此下功夫參究話頭，自然「自然淨土穢邦俱成寶所」、「洞見聖賢精髓，真頂天立地大丈夫漢也」。而祇園也對這位有出塵之志的孝子多番鼓勵關照：「居士慧性高朗，根器不凡」、「法體珍重自愛」。[236]

**13、鄭雲渡**

鄭延，字子康，號雲渡，梅里人，他有個焚修之所秋亭，祇園曾有〈和鄭雲渡秋亭吟〉：

234 袁國梓《嘉興府志》卷十七·人物三·吳謙牧，頁 768。

235 《祇園語錄》卷上〈復裒仲吳居士〉，頁 431 中。

236 皆見《祇園語錄》卷上〈復澉浦吳裒仲居士〉、〈又〉，頁 430 下、431 上。

> 大地渾然一草亭，煙雲晨夕繞為櫺，松龕石壁無餘響，秋色空清誰解聽。[237]

這首詩也被著錄於《梅里志》秋亭下，並於介紹秋亭之時，對雲渡此人亦有記載：

> 秋亭在里東，鄭公延，字子康，號雲渡所築，以儒皈釋，法名恒恬，焚修其中，後改僧居。
>
> 〈補〉秋亭，鄭雲渡棲隱處，明興國令士奇長子，鼎革後，以儒皈釋（名恬，字樗立）結廬村南，弁曰秋亭，焚修其中，居然老頭陀也，後作僧居，今不知其處。（春風錄）[238]





雲渡以儒皈釋，並有法名恒恬，由此名看來，應該不是祇園及門弟子，而是牧雲弟子，[239] 所以他與牧雲經常往來問道、詩文交遊，牧雲語錄內就收錄不少給他的詩文，可能是這層因素，與同在梅里，對牧雲很尊重，也得到牧雲讚賞的祇園有所來往。

除了有上面之和詩外，語錄尚有〈復鄭雲渡居士〉信：

> 居士同月朗兄，過菴，命跋華嚴經，山僧才識謭劣，偶爾成文，明眼人前一場笑，具復命跋法華經，是法非思量分別之所能解，若有知解是為門外三車矣、一跋再跋，是知解非知解，如其不然，自數他寶，請著精采，驀忽撞破，血從何來？經是誰書？龍女誰做？便能豁開火宅，顯出真機，攜手同來，白牛露地，居士要行持此事，還宜一火焚卻，不留一字，更為痛快也。復偈云：法華未舉現全身，筆底橫流血染經，月朗當空映法海，臨書妙用一毫吞。[240]

雲渡請祇園為《法華經》題跋，祇園一針見血地告之：一跋再跋，自數他寶，「居士要行持此事，還宜一火焚卻，不留一字，更為痛快」！真是豁然直指，不涉葛藤。又有一封〈復鄭居士〉，雖不知是否即是雲

237 《祇園語錄》卷上〈和鄭雲渡秋亭〉，頁 429 中。

238 楊謙《梅里志》卷六〈園亭〉．秋亭，頁 728。祇園之詩於頁 729。

239 《牧雲和尚嬾齋別集》卷十一〈對松詩贈鄭平子先生序〉：「梅里鄭子康余弟子也，乃翁先生號平子，年甚高隱居里中，不與人接……」，頁 611 上。

240 《祇園語錄》卷上〈復鄭雲渡居士〉，頁 430 下。

渡，但信中亦有「急須努力加參，不可被文海詩江所浸」之警，[241] 似乎亦頗相合。

**14、鐘宣遠**

鐘宣遠，名嶔立，是質可之女婿，語錄裏是他為了父親，請祇園小參：

> 孝子鍾宣遠，誦華嚴經為薦先嚴瑞菴公，小參，師云：若人欲識佛境界，當淨其意如虛空，遠離妄想及諸取，令心所向皆無疑，但離妄想，真心自現，鍾公恁麼會得，則生本無生，死本無死，無死無生，湛然常住。以拄杖擊靈几云：若向一毫頭上了，毗盧華藏任悠悠。[242]

宣遠為父親嚴瑞菴誦華嚴經超薦，祇園在小參時開示：若離妄想，真心自現，若了死生本虛妄，則無死無生，湛然常住。宣遠即質可兒子徐嘉炎之姐夫，曾談到宣遠是「舉甲申廷對，遭時鼎革，遂不仕」，[243] 光緒、許瑤光等修《嘉興府志》傳云：

> 鍾嶔立，字宣遠，前貢生，弟于宮，字恕雯，諸生，並長于文學，有聲望，嶔立有信志堂稿。[244]

宣遠與祇園結此法緣，或跟質可岳父母與祇園相熟有關。很特別的是，這次法事出現的人物，兩位都是男居士，與以往都有女居士在其中的狀況頗有不同。

**15、其他**

其他尚有一些男女居士目前無法得知其身份來歷，他們其中還有的是經常往來禪林的護法居士，例如柳昇宇居士，曾出現於密雲語錄。他曾邀眾善信來伏獅飯僧供養：

> 昇宇柳居士邀眾善信等，飯僧，請陞座。師云：盛澤柳居士，叢林舊有名，相邀諸善信，營齋植勝因，若道居士設齋，又在盛澤，若道居士不到，又在此設齋，到與不到如何話會？……[245]

241 《祇園語錄》卷上〈復鄭居士〉，頁 430 下。

242 《祇園語錄》卷上〈孝子鍾宣遠〉，頁 425 下。

243 徐嘉炎《抱經齋文集》〈姊子鍾廣漢傳〉，頁 544。

244 許瑤光等修《嘉興府志》卷五十三．秀水．文苑．鍾嶔立，頁 1457-1458。

245 《祇園語錄》卷上〈昇宇柳居士〉，頁 425 上。

依祇園所言，柳宇昇為盛澤人，在禪林早有護法之名聲。所以其來歷假以時日，應能查明，今先列之，以待來者：

女居士：王夫人（超珪，或即後來出家之穎覺超珪）、盛門李氏、姚夫人、信女行福、錢門吳氏、當湖陸夫人、表嫂、瑞宗、徐道人（超古）、悟道人（超悟）。

男居士：徐吉士、張仲明、馬非茂、柳昇宇、夏大至、周天澤、朱超振、天羽儀、吳居士、曹居士、許居士、常翁。

夫　婦：徐庚長夫婦、蘭溪朱居士之妻、妹。

**【肆四 -2.5】《祇園語錄》記載之人物（五）：女性居士**

| 姓名 | 法號 | 與男居士的眷屬關係 | 法事與詩文 |
| --- | --- | --- | --- |
| 朱門淑人趙氏 | 超覺 | 朱茂時之母 | 偈語〈示朱老淑人〉、書信〈復朱老淑人〉等六篇、題贊〈題待漏圖〉 |
| 吳門錢宜人 | 超蔭 | 吳鑄之妻 | 請陞座、附記、偈語〈吳夫人起棺〉 |
| 吳門卜氏 | 超慧 | 吳稱仙之妻 | 為夫超薦請陞座 |
| 李門夫人 | 超進 | 李曉令之妻 | 為令慈慶誕請陞座 |
| 董門顧氏之女 | 超戒 |  | 結制陞座，超薦其母 |
| 吳門董氏 |  | 吳曰夔、吳為龍之母 | 超薦其夫請陞座 |
| 盛門李氏 |  |  | 超薦先嚴請陞座 |
| 史門董氏 |  | 史王言之妻 | 請陞座 |
| 王夫人 - 後出家 | 超珪 |  | 送法衣慶誕請陞座 |
| 姚夫人 |  |  | 誕辰請小參 |
| 信女行福 |  |  | 為沈氏孺人超薦請小參 |
| 錢門吳氏 |  | 古宿上座之親人？ | 設普茶 |
| 吳老夫人 |  | 吳仲木之母 | 病中其子為其乞法語開示 |
| 當湖陸夫人 |  |  | 機緣 |
| 錢門胡氏 |  | 錢聖月之妻 | 偈語〈示錢聖月室人胡氏〉 |

| 姓名 | 法號 | 與男居士的眷屬關係 | 法事與詩文 |
| --- | --- | --- | --- |
| 南潯董道人 | 超域 | | 偈語〈示南潯董道人〉、題贊〈題南潯董道人超域像贊〉 |
| 董門顧氏＊1 | | 董帷儒之母 | 義公行實<br>啟建般若庵，伏獅所有權人 |
| 表嫂 | | | 書信〈復表嫂〉〈又復〉 |
| 瑞宗 | | | 書信〈示瑞宗〉 |
| 金氏 | | | 題贊〈題金氏像〉 |
| 朱門？夫人 | | 蘭溪朱居士之妻 | 佛事〈朱居士歿……求薦……示偈〉 |
| 朱居士之妹 | | 蘭溪朱居士之妹 | 佛事〈朱居士歿……求薦……示偈〉 |
| 吳門淑人朱氏 | | 吳仲木之伯母 | 六旬誕辰請陞座 |
| 徐道人 | 超古 | | 偈語〈示徐道人超古〉 |
| 悟道人 | 超悟 | | 題贊〈題悟道人像〉 |
| 明元＊2 | | | 偈語〈示明元〉 |
| 孫門高氏＊3 | 超臻 | 一揆超琛之母、太學孫茂時之妻 | 一揆行實 |

＊1 董門顧氏，出現於義公之行實，是伏獅之所有權人，頗為重要，因極可能即是此南潯董道人，故同列於此。

＊2 因為〈示明元〉有「在家學道人」句，故列於此。

＊3 此為一揆之母，出現於一揆之行實。

**【肆四 -2.6】《祇園語錄》記載之人物（六）：男性居士**

| 姓名 | 名號或與女居士之眷屬關係 | 法事與詩文 |
| --- | --- | --- |
| 朱茂時 | 繼母朱淑人（超覺） | 作語錄序 |
| 吳　鑄 | 妻子錢宜人（超蔭） | 作語錄序、超薦宜人請陞座 |
| 吳起源 | 母親錢宜人。<br>吳鑄之子 | 與父為母超薦請陞座 |
| 吳麟祥 | | 作語錄序 |

| 姓名 | 名號或與女居士之眷屬關係 | 法事與詩文 |
|---|---|---|
| 徐明徹 | | 請陞座 |
| 李曉令 | 即李寅，妻子超進 | 設齋請陞座、為令慈慶誕請陞座、題贊〈李曉令居士〉 |
| 鄭雲渡 | | 設齋請陞座、偈語〈和鄭雲渡秋亭吟〉、書信〈復鄭雲渡居士〉 |
| 徐吉士 | | 設齋請陞座 |
| 張仲明 | | 設齋請陞座 |
| 馬非茂 | | 薦考妣請陞座 |
| 吳仲木 | 即吳蕃昌，母親吳老夫人。麟徵子 | 為伯母誕辰請陞座、<br>為母病乞法語開示 |
| 吳叔耕 | 伯母吳門朱氏 | 為伯母誕辰請陞座 |
| 吳季容 | 伯母吳門朱氏 | 為伯母誕辰請陞座 |
| 吳曰夔 | 母親吳門董氏 | 超薦其父請陞座 |
| 吳為龍 | 母親吳門董氏 | 超薦其父請陞座 |
| 柳昇宇*[1] | 法名通中（密雲弟子） | 邀眾善信飯僧請陞座 |
| 史王言 | 妻子史門董氏 | 請陞座、<br>題贊〈史王言居士請題扇示偈〉 |
| 鐘宣遠 | 即鍾嶔立，岳父徐質可 | 超薦先嚴瑞菴公請小參 |
| 徐質可 | 即徐肇森，妻子金氏 | 為其超薦小參陞座、<br>題贊〈題質可徐居士耦耕圖贊〉 |
| 朱子葆 | 母親朱老淑人（超覺） | 超薦朱老淑人請小參 |
| 錢聖月 | 妻子胡氏 | 題贊〈錢聖月天童步趨圖贊〉 |
| 孫茂時 | 女兒一揆 | 題贊〈題茂時孫居士家慶圖〉 |
| 孫子麟 | 即孫鍾瑞。妹妹一揆 | 偈語〈答孫子麟居士〉 |
| 吳稱仙 | 即吳麟祥。妻子卜氏 | 書信〈復吳稱仙居士〉 |
| 吳裒仲 | 即吳謙牧 | 書信〈答澉浦吳裒仲居士〉、〈又〉、〈復裒仲吳居士〉 |
| 夏大至 | | 題贊〈夏大至自畫像請題〉 |

| 姓名 | 名號或與女居士之眷屬關係 | 法事與詩文 |
|---|---|---|
| 徐庚長 | | 題贊〈題庚長徐居士像〉、〈又夫婦同贊〉 |
| 周天澤 | | 題贊〈題飛來大士贊〉 |
| 朱超振 | | 機緣 |
| 董帷孺 | 即董漢策。母親顧氏 | 書信〈復檀越帷孺居士〉 |
| 天羽儀 | | 偈語〈答武林天羽儀〉 |
| 鄭居士 | | 書信〈復鄭居士〉 |
| 吳居士 | | 題贊〈題吳居士小像〉 |
| 曹居士 | | 題贊〈題曹居士像〉 |
| 許居士 | | 佛事〈許居士請薦媳〉 |
| 蘭溪朱居士 | 妻朱夫人、妹朱氏 | 佛事〈蘭溪朱居士歿……求薦……示偈〉 |
| 常翁 | 祇園俗夫家之人 | 書信〈復常翁居士〉 |
| 胡觀舟 | 姑姑祇園，岳父吳鑄、岳母錢宜人 | 行狀<br>祇園圓寂前隨侍居士、<br>請吳鑄寫塔銘 |

＊1《密雲語錄》卷十二有〈昇宇柳居士 法名通中〉，《嘉興藏》冊10，頁67。

## （六）僧俗性別不明者

語錄中還有不少顯然是修道身份者，但並非明師高僧，故名不見燈錄，也不是法嗣弟子與隨學最久者，故沒被〈祇園行狀〉所列出，也並非士大夫之女眷，故更無法從史冊方志之士大夫來歷來推知其背景，甚至無法確知其為出家、在家以及性別。他們被冠上「禪人」、「道人」，記載的或是法名或是字號，應該是隨學、參學於祇園的修道者。因為祇園性別的關係，單以法名、字號稱者，或為比丘尼，加上禪人、道人者，似為女修道者，但又因為來參究之學人，不限男女居士、比丘比丘尼，所以這樣的推論，也只是一種大概的狀況而已。唯有一人，有些線索，即月輝禪人，以下明之，再列表於後。

### 1、黃德貞，字月輝

據袁國梓《嘉興府志》列女傳著錄一位才女：

> 黃德貞，字月輝，文學孫曾楠妻，嫺經史，通岐黃，與楠相倡和，有冰玉、雪椒、避葉諸刻行世，黃承昊選其詩詞載邑乘，楠卒，賦蕉夢百詠，詞極淒惋，邑令旌。其閤姚屠菃佩，女蘭媛蕙媛。[246]

德貞，字月輝，嘉興人，詩詞俱佳，很多女性文集都著錄之，早寡，寫蕉夢百詠傷之。德貞之夫孫曾楠，據康熙、袁國梓《嘉興府志》卷十七云：





> 孫曾楠，字讓生，邑諸生大司寇簡肅公曾孫也，結廬秋涇庭栽梅竹，顏所居曰鐵菴，人稱鐵菴先生，日與幽人韻士飲酒賦詩。……晨夕偕其偶黃月輝吟詠其中，平章詩史，著梅間草、竹裏吟、學陶集數種。[247]

孫曾楠是位隱逸之士，與妻子黃月輝，正是德貞，晨夕吟詠，平章詩史，是一對志同道合之佳偶。其曾祖父大司寇簡肅公，也正是祇園弟子一揆之曾祖父，算來一揆與曾楠是同輩親族。德貞之蕉夢百詠，未見之，但王端淑輯《名媛詩緯初編》收入為丈夫所寫的〈悼亡〉一詩：[248]

> 陰雲慘淡月無光，鐵骨寒飛六月霜，秋水倒流驚化石，溪煙不動怨鳴蟹，緱山鶴馭空迴首，巫峽猿聲總斷腸，薤露疾推庭畔草，悲風吹夢到池塘。[249]

---

246 「其閤姚屠菃佩」，應有其「媳」之缺字。見袁國梓纂修《嘉興府志》卷十七、人物一、列女、黃德貞，頁 689。

247 袁國梓《嘉興府志》卷十七・人物四・隱逸・孫曾楠，頁 814。

248 自來學者有云，悼亡詩，始自潘岳，專為男子悼念死去的妻子。未有妻子悼念夫亡，用悼亡詩之名者。此說頗為僵化，王端淑輯《名媛詩緯初編》卷十五就收了黃德貞之〈悼亡詩〉一首，又，才女薄少君亦有為夫沈承之死所作〈悼亡詩〉百首，沈承《即山集》六卷後就附有悼亡詩一卷，其書影見之小林徹行《明代女性の殉死と文學——薄少君の哭夫詩百首》（東京：汲古書院，2003 年），頁 235。可見在明末，悼亡詩可以是夫死而傷悼之作。

249 王端淑《名媛詩緯初編》卷十五，頁 15b-16a，康熙六年（1667）清音堂刻本。轉引自哈佛燕京大學「明清婦女著作」網站。http://digital.library.mcgill.ca/page-turner-3/pageturner.php

端淑還評曰：「月輝詩名久著，黃皆令嘗亟稱之，今只見鼓吹所選一律，悲壯雄健，寫得生動」。徐乃昌《閨秀詞鈔》亦有其〈女冠子，訪女道者〉詞：

> 石床瑟冷，獨坐還憐，香影翠嵐重，南嶽夫人廟，緱山仙女宮。
> 道超塵坱外，名藉絳霄中，麈麈松風裏，世緣空。[250]

可見月輝有接觸宗教之經驗，祇園語錄即有一首〈題月輝禪人悼亡詩〉，以「絕句佳章墨正濃」句點出月輝之詩才，但夫婦恩愛「歸何處」？唯有證悟無生，方明生死虛妄。月輝接觸女道士，亦與女禪師祇園有所來往，因悼亡之作，祇園不落俗套，以禪師本色予以針砭。今列表如下：





**【肆四 -2.7】《祇園語錄》記載之人物（七）：**
**隨學關係、性別僧俗不明者之一：**
**隨學關係不明，似為比丘尼**

| 名號 | 法事與詩文 |
|---|---|
| 一竟 | 偈語〈示一竟〉 |
| 惟一 | 偈語〈示惟一〉 |
| 蓮生 | 偈語〈示蓮生〉 |
| 朗目 | 偈語〈答朗目〉 |
| 覺如 | 偈語〈答覺如〉〈覺如問……示偈〉 |
| 明秀 | 書信〈示明秀〉 |

**【肆四 -2.8】《祇園語錄》記載之人物（八）：**
**隨學關係、性別僧俗不明者之二：**
**隨學關係、僧俗不明，似是女修道者**

| 名號 | 法事與詩文 |
|---|---|
| 海寧禪人 | 書信〈示海寧禪人〉 |

250　徐乃昌《閨秀詞鈔》卷十六，頁 6.1b，宣統二年（1909）小檀欒室刻本。轉引自哈佛燕京大學「明清婦女著作」網站。http://digital.library.mcgill.ca/mingqing/search/details-poem.php?poemID=10504&language=ch（2013.5.13 check）

| 戒禪人＊1 | 書信〈示戒禪人〉 |
|---|---|
| 進禪人＊2 | 題贊〈題進禪人梅花像贊〉 |
| 雲巖師 | 題贊〈題雲巖師小像〉 |
| 蓮宗禪人 | 題贊〈蓮宗禪人請題父小像〉 |
| 月輝禪人 | 題贊〈題月輝禪人悼亡詩〉 |
| 慈緣禪人 | 佛事〈慈緣禪人起龕〉、〈舉火〉、〈入塔〉 |
| 慧鋒禪人（五載相從） | 佛事〈慧鋒禪人封龕〉、〈舉火〉 |

＊1 語錄中有稱一揆（法名超琛）為琛禪人的例子（當時她應該還未出家），而董門顧氏之女，法名超戒，故戒禪人或即是超戒？

＊2 李門夫人，法名超進，故進禪人是否即是超進？

## （七）小結

語錄所呈現的弟子信眾，必然不是全貌。此處所呈現的又限於找得到身份來歷的，而找得到來歷者又限於史冊有所記載者，而能讓史冊記載者多是士大夫家族，特別是女性，能讓史冊記載的都是節婦賢母。這是以文獻所呈現出來的弟子信眾，不得不然的立基點，亦是受限處。然而已知來歷者佔全體的比例也有一半以上，一方面突顯祇園弟子信眾屬於士大夫族群之多，弘法得到相當的重視，另一個層面也讓人思考，語錄文字的收錄記載是否會較傾向有名之士大夫？雖然如此，這樣的呈現仍對認知祇園弟子信眾有一定的正面效果，而且也正因有這樣的思考，讓我們了解其局限，更加寬其視野。

在出家弟子方面，祇園弟子有二人入燈傳，有二人留下語錄，入《嘉興藏》。

在居士方面：從這些男女居士看來，大略有梅里周圍、海鹽地區二大區域的弟子信眾，以及董庵的所有權人：來自南潯的董家。海鹽以吳姓家族為主，如吳麟祥、吳仲木等等，及其他們的母親、妻子，如卜氏、朱氏、董氏等等，而梅里，可擴及到嘉興府縣周圍當地的士大夫，如吳鑄、李曉令、鄭雲渡、錢聖月、史王言、鐘宣遠、徐質可、孫茂時、朱茂時、朱子葆等等，以及他們的女眷們，例如朱老淑人、錢宜人、李夫人等等。

因女性之連結，經常出現夫妻、母子等家眷型的信眾，但無法確知是男居士引導女居士，還是女居士引導男居士而來皈信，或許兩者情形皆有。

在祇園授女居士法名成為入門弟子的情況來看，夫婦兩人皆修佛，似乎有丈夫皈依男性禪師，妻子皈依祇園，呈現性別分工的形式。例如李曉令夫妻，李夫人皈依祇園，法名超進，曉令則與牧雲多所往來，應為其弟子。

在說法佛事等場合，領銜或浮現臺面者，都有女居士在其中，例如吳曰夔吳為龍與母親董氏起薦父親、吳仲木為母親乞法語、王言史與妻董氏請陞坐等等。但亦有純為男居士者。例如李曉令等居士設齋請陞座、鍾宣遠為父親超薦等。

在這一群男女居士都有的弘法團體，給予女居士法名，成了入門弟子，這象徵了女居士在伏獅禪院的獨立性與專屬性，即使男居士也如是來往，從事請法、設齋等活動，伏獅或祇園與女居士之間，卻有更緊密而貼切的連結。

許多不知來歷的禪人、道人，除了數量應比呈現的還多外，這些人應該以女性居多，而且是傾向專門修行的平民女性，只是還未出家而已，她們應該是祇園在家弟子的基層基礎，可惜無法得知其面目。

祇園弘法時代，正好跨越明清之際，悟道胡庵隱跡是明末，被請伏獅上座開堂是清初，而她的弟子信眾也一樣身處這個改朝換代的時代，這些士大夫與夫人們，很多是因為改朝換代而絕於仕途、成了賢母節婦，但語錄中祇園幾乎沒有對這段劇變有特別的歎憂慮，只有在〈復表嫂〉時云：「近來世亂紛紛，如之奈何，此際只有參究工夫為最，更無別事可為也，倘得心地開通，徹見本來面目，得大自在，任他波浪掀天，我自湛然不動」，[251] 時世動亂，「如之奈何」，就接受承當，一切直攝於修道，當下修道即是自在處，無有感慨、無奈、憂愁、沮喪、憤怒等情緒語言，即使起，亦不停佇，這是禪者本色，這種本色，對當時

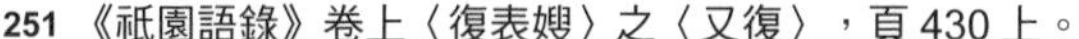

**251** 《祇園語錄》卷上〈復表嫂〉之〈又復〉，頁 430 上。

飽受有形無形巨變、身心內外逼迫、走避無路的男女居士們，無寧正是一帖純粹、清涼之藥。

## 圖九　梅里全圖、伏獅禪院（董庵）位置圖

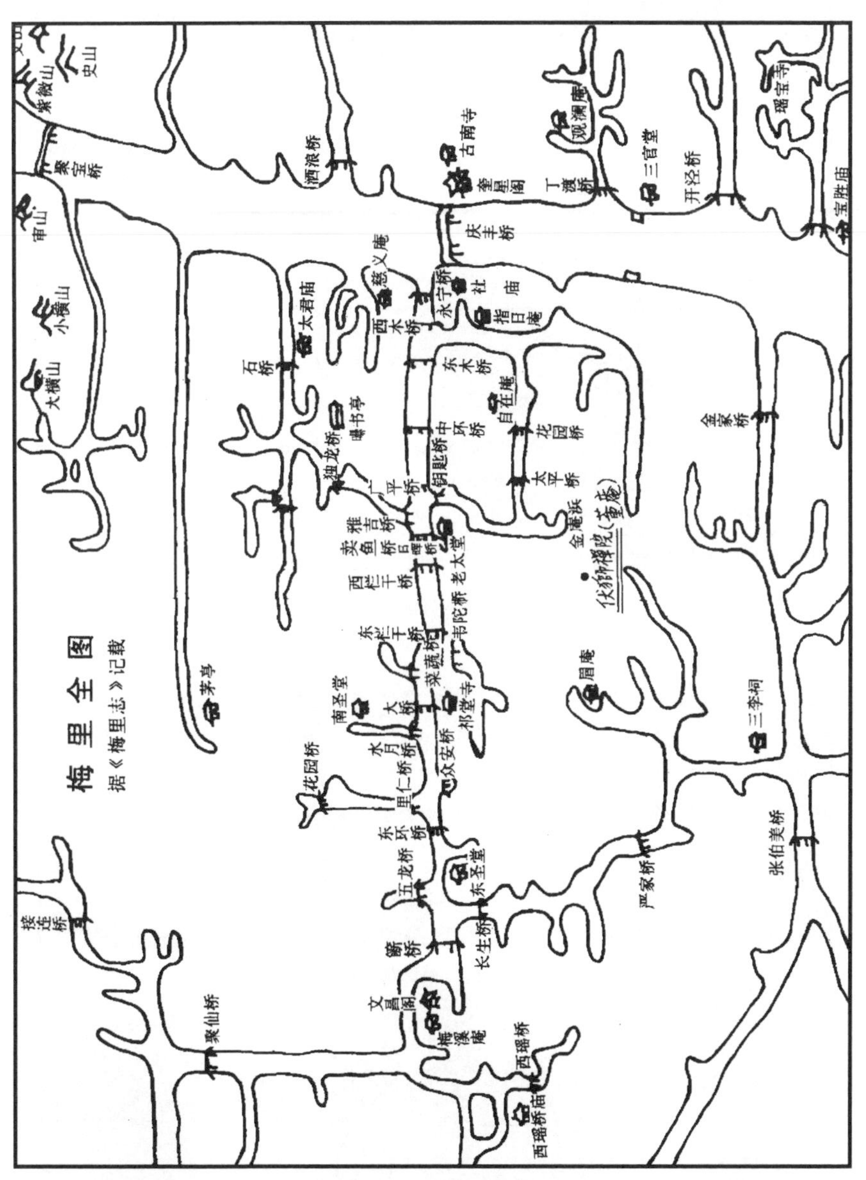


原圖：清代楊謙纂《梅里志》

此圖掃描自沈一超主編《王店鎮志》（北京：中國書籍，1996 年）

# 圖十　現地踏訪：伏獅禪院、金粟山

從此巷進入，「富盛電器」旁衣飾公司內，即是伏獅禪院原址。

衣飾公司內部，車棚之後，綠樹之處，即伏獅禪院原址。

橫貫整個王店鎮的梅溪。

站在王店鎮慶豐橋上看長水塘，
長水塘從王店側邊通過，與梅溪成直角相交，是南北水路交通要道。

海鹽金粟山前的金粟亭，石碑刻〈重建金粟寺廣慧禪寺記〉。

海鹽金粟山前的金粟亭正面。

金粟亭石碑，碑文是明正統十四年〈重建金粟寺廣慧禪寺記〉。

碑額「重建金粟廣慧禪寺記」。

殘餘的金粟山。

殘餘的金粟山壁。
（以上照片為筆者攝於 2004 年 9 月）

# 第二節　義公之繼席

## 一、女庵的修行環境

作為女性修行者，義公的修悟過程，在般若庵打禪的過程，非常值得觀察。那次悟道的經驗，是義公修行很重要的關鍵，那場禪七的前置準備，更將女性修行者的難處明顯點出，雖然行狀並沒有細說如何安排男女之防？侍師是否住在般若庵？等細節，但從義公「欣然」，「非請」這位侍師打個急七不可，卻又擔心「女庵不便擅為」的想法可知，女修行者想要修行，卻往往受制「女庵」被設防的環境，這樣的設防，代表個人無法自由走出去，也代表師資無法輕易走進來。[252]

即使女性修行者走了出去，到叢林道場參學，舉凡大叢林禪院，都以男性為主體，為了道場的清淨，對女眾敬而遠之，甚至視為戒律大防。為修行清淨故，這些作為本無可厚非，只是在沒有女性專修叢林的環境下，形同將女性修行者拒於門外，造成女性在修行環境上，不僅先天不足，甚至產生壓抑歧視的現象。每每看到女修行者來到叢林參問，卻也發現叢林規約裏，有女眾不宜留宿的規定，她們不是參問後回庵，就是留宿於大叢林的下院或周圍的庵院等等，即使可以留宿，也是暫時的；留宿時，也會在心理上，形成拘謹被防備的負擔，總不能像在女庵那麼的自在。義公這場禪七，本來是以七天為期，義公卻到第九天顯發悟境，可見禪七的時間延長了，並依義公誓願「此番若不大徹，絕不出堂」，不悟不出的狀況，如果不是在長期專修的道場內，無法如此施行，所以女修行者到大叢林打禪，無法這麼自在。

那麼女修行者就留在女庵嗎？觀義公還需要董帷儒作中介者來看，顯然男性師資要來女庵教導，存在許多忌諱困難，偏偏好的師資又多屬男性，所以勢必形成女修行者，為了避嫌，捨去良好的師資。

再而，義公有所悟入時，侍師建議她再到大叢林，讓大宗師點撥，

---

**252** 明末四大師之一袾宏，其俗家之妻也出家為尼，法名袾錦，與袾宏同樣專修淨土法門，她住持於孝義庵，並有〈孝義庵規約〉，這份規約有著非常嚴謹的門禁，形成一個封閉的修行環境。這與淨土法門專靜的修行特質有關，更與為避社會「三姑六婆」之譏嫌有關。

才能真正大徹，翻轉大用，這樣的提議，正也指出女庵的修行資源缺乏，女修行者對大宗師、大叢林道場的需求。這位侍師來自靈隱寺，位處西湖的靈隱寺，是座大叢林。中國的叢林道場，是以修行為目的的大團體，平日有修行亦有作務，有著一日不作，一日不食的農禪傳統，意在自給自足，將修行落實於日常。叢林裏修行者眾，有群策群力的效果，也有見賢識廣、服務大眾的機會。師資上，多是有名望的大禪師，學與教都有豐富的歷練，門下也自然聚合各地精英。所以在大道場，較容易有好的師資，好的同修，雖然辛苦，卻也有實作培福、服務大眾的機會。另一方面，如有所得，也容易為大眾、教界知曉，甚至被付予法脈，責付弘法大任，就如同祇園一樣。換句話說，如果沒有大叢林的經驗，難有較好的受教環境，即使有所証悟，也會寂然無聞，較少弘法的機緣。現在義公在修行上，已有所悟入，好的師友需求較低，何況已有祇園與一揆等師友相資；她又自認「從來無意承當法門，一生作箇自了漢」，大叢林較好的弘法機會，於她志向不符，所以唯有實作培福、承當法門二事，沒有在大叢林歷煉無法得成，所以最後她才在「不曾在叢林苦行一番，猶恐福薄」的思考下，再立志到叢林參學。

由此觀察，般若庵或由董庵蛻變的伏獅禪院，在義公的認知裏，都只是私人庵院。那麼在私人庵院為何不能苦行培福呢？大叢林道場，寺廣人眾，動輒百人以上，甚至千人，所需作務相當繁雜，每個人在禪堂修行之外，都有輪值工作，甚至初來的修行者，繁重的輪值工作還會佔去所有的時間，六祖惠能就是個明顯的例子。但禪子並不以此為苦，反而許多大禪師都是在作務時悟道，所以從事各種職事，是無我發心的機會，也是悟道的機緣，是修行的重要內容。庵院畢竟小型，人數不多，般若庵基本上應該只有義川、義公二位出家人，伏獅禪院，因祇園來住持，才轉成禪院規模，出家人漸多（有名字、確定出家者約十四人），才有各方參請的修行者；一揆住持的參同庵，曾有至四、五十人，但其規模與歷史還是遠遠比不上大叢林道場。而且，般若與伏獅都是董氏所有，經濟上多少受董氏家族挹助，相對地也會受制於私人家族，無法十足的開放自主，整體來看，都無法達到大叢林的效果。

這樣的問題，清代中期量海比丘尼已曾提過，她在〈警眾語〉裏砥勵尼眾弟子認真修行，並談到：

> ……且今日大比丘僧，還有諸方叢林禪堂規策，堂頭長老開示熏聞，雖自迷昧，漸得明通，我輩比丘尼眾都無此也，終日喧喧，逐色隨聲，向外馳求，未嘗返省，為師不教，為徒不學，光陰可惜，剎那一生，荏再人間，而無所益。……[253]

比丘有諸方叢林的禪堂規策，長老的開示熏聞，「我輩比丘尼眾都無此也」，比丘尼眾無法享受到這樣的修行環境。量海很真切的提出尼眾修行上的困境，雖然她以尼眾自我認真修行，來化消這個困境，實則這是社會文化下，禪門環境對女性設防與忽視所致，而沒有大叢林的養成環境，女性的修行不易健全。

在現實的條件下，女修行者到男性叢林，無法長期自在修行，在女庵又資源缺乏，如何才能兩全其美呢？讓女庵擴大成女性專修道場，並且要有跟一般叢林相同的運作制度，一方面培養女性禪師，一方面具備長期良好的修行環境、開放參學的修行機制，所以這樣的叢林，不能只是封閉絕緣的環境，否則只是住眾人數增加，實質上還是缺乏活力資源的女庵。

以往不是沒有女性專修道場，只是都是小庵小院，這當然是與男女性別觀念與社會宗教環境形成的結果，所以這個女性專修道場，要能具備大叢林式的規模與師資，讓她們能安心修道，有機會調練，而且還不能是將女性區隔開來，美其名是專一修行、清淨守戒，其實是封閉設防的狀態。[254]伏獅禪院在祇園的弘化下，有女性禪師師資，有邁向女性叢林道場之勢，可惜，義公繼席後，條件因緣不具，讓這個機會消失在歷史當中。



---

253　量海，《影響集》〈警眾語〉，《新纂卍續藏》冊 110，頁 686-687。

254　據黃惠瑞《明代江南比丘尼之社會經濟活動》〈第四章、第二節：比丘尼教團振興戒律的實例——以孝義庵為例〉研究，認為〈孝義庵規約〉是比丘尼教團振興戒律之證據，以回應明末佛教振興與期待。其實這樣的回應方式，對女修行者、女禪的發展都是更進一步的限制壓縮，所以它可能是明末佛教振興的一個面向，但並非重要的精神內涵。國立成功大學歷史研究所碩士論文，2005 年 1 月。

## 二、繼席的過程

### （一）與義川、般若庵、董家的關係

義公與義川同為祇園法嗣，祇園圓寂前，同授祖衣給兩人，義公繼席伏獅，義川守護塔院，一主一副，有共扶伏獅之勢。但是兩人除了同門之外，觀義公行狀，多次提及義川，更常常住到義川住持的般若庵，還在此閉關，即使繼席伏獅，仍到此處養病，可見義公與義川關係頗為密切，般若庵之於義公，似乎有一種母庵本家的情感。

義川是進士董嗣昭（1575-1595）與夫人李氏（1578-1632）的養女，[255]不願出嫁，李氏於是在娘家梅里啟建董庵，供女兒出家修行，義川後來成為祇園法嗣之一。之後李氏選擇姪孫董帷儒為香火繼承者，[256]李氏去世後，其財產繼承權便歸於董帷儒母子，於是董帷儒就擁有董庵的所有權，而董帷儒之母即是顧氏董夫人。[257]既然有這一層關係，董帷儒在道義上，於義川亦有照顧之責，所以他接受義川與義公的提議：請祇園來住持董庵，成了祇園的護法，另一方面也護持義川，為其建般若庵，義川常住於此，成為般若庵主，被稱為般若和尚，[258]即使後來負有守護祇園塔院之責，也不知何故，仍回住般若庵。

為了避戰火，義公與義川到般若庵，義川到般若庵是正常，為何義公也到般若庵？顯然也是接受顧氏的供養。後來義公還多次住於般若庵，義川喪禮也完全由義公處理，敦請祇園住持伏獅，也是她與義川一起提出的，可見其與義川、般若庵，甚至董家的關係甚深，再加



255 汪曰禎《南潯鎮志》卷十二〈人物一〉「董份」下：「……嗣昭，字叔弢，號中條，以孝友稱，年二十一，舉乙未進士，禮部觀政，僅五十日歿於京邸。」董家是明末南潯鎮的書香旺族，嗣昭是董份的孫子，雖為進士，卻英年早逝；李氏是梅里旺族李曙巖之三女，她與嗣昭無嗣，便收養義川，頁 267。亦見楊謙《梅里志》卷四〈寺觀〉，伏獅禪院下，王庭〈重修伏獅禪院記〉，頁 710。

256 周慶雲《南潯志》卷十九．人物二．「董漢策」：「董漢策，字帷儒，號芝筠，又號甦庵，又號帚園，嗣成孫，父廷勛廕監生，萬歷中兩次副榜。漢策廩貢生，少孤，好讀書，敦品行，意氣豪邁，……事孀母以孝聞，拳勇絕倫，亦通韜略……」。頁 197-198。

257 董庵、伏獅禪院與董家、李家、義川的詳細關係，筆者已作些考索，請參考前節。

258《義公語錄》〈義川法兄和尚封龕〉：「……嗚呼我法兄般若和尚，心同赤子，行逾古人……」，頁 2。

上法名同有「義」字，兩人必然有比同一師門更密切的關係，也可能彼此是親族。可惜，因為義公行狀的缺漏，讓兩人的關係無法進一步得到確認。

董嗣昭的養女，即是義川，其資料根據是《梅里志》王庭〈重修伏獅禪院記〉，但其內容卻隻字未提義公：

> ……孺人女從祇園薙髮，錫名義川，執侍二十餘年，同六人受記莂，祇園歿後，義川暨同門者再繼席，俱不久而歿，次一揆師住，稍振飭之，復不終。[259]

孺人女，即是董嗣昭與李氏之養女，她依祇園出家，法名義川，隨侍二十餘年，可見祇園來伏獅之前，義川即已隨學祇園矣。祇園去世後，是義公繼席、義川照護塔院，王庭卻只是模糊地說：「祇園歿後，義川暨同門者再繼席，俱不久而歿」，顯然義川之同門者，指的是義公，如果義公與義川有密切的親族關係，為何王庭不直接寫出義公，而只說同門者？繼席伏獅是義公，義川反而另有道場般若庵，為何全文完全沒有提到義公？也沒有說義川後來到般若庵，為般若庵主？伏獅興盛時期，王庭還是少年之時，或許因此所知模糊不清？或許是文章取擇的面相不同？不得而知。存此疑點，有待發掘更多資料來補其空白。

### （二）與祇園的互動

祇園圓寂前，寫信急召，在般若庵閉關的義公回來，並曰：「我要死，汝再不來看我」，[260] 言下頗有：「你若不趕快來，就來不及了！我就無人囑付了！」之意，顯然祇園囑意其為伏獅繼席者，是早有定見的，即使這位弟子任監院不滿一年，又避靜於般若庵，同時亦可揣測義公離開時，祇園應該頗為不捨。師見欣然曰：「老僧世緣已盡，自知九月要去矣」

但從缺漏的義公行狀看來，義公與祇園相處的時間好像不長，最多也只是從三十六歲到四十歲之間的四年，這四年的前端，又有在叢林苦



259　楊謙纂《梅里志》卷四〈寺觀〉．伏獅禪院下，王庭〈重修伏獅禪院記〉，頁710。
260　《義公語錄》，頁5中。

行之志行，後端又有般若庵閉關之舉。前扣後扣，所剩時間不多，而最重要的「桶底脫落」入境，也非在祇園座下達到；義公行狀言：祇園早知她是法器，觸目遇緣，必敲擊逼惱，但兩人相對的機緣公案卻只記載一則，不像祇園行狀記載祇園參請石車時，來來回回多次應對，甚為縝密。這樣的情況，義公如何成為祇園的承繼者呢？不必然於一師處悟，也不必然於本師處悟，這在禪林是個常態現象，而且其實兩人有二十多年的師徒關係。為義公寫序的高以永，曾言義公於祇園處「聞道最早」，[261] 義公〈哭本師和尚〉詩有：「二十年來海內師」之語，[262] 所以顯然是明元無法了解細述，以及行狀缺漏所造成的。





義公曾曰明元年輕，無法呈現其行狀，要一揆「備細提拔」，幫助明元完成，所以祇園對義公的點撥，行狀唯一記載的例子，就是義公曾經跟一揆討論過的公案，可見這個例子應該是一揆提供出來的。至於其他狀況，明元不知，一揆因沒有參與也不知，又在不必枚舉的準則下，就無法細膩記載其參悟過程。最重要的是，因為行狀前半部有缺漏，缺漏的這段時間，應該正是義公隨祇園修行的大半時光，受限於這些狀況，她們師生之緣也就只能知其梗概。

### （三）祇園對傳承的安排

當祇園染病預示秋天將離世時，弟子涕淚不止，但祇園卻開始延請一些人物，清清楚楚地為義公的繼席確立基礎，讓這個傳承穩定順當，這份安排有二層，一者師門法脈，一者護法居士：

> 師云：「我休心已久，有何繫戀？但末後數事，須得古南法叔來」。時古南老人適謝事天童，回舊院，師聞之喜曰：「是滿我念也」。即命徒輩迎至。居士胡觀舟，師之姪也，同坐榻前，徒眾環立，師面談巨細，命義公珂為伏獅第二代住持，指撥諸事，井然有條。師雖自主，蓋欲古南老人為一證據耳。時九月初二日也。塔院委義川朗料理，伏獅義公珂主席，檀護省候，皆面言

261 《義公語錄》，頁 1 上。

262 全詩為：「二十年來海內師，縱橫拄杖絕支離，爐煙丈室何曾滅，慚愧兒孫似舊時」。《義公語錄》，頁 2 上。

之，更願始終護法。[263]

祇園言：「我休心已久，有何繫戀」？只是後事要交待清楚，所以要請古南法叔來。所謂古南法叔，即是牧雲通門（？-1671），密雲嗣法弟子之一，他住持梅里的古南禪院時，法緣興盛，所以又稱為古南牧雲。祇園當初剛來伏獅弘法時，就到古南寺向他「述法脈」，有向師門報備之意（當時石車已去世），亦代表弘法傳承的正當性。此時，牧雲又剛好從天童寺卸任，回來古南寺，祇園請弟子前往迎請，讓牧雲再度為她的末後事做證明，亦即「師雖自主，蓋欲古南老人為一證據耳」。[264]此末後事，最重要的就是義公的繼席；這份證明，正如之前的「述法脈」，要讓義公的傳承，同具密雲一系師門的正當性，這是為義公奠定師門法脈的基礎。

胡觀舟者，是祇園俗姪，也是祇園弟子吳鑄的女婿，就是經由他敦請吳鑄為祇園寫塔銘的，可見胡觀舟應該是位讀書人，也相當護持祇園。在牧雲、胡觀舟居士的見証下，徒眾環立四週，祇園將伏獅繼席等事，一一交待清楚。每有檀護來關心時，也一一當面告知，要居士護法們能繼續護持伏獅，護持義公，這是為義公奠定護法居士的基礎。

祇園有七位嗣法弟子，祇園是臨濟下第三十二世，所以承她法脈者，就是第三十三世法脈。這些嗣法者，多是平時有所悟時，就印可付囑，不必等到最後，但繼席寺院、授與祖衣者，多是在需要之時、最後之時才由禪師抉擇。所以祇園所欲交待的後事，最重要的就是繼席者、承嗣祖衣者，結果她授與義公與義川這份弘法的責任，尤其是將自己開創出的所謂伏獅門下，交予義公，要她不僅同其他嗣法弟子一樣傳承臨濟法脈，又要傳承這份屬於女性的伏獅女禪。

在傳承上，師徒以心傳心，但在弘法時，於佛門，需要師門法脈的正當性，於世間，需要護法居士的擁護支持，所以祇園要讓義公能在這個過渡時期，得到協助與護持，減少弘法上的困難，包括或因性別，或因傳承上的。

263 《祇園語錄》〈祇園行狀〉，頁 438 下。

264 《祇園語錄》〈祇園行狀〉，頁 438 下。

就性別來觀察，當年祇園受石車法脈時、初到伏獅弘法時，都曾因女性之身受到懷疑。她得自男性禪師所授法脈，以女身弘法，義公得自女性禪師之傳，亦要以女身弘法，在某個角度上，處境會比她還困難，這就是為何她休心已久，還有末後事要做；能自主安排，又要請牧雲來作一證據的原因。請來牧雲，代表臨濟法脈的見證，有胡觀舟居士同坐榻前，是讓男性居士、讀書人，也能見證護持，其用心確實非常細密。





## （四）義公對傳承的安排

當義公要離世，伏獅門下的傳承責任，應該是她最重要的思考，結果她屬意法弟一揆全權處理，並接任伏獅住持。就常理而言，繼席者應該是義公的弟子，她有弟子，但「無有契我本心」的弟子，她清楚明白地以法為重，不計私情，表現出悟者無私、無我的精神。

義公很清楚自己是伏獅第二代住持，也是祇園女性禪法的接繼者，伏獅是祖庭，是祇園打下了基礎，無奈她世緣淺薄，這個基礎正在流失當中，而且過了短短六年多，又再度面臨過渡的關卡，這一關比起祇園當時更為危脆，因為這段期間，義公遇到困境，無法有所作為。所以她向一揆懇託時說：「而今事到臨頭，只得要撐持一番，不置法門冷落」，自己不得不離開，而法門又似乎有冷落的危機，祖庭之事非同小可，不能斷在自己的手上，一揆也是伏獅門下英傑，有「道行酷似祇園」、[265]智過於師之譽，[266]所以務必要一揆撐持、延續下去。

為了讓這個過程順利，她除了當面告訴弟子，對待一揆要像對待她一般，最重要的是，她請董帷儒出面負責敦請一揆。因為伏獅禪院產權，尚為董氏家族所有，雖然傳法者傳心，但在作法上，仍有必要照會董氏，以示尊重，而且除了義公自己囑託外，也需由他代表護法居士，出面邀請一揆，來支持與協助完成這個過渡，一方面代表一揆的正當性，一方面也表達居士護法對一揆的尊重。

---

265 《一揆語錄》〈一揆行實〉，頁 16 上。

266 《一揆語錄》，王庭〈參同菴記銘〉，頁 15 中。

從另一角度來看，這也代表私庵運作與私庵所有者的關係緊密，好則好矣，否則可能會形成牽制與阻礙。而比諸祇園為義公有法脈傳承、居士護持的二層安排，義公此時替一揆安排的，主要放在一直護持她們董帷儒身上，顯示此時伏獅法脈傳承的無力。

## （五）傳法信物：祖衣與源流頌

### 1、祖衣與付囑

祇園圓寂前，授義公祖衣，象徵法脈傳承，法脈傳承的意義在於弘法度眾，祇園交付祖衣時，即叮囑「祖祖相付一脈，善自護持，深蓄厚養，隨緣化度」，[267] 這一脈相傳的法，要善自護持，自身要深蓄厚養，眾生要隨緣化度。她對義公在法的傳承、自身修行、度化眾生都有深深的期許。

當年石車印可祇園悟境時，曾交付一柄如意，[268] 後來付予臨濟法脈時，則授與祖衣，並言「此衣表信，善自護持」：

> 粟示微疾，命師到山，粟問……。粟云：作家相見事如何？師云：當機覿面。粟云：好好為後人標格。遂付祖衣。粟云：此衣表信，善自護持，并囑付云云。[269]

祖衣在禪門即是法脈的象徵，最有名的例子，即是五祖弘忍傳法六祖惠能，即曰：「汝為六代，祖衣將為信，稟代代相傳法，以心傳心，當令自悟」。[270] 石車付予祇園的祖衣，再從祇園之手傳給義公，祇園接自男性禪師的法脈，再將之傳與女性禪師義公，除了無關性別的臨濟法脈外，更多了一層女禪傳承意義。

### 2、諸祖源流頌古

義公語錄內容除了行實、序跋之外，大概可分三部分：上堂說法、詩偈、諸祖源流頌古。上堂、詩偈這二部分記載不多，加起來也只有源

---

267 《祇園語錄》〈祇園行狀〉，頁 438 下、439 上。

268 這柄如意，並未出現在記載這段過程的文獻，卻出現在〈一揆行狀〉，當一揆離世時，付予弟子一柄鐵如意，並曰傳自幻有、石車、祇園。

269 《祇園語錄》〈祇園行狀〉，頁 438 上。

270 惠能《六祖壇經》，《大正藏》冊 48，頁 338 上。

流頌古的一半多一些而已，所以整體看來，源流頌的份量多，顯得相當重要。

源流頌代表的意義，一者是顯現自己的傳承法脈；一者是義公藉祖師禪法來顯自己的機鋒禪境，前者，代表縱貫的一脈相承，具嗣法的意義。後者，則是橫開個人的禪機。以下就從這二個層面來分析。

從明代中葉以後，禪師們常以源流頌作為付法信物之一，例如密雲付法漢月時「悟和尚手書從上承嗣源流併信拂付囑」，[271] 萬如通微（1594-1657）付法給女性禪師季總禪師時：「遂付某源流拂子」，所以其語錄亦有〈源流頌〉。[272] 費隱通容（1592-1660）付法予隱元行琦（1592-1673）亦是「法通專使送大衣、源流，兼書一封，以表法信」，隱元之語錄亦有〈源流頌〉[273] 等等，而義公之師祇園亦有源流頌之作，此中的「源流」，即書有本宗祖師傳承之物，付予源流，即有傳法接嗣的象徵意義，弟子再作源流頌古，便有承接法脈的象徵意義。[274]

所以義公之源流頌古，自第一世南嶽懷讓始，經馬祖、百丈、黃檗、臨濟義玄、興化存獎等，再到第十二世楊歧方會、第十三世白雲守端，直至第三十二世笑巖德寶、第三十三世幻有正傳、第三十四世密雲圓悟、第三十五世石車通乘、第三十六世祇園行剛，為止。這也就是臨濟宗楊歧派下的傳承法脈系譜，這個傳承系譜跟祇園所寫的源流頌系譜排列完全一樣，差別的是，義公在最後一個，加入了自己的老師祇園禪師，一方面代表自己承自祇園，為伏獅門下。一方面更為祇園之接繼石車、密雲法脈留下證明，正是為師上承有據，為己下接有憑的傳承意義。師徒二人皆有的源流頌古，將這一層法脈關係牢牢地牽繫在一起。

特別的是，義公這份源流頌，不僅代表上承下接的一般法脈之傳，

271 《三峰藏和尚語錄》〈三峰和尚年譜〉天啟四年甲子下，《嘉興藏》冊 34，頁 208 中。

272 《季總語錄》卷二〈行實〉，卷三〈源流頌〉，頁 454 中、頁 458-461。

273 《隱元禪師語錄》卷十一〈行實〉，卷九〈源流頌〉，《嘉興藏》冊 27，頁 275 中、頁 265-269。

274 長谷部幽蹊《明清佛教教團史研究》第九章第二、三節〈宗派の發展と源流頌〉、〈源流、宗派圖と世譜〉對此有所討論。作者將當時有源流頌之傳受者，依師門分為十個：破山系、費隱系、石車系、萬如系、浮石系、箬庵系、聚雲系、南明系、瑞白系、博山系。（日本：同明舍出版，1993 年），頁 342-361。

更是女性禪師傳予女性禪師的女性禪師法脈之傳。在《義公語錄》中，源流頌古佔了一半以上的份量，而義公在稱呼自己語錄時，亦曰：「語錄頌古草稿二卷」，顯現源流頌在語錄的重要性，所以幾乎可以說，這部語錄有一半是為了源流頌而存在，另一半當然是義公以其自身言行，來示現這份傳承的具體內容。這部語錄，義公圓寂前特別交待囑付，弟子篤實敬守，不敢任意為之，直至十七年後才出版，時日延遲如此，耆宿仍有「此為女中標格，何不早流通」之催促，弟子仍心心念念不忘，可見於此深蘊懷抱，這份懷抱是義公形儀之留存，更是用這部語錄、這份源流頌來為伏獅門下作見證，來為女性禪師法脈傳承作見證，女禪師傳承於此有了第一次的接棒，可以一個接一個繼續下去的可能。

然而，義公生前沒有付予傳承法嗣，她遺命法弟一揆繼住伏獅，其徒亦移受其教，大有要一揆為其傳承下去之意，一揆雖是祇園法嗣之一，有語錄，但她並非祇園付囑繼住伏獅者，也無祖衣之付，畢竟有所差隔，所以她沒有源流頌之作，還另有弘法道場參同庵，似乎無意久留伏獅。後來一揆將祇園、義公塔院遷到參同庵，並有法嗣之傳，本也可承繼這份女性禪師傳承的，但當時禪宗環境已陷入沈衰谷底，其徒或有成，或無成，終究無語錄傳下，也無源流頌之作，再來見證這段祇園門下第三代之傳與受。

針對義公源流頌的內容來看，一般源流頌之形式，是列舉祖師之世代與名號，依序排列，每一祖師都有開悟過程之機鋒小傳，再附一首頌古。祇園之源流頌是如此，季總之源流頌也是如此，但義公之源流頌形式有所不同，其或因機鋒小傳內容皆大同小異，所以便將之省略，只保留最後二人、義公之祖、師：石車與祇園之機鋒小傳，每位祖師依然各有一首七言四句之頌古，這種形式也頗平常，但義公源流頌最特別的地方，在於除了頌古外，每位祖師都置有機鋒一問一答。[275] 所設問者，關

275 長谷部幽蹊將源流頌古之形式，大致分為四種：一、舉祖師之名、頌古（如：竹慧之源流頌）。二、悟道機鋒與頌古（如：隱元琦之源流頌）。三、諸師之略傳、悟道機鋒、著語、頌古（如：費隱容之曹海源流頌）。四、悟道機緣、拈古、頌古（如：佛寃綱之源流拈頌）。其中第三種，未見其內容，無法得知所謂「著語」者為何？不過從這四類看來，後二類是偏向呈現作者個人機鋒的。而義公這種設一問答的形式，不在這四類中，但較偏向後二類。見長谷部幽蹊，《明清佛教教團史研

乎此祖師開悟機緣之某言句，其答者，大有義公自己下一轉語之意，此一問一答讓義公的源流頌，呈現較強的機鋒意味，反觀有頌古、小傳，沒有問答的祇園源流頌，則顯得偏向傳承法脈部分呈現。

就第三十三世幻有正傳禪師為例，將二人所作，同列來比觀，前者為祇園之作，後者為義公之作：

第三十三世幻有傳禪師

師聞燈花爆聲，有省。遂謁笑巖，求證。巖曰：「汝將從前得力處說來」。師具實語，中間，巖驀趯出隻履，曰：「向者裏道一句看」？遂將師話一時打斷，師通夕不寐，明晨立簷下，巖見召師，師回顧，巖翹一足作修羅障日月勢，師當下脫然。

一鞋趯出有來由，打斷話頭當處休，正脉曹海親囑付，乾坤爍破禹門秋。[276]

第三十三世幻有正傳禪師

問：翹足作修羅勢，還有道理也無？答：乾坤黯黑。

頌曰：事當敗露不須攻，只在渠儂顧盼中，一笠擬將渾蓋覆，款端從此悉供通。[277]

祇園之頌古，著墨於笑巖「驀趯出隻履」的作略，並由此傳下法脈，讓禹門爍破乾坤。禹門指的就是幻有住持之禹門禪院。義公之頌古，則著重在後來脫然有悟的過程，然後再衍伸至一笠之典故，所謂「一笠」，即後來幻有辭別笑巖時，笑巖以一笠與之，並告訴他：「覆之，勿露圭角」，幻有便到五臺山秘魔巖一待十三年，[278] 後來才有機緣到江蘇宜興的龍池山禹門禪院弘法，密雲就是在此出家於幻有座下，形成之後的晚明臨濟復興之盛。特別的是義公舉了一問：「翹足作修羅勢，還有道理也無」？並自答：「乾坤黯黑」，正是回應「作修羅障日月勢」，也回





究》第九章第二節〈宗派の發展と源流頌〉（日本：同明舍出版，1993 年），頁350。

276 《祇園語錄》卷下〈源流頌〉，頁 436 下 -437 上。

277 《義公語錄》，頁 4 中。

278 自融撰，性磊補輯《南宋元明禪林僧寶傳》卷十四：「……久之辭去，公以一笠與師曰：覆之，勿露圭角。師徑往五臺，栖息秘魔巖，一十三載。會太常唐公鶴徵，問道臺山，見師如夙契。且約師還南，師以樂菴未塔聽之。至荊谿，徵以龍池延師。龍池，故一源禪師道場也」。《新纂卍續藏》冊 79，頁 647 中。

應頌古之「一笠蓋覆」之意象。一問一答，顯露其機鋒轉語。

再就第三十五世石車通乘禪師來看：

第三十五世石車乘禪師

師初在龍居，聞僧舉不思善不思惡，正恁麼時，那箇是明上座本來面目？忽有省，後參金粟，粟問曰：「那裏來」？師云：「雲門」。粟曰：「幾時起身」？師打圓相。粟曰：「莫亂統」。師云：「千里同風，特來喫痛棒」。粟曰：「既千里同風，到這裏作麼」？師翹左足。粟曰：「未在」。師翹右足。粟曰：「錯也」。師云：「風吹別調中」。一日，粟舉世尊拈花，迦葉微笑問師，師曰：「白日穿針」。粟連棒打出。師乃大悟。始見世尊拈花，臨濟痛棒，一切差別，無不了了。粟許之云：「大有見處」。後粟赴黃檗，請師繼席開法。

拈花微笑露言前，電捲星馳一著先，白棒當陽施妙用，燈燈相續古今傳。[279]

第三十五世石車通乘禪師

……問：白日穿針作麼生用？答：鴛鴦繡出從君看。

頌曰：特來千里咨端由，翹足通身伎倆休，棒下直窮微笑旨，一枝相續轉風流。[280]

在石車部分，義公亦有小傳，但與祇園所舉大同小異，故略之。在頌古上，祇園專於舉拈花微笑、連棒打出這段過程來表達師承燈續。而義公頗巧妙地運用問答與頌古，包納整段機緣過程，並特別拈出：「白日穿針作麼生用」？來下一轉語：「鴛鴦繡出從君看」。將被連棒打出之一句，轉成有繡出鴛鴦之用的一句，可謂白針化成彩鳥。

又有第二十八海舟普慈禪師之頌古，亦是祇園、義公兩人合觀：

第二十八世海舟慈禪師

師初參萬峰，有省，遂廬于洞庭山後，一僧排其見解，師棄菴，謁東明。一日，明問：「曾見人否」？師曰：「見萬峰」。明

279 《祇園語錄》卷下〈源流頌〉，頁 437 上。

280 《義公語錄》，頁 4 中。

曰：「萬峰即今在什麼處」？師罔然。明曰：「恁麼則何曾見萬峰」？師歸寮，三晝夜寢食俱忘，偶燈繩斷墮地，廓然大悟。詣關前呈悟由，明曰：「老閣黎承嗣萬峰去」。師曰：「和尚為我打徹，豈得承嗣萬峰」？明遂出關，陞座曰：「瞿曇有意向誰傳，迦葉無端開笑顏，到此豈容七佛長，文殊面赤也茫然，今朝好笑東明事，千古令人費唾涎，幸得海公忘我我，濟宗一派續綿綿」。擲拄杖云：「千斤擔子方全付，玄要如今拄杖談」。以拂子擊三擊，下座。

香燈隨地絕追求，打徹骷髏當下休，大海漁舟千浪湧，滹沱一脉鎮長流。[281]

第二十八世海舟普慈禪師

問：香燈繩斷時如何？ 答：道著即禍生。

頌曰：不知身臥蒺藜中，復走東明計已窮，繩子斷時消息斷，這回方識主人翁。[282]

師徒二人皆以香燈繩斷來談，祇園還是朝傳承脈流之意上顯發。但義公這回專於機鋒處下論，她設問曰：「香燈繩斷時如何」？自答：「道著即禍生」，正應繩斷、消息斷，方識主人翁之意旨。所以如果還著於此道，那禍即生矣。可惜的是，當義公在寫最後一位、自己老師祇園時，只留下一問一答，頌古連帶與義公的行傳前半部同時缺漏。祇園在石車座下，不斷被點撥話頭，她自限七日努力參究，一日下單剃頭時豁然大悟，觸目遇緣無不了了。因此義公之問答便問：「如何是觸目遇緣底句」？自答：「山悠攸更水悠悠」，此處義公以悠遠意，來轉換了了之意，也頗現臨機之活絡。諸如此類，專於機鋒上下筆者頗多，由此可見義公於源流頌中，別設問答，所闡發出的禪機特別顯目。

義公將一問一答置於源流頌中，頗有舉公案問答、下轉語的樣態，機鋒意味甚強，而運用這樣的方式參究的，在當時就屬漢月、繼起門下的禪風，義公亦於繼起門下參學過，與繼起之法嗣、另一位女禪師祖揆

281 《祇園語錄》卷下〈源流頌〉，頁 436 上。

282 《義公語錄》，頁 4 上。

亦有同參之誼，祖揆所作之頌古、拈古皆是上百則的，拈公案來問答、代云、下轉語，所在多有，所以義公這種設問自答的安排，應該受到繼起禪風某種程度的影響。

## 三、繼席後的困境與其性格

### （一）人情皆變，備極艱辛

義公繼任伏獅住持，義川負責塔院，但接手後，兩人卻有施展不開之態。尤其是義公，她要實際負擔起伏獅的弘法事務，卻似乎遇到很大的困境，從祇園塔院的建造，可見一斑。

義公行狀裏，繼席的六年多，只記載有關祇園塔院，以及為義川料理後事，其他諸如弘法等事，都付之闕如。行狀談到：「豈啻老和尚寂後，人情皆變，師為塔院受盡委曲，究竟不能本菴啟造」的窘境；[283] 在伏獅的六年，前四年為了塔院之事受盡委曲，之後不到二年，為了義川去世，她也來往奔波，終至染疾，染疾後卻是到般若庵養病。為何無法在伏獅靜養呢？一揆就曾言義公：「七載繼席伏獅，逆順艱辛無量」，[284] 這些讓她艱辛無量的逆順因緣，到底為何？

而祇園去世後第四年清明節，塔院才完成，即使塔院完成，但建塔之地，據一揆後來回伏獅，「見先師塔院，在荒郊道路，人難看守，余身心如懸」所言，[285] 在荒郊道路，人難看守的塔院，可見距離寺院有段距離。但是即使有段距離，弟子如能篤敬維持，也能照護得宜，不至於會讓一揆如此掛念，所以一揆本來無意在義公去世後回住伏獅的，但看到恩師塔院成了這種狀況，再加上董帷儒再三請住，於是她繼住伏獅六年，全以遷塔為念，完成此事，就離開伏獅回參同矣。由此亦可知，如果伏獅的狀況是良善的，一揆應該也不至於要急著遷塔，甚至也不必急著離開。

283 《義公語錄》〈行實〉，頁 5 中。

284 《一揆語錄》〈奠義公禪師〉，頁 10 上。

285 《一揆語錄》〈自敘行略訓徒〉，頁 18 上。

從一揆這邊來觀察，一揆談到義公去世前，「延余到榻，囑託後事，刻先師語錄，自己建塔，立當家，規訓徒眾……」之語，[286]「自己建塔」之言耐人尋味。

又，一揆把祇園、義公塔院遷到參同庵，在此建祖堂，供奉祇園、義川、義公三人之像與神主，曾言云：

> 指像云：「恭惟本師大和尚，荒涼冷坐八年，只道根深蒂固，秪緣忤逆兒未遂守塔之志、難酬之恩，具副銅肝鐵膽，不顧危亡，掀開地軸天關，無勞彈指，移全身于參同菴左，彰未來之榜樣，供遺像于伏獅堂上，示過去之風規，……」[287]

其中有「忤逆兒未遂守塔之志」句、「不顧危亡」，說得毫無掩飾，只是不知未遂守塔之志者是何人？「危亡」所指為何？該守塔者為義川，是指義川嗎？還是其他住眾？還是統稱所有弟子？或只是自我慚愧之言？這是人情皆變所造成的結果？而人情為何會變？

將一位在這裏興起弘法盛況的禪師住持之塔院別置於荒郊道路上，這頗令人匪夷所思，可見所謂「人情皆變」這個因素，確實有力地主宰了伏獅的命運，也將伏獅的法運沈重地壓縮吹寒，其力量之大之關鍵，連是董氏家族的義川也避走至般若庵，義公也受盡委曲、艱辛備嘗，甚至擁有所有權的董帷儒都無法解決！個中因素令人好奇，但卻苦無資料可解，不過或有些端倪可說，但並非確然可解，這將在論述伏獅法運時有所討論。

### （二）師門冷落，知音不遇

不管人情皆變是何緣由，備極艱辛又是何等狀態，義公語錄裏隻字未提，只見她經常有門庭冷落，知音難遇之慨。從語錄文本來觀察，與祇園、一揆相比，義公語錄內幾乎沒有祇園門下之外的師友人物出現，甚至連契本心的弟子也沒有，正驗證她的感慨。在一次元宵上堂時：

286 《一揆語錄》〈自敘行略訓徒〉，頁 18 上。

287 《一揆語錄》〈丁未供本師和尚像〉，頁 14 中。

元宵，雲間無塵師領仁宇陸居士，請陞座。師云：「舉揚宗要須是箇漢，山僧福薄才疏，法門糠粊，前荷善信堅請，辭之再三，彼愈慇懃，事不獲已，聊與露布一上，伏獅門頭冷淒淒，至者都緣揆上機，摩竭令行傳今古，知音相遇恰重提。……」[288]

信眾殷勤勸請，她辭之再三，雖有說「福薄才疏，法門糠粊」之謙抑，但遇著知音卻讓她有重提法門之力量，只是不免吐露出「伏獅門頭冷淒淒」之感慨，直陳來伏獅者，都因揆上機之緣而至的。揆上機者，即是一揆。一揆未出家前，母親與家族成員便有聚室念佛參禪之行，祇園過世後，一揆另創參同庵，並還到處參學，從其語錄看來，師友人數頗多，時有來往，看來法緣較義公盛廣些，也無所謂人情皆變之糾葛，而伏獅算是她們的祖庭，所以可能有許多修行信眾，是經由一揆引介而來的。義公寫給一揆〈一揆法弟住靜有懷〉，吐露遙念對方的心緒，也將自己與一揆作個對比：

地分南北少溫存，遙意離群老弟昆，花燦篝燈愁我？，夢寒霜月冷師門，幾回入室揮機用，不遇知音深？門，聲價海天君自重，獨慚孤影擲乾坤。[289]

一揆到參同庵是抱著結茅住靜之意，參同庵在嘉興市，伏獅所在的梅里在嘉興市的南面，所以才說「地分南北」，才說「遙意離群」。她並再次抒發自己「不遇知音」的處境。在懷念一揆這位法弟之餘，對比出一揆「聲價海天」，自己則「獨慚孤影」，然而悟者知世相虛妄，在孤影中，仍有「擲乾坤」之悟者體用，只是外緣如是，無可奈何而已。義公的辭世偈曰「十二年吹管無孔鐵笛，知音少遇，秖因不落宮商……」，[290] 也表露自己這樣的景況。

義公為這些外緣：伏獅的狀況、自己的處境下了「夢寒霜月冷師門」、「不遇知音」的註腳，「冷」字成了她住持伏獅的寫照。在祇園去世三年時，她曾寫〈哭本師和尚〉：

月落西沈三度秋，床頭麈尾不曾收，簷前祇樹分枝淚，風起禪堂

288 《義公語錄》，頁 1 中。

289 《義公語錄》，頁 1 下。

290 《義公語錄》，頁 5 下。

雨潺愁。

二十年來海內師，縱橫拄杖絕支離，爐煙丈室何曾滅，慚愧兒孫似舊時。[291]

義公思念著老師，但祇樹分枝卻有淚，禪堂有風有雨又是愁，祇園之伏獅女禪未滅，但作為兒孫的義公，內心卻為此充滿慚愧。此淚此愁，都為慚愧門庭冷淒而來吧！

### （三）亦有乘風猛虎、寶劍全提之氣概

義公有一首〈義川法兄伏獅有省，贈偈〉，曾表露出悟者的自信，對弘法的大氣魄，這首贈偈寫的是：

乘風猛虎伏獅林，捉月當年恨卻深，哭笑雨忘全體放，懸崖撒手獨稱尊。[292]

此時的義公，曰「乘風猛虎」，具有勇猛開展的氣概，就如上堂時所說的：「莫有作家戰將，不妨出來共相唱和」、「不入虎穴，焉得虎子」，[293] 義公既承伏獅，必然會興起入世弘法之志的，義公〈施主送法鼓作偈、又贈偈〉云：

居士留心不等閒，肯將幽鍵扣玄關，獅音出窟須珍重，歷歷聲名宇宙間。[294]

伏獅之獅音出窟，正是義公之法鼓大響，歷歷聲名，震宇宙。她也曾在自設問「今日珂上座到這裏，又如何施設」後，拈「寶劍全提光燦爛，英賢相敘樂昇平」作結語，[295] 寶劍出鞘，宗風燦爛，正是弘法普被之心，看來義公亦想有一番作為。無怪乎一揆曾讚她「應用人天莫測，臨機佛祖不讓，現前若僧若俗，咸謂法門榜樣」。[296]

---

291 《義公語錄》，頁 2 上。

292 《義公語錄》〈義川法兄伏獅有省贈偈〉，頁 1 下。

293 《義公語錄》，頁 1 中下。

294 《義公語錄》，頁 2 中。

295 《義公語錄》，頁 1 下。

296 《一揆語錄》〈奠義公禪師〉，頁 10 上。

## （四）脫灑自由，一生作個自了漢

為《義公語錄》寫序的高以永，康熙十二年（1673）進士，曾任河南內鄉、安州守令，頗有功蹟，甚得民心，後擢為戶部員外郎，[297] 其亦能參禪。[298] 從序文看來，他與一揆有親戚之誼，但不認識義公本人，是至參同庵，受義公弟子為一之請而寫序的，其云：

> ……義公者，梅里人，亦祇園之法嗣，一揆之同儕也。……余叩其生平懿行，伊徒能備悉之大約，飄然逸　，磊落不凡者，其丰度之安閑也，莊重端凝，清音疏越者，其梵唄之整肅也，藹然恬適，粹白襟懷者，其待人之雍睦也。若夫揮毫則錦繡為心，染翰則風華掩映，以至女紅餘緒，盡逞精思，玉屑芳徽，群推雅量，直使頌揚靡罄，豈徒枯坐為功者耶！[299]

從為一口述，高以永寫下對義公的讚美，讚其飄然磊落，風度安閒。梵唄整肅，待人雍睦，並能揮毫染翰，甚至女紅亦是精到。一揆則說其：「一生行履孤硬」，[300] 又曰：

> ……惟義公法兄，生平聰慧絕世，瀟灑出群，得先師心印之後，優游泉石，晦養有年，方欲布靉靆之慈雲，澍滂沱之教雨，不意溘然長往，作泥牛下海矣。……[301]

讚美她聰慧絕世，瀟灑出群，得祇園印許後，優游泉石，晦養有年。同時代的女禪師祖揆為其寫的讚，也說她「靈利直是靈利，撇脫果然撇脫」。[302]

說義公聰慧靈利，是出世、悟道意義下的，而義公的辭世偈則自言「……逍遙拍手歸鄉，一生脫灑自由，何勞大眾悲傷」，[303] 當她在般若

---

297 高以永傳記見於司能任輯《嘉興縣志》卷二十三、列傳三，頁 111-112。祝廷錫纂《竹林八圩志》卷六，《中國地方志集成》鄉鎮志專輯 19（上海：上海書店，1992 年），頁 487。

298 《昭覺丈雪醉禪師語錄》卷九〈子修高居士參父母未生前求偈〉等，《嘉興藏》冊 27，頁 344。

299 《義公語錄》高以永序，頁 1 上。

300 《一揆語錄》〈奠義公禪師〉，頁 10 上。

301 《義公語錄》一揆跋，頁 6 上。

302 《嵒華集》〈伏獅尼義恭珂禪師讚〉卷三，頁 753 下。

303 《義公語錄》，頁 5 下。

庵有所悟入時，也曾以：「我從來無意承當法門，一生作箇自了漢」[304]為自己修行定出調性。一揆也言「惟我法兄和尚，一生行履孤硬」[305]。後來在伏獅擔任維那一職，也覺得事繁，不到一年就回般若庵閉關，祇園圓寂前，還從般若庵的關房將之召回。諸如此類的狀況，都顯示義公的修行性格，偏向自我承擔、自悟自了、脫灑自由。

師門冷落、知音不遇是否與人情皆變有關？極有可能，或許可說義公繼席的困境是以「人情皆變」為核心，具現於祇園塔院的興建問題，進而造成「門庭冷落」、「知音不遇」的景況。而從義公的修行性格來看，更讓這樣的狀況雪上加霜。她的修行性格，偏向於脫灑自由、晦養離群、行履孤硬，這在修行者身上並不少見，甚至還是大多數修行者的基本調性，所以論及弘法，除了個人志向外，法緣具足與否就相當重要。義公早期認真參究，有自了漢之想，祇園安排她擔任維那、監院，應該亦希望她能進入弘法的狀態，但是她終究選擇閉靜，直到繼席伏獅前一刻，都還在閉關；所以當她要承受祇園付囑之責，就需要一段轉換過程與心態調整，義公於此，應該甚為清楚，而且亦想有所作為，將法門普示大眾，觀其教化之開闊氣象即是如此，但伏獅的人情皆變，讓這個轉換過程，得不到安適有利的環境，反而更增添阻礙，備極艱辛，形成重大困境，繼席時間又只有六年，她在主客觀條件皆處不利的狀態下，勉力而行，甚至連契本心的弟子都沒有，而謂「夢寒霜月冷師門，獨慚孤影擲乾坤」，卻也無力回天，伏獅的法運，隨起也將隨沒了。



**【肆四 -3】《義公語錄》記載之人物表**

| 名　號 | 法事、詩文 |
| --- | --- |
| 高以永 | 作語錄序 |
| 松江陸仁宇居士 | 請陞座、請陞座、詩偈〈贈雲間仁宇陸居士〉 |
| 金粟後堂師 | 領居士請陞座 |
| 雲間無塵師 | 領居士請陞座 |

304 《義公語錄》，頁 5 上。

305 《一揆語錄》〈奠義公禪師〉，頁 10 上。

| 名　號 | 法事、詩文 |
| --- | --- |
| 義川法兄 | 請為般若庵準提菩薩開光、詩偈〈義川法兄伏獅有省贈偈〉、封龕法語 |
| 一揆法弟 | 詩偈〈一揆法弟住靜有懷〉、作語錄跋 |
| 慈受禪師（宋代） | 詩偈〈和慈受禪師披雲臺十韻〉 |
| 祇園 | 詩偈〈哭本師和尚〉、本師忌辰祭饗 |
| 了一禪人 | 封龕法語、起龕法語、舉火法語 |
| 恒然庫頭師 | 舉火法語 |
| 明元 | 隨師十餘年、寫行實及記錄刊刻語錄者 |
| 臨濟歷代祖師共三十六位 | 〈諸祖源流頌古〉 |



## 第三節　一揆之迴護撐持

伏獅女禪走到義公，急速衰弱，義公臨末前交付一揆來起復。一揆一方面另立道場弘法，一方面又要奔赴伏獅禪院作救火隊，奈何因緣不具，無力回天，伏獅禪院的法運，就此告終。

一揆的禪法教化，勇猛履踐是核心，在教團管理上，則以敬守清規、冷淡家風為教誨，在修行自處上，則是冷淡平懷為基礎。然而，冷淡家風不是獨善其身，冷淡平懷也不是孤僻隱遁，兩者都只是一揆從勇猛履踐中對修行純粹之堅持。所以一揆在冷淡家風裏，亦立願建道場，弘法利生；在冷淡平懷中，還參學諸方，勤學不輟，與師長同參道誼和融，而這些都建立在冷淡家風上，是修行純粹之堅持，也與一揆性格、修證有關。一揆之修證被稱譽為「道行似師」、「智過於師」，是故，在論述一揆之師友道誼、建立道場之前，先分析語錄所體現的一揆之性格與道行，以及其與祇園之關係。

### 一、性格與道行

#### （一）性格和修證

一揆未出家前，是因丈夫生病死亡，體會到生死大事，得聞解脫之道，本要以身相殉，但想到徒死無益，所以有投入空門之念：

> 不幸盛君遘疾，醫禱不效，願以身殉，復自念云：「倘棄所天，徒死無益」。思投入空門，為出世計。時尊宿林泉老師，與盛君相契，見其病篤，屢來開示，師竊聽之，道心益切。……自後，師毀容變服，茹素持誦，日不下樓，一意焚修，但未知参禪，大書「萬法俱空，一心念佛」于壁，其立志堅貞如此。[306]

聽聞林泉老師之開示，道心益切，於是「毀容變服，茹素持誦，日不下樓，一意焚修」。以身相殉、毀容變服，都是明清時代被歌頌之節婦的德行，一揆也曾歌頌過一位貞女，見〈李貞女讚〉：



> 肅（繡）州有李，種性天然，歲寒松柏，火裏青蓮，表我同儔，清節可宣，徐姬繼武，龐女比肩，羨兮慕兮，深閨沒齒，欽兮仰兮，事親克己，靈鳥啣丹，孝感有幾，激揚貞風，光我梓里。[307]

這位李貞女，據光緒《嘉興府志》云：

> 李貞女，李夢康女，性至孝，四歲喪母，哀如成人，事後母以孝聞，告其父曰：「我母早世，何忍去父膝下」。父悲其志，聽之，父病，李禱于天，有青鳥銜一朱實墜藥鐺中，人稱孝感，年四十七卒。[308]



李貞女願孝養父親以終，不願嫁人，所以一揆云「表我同儔，清節可宣」、「深閨沒齒，欽兮仰兮」，並感得一青鳥銜紅色果實墜入父親之藥鐺，以療父病。一揆「羨兮慕兮」、「欽兮仰兮」，歌頌其「激揚貞風」，這樣的德性，也正是比丘尼敬守戒律的精神，所以不管是作為節婦或比丘尼，一揆都有清節貞堅的性格，或許與她生為官宦之後，受士大夫教育有關，也因此影響到她日後修行上強調勇猛履踐，弘法上堅持冷淡平懷、冷淡家風。

後來一揆得知參禪之道，便與母親有志者多人在家晝夜參究，甚至「雖遇溽暑，坐至夜分，蚊刺遍體，師漠不知也」，[309] 將節婦那種冷淡專志之德行，表現為修道立志之堅持，實踐之真切的態度。她臨終前的

---

**306** 《一揆語錄》〈一揆行實〉，頁 16 上。

**307** 《一揆語錄》頁 10 上。

**308** 許瑤光《嘉興府志》卷六十四〈列女、貞女貞婦〉，頁 1949。

**309** 《一揆語錄》〈一揆行實〉，頁 16 上。

辭世偈曾這樣形容自己：

> 這漢一生骨硬如釘，一處轉腳，最難移根，二十四上知有此事，十年克苦忘形，四十九上憫絕娑婆世界，覷得世態如冰，實求早離如願，業緣又使七春日，今鐵釘如灰，四大風火分散，葉落知秋，正是歸根時候，呵呵呵，逍遙惟我。[310]

「一生骨硬如釘」，將自己喻為「鐵釘」，釘於佛法解脫之道上，就難以移根了，這代表一種對法堅持與專注之特質，從成為一個節婦，到一位比丘尼，到一位女禪師，一揆都是如此。她臨終前告訴弟子云：

> ……又囑云：「吾一生小心謹慎，一一言一動並不放膽，汝等知之」。老居士見其末後光明，一心不亂，世所希有，非數十年定力靜功，行解相應，焉克若此。[311]

一生小心謹慎，一言一動並不放膽，就如其鐵釘之喻，在堅持專注中嚴謹慎行。這種特質落實於佛法，當然會堅持法的純粹性，對虛言漫漫之禪風很有反省力，而強調真實履踐、冷淡平懷與敬守清規之冷淡家風，也會在堅持專注中勤學法門，參學諸方。另一方面，丈夫去世後，與母親同志諸人共修：

> 值歸寧，與母夫人同志數人，朝夕大士前，梵音徹戶外，一時感動遠近，長齋皈教者數十人，具有龐氏家風。[312]

在俗家時，與家人聚會同修，形成眾人和融參道之龐氏家風，出家後，她已因勤學參訪，結交許多志同道合之師友，亦建立出和睦互助之道誼。由此可見一揆於同參道友間頗有合融之特質。

在修證上，她有從隱遁保任轉換至建立道場弘法的過程。一揆開始參禪、參話頭，參的是「誰」字，乃啟蒙於兄長子麟，先於家中晝夜參究：

> ……只在家晝夜參究，而話頭難破，如吞鐵丸相似，見居士逍遙放曠，愈疑愈悶……[313]

310 《一揆語錄》〈己未秋前一日親辭辭世偈〉，頁 15 上。

311 《一揆語錄》〈一揆行實〉，頁 17 中。

312 《一揆語錄》〈一揆行實〉，頁 16 上。

313 《一揆語錄》〈一揆行實〉，頁 16 上。

她參話頭，參得如呑鐵丸、愈疑愈悶，這些都是參話頭起疑情的正常現象。後來到祇園座下結制打七：

> 即于是冬結制，偕母夫人復到師翁（案：祇園）座下，同參話頭，師（案：一揆）坐至二七，忽爾定去，香盡四炷，瞬息而過，大地平沈，洞徹本來面目。……師翁即印可，披剃，壬辰付囑。[314]

「大地平沈，洞徹本來面目」，是悟入法性。於是祇園即印可，一揆出家，之後便付囑嗣法。過了三年左右，祇園就去世，失去親師，守喪期滿，一揆即有結茅保任之思：



> ……在伏獅守塔期滿，思結一茅于水邊林下，保養聖胎。[315]

悟入法性，證得真諦，仍需自然保任，讓悟境常常現起，自然串習，自然打成一片。在禪門對開悟次第的說法之一，是初關、重關、牢關三種階次，而初關即是悟入法性，並有「不破初關，不閉關」之言，破初關，悟入法性後，要閉關保任，所以一揆結茅隱修，保養聖胎之念應是因為如此。由於出家前已將夫家娘家屬於她的財產，皆回歸原處，所以並沒有資財可闢地結茅，於是兄長為之建參同庵，讓一揆安心靜修，此時她應該也是抱著堅持專注的心情欲隱修於參同庵，不過祇園離世，對她內心有所激發，讓她在隱遁之餘也隱含一分「默念付託之重，力荷祖道，志報師恩」之念。[316] 語錄有〈和禪坐偈五首 步原韻〉：



> 打破重關隨處安，無心于物更瀟然，閒來危坐松陰下，漸看蟾蜍東上懸。
>
> 假饒說法墜天華，擬議尋思被物遮，觸境遇緣無不是，敲空取髓作生涯。
>
> 浩浩談玄疊是雲，相逢難得箇知音，紅爐突出超凡志，宿有天機轉法輪。
>
> 勞生汩汩恣貪嗔，頓發心花大地春，烹雪煮茶消白晝，胸懷廓徹若冰輪。

---

314 《一揆語錄》〈一揆行實〉，頁 16 中。

315 《一揆語錄》〈一揆行實〉，頁 16 中。

316 《一揆語錄》〈一揆行實〉，頁 16 中。

輕舟帶月水生花，菡萏花開暗度香，聞見覺知無別法，頭陀嬾散髮垂長。[317]

首句以「打破重關」來起始，重關，一般而言指真諦與俗諦相融的過程，真俗不二、一味，打破重關後就要進入破牢關，就是無修、無功用行，自然起用。一揆由此表達「隨處安」、「無心于物」、「觸境遇緣無不是」、「聞見覺知無別法」之境，自處之境則是閒坐松蔭，漸看月昇、「烹雪煮茶消白晝」、「胸懷廓徹若冰輪」、「頭陀嬾散髮垂長」，對弘法之事有「敲空取髓作生涯」、「紅爐突出超凡志，宿有天機轉法輪」之志，只是「相逢難得箇知音」。由此看來，一揆已從隱修保任轉至「敲空取髓作生涯」地轉法輪弘法，也回應祇園離世時她「力荷祖道，志報師恩」之念，作為隱修的參同庵也因此展開建設。但是，從貞節之婦到女性禪師，一揆之心志是有其一貫性的，冷淡清隱之本份個性特別明顯，即使弘法已開，負擔變重，常苦於募化之事，一揆對自我的期許與對弟子的叮嚀，都是冷淡平懷與冷淡家風。

### （二）道行酷似祇園

祇園為一揆剃度，並付予法脈傳承，成其嗣法弟子。在世俗上，一揆與祇園有親戚關係，又因祇園早已得法石車，上堂弘法，所以她未見祇園前，早已仰慕其德，在一次與兄長子麟各言其志談到自己「志效祇老和尚」：

……時祇園師翁係師瓜葛，開堂梅溪伏獅，師企慕有年，但不出閨門，未及叩謁……，一日與居士趺坐蒲團，各說志願。師云：「吾志效祇老和尚」。居士云：「吾渡親入道，寧為蓬萊雞犬，莫作塵世公侯」。厥后師出家，道行酷似師翁，居士嗣遇異人，悟宿因，可謂各愜所願者矣。[318]

所謂「道行酷似祇園」應該是指一揆得法後，有隱修之志行，與祇園在石車座下悟道得法，於胡庵隱修九年之過程相似。祇園住持伏獅對戒律

317 《一揆語錄》〈和禪坐偈五首 步原韻〉，頁 10 中。

318 《一揆語錄》〈一揆行實〉，頁 16 上。

相當講求，有法矩嚴肅之稱，也一直保持著內斂謙抑，而一揆重視敬守清規，強調冷淡家風，以篤實履踐為核心。就這一點上，兩人的道行確有相似之處。而在出家的過程裏也有相似處：兩人都曾進入婚姻，喪夫之後出家，出家時也皆放棄世俗財產，絕決空手出家。不過就細部而言，一揆同參道友之緣盛，與許多女性禪師常有來往，在冷淡平懷中有溫暖合融之道誼，祇園則頗有一枝獨秀之況，或許是因走在前面，開先鋒之故。

一揆與祇園真正相處之時間，只有四年左右，比起義公、義川二十多年相隨可謂短矣，見祇園後，當年冬日結制，即有所得，不到二年，即受付囑，一方面是因未出家前已在家參禪約四年，一方面也可能是根器頗利之故，在義公之行實裏也看到義公曾與她商量公案，她還給予建議，所以王庭曾提到一揆有「智過於師之譽」，在祇園座下百人會中拔萃而出，[319] 或可由此看出一端。

雖然兩人相處時間不多，但祇園對她的影響卻是最大的，她一生皆以祇園為範，念茲在茲都在不負法派傳承，見祇園塔院置之荒野，為之痛心不已，一心專辦此事，連帶義公、義川之神主都設法移來參同庵安置，實則是伏獅門下最後撐持之人，可惜，《一揆語錄》關於兩人的相處對話記載很少，行實裏有一段初見面時，兩人簡單的對談：

> 辛卯春，師買舟往梅谿，同母夫人參謁祇老師翁，而一見稱為法器，見居士寄呈偈語，大加稱賞。問師參何話頭？答曰：「誰字」。師翁曰：「汝不必易話頭，悉聽爾兄指教，吾不難印証也」。[320]

此段文字，描述一揆初見祇園時的情形，一方面表達一揆被祇園視為法器，一方面點出其在家參禪已深，以及子麟之教導之功。倒是在《祇園語錄》中有三則關於一揆的記載，一則是一揆出家薙染時，祇園陞座說法：

> 一揆禪人薙染，陞座問：昔日丹霞剗草，雖則爍古輝今，學人今

319 《一揆語錄》之王庭〈參同菴記銘〉頁 15 中。

320 《一揆語錄》〈一揆行實〉，頁 16 上中。

日披緇，何異元來不隔。問：和尚，如何是全提不隔句？師云：祇樹生新蕊，曇花匝地春。進云：恁麼則春風即在花枝上，淺碧深紅古到今。師云：到者方知。問：頭角崢嶸初出海，興波作浪有誰當？師云：金翅鳥王當宇宙。僧竪一指云：遇著箇漢來是如何？師云：一棒打徹骨。進云：若不蒙師親指示，焉知花外有春風？師云：放汝三十棒。乃云：繁華迴脫聖賢儀，法服全被解脫機，堅持戒行能操守，映水山花豈羨伊。為僧須發猛，宜作法中英，涅槃心易曉，差別智難明，玉不啄兮不成器，真金百煉轉光輝，脫灑頓超凡聖位，心宗妙契始為尊，且道如何是慶讚一句？丈夫頂相當陽露，時至宏機正令行。卓柱杖，下座。[321]

祇園藉一揆之出家為題，以「祇樹生新蕊，曇花匝地春」之境來回應學人之問。最後勉勵一揆要能堅持戒行，作法中英，如金百煉，超凡聖位，特別強調「江槃心易曉，差別智難明」，開悟得法易，真俗交融不二之智更需努力，能修行解脫，也要能「宏機正令行」，弘法度眾。

一則，是柳昇宇居士飯僧，祇園陞座說法，一揆曾發問：

……一揆問：如何是賓中賓？師云：浩浩走紅塵。如何是賓中主？師云：問得自然親。如何是主中賓？師云：答處出常情。如何是主中主？師云：打汝頭顱破。[322]

一揆問臨濟四賓主，這種禪門宗旨、公案之問，是一揆本身教化時較少使用的方式，但她也曾被學人參問四賓主，被牧雲室中垂十問，可見這是她參禪過程一種調煉、學習的方式，但她卻很少用此來教化弟子。

一則是書信〈示琛禪人〉，一揆法名超琛，而此琛禪人之所以肯定是指她，又因內容提到「令兄」：

禪人欲出塵勞而斷生死，宜發大志，以期妙悟，身處繁華富貴之中，切莫任境飄流，優游縱逸，無始以來習氣濃厚，愛根深重，生死輪迴不斷，若要了悟，如世尊頓捨金輪皇位，雪山苦行六年，睹明星悟道，遽云：奇哉！眾生具有如來智慧德相，只為妄

321 《祇園語錄》卷上〈一揆禪人薙染陞座〉，頁 425 上。

322 《祇園語錄》卷上〈昇宇柳居士邀眾善信等飯僧請陞座〉，頁 425 中。

想執著，不能證得。此是第一箇成佛的樣子。禪人決要了生死大事，提起話頭，如金剛王寶劍一齊斬斷，頓歇妄心，拶到水窮山盡處，通身是一箇誰字，徹見本來面目，廣大圓滿，了無一物，便知山僧棒頭落處，微妙難解之法，不待問人而自明矣。山僧質鈍，矢上加尖，令兄高明博達，自有超方卓見，見此字當為之抵掌，呵呵也。[323]

祇園要她雖處富貴家，勿被境所飄流，看來此時，一揆可能還未出家。祇園希望她能發大志，捨離一切，一心了決生死大事，提起話頭，斬斷妄心，直至通身是個「誰」，徹見本來面目，廣大圓滿。最後提到「令兄高明博達」，應該就是指子麟。祇園這封信也印證一揆出身於名門富貴之家，而且以「誰」字為本參話頭。祇園敦敦教誨，以出離實修為教，也頗類於一揆真實履踐之教。可惜，當一揆結制時洞徹本來面目，祇園扮演的角色為何？如何展現其「棒頭落處，微妙難解之法」？以及一揆破本參「誰」字話頭之過程如何？這些都沒有資料可尋。在師徒三人祇園、義公、一揆的語錄中，就屬《祇園語錄》對祇園開悟過程描述得最清楚。

當一揆母親六月過世，她哀傷地處理完母親後事回伏獅，祇園卻接著在九月示寂，恩師與母親在同一年離世，對她何等痛楚，〈一揆行實〉提到：

九月師翁（案：祇園）示寂，師（案：一揆）割股療師，一痛幾殞，天何奪我母而又奪我師？我何生為？默念付託之重，力荷祖道，志報師恩，其孝親事師篤摯愛敬如此。[324]

一揆甚至「割股療師」，為此「一痛幾殞」。而正是一揆所寫的〈祇園行狀〉，其內容談到祇園離世時的狀況云：

……甲午春，慨有離世之想，時義公玎掩關潯溪般若菴，七月，師（案：祇園）以手書喚之。……師云：「白牛固水草尋常，然而腳下無私，要行便行」。至八月初八日，果示微疾，粒米不

323 《祇園語錄》卷上〈示琛禪人〉，頁 431 上。

324 《一揆語錄》〈一揆行實〉，頁 16 中。

進，其容色如常，徒輩請醫投藥，師不肯嘗，眾跪哀懇，師決云：「我病不須服藥，自知秋殘必要去也」。眾聞涕淚不止。師云：「我休心已久，有何繫戀，但末後數事，須得古南法叔來」。[325]

祇園去世前「粒米不進」，弟子請醫投藥，亦不肯嘗。師者自有「休心不繫」之明，但弟子卻有「涕淚不止」之痛，尤其是一揆，生命中二位最重要的女性同一年離開她，「天何奪我母而又奪我師」之無常，是何等深刻，即使在一位修行人的身上也是如此，就因為深刻，更能生死心切，故而轉換為默念付託之重，要擔荷祖道，志報師恩。母親因參禪修行故，在臨終時能現青蓮紅蓮等瑞象，雖然離去尚可安慰，恩師離去，恩師是「要行便行」，弟子卻是痛失活生生的典範，對此一揆有無限的懷念與嘆憾，她曾經寫下〈哭本師祇老和尚〉二首，以「哭」直接表達對恩師的孺慕之情：

折心磨琢幾春秋，午夢驚殘淚未收，嘆息離師何太早，家私蕩盡不知愁。

幾見青黃不事師，子規啼遍落花枝，傷心愁聽三回喚，靜掩柴扉風雨時。[326]

「午夢驚殘淚未收」、「嘆息離師何太早」，而「家私蕩盡」，伏獅門下已呈現青黃不接之象，子規啼遍，傷心愁聽，似有傷愁衰微卻使不上力之嘆，在法門風雨飄搖之時，只得「靜掩柴扉」。是傷離師太早，亦傷伏獅法運。

在嘉興方志資料裏，對祇園多所著錄，可見當時其名聲之揚，但對於祇園之七位嗣法弟子，依目前所見，只提到一揆，義公等人皆未見記載，提及一揆者是康熙、袁國梓纂《嘉興縣志》人物、仙釋，在祇園傳下：

祇園行剛比丘尼，嘉興胡氏女，早寡守節，棄家學佛，住伏獅禪院，從者如雲，有一夔超琛比丘尼為其高足，皆有語錄行世。[327]

325 《祇園語錄》〈祇園行狀〉，頁 438 下。

326 《一揆語錄》〈哭本師祇老和尚〉，頁 9 中。

327 袁國梓《嘉興縣志》卷十七．人物．仙釋，頁 694。

文中指出一夔（揆）超琛為祇園高足，並有語錄行世。在燈錄方面，超永《五燈全書》祇園法嗣只著錄一揆、一音，卻也未見義公。王庭有「蓋祇園傳法凡七人，一揆其著也」。[328]高以永《義公語錄》序也談到：

> ……吾郡自鼎革來，名閨巨族多有克自振拔，或能棄顯榮而嚮道，或因賦別鵠而被緇，聞見固多，親炙不少，若夫獨悟真空，直趨上乘，受衣鉢于名師，啟迷途于後覺者，余于葭莩中得二人焉，曰：祇園。曰：一揆。祇園得法于石車。一揆得法于祇園。今古爭輝，後先標映，彬彬乎盛世之休風哉！[329]




高以永所謂「葭莩」者，是指關係疏遠的親戚，以永是高道淳之子，高道淳、高道素是表兄弟，祇園的母親（非親生）高氏，是他們的姑姑，故祇園為其表姊（妹），祇園即是以永之表姑，而一揆的母親亦姓高，應該就是祇園母親這邊的親族，所以算來一揆與祇園之間亦有一些些遠房親族之關係。以永並不認識義公，是因一揆才得識之，也才為義公語錄寫序，而其序大部分著墨於一揆與祇園，認為當時名閨巨族多有出家修道者，但能直趨上乘、傳名師法脈、啟悟後人的，就是遠親中的祇園、一揆二人，在祇園弟子中只舉一揆，謂之「後先標映」，或因一揆出身名門，或因她廣結道誼、名聲較揚，更應該是因為她道行酷似祇園，根器甚利，有智過於師之譽，並盡心盡力支持伏獅法門至最後之緣故。

## 二、師友徒眾，道誼和融

《一揆語錄》的許多詩偈中，展現出一揆與師長同參之間敬謹合融之道誼，頗有特色，觀察一揆與這些師長同參的交往中，體現出她勤學不輟、廣參諸方的一面，其中與女禪師交往的部分，更為我們呈現當時女修行者之間的宗教活動與情誼，而這種道誼合融之特色，或許得之於她俗世家族重視友愛孝親之教養故。與她有所往來的師長同參，有女有男，有禪師、居士，但也有一大部分是無法確定性別，但應該是女修行

328 《一揆語錄》之王庭〈參同菴記銘〉，頁 15 中。

329 《義公語錄》序，頁 1 上。

者。今選擇較有具體資料者，依女、男、應該是女性者，來分呈一揆與她（他）們的互動。至於在師長中，祇園是一揆之本師，已獨立論之。至於，在同參中，屬於伏獅同門的義公、義川、一音等人，與一揆關係密切，她們共同體現祇園之後的伏獅門下的法運，所以將之歸於伏獅法運部分來論。

## （一）女性師長同參

### 1、常一智緣

一揆有首詩偈，其前序自言，昔日參學於檇李保壽菴的常一老師，頗為懷念：

> 昔日于檇李保壽菴，參常一老師，迅速流光三十年矣，于今戊午歲菊月，匍匐苕溪萬善禪院，叩謁慈顏，親聆導誨，慧燈高照，龍象駢臻，不異初參風景，琛晨夕隨侍四日，不離左右，以遂本懷，口占一偈。
>
> 億自當時立志堅，鴛鴦湖畔禮金仙，沒絃琴撫無生曲，不落宮商調別傳，淨士禪宗同一體，湘南潭北意何偏，始知願力皆天定，再續從前三十年。[330]

檇李，即梅里，苕溪，即南潯、潯溪。一揆在康熙十七年（1678）五十四歲時，也就是她去世前一年，來到南潯萬善禪院叩謁常一，看到常一在此「慧燈高照，龍象駢臻」，與三十年前在梅里保壽庵初參時無異，當時她剛守寡，還未出家，但已發願修行，今日再相逢，一揆親聆教誨，晨夕隨侍四天，不離左右，享受孺慕之溫暖。隔年六月，一揆已生病，常一竟又意外來訪：

> ……適南潯常一老和尚，與師契闊十年，忽法駕遠臨，相見如一日，師雖身抱沉痾，猶執師弟之禮，侍問不倦。時六月二十七始別。[331]

330 《一揆語錄》，頁 13 上。

331 《一揆語錄》〈一揆行實〉，頁 17 上。

此時一揆已抱病未食，仍然執弟子禮，侍問不倦，這份機緣似乎來得巧妙，讓一揆臨終前能沐浴在老師的慈慧裏，給予最大的臨別祝福。常一，法名智緣，也是弘法有力的比丘尼，她擁有禪門臨濟法脈，卻以弘揚淨土為主，所以一揆才曰「淨土禪宗同一體」，在《南潯志》有其傳：

智緣，字常一，嘉興荷花地蔡氏也，年十七皈依明巖為師，十九歲披薙，住嘉興保壽院，焚修勤學，潯北萬善庵始于明季，有東明永遠兩比邱尼募隙地于董氏，創建殿宇，康熙中延陽山嵩濟住持二載，癸己復延智緣主方丈，規制悉依雲棲袾宏之法，駐錫萬善數十年（江志）。[332]





常一在明巖座下出家，初住嘉興保壽院，後因董氏之請，來住持南潯之萬善庵，依雲棲之清規弘法。此董氏就是帷儒之母顧氏，萬善庵即顧氏捐建，所以帷儒曾在康熙二十八年寫下〈萬善庵碑記〉一方面感懷母親，一方面推崇常一，當時常一已七十餘歲矣，帷儒曰：

……師係普明二巖和尚法嗣，寔臨濟宗二十九世，幻也和尚之法孫也，當是時先慈與嚴太夫人係中表妯娌，皆信乾竺稱同志，恒有事于靜修，朝夕清齋若雁行焉，以故善功無不舉，舉必有成，如萬善延請高禪其一端也。人謂大師禪宗傑出必以拈頌棒喝為事，而師殊不然，專脩淨士，其儀軌似雲棲，而仍重參學，以故遠近翕然師歸之……，經今三十七年矣。潯之人若不知有大師住萬善方丈者，亦無募冊乞請在鄰近者，師殆所謂禪淨雙脩，堅持密行者歟。[333]

常一是臨濟宗二十九世，比祇園輩份更高些，但卻專修淨土，仍重參學，「儀軌似雲棲」，重視清規戒行，所以遠近歸之，常一在萬善庵已弘法三十七年，可謂久豎法幢，帷儒稱美其「禪淨雙修，堅持密行」，顯然甚得大眾尊敬。一揆離世前，曾訂以雲棲規約為參同規約，亦有禪淨一體之看法，或許常一德行的感召也是因素之一！觀一

332 周慶雲《南潯志》卷二十三．方外．智緣，頁238。許瑤光《嘉興縣志》卷六十二．方外，亦有其傳，頁1830。

333 周慶雲《南潯志》卷三十八．碑刻三．董漢策〈萬善庵碑記〉，頁445-446。

揆對常一的尊敬，歷三十年還有孺慕合融之感懷，也可象徵其對法對師的勤學尊重。

**2、雄聖惟極**

〈一揆行實〉曾談到康熙九年（1670）冬天，被邀請到杭州雄聖禪院，作結制時的首座：

> 庚戌冬，武林雄聖惟極和尚，海內宗仰，結制，請師為首座，機緣載在《雄聖語錄》中。與西堂靜諾師伯，稱為莫逆，而雄聖老和尚，水乳交合，期滿揮涕而別。[334]

雄聖庵的住持是惟極（？-1672），法名行致，也是當時著名的女性禪師。此時一揆在參同庵，被請來擔任首座這件事，對女性禪師而言，頗具有意義，可見當女性禪師能弘法度眾時，為了女性修行者需要，已會自然形成互相輔助支援的情形。擔任首座，是實質領眾參禪修行，可算是一揆在參同庵外的一次弘法，也顯現一揆與當時女禪師之間有著不錯的道誼來往。因為這次機緣，一揆與惟極的弟子靜諾結為莫逆，而與惟極非常投機，可惜目前未見惟極語錄：《雄聖語錄》，無法了解這位弘法頗盛「海內宗仰」的女禪師，也無法清楚促成這次邀請的機緣以及惟極對一揆的評價。

惟極，也曾參學於密雲，後來在雪竇參學密雲弟子石奇通雲（1594-1663），是石奇之法嗣，王端淑《名媛詩緯初編》有著錄之，端淑曾見其一面：

> 尼行致，姓葉氏，號靈月，文學開先公女，浙江餘姚人，年幼即具夙根，及笄聰慧不凡，究心空王，通大乘諸典，剃染後專意宗旨，闡法禪理，雪竇石奇禪師法嗣，付以衣拂并偈云云，有和宋天封佛慈禪師蜜蜂頌云。
>
> 端淑曰：大師生長名閥，具絕代之姿，而能焚修以闡禪教，為佛門一代法嗣，可不為女中之英傑也哉，予庚子年參三宜大師，曾覲一面，見其骨格秀逸，談論風生，真所謂倚倚然有凌雲之志

334《一揆語錄》〈一揆行實〉，頁16下。

矣，今讀其蜜蜂頌，古深得意旨，可為後進之法則。[335]

惟極為餘姚人，俗姓葉，乃名門之女，出家後闡禪理，端淑稱美其「骨格秀逸」，見其談論風生，真可謂有翛翛凌雲之志。胡文楷《歷代婦女著作考》亦有傳：

> 維極，浙江仁和人。正始續集：維極卓錫在雄聖庵，順治丙戌應聘，開戒說法，律行精嚴，間作詩詞，微言清雋，一時名宿，推為蓮臺上品。康熙壬子圓寂，其徒超越為郡丞林杞女，通瀚墨，能繼法，為纂輯語錄行世。[336]

此處稱其為仁和人，應是以雄聖庵之所在地為其出生地。惟極在順治三年（1646）應請到雄聖庵，戒行精嚴，亦有詩詞之作，被推為蓮臺上品，似乎在闡禪理時亦弘揚淨土？《五燈全書》亦有傳：

> 杭州雄聖尼惟極致禪師，姚江名家女，童真入道，常隨父參悟老人于天童，後參雲和尚于雪竇，雲舉舜老夫古鏡因緣問曰：古鏡未磨時如何？師曰：看脚下。磨後如何？師曰：「兩眼對兩眼」……。康熙壬子閏七月二十六日，師至姚江示疾，遣弟子速法嗣靜諾越至，遂辭眾。……語畢，跏趺而逝，塔于黃鶴山永慶寺側。（石奇雲嗣）[337]

內容除了與石奇之機鋒對話外，多是其上堂法語，應該是根據《雄聖語錄》採擇的。釋震華《續比丘尼傳》亦依此有傳。[338]從順治三年來到雄聖庵，一直到請一揆當首座時的康熙九年，惟極在此應該也有二十五年左右了，相當長的一段時間。在這之前，一揆應該已與惟極有接觸，一揆有一首〈參謁雄聖惟極和尚不值有懷〉，表達出對惟極的景仰：

> 三度參求不見師，聆音未卜在何時，幾回燕語添惆悵，數轉鶯啼動所思，彼亦道豐留錫早，我因德尠遇緣遲，愧無一法堪憑據，



335 王端淑《名媛詩緯初編》，卷二十六緇集「康熙六年清音堂刻本」，頁 26.6a-b，引自哈佛燕京圖書館「明清婦女著作」網站掃描該書之資料。http://digital.library.mcgill.ca/page-turner-3/pageturner.php

336 胡文楷《歷代婦女著作考》，卷二十一、清代十五，頁 621。

337 超永《五燈全書》卷七十五，頁 389 中 -390 下。

338 釋震華《續比丘尼傳》，頁 70-71。

幸有東風獨自知。[339]

見惟極律行精嚴，大弘佛法，一揆興起勤學參究之心，三度參求，可惜皆未能如願見到惟極，一揆頗為失望，寫下詩偈感懷。惟極同為臨濟門下，論排行與祇園相等，為一揆師輩，祇園離世太快，一揆失師太早，想到惟極弘化道豐，除了佩服之外，自己也興起「遇緣遲」之慨。

三度參求不見後，必然另有機緣讓兩人交往，終至被請至雄聖庵為結制首座，更感到道誼如水乳交流之契合。之後，康熙十一年（1672）春天，一揆曾與惟極相約，惟極晚到，遂以詩索和，她自己依韻口占而成：

壬子春分三日雄聖法叔和尚晚到，遂以河渚□梅詩出示索和，依韻口占：

未識羅浮境，遙聞遶水邊，籬疏□遠徑，樹古卻垂肩，為惜枝頭冷，頻添爐裏煙，欣逢佳客至，猶喜杏花天。[340]

一揆所謂「欣逢佳客至」，很可能就是請惟極到參同庵來，一揆甚為歡喜，似乎在幽遠清閒、初春尚冷的季節裏，憑添一份欣喜熱力。而此處的河渚，即是惟極法嗣靜諾結茆之處。但是這一年的七月，惟極即示寂，一揆傷心地寫下〈哭雄聖法叔大和尚〉：

慕道尋訪十二年，青黃四見近師顏，自欣得獲驪龍寶，志願同調獅子絃，忽訝寶峰傾半座，猶如法海覆慈船，無孔鐵笛音雖杳，幸有禪燈百世傳。[341]

一揆久慕其道，四次親見，讓她如獲驪龍寶珠，在參同庵之弘法志願，也得到鼓舞與前導，更有心力與師友同步邁進、相互支持，沒想到惟極卻在此時去世離開。一揆慕道尋訪十二年，尋訪的對象是惟極，也可能是廣義的參學訪道，但可以看出多年慕道尋訪中，惟極是最重要的人之一，也證顯一揆確實在祇園離去後，仍然廣參諸方，勤學法門。

### 3、靜諾超越

一揆到雄聖庵為首座時，得以與惟極相契，並與惟極之徒靜諾結為

339 《一揆語錄》〈參謁雄聖惟極和尚不值有懷〉，頁 10 下 -11 上。

340 《一揆語錄》，頁 11 下。「□」梅之□，原文不清，疑為「尋」梅。「□」遠徑之□，原文不明。

341 《一揆語錄》〈哭雄聖法叔大和尚〉，頁 12 上。

莫逆，語錄中只有行實這段記載，並沒有關於靜諾的詩偈留下，但兩人應該有深切的道誼存在。今依文獻介紹靜諾。《五燈全書》有靜諾之傳：

> 武林雄聖尼靜諾越禪師，郡之林氏女，幼出家，參雄聖致，往來雪竇之門，一日侍立次，致舉洛浦見夾山因緣，汝作麼生會？師進前一掌，致曰：致莫捋虎鬚。師曰：蒼天蒼天。一日隨眾入室，致曰：古人道：諸方只具啐啄同時眼，不具啄啐同時用，汝諸人作麼生用？作麼生會？眾無對，師噓兩聲，致曰：未在。師曰：齊和太平歌。……。（惟極致嗣）[342]



靜諾是杭州人，姓林，是惟極之法嗣。《續比丘尼傳》亦著錄之，並言其：

> ……越工吟詠，有憶惟極師云：「冰雪家風古，蕭然丈室中，當年親教誨，數語發愚蒙，生死恩難報，箕裘愧未工，妙峰還掬土，道範邈何窮」？[343]

靜諾工於吟詠，在胡文楷《歷代婦女者作考》惟極部分就提到：「其徒超越為郡丞林杞女，通瀚墨，能繼法……」，在著錄靜諾時則曰：

> 《息肩廬詩草》：靜諾，號自閒道人，浙江仁和人，江夏太守林彝白女，居西溪雄聖菴，是書有林璐序。[344]

惲珠《國朝閨秀正始集》著錄之：

> 靜諾，浙江仁和人〇靜若，姓林，嘗卓錫河渚，結茆為廬，每至萬樹梅花，千灣荻雪，自謂此中有真悟處。〈春宵即事〉：野藤花氣暗隨風，狼藉春光大半空，斜向石欄頻徙倚，一庭明月有無中。[345]

靜諾曾在河渚結茆為廬，河渚位在西湖邊的西溪，此處以溪流曲流、景緻幽深著稱，其中以秋天時溪邊蘆荻滿天形成「秋雪」景色，以及早春

---

342 超永《五燈全書》卷九十四，頁 550 上中。

343 釋震華《續比丘尼傳》，頁 78-79。

344 胡文楷《歷代婦女著作考》卷二十一、清代十五，頁 622。

345 惲珠《國朝閨秀正始集》附錄（清道光十一年（1831 年）紅香館刻本）。引自哈佛燕京圖書館「明清婦女著作」網站 http://digital.library.mcgill.ca/mingqing/search/details-poem.php?poemID=873&language=ch，頁 3b-14a。

梅花盛開，形成「香雪」為西溪二絕。[346] 面對這樣的景色，無怪乎靜諾會曰：「每至萬樹梅花，千灣荻雪」，都有真悟之處。從前文可知，一揆曾有關於河渚梅花之詩作，可以想見與靜諾稱為莫逆的一揆，必然曾造訪靜諾這個結茆處。

**4、覺柯本信**

關於覺柯，她也是位女性禪師，一揆與之相契，見〈一揆行實〉之言：

> 癸卯冬，師圓戒于弘覺國師，得會覺珂和尚相契……。[347]

一揆與覺柯相契，語錄中只有這麼一段記載，也無詩偈。弘覺國師，即木陳道忞，而遇見覺柯，是到木陳處圓戒時認識的，因為覺柯正是木陳的嗣法弟子，在臨濟門下，輩分比一揆高。覺柯，法名本信，《五燈全書》亦有著錄：

> 明因尼覺柯信禪師，示眾，舉臨濟垂問：「一人在孤峰頂上，無出身之路，一人在十字街頭亦無背面，且道那箇在前，那箇在後」？師召大眾：「還識臨濟老人意麼？若也不識，且看明因為你雪屈」，乃驀拈竹篦一時打散……[348]

由此可知，其住持於明因禪寺。釋震華《釋比丘尼傳》亦依此書著錄之[349]，但一樣未談到其生世，據楊謙纂《梅里志》：

> 尼本信，字覺柯，桐鄉錢開府承江之孫女，適閔氏，年二十五而寡，順治八年宏覺和尚在道場山為之披鬀，王方伯庭等請住梅里伏獅禪院，有語錄行世。[350]

覺柯，俗姓孫，守寡後出家。在康熙二十一年（1682）冬，伏獅弟子們都無力為伏獅禪院有所作為，禪院已至院虛無人，漸被拆毀之時，梅里善信與帷儒都認為覺柯可擔負此復興之任，遂請她來住持，據王庭〈重修伏獅禪院記〉：

---

346 參考「杭州西溪溼地公園」網站。http://big5.zjol.com.cn:86/gate/big5/gotrip.zjol.com.cn/05gotrip/zhuanti/xxly/xxfq/index.shtml

347 《一揆語錄》〈行實〉，頁 16 下。

348 超永《五燈全書》卷七十四，頁 380 上中。

349 釋震華《續比丘尼傳》，頁 70。

350 楊謙《梅里志》卷十一、釋道，頁 810。

覺柯禪師嗣平陽木陳，祖密雲，在臨平修建明因道場，住二十餘年，會下女眾常百餘人，其道風最著，此院先一揆去後曾三請之，固辭。今知其荒且廢一至此，惻然感於心，眾復禮請之，迺慨然曰：「初以此院為我利養地也則不可，今而計興復，非我孰為任厥艱與勞者？嗟乎！此誠我事，無辭矣」。[351]

明因禪院在臨平，即杭州之餘杭，覺柯在此住持二十餘年，帶領上百位女眾修行，道風甚著。本來一揆離開伏獅後，就曾想請覺柯來住持，但覺柯以「不為利養」推辭，今日看伏獅破敗如此，毅然答應負起興復責任，覺柯此時想必是想起當年與一揆相契之道誼，這份溫暖的道誼，意外地讓伏獅得以露出一段曙光，雖然這份光亮，在歷史舞台上只是一閃而過，但或許就是這股餘溫，讓它能淡淡、默默、絲絲地延續，竟能經過清末，一直到民國。





**5、大隱禪師**

一揆有〈贈大隱道兄〉詩：

諸緣頓息露全真，百尺竿頭解轉身，大地掀翻施妙用，虛空打破果奇新，天生道種多靈異，宿佩如來無價珍，覷透繁華超物外，依然不改舊時人。[352]

一揆稱美大隱能轉身掀翻，覷透繁華，修悟有成。從此詩並無法明確知道大隱禪師的性別，但從一揆為大隱終九之辰，對靈小參時便知：

海鹽令修胡居士為道伴大隱禪師終九之辰，請對靈小参。師云：琛上座自揣才疏德淺，豈得明眼人前播揚家醜，因奉護法令修老居士台命，況吾大隱法兄禪師，二十八年道義往來，非是一日，故不敢辭。陞于此座，聊舉一隅，嗚呼，吾與兄翁始相見于伏獅，後同儔于金粟，或時乘興闊論忘疲，或時靜裏細談心？，皆出乎本色常情，並不自高而自大，其居塵兮，可為齊家之標格，其出世兮，咸稱法門之梁棟。現前若僧若俗，還知大隱禪師一生用處麼？越俗超方已有年，宗風戒月自孤圓，瞥然覷破娑婆界，

351 楊謙《梅里志》卷四．寺觀．伏獅禪院下，王庭〈重修伏獅禪院記〉，頁 710。
352 《一揆語錄》〈贈大隱道兄資福嚴韻〉，頁 10 下。

撒手還源惺舊顏，昨歲華山登戒品，今朝火裏產青蓮，不是鬧中忙縮手，道風留與子孫傳。咦！滿堂孝眷如雲集，九九須歸八十一，卓拄杖，下座。[353]

從這段法語可看出，大隱未出家前應為胡令修居士之妻，所以才有「道伴」之名，才有居塵時「齊家之標格」之說，再加上〈一揆行實〉有：「鹽官胡令修居士并室大隱禪師」句，[354]可見其為女性是確定的。一揆談到她與大隱之師始「相見于伏獅，後同儔于金粟」，時乘興闊論，時靜裏談心，顯然大隱與其師皆是比丘尼、女修行者。而大隱與一揆「二十八年道義往來」，輩分雖然比一揆低，但一揆仍以法兄稱之。

除了這些女性師長同參外，一揆的母親，在一揆守寡後一直與其併肩同修，一起到伏獅參學祇園，一路走來，讓守寡想修行的女兒不會孤單，不會被排斥，而能相持相伴，可謂一揆最重要的同參。出家前共修的湯老太，戒行精嚴，對她引進彌切，也是她修行的好老師。諸如此類，一揆擁有的這些女性道誼，是她修行路上最寶貴的資產。

## （二）男性師長

### 1、孫子麟

在男性修行者方面，給予她修行最大引導的應該就是兄長子麟了。他在〈一揆行實〉中經常出現，一揆知道參禪、參話頭是子麟的引介，並先予教導，子麟先有所悟入，也砥礪妹妹用功，兩人也常論道談志，關心彼此修道上的進程與困境，一揆第一次參謁祇園時，子麟還寄呈偈語：

……見居士寄呈偈語，大加稱賞，問師（案：一揆）參何話頭？答曰：「誰字」。師翁（案：祇園）曰：「汝不必易話頭，悉聽尒兄指教，吾不難印證也」。[355]

353 《一揆語錄》，頁 14 下 -15 上。

354 《一揆語錄》〈一揆行實〉，頁 16 下。

355 《一揆語錄》〈行實〉，頁 16 中。

可見之前一揆受子麟之教導甚多。當一揆於伏獅結制時，定境現前，洞澈本來面目，子麟「聞之大快，笑云：『這不唧溜漢，遲至今朝，方摸著鼻孔，何鈍如之』」。[356] 兄妹感情深厚，互相砥礪之情可見一斑。對於祇園這位老師，子麟也是密窺行履過的：

> 時琛隨侍，琛俗姓孫，有兄字子犇，諱鍾瑞者，三教精研，眼空一世，與師機緣相契，為師瓜葛時，亦隨侍盤桓一月，密窺先師行履，嘆為莫逮。[357]

一揆母親為高氏，與祇園之母（非親生）高氏，有親族關係，所以一揆未出家前，他們已經知道祇園其人其德，一揆出家後，隨侍祇園，子麟也跟著隨侍盤桓一個月，為妹妹考察考察祇園。據嘉慶、司能任《嘉興縣志》孫子麟傳：

> 孫鍾瑞，字子麟，植曾孫，以友讓稱，歲饑，賑活甚眾，周困恤喪，不可殫述，生平究心理學，著有《可人集》，《聖學大成》，《易學心符》等書。[358]

〈一揆行實〉都只稱其兄之字，未言其名，有云：「……仲兄文學子麟居士，少年得道，登三教壇，禾中稱孫先生是也」，[359] 一揆為祇園所寫〈祇園行狀〉才提到：「琛，俗姓孫，有兄字子犇，諱鍾瑞者……」，[360] 所以一揆之二哥，即是此孫鍾瑞無誤。子麟以友讓著稱，對大眾亦是如此，不遺餘力地賑濟活眾，周困貧乏之事不可殫述。精研三教，主張三教同源，取一揆庵室名為「參同」，立意即在此。此處只談到他究心理學，未談到參禪，應是儒家觀點所致。光緒許瑤光《嘉興府志》亦有其傳：

> 孫鍾瑞，字子麟，幼以友讓稱，甲申後，精探濂洛淵源，以主靜為宗，律身嚴，擇交慎，誘迪後進，娓娓不倦，歲饑賑活甚眾，生平周困恤喪，不勝殫述，著有聖學大成，可人集，易學心符等

356 《一揆語錄》〈行實〉，頁 16 中。

357 《祇園語錄》卷下，頁 438 下。

358 司能任《嘉興縣志》卷二十四、列傳四，頁 130。

359 《一揆語錄》〈一揆行實〉，頁 16 上。

360 《祇園語錄》〈祇園行狀〉，頁 438 下。

書。（秀水任志）[361]

精於濂洛之學，以主靜為宗，禪宗滲入理學心學中，互相融和，於晚明特盛，所謂以主靜為宗，也頗有參禪之意。律身嚴謹、啟迪後進不倦，對妹妹一揆更是如此，之前，一揆與兄長曾各言其志，子麟自言：「吾渡親入道，寧為蓬萊雞犬，莫作塵世公侯」，所以一生生入仕途，後來還遇異人，領悟宿世因緣，[362]可謂利人利他，以生命之學為重的修道人。

當一揆要靜修尋地，子麟慨然創建靜室，花費千金，為她具辦一切所需。許多士人、師長之往來參見，應該有受子麟引介之力，例如為語錄寫序的施博，為參同庵寫記的王庭，都是子麟的好友，也是當地有德的士大夫。以及參謁心傳時，子麟亦都在場等等。一揆離世前，交待各種事項，請子麟來榻前為之見證，子麟還設想周到地寫錄「雲棲規約」讓一揆過目：

> ……至六月絕粒，半月飲水過日，預知大限將至，卻醫禁卜。十七日邀子麟老居士至榻前，分付法門後事，語不及私，老居士即錄「雲棲規約」呈覽，師云：「可刊在板，一挂山門，一挂佛殿，一挂齋堂」。老居士云：「吾尚淹留塵世，符到便行，豈不快活」。師笑而頷之。[363]

子麟要為參同道場留下可遵可守、可長可久的修行清規，這正也符合一揆平時之教誨，便分付要掛在庵院各處。他並以鼓勵的語句，給予要離世的妹妹一種溫暖。在囑託嗣法弟子時，也請子麟來，子麟還細心地一一為之詮釋立言：

> ……二十九請子麟老居士、內姪蘇門到菴，呼徒不肖普明曰：「汝早付囑，今付祖衣、杖、拂為參同住持，祖師一脈，善自護持」。普明五體投地，辭之再三。老居士曰：「此要承當，毋容再讓」。呼法源明俊將如意云……。將拂子付為一明元云……。老居士云：「吾看來法源上座得體，接曹溪之正脈；為一上座得

361 許瑤光《嘉興府志》卷五十三、秀水孝義，頁 1443。

362 《一揆語錄》〈一揆行實〉，頁 16 上。

363 《一揆語錄》〈一揆行實〉，頁 17 上。

用，支參同之門庭」。師云：「是、是」。老居士云：「有偈語否」？師云：「無」。老居士云：「無語句即為語句矣，五宗不立文字，世尊說法四十九年，未嘗說一字，若有言句，是名謗法。今各位向無語句中會取」。[364]

當時有一位女居士沈氏，丈夫棄家為僧，沈氏有意入道，一揆也視之為人才，但因兒女年幼，一直未剃度，此時也已無法請一揆剃度了：

武水朱近文，名家子也，棄家為高僧，室人沈氏，師嘗目為美器，以子幼未及剃度，老居士面云：「道在心不在境，無論僧俗，只要篤志修行，今不幸無師可投，莫若在家修持，不壞世間相而修實相也」。師以為然。……老居士見其末後光明，一心不亂，世所希有，非數十年定力靜功，行解相應，焉克若此。[365]





子麟幫一揆為其開解，指出不壞世間而修實相的道理。已經許久未進食的一揆，想必身體虛弱，憑著修證功夫支持，一一指示後事，子麟在旁協助詮解，兄妹道誼溢於言表。最後一揆：

……遺命請老居士拈香領眾，送進方丈入龕。老居士遵命，見之大慟曰：「昔陳白沙先生弔羅一峰先生，大笑，笑一峰死得其所，復大哭，哭失一良友，世道無人，其今日之謂乎」？[366]

她遺命子麟拈香領眾、入龕，為了無資建塔，子麟邀集居士捐資建造，助其完成末後一事，入龕時，子麟大慟，舉陳白沙弔羅一峰大笑又大哭之事來比喻自己的心情，大笑，笑逍遙行矣，死亡本是無常展現，修道者緣滅而去，要行便行；大哭，哭世道無人，失一有道之親、有道之人！子麟在修道上，走在一揆之前，在緣滅謝世上，留在一揆之後，料理其末後事，於一揆而言，兄長子麟，亦師亦父，亦兄亦友，友愛之情可謂深厚。

### 2、牧雲通門

之前已談及的牧雲，也是密雲座下很重要的弟子之一，〈一揆行實〉雖然只是簡單地談到牧雲對她深許讚嘆，但曾為一揆寫真寫像贊的

364 《一揆語錄》〈一揆行實〉，頁 17 上。

365 《一揆語錄》〈一揆行實〉，頁 17 上。

366 《一揆語錄》〈一揆行實〉，頁 17 中。

牧雲，語錄記載他對一揆有「室中垂十問」，頗有驗證之意，一揆亦有〈古南老人春字韻依韻二絕〉，顯然他也是一揆參學老師之一。牧雲曾在梅里古南禪院住持，頗得當地士人之讚賞，為晚明梅里很重要的佛教道場，古南正好與伏獅同處一鎮，祇園對這位師兄甚為尊重，開法、臨終囑託也都請其見證，最後由他主持安座封龕，所以一揆對其自有一種歸屬感。

**3、林泉、心傳、自明、隱菴息**

未出家前，一揆的丈夫盛君生病，有位林泉老師與他特別相契，〈一揆行實〉談到：「時尊宿林泉老師，與盛君相契，見其病篤，屢來開示，師竊聽之，道心益切」，[367] 這位林泉老師，康熙、袁國梓《嘉興府志》有傳：

> 林泉寂慧，蜀甘氏子，苦參得悟，同破山來東塔，隱居雙溪之新庵三十年。[368]

是個隱居實修的人。一揆修道學佛的開始，應該就是受他的啟發，才有向道之心。

又有碧光庵心傳老師，〈一揆行實〉言：「彼時林泉老師辭世，碧光菴心傳老師，禾中大尊宿也。師參謁後，語居士云：「又添一箇法堂」」。[369] 康熙、袁國梓《嘉興府志》有其傳：

> 心傳受囑禪師，濮鎮董氏子，創建碧光庵，鼎革時有鎮將服其高潔，難民數百人賴以保全，後住持楞嚴寺。[370]

心傳禪師，因德性高潔，在戰亂中讓數百人賴以保全，一揆也曾參謁他。另外還有「自明禪師與茂時公交契，稱師為法門棟梁，有偈喜贈」，隱菴息禪師也尤加讚嘆。[371]

367 《一揆語錄》〈一揆行實〉，頁 16 上。

368 袁國梓《嘉興府志》卷十七、人物一、仙釋，頁 694。

369 《一揆語錄》〈一揆行實〉，頁 16 上。

370 袁國梓《嘉興府志》、卷十七人物二、秀水縣、仙釋，頁 721。許瑤光《嘉興府志》卷六十二、方外亦有傳。

371 《一揆語錄》〈一揆行實〉，頁 16 中。

#### 4、適南、木陳、天岸

到木陳之處圓戒時，得晤適南和尚：「適師才高骨剛，傲睨一世，獨于師注意焉，似有終身之托」，[372] 後來適南禪師生病：

> 適南師翁抱疴，欲覓靜室，師買地益椽，衣之食之，延醫莫療，無何示疾，師竭力盡禮，請弘覺國師收骨入塔，其尊賢重道，死生不渝如此。[373]

為適南買地建室，衣食延醫等，離世後還請木陳為其收骨入塔。木陳是一揆圓戒師，曾受順治召請至萬善殿說法，此時已回江南，當一揆與信眾到金粟寺飯眾，木陳還送祖衣給一揆：「天岸和尚以 御賜爐衣供師，不以法姪相待。弘覺國師以祖衣送師，楊墳師翁靈機大和尚，天下宗師見師，讚歎不休」，[374] 而天岸和尚為木陳弟子，《五燈全書》有傳，[375] 有《天岸昇禪師語錄》。靈機和尚為費隱之弟子，《五燈全書》亦有傳，[376] 有《靈機禪師語錄》，他們皆是密雲門下，與一揆同門。這些師長，雖然語錄提到時多是點到為止，但已足以證明一揆勤學法門，多方參請之行。

### （三）應該是女性的法兄禪師

女性禪師彼此之間，依佛門之例，都以法兄弟相稱，所以很難分辨她們的性別，就好像一揆稱大隱禪師為道兄、法兄，而大隱未出家前是胡令修之妻，顯然是女性，所以此處所列之一揆法兄應該就是比丘尼、女禪者。又，另有某禪人禪師，除了一位可明確由詩句中得知為女禪者外，其他雖然未有明證，但依例應該也是女禪師才對，只是為了慎重起見，也為了突顯此問題，故列於此說明。

有一次一揆曾與「諸兄」遊真如禪院，黃昏時歸來，便依尚徹法兄韻寫詩，





---

372 《一揆語錄》〈一揆行實〉，頁 16 下。

373 《一揆語錄》〈一揆行實〉，頁 16 下。

374 《一揆語錄》〈一揆行實〉，頁 16 下。

375 超永《五燈全書》卷七十三、金粟廣慧天岸昇禪師，頁 365 上。

376 超永《五燈全書》卷七十一、資福靈機觀禪師，頁 346 中。

同諸兄遊真如晚歸　次尚徹法兄韻

玲瓏八面古皇新，光映鴛湖徹底清，落日穿林渾似錦，暮鴉歸宿鬬疏親。[377]

真如禪院在嘉興縣南四里，唐代裴休捨宅而立，是座有名的古寺，順治初年重建，[378] 有真如寺塔，一揆所謂「玲瓏八面」應該就是形容此寶塔，她落日時回參同，看著天邊霞雲，頗有一種悠閒。又有一首〈諸兄臨別〉，不知是否是此遊之別：

蓬門常掩勝居山，為惜浮光未敢閒，今夕共君談不二，黎明分袂荻蘆間。[379]

蓬門常掩，惜光未敢閒，一揆與同參共聚，時到分別要各自為弘道努力。而尚徹禪師是住持於勝音禪院的，一揆曾為其四十歲祝壽寫〈壽勝音尚徹禪師四十〉：

薰風堆裏降神仙，火聚欣開白藕蓮，鷲嶺峰高鵬展翮，勝音法續鸞膠絃，藏機未肯頻拈麈，時至那容暫息肩，喜有同儔檐祖印，愧無佳句祝齊年。[380]

「續鸞膠絃」一方面指尚徹善繼師承，一方面或有指女禪師之意。於勝音禪院，一揆亦有〈遠眺勝音禪院樓成 占此以贈〉：

高插層樓　碧天，疏梅翠竹繞空檐，相看覿面無回互，源遠流長作渡船。

湘南湘北本同源，出入相逢絕正偏，月滿樓頭人境靜，光吞萬象照無邊。

這是勝音禪院完成樓房之建設，一揆以詩贈賀。在康熙十一年（1672）春天曾到國福禪院隨嘉萬佛懺，當時正好許多法兄聚集於此，一揆見到自可道兄：

壬子春仲望日 過國福禪林隨喜萬佛懺 時諸兄敘集，惟自可道兄，一別二十餘年，今始得晤，談心話舊晨夕忘倦，恰又值道兄

377 《一揆語錄》〈同諸兄遊真如晚歸次尚徹法兄韻〉，頁 11 下。

378 許瑤光《嘉興府志》卷十八、寺觀一，頁 488-489。

379 《一揆語錄》〈諸兄臨別〉，頁 11 下。

380 《一揆語錄》〈壽勝音尚徹禪師四十〉，頁 12 上。

五句大壽，口占奉贈：

憶昔當年同事師，誰知透網別分枝，羨君深得寒山意，愧我空垂浮定絲，隔斷曹源數十里，雲臻國福半聯詩，奇逢天命重相會，正是冰輪皎潔時。[381]

她們曾經同事一師，只是不知此師是祇園否？一別二十餘年，今日相見，特別感到高興，晨夕忘倦地談心話舊，一揆並寫下賀壽詩，詩中可看出一揆對弘法頗有「空垂浮定絲」之慨。

除此之外，還有行實所談到：「陳菴主洞雲，丘菴主心學，洞庭菴主蓮？」等人都是交誼甚篤，[382] 其中的洞雲庵主，應該就是一揆〈壽洞雲禪師五十〉、[383]〈洞雲禪友〉[384] 之洞雲，還有〈贈白雲菴道融禪師建佛殿并樓〉，[385]〈答明淨禪人〉、[386]〈壽則南禪宿五十〉，[387] 還有〈贈松埜禪師〉、〈贈處林禪師〉、〈贈竹影禪師〉、〈贈道生禪師〉等，[388] 其中贈道生禪師詩，有句「撥轉無多妙總禪」，可以透顯道生為女性禪者，這些法兄禪師與一揆都有來往。





從語錄可體現出一揆在本門祇園之外，經常參學於男女師長，並與女性同參多所往來，頗能於同參中合融相處。女性方面，常一是其極為尊敬的參學之師，惟極請其任首座，有著水乳交融道誼之師輩，靜諾、覺柯是相契的莫逆之交，以及母親、嚴老太等共修相成，還有許多法兄禪師與之道誼往來，在修道弘法上相輔相參。男性方面，林泉啟發道心，兄長子麟亦師亦友，牧雲勘驗作贊，適南、心傳、木陳、天岸、靈機都對她贊揚有加，一揆亦皆能參謁學習之，相當勤學於法門，同參道友之間的道誼甚為篤厚。義公在伏獅弘法時曾言曰：「伏獅門頭冷淒

381 《一揆語錄》，頁 12 上。

382 《一揆語錄》〈一揆行實〉，頁 16 下。

383 《一揆語錄》〈壽洞雲禪師五十〉，頁 11 下。

384 《一揆語錄》〈贈洞雲禪友〉，頁 10 下。

385 《一揆語錄》〈贈白雲菴道融禪師建佛殿并樓〉，頁 11 中。

386 《一揆語錄》〈答明淨禪人〉，頁 11 中。

387 《一揆語錄》〈壽則南禪宿五十〉，頁 11 下。

388 以上皆見《一揆語錄》，頁 12 下。

淒，到者都緣揆上機」，[389] 揆上機，一揆也，或許就是一揆之法緣道誼較合融之故。

**【肆四 -4-1】《一揆語錄》記載之人物（一）：嗣法弟子**

| 名　　號 | 法事、詩文 |
|---|---|
| 普明 | 行實：付祖衣杖拂，為參同庵住持 |
| 法源明俊 | 行實：付一脈相承的如意。<br>偈〈示法源書記〉 |
| 為一明元 | 行實：付拂子（說佛事）。<br>偈〈乙巳歲朝，立為一監院示偈〉。<br>（隨義公十餘年者、為義公記載印行語錄） |
| 惺元明湛 | 行實：付鐵如意（守護常住）。<br>偈〈癸卯除夕，立惺元監院示偈〉 |

**【肆四 -4-2】《一揆語錄》記載之人物（二）：一般出家弟子**

| 名　　號 | 法事、詩文 |
|---|---|
| 素封明麟 | 行實：隨師多年，服勤左右，夙夜匪懈 |
| 曇現 | 行實：老成，作總管 |
| 一如（曾任監院） | 佛事，為其封龕 |
| 在初上座（參同庵西堂） | 請小參、偈〈贈在初上座拄杖〉 |

**【肆四 -4-3】《一揆語錄》記載之人物（三）：徒孫**

| 名　　號 | 詩　　偈 |
|---|---|
| 實傳 | 偈〈示徒孫實傳薙染〉 |

**【肆四 -4-4】《一揆語錄》記載之人物（四）：禪門老師**

| 名　號 | 相　關　事　項 | 法事、詩文 |
|---|---|---|
| 牧雲通門（號樗叟） | 師翁，住持梅里古南禪院，密雲弟子 | 贊〈一揆禪師像讚〉、偈〈依韻古南老人春字韻依韻二絕〉 |

389 《義公語錄》，頁 1 中。

| 名　號 | 相　關　事　項 | 法事、詩文 |
|---|---|---|
| 祇園 | 傳承本師 | 偈〈哭本師祇老和尚〉、佛事，供本師像與義川義公二師同進祖堂 |
| 金粟弘覺老和尚 | 木陳道忞，圓戒之師，密雲弟子 | 偈〈禮金粟弘覺老和尚御筆像讚〉、行實：送師祖衣 |
| 雄聖惟極 | 惟極行致，法叔，住持杭州雄聖禪院，石奇弟子 | 偈〈參謁雄聖惟極和尚不值有懷〉、〈壬子……雄聖法叔和尚……依韻口占〉、〈哭雄聖法叔大和尚〉、行實 |
| 常一老師 | 住持南潯萬善禪院，三十年前參學之師 | 偈〈昔日于擕李保壽菴參常一老師……口占一偈〉、行實 |
| 林泉老師 | 林泉寂慧，隱居雙溪新庵 | 行實 |
| 適南和尚 | | 行實 |
| 心傳老師 | 心傳受囑，碧光庵住持 | 行實 |
| 隱菴息老師翁 | 息乾元禪師？（石車嗣） | 行實 |
| 天岸和尚 | 天岸昇，道忞弟子 | 行實：以御賜爐衣供師 |
| 楊墳師翁靈機大和尚 | 靈機觀，費隱弟子 | 行實 |





## 【肆四 -4-5】《一揆語錄》記載之人物（五）：伏獅同門

| 名　號 | 相　關　事　項 | 法事、詩文 |
|---|---|---|
| 義公法兄 | 同門法兄，繼住伏獅禪院 | 偈〈寄義公法兄〉、〈輓義公法兄〉、〈奠義公禪師〉、佛事，供本師像與義川義公同進祖堂 |
| 伏獅普聞法兄 | 同門法兄 | 偈〈賀伏獅普聞法兄七旬大誕〉 |
| 一音法兄 | 同門法兄，住持當湖善護庵 | 偈〈壽一音法兄七袠〉、〈善護一音法兄新建山門〉、佛事，奠祭法語 |

| 名　號 | 相　關　事　項 | 法事、詩文 |
|---|---|---|
| 義川禪師 | 同門法兄，住南潯般若庵 | 佛事，供本師像與義川義公二師同進祖堂、舉龕法語 |

**【肆四 -4-6】《一揆語錄》記載之人物（六）：同參道友**

| 名　號 | 法事、詩文 |
|---|---|
| 德越禪人 | 重陽辦茶餅結緣，請示眾 |
| 歷然上座 | 重陽辦茶餅結緣，請示眾 |
| 大蓮聽和尚 | 偈〈金粟受具 大蓮聽和尚贈偈次韻二首〉 |
| 圓明徹圓上人 | 偈〈贈圓明徹圓上人〉 |
| 瑞宗上人 | 偈〈贈瑞宗上人持缽〉 |
| 種福菴德如上人 | 偈〈贈種福菴德如上人持缽〉 |
| 洞雲禪友<br>（陳庵主洞雲）？ | 偈〈贈洞雲禪友〉、<br>〈壽洞雲禪師五十〉、行實 |
| 超明上人 | 偈〈壽超明上人六十〉 |
| 大隱道兄（與師二十八年道義往來，始見於伏獅，後金粟同儔） | 偈〈贈大隱道兄〉 |
| 白雲菴道融禪師 | 偈〈贈白雲菴道融禪師建佛殿并樓〉 |
| 明淨禪人 | 偈〈答明淨禪人〉 |
| 勝音尚徹法兄 | 偈〈同諸兄遊真如晚歸 次尚徹法兄韻〉、〈壽勝音尚徹禪師四十〉 |
| 則南禪宿 | 偈〈壽則南禪宿五十〉 |
| 自可道兄（曾同事一師） | 偈〈壬子春…過國福禪林…惟自可道兄一別二十餘年…口占奉贈〉 |
| 松埜禪師 | 偈〈贈松埜禪師〉 |
| 處林禪師 | 偈〈贈處林禪師〉 |
| 竹影禪師 | 偈〈贈竹影禪師〉 |
| 道生禪師 | 偈〈贈道生禪師〉 |
| 弘助禪人 | 佛事，為其掩龕 |
| 月輝禪人*[1] | 佛事，為其掩龕 |
| 知客頓悟禪宿（二十年前伏獅同參，二十年後參同相依共住） | 佛事，封龕、起龕、舉火法語 |
| 自明禪師 | 行實 |

| 名　　號 | 法事、詩文 |
|---|---|
| 丘菴主心學 | 行實 |
| 洞庭庵主　蓮 | 行實 |
| 靜諾 | 行實 |
| 覺珂 | 行實 |

＊1 為月輝禪人掩龕法語曾云：「月輝禪人，自幼出塵，……般勤事上十五載」，故列於此中。也因此將標為禪人者亦一并列入。

## 【肆四 -4-7】《一揆語錄》記載之人物（七）：女居士

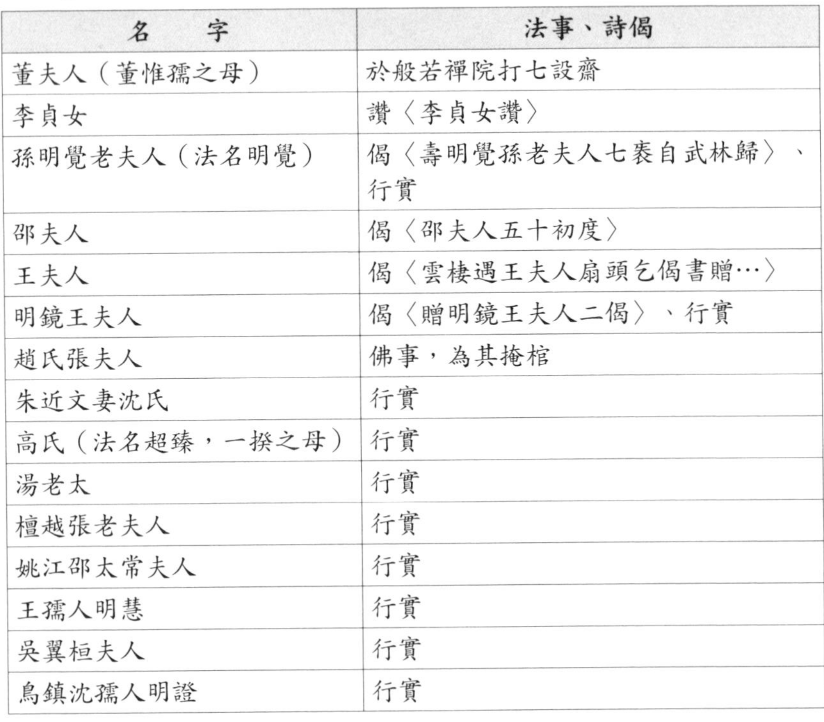

| 名　　字 | 法事、詩偈 |
|---|---|
| 董夫人（董惟孺之母） | 於般若禪院打七設齋 |
| 李貞女 | 讚〈李貞女讚〉 |
| 孫明覺老夫人（法名明覺） | 偈〈壽明覺孫老夫人七袠自武林歸〉、行實 |
| 邵夫人 | 偈〈邵夫人五十初度〉 |
| 王夫人 | 偈〈雲棲遇王夫人扇頭乞偈書贈…〉 |
| 明鏡王夫人 | 偈〈贈明鏡王夫人二偈〉、行實 |
| 趙氏張夫人 | 佛事，為其掩棺 |
| 朱近文妻沈氏 | 行實 |
| 高氏（法名超臻，一揆之母） | 行實 |
| 湯老太 | 行實 |
| 檀越張老夫人 | 行實 |
| 姚江邵太常夫人 | 行實 |
| 王孺人明慧 | 行實 |
| 吳翼桓夫人 | 行實 |
| 烏鎮沈孺人明證 | 行實 |

**【肆四 -4-8】《一揆語錄》記載之人物（八）：男居士**

| 名　　字 | 法事、詩偈 |
|---|---|
| 施博（約菴道人） | 作語錄序 |
| 李登范 | 七夕塑斗君請上座安位 |
| 士民 | 釋迦文佛開光，布法財供養 |
| 史王言 | 偈〈史王言子立蓮瓣像讚 幼名興孫〉 |
| 徐居士 | 偈〈徐居士過訪不值留偈〉，和偈 |
| 徐居士 | 偈〈徐居士禮義公禪師龕留偈〉 |
| 寧縣張護法 | 偈〈寧縣張護法臘八以偈索和〉 |
| 實璋公郎（王夫人明鏡之子） | 偈〈贈實璋公郎〉 |
| 海鹽胡令修居士 | 佛事，為道伴大隱禪師請對靈小參、行實 |
| 王庭 | 作〈參同菴記銘〉 |
| 孫子麟（一揆之兄） | 行實 |
| 董惟儒 | 行實 |



## 三、建立參同庵，遷建祇園塔

### （一）保任靜修之室

一揆雖為祇園嗣法弟子之一，但繼席伏獅者是義公，義川為塔院守護者。當祇園離世後，一揆守塔期滿，便想找個水邊林下之處，來結茅靜修，保任聖胎悟境，頗有隱修之志，在〈一揆行實〉裏談到：

> ……在伏獅守塔期滿，思結一茅于水邊林下，保養聖胎，斯時義公師伯坐伏獅方丈，勢難同居，苦無其地，子麟居士慨然創建靜室，罄貲落成，約費千金，一切什物完具。丙申冬，請師移錫，厥後龍象駢臻，皈依輻輳，革故鼎新，竟成蘭若。[390]

義公繼席伏獅，祇園帶來的弘法盛況，正處於高峰的過渡期，正待義公來開展，然而一揆卻想隱修住靜，實在不適合住熱鬧的道場，想離開伏獅，另覓幽靜之所，義公臨終前請一揆到伏獅時，亦提到「深知兄一

390 《一揆語錄》〈一揆行實〉，頁 16 中。

向好靜，所以不肯與我同住」之語。[391] 但空手出家的她，一時之間也苦無資財土地，這段過程，一揆在〈自敘行略訓徒〉也談到：「余守龕制滿時，有結茆之念，從無缽資，勢不能舉」。[392] 幸得其兄子麟之助，予以張羅，創建靜室。子麟約費千金，將一切所需物品皆具辦完畢，順治十三年（1656）冬天請一揆入住。但是之後，「龍象駢臻，皈依輻輳」，參同庵從一結茅靜室變成蘭若道場。

參同庵之地點，根據牧雲作〈一揆禪師像贊〉首句為「鴛湖之水，清澈以流」，可見參同庵在鴛湖附近，鴛湖位於嘉興市東南，今稱南湖，正是王庭〈參同菴記銘〉：「禾城東南五里，有菴曰參同」[393] 所說之位置，禾城即嘉興市也。又義公〈一揆法弟住靜有懷〉有言：「地分南北少溫存，遙意離群老弟昆」，[394] 顯然參同位處梅里之北邊，應該就是嘉興市。又《義公語錄》高以永序曾言：

> 一揆有菴，名參同，去雙谿一里而遙，臨水背村，徑幽樹古，儼然瑤池閬苑。余以戚誼，嘗呼艇過游……。[395]

它距離雙溪有一里之遙，高以永造訪時是乘船而至，前面有水，後面是村落，是個幽靜古樸之地，儼然有「瑤池閬苑」之狀，高以永前往時，祇園塔院已遷入參同庵了。雙溪亦在嘉興市東南，已快接近平湖、嘉善，所以參同可能位處嘉興市東南邊緣。王庭也言：

> 其仲兄孫君子麟，築靜室延之，乃去伏獅而居焉，是室也，外繞清流，後蔭修竹，中結宇十餘間，具迴廊曲房之致，堂前供佛，有庵之名。[396]

外繞有清流，後有修竹，即如高以永所言：「臨水背村」。於此造建十餘間房，有迴廊曲房之致。依王庭、高以永之筆，顯現一幅是幽靜雅致之世外清修之所。

391 《義公語錄》〈義公行實〉，頁 5 中。

392 《一揆語錄》〈自敘行略訓徒〉，頁 18 上。

393 《一揆語錄》之王庭〈參同菴記銘〉，頁 15 中。

394 《義公語錄》，頁 1 下。

395 《義公語錄》序，頁 1 上。

396 王庭〈參同菴記銘〉，《一揆語錄》，頁 15 中。

## （二）參同庵之名義與定位

參同之名，由子麟所取，並請一揆的圓戒師木陳（弘覺國師）題額。而取名「參同」之因，一揆曾自云：

> ……余守龕制滿時，有結茆之念，從無缽資，勢不能舉，幸有仲兄子麟同志參禪，先余著鞭，情通三教，皈于一源，故建靜室名曰：參同。屬弘覺老人書額，此參同菴之所由名也。[397]

兄長子麟同志參禪，比一揆更早悟入，於三教皆能通博，所以認為三教「皈于一源」，於是將靜室命名為參同。而王庭更將此「信三教之一源」，實以「參異得同」之意涵，可消末法之爭，并釋外道之疑，其云：

> 斯菴之以禪盛吾禾也，然而牓曰：參同，子麟名之，弘覺老人不之非，復為書之，此其說何也？夫子麟受書于儒，啟悟于佛，旁通于老，信三教之一源，取名參同，同者一也，自其不一者而觀，則佛之中，教與宗為二，宗之下復為五，五之後分而什百，幾于鬭爭，故同之中有異焉。自其一者而觀，則萬法歸之，凡人世語言文字、資生術業，俱與實相不相背違，況乎儒與道，故異之中有同焉。參異而得同，猶夫揆什伯而見一，師之號與菴之名似有合焉者。以此消末法之爭，并釋外道之疑，子麟之志則大矣。非一揆烏足以當之哉。[398]

《周易參同契》為道士魏伯陽所作，為道教經典，石頭希遷依此另作《參同契》來創發自己的禪法見解。所以基本上「參同」之名含有道教意涵，然而一揆為女禪師，參同庵則以禪為盛，為何取個有道教意涵的庵名呢？王庭認為，子麟為儒者出身，參究話頭悟入，啟悟于佛，也旁通於老，所以「信三教一源」，取參同之名，要表達的是：萬法從異者觀之，佛法內部亦有千差萬別，是同之中有異。從同者觀之，一切萬法皆與實相不相違背，儒道與釋亦是異之中有同。所以佛法修持者要參異得同，才能對內消融爭端，對外釋外道之疑，這是子麟之大志。也正與

397 《一揆語錄》〈自敘行略訓徒〉，頁 18 上。

398 《一揆語錄》之王庭〈參同菴記銘〉，頁 15 中下。

「一揆」名字有「揆什伯（佰）而見一」之義涵若合符節。而子麟這樣的大志，需有一揆足以實踐之。顯然王庭詮釋子麟命名之意，是在於能「參異得同」、「消爭釋疑」。這種三教合一的觀點，在晚明是很盛行的，士大夫經常持有這種觀點，佛教人士，如憨山亦有《老子道德經解》以佛解老莊之作，致力於融通三教之間的關係。

子麟之心志，王庭知之，子麟於一揆提攜甚多，兄妹同參同道，一揆對兄長之志亦能理解也能認同，所以她以禪師身份弘法禪法之餘，於儒釋道三教也頗有融通之看法，有一次她在雲棲寺，有位王夫人向她乞偈題於扇頭，這位王夫人在福建曾皈道教，她寫到：



> 半生皈道遶天涯，鳳詔雖尊未足誇，喜有靈苗深植種，拈來蓮社雨香花，金風颯玄吹黃葉，澗水潺潺汎白沙，現前識得雲棲境，三教同源共一家。[399]



雲棲，是蓮池大師袾宏住持之道場，清規嚴整有序，弘揚淨土法門。一揆對其「靈苗深植種」，半生遶天涯後，還能回雲棲拈得蓮社雨香花，表達一種認肯。顯然是認肯佛法之價值。但第二首從外境著眼，得出「三教同源共一家」之結論，表達一種善體萬法之融通處，在差別相中亦無差無別的「三教同源」，究實地說，此三教同源是以佛法為內涵精神的。而對於當時佛教內部之法門差異：禪與淨，一揆亦採取融通的看法，她在〈壽則南禪宿五十〉談到：

> 五句蝶夢覺前非，急薦蓮居第一機，淨土禪宗元不異，竺乾震旦本同枝，青桐露滴誰相委，丹桂飄香我獨知，道樹根盤空劫外，真常壽算月輪齊。[400]

則南禪宿之修行法門，似乎是從禪轉淨，所以一揆才強調「淨土禪宗元不異」，都是為解脫生死煩惱而修行，而從印度傳來的佛教與中國本土的儒、道也都是「本同枝」。正如她為昔日參學之師、後來弘揚淨土的常一，也寫下「淨土禪宗同一體」之句，可見在三教之間、法門與法門之間，她都有著一種融通的態度，而當時整個大環境禪與淨的關係，已

399 《一揆語錄》〈雲棲遇王夫人扇頭乞偈書贈、住福建時皈道啟〉，頁 12 中。

400 《一揆語錄》〈壽則南禪宿五十〉，頁 11 下。

漸次形成禪衰淨起之態勢了。

對於參同庵之建成，由一揆來入住主持，王庭從「由私變公」來為其定位：

> 菴初名，孫私之也，既而子麟錫今名曰：「參同」。為一揆公之也。公之者何？夫一揆而承受大法，弘化天人，非孫氏之所得而女也。其菴將佛法僧之是崇，非一家之所得而主也。[401]

參同庵原址先前已有小庵，是孫家所有，經子麟將之整建，而給予新名：參同。由一揆住持，所以王庭認為是從「孫私之也」變成「一揆公之也」。因為一揆承臨濟法脈，志在弘化天人，並非獨為孫氏之女而已，是天下之女性禪師也，其弘化之道場也是尊崇佛法僧三寶的天下道場，已非孫氏所私有而能主宰者。王庭這樣的定位，也等於宣佈參同庵為十方道場，並非孫氏家庵，也非子麟、一揆個人所有。庵院常是從私人家庵為基礎而形成的，在發展的過程中，私人的因素也常成為掣肘阻礙，所以王庭將本為孫氏所有、子麟所建的參同庵定義為「一揆公之也」，一揆為「公有」，一揆住持的參同亦為「公有」，而實則後來參同庵之增建經營，都是來自十方的捐輸，相與而成的。





### （三）林下之樂六載

剛開始，參同庵是作為靜室隱修之用，當時的建築狀況，大致上是王庭所言：「中結宇十餘間，具迴廊曲房之致」，其具體內容，一揆曾言之，並談到這一段住靜時光之樂：

> 其叢桂軒、關房、曲廊、丈室、池亭、水閣，外有花卉修竹，皆丙申年所建，什物俱備。至仲冬延余住焉。時菴中惟六七人，實得林下之樂，白雲封戶，——寂無人，六載如同一日。[402]

有叢桂軒、關房、曲廊、丈室、池亭、水閣等，並有花卉修竹，當時只有六、七人共住，清閒靜隱，白雲封戶、寂靜無人，六年如一日，頗得林下之樂。這段時光是從一揆順治十三年（1656）仲冬入住，一直到順

---

401 《一揆語錄》之王庭〈參同菴記銘〉，頁 15 中。

402 《一揆語錄》〈自敘行略訓徒〉，頁 18 上。

治十八年（1661），正是她三十二到三十七歲之間的時光。之後，當董帷儒等檀越懇請其住持伏獅時，她以〈辭梅溪諸護法〉推辭，表達「不出幽居」：

自？巾瓶隱碧溪，埋名誓不出幽居，禪宗說法如雲疊，祖印高懸別請提，入理深談君自會，涉言形筆眼中翳，當陽一句無私語，千古昭然豈再移。[403]

隱於碧溪埋名，誓不出幽居，千古昭昭之心，不會再移，居士們一定以傳繼法門為託，祖印高懸別提，一揆不願落入法祖之拘限中，這是一揆此時的心志，也正呼應她住靜之堅定。





一般修撰方志者無法體會這層修道上的養蘊功夫，把一揆於參同庵靜修，偏重於「守貞」上立言，光緒、許瑤光等修《嘉興府志》卷六十四〈列女、貞女〉著錄一揆：

孫貞女，名一揆，鍾瑞妹，守貞志寂，鍾瑞建參同精舍，以遂其志焉。[404]

有守貞，有志寂，卻只專重「守貞」，而不見志寂之志，遂納入列女傳之「貞女（婦）」，頗有不倫不類之感，似乎也反映出士大夫無法正面看待女性出家之心態。

## （四）遷祇園塔院、建伏獅祖堂

順治十八年春，義公離世，事情因而產生變化，義公臨終請來一揆，囑託後事，言已無嗣法者，意將伏獅託付給她，她念老父年邁，以偈固辭，沒想到這年年底父親也過世，伏獅之所有權者及重要護法董帷儒居士再三懇請，她自已談到這段過程：

不意辛丑春，義公法兄忽染沈痾，延余到榻囑託後事，刻先師語錄，自己建塔，立當家規訓徒眾，以余法門手足，欲完先師未了公案。諸檀越特到參同堅請，余念老父年邁，以偈固辭，誰料冬間嚴尊亦故，當家病危，潯溪帷孺董檀越再三相懇，于壬寅正月

403 《一揆語錄》〈辭梅溪諸護法〉，頁 9 中。

404 許瑤光《嘉興府志》卷六十四〈列女、貞女〉、孫貞女，頁 1950。

勉強應請。[405]

義公以「先師未了公案」來囑託一揆，交待她「自己建塔」諸事。這讓住靜的一揆萬般為難，以心志來說，這不是她的方向，依倫理來說，也不是她要承當的。但為報師恩，為續法門，為遂法兄之願，她無法置之不理，也無法躲閃，一定要有所承擔。於是她還是於康熙元年（1662）離開六年林下之樂的參同庵，應請到伏獅禪院，同時也結束她這一段靜修閒樂的生活。參同庵的定位與規模也在這之後產生改變，朝向承繼伏獅法門之路，也朝向王庭所說「一揆之公也」的定位，以及展開所謂「龍象駢臻，皈依輻輳，革故鼎新，竟成蘭若」，由「靜室」而「庵院」的規模。

到了伏獅，一揆見到恩師塔院位處荒涼，身心如懸，所以在伏獅的六年，只以塔院為念，並不攀緣涉世，義公「自己建塔」之囑，讓她一心一意要將塔院安置妥當，移到參同庵，其言：

> 回見先師塔院在荒郊道路，人難看守，余身心如懸，所以復進伏獅六年，惟以塔事為念，並不攀緣涉世。至丙午臘月，起工遷塔于參同菴，左通新重建義公兄龕，亦荼毘于師塔之側。丁未清明，造塔已竣，中秋即伏獅退院。[406]

參同庵本為一揆靜修之所，為了讓恩師與法門手足離世後有個安適之歸處，她在參同庵左邊，建了個塔院，放置新重建的義公之龕，以及從伏獅遷來的祇園之塔，當時是康熙五年（1666）冬天，整個遷建的完成是在隔年（1667）清明，同時也建祖堂：伏獅堂，立祇園之遺像與義公、義川之神主。並言：

> ……具副銅肝鐵膽，不顧危亡，掀開地軸天關，無勞彈指，移全身于參同菴左，彰未來之榜樣，供遺像于伏獅堂上，示過去之風規。……一燈續燄光無盡，二子相隨入祖堂。[407]

不顧危亡，掀開地軸天關，將恩師塔院移至參同庵，以彰未來榜樣，以示過去風規。這年中秋，心願已了，無牽無掛地，一揆從伏獅退院，回

405 《一揆語錄》〈自敘行略訓徒〉，頁 18 上。

406 《一揆語錄》〈自敘行略訓徒〉，頁 18 上。

407 《一揆語錄》，頁 14 中。

參同，參同庵的規模已加廣了。

參同庵有祇園塔院，有繼席伏獅的義公龕塔，整個伏獅法脈人物都聚集在此，最重要的是一揆建了祖堂：伏獅堂，象徵這份傳承已完整移至參同庵了，伏獅作為祇園的祖庭的意義也就失去內在意涵。祇園師徒在伏獅禪院得不到安適之所，一揆口無間言地承擔這份責任，將之全部移至參同安置，可謂勇哉！而原本「祖印高懸別請提」之心志，看到法門冷落，為報師恩，不忍法門斷繼，一燈續燄之無盡傳燈，不得不在她心中燃起。





## （五）立願弘法，建設參同

從伏獅回來後，參同庵已多了祇園塔院與伏獅祖堂，伏獅法脈形同移至參同，自此之後，一揆似乎對弘法之事發起大願，展開參同之建設，後來參同庵之住眾還從六、七人增至四、五十人。開始時，其建設硬體建築的過程是：

> （案：康熙六年）冬間建樓三楹。戊申春，啟墻門一帶六間。己酉，造東廝浴室三間。庚戌佛誕日，建大殿。[408]

在回參同那年冬天（1667）建了樓房三間，康熙七年（1668）啟墻門一帶六間，康熙八年（1669）造東廝浴室三間。她四十六歲那年，康熙九年（1670）建大殿，并莊嚴諸佛像，參同之建設正式告一段落，王庭因而說：

> ……庚戌，建大殿，并莊嚴諸佛像。雖菴也，宛然有叢林風維，一揆以誓願所存，興舉勝業，感動十方名尼暨於德門大家，傾心施捨，相與有成，皇哉！[409]

此時的參同庵，已從靜室轉成庵院，而且「宛然有叢林風維」，王庭此言不只是說建設之成、住眾之增，亦表達一揆重視叢林清規之教化。因為康熙八年（1669），一揆還請來適南和尚、子麟居士在參同庵糾眾打禪七，並嚴謹地遵循報恩寺禪堂規則，可見參同庵在硬體建設之外，修

408 《一揆語錄》〈自敘行略訓徒〉，頁 18 上。

409 《一揆語錄》之王庭〈參同菴記銘〉，頁 15 中。

行活動也如實展開，並一切依大叢林清規來實踐，不因庵院而隨便，這種共修的力量，一向是女庵所缺乏，參同庵是女性道場，在此打禪七，正是專為女眾所設之禪七，讓女修行者能自在地在專設道場並有如大叢林般的嚴謹修行環境可禪修。

據王庭所言，一揆因弘法誓願而興舉建設道場之勝業，感動十方名尼暨於德門大家的傾心施捨，共同護持完成的。其特別點出「十方名尼」與「德門大家」，所謂名尼，應該就是一揆參學過程的比丘尼、女禪師之同參道友們，其道誼之盛可見一斑，也可顯見當時女修行者之間的互助互成。而德門大家，沒有性別之意，從常理來判斷，女性居士應該佔大部分，或居於積極主動捐施護持之角色。

從她到伏獅起念將祇園塔院遷移，直到回參同、大殿完成，這期間歷經約十年「興建土木」的時光，倍極辛苦，一揆自云：

> 余出家時孫氏嫁貲、盛門分產，悉皆捐棄，僧俗耳目共知。二十六年法門辛勤，中有十年興建土木，漸成蘭若，皆出于十方檀護信心中來，所以日夕訓誨徒輩，若非忘形死心，堅持戒行，何能俾其永遠不朽，欲報佛祖，必敬守清規，真實履踐，冷淡家風，千古不泯，遵此數語，方可同居，俾世世守之，毋負我一生苦志也。[410]

她提到空手出家之事，參同之成，剛開始受兄長護持，後來漸成蘭若，其建設資財經費，就都是十方檀護信心所發起護持的，也就是王庭所謂「十方名尼暨德門大家」，所以她訓誨弟子堅持戒行、敬守清規，真實履踐，冷淡家風，才能同居共修於此，才能傳承下去，上報佛祖，下報眾生之恩，也不負其一生苦志。大殿佛像建成，她為釋迦牟尼佛開光，還曾示眾：

> 然而琛上座造殿塑佛，實不為鬧熱門庭，……山僧雖立願數載，獨掌豈得浪鳴？幸蒙郡縣縉紳護法城郭檀越士民，各庵法弟兄輩，布法財于無盡寶藏，種靈苗于劫外心田，共手相扶，圓成聖

410 《一揆語錄》〈自敘行略訓徒〉，頁 18 上。

像。[411]

可見參同庵建設之資財有來自居士，也有來自同參比丘尼之鼎力相助。此時王庭為參同庵的定位：「一揆之公也」，便正式完成，這個屬於「公有」的道場，來之於十方，也為十方所共有。

這份「立願數載」、「誓願所存，興舉勝業」所為何來？讓她從住靜隱修，而至建設參同十方道場？是由於祇園離世時，痛切心扉，「默念付託之重，力荷祖道，志報師恩」之願乎？是作為修行人化度眾生之本懷？兩者應該皆是，而這樣的轉折也是她修悟過程的轉折。她二次應請回伏獅，皆是為了撐持伏獅法運，如前所引，當她為釋迦佛開光，正式宣告參同庵建設完成時，還云：





惟迦葉頭陀破顏微笑，從此葛藤蔓起，累及西天四七，東土二三，歷代老古錐，祖祖相傳，至南嶽下第三十七世，琛上座有恩難報，有屈無伸，不免將箇現成公案，當陽剖露一上，也要大家知得……。[412]

引用迦葉傳佛陀法，傳衍禪教，自己身為南嶽下第三十七世，所謂「有恩難報，有屈無伸」正是受法脈之恩、受祇園師恩，而思立道場、弘教法之報。她曾為了造釋迦、阿難之金佛座，寫偈勸募：

乘願莊嚴度有情，杜門爭得遇知音，至今未示黃金相，須向檀那播口唇。

虛空疊作寶蓮臺，撮土無非是法財，覓箇有緣成聖？，聚沙植福現如來。[413]

此處從發願度有情來說，要度眾便需要莊嚴之道場，更需要有法緣、知音，一向冷淡平懷的她，也激勵自己「杜門爭得遇知音」，所以需要知音法緣，需要黃金相，讓大眾聚沙植福，有緣成聖。而這些都「須向檀那播口唇」來勸募，才能成就，不是杜門靜修可達到的。她曾有〈大士讚〉、〈又讚〉：

大士讚

411 《一揆語錄》，頁 9 上中。

412 《一揆語錄》，頁 9 上中。

413 《一揆語錄》〈造釋迦文佛迦葉阿難尊者像募裝金佛座偈〉，頁 12 中。

不戀金沙灘，不居紫竹林，皎皎長空月，閒閒出岫雲，欲行頻顧後，惘極諸有情。宏願立，缾水傾，圓通妙應春風裏，笑指眾生識自心，識得心觀音，元不在丹青。

又讚　坐石上看淨瓶浮水面

吟吟獨坐磐陀石，漾漾滿波汎玉瓶，慈容頻　憐無盡，悲願宏深度有情，裁雲補袖兮，覆護一切，垂髮為瓔兮，赴感群生，蓮花襯足兮，馨香遍界，柳葉纔拈兮，大地霑恩，咦，難思妙相堪描畫，覺海潮音著眼聽。[414]

她觀持淨瓶觀音像，又有「坐在石上看淨瓶浮水面」之觀音，興起對菩薩大悲廣度有情之讚嘆，觀音「不戀金沙灘，不居紫竹林」似乎也是她「杜門爭得遇知音」的鼓勵，「慈容頻　憐無盡，悲願宏深度有情」也正是她「乘願莊嚴度有情」之典範，明知寶蓮臺只是土撮，黃金相亦是虛妄，但「欲行頻顧後，惘極諸有情」之觀音，正是她「須向檀那播口唇」之先行。《一揆語錄》除了這二首大士讚外，並沒有其他佛菩薩的讚詩，觀音示現女相，正應合於一揆作為女性禪師之身相，一揆寫觀音「裁雲補袖」、「垂髮為瓔」、「蓮花襯足」、「柳葉纔拈」特別感到一種細緻，而觀音的宏願，似乎也流貫於她的誓願中。

在一揆的弘法過程，看她強調篤實履踐，冷淡家風，卻也常有不見「知音」之感慨，所謂知音，即是指能真切修行有成之人，例如她曾有〈夢中觸著難接後人，不覺嗟嘆吟醒〉：

老漢無端沒主張，生蛇活逼要承當，傷慚妄受龜毛拂，繼後渾如六月霜。[415]

一揆受祇園法，卻作夢夢到「難接後人」，找不到能承繼的徒眾，於是嗟嘆而醒，慚愧傷感自己受了法，要將法脈傳續下去卻是這麼難。傳承的責任感讓她有妄受龜毛拂、渾如六月霜之慨。接在這首詩之後的〈步原韻〉：

沒絃琴，不落宮商調轉新，二十餘年空裏覓，瞻風撥草少知音。

---

**414** 《一揆語錄》〈一揆行實〉，頁 12 中。

**415** 《一揆語錄》〈夢中觸著難接後人不覺嗟嘆吟醒〉，頁 11 上。

破茅菴，兩扇柴扉不用關，翠竹老梅真我友，白雲堆裏露青山。

朽木舟，把定風帆泛逆流，野塘謾唱無生曲，且向清波再下鉤。

破衲襖，零零落落無人要，脫下方知棒底恩，夜半日輪當午照。[416]

以「沒絃琴」，喻傳法，可是覓來覓去，就是「少知音」。「破茅庵」，形容居處之清閒幽靜。「朽木舟」，逆流謾唱，行船要再下鉤，要覓個能上鉤者，雖然知音少。「破衲襖」，也是自境之喻，看似貧野，但夜半日輪當照，悟境光明自顯自明。這個物件以沒、破、朽、破來形容，都有破遣之意，而沒絃琴，知音少，朽木舟，再下鉤，也隱喻出一揆弘法的心境。





## （六）托缽行化，進退維谷

立願經營建設道場，參同庵「厥後龍象駢臻，皈依輻輳，革故鼎新，竟成蘭若」[417]，大殿、佛像等硬體設備，受同參信眾之護持完成，住眾也從住靜隱修時的六、七人，增加到四、五十人，也有徒孫之傳了[418]，參同由室變庵，由庵邁向禪院、叢林，這也是從「私」變「公」的過程，但因時局不隱，生存的困難產生了：

自四方多故以來，屢遭歲歉，常住淡泊，日甚一日，食有四五百指，師備極劬勞，供眾素恥募化，以此進退維谷，精神衰減。[419]

此時距離一揆離世已近，她稟持冷淡家風之律，無奈時局尚未穩定，屢遭歲歉，四五十人的生活起居花費，對她來說「備極劬勞」，在住眾生活上，她受祇園之教，「素恥募化」，因此進退維谷。〈一揆行實〉記載此劃點到為止，但已能看出要支持參同之開銷非常辛苦，對一揆冷淡平懷的性格來說，又加添困難，雖言「素恥募化」，但語錄中仍有一些關於乞化托缽之詩偈，所謂「進退維谷」，正是如此吧！？不募化，徒眾四五十人連生存都有問題，如何安心修道？募化，又恐傷害清修，失

416 《一揆語錄》〈步原韻〉，頁 11 上。

417 《一揆語錄》〈一揆行實〉，頁 16 中。

418 《一揆語錄》〈示徒孫實傳薙染〉，頁 12 下 -13 上。

419 《一揆語錄》〈一揆行實〉，頁 17 上。

卻修道者本份。一揆有一首行化偈，應該是在這段時間所寫的：〈華亭勉力行化，口占一偈〉：

> 三十年來林下居，不彰名姓少人知，只因記莂曹溪旨，隨例飄蓬帶水泥[420]。

她冷淡家風，自律自持，以不務虛名為警戒，卻也因此有「不彰名姓少人知」之感慨，所以勉力行化，頗有力不從心之感，但傳繼法脈，要能度眾弘法，不能只是個自了漢，所以還是要一步一行，隨例飄蓬諸方，沾泥帶水地支撐。又有一則，應該是較早期的〈托缽回警眾〉：

> 沾霜帶露不辭勞，北往南來暮與朝，秖為日食無米飯，閒名落徧有人嘲，金圈栗棘君須透，玉粒香羹豈易消，得箇知音密啟意，呈橈舞棹共逍遙。[421]

「秖為日食無米飯，閒名落徧有人嘲」，寫得相當真切不諱，世間運作以「名」為標目，因「名」而常常不循實，但修道者以尋找實相為目標，今為生存米飯，得受制於「名」，要承受「名」增損減益之作用，不是「不彰姓名少人知」，就是「閒名落徧有人嘲」，無名，募化不易，閒名人嘲，是有募化之機，但又恐傷損清修、違背本份。名與不名，對修行者來說，是修行與生存之間的矛盾，卻也是時時要面對而無所逃的現實問題，但這一切也是一種修行磨練。她不辭勞苦南來北往，為了住眾米飯，也經歷各種閒名與人嘲。由此她警誨徒眾：要能參透修行的真諦，一切生存資糧都含有眾生恩、國土恩等等，受眾生恩，就要以修行度眾為報，若能解脫，不管是閒名或人嘲都是虛妄不實，若能解脫煩惱，即是知音相得，心領密意，大家在此就可以一起「呈橈舞棹共逍遙」了。

又有一首〈贈圓明徹圓上人〉，是她乞化過程，住在圓明處：「偶來乞化寓圓明，面面相看舊主人，參透威音一著子，冰輪徹照臥閒身」。[422] 亦有〈贈瑞宗上人持缽〉：「持缽街頭效古風，心心無間絕偏

---

420 《一揆語錄》〈華亭勉力行化口占一偈〉，頁 12 下。

421 《一揆語錄》〈托缽回警眾〉，頁 10 上中。

422 《一揆語錄》〈贈圓明徹圓上人〉，頁 10 上。

中，穿廊入市承渠力，舊令新行是瑞宗」。[423] 依詩來看，其持缽是立於街頭，雖然因此身在穿廊入市之中，但卻能心心無間，無有差異分別，頗有讚美瑞宗能效古風。又有〈贈種福菴德如上人持缽〉：「種德幽深福自全，赤心無倦爾為先，從茲識得通津路，萬里程途指顧間」。[424] 以持缽立於人來人往之路口，喻美其能識得通往解脫生死之路。

於此雖然無法明確知道一揆托缽、行化之實際情形，是如瑞宗持缽街頭？還是行走信眾之所、道友庵院之處？總之，一揆後來為了參同庵住眾的生活所需，支持的頗為辛苦，一方面顯現一揆在參同庵經營有成，能德聚四五十個修行人，一方面也代表一揆在冷淡家風的堅持，弘法之道業盛，住眾所需便繁，堅持冷淡家風則住眾日乏，入市募化則將飄蓬泥水，靜修與弘法、修行與名聲，募化與清規之間如何全體照顧？一揆為眾走向泥水，但卻無緣如魚得水。





一揆離世前，付囑普明，予祖衣杖拂，為參同庵住持，另以如意付予法源明俊，此如意傳自幻有老人、石車、祇園，即是祇園寫真像上手持之如意，後來祇園是否付予義公？語錄未見記載，總之，此時如意在一揆處，並將之傳給法源明俊。付拂子予為一明元，象徵佛事之說。付鐵如意予惺元明湛，要其守護常住。這四位弟子各受其傳承，一揆希望她們能將佛法永遠弘揚下去，將伏獅、參同的女性禪師法脈傳承下去。並遺命荼毘入塔：

> ……遺命荼毘入塔，奈師素不蓄貲，兼荒年挂薪玉粒，常住如洗，而老居士以古禮速葬，不待制滿，入塔為安，同師內姪青巖、青岫，蘇門，師外甥屠躬？居士捐貲鳩工，擬庚申清明，塔于參同祇老師翁？右。

此時的參同還是「常住如洗」，連一揆荼毘入塔之資也很為難，於是子麟召集親戚居士們捐貲建塔，將塔蓋在祇園塔之右，與義公同立於祇園兩旁，之前，一揆毅然決然將祇園塔院遷回參同，也將義公荼毘建新龕，今日，一揆也如是荼毘成塔，與恩師、法兄站在一起，三人這麼一

423 《一揆語錄》〈贈瑞宗上人持缽〉，頁 10 上。

424 《一揆語錄》〈贈種福菴德如上人持缽〉，頁 10 上。

立，伏獅法門，就瞬間停格。

不知是一揆「難接後人」之傷果然如是，還是女性禪師之傳承條件還不夠成熟，參同庵的普明、法源、為一、惺元，後來如何？是什麼使她們的行跡無法如祇園、義公、一揆般留存？而整個禪林大環境就在這同時逐漸衰微，連男性禪師之續承也岌岌可危、如絲欲斷。

## 三、伏獅法運之末

一揆為祇園七位嗣法弟子之一，祇園離世後，她與義公、義川、普聞、一音都有所往來，到最後似乎成了撐持伏獅的最後一人，因此從她與這些法兄的交往狀況可以顯現伏獅門下於祇園之後的景況，以下將觀察之，並由此體會伏獅法運之困境。

祇園在伏獅八年，帶起一股女性禪師之風，祇園選擇義公為繼席伏獅者，義川料理塔院，希望能將伏獅女禪傳承下去。她們二人是祇園元老級弟子，又跟伏獅禪院關係密切，與帷儒有親戚關係，在出世間、世間都是值得交付的人選，但是沒想到祇園一離世，義公受到「人情皆變」之處境，甚至為塔院受盡委曲，究竟不能本庵啟造，到第四年才建好入塔，而義川也不知何故，回到南潯般若庵。義公之弘法狀況，也一直有知音者稀之慨，法門瞬間冷卻，應該是祇園去世三年後，一揆與義公曾依同韻，各寫二首懷念祇園的詩偈，非常傷感（前者為一揆所作，後者為義公所作）：

哭本師祇老和尚

折心磨琢幾春秋，午夢驚殘淚未收，嘆息離師何太早，家私蕩盡不知愁。

幾見青黄不事師，子規啼遍落花枝，傷心愁聽三回喚，靜掩柴扉風雨時。[425]

哭本師和尚

月落西沈三度秋，床頭麈尾不曾收，簷前祇樹分枝淚，風起禪堂雨潺愁。

425 《一揆語錄》〈哭本師祇老和尚〉，頁 9 中。

二十年來海內師，縱橫拄杖絕支離，爐煙丈室何曾滅，慚愧兒孫似舊時。[426]

一揆之作，有離師太早之嘆，義公則是睹物思人，自感慚愧，而兩人都有法門青黃不接之嘆之愁，尤其是義公，祇樹分枝淚、風雨禪堂愁，面對風雨，顯然使不上力。義公是當事者，居於伏獅，應該是最清楚自己的處境，也是最有權力去做，最能名正言順去做的，但仍覺人情皆變，顯然這就不是住靜於參同庵的一揆可以插得上手的，所以只能給予精神鼓勵，一揆再依前韻寫下〈寄義公法兄〉，看得出她積極地鼓勵義公：

祖庭高峻淨如秋，萬象森羅一句收，春至自然花發錦，馨香遍界復何愁。

續焰燈光不異師，禪林鬱鬱長新枝，門庭重整全君力，正是拋綸擲釣時。[427]

一揆與義公雖同在祇園座下有悟，但應該來自不同的學習背景，她們有段時間同聚於伏獅共學，還彼此商量公案，道誼甚篤，一揆住靜參同時，義公還有「地分南北少溫存，遙意離群老弟昆」之句[428]。一揆鼓勵義公法兄「馨香遍界復何愁」，必然可以像祇園一樣續焰伏獅法燈，長出禪林新枝，所以重整門庭全憑君力，此時正是弘法之時。可惜，或因緣不具，或困難一直在，或因義公去世太早等因素，伏獅一直陷入門庭冷落之中。一揆在義公離世後，作〈輓義公法兄〉、〈奠義公禪師〉：

夢覺含悲聽曉鐘，空彈血淚染丹楓，追思共唱無生曲，何意風吹別調中。[429]

惟我法兄和尚，一生行履孤硬，七載繼席伏獅，逆順艱辛無量，應用人天莫測，臨機佛祖不讓，現前若僧若俗，咸謂法門榜樣，須彌峰頂駕鐵舟，燈籠露柱齊聲唱，同條悲痛無可伸，聊以瓣香為供養。[430]





426 《義公語錄》〈哭本師和尚〉，頁 2 上。

427 《一揆語錄》〈寄義公法兄 次前韻〉，頁 9 中。

428 《義公語錄》〈一揆法弟住靜有懷〉，頁 1 下。

429 《一揆語錄》〈輓義公法兄〉，頁 9 下。

430 《一揆語錄》〈奠義公禪師〉，頁 10 上。

她看出義公主持伏獅，充滿逆順艱辛，雖然如此，仍是「一生行履孤硬」、「臨機佛祖不讓」，是法門好榜樣，同為伏獅弟子，「夢覺含悲聽曉鐘，空彈血淚染丹楓」，內心追思悲痛不已。

一揆應請來伏獅繼席，從一揆之眼看到的是：「先師塔院在荒郊道路，人難看守，余身心如懸」，[431] 禪師語錄以弘法為主，對這種是非紛爭會隱而不談，再加上無有旁證可查，實在很難拼出伏獅困境的全貌，但由義公當時人情皆變，為塔院受盡委曲，臨終前有「自己建塔」之囑託，到一揆見塔院置之荒郊，伏獅法運之困境似乎焦點都集中在祇園塔院上。

當一揆在參同庵建祖堂，供奉祇園、義川、義公之像與神主，並有言云：

> 指像云：「恭惟本師大和尚，荒涼冷坐八年，只道根深蒂固，秖緣忤逆兒未遂守塔之志、難酬之恩，具副銅肝鐵膽，不顧危亡，掀開地軸天關，無勞彈指，移全身于參同菴左，彰未來之榜樣，供遺像于伏獅堂上，示過去之風規，大眾且道現在一句又作麼生」？捧位云：「一燈續燄光無盡，二子相隨入祖堂」。[432]

其中有「忤逆兒未遂守塔之志」句、「不顧危亡」，說得毫無掩飾，只是不知未遂守塔之志者是何人？「危亡」所指為何？該守塔者為義川，是指義川嗎？還是其他住眾？還是統稱所有弟子？或只是自我慚愧之言？這是人情皆變所造成的結果？而人情為何會變？

一揆看到恩師塔院位處荒郊道路，便一心想將塔院遷至參同，此舉也頗耐人尋味，一者，祇園為伏獅門下之建立者，為何她離世後，義公會將塔院如此處理？顯然這是義公無可奈何的決定。二者，受祇園之囑料理塔院的是義川，為何資料上看不到她在伏獅為塔院奔走，反而看到她回住南潯般若庵？三者，一揆既為伏獅之住持矣，為何不將此事於梅里伏獅當地解決，還要大費周張地遷至嘉興市的參同庵？此必有其不得不然之處。否則一揆居處參同隱修，本無意在伏獅繼席，如要弘法，參

431 《一揆語錄》〈自敘行略訓徒〉，頁 18 上

432 《一揆語錄》〈丁未供本師和尚像〉，頁 14 中。

同亦有可為，不必到伏獅，既來伏獅，伏獅為祖庭，她亦是嗣法弟子之一，自可就地處理，又何必要遷回參同？四者，一揆說繼席伏獅六年，只以塔院為念，並不攀緣涉世，言下之意，在伏獅似乎沒有弘法空間，塔院遷到參同，是唯一做起來較無爭議、不受阻礙的！？五者，義公「自己建塔」之意，是否隱含祇園塔院受制於人？所以一揆以遷祇園塔並新建義公龕於參同庵來解決？從以上這些問題可以看出，祇園塔院之安置問題，讓義公等人遭受困境，義公勉強建之荒郊道路，一揆不忍，毅然決然遷之參同，自設塔院、祖堂。而這個困境讓她們無法安心在伏獅禪院弘法，作為伏獅門下的祖庭，遂成了容不下伏獅弟子的道場。





義公所謂「自己建塔」，以及祇園塔院置之荒郊，是否與伏獅禪院之產權有關？這是作為私庵的伏獅禪院，值得體會的一件事。

追索伏獅產權、董帷儒繼承之情形，尚有一跡可循：伏獅之前身名為董庵，是梅里李氏嫁到南潯董家後，在梅里為自已的養女（即義川）所蓋的私庵，所以基本上是屬於南潯董氏的私人家庵，並歸於董帷儒名下，而非募之十方的公有寺院，除了帷儒擁有所有權外，是否李氏娘家這邊亦有所投入？這就不得而知，只是因為地處梅里，所以迎請祇園、一揆時每每都是「潯溪梅里檀越護法」兩地居士並舉。祇園來伏獅是因修證德性故，帷儒與母親顧氏也都相當支持，祇園、義公，甚至一揆這一門三人的語錄中，帷儒一直都是扮演重要護法的角色，好幾次都由他出面敦請住持，義川住持的南潯般若庵，是顧氏供養創建，義川歿後，帷儒敦請一揆來般若庵住持。義公去世，伏獅虛席，也是由帷儒為名邀請一揆住持，甚至一揆回參同庵九年後，又曾再一次請一揆回來，一揆幾乎成了伏獅門下的救火隊，而帷儒都是敦請她的人，所以伏獅之體質屬於私人家庵，此家庵所有權既在帷儒手中，於義公等人並無妨礙，反而是得到助力。但是問題是，董氏母子得到這份財產是經過一番波折的，據顧氏一篇〈傳家序〉所言：

> ……歲在壬甲夏間，三房旌節李太太見我向善，苦修婦道，兒又聰明決非凡品，遂有立嫡祔食將家產授我之意，一言已出，爭者四起，同宗骨肉為這幾分銀子便同仇讎一般，你也來奪，我也來奪，奪得落得此是如何景象？我想起來三房家產，我又不是貪

圖他的，分明是太太好意，以繼嗣為重，立嫡立賢也無差處，我如何忍得，卻又思量：這般氣色，一箇女流如何抵得住，況且凡人以情義為重，錢財為輕，我不妨退讓一分，便大家一團和氣，豈不快樂？為此只是靜守，憑太太分付、眾位尊長均分便了。不幸命薄，太太又仙逝去矣，孤身無倚，全沒幫助，汝只曉得讀幾句書，全然不解我的心事，虧得有至親閔唐李沈諸位老爺從公分派，漸覺內外大小俱無閒言。……[433]

這是一段淺白卻真切的母親之語。其中三房李太太（董嗣昭之妻）即是義川之養母，董庵是她為義川出家時所建，換句話說董庵之所有權原為李太太所有，她膝下無子，找帷儒來繼嗣，卻引起「爭者四起，同宗骨肉為這幾分銀子便同仇讎一般，你也來奪，我也來奪」的財產爭奪戰，這段紛爭在地方志裏稍露些端倪：

……觀董中條身後爭繼，至于訐訟紛紜，久而後定，構造百端……[434]

董中條即是董嗣昭，即李氏之夫。爭繼之事即關乎財產之爭，這段過程甚至「訐訟紛紜，久而後定」，可見帷儒財產繼承之過程，曾引來很大的風波。所以義公遭遇到的人情皆變之勢，是否與這段繼產風波有關？義公繼席伏獅是清順治十一年（1654）之後，李氏去世於明崇禎五年（1632），兩者相距已二十三年了，所謂諍訟久而後定，會至二十多年後還未解決嗎？顧氏寫〈傳家序〉時是順治十年（1653），所謂：「漸覺內外大小，俱無閒言」，似乎之前紛爭已解決了，所以在時間上，繼產風波又不致於拖至義公繼席之時。除非這個紛爭抬面上雖已解決，私底下卻還是一直存在著糾葛，而影響到繼席的義公，這也不是不可能。另一個層面，帷儒在南潯，伏獅在梅里，即使帷儒相當護持，也會因距離之遠而無法兼顧，梅里這邊人士的作為還比較有直接的影響力，所以



433 周慶雲《南潯志》卷五十六〈志餘七〉，《甦庵家誡》下轉引該書內容。此書為董帷儒所編，收錄其母〈傳家序〉一文。頁 679-680。

434 周慶雲《南潯志》卷五十六〈志餘七〉「紀氏族譜」下，頁 678。此條目本是記載董帷儒是紀象春之子的傳聞，傳聞紀妻與顧母為姊妹，顧氏未生男孩，所以私訂抱送帷儒為己子。然而撰志者認為帷儒繼嗣之事，已發生很大紛爭，但紛爭中並未談及帷儒為異姓之後，所以認為此傳聞不可信。

伏獅之困境是否與此有關？也無從得知。總之，伏獅作為私人庵院的體質，使它在發展上需倚靠世俗的所有權者，所有權者能護持即好，不能護持自然無能為繼，即使所有權者能護持，其家族成員的意見極可能對庵院造成設限與牽制，修行者也無法安心修教。

但是如果說義公等人之困境，完全出在伏獅禪院之私庵性質上，亦不全然，當一揆第二次來伏獅時已五十一歲，距離她離世只剩四年，似乎無意於伏獅久住，她示眾時有言：「不意潯溪梅里檀越護法，深念祖庭聲墜，列派分疆，法道異端，豈能坐視，再三堅請，復住伏獅，琛上座勉遵台命，即得應箇時節，不過列職安眾嚴整一番」。[435] 所謂「列派分疆，法道異端」是目前所見最直接點出祖庭聲墜、伏獅困境的語句，是伏獅住眾分派結黨？是非佛教人士介入主導？又，此時的困境是否與義公當時相同，亦不得而知。到底如何列派分疆？如何法道異端？沒有其他佐證，目前也只能存而不論。

總之，義公時的「人情皆變，為塔院受盡委曲」，一揆之「惟以塔事為念，不攀緣涉世」、「忤逆兒未遂守塔之志」、「祖庭師墜，列派分疆，法道異端」，以及伏獅禪院作為私庵性質所可能引生的問題，甚至其他未知的狀況等等，讓伏獅禪院在運作上產生問題，伏獅禪院擁有祇園之名，繼席的嗣法弟子卻無法安心弘法，還形成祇園塔院被排擠的狀況，也難怪會門庭冷落，終至灰飛荒廢。一揆將塔院遷回參同後，經過九年，康熙十四年（1975）曾再回伏獅復住，但時間不長，不久她離世，接下來的伏獅是怎麼變化的，不得而知，只是八年後，康熙二十一年（1682），王庭看到的是院虛無人，漸次被拆毀破壞，佛像在風日中曝曬的伏獅禪院，既是讓伏獅弟子無法安心弘法，為何又落致破敗無人之地？此時居士護法不忍見此，再請覺柯住持，為此還寫下一篇重修記。

至於一揆與義川之間，有則一揆為義川過世舉龕之法語：

> 般若義川法兄禪師，舉龕。法道傾頹，愁得石人汗出，雲龕起舞，欣逢木馬嘶風，幸我法兄和尚，夙緣深植，公案現成，其生

435《一揆語錄》，頁9上。

也四十年，受檀越之宏護，其死也百千世，瘗故身于福地，若非大人作略，焉能末後光輝？召大眾云：「且道和尚即今在甚麼處？琛義同手足，豈敢囊藏，聊與諸人通箇消息，那伽長定十三秋，發談冰壺得自由，趂此一輪霜月皎，湘南潭北逞風流」。[436]

一揆弟子所寫的行實，談到一揆「常感義川、義公兩師伯教導之力」，[437]「琛義同手足」兩人亦含有深切道誼，無怪乎義川生病無法住持般若庵時，帷儒也是請一揆助之，因為般若庵在南潯，正是帷儒母親顧氏所建：

般若庵 在北柵外下壩，俗名新庵，董漢策母顧氏建，咸豐時燬，同治五年重建。[438]

漢策，即帷儒之名也。又有〈董漢策致女師一夔啟〉，請一揆住持般若庵：

般若禪院創自先慈，既捨宅為覺林，復表閎于鹿苑，飯僧施脫粟，供眾置閒田，其來久矣。住持義川禪師闡第一義于玆，不意色身多厄，病輒經年，心思退院，伏望飛錫遙臨，俯念同門之雅，俾川師得謝事優游，敬申懇告，想沐俯俞。[439]

期望一揆能念同門之雅，來般若庵。不知一揆是否答應？語錄有般若打七之法語，所以不論是在此時或之後，一揆應該是有前往才對，於法門之互相扶持，一揆是不遺於力的。義川去世，一揆舉龕，義公為之封龕：

義川法兄和尚封龕。以拄杖云：「嗚呼，唯我法兄般若和尚，心同赤子，行逾古人，見道十年，行道有規，巧若拙，智若愚，辯如訥，剛如柔，為眾如為己，盡人合天機，我與你同條生，你捨我以長往，嗚呼，肅清寰宇，函蓋乾坤，千眼大悲覷不見，八臂那吒無處尋，普化搖鈴振在雲端，大梅臨終錯聽鼯鼠，大眾要見和尚面目麼」？卓拄杖云：「遍界不曾藏，莫道瞞汝好」。遂

436 《一揆語錄》，頁 14 下。

437 《一揆語錄》〈一揆行實〉，頁 16 下。

438 周慶雲《南潯志》卷十五、寺廟四、般若庵下，頁 164。

439 周慶雲《南潯志》卷十五、寺廟四、般若庵下，頁 164。

云：「封」。[440]

義公與義川之道誼更久，二人都隨祇園二十多年矣。義公讚其「心同赤子，行逾古人，見道十年，行道有規」。義公為了處理義川後事，一七日內即染疾，隔年也跟著離世。二度就住伏獅禪院，也曾被請至義川之般若庵，為了傳繼法門，一揆與延續伏獅最直接的這二人之緣分，不可謂不深。

一揆也曾為普聞授遠賀七十誕辰，普聞，法名授遠，也是祇園嗣法弟子，而且在嗣法排序上為首位：

慈風久已播梅溪，高隱精藍不露機，道啟從心獅踞伏，法弘祖席象龍齊，緣疏嬾洽時人意，德厚嘗懷古聖儀，欲慶無疆同萬壽，蟠桃結後有薔薇。[441]

普聞住伏獅應該有很長一段時間，也可能比祇園更早來，所以云「慈風久已播梅溪」，只是不知「法弘祖席」之時間，是在一揆回參同之後否？

一揆與一音之連繫較頻繁，一音，法名超見，亦是祇園嗣法弟子之一，《祇園語錄》有其請陞座，[442]《五燈全書》亦有傳：

當湖善護菴尼一音見禪師，姓戈，適沈，以疾謝，投伏獅剛披剃，看萬法歸一話有省，剛問：「如何是有物先大地，無形本寂寥」？師曰：「到家何必說程途」？剛曰：「如何是你到家消息」？師曰：「仲冬天寒，請和尚珍重」。剛為印可……。[443]

祇園門下就只有一揆與一音被列入《五燈全書》中，可見一音之弘法亦頗興盛。她於祇園在世時，即到當湖善護庵弘法，新建禪堂時，祇園還坐船去隨喜觀禮，可見比一揆，義公她們更早開法。一音的活動頗強，她曾請百痴禪師來善護庵上堂，並領徒到松江明發禪院請百痴上堂，百痴有〈勉善護尼一音法侄〉詩偈勉勵之，[444]一音還曾請從南嶽來的女禪

440 《義公語錄》，頁 2 中。

441 《一揆語錄》〈賀伏獅普聞法兄七旬大誕〉，頁 11 上。

442 《祇園語錄》卷上，頁 424 下、425 中。

443 超永《五燈全書》卷九十三，頁 517 下、518 上。而頁 522 中下亦有其傳，內容不同。

444 《百痴禪師語錄》卷六、十二、二十一，《嘉興藏》冊 28，頁 30、64、110。

師季總到善護庵上堂、就院開爐。[445] 一揆曾寫下詩偈向她祝壽：

> 半偈留箋祝大椿，百花如錦降全身，鶴翹松頂沖霄漢，桃放蓬萊隔遠津，道振當湖尊齒德，聲傳寰宇喜從心，兄之重法標千古，三十年來金石貞。[446]

她稱美一音「聲傳寰宇喜從心」，三十年來重法，心如金石貞。善護庵新建山門時，一揆也寫詩祝賀她：

> 法幢高豎已多年，閃電之機孰敢前，撥轉門庭添瑞色，千溪萬派自歸源。[447]

並有〈久闊有懷〉：

> 匆匆話別久經年，喜我同條不老仙，善護一生承願力，清標千古遞相傳。[448]

不管是「千溪萬派自歸源」或「清標千古遞相傳」，都是指一音法幢高豎、承願不老仙之長遠弘法。看來一音應該在當湖善護庵住持頗長一段時間，從祇園在世時就開始，或許有三十年之久吧？而且還能常參請大德或請大德來上堂說法。當一音之訃聞至，一揆似乎已感受到伏獅法門更冷更微，所以甚為傷感，連帶地提起伏獅法運：

> 奠善護一音法兄禪師，當今法門雖盛，覓個本色道人，如星中揀月，惟我法兄和尚行藏作略，深達古德家風，性直骨剛，脫出時人窠窟，三十年荷擔此事，兢兢業業，為法為人，敬師始終不易，誨徒晨夕無倦，雖則久病室中，其規有條，其令嚴密，所以同條一脉，全賴于法兄共手相扶。訃聞忽至，如矛刺心，如鳥折翼，嗟乎伏師門下，法運漸衰。顧視左右，云：「不識現前諸大德，還描得令師塔樣麼？其或未然，更下註脚：一會靈山即儼然，就中誰肯效躭源，獅音斷處頻相知，敬守遺風切莫遷」。遂展具。尚饗。[449]

---

445 《季總語錄》卷一，頁 447 上、中。

446 《一揆語錄》〈壽一音法兄七袠〉，頁 11 上。

447 《一揆語錄》〈善護一音法兄新建山門〉，頁 11 中。

448 《一揆語錄》〈久闊有懷〉，頁 11 中。

449 《一揆語錄》，頁 14 中。

她認為一音行藏作略，都深達古風，性直骨剛，能脫出窠窟。即使久病室中，對善護庵之管理，有規有修，清規嚴密，兢業荷擔，為法為人，敬師不易，誨徒無倦。伏獅門下弟子，除了義公繼席外，其他嗣法弟子同條一脉，四散諸方，依緣弘化，並也全賴彼此共手相扶。一揆於此應該最有感受，每遇伏獅祖庭虛席，一揆都臨危受命，互相補位撐持。義公、義川早離世，普聞如何不知，從一揆對一音頻繁交流可知，兩人在不同的地方，一在善護，一在參同，雖無法於伏獅祖庭撐持，但也共同為伏獅法門之傳繼努力著，彼此鼓勵共勉著，現今一音又逝，能撐持法門的，頓失一端，一揆如矛刺心，如鳥折翼，嗟嘆伏獅門下法運漸衰，她向一音之徒眾、如同對自己的徒眾一般地說：「獅音斷處頻相和，敬守遺風切莫遷」，要大家敬守一音之嚴密清規，實履踐行，在法門冷落之時，彼此應和莫變移。這是對弟子說，也正是對自己處境下了註腳，獅音已將斷，一揆與一音，早就頻頻相和，和和力竭聲嘶，卻聲聲微渺，聲不成聲，如今一音離去，一揆似乎為自己失去相和的人，感到陣陣的傷感，獨嘶之鳴，勢必也於不久的將來，消失在空中。

# 伍 傳承與弘法網絡（下）

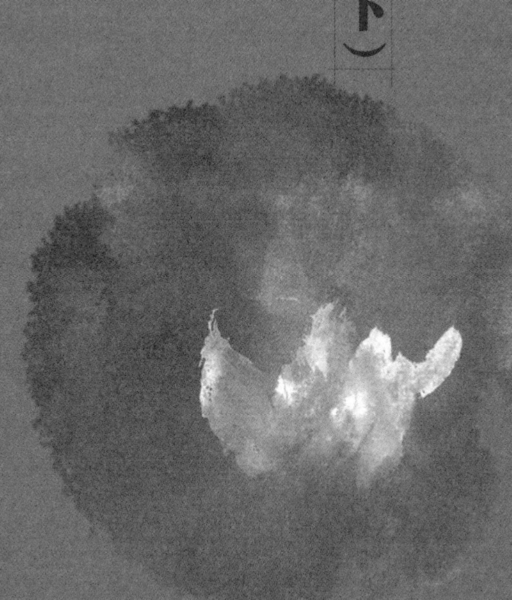

# 第五章　季總

## 第一節　南嶽與龍池兩個師承





季總到南嶽，於山茨通際（1608-1645）座下悟入、出家，無奈山茨去世的早，季總便自南嶽下山，來到佛教興隆之地江浙一帶，禮拜祖塔、參訪大善知識，於江蘇宜興龍池山遇見萬如通微（1594-1657），萬如見其當機不讓，道器不凡，便付予法嗣傳承，成為臨濟下第三十二世法脈。南嶽的山茨是天隱圓修（1575-1635）弟子，龍池的萬如則是密雲圓悟弟子，天隱與密雲同為幻有正傳（1549-1614）弟子，當時臨濟禪門就以這二系最盛，而密雲一系更勝一疇。季總在天隱下的山茨處有悟，卻在密雲下的萬如承受法脈，對季總而言，山茨是啟悟之實的老師，萬如是給予法脈之名的老師，外顯萬如之嗣，內蘊山茨之法，所謂「花開南嶽，果結禹門」[1]、「始得省於南嶽，繼嗣法於龍池」、「推倒南嶽峰，吸盡龍池水」[2]，兩條師承同時落在季總身上，在其語錄中不管是季總自己或學人，也經常同時提到這兩條師承以及由此提拈南嶽、蘇州，或對舉或連動來顯機鋒、提問。而且這兩位老師的語錄：《南嶽山茨際禪師語錄》（以下簡稱《山茨語錄》）、《萬如禪師語錄》，都記載了季總與他們的對話，能從男性禪師語錄這一面能見證女性禪師的修證，這是頗難得可貴的。

### （一）法的原鄉：南嶽山茨

#### 1、遇見山茨之緣起

季總是衡陽人，距她家鄉不遠處有座名山：南嶽衡山，中國禪宗自惠能下分為兩系：南嶽懷讓（377-744）→馬祖道一（709-788）、青

---

1 《季總語錄》譚貞默序，頁 441 中。

2 《季總語錄》葉紹顒序、張銖序。頁 442 下

原行思（660-740）→石頭希遷（700-790），而繼分五宗（前者分為臨濟、溈仰，後者分為曹洞、雲門、法眼），而懷讓與希遷均在南嶽開山弘法，尤其是懷讓之於臨濟，讓臨濟在法脈排序上有「南嶽下」幾世之稱。所以南嶽在禪門、臨濟宗都有其重要地位。而這座南嶽大山為季總吸引來一位出生北方，江南悟道，匿跡南嶽的悟道師：山茨。

季總三十四歲時，於山茨座下出家，未出家前即能讀經識典、參究公案，據〈行實〉所言，季總自幼即不喜茹葷，好看儒書佛經，有出離之志：

> ……幼不喜茹葷，哺一葷即吐，稍長，好看儒書佛經，厭處塵繁，痛念生死，懇父捨身出家，父不允，後許字陳氏，不數年，陳君遊宦沒，即造菴修像，作福田邊事，朝夕靜坐，喜看戒律，決志出家，逐日訪問知識。[3]

於是她懇求父親，表達願意捨身出家之心，但不被父親允許。結婚後，丈夫遊宦而死，守寡的她一方面布施作福田，一方面也得以遂其志向，重拾修道之事，朝夕靜坐，特別喜歡閱讀戒律的書籍，並打算出家，於是就逐日參訪善知識，找尋明師。在一次參訪海天老師時，看到《南嶽禪燈錄》，這本燈錄便是山茨所編，便因此上南嶽求見山茨。

**2、山茨之煙霞癖**

山茨，法名通際，通州人，初參密雲，並在此圓戒，後來於天隱圓修座下有省，一次歸省途中聞二僧對答，豁然大徹，天隱予以印可，受其法脈。他的個性「行致孤卓，人咸畏禪之」，初住杭州東明寺，「巖峻自持，瓦老雲寒，破椽不蔽，肅如也」，[4] 後來竟被污陷「盜占祖塔」，雖然士紳力陳當事，為之申明，天茨以無諍為重，遂曳杖宵遁，喟然出走：

> ……忽師蟲以盜占祖塔會之，紳士力陳當事，為師圖復，師喟然曰：「夫沙門以無諍為德，吾不能以德化，而藉護法以力爭，滋媿矣」。曳杖宵遁，竟歷匡廬，躡洪崖，徧禮寶峰石門諸祖塔，

3 《季總語錄》卷二，頁 453 中。

4 《山茨語錄》之通問所寫〈臨濟第三十一代南嶽山茨際禪師塔銘并序〉，《嘉興藏》冊 27，頁 374 中。

直登祝融，周旋擲缽峰，喜其崖石林立，拔地千仞，縛茆以居，曰：繼隱。以昔思大神鼎大覺先後住此，示志同也。山中諸老宿聞之，咸以相給供復，為廣其室曰：綠蘿。[5]

離開杭州，山茨徧歷山林禮諸祖塔，來到湖南，登上南嶽最高峰：祝融峰，他喜歡上這一大片連峰直聳、石崖奇立、拔地千仞的大山，而這大山也是懷讓、馬祖當年之居處、禪宗五家之源的佛教聖地，所以山茨願志同祖師，決定在此匿跡結茆，這一年是崇禎十一年（1638），起初在擲缽峰下縛茆，名「繼隱」，後山中老宿為廣其室而成綠蘿庵，於煙霞峰下。擲缽峰與煙霞峰皆是南嶽七十二峰之一，他對住山南嶽曾以「癖」自喻：「比來住山之癖愈深」、[6]「我本愛林泉，遂成煙霞癖」句，[7]也寫下許多南嶽山居詩，呈現清貧幽居的修道生活，例如〈山居〉詩其中三首：

卜得雲泉處，孤危在嶽峰，縛茆衣曲水，闢徑傍幽松，鑿沼邀明月，編籬禦曉風，頭陀生計事，一一向人通。[8]

破衣亂髮一身輕，菜飯香生折腳鐺，本色住山井落寞，竹籬秋月十分明。[9]

衲破通身雲片，笠殘滿眼煙痕，年來更是貧甚，置錐之地無存。[10]

這種結茆編籬、尋泉闢徑的住山實作，是一日不作一日不食的農禪古風，物質條件雖然不好，但修行之本懷在其中，他曾在綠蘿庵示眾云：「今日有煩你們挑土運石，深山枯淡，無可酬勞，舉則古話供養……」，[11]自古以來，南嶽即是許多佛道修行者住山修行之所，山茨來此結茆，想必自然而然地與山中修行者往來、共修、論道，山茨與這些





5《山茨語錄》〈山茨塔銘〉，頁 374 中。

6《山茨語錄》卷三〈與報恩玉林和尚〉，頁 365 上。

7《山茨語錄》卷四〈答招〉，頁 368 中。

8《山茨語錄》卷四〈山居〉六首（五言律）之一，頁 367 下。山茨〈山居〉詩有四組：六首（五言律）、八首（七言律）、六首（七言絕）、四首（六言絕）。

9《山茨語錄》卷四〈山居〉六首（七言絕）之五，頁 369 下。

10《山茨語錄》卷四〈山居〉四首（六言絕）之四，頁 371 中。

11《山茨語錄》卷一，頁 353 上。

修行人都是挑土運石等日常勞作中實踐著，這種實作勞務的方式，即使山茨後來下山來到長沙瀏陽南源禪寺時依然如此，他在南源寺晚參時曰：

> 晚參云：山僧住南源來將兩月許，未曾舉著宗門中事，諸人作務遲了，山僧不是喊便是罵，諸人若作喊罵會，自合入拔舌地獄，若不作喊罵會，累及山僧入拔舌地獄，有人向者裏知得落處，山僧拄杖子今夜兩手分付，如或未然，只知事逐眼前過，不覺老從頭上來。[12]

他到南源寺二個月，都只是與大眾一起作務，並未舉禪門機鋒公案等話語。一次示眾時談到：諸方有各種禪法教授，他自己只有「留得一把鈍鐵鋤頭」：

> 示眾，諸方有玄妙禪，有性理禪，有細膩禪，有逐日常進禪，有休去歇去禪，有大法小法禪，與人理會，與人敲嚼，山僧此間且無如許多禪，只有遠祖百丈大智禪師，留得一把鈍鐵鋤頭，逐日要諸人使用，使用得純熟，若到力忘于己，手忘于心，目前不見有可開之田，腳下不見有可立之地，忽然鋤轉山河大地百雜碎，露出當人雙眼睛，大眾即今把柄在阿誰手裏？驀擲拄杖云：當陽拈出大家看。[13]

他引百丈禪師，以鈍鐵鋤頭之作務工具，展現實作勞務之農禪，要弟子在下鋤開田、腳踏立地中體證生命解脫之禪法。而這種實作、清貧之山居禪風，也包含山茨不欲投處叢林爭榮取利的心志，他亦有言：「法道寥寥不可模，一菴深隱是良圖」，[14] 曾作〈漁父詞〉四首，其序有言：

> 衡嶽殘泉懷祖四尊宿，俱當時未據叢席者，其清風高節，千載下猶津津播人齒頰，詎非道德持守所致耶？比見諸方荷法之士，往往以叢林為榮位之所，獻書投幣，跼蹐朱門，希求薦舉，予聞之

12 《山茨語錄》卷一，頁 354 下。

13 《山茨語錄》卷一，頁 355 下。

14 《山茨語錄》卷四〈山居〉八首（七言律）之五，頁 371 中。

不覺掩鼻，遂作此詞，一以懷四尊宿，一以自儆耳。[15]

他寫下〈懶殘巖主〉、[16]〈谷泉菴主〉、[17]〈石頭懷菴主〉、[18]〈祖菴主〉[19]四首漁父詞，他們分別是四位曾經住於南嶽的高僧，山茨景仰他們有修行者本色，能未據叢席，有清風高節之操行，以古鑒今，對當今有人以「叢林為榮位之所」，作一些奔走鑽營之事，有所不齒，並以此自警。對時禪林弊病，山茨多次指陳：「弟嘗痛心，當代荷法之士，一住院子便視為已有，去去來來，不啻駑馬之戀枯椿，佛法衰替，古風不振，皆此輩之過也」。[20]參學者多「無正因」而入叢林，或學機鋒、或學詩偈，或隨群打哄等等，皆非學道正因，以致「禪林衰替，祖風不振」，所以「凡我同居，當照古風，以真參實悟為懷，囂浮掠虛為戒」[21]，可見山茨結茆南嶽，清貧勞務，有志效古風、振興祖風之理想，而他這種心志與風範，之後也影響季總以及她將南嶽視為古風精神象徵的心境。

那本《南嶽禪燈錄》，是山茨到南嶽後，發現山中老宿對過去在南嶽修行的祖先大德知之甚少發願所編的，其〈南嶽禪燈會刻序〉云：





15 《山茨語錄》卷四〈漁父詞〉四首有序，頁 371 下。

16 懶殘，號明瓚，唐天寶初為衡岳寺執役僧，性懶而食殘，故號懶殘，與當時隱居南嶽後為宰相的李泌有一段神奇的點化因緣，今在南嶽仍有懶殘巖。南嶽地方志都有其傳，如朱衮《衡岳志》卷三〈懶殘禪師〉，頁 265。

17 谷泉，北宋人，朱衮《衡岳志》卷三〈芭蕉菴禪師〉傳曰：「……少聰敏性耐垢污，大言不遜，流俗憎之，去為沙門，撥置戒律，任心而行。……造汾陽謁昭禪師，昭奇之密受記莂……，後登南岳住懶殘岩，移住芭蕉庵，……夜地坐祝融峯下，有大蟒盤繞之，師解衣帶縛其腰，中夜不見，明日杖策遍山尋之，衣帶纏枯松上，蓋松妖也。又自後洞負一石像至南臺，像無慮數百斤，眾僧驚駭，莫知其來，後洞僧亦莫知其去，遂相傳為飛來羅漢……」。《神僧傳》卷九亦有傳，《大正藏》冊 50，頁 13 上。

18 指石頭希遷，唐代廣東高要縣陳氏子，於天寶初至衡山南寺，寺東有石，狀如臺，乃結菴其上，時號石頭和尚。著有《參同契》、〈草庵歌〉，貞元六年示寂，塔于東嶺，德宗謚為無際大師。

19 指馬祖道一，曾到南嶽傳法院打坐習禪，懷讓知是法器，前往化導，留下打坐成佛、磨磚成鏡的公案，在南嶽隨學懷讓十年左右，馬祖前往福建、江西等地弘法，最後在洪州開元寺（今南昌）禪法大大弘化，有如修行者的一大明燈，於是馬祖（在江西）與石頭（在湖南）被禪林稱為「江湖二甘露門」，是當時禪者必定參學的老師。

20 《山茨語錄》卷三〈復南澗箬菴和尚〉，頁 364 下。

21 《山茨語錄》卷四〈堂榜〉，頁 373 下。

……余戊寅春，既解項上之枷，乃得匿跡兹山，居繼隱草菴，間有老師大衲相過，余每叩以兹山先哲道德言行之顛末，往往無有知者，因慨然太息曰：「既居此祖窟，而先哲道德言行莫之能曉，平日將何以為治心之師哉？」由是遂發大藏，探閱傳燈諸錄，凡屬七十二峰或握拂陞座，或抱道幽棲於吾祖之道，師承有據，法眼圓明者，摘出百有三十三人，其機緣法語偈頌傳銘，亦若于篇，彙成八卷，題曰南嶽禪燈會刻，其語悉依舊本，未敢增損，皆先哲導迷返悟要旨之言，既非余臆，俾行於世，有何誚歟，冀出格英靈向一言一句直下擔荷，高懸慧日，重振祖風，此余集是錄之望焉。[22]

山茨愛南嶽之林泉崖石，更敬南嶽之祖師大德，於是他發願蒐集了其一百三十三位南嶽禪宗祖師之言行錄，印刻成書，曾言「是集行，當必有從紙縫中劈開面目者」，又集宋元明興諸老宿機緣法語，謂眾曰：「此吾徒慧命寄也」，[23] 果然是這樣的願力啟動了季總的參禪機緣，讓她能劈開面目。

**3、給話頭，起疑情**

一直精修福報，也靜坐、看律、參訪知識的季總，看到這本燈錄，讀後，卻透不出宗旨為何，她想既能編輯此書，必是知道之人，於是問明編者為山茨和尚，現今結廬於南嶽煙霞峰，便登上南嶽，向綠蘿庵前去，要問個宗旨處，問個修行之道：（尚，指山茨。某，指季總）

尚問：「汝在家作何功德？」

某云：「念佛」。

尚云：「念佛又爭得？」

某禮拜云：「特求和尚開示」。

尚云：「汝參一口氣不來，向何處安身立命？」

某領之，從此發起疑情。[24]

22 《山茨語錄》卷四〈南嶽禪燈會刻序〉，頁 373 上。

23 《山茨語錄》通問〈臨濟第三十一代南嶽山茨際禪師塔銘并序〉，頁 374 中。

24 《季總語錄》卷二〈行實〉，頁 453 中。

山茨並非排斥淨土之禪人，他甚至還有〈懷淨土〉十首，表達「聊為執淨非禪，執禪非淨者鞭影」，[25] 他的態度是禪不礙淨，淨不礙禪，所以他曾在〈念佛鏡跋〉曰：「予忝習禪者，淨土一門罔諳厥旨，遂據吾宗聊釋之……」，[26] 禪與淨只是修行法門之不同，並不相礙，他是禪者，就以禪來釋淨。而禪以自悟為核心，淨以安穩發願為主，可以相得益彰，但如缺自悟功夫，則顯無力，今日既是有心修道，卻只以念佛為修行功課，不知參究本心，甚為可惜，於是他給季總一個話頭：「一口氣不來，向何處安身立命」？季總領受這個本參話頭，由此發起疑情。巧的是，這個話頭，正是山茨自己出家初期內心之最怵惕處：（師，指山茨）

> ……寺有若昧法師，開法講演，師遂得習講座下，每聆無常迅速語，即自怵惕，一口氣不來，向甚麼處安身立命？雖歷講，非志也，而此念獨諄至，忽一夜經行，偶失足，殊覺有所省入，奮志參方。……[27]

山茨每聞無常迅速之語，即對「一口氣不來，向甚麼處安身立命」有怵惕之感，怵惕之念像話頭疑情，盈繞不去，因失足，有所省，遂改習講，奮志參學去。而這個話頭也是祇園初參密雲，首先問的心中疑惑，可見這個話頭切入修行本懷之銳利，也應該是當時禪林頗為流行的話頭。

**4、閉關參究，無明粉碎**

參究話頭，起疑情一段時日，也經常來南嶽參問，有一天，山茨要季總閱讀《禪關策進》：

> 一日，尚以《禪關策進》命某看，開卷，見鵝湖大師示眾云：「莫祇忘形與死心，此箇難醫病最深，直須提起吹毛利，要剖西來第一義」。便問：「如何是西來第一義」？尚打一棒云：「向者裏會取」。[28]

25 《山茨語錄》卷四〈懷淨土〉十首有序，頁 367 中。

26 《山茨語錄》卷四〈念佛鏡跋〉，頁 373 中。有居士得大行尊宿《念佛鏡》一帙，欲重付剞劂以廣流通，請山茨為其寫敘所成。

27 《山茨語錄》〈臨濟第三十一代南嶽山茨際禪師塔銘并序〉，頁 374 上。

28 《季總語錄》卷二〈行實〉，頁 453 中。

此時見示眾語，問個「西來第一義」，已不同普通時日之問，山茨以「打一棒」頓斷其疑，再點撥：「向者裏會取」，於疑處、斷處下功夫，於是季總便歸家，開始閉關：

> 某即歸家閉關，或行或坐，七晝夜目不交睫，一日見古錄上有「百年三萬六千日，返覆元來是者漢」之語，便知諸根行業，皆幻化不實，日用尋常，了無他事，作偈云：「有物不生不滅，無形非聖非凡，晝夜相隨，去住胡為，冷坐寒巖」。作書并偈呈似和尚。[29]

此時歸家精進閉關，持續七天七夜，或行或坐，都沒有睡覺，努力參究話頭、公案，她見古錄中有「元來是者漢」句，體悟到一切皆幻化無實，故作偈寫信寄呈山茨，山茨回信：

> 尚回示云：「偈語雖佳，不離記憶揣摸，非親證親悟之言，明眼人見之，不值一笑」。某開覽，不覺寒毛卓豎，冷汗浹背，行坐參究，四十九晝夜不倦，忽然呆去三四時，不見有身心器界。偶聞雷迅，如在網羅中跳出相似，當下不疑，銀山鐵壁一時粉碎。作偈云：「八萬門頭一箇關，一關本是絕遮闌，驀遭霹靂頂門開，堂上家親竟日閒」。呈和尚。尚領之。[30]

山茨以「不離記憶揣摸，非親證親悟之言」，直截了當破斥之，「不值一笑」，更如利劍一般，疾速輕下，頓斷粉碎，看到這樣的評語，有的會反感、不服，肯受教者則會慚愧、接受，但閉關用功多日的季總，身心專注，見地銳利，或許也正處於自滿之時，收信一覽，竟至「不覺寒毛卓豎，冷汗浹背」之地，言語之刀，砍卻心中執取，當下無法捉靠，無有立處。

在山茨這方面，其語錄收有〈示尼繼總二則〉，其中一則似乎就是這封回示：

> 偈語見處，似不出記憶揣摸得來，非親證親悟語。何則？若不揣摸，何處有即心是佛、騎牛覓牛、并仰之彌高，鑽之彌堅等語。

29 《季總語錄》卷二〈行實〉，頁 453 中。

30 《季總語錄》卷二〈行實〉，頁 453 中下。

師家垂手處，如石火電光，學人若擬思量，何啻白雲萬里，承言須會宗，勿自立規矩，如不識此，定無來由，明眼人見之，不直一笑，要知有來由底人麼？不見大慧和尚問尼妙總曰：「古人不出方丈，為甚麼去庄上喫油餈」？尼云：「和尚放某甲過，方敢通個消息」。慧云：「我放過你，試道看」。尼云：「某甲亦放和尚過」。慧云：「爭奈油餈何」？尼喝一喝，拂袖而去，爾試理會看。如舍利弗與天女公案，非唯錯會，兼且不識語脈，謬解之甚，何不看天女曰：「我從十二年來，求女人相了不可得，當何所轉」？此等說話，如握靈蛇珠，圓活自轉，橫縱無礙，不留朕跡，爾若果到求女人相了不可得，則頭頭上了，物物上彰，居俗亦得，為尼亦得，何有淨穢之間哉？如或未然，則頭頭拘滯，物物礙膺，形欲逃而影愈彰，不若就陰而止為得矣。[31]

開頭即說：偈語見處「似不出記憶揣摸得來，非親證親悟語」，以及「明眼人見之，不直一笑」都與季總所言相合，應該就是這封回示，不過此時季總尚未出家，標題卻曰：「尼繼總」，季總閉關與出家都在這一年，可能因此《山茨語錄》編者未能細察。山茨這一封信除了掃蕩季總之葛藤，指點悟境並非記憶揣模、思量擬議外，最重要的是他舉了二則公案：大慧與妙總尼、舍利弗與天女的對話。這二則公案都關乎女性，前者，展現女禪者之機鋒不讓，後者則是破斥男女之執，山茨由此為季總直指「無有差別」、「何淨穢之有」之徹見，有時男女相之執，不僅男性有，甚至女性執得更嚴重，自認為怯弱卑下，自認為業重罪深，不能成佛，執此，如何修道證果？所以山茨嚴格直言季總之解是：「非唯錯會，兼且不識語脈，謬解之甚」，天女為女相，卻回舍利弗：「求女人相了不可得」，他要季總也能到：「求女人相了不可得」之境，才是真悟，才能自在，如此「居俗亦得，為尼亦得」、「何有淨穢之間」？可見季總曾流露出女性障重、居俗穢污這種包括社會與宗教的價值觀，山茨行事孤卓肅峻，表現在禪法亦是如此，他狠狠地為季總一一掃除，燒了這些無形隱晦卻又深深附著在女性身心的障礙。

31 《山茨語錄》卷三〈示尼繼總二則〉，頁 364 中下。

得到老師直接了當的掃蕩，無怪乎會「不覺寒毛卓豎，冷汗浹背」，她再繼續行坐參究，四十九天都無疲倦，似乎一直處於沒有躺臥的不倒單狀態。千參萬參、一疑百疑，如「八萬門頭」，忽然之間，呆去三四時，不見身心器界，偶然聽到迅雷打過，「驀遭霹靂頂門開」，像從羅網中跳出一般，就此「一關本是絕遮闌（攔）」，當下一切無有疑惑，鐵壁銀山似的滯礙黑暗，瞬間一時粉碎，打破無明黑漆桶，於是「堂上家親竟日閒」，一切無事矣。這是親證親悟之境，於是她寫下一偈，再度呈給老師，這次山茨點頭默許之。季總的修行終於雲破月出，轉過關鍵處，也打破了關鍵處。

**5、心中傳承、出家受具**

季總繼續閉關修行，有一天在南嶽結茆荊紫峰的無學來找她，季總開關，設齋禮接，無學與她有一段對答：

> 學問：「汝二六時中做麼工夫」？
>
> 某云：「日間一食，夜來一覺」。
>
> 學云：「知汝不空過」。
>
> 某云：「多謝和尚證明」。[32]

季總以「平常話」回答無學做什麼功夫之問，「日食夜睡」，是平常，是無修，是行所當行。既能無修，不攀緣造作，即是如實，即是不空過。無學，是個高風古意的奇僧，根據李元度《南嶽志》：

> 無學，徽州人，王氏子，早歲遊庠，為學使熊廷弼所賞拔，忽棄家披剃，攜一瓢入南嶽荊紫峰，縛茅以居，署其庵曰：單丁。湘人士苦迎出山，示偈曰：「世亂難出山，多病懶開口，閒坐深澗中，高拱兩隻手」。山陰某巡撫請出住能仁寺，桂王請演法衡州，皆不赴。張獻忠陷湖南，無學歎曰：「吾往返娑婆屢矣，際此劫火焚如，正吾楖栗橫擔獨步時也」。因說偈，端坐而逝，著有荊紫遺語二卷。[33]

這樣一位隱修的僧人，在季總閉關時來探望，可見兩人是認識的，當時還是優婆夷身份的季總，很有可能經常發心供養南嶽山中的修行人，包

32 《季總語錄》卷二〈行實〉，頁 453 下。

33 李元度《南嶽志》卷十六、釋，頁 337。

括無學在內，所以即使季總閉關，仍然開關設齋禮接，對他非常敬重，而季總之閉關修行想必也是他所知曉的，所以特來看看。而這段對問，在之後季總上南嶽見山茨時，山茨也知道，並主動問起：

> 後上峰見南嶽山茨和尚，茨問云：「聞汝請學兄是否」？
>
> 某云：「是」。
>
> 尚云：「他向你道甚麼」？
>
> 某舉前話。
>
> 尚云：「汝祇解問人，不解自己分中事」。
>
> 某云：「自己祇如此」。
>
> 尚云：「如何是你自己」？
>
> 某便喝。
>
> 尚云：「喝後如何」？
>
> 某禮退。[34]

季總這段閉關過程必然超過四十九天以上，有所得或有所疑時，便以書信呈偈的方式來請益，這次上南嶽，應該是季總出關後，師徒面對面的相見，山茨當然要親自勘驗一番，山茨問明她與無學之間的對答後，給季總一個「祇解問人，不解自己分中事」的鉤子，看季總是否真的能跳出藩籬，這次季總果然自悟自信了。山茨反問：「如何是你自己」？自悟自信個什麼？季總沒有被套住，以「喝」表達，「喝」是聲音，山茨完全可以從喝聲中去與季總睹面相呈，測知季總的「自己」是悟是迷？是自在？還是仍在籠子裏？我們閱讀文字，隔了十萬八千里，只能承上下文去測知。季總一喝，山茨仍不放過，一邊再勘此「自在」之體是否真自在？一邊也得追究此體是否有用？於是問：「喝後如何」？季總則禮拜而退。與師相呈，呈後禮師，謝師教授，謝後即退，有呈有敬有退，無有執滯，即是用處。從體到用，也是修行人重要關鍵一轉。

隔天，季總再入室參問，山茨「與天童源流」：

> 次日，又入室，尚與天童源流。
>
> 某接得，問云：「一代傳一代傳箇甚麼」？

34 《季總語錄》卷二〈行實〉，頁 453 下。

尚云：「汝忘卻那」。

某云：「也須問過」。

尚良久，

某云：「達磨西來，直指人心，見性成佛，後分二派五宗，各立門戶，各有旨趣，五宗二派且不問，如何是德山棒」？

尚云：「你那裏見德山來」？

某顧柱杖，師便打，示偈云：「覿面為提持，全施殺活機，棒頭彰正眼，痛處好思惟」。時年三十四歲。和尚與祝髮受具，分付住靜，杜絕俗眷往來。[35]





這段公案接在「如何是自己」的勘驗之後，山茨「與天童源流」，季總「接得」，這個動作似乎有付法的象徵意義，[36] 因為當時禪林都以付源流、祖衣、如意等來作為付予傳承之信物憑證，所以季總也因而問個傳承的根本問題：傳個什麼？從體、空來問，後來又問宗派宗旨，舉德山棒來問，是從「用」上問，結果山茨破之，季總顧柱杖，要點出「棒」處，山茨便打，瞬間展現德山棒，並留下偈語，要她「痛處好思惟」。此時她仍未出家，於今又確定自己未來的路，實踐之前的心志，所謂「居俗亦得，為尼亦得」，那麼就出家吧！就在山茨座下祝髮出家、受具足戒，這是崇禎十二年（1639），她三十四歲，也是山茨來南嶽的第二年。山茨更叮嚀她要住靜修行，杜絕俗眷往來，頗有悟後保任之意，所以此時她應該開始入南嶽住山。

季總行實是她自己口述，對這段有付法象徵的過程，她自己並沒有使用「付法」字眼，所以有這個過程，卻僅只於如此，並無實際付法之形式與宣示。而這段問答，恰好也被《山茨語錄》記載：

繼總優婆夷問：「祖祖相傳個甚麼」？師云：「你忘卻耶」？總云：「臨濟喝，德山棒，後來因甚門庭各異」？師云：「你那裏

35 《季總語錄》卷二〈行實〉，頁 453 下。

36 筆者認為這個動作應有付法之象徵，然而卻有疑問待解。因為密雲在當時興復天童寺，所以一般也稱密雲法系為天童系，山茨之師圓修，歷住江蘇磬山禪院、法濟禪院、浙江報恩禪院，一般稱磐山系，依此「天童源流」應該是指密雲派源流，但山茨並非密雲弟子，為何「與天童源流」？是此「與」的動作只是單純地「與」而已乎？此尚有待查證。

見他門庭各異來」？總擬對，師連棒打出，因示偈曰：「覿面為提持，全施殺活機，棒頭彰正眼，痛處好思惟」。[37]

這段記載缺了季總「也須問過」、山茨「良久」部分，而季總「顧柱杖」，此處是「擬對」，最重要的是，缺了「與」、「接得」源流這段象徵付法的過程。除此之外，季總的問題被濃縮了些、山茨回問稍異，對答之意都差不多，山茨之示偈亦一字不差，算是相當相符的記載。唯季總表達自己是「顧柱杖」，旁人所見則為「擬議」，季總所述較為親切。《山茨語錄》之「後來因甚門庭各異」？「你那裏見他門庭各異來」？問答語句扣得緊密，相對季總所述來看，應該是稍有修整。《山茨語錄》這邊沒有記載「與」、「接」源流的過程，季總亦未有「付法」之言，可見這一切僅只於象徵，並未實質成形，或因時候未到，或因山茨早逝等等因緣不具之故，季總承山茨法恩，最終卻無法實質承山茨法脈。但這份傳承應該存在季總與山茨的心中，尤其對季總而言，更是如此。

### 6、南嶽隱修十二年

季總入南嶽山中隱修，保任悟境，這段時間她不時地向山茨處參究，《山茨語錄》〈示尼繼總二則〉另一則就鼓勵她修道要「窮頂徹底」：

> 登山須到頂，入海須到底，入海不到底，不知滄溟之淵深，登山不到頂，不知宇宙之寬廣。夫學無上妙道者，若不至窮頂徹底，則終被識情現行流注之所籠罩，欲見寬廣淵深、無涯無盡自覺之境，不亦難哉？有志造此無上妙道，當矢志寬廣淵深，毋使埋沒己靈，先聖云：「學道如鑽火，逢煙莫便休，直待金星現，歸家始到頭」。[38]

修道如登山入海，都要極盡至頂到底，又如鑽火，逢煙莫便休，要她雖已有消息，但不可停滯，要再勇猛精進，才能真正究竟歸家。據行實描述，又有一日：

37 《山茨語錄》卷三，頁 363 下。

38 《山茨語錄》卷三〈示尼繼總二則〉，頁 364 中。

一日，問：「世尊未離兜率，已降王宮，未出母胎，度人已畢，此意如何」？尚云：「家家門前火把子」。

某呈頌云：「來中去兮去中還，玉樹橫枝四海間，黑漆盋盂添箇柄，拈來擊碎祖師關」。

尚閱之默然。

又問：「薰風自南來，殿閣生微涼，此意如何」？

尚云：「攔顋與汝掌」。

某亦呈頌：「薰風南來有何極，殿閣微涼祇自知，晴蝶逐香翻上下，辰雞閱日唱東西，從今覷破真消息，萬象森羅展笑眉」。

尚徵云：「如何是汝自知處？」

某云：「空懸一片月，爍破萬重山」。

尚云：「山既破，汝即今腳跟立在甚麼處？」

某云：「翻身一擲騰霄漢，管教鼻孔自撩天」。

尚擲還頌稿，某便出。從茲和尚住山，與南元寺垂示法語二十則。[39]

這是記載季總二問，山茨二答，季總呈頌，山茨再回應的狀況，季總第一次呈偈，已經顯現打破無明，拈來作用，而山茨默然。第二次呈偈，季總表達覷破消息後的自他皆逍遙。山茨便探其「自知」之處，探「自」亦探「他」，季總則以月境顯悟境，「空懸」、「爍破」顯自他無所著，山茨嚴格不放過，以「腳跟立在何處」再勘，騰霄漢、鼻孔撩天，季總腳跟沒有立在何處的問題了。後來山茨下山到南源寺住持，季總還持續問法，此時應該是書信往來，山茨還有垂示法語二十則。

季總自述的這段問答，在《山茨語錄》亦相對部分記載到：

繼總優婆夷問：「如何是諸佛出身處」？答云：「楚王城畔，汝水東流」。問：「薰風自南來，殿角生微涼，意旨如何」？答：「欄腮與汝掌」。問：「學人擬議思量，性命在師家手裏，且道師家性命在甚麼人手裏」？答：「與汝三十棒」。問：「南嶽讓示馬祖云：禪非坐臥，佛非定相，若執坐相，非達其理，未審

39 《山茨語錄》卷二〈行實〉，頁 453 下。

和尚叫某坐的意旨若何」？答：「山僧從來不曾動著舌頭」。問：「世尊未離兜率，已降王宮，未出母胎，度人已畢，此意若何」？答：「家家門前火把子」。[40]

此處顯示是季總優婆夷，但行實卻是記載於出家後。這段記載有季總行實所記的「薰風自南來」、「世尊未離兜率」兩問，山茨之答亦同，除此之外，尚有「諸佛出身處」、「學人擬議」、「南嶽讓示馬祖」等問，是季總行實所沒有的，然而季總呈偈，以及之後山茨再回應，在這裏都闕如無記，而這些卻都是季總最親切、重要的參究過程，顯然行實作為季總所述之作，是比較能貼近體現季總之真實感受。季總自己曾保留山茨給她的書信與文字，在山茨離世後六年，她決定離開南嶽到江南時還隨身攜帶著，可是到武昌時，「寓處失火，和尚手澤俱焚，行李皆燼」，[41] 否則《季總語錄》或《山茨語錄》還可以多一些山茨與季總之間的具體文獻。

山茨的嗣法弟子有爾瞻達尊、玄慈達謙、且菴達芻、密嚴達剛、宗玄達旨五人，季總在南嶽以山茨為師修道，這些法兄之間與她應該也彼此有所參究，爾瞻之語錄《石霜爾瞻尊禪師語錄》就收錄一則〈復尼繼總〉之書信：

實欲了生死大事，作法門良器，要先斷虛詞，加之操履嚴密，至死不變，悟如翻掌，誰能欺惑汝哉？若只廣博記憶，應酬相似，欺人欺己，以當生平，不惟有失出家正因，謗般若罪恐難逃耳。[42]

他論述出家修道弘法，要能斷虛詞，操履嚴密，才是正因正道。這則記載也為季總的修道作了見證。

總之，在山茨嚴格又直截的一再勘驗，悟後出家的季總也一次次的脫胎換骨，直到山茨於崇禎十七年（1644）下山到長沙瀏陽的南源寺，季總在南嶽依師修行了六年。即使山茨到南源，季總亦依然勤於問法，但畢竟她在南嶽山居，恩師在長沙，路途遙遠，總覺得離師太早，遂有



40 《山茨語錄》卷三，頁 362 下。

41 《山茨語錄》卷二〈行實〉，頁 454 上。

42 《石霜爾瞻尊禪師語錄》卷下〈復尼繼總〉，《嘉興藏》冊 27，頁 580 中。

出山之意：「尚去後，某覺離師太早，亦欲出山」，[43] 沒想到，隔年山茨竟因誤食澗芹，於三十八歲之英年離世，她還來不及離開南嶽，老師卻已經離開世間了，這也種下她六年後，順治七年（1650）下南嶽到江南的因緣。

如果從她出家入南嶽起算，到出南嶽往江南之間，有十二年的時光在南嶽度過，其中親承山茨之教，約有六、七年時間。這段南嶽時光是季總從俗世到出家，從修福的寡婦到悟入的禪者，生命得到豁然開解，有了方向，也開始不必拘滯有某個方向，而帶領她的是山茨，山茨教法嚴格，破斥文字惴模、分別男女相等非悟處，一一勘驗點撥，不容假藉，粹煉季總成爍破萬象、鼻孔撩天的悟者、禪者。他山居清貧、實務不虛華的修行風範也影響了季總，季總到江南，即使弘法盛浩，也每每提到「山僧昔年在南嶽刀耕火種時」、「山僧昔住祝融峰頂提柄剷斧，未免灰頭土面」等等自己在南嶽的山居修行，[44] 但對當時江南的禪風總有浮虛之痛，最終仍一心要回歸南嶽，這是南嶽恩師的風範儀行始終在呼喚著她，也因為於她而言，在這個世間，南嶽與山茨代表的是法的故鄉。



43 《山茨語錄》卷二〈行實〉，頁 453 下。

44 《季總語錄》卷一，二則上堂語，頁 446 中、下。

圖十一　南嶽古圖

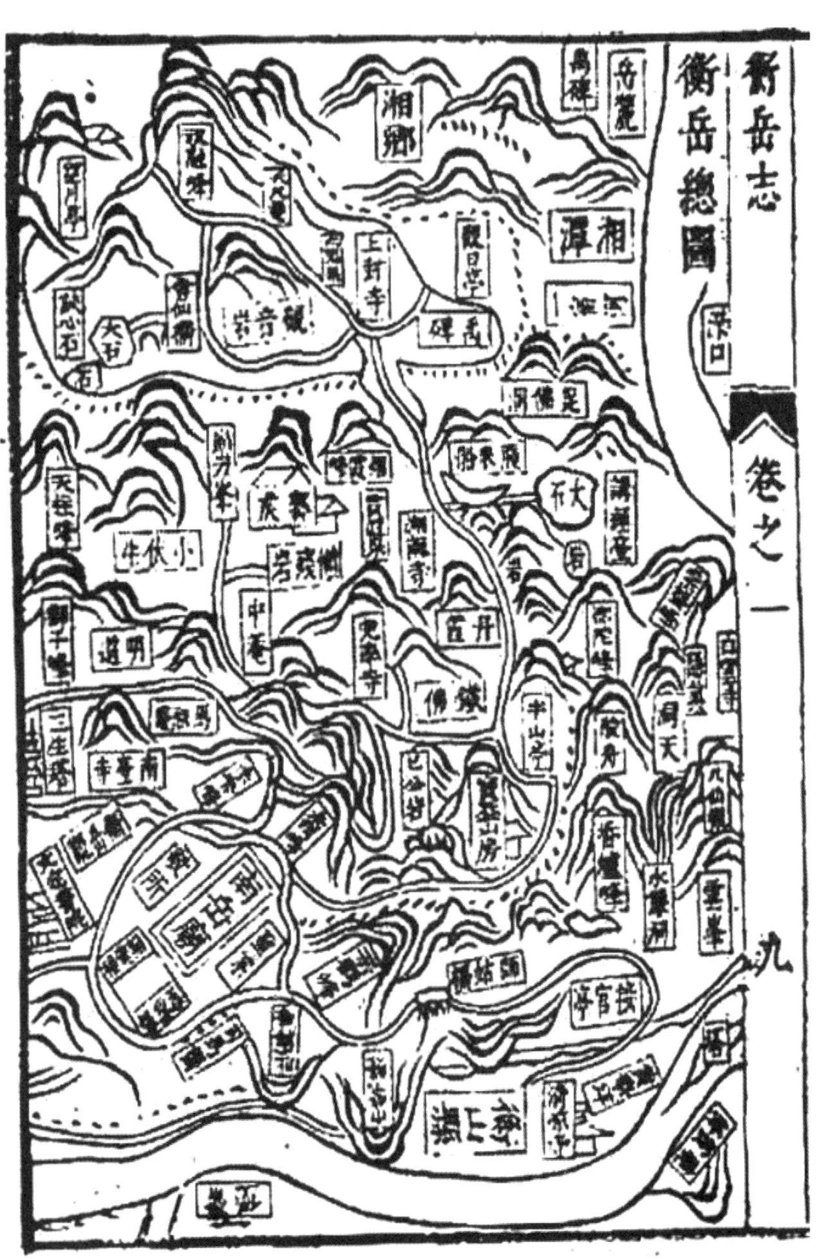

## 圖十二　現地踏訪：南嶽

象徵火形的南嶽標誌石，就位於南嶽衡山最高峰：祝融峰。
季總曾自言：「山僧昔住祝融峰頂」。

從祝融峰下望南嶽群嶺。
季總曾寫下〈南嶽山居雜詠〉二十五首、〈山居〉八首、南嶽景點詩偈十首及〈擬歸南嶽〉十首等詩。

從祝融峰下望南嶽群嶺。

登上祝融峰前的南天門。
烟霞峰在其南邊，碧羅峰在其北邊。季總之師天茨和尚，居煙霞峰下的綠蘿庵，季總也曾自稱「煙霞道者」。季總最後歸老之處淨瓶巖，亦在煙霞峰。

觀音岩。季總有〈觀音巖〉一詩。

南嶽奇石甚多，此石群名曰金龜朝聖。

不語岩之「不語掛錫」題字。

磨鏡臺。懷讓以磨鏡啟悟馬祖道一，此為其磨鏡之處。

懷讓塔。季總曾作〈讓祖塔〉一詩。
（以上照片為筆者拍攝於 2006 年 8 月）

### （二）傳承法脈：龍池萬如

山茨去世後，季總與弟子們一起料理恩師後事建塔畢，又在南嶽住了六年。原本山茨下山到南源寺時，季總即有離師太早，也欲出山，只是山茨疾速離世，讓她永遠離師了。山茨雖是北方人，但他學法於宜興磬山禪院，而當時禪林叢集於江浙一帶，所以季總再山居南嶽六年後，靜極思動，決定下山訪參江南善知識，也禮拜諸祖塔院，見見南嶽之外的江南大叢林。

#### 1、參牧雲、箬庵

她到鎮江見牧雲，到夾山見箬庵，也隨箬庵到磬山禪院、杭州理安寺，箬庵是山茨之師兄，與山茨道誼甚篤，甚至有「同龕之訂」，他一見季總來即曰：（尚，指箬庵。某，指季總）

> 尚問：「莫是拜南嶽和尚底季總麼」？某云：「是」。
>
> 箬云：「拋家亂走作麼」？某云：「輝騰今古，爍破乾坤」。
>
> 箬云：「正是拋家亂走」。某云：「騰身獨立太虛外，鼻孔從教塔上唇」。
>
> 箬云：「我有三十棒未到你在」。某拂袖便出。
>
> 箬至慶山（案：應是「磬山」）、杭州，某皆隨朝夕參請，越三月餘辭。[45]

箬庵立刻點出她是山茨弟子的身份，也毫無假藉地連續以「拋家亂走作麼」、「正是拋家亂走」勘驗之，季總已穩坐家中，何來亂走？悟者獨立太虛外，何需有家？於是一一呈機相見。之後她朝夕參請，隨侍三個月多才離開。

#### 2、輕輕曳杖龍池過

接著她到宜興龍池山禹門禪院（後來康熙賜名「澄光寺」），這裏是山茨的師祖幻有住持之地，幻有塔院亦在此，所以季總來此禮拜幻有祖塔。[46]當時禹門的住持是萬如，萬如之師密雲與山茨之師天隱，都是

---

45 《季總語錄》卷二〈行實〉，頁 454 上。

46 筆者於民國 96 年 5 月循著季總的足跡來到宜興龍池山上的禹門禪院，在新建禹門禪院前的小徑微下，便見禹門祖塔，奉有三座塔，分別是幻有、密雲與萬如。亦可從上山途中循旁徑而上。

幻有的弟子，所以禹門是他們共同的祖庭。萬如在禹門住持十六年，從崇禎十六年（1643）到他圓寂的順治十四年（1657），當時他開堂說法時，僧眾歸者數以千計：

> 萬如禪師，名通徹，姓張氏，嘉興人，從圓悟住龍池，及圓悟出主天童，令萬如繼席，順治間開堂說法，僧眾歸者以千計，四方喜捨絡繹不絕，有盜覬僧貲，欲入寺行劫，每至輒有虎阻道。[47]

此處「通徹」應是「通微」才是。當時禹門之四方喜捨捐獻，絡繹不絕，萬如的法緣非常興盛。據〈荊溪龍池老和尚列傳〉，萬如是「雖了悟，縱奪隨方，意不傲物，交接沖和，禾之士大夫咸推師德」，[48] 季總前來禮塔參訪，初見面時，萬如與她有這麼一段對話：（尚，指萬如）

> 上龍池見本師和尚，掃幻老師翁塔，圓戒。
>
> 尚問：「你是湖廣那一府」？某以手打圓相呈。
>
> 尚云：「還別有伎倆麼」？某喝。
>
> 尚云：「再喝喝看」。某云：「爭奈舌頭在某甲口裏」。
>
> 尚云：「舌頭雖在口，爭奈道不出」。某云：「未問已前道過了也」。
>
> 尚云：「曾親近甚麼人來」？某云：「南嶽茨和尚」。
>
> 尚云：「他即今在甚麼處」？某云：「一輪皎潔孤峰頂，爍破龍池徹底清」。
>
> 尚打云：「閒言語」。某云：「輕輕曳杖龍池過，惹得傾湫倒嶽來」。
>
> 尚復打，某云：「也是醉後添杯」。
>
> 尚云：「喚作棒即錯」。某禮退。[49]

萬如不管問出身、師承，甚至隨言勘破，季總都即打圓相、大喝等等，能立定腳跟，能退後三步，也能邁跳而過，機鋒疾捷。問山茨在何處，季總答：「一輪皎潔孤峰頂，爍破龍池徹底清」，對老師有極高的評

47 嘉慶二年阮升基修、寧楷《重刊宜興縣舊志》卷末、方外。《中國地方志集成》冊39，（南京：江蘇古籍，1991 年），頁 519。

48 《萬如禪師語錄》行舟述、嚴大參、呂嘉祐校正〈荊溪龍池老和尚列傳〉，《嘉興藏》冊 26，頁 441 上。

49 《季總語錄》卷二〈行實〉，頁 454 上。

價，也顯現自己當仁不讓之姿。萬如也非省油之燈，動起手來，又以「閒言語」破斥之，此時季總反而是「輕輕曳杖龍池過」，從當仁不讓，變個清閒觀眾，將「閒」字平平收下，並送給萬如一個「傾湫倒嶽」。之後季總就此居住一些時日。有一天，她入方丈，萬如先提問：

> 一日，入方丈，尚問：「昔日巖頭道大小，德山未會末後句，如何是末後句」？某云：「和尚萬福」。尚云：「此是最初句」。某云：「聽師分別」。[50]

萬如問末後句，季總請安，萬如遣之，並下定義：這是最初句。最初與最末不是一樣嗎？季總就隨緣隨緣：聽師分別了。自在寬鬆之情溢於言表。有一天萬如再出題勘驗：

> 一日入方丈，尚云：「除卻言詮，道一句看」。某鳴指一下。尚云：「還有麼」？某云：「太無厭生」。便出。[51]

之前已依師意示境，萬如還想再要，季總「太無厭生，便出」，展現出有順有為的氣魄。接下來這一次，是季總自己大展境界之問：

> 一日，請和尚設戒上堂。某出問：「猛虎入山逢獅豸，蛟龍出水避蜈蚣，手提三尺龍泉劍，誰敢當頭觸萬峰，當頭一句即不問，萬峰獨露是如何」？
>
> 尚云：「試借劍看」。某云：「半空伸出拏雲手，奪得驪龍頷下珠」。
>
> 尚云：「空開大口」。某以手呈珠勢云：「請師高著眼」。
>
> 尚云：「背後底又作麼生」？某一喝。尚云：「亂喝」。
>
> 某云：「大似日下孤燈」，便歸眾。[52]

季總以「手提三尺龍泉劍」、「萬峰獨露」來展現自己的境界，萬如就事而上，閒閒地勘之「試借劍看」。接下來季總繼續露機顯用、銳不可檔，萬如也一邊破斥一邊歸究「背後底」，季總依然勢如破竹，大展機鋒，可見此現非可破之現，而破亦無可破，現也無所現。季總末了一句「大似日下孤燈」，頗有孤絕之意。



---

50 《季總語錄》卷二〈行實〉，頁 454 上。

51 《季總語錄》卷二〈行實〉，頁 454 上。

52 《季總語錄》卷二〈行實〉，頁 454 上中。

### 3、付與源流，提攜同類

在展現機鋒不讓的隔天，季總向萬如辭行，要回南嶽，結束這一趟江南參訪之行：

> 次日辭尚，欲歸南嶽，尚云：「下路人學道甚難，回山之念且止，老僧完你底事，可在下路度眾」。遂付某源流拂子。某力辭欲歸，尚云：「江南住住好」。適興化一師請住普度菴，即命往焉。[53]

在萬如的這些時日，季總展現出大將之風，讓萬如耳目一新，另眼相看，所以次日季總欲回南嶽，向萬如告辭，萬如卻要她留下，在萬如看來，江南是「下路」，雖是佛教中心，但「下路人」繁雜事纏，學道甚難，所以期望她在此弘法度眾，「回山之念且止」，否則南嶽來的女禪風範，又要回到群山人罕的南嶽，沒能在禪林核心地：江浙地區弘揚，這也是禪林最大的損失。另一方面，所謂「老僧完你底事」，禪者開悟，必然也要發心啟悟眾生，不能成為自了漢，尤其要給女性修行者一個絕佳典範，所以季總的悟境覺處，要有大用大機的機會與空間，如果有形式上的法脈傳承，就更能名正言順地弘法教化了，所以萬如決定付予季總源流、拂子，讓她承嗣臨濟法脈，希望她在江南好住，初始，季總謙讓「力辭卻歸」，在萬如的嘉勉，以及季總內心應該也有的弘法利生之念下，她留了下來，接受法脈傳承。剛好興化普度庵來請，萬如就命季總前往開法。

萬如的語錄正有一則〈示季總上座〉記載這段傳承與嘉勉，並有傳法偈，可見對萬如來說，這個傳承傳法是有其重要性與意義的：

> 腳踏實地底，不與萬法為侶，不與千聖同鄽，立處既孤危，自然中虛外順，徹證無心，尋常只守閒閒地，及至為物作則，便如風旋電轉，待伊眨得眼來，已是千里萬里，自然出人一頭地，豈不見末山尼、空室道人、鄭十三娘皆見徹法源，應機時自然恰好，不墮偏枯，茲季總道人，處富貴不被富貴所籠絡，於此事窮參力究，既有省，發楚來吳，參老僧於龍池，屢徵詰而當機不讓，且

53 《季總語錄》卷二〈行實〉，頁 454 上中。

操履苦心，遂書偈付云：「曹谿一滴無多子，時節若到便興波，分付道人深蓄養，提攜同類出娑婆」。[54]

萬如讚美季總雖處富貴卻能捨富貴而修道，操履苦心，於解脫之道有成，並且「屢徵詰而當機不讓」，確實是有地的悟者，並非等閒之輩，所以他勉勵季總，教她如何應世教化：悟者腳踏實地，立處雖孤危，但中徹無心、外處閒順，平常閒閒地，應物時則風旋電轉，並以歷史上的末山、空室道人、鄭十三娘等女禪者為例，要她能應機自然恰好，不墮偏枯。他付源流傳承並書偈勉之：「分付道人深蓄養，提攜同類出娑婆」，正是期許她能多多為女性修行者盡點心力。





季總在山茨處悟道，到江南參訪，卻得到臨濟另一法系的萬如賞識，要傳承法脈予她，這在禪林裏是經常有的事，何況萬如與山茨都是臨濟宗，他們的師祖都是幻有正傳，又在祖庭禹門禪院處受法，更是無礙。就法脈傳承而言，它代表法的正當性以及弘法的資格、保證，「有傳承」與「能弘法」之間，雖不一定相等，但有其必然的連結，山茨早早離世，在法脈上季總成了孤兒，萬如付予傳承，使其具有形式上的資格與名義，有承上啟後的定位，於弘法上必然更為有利。這對一位悟者而言，是應該付予的責任與證明，也是萬如之用心與期許所在。就季總而言，她遇到知音，有了傳承，需要也可以展開弘法生涯，就萬如而言，他具有能重視女修行者證悟、能給女修行者機會的胸襟與見識，也因而得到一個女性禪師弟子。就現象看來，季總因為這個傳承、弘法而能留下語錄，名著燈史。觀察季總之語錄，除了詩偈外，完全是記載她在江南弘法的內容，來江南前的南嶽生活，除了從行實與南嶽山居詩偈略知一二外，其他與其離開江南回南嶽後的情 形，都渺然無跡，換言之，《季總語錄》是以她在江南弘法為內容，而不是季總整個的修行生命，所以如果季總未能接受萬如之留，回南嶽山居，她留下語錄的機會，不能說完全沒有，但勢必比較困難，這當然也關乎江南作為佛教中心、語錄印行便利的因素使然。

接受傳承，季總依禪門慣例稱萬如為本師和尚，陞座上堂時也會依

54 《萬如禪師語錄》卷八〈示季總上座〉，頁 469 中。

禪林規約拈香祝聖供養本師：「供養現住禹門堂上本師萬如大和尚，用酬法乳之恩」，[55]在語錄中也依例寫入〈源流頌〉[56]，從第一世南嶽讓禪師到第三十三世幻有傳禪師，接下來就轉成：第三十四世天童悟禪師、第三十五世龍池微禪師為結束。在法脈傳承上，季總遵守這一層倫理，她曾寫下〈龍池萬如和尚像〉讚：

> 者老漢，黃面皮，不開口，說菩提，贏得一雙眼，輸卻兩莖眉，澗狹水流急，山高月上遲，祇要鯨鯢神變化，滔天惡浪滿龍池。[57]

寫萬如在龍池之教化變化多端，時閉時開，卻氣勢雄巨，但相較於萬如，季總對山茨有著更深刻的法恩，她寫下多首有關山茨的詩偈：〈次南嶽和尚臥病〉二首、〈描山茨和尚真〉、〈禮南嶽山茨和尚塔〉、〈辭南嶽山茨和尚墖〉、〈南嶽山茨和尚像〉，其中這首〈南嶽山茨和尚像〉：

> 者箇宗匠，忒殺無狀，獨踞南嶽峰頂，冷地吞煙吐瘴，龜毛拂子拈起驚人，突出眼睛佛魔膽喪，纔涉擬議劈頭來，動轉施為難測量，多少平人受你活埋，被我覷破藏身隱相，咄，休隱相，無虛妄，讐恨難消，描來供養。[58]

她親切地以「忒殺無狀」、「拈起驚人」、「突出眼睛」、「劈頭來」、「難測量」、「受你活埋」來描寫恩師的教化，更以「被我覷破」、「讐恨難消」表達最高的敬意。

不管如何，從此南嶽山茨、龍池萬如就成了季總二個法源，一個是啟悟之師，一個是知遇之師，湘楚是她禪法的故鄉，江浙成了她傳承、教化的道場，所謂「南湖湘水月娟娟」，[59]南嶽開華，禹門結果，從南嶽到江南，季總要展開她的女禪教化生涯，這段弘法過程令禪林知識讚歎不已，也讓她留下語錄，名留燈史。

55 《季總語錄》卷一，頁 444 上。

56 《季總語錄》卷三〈源流頌〉，頁 458-461。

57 《季總語錄》卷四〈龍池萬和和尚像〉，頁 468 上 - 下。

58 《季總語錄》卷四〈南嶽山茨和尚像〉，頁 468 上。

59 《季總語錄》卷一，頁 446 中。

## 圖十三　現地踏訪：宜興禹門禪院、磬山禪院

宜興．龍池山與山門之遠近景，山上是禹門禪院，
季總到此參訪萬如禪師，並受其法嗣。

宜興．龍池山禹門禪院之禹門祖塔。
中為幻有正傳禪師塔，右為密雲圓悟禪師塔，左為萬如通微禪師塔。

宜興・磬山禪院（崇恩寺）之山門，額「天下第一祖庭」，為乾隆御筆親題。

現今之磬山禪院，寺前有雍正御賜碑石二道。
明末天隱圓修住持於此，其弟子山茨通際為季總在南嶽的啟悟師。
另一弟子玉琳通琇自京歸南，住持於此。

入山門，前往磬山禪院的山路邊，有一群清代僧侶、居士石塔。
（以上照片均為筆者拍攝於 2006 年 9 月）

## 第二節　參訪弘化江南

季總從南嶽下山，當時她四十五歲，是順治七年（1650），走湘江、洞庭接長江水路東行，隔年抵達江蘇南京，展開她江南九年的弘法的生涯。這段弘化過程，嚴大參曾云季總「缾錫到處，士紳仰慕，四眾雲臻，莫不延請弘揚法道」，[60] 張銖云其：「楚水吳山雲蹤殆徧，單瓢隻杖萍跡著奇，凡所至止之鄉，靡不皈投恐後」、「見者謂勝優曇，爭歎重來古佛，傲民稽顙，外道傾心」。[61] 看來季總行過走過，帶給江南這個禪林重心不小的震憾。



起先她四處參學時賢、禮拜祖塔，參訪牧雲、箬庵、萬如，最後在萬如處受法承嗣，萬如要她到昭陽（即興化）普度庵住持，這是正式弘法的開始。順治十一年（1654）在蘇州慧燈禪院上堂開法，這應該是比較隆重正式、時間也較長的一次住持。並到太倉積慶庵、盛澤圓明寺、嘉興如如庵、嘉興國福禪院、當湖善護禪院等上堂說法、結制，也曾往來杭州，所以足跡遍歷了江蘇中南部：興化、泰州、蘇州、太倉、盛澤，以及浙江北部：嘉興、當湖、杭州等地。她的法嗣師萬如在順治十四年圓寂，季總則於順治十五年（1658）回歸南嶽，她雲蹤遍歷，逴得便行，此下金鉤，此呈舞棹，最後策杖回山。



### （一）行旅住宿

有關行旅、參學、弘化之住宿，從語錄有二則資料可觀察，一則在〈行實〉：

> 至武昌，遭寓處失火，和尚手澤俱焚，行李皆燼，漢口道俗請住菩提菴，次年三月始到金陵。[62]

季總到了武昌，遭寓處失火，後來漢口道俗請住菩提庵，所以顯然這「寓處」並非寺院，應該是旅店或相關的住宿點，後來道俗信眾協助她住於菩提庵，這寺庵應該是尼庵吧？另外一則是〈過高橋普度尼菴借宿〉詩：

---

60 《季總語錄》嚴大參序，頁 442 中。

61 《季總語錄》張銖序，頁 442 下。

62 《季總語錄》卷二、〈行實〉，頁 454 上。

踏破蒼苔訪舊蹤，新花嫩柳映海容，山光四顧寒煙暮，挂錫何妨聽曉鐘。[63]

這則詩偈不知寫於何時，所謂「訪舊蹤」，是之前曾來過？還是訪友？當時她來到高橋（可能是鎮江的高橋鎮），在山中日暮寒煙起時，借宿於一座普度尼庵，這次則明白標出「尼」字，曰「借」，就非被邀請，所以應該是臨時就地尋一尼庵借宿掛單，就像雲水僧般。而這樣的住宿方式是可以想像的，也是出家人參學的主要住宿方式，季總雖為比丘尼，多少有些不便，但掛單於尼庵，應該也是她出外行旅最經常的住宿方式。由此可知，季總出門在外之住宿，除了借宿尼庵，應該也有住於旅店的情形。

### （二）弘法活動

這段過程之弘法宗教活動，語錄所呈現的必然不是完整的內涵，但應該可由此窺知一二。在上堂方面有：到某道場之上堂說法者：慧燈禪院進院、到太倉（積慶庵）佛成道日、到盛澤圓明寺、到嘉興如如庵、就國福禪院（開爐、解冬退院）、住照陽普度庵、至當湖善護庵（包括開爐、解制）之時。節日之上堂說法者：浴佛日、師誕辰、元旦、觀音誕、端午節、觀音成道日。有個人請上堂者：王舜符、胡奉溪居士薦子、慈雲禪人、高夫人設齋、沈夫人誕日。

請小參者有：觀音成道陳方三沈念溪為子姓起名、除夕、中元之小參。

示眾法語有：立秋日、示眾、中秋、臘八、歲朝、元宵、一九禪期、新戒求開示、端午節之法語。

機緣對話有：僧、雪中僧至、葉季若居士、無心道者呈偈、高彙旃夫人、居士、以貞道者、優婆夷、僧、儒者、僧、僧、二居士、——轢道人偕徐花可居士，以及一些未點明何人者。

法語開示有對：葉季若居士、申漢培居士、函蓋禪人、高彙旃夫人、錢叔嘉夫人、冰繼二禪人、如心如性二禪人、黃君略夫人、項翰林

63 《季總語錄》卷四，詩偈、〈過高橋普度尼菴借宿〉，頁 467 上。

夫人、張黃甫徐仰齋二居士、葉素旃居士、鎮江賀夫人、超震禪人、張超霞道人、王士英夫人、湛水道人、沈夫人、明心明性二道者、超禪超聖、歸望之居士之開示法語。

其他還有拈古頌古以及詩偈、書信、雜著等季總個人提寫的作品，有顯露禪機、開示偈語、山居詩、抒寫心情、南嶽風光、即事贈偈、像讚等等。

## 第三節　經歷之道場





語錄所顯示她住持或上堂過的這七座道場，應該並非季總雲蹤江南的所有駐足地點，而有住持之名者，是慧燈禪院與普度庵，後者時間較短，所以慧燈是主要道場，其他則是隨眾請上堂或結制。這些地方只有慧燈禪院有明確的開法時間，其餘的，確實時間及先後順序都不甚清楚。以下便對她住持、上堂、結制過的道場，分別呈見之。

**1、興化普度庵**

昭陽普度庵，昭陽即興化，在江蘇中北部，興化又稱為楚水，所以才曰「楚水吳山，迨將遍歷」，而吳山，指蘇州也。普度庵之所在，據釋震華《興化佛教通志》所載：

> 普陀庵，在慕韓鎮，舊名普渡，李文定公別室捨建，請衡山尼季總開山，總世家女，得法龍池，能詩者有語錄行世。[64]

語錄有「住昭陽普度庵」之上堂法語，在〈寄興沈居士〉云：「貧衲於貴邑少緣，不克久居與居士面商箇事，悵甚，泰州期中安靜，僧舍頗潔，無勞致念」，[65] 以及〈與李夫人〉信云：「前承道愛，情出格外，遙憶慈容，宛如覿面，泰州居止頗靜，無勞分慮」，[66] 由此看來，季總在普度庵並未停留很久，之後來到泰州，只是不知居泰州何處僧舍？雖然如此，季總留下的〈行實〉，是普度庵信眾王試玉、王士英居士所請。

64 釋震華《興化佛教通志》卷一、梵宇、普陀庵，（臺北：新文豐，1986 年），頁 35。

65 《季總語錄》卷四、書問、〈寄興化沈居士〉，頁 468 下。

66 《季總語錄》卷四、書問、〈與李三夫人〉，頁 468 下。

季總來到普度庵，列名請上堂的是：「脫塵上人同李夫人洎眾優婆夷等」，脫塵上人應為出家人，不知是比丘尼否？李夫人特別被突顯出來，是眾優婆夷之領銜者，應該與普度庵是李文定公別室捨建有關，李文定公，即李春芳（1511-1585），興化人，明嘉靖二十六年（1547）狀元，官至宰相，在家鄉興化必然是顯旺家族，李夫人應該是其後代女眷。在這段法語中也出現「尼一喝，師便打」的場景，[67] 由這些跡象看來，普度庵似乎是女眾庵院，而能夠禮請在宜興的萬如派人來住持，也顯現並非單純的私人家庵，亦有為公眾修行道場之規模、願景。

**2、蘇州慧燈禪院**

蘇州慧燈禪院，位於蘇州橫塘，季總於順治十一年（1654）進院，應該是住持到她離開江南回到南嶽為止，即順治十五年（1658），故有五年時間，可算是她主要的弘法道場。葉紹顒曾云：「余每過慧燈禪院，見師具大人相而為說法」，[68] 張銖也云：「師開堂於吾蘇橫塘慧燈禪院，道風既被，法雨同霑，見者謂勝優曇，爭歎重來古佛，傲民稽顙，外道傾心，時節因緣，迴超今古」，[69] 頗現一番弘法盛況。橫塘，為水路要道之地，吳王闔閭曾令伍子胥建闔閭城，伍子胥鑿運河引太湖水入城，橫塘即是城西南的水源要沖地，所以是個古渡船頭，於今蘇州城西南高新區，留下一橫塘驛站古蹟，再往西行即可到木瀆，即靈巖山所在地。

語錄一開頭，即是以慧燈禪院開法上堂法語為第一則，而整個語錄的記載編輯都是在慧燈時期完成，所以當嚴大參見到這份語錄時，便直稱「慧燈語錄」。季總寫作拈頌古時，亦以慧燈自稱，即使在她自己的家鄉衡陽、衡州、衡山之志書所載也都說她住姑蘇慧燈禪院，可見慧燈禪院是季總江南弘化的重心所在。

特別的是，季總語錄留下一篇請住持開堂啟〈眾護法請住蘇州慧燈禪開堂啟〉，最後還有三十位士大夫居士署名敦請：

伏以寶地初成，山靈拱翠，剎幢既建，波色搖光，楞伽屏列畫天





67 《季總語錄》卷一，頁 446 中。

68 《季總語錄》葉紹顒序，頁 442 下。

69 《季總語錄》張銖序，頁 442 下。

然，震澤潮通聲不寂，非繇人傑，曷稱勝緣，恭惟

季總大和尚，禹門嫡派，金粟親孫，衡嶽降禎，湘源毓秀，履坤貞而輝分慧日，纏婺野而祥覆慈雲，悟圓澤之三生，身前身後，豎天龍之一指，非佛非心，杖挑萬里煙霞，缽臥千群龍象，喝聾三日，遂使汗滴曹谿，燈接五枝，久已坐臨室壁，錫飛江浙，遏斷胥濤，杯渡邗溝，敷芬瓊萼，誠震旦國之香城，而閻浮提之華雨也。某等身沉欲海，識昧尸波，借給孤祇園，奉迎法駕，掃維摩丈室，仰庇宗風，栴檀片片皆香，吹開濁劫，楊柳枝枝是露，沛作津梁，伏願卓彼法幢，鋤茲福地，一葦爰止，繙圓覺而妙義疏宣，雙樹相依，隨方響而微言闡暢，吐廣長舌，標指見於西江明月，發海潮音，措安流於古渡橫塘，願叶人天，望般緇素，臨楮無任翹切瞻依之至。

葉紹顒　張王治　王盛鼎

李　模　周公軾　葉　□

黃孔昭　金允治　朱　鎰

陸世廉　姚宗典　沈文采

許元溥　姚宗昌　嚴秪敬

周起龍　李　楷　周茂蘭

陸時登　陳元青　周茂藻

吳晉錫　徐樹丕　周茂萼

范　周　黃自起　申緒芳

何兆清　陸壽名　何　棅[70]

橫塘附近有楞伽山，又有渡船運河要道，所以開堂啟先將慧燈的地理環境點出。在介紹季總時，「履坤貞而輝分慧日，纏婺野而祥覆慈雲」之坤貞、婺野（婺女星，二十八星宿之一），正是稱美其女性性別，慧日分輝與慈雲祥覆，即指禪法教化。「錫飛江浙，遏斷胥濤，杯渡邗溝，敷芬瓊萼，誠震旦國之香城，而閻浮提之華雨也」，胥濤，即指橫塘渡水；邗溝，是連結長江和淮河的古運河，為吳王夫差所建，南

70 《季總語錄》〈眾護法請住蘇州慧燈禪開堂啟〉，頁 443 上中。

起揚州邗城以南的長江，故名邗溝，北經樊梁湖折向東北，入射陽湖，再向西北經淮安入淮河。[71] 所以胥濤、邗溝便指季總曾住持於江蘇中部的興化普度庵，以及她在這個區域雲蹤處處，禪教化眾。其啟悟示導如「敷芳瓊萼」，實是震旦國之「香城」而閻浮提之「華雨」，這也正是以女性意象來稱美其行化之大用。栴檀香、楊柳露、吐廣長舌、發海潮音皆是期許比喻季總之禪法教授，楊柳露、海潮音指涉觀音，觀音正是以女性形象行化，也頗有呼應季總者。栴檀香與廣長舌則是通用性的比喻。「悟圓澤之三生」、「豎天龍之一指」，很自然地以男性禪師來比擬其悟道教化，屬於超越性別、無關性別、通用性的用法。「杖挑萬里煙霞，缽臥千群龍象」將季總來自佛教名山南嶽，與老師山茨於煙霞等峰結茆參究，作了極佳的描寫。整篇請啟以居士護法身份，供養、敦請女禪師季總於慧燈道場弘揚禪教，對其女性性別也畫龍點睛地點將出來。

末尾三十位署名的居士，皆為當時蘇州之士大夫，史志等文獻多有記載其事蹟，他們連名敦請季總開堂慧燈禪院，顯現季總到江蘇近四年的時光，其證悟與禪教都得到相當的認同與佩服，這群居士由葉紹顒領銜，紹顒是誠篤有悟的居士，朝宗通忍的法嗣，為臨濟下三十二世，與季總同一輩份，他從官場返樸歸真於江蘇隱居三十年，他為語錄寫序，語錄中有他與季總的機鋒問答，還有一則季總向他開示的法語，那則機鋒問答到最後，紹顒有些招架不住，遂忍不住發出嘆服之聲：「和尚莫是末山再來？」甚是有趣，這也表示紹顒經常與季總往來問法，應該是這群人當中與季總最熟悉的人。

季總在慧燈被記錄下來法語有浴佛日檀護陳方山請上堂、師誕辰請上堂、元旦上堂、觀音誕上堂、王舜符居士請上堂、慈雲禪人請上堂等。從順治十一年直至順治十五年季總回到南嶽，這五年時光，季總都住持於慧燈禪院。

**3、太倉積慶庵**

季總到此是在佛成道日時，眾檀請上堂。當時大眾有人問「總持尼

71 參考維基百科：http://zh.wikipedia.org/w/index.php?title=%E9%82%97%E6%B2%9F&variant=zh-tw (2013.05.06)

如慶喜見阿　佛」之公案與「世尊睹明星悟道」有優劣之分嗎？總持尼為達摩女弟子，達摩問弟子各有何見地，總持尼曰：「我今所解。如慶喜見阿　佛國，一見更不再見」。達摩答云：「汝得吾肉」。而慧可在這一場問答中，禮拜而立，得達摩讚賞曰：「得吾之髓」，遂付法衣。在太倉上座時，有人拈提這個總持公案來問，不知是否因季總為女性才如此故？亦或問教為女性？不得而知。而此寺院之歷史狀況亦不明。

**4、盛澤圓明寺**

季總曾被盛澤圓明寺眾請上堂開示。圓明寺，在蘇州南端的盛澤，是爾初正禪師住持之道場，爾初為萬如法嗣，也就是季總師兄輩，季總曾有一詩〈秋日過圓明寺賦贈爾初禪師〉：

> 不貪幽寂不辭艱，埜外茆堂可省顏，求法人來浮古渡，放生魚過落前灣，
>
> 鷗眠白水閒當牖，草引清風靜掩關，萬疊雲山皆拱坐，鐘聲催處鴈聲還。[72]

描寫圓明寺之清幽，但主法者爾初禪師不貪幽寂，不辭艱辛，仍精進弘法度眾。《五燈全書》有「吳江盛澤圓明爾初正禪師」：

> 吳門人。示眾：本來面目，覿體現前，回頭轉腦，十萬八千，直下便是，已涉言詮，滿目溪山，何勞指示，纔指示，眼著刺棘，便恁麼會得，也是好肉剜瘡，山僧到這裏不能為汝提持，何故聻，識法者懼（萬如微嗣）。[73]

而圓明寺在《震澤縣志》記載云：

> 圓明庵在十都，宋嘉泰中，僧永𥹥知勤建。元至正元年，僧志滿修，明崇禎七年，僧濟經、知津重建。國朝康熙五年，僧大輪修，十八年，僧明始修。[74]

從燈傳與季總之詩很清楚知道他在當時住持於圓明寺，乾隆版的縣志，在明代之後只記載康熙五、十八年，並未有順治時期的資料，自然沒有

72 《季總語錄》卷四，詩偈、〈秋日過圓明寺賦贈爾初禪師〉，頁 464 下。

73 超永《五燈全書》卷七十二，頁 362 上。

74 陳和志、倪師孟等《震澤縣志》卷九、寺觀、圓明庵。乾隆十一年修，光緒十九年重刊本。《中國方志叢書》華中地方、第 20 號（臺北：成文，1970 年），頁 361。

爾初之資料。而從圓明寺的歷史來看，它一路以來都是比丘道場，在爾初之後亦是。季總來此比丘道場或許與二人有同門之誼有關，但不管如何，女性禪師在比丘道場被大眾請上堂說法，這件事是頗有意義的，也值得觀察，因為依佛教戒律，比丘尼見比丘，不論戒臘年紀，都需向比丘頂禮，有比丘收比丘尼為徒，沒有比丘禮比丘尼為師者，而且比丘尼需受二部僧戒，亦即要在比丘尼僧、比丘僧二處受戒，才算完整圓戒。因此女性禪師來到比丘道場能上堂說法，確實頗有其象徵意義。當時是：

> 師至盛澤圓明寺，眾請上堂。一點圓明萬古奇，來登寶座顯全機，風流徹底難教露，未許通方作者知，卓拄杖云：「還有作家戰將麼？請出相見」。張休石問：「四眾咸臨，人天普集……」……乃云：「禹門堂上傳得盋囊，圓明寺裏高提鈯斧，頭頭玉振金聲，處處龍飛鳳舞，輥甚雪峰毬，打甚禾山鼓，葛藤千七俱拈卻，明明一句超今古，到者裏劈開潭底月，流出少林髓，大眾還見少林髓麼」？卓拄杖云：「倒卓橫拈無別路，迅雷奔電絕誵」。下座。[75]

季總以「圓明」之名起首，穩健大器地言「來登寶座」、「風流徹底」，顯全機又難教露，直直坦坦地就宣示：還有作家戰將？請出現見！接下來就有張休石、張權始二位居士與她的機鋒對話。二位居士各提拈「意句到不到」四句、「奪人奪境」四句來問，頗能顯示居士鑽研禪門宗旨公案之陷溺，季總一一點撥，要他們迴歸知落處，將祖師公案葛藤俱拈卻，只要「明明一句超今古」。季總傳承禹門法嗣，到比丘道場「提鈯斧」，顯機鋒絕蹤，穩然透底，宣戰將相見，氣概非凡。整篇上堂語，雖然只見二位居士發問，但所謂「四眾咸臨」，是指出家男女二眾、在家男女二眾皆具，雖然此語可能只是習言慣語，但應該可以推知，當時的場面不小。

**5、嘉興如如庵**

季總亦曾到嘉興如如庵上堂說法，這次有特別的任務：為胡奉溪居

75 《季總語錄》卷一，頁445中。

士薦子。嘉興如如庵，當時住持為古鑑彰禪師，古鑑亦是萬如法嗣，萬如自己亦於崇禎十年間（1637）住持過如如庵，是黃承昊居士（字履素，別號如如居士）供養萬如之道場。據嘉慶《嘉興縣志》卷九：

> 如如庵，在白苧鄉，明崇禎二年僧道微建，初名桐月庵，後得法於天童僧圓悟，易名曰：如如。[76]

此道微應是通微，即是萬如也。在《萬如禪師語錄》〈荊溪龍池老和尚列傳〉說得更清楚（師指萬如，翁指密雲）：

> ……欣歸舊隱，有居士黃清伯者與師道契，遂鳩資買民屋，易名桐月庵，遷師居之，寒暑一衲，學不雜習，經史傳紀，一目知源，……丁丑，履素黃公承昊致書，迎師歸舊隱，翁遂授師大法之囑，因山主履素別號如如居士，故欣然書如如菴匾額，是以改桐月為如如菴也，於時德聲益彰，三年如菴遂成叢席，辛巳冬，檀護躬請開法，四眾駢集，千指悅依。[77]

桐月庵是萬如承嗣圓悟前舊隱之處，在一番參究有成後，承昊迎請萬如再回桐月庵，由密雲遙易新名為「如如庵」，竟與承昊之別號如如，不合而符，故改桐月為如如。[78] 而萬如到此，德聲益彰，便成叢林之盛，辛巳冬（1641）開法時，更有百人聚集皈依。之後萬如到龍池禹門禪院住持，因時局戰亂，如如庵在兵燹之後，蕪穢不治：

> 當是時禾中檀護屢致書迎師，謂如菴為師皺跡之地，欲求重理，緣兵燹之後，蕪穢不治，師不忍從前心力隳于一旦，於己丑春至禾晤諸檀越，耑為如菴囑托，務求得人。[79]

萬如於順治六年（1649）春再到嘉興，商量和和庵整頓的問題，務求得人，後來應該就是請古鑑彰來住持，而季總隔年才到江南，她有一首〈古鑑法兄像〉贊：




---

76 司能任《嘉興縣志》上卷九、寺觀，頁 185。

77《萬如禪師語錄》行舟述、嚴大參、呂嘉祐校正〈荊溪龍池老和尚列傳〉，頁 441 上。

78 黃承昊〈如如庵記〉，引自羅炌修、黃承昊纂《嘉興縣志》卷二十四、藝文。《日本藏中國罕見地方志叢刊》（北京：書目文獻，1991 年），頁 1043。

79《萬如禪師語錄》，行舟述，嚴大參、呂嘉祐校正〈荊溪龍池老和尚列傳〉，頁 441 下。

者漢生來孟浪，重輒拈條白棒，浸殺龍池水裏，突出佛祖頭上，禪流不用疑猜，便是古鑑和尚。[80]

《五燈全書》亦有「嘉興如如古鑑彰禪師」之上堂舉例：

> 上堂。舉幻祖因僧問：「如何是西來意」？祖曰：「屋北鹿獨宿，溪西雞齊啼」。師頌曰：「屋北鹿溪西雞，浩浩金風玉露垂，莫認定盤星子好，當人須豁兩行眉」。（萬如微嗣）[81]

所以如如庵也是比丘道場，季總在此的上堂法語如下，為了呈現較完整的季總上堂樣貌，遂將大部分的文本引出：

> 師至嘉興如如　，胡奉溪居士薦子，請上堂。卓拄杖云：「當陽拈出活如龍，深海拔山振祖風，千眾臨筵齊努目，一靈超出杳無蹤，大眾，既是超出，因甚又說杳無蹤，還有通方作者麼？出眾緇素看」。問：「桂魄香飄秋林葉落，未審亡靈即今在甚麼處」？師云：「四海浪平龍睡穩，九天雲淨鶴飛高」。僧喝，師便打。問：「如何是奪人不奪境」？師云：「中庭地白樹棲鴉」。……進云：「胡居士今日請和尚陞座薦亡，還許亡靈聽法也無」？師良久，僧喝，師打云：「正要汝疑著」。乃擊拄杖云：「擊開枯木聽龍吟，迸出髑髏雙眼睛，……舉拄杖云：「覿面相承知落處，亡靈端坐寶蓮臺」。復舉南雍軍提刑趙伯肆居士，寓綿江瑞峰院，聞母訃音，作種種功德，復請禪師建靈光道場，一夕，夢寐中見母告曰：「汝平生事君忠事親孝，我死後汝作佛事，吾竝不知，惟靈光法事，吾得領受，今已得超生佛界，特來報汝，汝宜益尊三寶，不可怠慢」。言訖，冉冉而去，伯肆驚覺歎異。是年又集僧結制，朝夕參請，植此善因存亡獲福。然畢竟超脫一句作麼生道？「渠無生死可相求，寶月瀲輝萬古秋，漢地楚天收不得，南湖依舊水東流」。下座。[82]

這次上堂，有一項法事：為胡奉溪居士薦子。季總於超薦法事中依生死、亡靈來啟悟機鋒，季總亦開大門顯大器，邀請大家一起參究呈機：

80 《季總語錄》卷四、詩偈、〈古鑑法兄像〉，頁 468 中。

81 超永《五燈全書》卷七十二，頁 357 下。

82 《季總語錄》卷一，頁 445 下。

「還有通方作者麼？出眾緇素看」。尤其這一則上堂法語出現二個「僧喝」的鏡頭，因語錄裏亦有使用「尼」者，所以此處之「僧」應該是指比丘，這一點更可證明她確實是在比丘道場上堂，而且有比丘在場，並與比丘機鋒應對。前者，僧喝，季總便打。後者，僧問：「還許亡靈聽法也無」？季總良久未有動靜，僧便喝，季總遂打云：「正要汝疑著」，捉住露出的狐狸尾巴。後半部舉一則實例，說明薦亡之法事、供養僧眾之功德，對亡者生者皆可獲福得利。末尾，禪師本懷亦現，提點大眾「無生死可相求」，解脫悟入，才能自在。





**6、國福禪院**

嘉興的國福禪林，季總在此處不僅被請上堂說法，還開爐陞座，亦即領眾於冬天結制三個月禪修，簡稱結冬，是與夏天三個月的結夏，是二段禪林靜居修行的時間。在解制時季總：

> ……乃云：「慧刀截斷輪迴路，智劍揮開生死門，耳見眼聞誰舉覺，逆來順往總承恩，大眾解制後，還知山僧去向麼」？卓拄杖云：「扁舟一葉過吳門，腳跟曾不動埃塵，拋綸擲釣非吾事，舞棹呈橈我不能，轉柁觸翻千尺雪，放篙撐破五湖水，從教纜挂枯椿上，恣與虛空打葛藤」。驀以拄杖作圓相，云：「除此現成公案外，別無一法繼傳燈」。下座。[83]

大眾還知山僧去向？過吳門，不動塵，弘化度眾，非吾事、我不能，轉柁放篙後，這艘法船要將纜繩掛在枯椿上了，恣意與虛空相擊，掃打葛藤。這段弘法後，自言去向的「舞棹呈橈我不能」詩偈，將如幻空觀表達得很精彩。結尾「除此現成公案外，別無一法繼傳燈」更點出「現前即是」之觀點。可惜，目前尚未查索到國福禪院的歷史、住持，以及是否為尼眾道場？

**7、當湖善護庵**

季總也曾到當湖之善護庵，當湖在嘉興平湖，是座尼庵，女性禪師一音超見住持之道場，當年一音在此新建禪堂，還曾請老師祇園來隨喜觀禮，一揆與之亦常往來，有〈壽一音法兄七袠〉、〈善護一音法兄新

83 《季總語錄》卷一，頁 446 上。

建山門〉、〈久闊有懷〉詩，[84]及〈奠善護一音法兄〉文等。[85]女性禪師季總來到亦是女性禪師一音的道場，應是別有一翻氣象。季總在此也就院開爐，為大眾結冬三個月。季總上堂時，是一音親自迎請：

> 師至當湖善護菴，一音禪師同眾檀護請上堂。當湖善護別人間，八面玲瓏著眼看，凡鳥等閒難泊近，玉簫品出舞祥鸞，還有出自丹穴者麼？試出來鼓翅看。問：「敲石燒丹一老顛，等閒拾得火中蓮，特祈和尚通消息，要使人人達本源」。師云：「三十棒寄打汝師」。進云：「同道方知」。師云：「胡人飲乳，反怪良醫」。……問：「與化打維那意旨如何？」……士禮拜……[86]

季總以祥鸞來喻善護師徒信眾，亦給她們冠上個丹穴鼓翅。一音弟子發問，季總還「三十棒寄打汝師」，累及一音，頗見親切相惜之意。結制開爐時，是「一公院主同諸護法紳衿請就院開爐」，有紳衿出場，有「大道無分男女」之教。解制時亦有士人出現：

> ……進云：「等閒垂一釣，驚動碧波鱗」。師云：「離鉤三寸，道取一句來」，士彈指一下。師云：「一釣便上」，問：「和尚今日上堂也是無風起浪，某甲到此已是拖泥帶水，出格一句請師道取」。師便打，士翻觔斗而出。師云：「弄精魂漢」。乃云：「全提正令入摩竭，大地眉毛共撕結，等閒便度九十朝，冰壺已泮春風發，銕壁銀山俱靠倒，笑殺銅頭與銕額，波斯攪得海嶽渾，金毛獅子走深澤，神駒萬里謾追風，眨得眼來天地隔」，以拂子打〇〇云：「一處最親，千機莫測，眾禪客瞥不瞥，處處綠楊春正好，自是不歸歸便得」。[87]

士人彈指一下、翻觔斗，被季總說：「一釣便上」、「弄精云漢」。金毛獅子、神駒萬里，連打兩個〇，告訴大眾，歸家春正好。由此看來女性道場上堂說法時，空間應該是開放的，男居士也能在場參與。《五燈全書》有記載「當湖善護菴尼一音見禪師」：

---

84 《一揆語錄》，頁 11 上、中。

85 《一揆語錄》，頁 14 中。

86 《季總語錄》卷一，頁 447 上中。

87 《季總語錄》卷一，頁 447 下。

> 姓戈，適沈，以疾謝，投伏獅剛披剃，看萬法歸一話有省。……剛問：「如何是有物先大地，無形本寂寥」？師曰：「到家何必說程途」。剛曰：「如何是你到家消息」？師曰：「仲冬天寒請和尚珍重」。剛為印可。……[88]

尚記載她在善護庵示眾法語：

> 示眾。今朝五月半。那事明明真好看。真好看。何似秦時——轢鑽。驀然鑽破太虛空。做個逍遙無事漢。大眾還識鑽頭落處麼？喝一喝。……一婆子參，問：不得解脫時如何？師打曰：誰縛汝。婆沉吟。師曰，：萬法本閒，惟人自　。　師問道英：「汝今見解如何」？英曰：「杲日當空」。師曰：「爭柰片雲遮却」。英便喝。師曰：「三十棒自領去」。……（祇園剛嗣）。[89]

由此可略窺一音這位女禪師教化有板有眼，帶領善護庵眾等精進修持，就現有資料來看，她作為祇園嗣法弟子，是祇園弟子能另開法席，弘化較成功的一位，在費隱禪師、百痴禪師之語錄，都有一音的出現，她領徒眾或請於善護上堂，或開示，今亦迎請季總來上堂、結制三月，顯現其弘法頗為開放活絡。一位在地的女禪師，請南嶽來的女禪師上堂說法，二位女禪師以法相見，她們的女性徒眾必然對此深有感動，也必然興起見賢思齊之悟，而男信眾見此，所謂「道無分男女」之見也應該更具雙倍效果。

季總這一趟九年的江南行，萍縱處處，被請到許多道場上堂說法，這期間以在蘇州慧燈禪院為主，興化普度庵是受萬如之命前往，但待的時間不長，其他積慶庵、圓明寺、如如庵、國福禪林、善護庵等道場，有男禪師道場，也有女禪師道場，男禪師道場之對法眾浮現出來的有居士亦有僧人。女禪師道場之對法眾浮現出來的有比丘尼、男居士，而女居士應該亦有，只是沒有浮現初語錄內。遍涉長江南北區域，踩踏佛教禪門重心，季總在這些道場都能開大門顯大用，極為穩健大器。

---

88　超永《五燈全書》卷九十三、南嶽下第三十六世隨錄，頁 517 下。

89　超永《五燈全書》卷九十三、南嶽下第三十六世補遺，頁 522 下。

### 8、在道場與道場之間

九年的江南生涯，住持道場，被請上堂、結制，這些弘法活動必然不是完整銜接，何況她是一位外來的弘法者，在此亦無原寺院可回，雖說在龍池萬如處被付予法脈，但來的時日不多，受法脈後就離開，於禹門禪院並無久住之緣，所以說季總萍蹤處處也有幾分真實，來去之間，以受道俗敦請為主，在敦請之餘，道場與道場之間，因何因緣而往？因何因緣而來？又有何因緣去此就彼？又因何辭卻不居？這些行止想必已超出語錄所載甚多，但可由幾個蛛絲馬跡探知一二。

有一次她曾靜居於僧舍，在〈寄興化沈居士〉言：「泰州期中安靜，僧舍頗潔，無勞致念」，[90]此「僧」應該是中性出家人之意，曰「安靜」，應是非有上堂弘法之時。還有〈借靜室住冰禪人詩以贈之〉：

> 借得三間近水傍，入門無件不荒涼，雲封瓦竈苔封壁，月滿蘿龕霜滿床，
>
> 常意古人穿紙襖，須知活計在空囊，相看別有安閒事，贈汝新篇話正長。[91]

季總借得三間水邊的靜室居住，靜室空蕩無物，瓦竈蒙塵四壁青苔，是個久未住人的地方，但相看別有安閒事，修行人自在自在處。可見在受請之道場與道場之間，季總亦有靜居僧舍、住靜室住之時。另一詩是居士築庵留居：〈攜李胡奉谿居士築菴留居作此以辭〉：

> 樂城高築願弘深，塵刹無煩較尺尋，雨洗風揩難似石，龍獰虎伏久薰心，
>
> 橫身萬里空為廈，撒手千巖道是林，功德不從人處得，祇園謾自布黃金。[92]

嘉興人胡奉谿居士曾要築庵留季總居住，被她推辭，修行人以空為廈，以道為林，橫身撒手教化，不必拘於一處。不知此事是在慧燈受請之前？或之後？季總既能接受信眾慧燈之請，為何辭卻胡居士之請？為何居蘇州而非嘉興？這些前因後果亦無由得知。只是由這些詩偈可知，在

90 《季總語錄》卷四、書問、〈寄與化沈居士〉，頁 468 下。

91 《季總語錄》卷四，詩偈、〈借靜室住冰禪人詩以贈之〉，頁 465 上。

92 《季總語錄》卷四，詩偈、〈檇李胡奉谿居士築菴留居作此以辭〉，頁 465 中。

道場去就之間，有靜居安閒，亦有辭卻築庵供養之舉。

## 第四節　師友徒眾

有留下名號的季總法嗣只有人華法庵主一人，除此之外，不知是否還另有法嗣？記錄語錄的二位侍者：超祥、超遠。應是其弟子，但是否為嗣法者則不得而知，而且人華法、超祥、超遠都未出現於語錄法語中，所以季總之嗣法弟子、一般弟子還有哪些人？難以得知。

統計語錄出現的人物，在家者有男居士、女居士，出家者有比丘、比丘尼，以及一堆無法確定出家或在家、男性或女性的禪人、道人、道者等人物。





這當中能確定為比丘尼者人數極少，能於燈傳中找出名號的比丘反而還比較多，這是因為從法名中無法判斷比丘尼之女性性別，又無其他資料可尋，而比丘雖然法名亦無法判斷性別（一般也會直接預設就是比丘），但燈傳等文獻還能多少輔助發掘確認他們是男性禪師。所以從性別的角度切入，法名的中性化，又沒有別的文獻幫助下，會阻礙性別的判斷，再加上女性被書寫得較少，自然出現更模糊的空間，甚至就直接歸為男性。但同樣法名是中性化，怎麼只有比丘尼才出現這樣的問題？歸結其因，就是被書寫的量太少之故。

男女居士就沒有這樣的問題，因為他（她）都可由居士、夫人之稱呼，或職稱，或是描述的內容來辨知性別。

比較麻煩的是禪人、道人、道者等稱呼。就道人（道者）來看，有見以法名冠上道人者，如明心明性二道者、湛水道人，亦有俗名冠上道人者，如張超霞道人。也有道人是指女性，如以貞道者，有以道人指男性，如稱嚴大參為道人，偶有一次季總也以道人稱李三夫人，所以究竟道人是出家或在家？男性或女性？但指涉出家者似乎沒有，所以趨向是在家人，或在寺院專修，或隱居專修之男女居士。至於禪人以法名稱者較普遍，如慈雲禪人、函蓋禪人，其專修的狀況似乎比道人、道者還強一些，但實際狀況，尚無法明確。

今將季總語錄浮現的人物製表為出家弟子、禪門師友、女居士、男居士、僧俗性別不明之修道者、請住慧燈禪院之三十位署名者等六個表格，並擇要以 (1) 法嗣與出家弟子。(2) 與法兄之交遊。(3) 女居士。(4) 男居士。(5) 其他禪人居士等來呈現這些交遊信眾與季總的交涉來往。



## （一）法嗣與出家弟子

**【伍五 -1】《季總語錄》記載之人物（一）：出家弟子**

| 名 號 | 事 蹟 或 詩 文 |
| --- | --- |
| 侍者超祥 | 語錄卷一、二、三記錄者 |
| 侍者超遠 | 語錄卷四記錄者 |
| 超禪 | 法語 |
| 超聖 | 法語 |
| 人法華（嗣法弟子） | 《五燈全書》所著錄 |

超祥、超遠、超禪、超聖四人是超字輩，亦是季總之弟子應有的排行字，前二人是侍者，所以此四人應該是季總比丘尼弟子。而人華法，未出現於語錄，卻於超永《五燈全書》卷九十三著錄為季總法嗣。

## （二）禪門師友：男性禪師

**【伍五 -2】《季總語錄》記載之人物（二）：禪門師友**

| 名 號 | 全名、師承等資料 | 事 蹟 或 詩 文 |
| --- | --- | --- |
| 脫塵上人 | | 住普渡莽請上堂 |
| 一音禪師 | 一音超見，女性禪師，祇園之法嗣 | 至當湖善護菴請上堂、請就院開爐上堂 |
| 海天老師 | | 行實 |
| 荊紫峰無學大師 | 住於南嶽 | 行實 |
| 牧雲 | 牧雲通門，密雲之法嗣。曾住持於鎮江鶴林寺 | 行實 |
| 箬庵和尚 | 箬庵通問，天隱之法嗣 | 行實 |
| 慈法兄 | 玄慈達謙，山茨之法嗣 | 詩偈〈寄慈法兄隱山〉 |

| 名　號 | 全名、師承等資料 | 事　蹟　或　詩　文 |
|---|---|---|
| 山茨和尚 | 山茨通際，季總之師 | 詩偈〈次南嶽和尚臥病二首〉、〈描山茨和尚真〉、〈禮南嶽山茨和尚塔〉、讚〈南嶽山茨和尚像〉、〈辭南嶽山茨和尚墖〉 |
| 林皐和尚 | 林皐本豫，天隱之法嗣 | 詩偈〈峽山掃林皐和尚塔〉 |
| 再生禪兄 | | 詩偈〈壽再生禪兄五十〉 |
| 爾初禪師 | 爾初正，萬如之法嗣，住持於吳江盛澤圓明寺 | 詩偈〈秋日過圓明寺賦贈爾初禪師〉 |
| 道明禪師 | | 詩偈〈幽湖指息菴贈道明禪師〉 |
| 淨明菴決則老師 | | 詩偈〈贈淨明菴決則老師〉 |
| 中明法兄 | 中明恭，萬如之法嗣 | 詩偈〈訪中明法兄留贈〉 |
| 晝先兄 | 晝先一，密行忍之嗣。衡州府人 | 詩偈〈孟夏將歸楚送晝先兄遊越〉三首 |
| 又洪師 | | 詩偈〈寄又洪師〉 |
| 太白山古音師 | | 詩偈〈寄太白山古音師〉 |
| 普明寺明巖老師 | | 詩偈〈壽普明寺明巖老師七十〉 |
| 祖印法兄 | | 詩偈〈寄祖印法兄〉 |
| 宗玄兄 | 宗玄達旨，山茨之法嗣。住粵西全州香林 | 詩偈〈宗玄兄還南嶽貽詩留別資韻送之〉 |
| 龍池萬如和尚 | 龍池通微，天隱之法嗣，住持龍池禹門禪院 | 讚〈龍池萬如和尚像〉 |
| 大俞法兄 | | 讚〈大俞法兄騎牛小像〉 |
| 古鑑法兄 | 古鑑彰，萬如之法嗣，於崇禎在嘉興如如庵住持 | 讚〈古鑑法兄像〉 |
| 禪門諸祖三十五位 | | 〈源流頌〉 |

1. 此中只有一音為女性禪師。一音於前面已論及，故在此只專論男性禪師部分。

2. 季總的師輩：山茨、萬如、林皐（林皐通豫）、牧雲、無學、箬庵

（箬庵通問）。林皐、箬庵都是山茨的師兄。

3. 季總的法兄，屬於山茨弟子有二人：慈法兄（玄慈達謙）、宗玄兄（宗玄達旨）。屬於萬如法系有三人：爾初（爾初行正）、中明法兄（中明行恭）、古鑑法兄（古鑑行彰）。
4. 其他：晝先兄，（南嶽衡楚晝先一），是密行忍法嗣，密行忍是破山法明嗣，破山與萬如同出密雲，亦是臨濟下，所以論輩份，他在季總之後。

值得注意的是季總與同輩往來，她與山茨與萬如脈下之法兄都有所來往。山茨系下的法兄：玄慈、宗玄，[93] 他們都來自南嶽，當年同在南嶽參禪，也都來到江南弘化，與季總有著同樣的處境與鄉愁，所以季總給他們的詩偈都與南嶽、山居有關，〈寄慈法兄隱山〉：

> 獨宿孤峰值早春，清高那許世相鄰，裡知格外忘人我，直透玄關始得純，
>
> 奪境奪人全體用，立賓立主獨精神，別峰頭上遙相會，誰道今人非昔人。[94]

她讚玄慈孤峰獨宿之清高，南嶽同參，只是不知此詩寫於江南或南嶽，若是江南則兩人同在江南弘化，遙寫昔日別峰相會。若在南嶽，則寫在南嶽不同峰頭隱住。總之，玄慈與她同為山茨弟子，南嶽生活是其共同話題。對宗玄有〈宗玄兄還南嶽貽詩留別次韻送之〉：

> 一聲毒塗鼓驚聞，何處人逢不識君，謾說於今成獨往，五湖煙水儘殷勤。[95]

宗玄要歸南嶽，贈詩季總，季總回贈此詩，盛讚宗玄在江南弘化之盛，宗玄之詩應有「獨往」之句，所以季總虧其「謾說」，因為五湖煙水都在殷勤相送呢。

萬如門下弟子，都為江南本地人，爾初與古鑑分別是圓明寺、如如庵住持，論季總於這二個道場上堂時已談及。由此亦可知與萬如門下法兄之來往常與在江南弘化有關，頗能得到他們的讚賞與助成。對中明法

93 達珍《正源略集》卷四，有二人之法語，頁 23 中。超永《五燈全書》卷八十一，亦有二人略傳法語，頁 442 上、443 上。

94 《季總語錄》卷四，詩偈、〈寄慈法兄隱山〉，頁 463 下。

95 《季總語錄》卷四，詩偈、〈宗玄兄還南嶽貽詩留別次韻送之〉，頁 467 中。

兄，則有〈訪中明法兄留贈〉：

曳杖捫蘿路入微，竹松深處古柴扉，鳥喧總屬林泉興，猿嘯非關人世機，

曾共龍山分片髓，敢同虎穴運全威，但嗟相看季來老，雲水重重悵幾違。[96]

季總尋訪在蘿路、鳥喧、林泉、古柴扉裏的中明，「曾共龍山分片髓」，正顯季總與他同出萬如門下，「敢向虎穴運全威」，同門彼此精進弘化大用，末後二句季總感嘆年老，頗有歇息之意，微微露出回歸南嶽之心志。





這份心志在給密行忍之法嗣畫先的詩偈明顯表達出來，〈孟夏歸楚送畫先兄遊越〉三首：

松花落盡古城邊，榔㮚橫擔各一天，每望雁群思故里，何當鹿苑別高賢，

春波處處珠沈月，曉樹枝枝翠拂煙，一藏全提曾有約，南來正脉賴流傳。

其二

歷盡煙波意坦然，掉歌聲裏過前川，半瓢不滿千家飯，一葉當撐沒底船，

回首斷雲橫埜岸，迎眸幽鳥炙晴天，真風掃地君須挽，高策還期振楚巔。

其三

半鉤明月敞晴皋，金錫雲從興復豪，杯泛千江分祖道，詩成群玉和離騷，

懷親幾賦還鄉曲，赤體誠如透網鰲，歸計不知何日就，萬年松下聽秋濤。[97]

畫先，是衡州府人，與季總同鄉，想必是因這層關係，季總才對他表達思鄉之情，此時畫先尚要至越，她寫詩送之，並談起共在江南弘法度

---

96 《季總語錄》卷四，詩偈、〈訪中明法兄留贈〉，頁 465 下。

97 《季總語錄》卷四，詩偈、〈孟夏歸楚送畫先兄遊越〉，頁 466 上。

眾，同時也寫自己還鄉思故里之心，「每望雁群思故」、「懷親幾賦還鄉曲」，要「鹿苑別高賢」、「高策還期振楚巔」，有如透網之鰲能返回大海故鄉，於「萬年松下聽秋濤」矣。都已擬歸南嶽，卻還有「歸計不知何日就」？顯然這份歸去之念已蘊釀許久了。而期許晝先「真風掃地君須挽」、「南來正脉賴流傳」句，正表現出對江南禪風有所感慨，而這些感慨與歸鄉之情就有其因果關係在。

季總與這些法兄來往，於萬如門下者，多相關於弘化道場之來往，於山茨門下者，多有同境同感、對南嶽山居之歸嚮，而這份回歸之心，最後終將達成。這些法門兄弟都是密雲之徒孫，是當時禪林新興一代的男性禪師，密雲與其徒興起了明末清初禪林的盛況，但也引起一些紛爭，而這些徒孫，包括季總，正在這樣的環境下弘法，季總與這些男性禪師來往時，無有怯意，反而能展現出「敢同虎穴運全威」「金錫雲從興復豪」的氣概，但也共感到「真風掃地」的禪林衰微命運。

### （三）女居士

**【伍五-3】《季總語錄》記載之人物（三）：女居士**

| 名　號 | 事　蹟　或　詩　文 |
| --- | --- |
| 高夫人 | 設齋請上堂 |
| 李夫人洎眾優婆夷等 | 住昭陽普度　請上堂 |
| 沈夫人 | 誕日請上堂 |
| 高彙旃夫人（亦稱道人） | 機緣、法語 |
| 錢叔嘉夫人（亦稱道人） | 法語 |
| 黃君略夫人 | 法語 |
| 項翰林夫人 | 法語 |
| 鎮江賀夫人 | 法語 |
| 王士英夫人 | 法語 |
| 沈夫人 | 法語 |
| 李夫人 | 詩偈〈壽李夫人七十〉 |
| 黃夫人 | 詩偈〈壽黃夫人五十〉 |

| 名號 | 事蹟或詩文 |
| --- | --- |
| 沈體泉之夫人 | 詩偈〈壽體泉沈居士夫人五十看菊拈祝〉 |
| 高夫人 | 詩偈〈壽高夫人五十〉 |
| 錢牧齋夫人 | 詩偈〈示錢牧齋夫人〉 |
| 錢復先夫人 | 詩偈〈示錢復先夫人〉 |
| 孫孝若夫人 | 詩偈〈示孫孝若夫人〉 |
| 高夫人 | 詩偈〈與高夫人〉 |
| 超月優婆夷 | 讚〈超月優婆夷行樂圖〉 |
| 黃夫人 | 讚〈黃夫人行樂圖〉 |
| 李三夫人 | 書間〈與李三夫人〉 |
| 李四夫人 | 書間〈與李四夫人〉 |





這些女居士於季總而言是很親切的在家弟子，季總常要她們深自信己，信己能悟道解脫，莫要被為一些謬論道流所哄騙，可惜，這些夫人們的來歷卻無有資料可尋，甚至有稱高夫人者二，亦無法判定此高夫人與彼高夫人是否同為一人？所以此表之制，則採一一羅列之方式。目前僅得三人略可依其夫而尋其跡，亦即高彙旃夫人、錢牧齋夫人、孫孝若夫人，以下明之，並及於季總頗為稱賞的李四夫人、高夫人。

**1、高彙旃夫人**

高彙旃夫人，她應該是程朱學者高彙旃之夫人。高彙旃，名世泰，是晚明東林書院最重人物，闡揚程朱學派，清初還講學不輟，他與佛教也有關係，與僧人居士多有所往來，曾為季總的老師萬如作塔銘，所以其夫人向季總問法也其來有自。彭際清《居士傳》從佛法上著眼著錄他的事蹟：

> 高彙旃，名世泰。江南無錫人，崇禎中舉進士，官禮部郎中，出為湖廣提學，秩滿歸。母李氏精修淨土，無疾而逝。彙旃日跪柩前，誦妙法蓮華經，越三虞，庭中枯蘭忽榮，一莖三華，內外純白。……彙旃自國變後不復出，主東林書院三十餘年，闡程朱之學，學者宗之，卒於家（明文偶鈔）。[98]

稱美他能將念母之心轉為念佛念法，實踐篤行而得感應，是真正的孝

98 彭際清《居士傳》卷十二，頁 205 上。

子、佛子。其夫人在語錄中出現二次，分別是機緣、法語。法語開示中，季總要她能穩辨一「信」字，亦即相信自己能悟道解脫。

**2、錢牧齋夫人**

錢牧齋夫人，季總語錄有〈示錢牧齋夫人〉詩。不知此錢牧齋夫人究竟為何人？是頂頂大名的柳如是乎？錢牧齋娶柳如是之事，傳為美談，這位奇女子也因而聲名大噪，甚至其節操還將牧齋比了下去。牧齋娶柳如是時，正妻陳夫人尚在，所以其妻妾至少有四人：原配陳夫人、孫愛生母朱夫人、居桂村的王夫人以及柳如是。據顧苓《河東君小傳》，柳如是於康熙二年（1663）秋有下髮入道之舉，[99] 陳寅恪則認為應該是崇禎十四年至十六年臥病時期之作，牧齋賦詩云：

> 一剪金刀繡佛前，裹將紅淚洒諸天，三條裁製蓮花服，數畝誅鋤穲稏田，朝日妝鉛眉正嫵，高樓點粉額猶鮮，橫陳嚼蠟君能曉，已過三冬枯木禪，鸜鵒疏窗晝正長，又教雙燕語雕梁，雨交灃浦何曾溼，風認巫山別有香，斫卻銀輪蟾寂莫，搗殘玉杵兔淒涼。縈煙飛絮三眠柳，颺盡春來未斷腸。[100]

在「斫卻銀輪蟾寂莫，搗殘玉杵兔淒涼」句，錢遵王注本作「初著染衣身體澀，乍抛稠髮頂門涼」，非常明顯柳如是確實有下髮之舉。而「河東君之供佛，如初學集捌貳「造大悲觀音像贊」及投筆集上後秋興之三「八月初十日小舟夜渡，惜別而作」第壹首「青燈梵唄六時心」之句等，則是其例證也」。[101] 所以柳如是於修佛並非泛泛。又，《續比丘尼傳》之「吳縣西洞庭山尼德隱」提到：

> ……有詩云：虞山錢太史柳君，春日采蘭，忽得雙了，復以並蒂植之庭中，命余圖焉。時席試湯餅會，諸名閨共賦采蘭詞。余亦成詠……[102]

錢太史柳君，即柳如是也，德隱參與她們的試湯餅會，共賦采蘭詞。又有「常熟直指菴尼行玄」亦云：

99 顧苓〈河東君小傳〉，《柳如是集》（瀋陽：遼寧教育，2001 年），頁 119。

100 陳寅恪《柳如是別傳》冊中（北京：三聯書店，2001 年），頁 818-819。

101 轉引自陳寅恪《柳如是別傳》冊下，頁 950。

102 釋震華《續比丘尼傳》卷四，頁 67。

……錢宗伯夫人問：「如何是萬法歸一，一歸何處」？玄曰：「秀水年年秀，青山歲歲青」。……[103]

此錢宗伯夫人應該亦是柳如是，她向行玄問「萬法歸一，一歸何處」？從這些例子看來，柳如是多有與女禪師來往，而柳如是活動於蘇州常熟一帶，與季總在蘇州的時間亦頗相合，所以季總這首示詩頗有可能就是對柳如是所作：

鴻鈞轉處露陽春，好聽鶯啼綠柳陰，驚起渠儂無背面，一輪依舊落西林。[104]

鴻鈞轉，露大機，對鶯啼綠柳之萬千春色，無背無向，離卻聲色亦在聲色中，季總向她啟發森羅萬象之如如境界。而詩中正有「柳」字，或要與其姓相合故乎？！

**3、孫孝若夫人**

孫孝若夫人，為孝廉孫孝若之妻，孝若與牧雲亦多所往來，[105] 其夫人則問法於季總，季總有〈示孫孝若夫人〉：

璨若驪珠不假揮，尋常日用露全機，桃華浪裏春雷蟄，撥轉機輪遍界輝。[106]

以驪珠之明來喻體性，以桃華、春雷來擬作用，正也示其尋常日用，處處菩提。

**4、李夫人、高夫人**

從季總教化看來，她對修行的指點不假詞色，直揭其病，對男居士亦是如此，但在〈與李四夫人〉信中對這位夫人讚賞有加：

向臨貴邑，未及一造高軒，至今猶耿耿也。道人智量過人，辨才越眾，正好從火宅以駕白牛，入化城以躋寶所，否則不異衣祕摩尼而借光東壁也。惟道人淬礪精光，猛利心志，步步轉身，頭頭脫體，山僧雖有成風之手，於道人分上總屬夏行冬令，更有甚罏

103 釋震華《續比丘尼傳》卷四，頁 68。

104 《季總語錄》卷四、詩偈、〈示錢牧齋夫人〉，頁 467 中。

105 《牧雲和尚嬾齋別集》卷四〈復孫孝若孝廉〉、〈復孫孝若孝廉〉、〈與孫孝若〉二首，《嘉興藏》冊 31。頁 566 中、567 中下、567 下 -568 上。

106 《季總語錄》卷四、詩偈、〈示孫孝若夫人〉，頁 467 中。

鞴鉗錘哉，時不待人，伏唯珍重。[107]

李夫人智量過人，辨（辯）才越眾，季總期許她猛利心志，好自修行，能處處轉身脫體，即能自悟自證，不假他人。又有〈與高夫人〉：

萬里青霄絕點塵，一輪明月耀乾坤，茫茫宇宙人無數，幾箇如君開頂門。[108]

絕點塵、耀乾坤，開頂門，季總對高夫人的修行已有認肯。這些女居士是季總很重要的弟子，季總對她們有女性 v.s 女性 v.s 女性的特別教化，貼近她們的心境與障難，也難得看到一群女修行者聚集於語錄中。從諸如錢牧齋多次出現於牧雲文集內，卻未見有錢牧齋夫人，其夫人反而出現於季總語錄，孫孝若與其夫人的狀況亦是如此來看，女性在女性禪師處有其歸屬性與專屬性，或者說女性在女性禪師語錄得到較多的重視，這也正反映女性禪師教團的事實狀況，可惜未有其他文獻資料的輔助，無法更全面地了解她們的身世背景。

### （四）男居士

**【伍五 -4】《季總語錄》記載之人物（四）：男居士**

| 名　號 | 事　蹟　或　詩　文 |
|---|---|
| 譚貞默 | 作序、詩偈〈次韻答譚埽菴居士〉 |
| 嚴大參 | 作序、機緣、詩偈〈語別嚴 --- 轢道人〉 |
| 葉紹顒 | 寫序、機緣、法語 |
| 王相說 | 寫序 |
| 葉紹顒、張王治等三十位居士 | 〈眾護法請住蘇州慧燈禪院開堂啟〉 |
| 陳方山 | 浴佛日請上堂 |
| 陳方三（山□） | 為子姓起名請小參、詩偈〈與陳方三居士〉 |
| 王舜符 | 請上堂 |
| 張休石 | 上堂時問法 |

107 《季總語錄》卷四、詩偈、〈與李四夫人〉，頁 468 下。

108 《季總語錄》卷四、詩偈、〈與高夫人〉，頁 467 中下。

| 名號 | 事蹟或詩文 |
| --- | --- |
| 張權始 | 上堂時問法、詩偈〈張權始居士來檇李賦此以贈〉、〈和張權始居士萍寓有感四首〉 |
| 胡奉溪 | 至嘉興如如　薦子請上堂、詩偈〈檇李胡奉谿居士築菴留居作此以辭〉 |
| 趙伯肆 | 上堂時舉其例 |
| 馮居士 | 至福國禪林請上堂 |
| 高念祖 | 高念祖請陞座薦其祖高玄期、詩偈〈贈高念祖汝揆更生三居士〉 |
| 沈念溪 | 為子姓起名請小參 |
| 申漢培 | 法語 |
| 張黃甫 | 法語 |
| 徐仰齋 | 法語 |
| 葉彙旃 | 法語 |
| 歸望之 | 法語 |
| 王試玉 | 禮請行實者 |
| 王士英 | 禮請行實者 |
| 程弘陽 | 詩偈〈壽程弘陽五十〉 |
| 愧菴 | 詩偈〈次韻酬愧菴居士〉 |
| 金壇于居士 | 詩偈〈壽金壇于居士六十〉 |
| 周雲卿 | 詩偈〈壽周雲卿居士六十〉、<br>書問〈與周雲卿居士〉 |
| 樵雲黃宗伯 | 詩偈〈送樵雲黃宗伯遊南嶽〉、<br>書問〈與黃樵雲居士〉 |
| 施易修（施博） | 詩偈〈贈易修施居士〉 |
| 徐忠可（徐彬） | 詩偈〈贈忠可徐居士〉 |
| 徐敬可（徐善） | 機緣、詩偈〈贈敬可徐居士〉 |
| 項梅雪 | 詩偈〈別項梅雪居士〉 |
| 譚右長 | 詩偈〈過譚右長居士館中作別時有善琹者至賦以贈之〉 |
| 錢若水 | 詩偈〈錢若水居士刪補西湖隄上桃柳賦此以贈〉 |
| 沈體泉 | 詩偈〈壽體泉沈居士夫人五十看菊拈祝〉 |
| 倪伯屏 | 詩偈〈贈倪伯屏居士〉、讚〈倪伯屏居士像贊〉 |
| 顧孟調 | 詩偈〈顧孟調居士六十賦贈〉 |

| 名　號 | 事　蹟　或　詩　文 |
|---|---|
| 高子修 | 詩偈〈示子修高居士〉 |
| 汝揆 | 詩偈〈贈高念祖汝揆更生三居士〉 |
| 更生 | 詩偈〈贈高念祖汝揆更生三居士〉 |
| 輅天游 | 詩偈〈贈天游駱居士二首〉 |
| 興化沈居士 | 書問〈寄興化沈居士〉 |
| 王式玉 | 書問〈與式玉王居士〉 |
| 衡陽劉氏兄弟 | 書問〈寄衡陽劉氏兄弟〉、〈又〉 |

這些男性居士多為士大夫，例如譚貞默、葉紹顒、嚴大參，是當時很重要的佛教護法居士，他們與季總都有相處受教的機驗，對她相當讚賞，譚貞默為季總語錄寫序，也為萬如語錄寫序，嚴大參則為萬如列傳校正[109]，他們不僅是萬如護法，亦折服於季總，成為季總的護法。以下對這些居士舉其要者明之，並繫以季總與之相關的法語、詩偈。

**1、譚貞默**

譚貞默（1590-1665），字埽庵，明崇禎元年（1628）進士，曾任工部虞衡司主事、大理寺寺副、太僕寺少卿、國子監司業兼祭酒。自稱曹溪弟子福徵、檇李道一居士掃菴。季總曾有一詩〈次韻答譚埽菴居士〉：

> 昨日無端聚此堂，塵揚宦海費商量，千山躡屩尋知己，隻履提持得大方，
>
> 暫作禾中雲水客，還瞻吳會斗牛光，雕龍繡鳳推君勝，愧我空空一笑長。[110]

季總表達千山作個雲水客，意欲尋知己弘法道，也得到這些大方之士、士大夫，文人的護持，論文采論權位當然是這些居士們為勝，自己「空空一笑長」。

**2、嚴大參**

嚴大參，──轢居士，費隱通容之法嗣，為臨濟下三十二世。歷參

109 《萬如禪師語錄》〈萬如禪師語錄序〉、〈荊溪龍池老和尚列傳〉，列傳為弟子行舟所述，嚴大參、呂嘉祐校正。頁 439 下 - 442 上。

110 《季總語錄》卷四、詩偈、〈次韻答譚掃庵居士〉，頁 465 上。

憨山、天隱、雪嶠等，皆為許可，機鋒銳利，有修有證，盡心盡力興復古剎普明寺，亦是當時重要的居士護法。[111] 大參曾偕徐敬可來訪季總，而有段機緣對話，季總在一次結制期滿，有〈留別嚴——轢道人〉詩：「聖制相將期又終，何妨飛錫去凌空，濯盂就澗囊懸樹，舞棹橫波帆滿風，撩起便行無彼此，得緣方住任東西，一番法器難忘卻，明月天涯處處同」。[112]

### 3、葉紹顒

葉紹顒（1594-？），字慶繩，號季若、妙安居士，法名行承，江蘇吳江人，是江蘇才女沈宜修之夫葉紹袁之表弟，天啟五年（1625）紹袁、紹顒同年考中進士。紹顒以進士歷官御史，巡按廣東，至曹溪南華寺，禮拜六祖塔時，引發宿因，遂知悟道解脫之事，因而投入參就，在朝宗通忍座下有省，成為其法嗣，為臨濟下三十二世。後來歸吳，即隱居避世三十年，以禪悅為生。[113] 在語錄中，他為季總寫序，並有一段機緣對話，季總為其開示法語，他還是禮請季總住持慧燈禪院的領銜居士。

### 4、高念祖

高念祖，名佑釲，祖父為高道素，譚貞默之婿，少為諸生，尋即棄去，縱覽經史，隱居於竹林郵，所著詩文典雅詳贍。[114]「父承埏，嘗輯自靖錄記死節諸臣，佑釲續成之，博聞強記，尤諳隆萬以來舊事，著有懷寓堂詩、膾炙藝林」。[115] 念祖祖父高道素，與女禪師祇園為表兄妹（姊）關係，曾為祇園父親建樂善庵寫記，此事詳見祇園禪師之道場部分。道素亦是位佛教居士，曾於季總故鄉衡州任監督主事，與季總祖父曾有同事之誼，季總到江南弘法，與高念祖往來，並曾超薦道素，季總在一次上堂時提到此事：

111 超永《五燈全書》卷七十一，頁 351 上。

112 《季總語錄》卷四、詩偈、〈留別嚴——轢道人〉，頁 465 上。

113 超永《五燈全書》卷七十一，頁 351 中。

114 司能任《嘉興縣志》卷二十五，〈列傳五〉，頁 152。

115 許瑤光等修，吳仰賢等纂《嘉興府志》卷五十一〈嘉興文苑〉，頁 1368。祝廷錫《竹林八圩志》卷六〈人物〉，頁 488 亦有傳。

……驀召大眾云：「昔日玄期高公祖，欽命監督楚藩，七年愛養士民，惠政滂流，建生祠於南嶽，即今碑文現載，遺像儼然。山僧偶寓禾城，敬承伊孫念祖居士，請陞座薦公，不免舉則先祖因緣，貴圖以楔出楔，山僧先祖幻臣劉公，曾作蘇郡刺史，詢訪知識，參箇無位真人話有省，年九十歲，一日忽云：「高工部進衙時，吾示寂矣」。壬辰冬月，公聞銳聲便坐脫。大眾且道，先祖劉公與玄期高公還有同別也無」？……喝一喝云：「一人越聖明心地，九代先宗樂性天，者顆寶珠何處是，南湖湘水月娟娟」。下座。[116]





季總祖父劉幻臣亦曾任蘇郡刺史，也是個修行人，季總今日也來蘇州。而念祖又為譚貞默女婿，整個因緣也就牽繫起來。季總有〈贈高念祖汝揆更生三居士〉：

爭羨門容駟馬車，文章澤在看傳家，學通百氏推才藪，法識三乘見慧花，

福德夙生咸有自，動名他日並堪誇，期君外護毋忘卻，現宰官身願不賒。[117]

季總稱美他們的文章學問，也知修行知慧，並生具福德權名，所以期許他們能作個佛教大護法。

**5、徐忠可**

徐忠可，名彬；徐敬可（1634-1693），名善，忠可為兄，敬可為弟，其父是殉節於隋州的徐世淳，因遭此家變，兄弟皆絕科舉仕途，大哥徐肇森，即是女性禪師寶持之俗家丈夫。忠可，父殉難，以所居為祠，並建義塾，以教子弟，修身助人為德。[118] 敬可，「從施博講求格物致知之學，博通諸經，於易春秋尤融貫……，晚更作易論……」，[119] 亦多所協助《嘉興藏》後期之編印。季總與之來往，有〈贈忠可徐居士〉：

---

116 《季總語錄》卷一，頁 447 上。

117 《季總語錄》卷四、詩偈、〈贈忠可徐居士〉，頁 465 上。

118 司能任《嘉興縣志》卷二十四，〈列傳四〉，頁 130。

119 司能任《嘉興縣志》卷二十五，〈列傳五〉，頁 140。

已遠名場辨業因，須思隙影電光頻，謾矜絕代紅顏好，最易臨頭白髮新，

一念不生全內實，六根鎔淨露家珍，果能識得安身法，養就神駒出俗塵。[120]

季總點出他已離科舉這些塵累，但需覺悟生死迅速，精進修行無生，自家珍寶自然顯露。對敬可有〈贈敬可徐居士〉：

稔識浮名似幻如，遠離人境結精廬，庭前修竹堪藏月，簾下環谿任走魚，

明眼早知三要旨，忘心頓貫五車書，莫將世事空牢係，漢闕秦宮盡古墟。[121]

已識浮名如幻，隱身幽居，她期許已知佛法之道的敬可，世事無常需放下。

**6、高子修**

高子修，名以永，號荊門，萬曆四十一年癸丑進士，知河南內鄉縣、安州，擢戶部外郎，勤政愛民，清廉自守，嘗學於施博，以躬身為主[122]，也曾為祇園法嗣義公語錄寫序，對一揆、祇園都甚為讚揚。季總有〈示子修高居士〉：

存心養性本非同，見性明心義孰融，所幸少年能有志，直須慧劍截長空，

五車書外明三要，一喝聲中證六通，休得逢場尋傀儡，到頭當認主人公。[123]

佛法明心見性之道，與存心養性之道亦有所不同，如何相融攝？如何融攝入心？「直須慧劍截長空」，明三要、證六通，勿在世網，尋個傀儡作主，回歸自身，方能認得主人公。

120 《季總語錄》卷四、詩偈、〈贈高念祖汝揆更生三居士〉，頁 466 下。

121 《季總語錄》卷四、詩偈、〈贈敬可徐居士〉，頁 465 上

122 司能任《嘉興縣志》卷二十三，〈列傳三〉，頁 111-112。

123 《季總語錄》卷四、詩偈、〈示子修高居士〉，頁 466 下。

**7、施博**

施博，字易修，別號約庵，崇禎間庠生，是位習靜有得，究心聖道的民間著名講學者，「少有遠志，不嗜進取，鼎革時涉患難，習靜有得，後讀易至家人卦，復悟聖道不離倫常日用，啟迪學者兼重知行，不拘一轍。順治辛卯，倡里人為朔望會，以求教于四方高賢明越，蘇常間有志斯道者聞聲踵至，……晚年學益醇粹，弟子日進，升座講學，環聽者盈戶，多感奮有省。……」，[124] 與佛教人士頗有接觸，曾為破山禪師年譜寫序，也是女禪師一揆語錄寫序。施博之講學，兼重解行，不拘一轍，環聽者盈戶，多有感發，是位德高望重的學者，當時許多士人都從學於他。季總有〈贈易修施居士〉：

> 義能一貫理無偏，率性真堪繼大賢，道德祇今型後進，行藏早已合先天，
>
> 學從乾健傳心要，識比隨宜受命全，此日禾中添勝事，春風滿坐又三千。[125]

季總讚美他的道德乾健之聖學，行藏合先天，可為後進範，講學敦誨無盡，如春風吹拂。

**8、倪伯屏**

倪伯屏居士，名長圩，崇禎十年（1637）進士，授蘇州推官（即司理），據康熙、袁國梓纂《嘉興府志》卷十七：

> 倪長玗，字伯屏，崇禎中進士，父望遠，性孝苦志讀書，鄉舉稱真孝廉。長玗制舉義，為海內法程，聲籍甚，筮仕蘇州司理，鋤奸擊暴，不避強禦，善政纍纍，吳民至今德之，去國遇變隱于禪。[126]

伯屏歷兵部主事，抑豪強，鋤奸滑，博學好古，精於制義，還善於書法，後來「隱于禪」，亦即與季總往來之時。牧雲之文集曾有〈寄倪伯屏司理〉等詩文，多次記載與伯屏之往來，[127] 且見季總之詩〈贈倪伯屏

124 袁國梓《嘉興府志》（四）卷十七、〈人物二〉，頁 708。

125 《季總語錄》卷四、詩偈、〈贈易修施居士〉，頁 465 上。

126 袁國梓《嘉興府志》卷十七、〈人物四、隱逸〉，倪長玗，頁 814。

127 《牧雲和尚嬾齋別集》卷四〈與倪伯屏司李〉、〈與倪伯屏〉、〈與倪伯屏〉、卷五

居士〉：

> 眼中金屑謾勞評，水近高樓適楚情，室擬維摩空未得，學期龐老悟無生，
>
> 迴環竹樹詩增韻，遠映谿山畫有聲，識得箇中消息子，宰官居士亦閒名。[128]

若能了悟維摩、龐蘊之道，識得森然萬象消息，即使以宰官居士身處凡塵，亦能超塵自在見入真性。亦有〈倪伯屏居士像贊〉：

> 峨冠博帶，大坐當軒，雷聲淵默，邦家之瞻，雖然現出宰官像，長老之名四海傳。[129]

二詩都提到「宰官」與「居士」，一方面期許其以官宦之身得有閒情，一方面讚揚其長老居士名傳四海。

**9、士大夫儒者**

季總在江南弘化過程與當地不少著名的士大夫多所來往，或賦詩以贈，或開示法要、機鋒問答等等，而季總與他們的話題，多為學問文章、俗世名位、居家與修悟之間的關係。這些士大夫都是儒學系統出身，但也都兼攝禪理，甚至護持佛法、入禪修道，他們在儒禪之中各有偏重融攝，並非截然斷分。語錄中，季總曾與所謂的儒者有一段機鋒問答，兼及儒道佛：

> 儒者見師，問云：「大師曾習儒業否」？師云：「四海五湖王化裏，大都緇素要分明」。云：「畢竟還尊釋門」。師云：「千峰勢到嶽邊止，萬派聲歸海上消」。云：「道教中如何」？師云：「一自黃龍勘破後，誰能不煉汞中金」。儒作禮而去。[130]

季總行實曾曰她：「稍長，好看儒書佛經」，[131] 對儒佛經典都有所涉獵，而其法語亦多處提及莊子，對老莊應也熟悉，她的詩偈豐富而有才情，所以是個頗具中國文化素養的女禪師。這位不知名的儒者見師便問

---

〈寄倪伯屏司理〉等等，頁 564、565、571、573。

128 《季總語錄》卷四、詩偈、〈贈倪伯屏居士〉，頁 465 下。

129 《季總語錄》卷四、詩偈、〈倪伯屏居士像贊〉，頁 468 中。

130 《季總語錄》卷二、機緣，頁 450 下。

131 《季總語錄》卷二、〈行實〉，頁 453 中。

季總是否讀過儒書，「四海五湖王化裏，大都緇素要分明」，一切學術文化均在，而能掌握自在，在自在中能分明清楚孰於此孰於彼而不含混。頗有以佛法為王化，以悟者為王化。所以儒者或失望或破之曰：「畢竟還尊釋門」。千峰萬派總消融於嶽邊海上，釋門儒門之分別，在消止執著之心後才能真正清楚，否則只是爭強鬥勝而已。儒者又問「道教中如何」？既被黃龍勘破，即能無心放下，此時煉汞成金、修道悟道便能了事。儒道釋之間的關係究竟為何，其說法繁雜紛紜，季總以一位禪者，總在啟悟萬派聲消、千峰勢止，但向懷中解垢衣，莫向他人誇精進。



**10、請住慧燈禪院之三十位署名居士**

【伍五 -5】《季總語錄》記載之人物（五）：
請住慧燈禪院三十位署名居士

| 葉紹顒 | 張王治 | 王盛鼎 |
|---|---|---|
| 李　模 | 周公軾 | 葉　傚 |
| 黃孔昭 | 金允治 | 朱　鎰 |
| 陸世廉 | 姚宗典 | 沈文采 |
| 許元溥 | 姚宗昌 | 嚴秖敬 |
| 周起龍 | 李　楷 | 周茂蘭 |
| 陸時登 | 陳元青 | 周茂藻 |
| 吳晉錫 | 徐樹丕 | 周茂萼 |
| 范　周 | 黃自起 | 申緒芳 |
| 何兆清 | 陸壽名 | 何　棅 |

這些人物多為蘇州當地著名的士大夫，由為季總寫序的葉紹顒領銜，可見葉紹顒護持季總甚多。目前王盛鼎、葉傚、沈文采、嚴秖敬、周起龍、陸時登六人，還未找到來歷，假以時日，應能尋得。其餘都是載入史冊的人物，時值清初，故多為遺民士子，葉紹顒即是隱居蘇州三十年，又例如何兆青，於《蘇州府志》記載云：

何兆青，字聖徵，後更名謙貞，崇禎癸未拔貢生，甲申廷試第一。莊烈帝批其卷云：「策齊賈董，字逼鍾王」。欲以翰林用，未果。福王監國補授國子監，學正馬士英欲引為私人，令人諭意，謙貞曰：「是又魏忠賢矣」。辭疾歸。屏居不仕，郡守高其行，屢延鄉飲，不赴，卒年七十五。[132]

又《蘇州府志》亦記載李模云：

李模，字子木，……父吳滋，萬曆己未進士，累官湖廣副使，所至有聲，卒年八十九。模，以天啟乙丑成進士，除東莞知縣，舉卓異授御史，屢上疏言事，巡按真定諸府與分守中官陳鎮夷相劾奏，貶南京國子監典籍，福王立，起為河南御史，時封黃得功等為侯伯，謂之四鎮，模上言：當擁立時，陛下不以得位為利，諸臣何敢以定策為名，甚至侯伯之封輕加鎮將，夫諸將事先帝未效桑榆之收，……模見時事不可為，遂以病歸，事父，依依孺慕，當事式廬稀得一見，里居三十餘年，年八十二卒。[133]

何兆青廷試第一，明亡後，屏居不仕。李模是天啟五年進士，明亡，雖於南明福王為河南御史，並多所建言，但見事不可為，遂以病歸，里居三十餘年，他還為女禪師祖揆語錄作序，署吳郡密菴居士李模[134]。又有陸世廉：

陸世廉，字起頑，祖象閏，嘉靖己酉舉人。世廉為諸生有文譽，試輒高等，儀度修偉，長於說經，從學者眾，九試鄉闈不售，崇禎庚辰以薦授廣州府通判，在南中累遷光祿，遭亂崎嶇，歸隱里門二十年，屢空晏如，著述甚富，年八十五卒。[135]

世廉擅長說經，遭世亂崎嶇，歸隱里門二十年。諸如此類者多，但亦有一二者年代稍晚，為清初進士，例如范周，順治六年進士，[136] 何□，舉順治四年進士。[137] 這份大部分是出身明末，少數為清初之時的士大夫名單，不管是選擇歸隱里居，高賢淡泊之人，或是初露頭角的當地士人，



132 李銘皖修《蘇州府志》卷八十一〈人物八〉。何兆青《中國方志叢書》華中地方、江蘇省第 5 號、蘇州府志冊 4，（臺北：成文，1970 年），頁 1982。

133 李銘皖修《蘇州府志》卷八十一〈人物八〉李模，頁 1979。

134 《祖揆妙湛錄》李模序，頁 715 上。

135 李銘皖修《蘇州府志》卷八十七〈人物十四〉、陸世廉，頁 2110。

136 李銘皖修《蘇州府志》卷八十二〈人物九〉、范周，頁 1988。

137 李銘皖修《蘇州府志》卷八十八〈人物十五〉、何□，頁 2118。

他們都為季總署名敦請，有的或為友朋引介，或確然折服於季總教化，或關心佛法弘揚等等，不管如何，他們見季總為一女性禪師，而願共襄勝舉，予以舉揚，必然是對其真參實悟、大機大用，有所佩服，有所期待。

### （五）其他信眾

**【伍五 -6】《季總語錄》記載之人物（六）：**
**僧俗性別不明者：應為修道人**

| 名號 | 事蹟或詩文 |
|---|---|
| 慈雲禪人 | 請上堂 |
| 無心道者 | 機緣 |
| 以貞道者（女性） | 機緣、詩偈〈贈以貞道人〉 |
| 函蓋禪人 | 法語 |
| 冰禪人 | 法語、詩偈〈借靜室住冰禪人詩以贈之〉 |
| 繼禪人 | 法語 |
| 如心禪人 | 法語 |
| 如性禪人 | 法語 |
| 超震禪人 | 法語 |
| 張超霞道人 | 法語 |
| 湛水道人 | 法語 |
| 明心道人 | 法語 |
| 明性道人 | 法語 |
| 瞿道人 | 詩偈〈示瞿道人〉 |
| 雪星道人 | 詩偈〈示雪星道人〉 |
| 如心道者 | 詩偈〈與如心道者〉 |
| 恒持禪人 | 佛事〈為恒持禪人火〉 |
| 新玄道者 | 佛事〈為新玄道者火〉 |

這些禪人、道人只有以貞道者，確知為女性，其餘已如前論，無法分辨性別、僧俗，但應是修道者。

# 第六章　寶持、祖揆、子雍

## 第一節　寶持與祖揆

### 一、寶持與祖揆之師承





#### （一）寶持與繼起之機鋒

寶持師承於繼起，繼起是漢月法藏（1573-1635）的嗣法弟子，漢月者，則是引起明末清初一段法門諍論的主要人物。寶持傳承繼起的禪風，但卻自外於這段諍論。漢月之教化，重視臨濟宗旨，重視傳承宗法，對於棒喝教化最多僅只「喝一喝」，大多是以公案、語言來點撥，所謂下一轉語式的，而這樣的教法風格，自然影響了嗣法弟子繼起，並之於寶持與祖揆，所以她們二人的公案參究禪風特別明顯。

《寶持語錄》機緣部分，記載幾則寶持與繼起的機鋒對話，有一次寶持在靈巖結夏安居：

> 師在靈嵒坐夏，同眾入室，老和尚問云：「如何是道者得力句」？師云：「玄總自來不分外」。尚云：「趙州洗缽盂話，作麼商量」？師云：「賴有行者在」。尚云：「爭好倚重別人」？師云：「若不如此，誰知不分外」。尚休去，師便出。[1]

繼起問：「如何是道者得力句」？問弟子得力於何言句？何言句能悟入？悟入個什麼？探弟子修道的底。寶持答以「自來不分外」，不分外，即不分內，雙破內外，破遣悟入不悟入之分。繼起轉以「趙州洗缽盂話，作麼商量」？再探。趙州曾因某僧問：「某甲乍入叢林，乞師指示」。趙州答：「喫粥了也未」？僧答：「喫粥了也」。趙州云：「洗缽盂去」。此僧當下有省。這是趙州洗缽盂話，一段喫粥了洗缽

1 《寶持語錄》卷下，頁 709 中。

去的平常對話，點入乍入叢林要求指示的學人心中，可以是點亮日用平常皆是道之燈，也可以是有頭有尾，無有偷缺之心，也可以是有起有滅，生滅無常之理。繼起舉此來再勘寶持：「作麼商量」？寶持：「賴有行者在」，正是有行者之吃粥洗缽，才顯趙州之平等如如，但繼起看她拈出個行者，便破刺云：「怎好倚重別人」？有倚重便有內外了，寶持答：「若不如此，誰知不分外」，若沒有行者在，誰曉趙州不分內外？寶持堅持不分內外，就是不分內外，有行者沒有行者，都是不分內外，但老師繼起今日可能要當起行者來知寶持之不分內外了！繼起休去，寶持便出。師徒兩人這麼商量佛法，寶持腳跟穩得很。又一天，繼起又問她：

一日，又問：許多時雨水陂池皆滿，因甚衲僧耳裏一點也著不得？師云：老和尚慣向閒處留心。尚驀豎竹篦云：這箇哘。師云：不是某甲，幾錯答話。尚云：你大似平日，不曾向閒處留心。師便喝。尚云：閒。師云：今日且讓老和尚出頭。[2]

下了多時的雨，池塘都滿了，為何我耳裏一點也沒有留著這些？繼起如是啟問，就雨聲這等閒事說「著不得」，寶持只好刺觸之：「老和尚慣向閒處留心」，老師已說「著不得」了，她竟然還說老師「留心」，繼起見其不避機鋒，遂驀豎竹篦，出聲點個「這箇　」，寶持好整以暇，還在那兒「好佳在」，幸虧沒入老師的牢籠裏。老師畢竟還是老師，繼起以她的閒處留心，反將她一軍，試試她走得出自己的牢籠否？寶持便喝，不知這喝氣象如何？繼起自是不放過，繞回來單單一字勘之：閒。看來寶持要一場敗闕了，沒想到逼到牆角的寶持，自己舉白旗，宣佈這是一場輪流出頭的遊戲。如果沒有把定之見，如何能如此自在乎？

當寶持要離開靈巖山，向繼起辭別，繼起還跟她要末後一句：

師辭出山，老和尚問云：「臨行一句作麼生道」？師云：「力在逢緣不借中」。尚云：「更須善為」。師應諾諾。[3]

「臨行一句」，似是探問未來行履、弘法之事，寶持以「力在逢緣不借

2 《寶持語錄》卷下，頁 709 中。

3 《寶持語錄》卷下，頁 709 中。

中」答之，這句話是曹洞宗祖師曹山本寂（840-901）所說，[4] 表達逢緣起用，不偏落真境，不陷入言詮。真境無言，度眾逢緣須有言，故不偏落真境才得度眾，才能力用，故須有言，但有言又卻無執，是以有言亦是無言，是謂不落言詮，這也就是她後來句下「壁立萬仞」門風之旨。不落言詮，就可以不以說理來顯，而是引導弟子面對自己的身心處境，寶持向繼起拈出祖師話語，回應老師臨行的勘驗與叮嚀。

她為老師寫下一首〈靈巖老和尚讚〉：

> 尊嚴如神，慈悲如佛，不動色聲，全具折攝，有時奪食驅畊，有時抽釘拔楔，結大地冤讎，安虛空耳穴，坐斷中吳第一峰，是聖是凡齊吽屈。[5]





表達對老師教化神妙之讚歎。出現在海鹽南詢禪院後的一次上堂，曾談及要到靈巖省覲：

> 靈巖省覲，臨行上堂。三年不鳴，一鳴驚人，猶有彼我在，三年不飛，一飛翀天，猶有程限在，要得光前絕後，越格超宗，待總上座到靈巖行一轉，來與汝方便，下座。[6]

三年不鳴，一鳴驚人，三年不飛，一飛衝天，都有人我、局限在，要能越格超宗，才是真正自在，此時的寶持為人師表亦是為人徒，越格超宗不礙靈巖省覲，靈巖省覲也不礙超宗越格，而靈巖行一轉，方便大家光前絕後、越格超宗去也。寶持受繼起之教，亦已能活出繼起之教矣。

## （二）祖揆得記於繼起

祖揆與繼起的關係，一如寶持，兩人均以比丘尼、女弟子身份，成為繼起門下兩位嗣法女禪師。她們兩人的修行均得力於繼起，繼起的禪法也影響著她們，祖揆的二部語錄中常常出現繼起的話語，舉凡她為繼起之法要作小注、與繼起的對答機鋒，對繼起所垂問作頌古、對繼起之

---

4 曹山本寂禪師，曹洞宗祖師，有君臣五位之宗旨，曾有總頌云：「學者先須識自宗，莫將真際染頑空，妙明體盡知傷觸，力在逢緣不借中，出語直教燒不著，潛行須與古人同，無身有事超歧路，無事無身落始終」。《撫州曹山本寂禪師》，《大正藏》冊 47，頁 536 下。

5 《寶持語錄》卷下〈靈巖老和尚讚〉，頁 712 下。

6 《寶持語錄》卷上，頁 708 中。

問答公案作別代語、拈古等等。此中有三部分值得拈出來談，其一，是繼起曾於祥符寺以垂問「五宗門風」、「藏雲室十二種日旋三昧」來勘驗學人，祖揆因之一一為之作頌古、注語。其二，祖揆為繼起之「說法者六種成就」、「臨機轉握八門」作小注。其三，有幾則師徒二人的機鋒對答，頗有勘驗之味。第一、二部份是繼起的勘驗問話與教法，以下將合看之。第三部分則是繼起與祖揆面對面的機鋒對話，這些機鋒被收入語錄，應該是象徵著某種意義，代表著悟道過程中幾個重要勘驗，因為資料所限，無由得知祖揆確切的悟道經過，以及她如何被嗣法？但從這幾則機鋒問答中，或許能一窺其參悟過程之一二。

「五宗門風」垂問、「藏雲室十二種日旋三昧」是繼起在祥符寺勘驗學人之法，他住持祥符寺是在萬曆九年到十四年之間（1636-1641），這段時間祖揆是否已參學於他，不得而知，後來繼起還用此方式勘驗學人嗎？也不得而知，所以這些頌古是祖揆面對繼起勘驗時所作呢？還是自己依問題而寫？也就無從知曉。五宗門風垂問分別為臨濟宗六問、雲門宗三問、溈仰宗三問、曹洞宗四問、法眼宗三問，共十九問，每個問題都是環繞該宗之宗旨而問，祖揆對每一問各作一首七言絕句頌古。例如臨濟宗便問主、賓、權、實、紹、用，第一、二問：

> 問：目前無闍黎，那個是賓？
>
> 白雲一片隔層巒，分付來人仔細看，脚下不知行路險，漫資捷徑出長安。
>
> 問：此間無老僧，那個是主？
>
> 本無諱處見還難，誰並當軒立問端，古鏡一朝重撲破，轉身休覓夜光寒。[7]

以臨濟宗教化方式來勘驗學人，一方面勘驗你對宗旨的了解程度，一方面更視你能否豁破之。而十二種日旋三昧，祖揆有小敘：

> 金圈抛出，三藏絕詮，玉誥頒來，十方洞鑒，不行意路，言如雷火，當天打破情關，道比蟾光出海，願諸達士，共契斯宗，玄符

7 《嵒華集》卷三，頁 750 下。

謹志。[8]

所謂「當天打破情關」，頗難認定是實指祖揆自身之事，還只是指涉其理？但祖揆為此三昧除了小注外，還特別寫了小序，應該於她之參究悟道頗有助益與重要性的。十二種日旋三昧，是繼起以十二種圓相變化來演成的，所以才稱之為「日旋」，每一種圓相各標上八個字的意旨之問，祖揆再回應之。圓相的變化有：二個圓一半交疊、〇內有心、智、卍、⊸、云、山、人、木、女、尾、◎等形狀變化（師指祖揆）：

> ⚭生佛未形，如何通信。師云：塞卻鼻孔。
>
> ㊉心倏然素潔，試請安名。師云：拄卻舌頭。
>
> (智)心識不到，別有生機。師云：災出難辨。
>
> (卍)迥脫根塵，方堪讚歎。師云：豈涉繁詞。
>
> ⊸旁通一線，許汝商量。師云：知音者誰。
>
> (云)乍卷乍舒，開遮自在。師云：動還翳目。
>
> (山)萬仞壁立，湊泊還難。師云：個中無路。
>
> (人)有二岐路，不可不知。師云：孰辨奴郎。
>
> (木)應物隨機，熾然無間。師云：此意須明。
>
> (女)和合諸塵，不入眾數。師云：幾成獨立。
>
> (尾)披毛戴角，佛眼難窺。師云：不妨奇特。
>
> ◎十字縱橫，一真不立。師云：可知禮也。[9]

這些回應據祖揆所言皆是「不行意路，言如雷火」的。以上二者都屬於繼起勘驗學人之方式，祖揆為之頌古、云答，頗有應機過關之意。五宗並問，要學人明於禪門各宗之根源分疏處，十二日旋三昧則以實相十二種境界來勘明，有磨練各各面相之意。可見繼起雖以臨濟為師門，但亦並重五宗宗旨，祖揆受學其下，亦是如此。

繼起還有二則教法，祖揆為之作注，一者是「說法者六種成就」：

> 靈嵒上堂云：佛法不是小事，夫說法者須是六種成就：
>
> 第一，安立成就（師注：真妄同源，形名未乖）。

8 《嵒華集》卷三，頁 750 下。

9 《嵒華集》卷三，頁 751 中下。

第二，目前成就（師注：塵塵有路，不滯偏方）。

第三，自己成就（師注：蕩盡諸緣，炤體獨立）。

第四，智智成就（師注：卷舒絕待，炤用齊行）。

第五，本末成就（師注：正位方彰，大功無問）。

第六，平等成就（師注：混然忘跡，凡聖迴超）。

六種圓具，法法歸宗，一種有虧，言言昧旨，上根利智，自然一六互收，淺學初機，切忌循途守轍，卓拄杖。（師注：自古自今，可憑可據）下座。[10]

繼起認為這六種成就皆要具足，每一種皆同歸佛法本源，任何一種不圓滿，說起法來則無法通透指實，而上根利智者，得其一，其他五種亦能同時圓具。淺學初機者，則要避免循途守轍，死守方法。另一則是「臨機轉握八門」，表達面對學人時機鋒靈活運用的方法：

靈嵒上堂云：夫臨機轉握，共有八門，定亂致平，難拘一法，或奇正之縱橫，或陰陽之紛錯，九天九地，一死一生，擒賊擒王，射人射馬，所以決勝要在臨時神符，貴於轉換，門門有路，步步通塗，過量英雄，不煩指點，自能排身直入，其或不然，靈嵒為汝打開八門，拈起拄杖云：

第一，剎那該攝門（師注：逼塞虛空，古今無間）。

第二，主賓成立門（師注：同風敲唱，識者還稀）。

第三，當機生法門（師注：玅應臨時，全忘啐啄）。

第四，予奪自在門（師注：縱擒錯互，不落尋常）。

第五，輸機善用門（師注：換象抽爻，突出難辨）。

第六，全提正令門（師注：鋒輪並運，殺活齊施）。

第七，諸根普攝門（師注：殊道同歸，不資餘力）。

第八，太平無象門（師注：化機絕朕，尊貴無方）。

卓拄杖云：這是那一門？眾罔措，遂下座，旋風打散，歸方丈（師注：從前汗馬無人識，秪要重論益代功）。[11]

10 《嵒華集》卷三，頁 751 中。

11 《嵒華集》卷三，頁 751 中。

說法貴在應機，所以繼起強調臨機轉握，要轉，但也得有所掌握，有掌握，但卻也難拘一法，奇正、縱橫、陰陽、天地、死生、賊王等等比喻，無非指的是面對各式各樣的學人時，如何幫助學人脫去自己的纏縛、證入解脫。然而真是大器利根之人自然臨機迅捷，「門門有路，步步通塗」，不必教授，繼起於末後「卓拄杖」問：這是那一門？頓斷弟子對這八門的執著。祖揆為此下的小注解，應該是她對繼起教法的體悟，這二個教法都是針對說法教化方面的要旨，祖揆作小注並將之收入語錄中，正代表祖揆相當重視教化之力用，對教化方式多有細密地領悟與心得，這與她被稱讚口舌翻湧、機鋒靈活，如末山之銳利，如公孫大娘舞劍之變化多端尤有關係。而祖揆作的這些頌古與小注，卻在無形當中也將老師的教法留存下來。





## （三）祖揆與繼起之機鋒

有一次祖揆來到靈巖山上看老師，從繼起的問話中透露出，祖揆因某個境像有所會悟：

> 師到靈嵒省覲，和尚問云：「聞說道者見世尊初生像有個會處，試呈似老僧」。師遂收坐具云：「明破即不堪」。和尚云：「他後有人問靈嵒佛法，如何說向伊」？師云：「爭敢觸忤和尚」。尚便喝。師云：「實謂今古罕聞」。和尚云：「賺了也」。師一喝便出。[12]

祖揆因見世尊初生像，而有個會處。世尊初生像是蓮花承足，一手指天、一手指地的小悉達多像，而張有譽之《嵒華集》序曾言她機鋒攝放自如，因為：

> 請看甚生標格？因他家曾向一手指天，一手指地識得源頭起處，所以把住放行，不離掌握。[13]

這段說祖揆「曾向一手指天、一手指地識得源頭起處」話，呼應繼起所問，應該是實境語，非譬喻言也。祖揆見世尊初生像而悟，應該無所疑

12 《嵒華集》卷二，頁 746 下。

13 《嵒華集》張有譽序，頁 741 上中。

矣，看來這個觸機，應該是她最關鍵的悟入處，而這次問答便是她悟入後，接受老師的一場勘驗！老師要她呈上心得來。一聽老師問此，祖揆收起坐具要走，並言：「明破即不堪」。悟即當下悟，是積累學力後，頓然點破，事過境遷，再怎麼說破、說明，都已非當時之境之悟，祖揆展現出截然頓斷之力。但截斷一切，如何說法度眾？繼起又問：之後有人問起靈嵒佛法，如何向伊說？既問頓斷後如何用？還問頓斷後如何面對法的傳承？祖揆言：「爭敢觸忤和尚」，頓斷，仍然隨順於師，也隨順於法。這麼一隨順，是真？是假？繼起一喝，勘驗之。祖揆「今古罕聞」，當下承接其喝，並讚賞起老師來。有聞有讚，自然有用。此時老師也只好認了，讓她一著，算是證成之矣。悟即悟，老師證成不證成皆是餘事，祖揆一喝便出，一喝，是和是斷；一出，也可以是斷，也可以是用。整個過程祖揆有斷破，有隨順，也有機用，爽然無比，也實用無比。如果語錄內容之順序是時間之序的話，「見初生像悟」是第一則，接下來的機鋒，則代表一次次的修邊整飭。一次，她與同參：

> 一日偕數同参入室，和尚云：「近日諸方浩浩地商量托盋公案，道者又作麼生」？師云：「一口吞盡」。和尚云：「吞得下吐不出，直是禍事」。師云：「和尚大好心行」。和尚云：「甚處見得」？師云：「替他古人擔憂」。尚笑云：「老僧罪過」。師云：「某甲有一半」。[14]

繼起問她「托盋公案」事，[15] 祖揆氣魄萬千地「一口吞盡」，繼起刺她一針：「吞得下吐不出」，看氣球會不會破？祖揆一轉身跳脫出來，既是吞盡，就沒有吞與吐，也沒有古與今，也沒有公案，也或許她下語時早就在雲霄外矣，而老師仍然落在吞吐、公案之間說話，所以她反將老

14 《嵒華集》卷二，頁 746 下。

15 托缽公案的來源是：德山座下有二位弟子，雪峰與巖頭，雪峰曾任廚房飯頭，據《雪峰義存禪師語錄》卷二：「一日飯遲，德山自擎盋下法堂。師曬飯巾次，見云：這老漢，鐘未鳴，鼓未響，拓盋向甚麼處去。德山便歸方丈。師舉似巖頭。頭云：大小德山不會末後句在。山聞舉。令侍者喚巖頭至方丈。問：儞不肯老漢那。巖頭密啟其意。山乃休。來日陞堂，果與尋常不同。巖頭到僧堂前，拊掌大笑云：且喜得堂頭老漢會末後句。佗日天下人不奈伊何。雖然，也祇得三年活」。這個公案曾讓繼起的老師漢月參究甚久皆不透，後來聽到劈竹子的聲音，豁然大悟。《新纂卍續藏》冊 69，頁 87 中。

師一軍：太過好心，替古人擔憂。這次勘驗交鋒，祖揆反賓為主，豪然大器。一次她到方丈室：

到方丈，和尚問：「釋迦傳心于中印，彌陀演教于西方，還有優劣也無」？師云：「一狀領過」。和尚云：「領後如何」？師一喝便出。[16]

繼起問禪宗與淨土之優劣。祖揆答「一狀領過」，將這兩個法門皆打入「過」邊，也有過了即消，不必再論之意，破「聖」也破「分別之言」，聖、言皆是虛妄。繼起再追：「領後如何」？事情已了，還要問：領後如何？祖揆乾淨利落，一喝便出，以行動將「一狀領過」具體表達出來。有一日，向繼起告辭要下山了：





一日辭和尚下山，和尚云：「前日公案還記得麼」？師云：「某甲只解瞻前，不解顧後」。和尚云：「何緣得到與麼田地」？師云：「深領和尚一問」。和尚云：「原來忘卻」。師云：「口是禍門」。[17]

當繼起問前日公案之事，過去已滅，縱有消息，已無可執，所以祖揆回以「只解瞻前，不解顧後」，繼起問「何緣得到與麼田地」？仍問過去之事，意在勘探。祖揆：「深領和尚一問」，仍以「現在」來回應。繼起還是不放過，反笑之「原來忘卻」：不是無執，是忘卻了！？這一逼，利銳無比，祖揆有些招架不住，但老師有問，學生有答，問答已過，還被老師追索或忘或記的，祖揆只得道「口是禍門」，直呼冤枉。是冤枉？是理虧？當時師徒二人已有所了斷矣。

當時為靈巖山寺首座和尚的碓庵，與祖揆亦有商量公案的機會：

到靈嵒首座寮，碓菴大師問：「東山西嶺青，明什麼邊事」？師云：「盡大地人，瞻仰有分」。菴云：「與麼，則不離當處也」。師云：「踏破草鞋」。[18]

東山西嶺頗有指涉洞庭東西山，祖揆出家之地，「明什麼邊事」？意指

---

16 《嵒華集》卷二，頁 746 下。

17 《嵒華集》卷二，頁 746 下。「口是禍門」句，寶林達珍（1731-1790）編《正源略集》卷九，著錄祖揆時，引到此段機鋒，這一句是：「不道口是禍門」。《新纂卍續藏》冊 85，頁 59 上。

18 《嵒華集》卷二，頁 747 上。

你出家明白了什麼？你以邊事問，我則以全體來答，於是祖揆云：「盡大地人，瞻仰有分」。碓庵順勢以「不離當處」應之，「當處」即非當處而已，所以祖揆以「踏破草鞋」來反面呈現，補全「不離當處」之整體意義。又有一次碓庵問：

> 碓菴大師過菴坐定，問云：「如何是道者家風」？師云：「夜坐連雲石，春栽帶雨窯」。菴云：「莫作境話會」。師云：「直饒不作境話會，亦未敢相許」。菴云：「豈不勞而無功」？師云：「第一座前，爭敢造次」。菴云：「知得也」。師云：「蒼天蒼天」。[19]

這段問答，祖揆一路柔謙。碓庵問祖揆「家風為何」？祖揆以「夜坐連雲石，旨栽帶雨窯」景境來回答，碓庵請她不要以「境」回答，祖揆：未敢相許、爭敢造次，以謙柔徹破「家風」之問，碓庵一刀切入，點出已知祖揆悟入。悟入即能徹破執取，所以得即無所得，祖揆的柔軟正顯「無得之得」也，就如她在〈墮鏡〉一詩：「撲碎古菱花，風流出當家，若言曾得悟，美玉又添瑕」，[20] 因此她一開始以境相來喻，首座和尚卻逼道個「得」、「家風」來，祖揆只好直呼：蒼天！蒼天！機鋒在柔軟中帶著銳利。

這些與老師、首座師兄對答中，可以看見祖揆有時乾淨利落頓破遣執，有時豪氣大器一口吞盡，有時反面顯全隨順柔軟，機鋒之面向變化多端。

## 二、寶持之道場與師友徒眾

寶持住持的道場有嘉興的妙湛禪院、鹽官的南詢禪院，目前已知的資訊乏少，所知者都已呈現於寶持的修悟行傳，而嘉興、鹽官現地更沒有這方面的遺跡可尋。

嘉興，以及週邊區域的江南一帶，是當時人文豐沛、佛教興盛的地方，也是幾位女性禪師主要的活動區域。筆者走訪在嘉興王店鎮（梅

19 《嵒華集》卷二，頁 747 上。

20 《嵒華集》卷五，頁 758 中。

里）的伏獅禪院後，也計畫順勢從嘉興來到鹽官，那是一個自古觀賞錢塘江大潮的古鎮，不是中秋時節，古鎮安靜素樸，下車處的整排飯店，空盪無人，還有新建案在蓋著，可以想見觀潮時期人潮洶湧而來，住宿量之大；偶在林間見到一、二個唐代殘塔遺跡，旁邊豎立一簡陋木牌，標示著欲觀賞者可電洽某某號；王國維的家也在這裏，一二觀光客穿梭其間。在灰灰的天空下，臨江而立，寶持當年來到南詢禪院，是否也如此臨江散步乎？

從語錄內可知的師友徒眾者，製表如下：

**【伍六 -1】《寶持語錄》記載之人物表（一）：禪門師友、弟子**

| 名　號 | 法事、詩文 |
|---|---|
| 靈瑞和尚（祖揆） | 謝同門上堂、請靈瑞和尚住妙湛兼退院上堂、機緣問答四則、真讚〈靈瑞和尚讚〉 |
| 靈巖儲（繼起弘儲） | 上堂舉僧問靈巖儲和尚、真讚〈靈巖老和尚讚〉 |
| 鑒大師（碓庵曉青） | 機緣「師問鑒大師」 |
| 董庵西堂 | 機緣「董庵西堂過訪」 |
| 董菴和尚（祇園） | 真讚〈董菴和尚讚〉 |
| 慈宋深禪師（宋代人） | 詩偈〈和宋慈受深禪師拔雲臺十頌〉 |
| 師照 | 機緣問答二則、詩偈〈示師照〉 |
| 劭監院（師劭？） | 詩偈〈和劭監院師贏得楊岐第一籌〉四首 |
| 英維那 | 詩偈〈示英維那〉 |
| 穆書記（文穆？） | 詩偈〈示穆書記〉 |
| 圓朗悅眾 | 詩偈〈示圓朗悅眾〉 |
| 明英 | 參學門人。語錄卷上之記錄者 |
| 文穆 | 參學門人。語錄卷下之記錄者 |
| 戒珠禪德 | 詩偈〈示戒珠禪德〉 |
| 西雲禪者 | 詩偈〈示西雲禪者〉 |
| 力嚴道人 | 詩偈〈示力嚴道人〉 |
| 具眼道者 | 詩偈〈示具眼道者〉 |

**【伍六 -2】《寶持語錄》記載之人物表（二）：女居士**

| 名號 | 事蹟 |
|---|---|
| 張夫人 | 觀音誕日送法衣上堂、詩偈〈贈張夫人〉 |
| 侯夫人 | 詩偈〈寄洛陽侯夫人〉 |
| 龔夫人 | 書信〈與龔夫人〉 |

## 三、祖揆之道場與師友徒眾

祖揆在太湖的靈瑞庵出家，也在此修悟，她也到蘇州靈巖山崇報寺、虎丘雲巖寺參問公案、坐夏安居等，並與許多當時的女性禪修者成為同參道友，互相問學訪道，她們後來也成為可以弘法一方的女禪師，例如義公、仁風、自覺禪師等，這些人物從語錄中都可以看出端倪。後來她被寶持請到嘉興的妙湛禪院，寶持的兒女似乎都頗護持她的，但她最後竟然辭眾請法，勸大家改宗念佛，然後隱居不知所終，堪為一絕。因為資料缺乏，除了知道地點之外，靈瑞庵、妙湛禪院的具體狀況已不得而知。

筆者民國 96 年 5 月曾親身前往太湖東山，愐懷這樣的區域，培育這樣的女禪師。島上已無「靈瑞庵」之名之跡矣，但環顧其境，是個視野開擴、果香茶香處處的世外桃源。客運環島，隨時見有太湖風光，著名的碧螺春茶，出現在祖揆詩中，如今依然是當地重要名產，賣茶店家就排序在觀光客下車顯眼處，連阿婆都擔著茶葉兜售。另有靈源寺，原為東山最大寺院，今已毀，只剩千年古松、靈源泉與殿基石階，當地政府目前預備大興土木重建之。在一片湖光青山茶香中，祖揆在靈瑞庵的來去，以及她的山居、水居詩，彷彿在前。

至於語錄內的師友徒眾，茲製表如下：

**【伍六 -3】《嵒華集》記載之人物表（一）：禪門師友**

| 名　號 | 法事、詩文 |
|---|---|
| 靈巖儲（繼起弘儲） | 到靈巖省覲之機鋒七則、舉繼起之問答五大則作代云、舉繼起垂問「五宗門風」作偈語、舉繼起「說法者六種成就」、「臨機轉握八門」作注語、舉繼起「藏雲室十二種日旋三昧」作注并敘、〈靈巖退翁老和尚讚〉、〈呈靈嵒老和尚〉 |
| 碓庵大師（碓庵曉青） | 到靈巖首座庵之機鋒三則 |
| 諸佛菩薩、禪門諸祖之讚 | 佛祖真讚（13 首佛菩薩讚、49 首祖師讚） |
| 三峰漢月藏和尚 | 〈三峰漢月藏和尚讚〉 |
| 祇園禪師 | 〈董庵尼祇園禪師讚〉 |
| 自覺禪師 | 〈天台尼自覺禪師讚〉 |
| 寶持總禪師 | 〈妙湛尼寶持總禪師讚〉、<br>〈寶持兄開法南詢寄之〉 |
| 義恭珂禪師 | 〈伏獅尼義恭珂禪師讚〉、<br>〈悼伏獅義恭禪師 舊與師同參〉 |
| 董庵主人<br>（義公？一揆？） | 〈寄董庵主人〉 |
| 元明老師 | 〈寒山尼元明老師壽像讚〉 |
| 宗遠老師 | 〈靈瑞尼宗遠老師壽像讚〉 |
| 慈受深禪師（宋人） | 〈披雲臺頌 和宋慈受深禪師原韻〉、<br>〈再和前韻〉 |
| 天封佛慈禪師（宋人） | 〈蜜峰頌 和宋天封佛慈禪師原韻〉 |
| 靈嵒僧首 | 〈爆竹頌 和靈嵒僧首師原韻〉 |
| 喻中禪師 | 〈贈喻中禪師〉 |
| 靈峙和尚 | 〈靈峙和尚五十壽頌〉 |

**【伍六 -4】《嵒華集》記載之人物表（二）：出家弟子**

| 名　號 | 法事、詩文 |
|---|---|
| 劭監院 | 〈和劭監院師四偈〉 |
| 正平 | 〈絨荷花示正平〉 |
| 穎正 | 〈傷穎正〉 |
| 雲禪 | 〈示雲禪〉 |

| 名　號 | 法事、詩文 |
| --- | --- |
| 振瀓（學人） | 嵒華集卷一記錄者 |
| 振鴻（侍者） | 嵒華集卷二記錄者 |
| 振清（侍者） | 嵒華集卷三之記錄者 |
| 振渶（學人） | 嵒華集卷四之記錄者 |
| 岳嶙（學人） | 嵒華集卷五之記錄者 |

**【伍六 -5】《嵒華集》記載之人物表（三）：似女修道者**

| 名　號 | 法事、詩文 |
| --- | --- |
| 宗道者 | 因庭前牡丹之機鋒、問法身說法之機鋒 |
| 宣道者 | 拈杖之機鋒 |
| 超道者 | 拈杖之機鋒 |
| 月禪人 | 〈示月禪人〉 |
| 澄道者 | 〈示澄道者〉 |
| 可仁道者 | 〈可仁道者住庵示之〉 |
| 慧安禪德 | 〈慧安禪德請開示留贈〉 |
| 亮道者 | 〈示亮道者〉 |
| 采禪人 | 〈示采禪人〉 |
| 雲林道人 | 〈秋月示雲林道人二偈〉 |
| 蓮生大德 | 〈示蓮生大德〉 |
| 圓脩道者 | 〈圓脩道者有省示之〉 |
| 無聞道者 | 〈勉無聞道者〉 |
| 智徹道人 | 〈示智徹道人課佛〉 |
| 炤道者 | 〈示炤道者〉、〈寄炤道人〉 |
| 巨宗道者 | 〈巨宗道者有省偈贈〉 |
| 靈捷道者 | 〈示靈捷道者〉 |
| 自賢道者 | 〈示自賢道者〉 |
| 迅機道者 | 〈示迅機道者〉 |
| 堅如道者 | 〈示堅如道者〉 |
| 明原道人 | 〈示明原道人二偈〉 |
| 自可道人 | 〈寄自可道人〉 |
| 淨雲道者 | 〈寄淨雲道者〉 |

| 名　號 | 法事、詩文 |
|---|---|
| 栽松道者 | 〈栽松道者〉 |
| 閑道人 | 〈寄閑道人〉 |
| 勝禪者 | 〈示勝禪者〉 |
| 原道人 | 〈示原道人〉 |

## 【伍六 -6】《嵒華集》記載之人物表（四）：女居士

| 名　號 | 法事、詩文 |
|---|---|
| 王夫人 | 〈王夫人製彩絨牡丹甚精示以二偈〉 |
| 李老夫人 | 〈寄李老夫人〉 |





## 【伍六 -7】《嵒華集》記載之人物表（五）：男居士

| 名　號 | 法事、詩文 |
|---|---|
| 大圓居士張有譽（宮保） | 作序、〈酬張宮保大圓居士 來偈附〉 |
| 勝力居士 | 〈壽勝力居士〉 |
| 朗仲居士 | 〈病起贈朗仲居士〉（士善歧黃） |
| 趙封初居士 | 〈贈趙封初居士〉 |

## 【伍六 -8】《祖揆妙湛錄》記載之人物表（一）：禪門師友

| 名　號 | 法事、詩文 |
|---|---|
| 行際（玉峰匠心道者） | 作語錄序 |
| 退翁大和尚（繼起弘儲） | 上堂拈香供養 |
| 妙湛總公法兄（寶持禪師） | 孝子請對靈陞座、忌辰孝子請上堂 |
| 仁和尚（靈岵仁風印禪師） | 到靈岵為仁和尚壽眾請上堂 |
| 月上座 | 到靈岵為仁和尚壽眾請上堂時發問。 |
| 寂明上座 | 為令師請對靈陞座 |
| 勝蓮兄（無歇和尚） | 勝蓮住持，弟子請為其請對靈陞座 |
| 不違禪 | 不違禪　壽徒眾請上堂 |
| 遺音（同參） | 至，上堂 |

| 名　號 | 法事、詩文 |
| --- | --- |
| 引慈上座 | 忌日對靈小參 |
| 雲林上座 | 到雨珠庵誦華嚴經，請陞座 |
| 實行上座 | 到梁溪，其領眾檀越請就竹林禪院陞座 |

**【伍六 -9】《祖揆妙湛錄》記載之人物表（二）：出家弟子**

| 名　號 | 法事、詩文 |
| --- | --- |
| 巨宗道人 | 眾居士請上堂時發問。薙度訖上堂時發問。 |
| 明宣 | 請上堂 |
| 明果 | 請上堂 |
| 慧月 | 披剃上堂 |
| 修顒上人（修顒恒侍者） | 披剃上堂、忌日小參 |
| 自閒道人 | 剃度請上堂 |
| 一心道人 | 剃度請上堂 |
| 道立 | 請上堂 |
| 雪穎澄（侍者） | 忌日小參 |
| 嘉善朱道人 | 剃度上堂 |
| 穎正（侍者） | 超薦小參 |
| 師炤（學人） | 學人，妙湛錄卷一卷二記錄者。<br>繼起誕辰領諸弟子設大齋會上堂 |
| 岳嶙（學人） | 學人，妙湛錄卷三記錄者 |
| 振清（學人） | 學人，妙湛錄卷四記錄者、<br>嵒華集卷三記錄者 |
| 振渶（學人） | 學人，妙湛錄卷五記錄者 |

**【伍六 -10】《祖揆妙湛錄》記載之人物表（三）：似為女修道人**

| 名　號 | 法事、詩文 |
| --- | --- |
| 超瑩道人 | 設齋請上堂 |
| 明徹道人 | 請上堂 |
| 瑞宗道人 | 請上堂 |
| 元、信二道人 | 仝請上堂 |

| 名　號 | 法事、詩文 |
|---|---|
| 粹賢道人 | 忌日小參 |
| 堅如道人 | 壽請上堂 |

【伍六 -11】《祖揆妙湛錄》記載之人物表（四）：男居士

| 名　號 | 法事、詩文 |
|---|---|
| 李模（密庵居士） | 作序 |
| 徐為（古顏居士，寶持之子） | 請對靈陞座、閱懺上堂時問 |
| 徐居士 | 眾居士請上堂時發問 |
| 徐焉（寶持之子） | 寶持忌辰請上堂 |
| 徐然（寶持之子） | 寶持忌辰請上堂 |
| 徐門檀越 | 臘八請上堂 |
| 鍾淵映 | 孝甥為薦母舅古顏徐君請陞座。 |
| 譚有彰 | 孝子薦母徐孺人請對靈小參 |



## 四、祖揆針砭禪門與從禪轉淨

祖揆主要活動於清順治、康熙年間，主要弘法時間應該是康熙九年之前，而這段時間禪林也正瀰漫著一波波的諍議，主要來自密雲、漢月門下對宗門教授、燈傳法脈、與皇朝關係等問題起諍論，也旁及與密雲同門之雪嶠圓信（1570-1647）門下等不同師門之間的嫌隙，彼此攻擊火力頗大，祖揆的傳承來自漢月門下，她的老師繼起有幾次還作調人甚至成了諍議的核心。繼起與明遺民關係密切，木陳道忞為密雲門下，曾受順治召請，與新朝關係較密，兩人各為法諍兩邊之門下，又在政治認同上相左，由此引發不少紛諍，造成如天童塔銘、密雲彌布匾、靈巖樹泉集、牧雲五論等諍論都圍繞在繼起與木陳上。[21] 牧雲五論，也是對漢月派下、繼起等人之批評，[22] 作於康熙初年，刻於康熙十年，康熙

21　這些爭論之名稱，皆引自陳垣〈清初僧諍記〉，《現代佛教學術叢刊》冊 15、《中國佛教史論集（六）明清佛教史篇》（臺北：大乘文化，1977 年），頁 222-240。

22　此時間根據陳垣〈清初僧諍記〉所言，陳氏云：「未知果為牧雲撰乎？抑假牧雲之名

二十七年還被毀板，可見彼此之相諍甚盛，而祖揆弘法於靈瑞、妙湛的時間點正處於這當中。清初這段紛諍，一直延續至雍正強力介入才不得不止。這段紛諍，派門之諍佔有重要的因素，而派門之諍就關係到派門之繁衍，派門之繁衍首重能得法材，得法材愈多，傳承法嗣者愈多，傳承者愈多弘其門者愈多，上師下徒，串串貫連，結成一網絡，形成繁衍盛大之勢，再加上晚明出版業之興盛，禪者運用出版之工具，以出版語錄為嗣法、弘法之證，以出版詩文集為發聲、教化之用，所以形成禪林多傳承多語錄的現象。又，出版之興盛與便利，也促成有意見者可將看法以書信或論著來快速出版，於是紛諍之傳播、回應，便有擴大加快的效果，言論的紛雜性於焉產生。所以這場紛諍，出版業的發達亦有推波助瀾的效果。

身為女性、比丘尼參禪有成後，要以女性禪師之相之法來弘法利生，開擴出女性修行者的大路時，她們所面對到的禪林卻是一波又一波語言文字的紛諍，其內容為法者少，為派門、傳承嗣法之爭者多，看在祖揆眼裏，豈不哀哉？尤其是自己的老師身處紛諍核心，應該看得更貼近，了解得更清楚，感觸也會更深。機鋒靈活恣暢的祖揆，她可以選擇任其諍任其亂，唯在本分教授，大大展現禪機，也可以選擇起而抗之，加入論辯，但她看到禪門之病深，機鋒浮濫之盲從、傳承名利之惡爭，師門之間諍論縱有結論，但眾生恐已錯亂盲隨誤入歧途矣，所以最後她不惜以禪師之姿自棄本位，竟辭眾請法，并勸大家念佛，要弟子「宜速改門庭，同念西方佛」，教授弟子要轉向較為穩妥的彌陀淨土法門來解脫生命。

以行乎？……然木陳攻擊繼起師弟，仍恆引牧雲之言為重，自審新朝勢力，不足懾遺老之心，不能不借遺老所信仰者以為聲援，此五論所由刻也。康熙二十七年五月，緇素公集虞山，毀五論雜詩板，吾求之久而後獲。五論者：一叛師，二　祖，三惡狡，四憫愚，五攝魔，凡七千餘言，並雜詩十餘首，刻嬾齊後集後，即為嬾齊後集之第六卷。」陳氏並引列部分〈牧雲五論〉。然《嘉興藏》中只見《嬾齊別集》，未見《嬾齊後集》，不知陳氏「求之久而後獲」之五論在何方？《宗統編年》卷三十二，在康熙二十七年下，記載〈牧雲五論〉被毀板事。《新纂卍續藏》冊 86，頁 315 中。

## （一）禪門亂蜂起，宜速改門庭

祖揆體會到的禪門亂象，在一次精進期小參時曾如此表達：

> 精進期，小參……近時有般漢，坐繩床稱知識，問著，便努目撐眉、扣牙吐舌，保護個昭昭靈靈，以當金丹至寶。提心注目，喚作見性明心，叉手曲躬，認為從體起用，頂門迸響，名破沙盆，惡口傷人，號金剛劍，如斯見解，往往成群，真似東土衲僧不若西天外道，還當得自己分中事麼？今日於諸大眾前，不妨舉箇現成公案，昔日僧問法眼：如何是佛法？……[23]





此時的祖揆仍以禪門公案為教化方式，她警惕大眾要看清楚，不要迷惑於禪門許多形式化的浮光略影，將之錯認為證悟。所謂學人發問，就「努目撐眉、扣牙吐舌」，保護個昭靈之心，作為至寶。提心注目就叫作明心見性、叉手曲躬就說是從體起用，頂門迸響則說是得正法眼，惡口傷人號稱是金剛寶劍。將各種形諸於外的動作，付予悟道的內涵，卻無法深入悟境之內涵、體究平日之言行舉止。禪宗以不立文字，教外別傳之精神，活潑地創發出許多當機應緣地方便法門，說三道四、粗言鄙語、訶佛罵祖等等，但無非是在學人平日踏實之功夫上，可予臨門一腳、去纏解縛，就祖揆看來如今這些祖師之技倆真的成了技倆，成了各種眩惑學人的技巧。而且「如斯見解，往往成群」，從學者如此學，學後又依此教，成了以盲導盲，眾盲成群，無以為非。祖揆之師祖：漢月，當時提出禪林改革路線，就是希望朝向確立禪門各家宗旨，了解各宗對證悟、印證的方法，以消解單純依靠老師之棒喝教化所產生的問題，是較傾向依祖師傳承來教化的方式，但這樣的改革意見引來相當大的反彈與紛諍。實則這樣的改革方式，不一定對禪宗有振衰起弊之效，走過唐、宋、明到清的禪宗，許多法門、公案成了定法，而且是龐大的定法，它們失去原本活潑應機之處，學人學此定法尚且不及，還得靠此定法證悟，其包袱是相對冗重的。而這些定法就是成了空有外相的形式化動作語言。甚至這些動作語言還未能「不惡口」，反而將之神聖化成「惡口傷人，號金剛劍」。這種以破斥神聖化來遣執的方式，反過來自

23 《祖揆妙湛錄》卷一，頁 719 下 -720 上。

己卻神聖化了，惡口傷人能不能稱為金剛寶劍，要看的是，是否能讓對方達到解纏去縛之效，如不能，惡口傷人就只是惡口傷人，出言者就得自擔業果了。祖揆認為時人將形式與效果劃上等號，將自己所有的言行都給予誇大、美化。這些成群的形式化現象，隨著語言、出版傳播之便利通通流瀉出來，她有一首〈自贈〉詩，就曾對此有所感受：

> 住山歲月總不記，但見四山青又黃，慱飯栽田爭如我，說禪浩浩讓諸方。[24]

祖揆之機鋒恣暢、口舌翻湧，也可以說是說禪浩浩，但她卻有「說禪浩浩讓諸方」，自己就是過著但看四時景色、自栽自食、悠閒度日的山居生活。在〈有感〉一詩中，她提到「蜂起禪門日已非」：

> 禪到今朝不耐看，神頭鬼面幾何般，憑君轉日迴瀾手，扶起靈山舊剎竿。
>
> 蜂起禪門日已非，魔風滾滾盡緇衣，不如插腳蓮華會，一任諸方笑鈍機。[25]

「神頭鬼面幾何般」、「蜂起禪門日已非」、「魔風滾滾盡緇衣」等應該都是針對當時禪林紛諍之感受，僧人成了魔風滾滾、神頭鬼面了。她開始有不如投入彌陀蓮華法門，任人笑鈍機也無妨之想。彌陀淨土法門稱念阿彌陀佛，可承彌陀願力，得生西方極樂國土，得到清淨安養，再於當處修行，直至解脫成佛，所以較偏重彌陀之他力救度，這與禪宗強調自力解脫，自證自悟有所不同，而前者，因仰仗他力故，也被認為是鈍機、下根者所行之道。因禪林之紛諍不斷，不只形式被神聖化了，更有許許多多的口舌是非假藉禪法之名，攻擊詆毀出自禪師口中，讓她認為生命重要、時間重要，與其在這滾滾是非中要能看清已屬不易，想拓清之，可能會被淹沒，還不如改途易轍，以較為穩當、安定的淨土法門為修行方式，免得眾生浪擲一生、虛度光陰。她除了感受到禪門紛擾外，應該也感受到弟子在參究公案上得力者不多，所以轉變法門，希望弟子起碼有個依止處。



---

24 《嵒華集》卷四，頁 755 中。

25 《嵒華集》卷五，頁 760 上。

禪門許多言語文字之紛諍，其根本點許多都來自黨同伐異，此同彼異來自宗門，宗門之下又有師承法嗣，也造成為傳承法嗣故，而有爭取自己、摒除他人、假傳承等事，明末清初禪林多傳承的現象，其內涵也連帶產生這樣的傳承紛諍。這也是祖揆認為「宜速改門庭，同念西方佛」的原因之一，她有〈念佛偈示徒〉：

> 鷲嶺一枝花，世尊為拈掇，迦葉曾破顏，祖祖傳心訣，苟非大力人，往往成途轍，佛滅二千年，根器日衰拙，五百與三百，龍蛇常混雜，人我恣貪瞋，個事無交涉，入室反操戈，結黨爭衣缽，釋迦好弟子，皮下皆有血，宜速改門庭，同念西方佛，一卷彌陀經，金口親宣說，令諸念佛人，三界橫超越，晝夜常惺惺，不共塵勞合，念念即自心，心心非別物，念與念俱亡，淨穢應時脫，覿體是彌陀，何須更饒舌，我記如是人，直下齊了徹，眾苦不能侵，逍遙長快活。[26]

禪宗以迦葉為初祖，他見佛陀拈花而微笑，自此而下，祖祖傳心。但是今日卻無「大力人」，大家根器衰拙、龍蛇混雜、人我貪瞋，而且還入室操戈，為爭衣缽結黨伐異，所以祖揆痛心地諷以「釋迦好弟子，皮下皆有血」，佛法是緣起性空之道，修行要透破我執法執，但今日反為了傳承法脈，人我具在，執著不已。所以她要大家「速改門庭」，避免陷入這些糾結當中，同念西方彌陀，以念佛來成就，她對念佛法門之宣說，亦與禪旨相合，禪曰即心即佛，淨土則曰念念即自心，念佛即念自心。心心非別物，即心心成一片。念與念也俱亡，頓斷時間、心念之相續，離一切相對，淨土、穢土也應時離卻，當下覿見佛性，自身即是彌陀，自身所處即是淨土，因為他直下了徹，無有眾苦，逍遙快活。如此也不必往生時求生西方，也不是念念祈願彌陀接引，而是自身即彌陀。祖揆以禪淨合一的方式來指示弟子彌陀淨土法門，此禪淨合一是念佛之法、禪之心的相合，也可以說是「唯心淨土、自性彌陀」式的內涵。因此最大的改變在於方法的進入不同，她希望弟子從參究公案轉換到同念彌陀，才能超脫紛雜盲從的禪風，回到篤實的修行本身。

---

**26** 《嵒華集》卷五，頁 759 上。

### （二）辭眾請法，併勸念佛

以上這些要弟子轉修彌陀淨土的內容都出現於《嵒華集》，也就是在靈瑞庵時期的記載，祖揆是在靈瑞出家、修道、悟道，再到妙湛禪院弘法，所以應該不致於在靈瑞庵時期就「從禪轉淨」，合理的推斷是，她從妙湛退院後，再回到靈瑞庵住山閒隱，這些詩偈就是這段時間於靈瑞庵所寫，這些內容後來與妙湛之前的靈瑞時期所作結合一起成為《嵒華集》，所以《嵒華集》是她前後靈瑞庵時期的言行文字。那麼她從妙湛禪院退院下來，是否跟她決定「從禪轉淨」有關？從她在《祖揆妙湛錄》上堂說法的最後一則是「辭眾請法，併勸念佛」來看，這則法語應該是她離開妙湛禪院前的最後一次上堂說法，而且表達的是推辭大眾請法，因為依慣例來說，請法上堂即是參究公案、提舉話頭，她加以推辭，代表她是有轉換法門之決定，所以她極有可能在這之後理所當然地離開妙湛禪院，回到靈瑞。因此祖揆從妙湛退位，應該跟她轉向淨土法門有關。

從禪轉淨，並非祖揆自己的修行法門要從禪轉淨，就一位悟者來說，悟則悟矣，修學過程的法門只是一種路徑，從悟者來看各種法門，都是成佛的路徑之一，所以並沒有所謂專在一個法門上的問題，所以也就沒有轉不轉的問題，況且祖揆從禪而悟，禪法之病已障礙不到她，所以也沒有為了不陷錯誤的風氣中而轉成淨土法門之必要，因此所謂從禪轉淨，純然是針對教化而言，純然是站在弟子大眾的立場來說的，這一點是祖揆作為一位女禪師，關照到禪林變化與風氣，而選擇扭轉迴身之大魄力與大慈悲。在妙湛的最後一次上堂，祖揆將為何選擇轉向念佛法門，懇切直截地向大眾說明，其內容講得細密貼切，頗能完整表達她的想法，所以不避文長，全部列出。當時她是這樣說的：

> 辭眾請法，併勸念佛，舉古德偈云：「嗟見世譇譪，言清行濁多，若無閻老子，誰能奈你何」。師召云：「大眾，古人恁麼道，大似長繩放遠鷂，短綆汲深泉，既仰搆不著，秖推過便休，得即得也，省卻無限唇皮，然未免虧缺一種慈悲，不能向目前點醒，使末世眾生直下倒斷狂心，開發正眼，往往瞎驢隨隊，罔辨高低，矮子看場，漫受指畫，十個有九個錯誤，一生先半生棄

捐，山僧太煞慈心，不惜惡口奉勸，諸人直須諦信，參禪固是第一，念佛不居第二，參禪底要見性成佛，念佛底貴達理悟心，即心即佛，自信得及，便請穩坐家堂，非心非佛，自把不住，到底終成惑亂，況乃時逢濁穢，根襍偏邪，非律非禪不宗不教，蒙獅子皮噴埜狐沫，遍布寰區，充塞里巷，輕欺先哲，漫筏初機，肆狂悖號脫灑高風，順顛倒稱縱横妙用，師資互許，兄弟成讎，近日見聞頗多，駭愕此皆因地不真，致使果招紆曲，至若我輩參詢更多，回互舉步，易成荊棘，開口便涉干戈，希聖希賢，未必個個超生超死，親師親友，已見處處裂界分疆，我相方增，道業豈辦？所以道：閉門即是深山，何用叢林保社，求人不如求己，亦免俯仰周旋，諸人不若各各發起新鮮志氣，扶持徑捷法門，一句彌陀大家同念，倘得心心無間，刻刻提撕，不分晝三夜三，那管是僧是俗，但解著衣喫飯，皆堪立願標明，歡喜時、煩惱時、安逸時、勞碌時，靠此一句阿彌陀佛，如一座須彌山相似，外邊逆順境風總總，動搖不得，日久月深，自然得力，現世天人敬仰，報盡賢聖提攜，諸上善人同會一處，既無八苦交煎，便得六眼清淨，華臺寶網，金地瑤階，林裏仙禽，常宣法化，空中天樂，同演佛乘，所聞皆是淨因，所見無非勝果，萬人脩萬人去，那個限量得，你念一句是一句，此事肯讓阿誰，彈指一生，便登不退，古來永明和尚道：有禪有淨土，猶如戴角虎，現世為人師，來生作佛祖。所以此個法門，一切無能勝者，山僧今日將來布施大眾，諸人切莫視同兒戲，看做等閒，努力向前，勿生退屈，何故？浮骸易散，至道難聞，無常殺鬼卒然臨，前路茫茫無可據，那時換手搥胸，我卻替你不得，真實向你道，究心底，將心覓心少有明心，念佛底，憶佛念佛必定見佛，汝但尊行，決不相賺，山僧多處添些，諸人更聽一偈：「念佛參禪無別路，休存意見分回互，腳踏實地是真脩，莫道山僧曾話墮」。拈拄杖，卓一下云：「渾崙一句絕偏圓，不屬聖凡迷與悟」。[27]

27 《祖揆妙湛錄》卷三，頁726下、727上。

祖揆轉換法門之用心所在，就是要慈悲地「向目前點醒」，所以才說「山僧太煞慈心，不惜惡口奉勸」，她要點醒的有幾個要點，一者：禪法高妙，學人不易掌握。二、禪門特質被扭曲，口舌紛起。三、參禪固是第一，念佛不居第二。四、念佛法門徑捷、萬人修萬人去。五、生命苦短，至道難聞，腳踏實地是真修。

禪法本身靈動萬分，說即心即佛時，如能自信智入，自然能穩來家堂，但一轉成非心非佛時，如不能像大梅禪師把定得住核心，就成惑亂，若不知惑亂以為是機鋒，便瞎驢隨隊，罔辨高低，漫受指畫而不自知。即使翻然省悟，半個人生光陰已過去了。所以她不得不一再真切地說「惡口點醒」、「真實向你道」、「決不相賺」，而且還更直截說：十個有九個錯。也云：禪門參究心性、見性成佛，但落在以心覓心窠臼裏的多，少有能明心的，但念佛的，憶佛念佛必定見佛。

禪法高妙，學人不易掌握，而這樣高妙的特質，還容易被時人扭曲，造成口舌紛擾，形成禪門紛諍的後遺症，不僅修行無功，還造罪不斷。所以她說：時逢濁穢之世，法門根基錯雜偏邪，律不像律，禪不像禪，不宗不教，無有規旨，說法者如蒙著獅子皮號稱獅子吼，噴的卻是野狐口水，不僅毫無實學，紊亂佛法至極，這種情形「遍布寰區，充塞里巷」。禪門語言機鋒之變化多端，破相遣執之大超脫，更有不向佛處行之大氣魄，這些都是依悟而來，依空而顯，如果失去悟為中心，機鋒變化就成了逞口舌之快，破相遣執就成了攻擊詆毀，不向佛處行就成了狂傲肆悖，這一切都以語言文字來表現，所以語言成了氾濫，紛諍蜂湧而起，祖揆才說「肆狂悖，號脫灑高風，順顛倒，稱縱橫妙用」，上對先哲輕欺，下對初機浮漫，彼此之間，師資互訐，兄弟成讎。再加上參禪會四處參詢，在來往參詢中增添許多對立、我見，開口就是批評攻擊，想要希求聖賢之道，還未超生死海，師友之間已出現裂界分疆，如此一來如何弘法辦道？這些亂象祖揆「近日見聞頗多，駭愕此皆因地不真」。這樣的紛擾扭曲，更造成禪門修行環境的惡劣，更讓學人易誤入歧途，形成以盲導盲的現象。

禪門修行十個有九個錯，淨土修行是萬修萬人去，祖揆這些說法來自體會，也應該是來自據說是唐末宋初永明延壽禪師（904-975）所說的四料簡：

有禪無淨土，十人九蹉路，陰境若現前，瞥爾隨他去。

無禪有淨土，萬修萬人去，但得見彌陀，何愁不開悟。

有禪有淨土，猶如戴角虎，現世為人師，將來作佛祖。

無禪無淨土，鐵床并銅柱，萬劫與千生，沒個人依怙」。[28]

永明修禪又修淨，承續禪門法眼宗，也成了淨土宗祖師，對淨土法門之提揚甚大，祖揆引了第二則「有禪有淨土」偈，對這些本是參禪的大眾弟子們強調淨土法門之殊勝，勉勵大家禪淨雙修，不可等閒看輕。其稱彌陀淨土為徑捷法門，因為依持一句彌陀即是，心心無間，刻刻提撕，外境逆順動搖不得，報盡往生極樂國土，諸上善人同會一處，無有八苦，自然不退轉，得證佛果。所以這個法門是一切無能勝者。她要大家發起新鮮志氣，勿退屈、勿閒看，珍惜光陰，以淨土這個徑捷法門，腳踏實地真正的修行去。

觀祖揆所談，可以用「口」作為核心觀察，禪門亂象中尤其是口舌紛擾造成的亂象最嚴重，而禪門大量的機鋒、公案、禪語被扭曲後，讓大量的口舌放肆狂妄成了神聖超脫。相對的，念佛法門將修行方式全部攝歸於「一句佛號」上，一方面簡捷清楚，一方面正可避免禪門機鋒扭曲而形成的大量「口舌紛擾」。以一句佛號化消一切口業紛諍，即使只是口頭念佛，也勝於機鋒扭曲後的放肆狂妄，所以「渾崙一句絕偏圓，不屬聖凡迷與悟」，以一句佛號消融假神聖之言，以一句佛號消融禪門語言文字紛呈造成的浮誇與盲從。弘法時以參究公案教授，自己修行時也是參究公案，如今一轉，收攝於一句佛號，其改變不可謂不大，而之所以如此，祖揆是以淨土法門，開出擴清另一條路，讓眾生轉繁亂為簡捷，免大眾陷入禪門亂象之中，這也就是她山僧一番慈悲，點醒目前。

她在〈念佛偈示徒〉裏談到的念佛觀點，是以念佛之法、禪為心，唯心淨土、自性彌陀為內涵，在此，則是較偏重心心無間，往生淨土之好處，前者與禪較近，後者較偏向傳統淨土法門，由此來看作為禪師的祖揆，在面對淨土法門時應該是採用禪淨雙修的，況且她面對的弟子

28 四料簡偈，古來傳云為永明所作，但今日之永明著作中卻未見此四料簡。

大眾都是有參禪經驗的，但祖揆並沒有提舉禪淨雙修，她直接宣說「宜速改門庭，同念西方佛」，但這並不代表她就不將禪放入淨土法門之中，所以才有之前偏禪、偏淨的不同解說方式，也如她〈示智徹道人課佛〉：

> 念佛終期念自心，莫將知見妄疏親，但能淨穢雙忘卻，敢保花臺決定生。[29]

以禪的即心即佛來講念佛是念自心，以禪破一切執取來說淨穢雙忘，如此來修淨土法門，保證決定生彌陀淨土。這便是禪與淨的結合，其實也是深入淨土法門必然會走的方向，但既是如此為何她不直揭「禪淨雙修」？由其行文之心看來，這都是為了向大眾「目前點醒」，大力跳脫禪門亂象的用心之故，所以她此時轉向淨土的教化可能具有禪淨雙修之內涵，但卻是以淨土為法門為主的。

身為禪師，祖揆機峰恣暢，被形容為「口門濤涌，舌底瀾翻」[30]，禪法在此在彼，翻轉面皮，踢破聖凡，是一位有悟有用的禪師。但至弘法最後一瞥，卻將禪門也來一個翻轉面皮曰：「宜速改門庭」，勸弟子轉向淨土，同念彌陀，同時瞬間也將自己的口舌收攝，離開妙湛，為《祖揆妙湛錄》寫序的行際曾言：「大師善藏其用，退席閒居，嚴冷風規，足莊僧史」，[31] 而祖揆屬於禪宗的語錄至此也告一段落了。作為禪師，雖然她以自身宣告「禪宗已死，亂象可休」，但一種禪者提著就行，放下即歇的大氣魄，渾然在前。

### （三）超越傳承之志

如前所提，祖揆〈念佛偈示徒〉中提到禪門亂象之一，是傳承引起的紛諍，所謂「入室反操戈，結黨爭衣缽，釋迦好弟子，皮下皆有血」，[32] 對此批評的甚為嚴格，在精進期小參她又曾云：

> 精進期，小參，威音王已前，本無授受，各自稱尊，釋迦佛已

29 《嵒華集》卷五，頁 757 上。

30 《嵒華集》張有譽序語，頁 741 中。

31 《祖揆妙湛錄》行際序，頁 715 中。

32 《嵒華集》卷五，頁 759 上。

後，遞代傳持，互相打鬨，石頭土塊，咸放光明，草根樹皮，皆承印記，若非有包刮今古、吐納宇宙底胸襟，安能倒卓須彌，平傾滄海，行一步踐踏諸聖頂寧，嘘一聲鼓蕩五宗元氣。……[33]

她認為威音王已前，本無授受，各自稱尊，從佛陀之後才有遞代傳承之情形，這當然是中國傳統佛教的史觀，且除開不論。形成傳承後，互相打鬨，連石頭土塊、草根樹皮都承印記，似乎也影射傳承之浮濫，所以需有「包刮今古，吐納宇宙底胸襟」，才能步踏諸聖頂，吹鼓禪門元氣，顯露出祖揆淩佛越祖之氣魄。

《嵒華集》卷五有一組環繞「將底付兒孫」的偈述，分別是：祖揆〈呈靈嵒老和尚〉、張有譽之來偈二首、祖揆〈酬張宮保大圓居士〉、〈述志〉。所謂「將底付兒孫」，有教授弟子法要，也有付法傳承之意，所以這組詩偈應該與繼起付法祖揆，或談及付法、傳法之意有關。第一首是祖揆〈呈靈嵒老和尚〉：

德山放下繫驢橛，臨濟除卻熱盌鳴，兩個一雙無伎倆，不知將底付兒孫。[34]

祖師種種教化只是為人解縛去纏，種種技倆皆無所得，所以不知有什麼可付與兒孫弟子的。言下之意，法本無法，付法亦無可付。祖揆呈這樣的詩偈給繼起，應該是之前繼起表達關乎付法傳承之事。第二首是祖揆〈酬張宮保大圓居士〉，在之前還附上張有譽來偈二首，祖揆並為有譽偈之每一句下著語（原著語是小字字體，今以括號呈現），在二首詩偈中間，還穿插一段敘述有譽寫詩偈時，繼起、侍者之反應，依內容來看，有譽來偈是回應祖揆〈呈靈嵒老和尚〉詩而來的，先列前偈：

豐干老人慣饒舌，（師著語云：有些子）
獨許寒山得一橛，（甚處得這消息來）
誰家玉女夜穿梭，（莫辨來跡）
織就一花成五葉，（更事多矣）
截住臨濟熱盌鳴，（天下人無出氣分）




33 《祖揆妙湛錄》卷一，頁 719 下。「頂寧」之「寧」字，原字為左「寧」右「頁」。
34 《嵒華集》卷五，頁 757 下。

拗折德山繫驢橛，（費力不少）

婆子翻來勘趙州，（賺殺旁觀）

多少男兒齊叫屈。（古今扶不起）[35]

有譽，字誰譽，號靜涵，自號大圓，天啟二年進士，福王時為戶部尚書加太子太保，為明朝遺民，守節嚴謹，以居士之身隨侍繼起在靈巖山二十餘年，也成為其嗣法弟子，與繼起相隨非常密切，[36] 他也是《嵒華集》、《頌古合響集》序的作者，與祖揆、寶持應該都相熟相善，所以祖揆呈偈繼起，有譽應該也在旁，便來偈相應和。前偈，以豐干禪師透露寒山是文殊化身的典故，喻獨許得一橛，獨許何人？應是作偈之對象：祖揆。寒山喻祖揆也，而豐干者，便是繼起也。所以才接「誰家玉女夜穿梭，織就一花成五葉」讚祖揆參悟教化有成，祖揆因此還下著語：莫辨來跡、更事多矣，一則以遣跡，一則遣功。而如此之機用能「截住臨濟熱盌鳴，拗折德山繫驢橛」，就如上一首祖揆所言「德山放下繫驢橛，臨濟除卻熱盌鳴」，只是此處，大有讚賞祖揆輕輕二句就能截住、拗折這些男性祖師的伎倆，就像臺山婆子翻轉過來勘破趙州，[37] 讓多少男性修行人參透不出，死在句下。祖揆還下著語：賺殺旁觀、古今扶不起，這些被考倒的男兒們，自古至今都還扶不起呢！一則破勘破，一則立榜樣。她的著語，或遣或立或空或有，變化不已。所以這首偈從「空」處著手，也從「女性」來呈，讚女性禪師機鋒銳利之大作用。接著中間敘述及後偈如下：

和尚閱後偈（道什麼），侍者從旁笑曰：居士忒殺倒卻剎竿（枉喫許多粥飯），便恁麼住。將謂大圓止見錐頭利，不見鑿頭方





35 《嵒華集》卷五，頁 757 下。

36 張有譽與繼起的關係，參考柴德賡〈明末蘇州靈岩山愛國和尚弘儲〉。柴氏曾引繼起《浮湘錄》〈復張尚書大圓書〉：「……抽杖到靈岩，大圓隨至，自此一往十八年，如膠入漆，日積月累，刀斫不開，閑居時見大圓，造次時見大圓，歡喜時、煩惱時見大圓，自分此生不能一時一處舍我大圓……」。足見兩人交情之深厚。《史學叢考》（北京：中華書局，1982 年），頁 397。

37 宗紹編《無門關》卷一、趙州勘婆：「趙州因僧問婆子：臺山路向甚處去？婆云：驀直去。僧纔行三五步，婆云：好箇師僧又恁麼去。後有僧舉似州。州云：待我去與爾勘過這婆子。明日便去亦如是問。婆亦如是答。州歸謂眾曰：臺山婆子我與爾勘破了也」。這個公案是婆子勘了趙州？還是趙州勘了婆子？讓歷來祖師大德琢磨不已，並各領悟。《大正藏》冊 48，頁 297 上。

（別有長處，何妨拈出），復下一轉語（惜取口喫飯）：

靈嵒將底付兒孫，（只恐跳不出）

依舊盌鳴還繫橛，（果然）

靈照休來勘阿爺，（苦屈之辭，不妨難吐）

翠峰山前牛妳赤，（可知也）

靈照婆子童髦分，（少者由他少，老者由他老）

臺山寒山烏兔判，（素非鴨類）

三個拈來一串穿，（阿誰下手）

且道女身轉不轉，（居士用心良苦）

末後句留與阿師自道。（三十年後有人舉在）[38]





繼起閱後偈，侍者笑有譽將法門、男性破遣得太過火了吧？！於是有譽復下一轉語，再作一偈。立出繼起付法傳承意，也立出祖師教化伎倆，然後用龐居士女兒靈照、老婆靈照婆子之名，前偈言：「婆子翻來勘趙州」，此則言「靈照休來勘阿爺」，化消「勘」，也化消所立之女性邊，讓祖揆復歸本位。翠峰山在東山，即靈瑞庵之所在地。祖揆對此下的著語，既看破之，又替你叫苦，再把你的嘴塞住。接著他再將靈照、靈照婆子、臺山婆子等三個女修行者捉來，問：轉不轉女身？這是運用女禪師末山之典故。有譽如此下語，擺明故意挑戰，故意立個山頭，看看你要展什麼功夫？還好心地留下末後句給祖揆自道。末後句亦是最上乘意也，所以也看看你展得是什麼最上乘技倆？後偈，從「有」處著手，立於「男性」這邊、擺弄女修行者，說勘驗說挑戰，更有讓妳展展功夫、踢踢拳腳之意。

有譽既從「空」遣，又從「有」立，依「女」邊，亦依「男」方，可男可女，亦非女非男，祖揆如何下手呢？在〈酬張宮保大圓居士〉云：

阿難倒卻剎竿，迦葉扶持不起，靈嵒方便為人，分付大圓居士。

閉口已露鋒鋩，開口何勞再勘，只為多個幞頭，[39]長老翻成俗漢。

38 《嵒華集》卷五，頁 757 下

39 古代男子用的一種頭巾。

尚書離文字求，庵主非男女相，請問行腳高流，且道恁的模樣。
老師猶少機關，侍者那知端的，分明舉似諸方，要驗不欺之力。
羞見總持得肉，恥同懷讓分眉，直得一塵不染，方名真正男兒。
你道是神是鬼，渠言非聖非凡，居士智過鶖子，許伊勘得寒山。[40]

運用迦葉倒卻剎竿公案，卻轉成師弟阿難倒卻剎竿，大有在下者展破遣大用，在上者無計可施，甚至連忙立之，正如有譽作偈，繼起無為；侍者笑破有譽前偈，有譽只好轉作後偈。繼起既無為，也只好方便分付有譽，既明有譽法嗣之角色，也將他們這三人給予定位。閉口已顯機銳，還要一勘再勘，不僅徒勞無功，翻成弄巧成拙，有譽多事，祖揆予以俗漢之笑。「庵主非男女相」正答「女身轉不轉」，再問：已非男女相也，那麼到底是什麼模樣？再將老師貶一貶，侍者打一打，三人這麼一場，就是要驗驗祖揆。接下來祖揆正面表達自己對付法傳承的看法：「羞見總持得肉，恥同懷讓分眉，直得一塵不染，方名真正男兒」。首先，運用總持得肉，懷讓分眉二個典故公案，總持為達摩比丘尼弟子，達摩離開中國時，要弟子各呈所得：

……時門人道副對曰：「如我所見，不執文字，不離文字，而為道用」。師曰：「汝得吾皮」。尼總持曰：「我今所解，如慶喜見阿　佛國，一見更不再見」。師曰：「汝得吾肉」。道育曰：「四大本空，五陰非有，而我見處無一法可得」。師曰：「汝得吾骨」。最後慧可禮拜後，依位而立。師曰：「汝得吾髓」。乃顧慧可而告之曰：「昔如來以正法眼付迦葉大士，展轉囑累而至於我，我今付汝，汝當護持，并授汝袈裟以為法信」……。[41]

結果在皮、肉、骨、髓中，女禪師總持得達摩法門之「肉」。而懷讓分眉，是唐代懷讓禪師（677-744）之典故，懷讓曾印可六名入室弟子：

師入室弟子總有六人，師各印可云：「汝等六人，同證吾身，各契一路。一人得吾眉，善威儀（常浩）。一人得吾眼，善顧盼（智達）。一人得吾耳，善聽理（坦然）。一人得吾鼻，善知氣

40 《嵒華集》卷五，頁 757 下。

41 道原《景德傳燈錄》卷三，《大正藏》冊 51，頁 219 中下。

（神照）。一人得吾舌，善譚說（嚴峻）。一人得吾心，善古今（道一）。又曰：一切法皆從心生，心無所生，法無能住，若達心地所作無礙，非遇上根宜慎辭哉」。[42]

六名弟子分別得懷讓之眉、眼、耳、鼻、舌、心，各得懷讓法門之一端。這二則典故都與付法傳承有關，總持得肉，祖揆「羞見」，六位弟子各得一端，祖揆亦「恥同」，就得肉得眉而言，雖有未臻究竟而祖揆恥同之意，但依後言可知，祖揆是因為這些傳法的分派分門，徒見人我執見、黨同伐異，惹來許多無謂紛諍才恥同羞見的，這應該是她體認到達摩後禪林爭奪衣缽、當時禪林嗣法紛擾皆與傳承、門庭問題有關之故，她認為要不落入肉與髓、眉與心的分疆畫界中，不沾染立門別派之塵埃，才是真正有證有悟的修行者。結尾，回應之前「獨許寒山得一橛」，既許寒山（祖揆），卻還作偈勘來勘去，何況許不許、傳不傳，祖揆自證自知，這些都是塵埃餘事，所以她也就順勢作個主人，給有譽居士一個面子，「許伊勘得寒山」，也讓自己反賓為主，打開大門，穩坐家堂。





接下來，祖揆有一篇〈述志〉，應該是在這之後寫的，針對傳承、分門別宗的觀念表達得更清楚：

> 佛祖之道淵且微，淺深悟入隨群機，後人碌碌昧此意，持刀追逐爭傳衣，阿誰能達禪河底，蠡測管窺欺爾汝，縱然奪得舊袈裟，心印雕鐫不相似，莫怪今朝太穿鑿，當初已見源頭濁，瞿曇偶爾自拈花，迦葉無端便輕薄，東土西天兩脫空，敲骨取髓情難容，慣傷物義絕回互，驅雷策電難尋蹤，山僧秖個莫妄想，要與古今呈榜樣，善財童子向南參，歷盡門庭無背向，百千三昧空納空，了無隻字填心胸，渾如金翅劈溟渤，恣情快口皆神龍，塵說剎說熾然說，何必豐干重饒舌，把茆自立好生涯，銕鑄飯鐺一脚折。[43]

體悟大道，各有機緣入處，本無分別，但後人卻為此「持刀追逐爭傳

42　道原《景德傳燈錄》卷五，頁 241 上。

43　《嵒華集》卷五，頁 758 上。

衣」，悟為本，衣是末，縱然有衣有傳承之名，如果沒有悟道解脫，也無法與佛祖印心。祖揆還從佛陀拈花、迦葉微笑這段被後人視為禪宗第一次傳法的過程來破遣，佛陀只是偶爾拈花，迦葉也是無端微笑，卻成就西天東土傳傳衍衍，流淌成一段濁流，還在那兒敲骨取髓、分眉分耳的。傳承，本來代表印可與責任，但一旦貪執聚黨，反成了怠惰、名聞利養、結己排他的名義、保護傘。所以一慣翻轉面皮、無縱無影的祖揆，要為古今呈榜樣，是什麼榜樣呢？她舉了善財童子南詢五十三參之例，修行人參遍各家，學習各種法門，是本然之事，不應該拘限於一門一庭。了悟各種法門宗旨皆歸空性，各種名言心相也屬虛妄，弘法時「渾如金翅劈溟渤，恣情快口皆神龍」，自自然然地塵說剎說熾然說，只要過著清貧自立的生活就是好生涯了，「何必豐干重饒舌」，豐干饒個什麼舌呢？有譬前偈之「獨許寒山得一橛」將寒山本尊透露出來，此喻移來祖揆，饒舌之事就是有關付法傳承之事了。或許傳承之事一旦成立，將帶來各種名聞利養，所以祖揆才以自甘貧淡來表達心志。老師惜才愛護，祖揆卻志不在此，這種師予徒不受之事，在超宗越祖的禪門事屬平常。她這麼一句「何必豐干重饒舌」也把〈述志〉與之前的詩偈連結起來，對照前面爭傳衣、源頭濁、呈榜樣、無向背等意，她也以這句話來向老師表達不願拘限某家某門，要超越傳承形式，不以虛妄的傳承浪得資源名利之志。



祖揆語錄中對傳承引來的禪門紛擾時有表達，之前已多所論及，在〈披雲臺頌、再和前韻〉詩也云：

> 彼自無瘡勿用攻，分皮分髓累衰容，那知三拜相傳印，不在金襴一襲中。[44]

為了傳承法嗣，惹來攻伐揭瘡，殊不知傳承不在形式的衣缽、金襴衣上，解悟全在自心自證上。祖揆〈自題〉有句：「下載清風付與誰，祖師心印齊拋卻」，[45] 應之〈述志〉「歷盡門庭無背向」，對祖師傳承、門庭表達開放脫灑的態度，而這樣的心志背後，就是睹見禪門在傳承紛

44 《嵒華集》卷四，頁 754 下。

45 《嵒華集》卷三，頁 754 上。

擾上烏煙瘴氣，環繞不休。

漢月、繼起被稱為三峰派，祖揆在此師門下得悟，即使祖揆有超越傳承之心志，但這樣的心志並沒有否定臨濟為其傳承，例如她還寫作從達摩、懷讓、臨濟、密雲、漢月、繼起等四十二位一脈相承的臨濟祖師讚詩，[46] 更沒有否定繼起是其參悟得法之師，語錄中祖揆提舉為數不少的繼起公案來下代語，還記載繼起的五宗門風垂問、說法六種成就、臨機轉握八門、藏雲室十二種日旋三昧等教法，[47] 上堂說法時亦稱繼起為本師和尚，繼起教法的影響極為明顯，也很自然地呈現，這是以法為核心的傳授，不是形式、門派、標籤式的傳承，所以祖揆要超越的是紛爭僵化、黨同伐異、只求形式名利的傳承。尤其是三峰派與密雲門下其他弟子之間的爭端，更是明末清初禪門僧諍最主要的內容之一，兩邊同為臨濟宗，又同為密雲門下，卻也因傳承嗣法之事齟齬甚深，祖揆在繼起門下，不能不駭愕而透破，進而更讓她要強調超越傳承，給古今呈個好榜樣。

所以《五燈全書》編入祖揆為繼起之法嗣，寶林達珍（1731-1790）《正源略集》於繼起五位法嗣中亦收入祖揆，這是個法的事實，與她超越傳承之志並無相妨礙，而後來她力勸弟子速改門庭，同念彌陀，除了慈悲眾生外，超越傳承之念亦讓她當下轉身容易，不執不著。身為禪師，對於禪宗一宗都不執著了，又何況是禪門裏的一派別一門庭？可見她自始至終於某門某宗之傳承，尤其是形式的傳承，有超越之志，這一組「將底付兒孫」、「豐干饒舌」的偈述，正是透露出祖揆這份心志。

## 第二節　子雍

### 一、遇見皇上與公主護法

當子雍到杭州，被請至碧霞禪院開法，當地護法有一則公告〈杭州

46 《嵒華集》卷三，頁 752 上 -753 中。

47 《嵒華集》卷三，頁 750 下 -751 下。

諸大檀護紳士請住碧霞公啟〉，曾如此介紹子雍：

> 子雍大和尚，臨濟正宗，天童嫡派，三條椽下，十年坐破蒲團，七尺單前，一旦豁開戶牖，通人達士盡鬥機鋒，福地名山俱留轍跡，琅函赤軸，[48] 撰寶錄於篇篇，碧宇金扉，建法幢於處處，信心極宮闕嬙帷，富貴之皇□迥異，護法遍宰官眷屬，風光之上國頓殊，固宜慈□百為，如來上機，推為大士者也。[49]

悟道之後，盡展機鋒，著書弘化，處處履踐，特別的是，更得到宮闕貴婦之信任皈仰，護法遍是宰官眷屬。另一則公啟是碧霞原有住眾所發〈碧霞闔院公請啟〉，是這麼形容：

> 子雍和尚法座下，毓秀名閨，揚芬望族，勝情朗韻，不耽粉黛之華，昧（味？）道譚經，靡事綺紈之習，慕清涼之淨域，蓮社遄依，領玄要之深機，獅林萃止，所以受持衣鉢，常次第於王城，飄灑香花，亦周流於海寓。[50]

言其「毓秀名閨，揚芬望族」，是望族名閨，卻「不耽粉黛之華、靡事綺紈之習」，能慕道修行，深入智慧清淨之域，受持衣鉢，而且「常次第於王城」、「亦周流於海寓」，前者指她在北京弘法，後者則指她朝禮南海普陀以及參訪江南之行。由此看來，「王城」、「宮闕」正是子雍弘法之根本地，其護法信眾則多為宰官眷屬、金枝玉葉，她與皇族朝廷人物關係之密切可想而知。

從子雍語錄中可以很明顯感受到這份與北京皇族之間存在的關連，她上堂說法前必然祝聖、祝國，甚至還祝太子并諸宮諸王殿下，文字上遇有「皇上」、「今上」、「聖」等字眼，都嚴謹地使用「抬頭」形式，沒有絲毫馬虎。最重要的是，還出現遇「皇上」、「公主」的情景。



---

48 琅，美玉之一種。琅函，裝書的箱函。亦有道書之意。赤軸，古代書籍捲軸裝的一種方式。有曰赤軸青紙、赤軸黃卷。

49 《子雍語錄》卷四〈杭州諸大檀護紳士請住碧霞公啟〉，頁 830 中。

50 《子雍語錄》卷四〈碧霞闔院公請啟〉，頁 830 下。

### （一）祝聖儀規與格式

明清叢林上堂時有拈香祝聖、感恩師承的傳統。它們來自元代《禪林備用清規》、《敕修百丈清規》的影響，[51] 尤其後者，該書經由百丈山德輝禪師統整之前的清規，重輯編修所成，並經元順帝宣諭天下叢林遵行，至此成為元明清禪宗叢林最為流行，影響最廣的清規，其首章便是〈祝釐章〉：

> ……聖恩廣博天地莫窮，必也悟明佛性以歸乎至善，發揮妙用以超乎至神，導民於無為之化，躋世於仁壽之域，以是報君，斯吾徒所當盡心也，其見諸日用，則朝夕必祝，一飯不忘，而存夫軌度焉。[52]

基本上是要「朝夕必祝，一飯不忘」，遇有特殊好日、壽誕、忌日等等，更要誦經為皇帝祈福祝壽。為國君祈福之後，接著就是〈報本章〉、〈尊祖章〉二章，為佛陀、祖師祝讚。所以隨著清規的流傳，明清語錄中每每見禪師上堂說法前都會有一段願祝「皇帝萬歲萬歲萬萬歲」與供養「在某某堂上本師某某」的拈香讚詞，在叢林中形成一種傳統。

佛家有報四重恩之教化，四重恩是：父母恩、國土恩、眾生恩、三寶恩。佛法認為凡事因緣所成，修行亦是如此，雖然離世修行，也不昧因果，不忘眾生緣助，所以除了感恩三寶恩之外，也要報答前三者屬於俗世的恩德，這種祝聖的儀式，亦是報國土恩之一種方式，但將之納入禪林清規中，頗讓人有元朝皇權積極介入禪林，朝廷與禪林互動密切之感，[53] 甚至有「元代禪宗在政治上主動向朝廷靠攏，爭取朝廷支持」之說。[54] 所以這種祝聖儀式，在報國土恩之教法外，還含藏著皇權包攬世間、出世間之心態，寺院也微妙地表達忠誠順服之善意。就是這麼一層



---

51 廬山東林比丘壹咸，在元至大三年（1311 年）集成《禪林備用清規》十卷，其內容開始有祝聖祝國的作法。

52 德輝《敕修百丈清規》卷一。《大正藏》冊 48，頁 1112 下。

53 釋能融《律制、清規及其現代意義之探究》第三章第七節〈叢林寺院與世俗的關係〉（臺北：法鼓文化，2003 年），頁 415-417。

54 蘇軍點校《禪苑清規》附編二〈宗賾及《禪苑清規》的內容與價值〉內〈《禪苑清規》的歷史價值〉。（鄭州：中州古籍，2001 年），頁 208。

與皇權之間的關連，所以當明清易代之時，許多遺民逃禪出家，懷著忠義不二臣之心，一旦成為僧人禪師要上堂說法時，面對叢林清規的祝聖讚詞，如何以對？要祝何聖？本不欲事清而出家，奈何出家後還要以清朝皇帝為祝聖對象，豈不苦哉？所以有遺民僧就拒絕上堂，而上堂祝聖的遺民僧則被責以失節。[55]

所以祝聖之儀，和者可以是上報國土恩，可以是尊重世間倫理、帝王皇權，烈者卻也可以成為向皇權臣服之象徵。不管是和或烈，祝聖之儀都與帝王皇權相關。然而從明清語錄中觀察，這項清規並非一成不變，一律如此，仍然有為數不少的上堂說法，並沒有祝聖之儀的記載，或許在太平之時，或離首都較遠的南方，或清規較鬆弛之時之地，或寺院規模不大者，祝聖可能變成只是一種例行公式，並未被記載入語錄。而清初幾位入萬善殿弘法的禪師，由於是親見帝王，在皇帝面前祝聖，就變成相當繁文嚴謹，並常使用「抬頭」格式記載。例如憨璞、玉琳、茆溪、木陳等人的語錄，舉憨璞在萬善殿上堂的記載：

> 上堂，師至法座前云：者師子座，從上佛祖共登，人天瞻仰，今日山僧荷蒙
>
> 聖恩……為祝延
>
> 今上皇帝萬歲萬安，伏願垂衣致治，拱手來朝，此瓣香根盤亘古，葉覆今時，奉為
>
> 昭聖慈壽恭簡安懿章慶皇太后，伏願頓悟心花，速證道果，此瓣香坤儀拔萃，淑德超倫，奉為
>
> 三宮皇后貴妃，伏願紫微長照於深宮，玉葉恒敷於上苑。此瓣香棒頭取證永劫不忘，爇向爐中，端為現住雲間明發禪院百癡元老和尚，以酬法乳之恩。[56]



---

55 陳垣《清初僧諍記》〈記餘〉所論，陳氏引全祖望《鮚琦亭集》十一，梨洲神道碑：「……至遺老之以軍持自晦者，久之或嗣法上堂，公曰：是不甘為異姓之臣，反甘為異姓之子也，故其所許者，祇吾鄉周囊雲一人」。又引《鮚琦亭集外編》二五周囊雲集序：「囊雲逃禪而不肯上堂嗣法，高檗菴所以序之詳矣。當時如林閣學增志，方閣學以智，熊給事開元，皆逃禪之最有盛名者，然不能不為君子所譏，囊雲夐乎上矣」。顯示黃梨洲當時對遺民僧上堂祝聖之舉，有所評議。頁 270。

56《明覺聰禪師語錄》卷一，《嘉興藏》冊 32，頁 238。

他祝聖的對象除了今上順治皇帝外，還有皇太后、三宮皇后貴妃。遇皇上、后妃之名都採用平抬，另起一行。玉琳《大覺普濟能仁玉琳琇國師語錄》有：

順治十六年己亥閏三月初一日萬善殿奉

御旨上堂，師至座前召眾云：會麼若也會得，山僧未離江南，陞座說法已竟，如或未然，看向第二門頭施表去也，便登座拈香云：此一瓣香親受靈山記爇向爐中祝嚴

佛心天子成等正覺，次拈香云：此一瓣香，華藏海會，早已敷宣，爇向爐中祝嚴

佛母太后百福具備，保助

皇躬大揚法化，上首白椎……。[57]

其祝「佛心天子」、「佛母太后」之聖，而且採用抬頭格式「單抬」，亦即往上提高一格處理。這種直接面對皇帝的經歷實在難得，否則如有記載祝聖，則曰：「祝延皇帝萬歲萬歲萬萬歲」，在「皇」字另起一行採平抬或單抬，有時也用空抬（空一格）。

在北京的子雍，其語錄對上堂祝聖之記載亦如上例相當嚴謹，在永慶禪院上堂時：

當日監院指月同眾夫人設齋請上堂，拈香祝

聖畢，次拈香曰：此一瓣香遍歷諸方門戶，嘗盡多少辛酸……。[58]

到了江南寧波在瑞巖寺被請上堂時：

到瑞巖請上堂，拈香云：此一瓣香至尊無對，至貴難名，爇向爐中奉為

當今皇帝聖躬萬萬歲。次拈香云：此一瓣香，栴檀林內不假栽培，專申供養，即此

堂上中興第一代遠祖先老和尚，又拈香云：此一瓣香春風蕩蕩，慧日熙熙，專申供養現住

瑞巖方丈法伯老和尚，併我

57 《大覺普濟能仁玉琳琇國師語錄》卷一。與《明道正覺森禪師語錄》合刊，（臺北：新文豐，1993 年）頁 81。

58 《子雍語錄》卷一，頁 819 下。

本師上古下律老和尚，其為法海津梁，永作山門柱石。[59]

在杭州碧霞禪院上堂法語為：

拈香云：此一瓣香，栴檀林內栽培，今向武林城中拈出，爇向爐中，願祝

當今聖主萬歲萬萬歲，伏願樂堯天，萬德之年，統日月，千古長明，次拈香云：華傳優缽，果供木籃，獻貢

當今太子并及諸宮諸王殿下，壽若須彌，福如東海。此一瓣香，現前請主眾檀越善信人等，並增福慧。此一瓣香，風吹日晒，東掙西拋，收來藏囊不得，將來即此堂中，專申供養現住

天童堂上上天下岳老和尚，不昧龍池一派，深加痛棒，付與兒孫。[60]

她祝聖的對象除了皇上之外，還有當今太子并及諸宮諸王殿下，並祝禱所在寺院住持，以及自己的傳承師，提到這些對象時，都另起一行，提到皇上時，特別使用單抬，提高一格。這與在北京面聖的玉琳、憨璞等「抬頭」式嚴謹記載相同，其居處畿輔弘法，信徒有皇朝貴族，面對這些信眾護法，自然對此特別注重。特別令人注意的是，這種影響力還延及到江南，在杭州碧霞禪院不僅清楚實踐祝聖之儀，還特別祝禱太子并諸宮諸王殿下，讓人不禁懷疑難道這些人就在她面前或週遭！？是或否？康熙確實在南巡時常領著太子諸王們前往，但這一年（1701）康熙並未到江南。

## （二）公主大護法

「遇皇上」與有「公主在場」的情況各有二次。有公主者，都集中在卷一，亦即是在永慶禪院、永壽寺期間。「遇皇上」的二次則出現於卷三、卷四。

有「公主在場」的，分別是在小參法語、讚詞：

大護法公主領眾善信 舒門趙氏 那門葛氏 趙門蒼氏 吳門王氏

59 《子雍語錄》卷三，頁 827 中。

60 《子雍語錄》卷四，頁 829 上。

（案：姓氏原文，是小字分例兩行）請開光小參。五臺雪覆萬年冰，峨眉遍照千江月，點放開光眼耳明，普覆十方永無歇，莊嚴非相，六根空照，耀如燈，久不滅，擊杵一下，云：「清霄遍徹聆妙音，永茂金枝與玉葉」。[61]

子雍所處的年代是康熙一朝，所以「公主」應該是指康熙的女兒，由於位高所以稱為「大」護法。由她帶領女居士來寺裏請子雍開光，並上堂說法。這些女信眾能讓公主引領而來、或是引介公主而來，必非平民百姓之輩。她們分別是舒門趙氏、那門葛氏、趙門蒼氏、吳門王氏四人，也可能不只這四人，而是由她們來作代表，因此這四人不僅是有頭有臉，而且可能是僅略次於公主層次的貴婦。從「五臺雪覆萬年冰，峨眉遍照千江月」語看來，五臺山是文殊的道場，峨眉山是普賢的道場，所以開光的佛菩薩像應該就是文殊、普賢。這二位菩薩在寺院中是作為一組的，並與毘盧遮那佛組成華嚴三聖。子雍依空性說菩薩像「莊嚴非相，六根空照」，這是法界實相，菩薩像亦是如是。依緣起說菩薩願力大，所以能「普覆十方永無歇」、「耀如燈，久不滅」，這是空中之有，示現佛菩薩的功德力。末後擊杵一下以「聲音」總結：「清霄遍徹聆妙音，永茂金枝與玉葉」，處處是妙音，杵聲亦是，子雍音亦是，信眾音亦是，而妙音能遍徹清霄，能永茂金枝玉葉，是對那些如金枝玉葉般的公主、貴婦們深切的祝福。

這位公主大護法不僅是精神上的護法，也是物質供養的大護法，由另一首讚詞可知。它之前還有一首〈雜詠〉，之後還有「中秋示眾」，應該同為中秋夜之作，一併列出：

中秋雖雨月還明，按指飛光道可成，露溼紙衣原不透，虛空踏破好遊行。

今上公主

讚

山河大地布金磚，玉樹增輝月一團，憶昔妙莊成正覺，今朝公主現祇園。





61 《子雍語錄》卷一，頁 820 下。

中秋示眾，這一半，那一半，無物比光燦爛，仔細觀，莫思算，以拂子打圓相曰：今朝便是八月半。[62]

那一年的中秋夜下著雨，但天空仍有明月，不知子雍寺院是否舉行法會？還是依俗有祭月活動？[63] 從詩讚來看，有示眾說法的場合，亦有在外賞月、遊行之興。就在這一天公主大駕光臨，子雍引讚贊之，她使用祇樹給孤獨園的例子：佛陀當時有祇陀王子與給孤獨長者，長者是位富豪，而王子擁有一座林園，長者為了供養佛陀一座道場，欲向祇陀購買，祇陀不願割愛，便誇大售價為：佈滿整座林園土地的黃金。想要嚇退給孤獨長者，沒想到長者心願甚切，希望佛陀與弟子能有個居處，能夠教化修行，所以滿心歡喜竭盡所能依祇陀所言將黃金鋪滿園地，祇陀大受感動，也願意共成此事，遂轉言：土地售予長者，但樹木由自己供養。此園遂名為「祇樹給孤獨園」，簡稱「祇園」，佛陀在此說了許多重要的佛法，它的名號也經常出現在佛經中。子雍讚今上公主「山河大地布金磚，玉樹增輝月一團」，因為公主與王子的身份相當，子雍以公主比喻祇陀王子，昔日是給孤獨長者布金磚，祇陀王子供玉樹，顯然今日是公主提供道場最主要的供養，再加上京城富貴人家的助成，甚至這個道場就是以公主擁有的園院所建！所以「今朝公主現祇園」，點出「祇園」典故，也點出公主既為皇子（女），亦是子雍道場提供者的角色。子雍巧妙地運用金磚與輝月的對比，讓道場籠罩在如金光閃耀般的佛光慧日，也籠罩在如月光溫潤的菩薩慈悲裏。月光是屬於女性的，觀音亦是化身女性，公主亦是女性，子雍亦是，昔日妙莊公主成正覺，成了觀世音菩薩，是期許公主，亦是子雍名為慈航普度之自喻！

這位公主大護法，是康熙的那一位女兒？兩條文獻所出現的公主是同一人？亦是二人？語錄上並未言明。康熙共有二十位女兒（再加上一



62 《子雍語錄》卷一，頁 822 上。

63 據于敏中《欽定日下舊聞考》卷一四八〈風俗〉記載，康熙、乾隆時北京：「〔增〕八月十五日祭月，其祭果餅必圓，分瓜必牙錯瓣刻之，如蓮華。紙肆市月光紙，繢滿月像，趺坐蓮華者，月光徧照菩薩也。華下月輪桂殿，有免杵而人立擣藥臼中。紙小者三尺，大者丈，工緻者金碧繽紛。家設月光位於月所出方，向月供而拜，則焚月光紙，徹所供，散家之人必遍。……〔原〕中秋夜，人家各置月宮符像，符上免如人立，陳瓜果於庭，餅面繪月中蟾免，男女肅拜燒香，旦而焚之」。（北京：古籍，2001 年），頁 2362。

位養女），能夠長大年人的有九位，在子雍永慶禪院、永壽庵弘法時期（約康熙三十年～康熙三十八年）已成年，又身處北京的有：

1、五女：和碩端靜公主（1674-1710）。康熙三十一年（1692）十八歲時，嫁給喀喇沁部、蒙古杜淩王之次子噶爾臧。在喀喇沁王府生活十八年。其陵墓位于赤峰市喀喇沁旗十家鄉附近。三十七歲去世。可能與子雍相遇的年紀是十八～十九歲。

2、六女：固倫恪靖公主（1679-1735）。康熙三十六年（1697），十九歲，遠嫁漠北、博爾濟吉持氏喀爾郡王敦多布多爾濟。五十七歲去世。可能與子雍相遇的年紀是十三～十九歲。

3、九女：固倫溫憲公主（1683-1702）。康熙三十九年（1700），十八歲，嫁給佟氏舜安顏。二十歲即去世。可能與子雍相遇的年紀是十～十七歲。

4、十女：固倫純愨公主（1685-1710）。康熙四十五年（1706），二十二歲，嫁給蒙古博爾濟吉持氏喀爾喀臺吉策淩。策淩原已來北京，婚後當年，與公主前往漠北牧地塔密爾駐防。四年後，二十六歲去世。葬於北京東北郊。可能與子雍相遇的年紀是七～十五歲。[64] 茲簡要列表如下：

**【伍六 -12】可能是子雍大護法的康熙朝公主**

| 排序 | 封號 | 與子雍可能相遇的年齡 |
|---|---|---|
| 五女 | 和碩端靜公主 | 十八～十九歲 |
| 六女 | 固倫恪靖公主 | 十三～十九歲 |
| 九女 | 固倫溫憲公主 | 十～十七歲 |
| 十女 | 固倫純愨公主 | 七～十五歲 |

由於康熙一朝都以外嫁公主來穩定滿蒙之間的關係，有可能與子雍相遇的這四位公主，除了固倫溫憲公主外，皆遠嫁塞外（蒙古），所以她們與子雍能相遇的時間，都是在出嫁之前，連未遠嫁的固倫溫憲公

64 參考網路資料：http://www.xwbook.net/html/3/33/1.html 等，以及李景屏、康國昌《何苦生在帝王家——大清公主命運實錄》（北京：中華書局，2006 年），頁 93-122。

主，其時間點亦落在此。年齡都在二十歲以下，相當年輕。她領著那些某門某氏的貴婦居士們來到子雍門下，作諸佛事，是青澀單純？亦是已能體會生命的煩惱與無常？這些公主的生平資料稀少，無法得知她們有何宗教信仰？是否信仰佛教？參與何種宗教活動？曾到某寺某廟？依於喇嘛教還是禪宗？甚至依於何師何寺？這些都無法得知，因此只能揀擇出在時間點上有可能的這四位公主，但也僅能符應至此而已。

### （三）遇見皇上

至於直接表達遇見皇上者有二次記載（各二首詩），一者，標有辛巳年。一者，未標年月，現依其格式錄下標有辛巳者：

辛巳遇

皇上偶呈二絕

今年何幸遇南暄，一日陰晴變幾翻，簷下紙窗乾又溼，船前石逕溼還乾。

峰下灣還盡是江，片帆高出燕京鄉，天風一陣來何處，吹起黎民話短長。[65]

遇

皇上恩口占二偈

雲帆高掛拂晴煙，猶幸

天恩降玉篇，千里江山方寸裏，香焚栢子謝□天顏。

一段真臘（？）接曉煙，金魚遙頌祝新篇，年華此日同堯日，萬里山河捧

御顏。[66]

很顯然，文字格式使用抬頭的寫法，每遇「皇上」或代表皇帝的「天」、「御」都另起一行，並提高一格。這位皇上，應該是康熙。辛巳，康熙四十年（1699）。

康熙在朝六十一年，從二十三到四十六年（1684-1707），二十四

65 《子雍語錄》卷三，頁 826 下。

66 《子雍語錄》卷四，頁 828 上。

年間有六次南巡，從康熙南巡的時間，子雍在康熙四十年辛巳（1701）與皇上相遇，其地點不可能在南方，應該是在北方、北京周遭，當時到底是何種狀況？根據子雍所寫的詩偈，都有「船前」、「峰下灣還盡是江，片帆高出燕京鄉」語，似乎是在有江水之處。康熙除了南巡外，還經常出巡北京周圍，北巡塞外、治理永定河，並於康熙三十七年（1698），建了一條從良鄉老君堂口直到霸州柳岔口三角淀的百里長堤，使常易鬧水患永定河，有了一段長時間的穩定，而永定之名即為康熙所取：「浚河百四十五里，築南北堤百八十餘里，賜名永定」。[67] 據《大清聖祖仁皇帝實錄》記載，這一年康熙一共出宮四次：第一次是巡視京都附近，主要閱視永定河，從二月己未日到庚辰日回宮，歷時二十二天。第二次也是巡視永定河，從四月丁丑日到乙酉日回京，歷時九天。第三次是巡幸塞外，從五月底丙辰日到九月乙巳日才回宮。第四次是到夏店、遵化州等地，並行圍打獵，從十一月丁未日到十二月己巳日回宮。[68] 後二次，都是陸路之行，前二次則以水路為主，多有御舟泊岸之記載，想必子雍遇見康熙的時間應該就在這二次巡視永定河之時，亦即二月或四月。據《大清聖祖仁皇帝實錄》對二月這一趟閱視永定河的記載：

> 辛酉，上閱視永定河，至清涼寺決口，諭直隸巡撫李光地曰：此河今歲務必完工，爾等可勉力為之。是日，上駐蹕永清縣蔡家營。壬戌，上自霸州苑家口登舟，是日舟泊保定縣蘆屯。……御舟泊任邱縣趙北口……御舟泊新安縣郭里口，……御舟泊霸州唐二堡，諭直隸巡撫李光地，朕歷年省耕畿甸，諮訪民隱，屢行蠲賑，加惠黎元，近見霸州、大城、文安，地居窪下，被水最甚，雖遇豐年，民猶艱食……[69]

永定河的出海口在天津，永清縣、霸州、保定等都緊貼於天津左方，也是永定河流域的城市，康熙在這段時間就是巡視天津左方的這個區域。

67 趙爾巽等撰《清史稿》卷一〇三〈河渠三〉（北京：中華書局，1976-1977 年）志，冊 13，頁 3809。

68 《大清聖祖仁（康熙）皇帝實錄》冊五，卷二百三～二百六（臺北：華文書局，1969 年），頁 2728-2775。

69 《大清聖祖仁（康熙）皇帝實錄》冊五，卷二百三，頁 2728-2730。

而這一年的二月天，子雍正被天津桃花口的孫居士等人邀請上堂說法，桃花口位於京杭大運河的北段：北運河之右岸，當時她應該是要乘舟展開南詢之旅的時候，從北京沿北運河南下，到桃花口時被居士留下來上堂，所以她在上堂時曰：

> 高掛輕帆二月天，和風綠柳送行船，桃花兩岸聞啼鳥，無限漁歌夕照前，會得底，塗中受用，不會得底，世諦流布。山僧自京師至此，縱有風霜大野，何處不是衲僧家放身命處？一向只為朝山而來，不期今日又承孫居士請登斯寶華座，說些佛法。[70]

桃花口附近有座元代始建的觀音寺，因為北運河沿岸和寺院的周圍都種滿了桃花樹，甚為美麗，所以又被稱為桃花寺，後來漸漸成為村落，形成了桃花寺村。[71] 到明隆慶二年（1568）重建桃花寺，香火鼎盛，文人墨客常在此留下詩句。子雍被孫居士邀請上堂的地方應該就是這座觀音寺、桃花寺。所以當子雍在二月天從北京出發「和風綠柳送行船」，到桃花口時「桃花兩岸聞啼鳥」，正是符合桃花寺的景象。「山僧自京師至此」、「一向只為朝山而來」，都顯示她從北京來，是要往江南去的，「不期」受到孫居士的邀請，才在這裏作個短暫的停留。康熙在四十四年（1705）第五次南巡回鑾時，也經過桃花寺，還留下〈調寄點絳唇〉一首。這足以證明這條水路是南北要道。北運河是京杭大運河中，從通州到天津的這一段，運用了永定河河道而成，所以子雍要往江南，必然經由北運河，亦即循永定河河道到天津，再由天津而下，而康熙也在這段時間巡視永定河而接近天津區域，於是，二人於康熙四十年二月在天津附近遇見的可能性極高。

康熙一站一站巡訪，乘御舟視察，一方面治水，一方面諮訪民隱。而皇帝的來臨，對地方百姓而言是何等的大事？他的來去也無由預測，所以「天風一陣來何處，吹起黎民話短長」。當時子雍應該在陸地上，是還是在桃花寺嗎？當天天氣顯然不穩定，是個「簷下紙窗乾又溼，船

70 《子雍語錄》卷三〈桃花口孫居士領眾護法等請上堂法語〉，頁 826 下。

71 人民網天津視窗〈明代桃花寺遺址〉：http://www.022net.com/2006/8-23/494940332983324.html 該網站中有一張錄自《津門保甲圖說》的一幅桃花寺圖，圖中有運河水道。

前石逕溼還乾」陰陽不定的日子，而且依題意，子雍還有呈上這二首絕句之狀況，子雍對康熙應該不只是單方向的遙遙望見，還頗有近距離、康熙知其人之可能。

至於另一組沒有標時間的詩偈，放在卷四第一首，此卷皆是抒寫江南的詩偈，詩中亦有「雲帆高掛」句描寫江水、船帆景色，因為沒有時間點，更難推斷，是在江南？還是北京？或是與第一次相差不遠的時間，也在康熙巡視永定河時？只能說：如果子雍在碧霞禪院停留的時間超過語錄後跋所記載的時間，亦即超過康熙四十年，直到四十二年二月話，才有可能在江南或杭州等地碰上康熙第四次的南巡。如果〈行實〉是在北京所說，亦即她在康熙四十年冬天後不久就回北京的話，則這組詩寫於江南的可能性較低。但如果這詩偈寫於北方，難道子雍又再度回北方，而有第三度南詢？！



這一組〈遇皇上恩口占二偈〉，充滿祝頌之意，時間似乎是寒冬將盡、迎向新春之時，場景依然是在有江有船、有水有霧之處，所以有云「雲帆高掛拂晴煙」等句。題目「遇皇上恩」，從「猶幸天恩降玉篇」來看，所謂皇上恩，應是指「降玉篇」，似乎是康熙有文或詩或字或旨意賜予子雍！？「千里江山方寸裏」、「萬里山河捧御顏」，將萬里山河與帝心、帝顏相結合，可說是歌頌皇帝之功業與德業。但這樣的文句也不禁讓人聯想到地圖！康熙對於吸收西方科學甚為積極，對於能在一紙之上見諸萬里河山的地圖極為重視，還請人實地測量完成了《皇輿全覽圖》，也常將之用在治水上，例如康熙三十九年，原任河道總督王新命呈上為了治理永定河的河道繪圖時：

> 上披閱指問良久，顧王新命曰：此圖曲折闊狹與河形不符，如一百八十丈為一里，則以尺為丈，或以寸為丈，更或以分釐為丈尺，量其遠近，按尺寸繪之，方與河形相符，一覽了然，今爾此圖，皆意度為之，未見明確，著另繪圖呈覽。[72]

康熙不僅仔細指問良久，還看出此圖與原河形不同，而且以比例尺的概念來糾正此圖未能精確之問題所在。而地圖的呈現不就是「千里江山方

72 《大清聖祖仁（康熙）皇帝實錄》冊五，卷一百九十八，頁 2651。

寸裏」、「萬里山河捧御顏」嗎？所謂「玉篇」是地圖嗎？或兩人相遇與地圖有關？

不管是「遇皇上恩」的「猶幸天恩降玉篇」或是「偶呈二絕」的「今年何幸遇南暄」，與公主大護法的「今朝公主現祇園」，在在顯示子雍與皇族之間有所關係。

## 二、朝官貴族之男女信眾

大護法公主領著眾善信，包括：舒門趙氏、那門葛氏、趙門蒼氏、吳門王氏等人來請開光小參時，子雍作結語曰：「清霄遍徹聆妙音，永茂金枝與玉葉」，[73] 祝福這些金枝玉葉：皇族公主、朝官夫人們永遠健康幸福。這樣的場景頗能代表女性禪師子雍弘法時的女性信眾特色。子雍語錄中確實出現不少這類所謂金枝玉樹的女信眾，而且除了女信眾，還有屬於貴族朝官的男信眾出現。這些都是子雍弘法時屬於顯貴層次的女男信眾。不過這並非代表她所有信眾都是如此，只是她（他）們是比較顯眼的一群罷了，因為語錄中也出現許多出家弟子、婆子、居士、參問僧尼等沒有頭銜的人，或是不知對象者是誰的許多則「示眾」記載，所以應該也有許多不知名的普羅大眾加入子雍的弘法教化之中。以下則是針對這群顯眼的顯貴信眾作分析，考察子雍如何教化她（他）們？她（他）們對子雍的教法有何要求、影響？與子雍有何互動？

### （一）閑來多少青雲客，每向吟哦集講堂

語錄一開始永慶禪院之進院，便有「當日監院指月同眾夫人」設齋請上堂、後來有吳夫人母難日請上堂、解制，趙夫人請上堂、舒夫人為夫主捨替僧上堂、吳夫人送替僧落髮請小參、七期，趙夫人請小參、趙夫人請小參、為趙夫人對靈小參、那夫人領眾打三、衲夫人婆媳雙亡恭請師對靈小參、為胡夫人起棺、塔夫人金夫人請師上堂、趙門蒼氏夫人請上堂、楊王李太太並陳居士設齋請結制小參等等，今將語錄記載的所有女男居士及其從事的法事，完整列表如下：

73 《子雍語錄》卷一，頁 820 下。

## 【伍六 -13】《子雍語錄》記載之人物（一）：女性居士

| 名銜 | 法事或詩偈 |
|---|---|
| 婆子 | 永慶禪院進院上堂時發問 |
| 婆子 | 大士誕日上堂時發問 |
| 吳夫人 | 母難日請上堂 |
| 趙夫人 | 解制請上堂 |
| 舒夫人 | 為夫主捨替僧請上堂 |
| 婆子 | 元旦雲峰請小參時發問 |
| 吳夫人 | 送替僧落髮請小參 |
| 趙夫人 | 七期請小參 |
| 趙夫人 | 為其對靈小參 |
| 那夫人 | 領眾打三小參 |
| 大護法公主 | 請開光小參 |
| 舒門趙氏 | 請開光小參 |
| 那門葛氏 | 請開光小參 |
| 趙門蒼氏 | 請開光小參 |
| 吳門王氏 | 請開光小參 |
| 衲夫人 | 婆媳雙亡，請對靈小參 |
| 胡夫人 | 為其起棺 |
| 今上公主 | 寫讚 |
| 塔夫人 | 請上堂 |
| 金夫人 | 請上堂 |
| 趙門蒼氏夫人 | 請上堂 |
| 楊王李太太 | 設齋請結制小參 |
| 屠夫人 | 〈屠夫人對靈小參法語〉 |
| 官太夫人、公子祖官 | 供捨法被 |
| 關太夫人及三百女大德 | 為關太夫人壽誕設齋上堂 |
| 金夫人 | 為關太夫人壽誕設齋上堂 |
| 嚴太夫人、趙太夫人 | 請上堂 |

**【伍六 -14】《子雍語錄》記載之人物（二）：男性居士**

| 名銜 | |
| --- | --- |
| 許元智 | 上堂發問 |
| 劉中丞 | 慈母歸西，請對靈小參 |
| 圖司空 | 為其對靈小參 |
| 葉居士 | 對靈小參 |
| 南方秀士 | 進堂發問 |
| 袁善人 | 涿州坡河屯信士領眾請住雨花庵 |
| 楊居士 | 上堂時發問 |
| 陳居士 | 設齋請結制小參 |
| 馮居士 | 〈上柯城讚馮居士〉 |
| 孫居士 | 在桃花口領眾護法等請上堂法語 |
| 皇上 | 〈辛巳遇皇上偶呈二絕〉、<br>〈遇皇上恩口佔二偈〉 |
| 姚護法 | 為關太夫人壽誕設齋上堂 |
| 杭州秀士 | 機緣問答 |
| 28 名杭州士紳，名錄見下表 | 〈杭州諸大檀護紳士請住碧霞公啟〉 |
| 陳萬里 | 卷末標明護法者 |
| 王 治 | 作語錄跋 |

我們無法知道出現數次的趙夫人，是否為同一人？還是有二個以上的趙夫人？這位趙夫人是否是趙門蒼氏？（這部份是頗有可能的，同時列出夫、妻二人之姓氏者有趙門蒼氏、舒門趙氏、那門葛氏、吳門王氏，在語錄同一卷中同時也出現趙夫人、舒夫人、那夫人、吳夫人）。但無論如何，所有女居士中、甚至加入男居士後，這些夫人（包括公主）的人數與從事之法事都佔大多數，極可能是因為她們是有力的護持者，所以能領銜浮出台面。

這些夫人表面上只記載一人，但極可能是與家人一起來問禪，參與弘法活動的，從圖司空的例子可知：當圖司空去世，子雍曾為其對靈，並小參說法云：「雖則高官登極品，合家普利醒群迷」，並以維摩居士喻他，顯然他們是合家學佛，一位登極高官男性的家族會請一位女性禪師來對其對靈小參，極可能圖司空生前就學禪於子雍，既是合家參禪，其女眷應該亦是子雍之信眾護法。

一般而言，一位女性禪師受女居士護持，收受女居士為信眾弟子，是很得理順當的，所以如果有男居士的信眾，應該是女居士的眷屬，隨緣而來而已。但從男女居士的這兩份表格的姓氏看來，可以相合成為一家人的可能幾乎沒有，即使某夫人是採用女家之姓氏，亦無法相對找到與男居士為一家的例子。這代表可能有些男居士並非因家中女眷關係才來參禪問法的，（當然也不排除有些女居士可能沒有被記載入語錄中，而她們正是這些男居士的眷屬並引介他們前來），所以男女居士的來源，來自同一家庭與各自獨立，兩者狀況應該都有。這種情形在其他女性禪師們也是一樣。依社會運作習慣上，男性擁有較多廣收資訊、自由遊走的機會，所以男居士主動就學於子雍的狀況，雖然不符男尊女卑、男師女學的想像，但亦有其可能性，況且在明末清初的性別環境下。

身為女性禪師，與朝廷官府人家的婦女、貴族朝官的男性有參禪問道之宗教活動往來，北京為子雍弘法之根，自然會相應於皇族朝官人物，她有一首〈述懷〉詩云：

> 海月臨天宇宙光，令人心地得清涼，當年煙水尋方歇，此日金臺唱道忙，接物利生原有願，祝筵
>
> 皇帝壽無疆，閑來多少青雲客，每向吟哦集講堂。[74]

當年雲遊各方參學，終於尋到方向，今日在京城「接物利生」，原是本願，所以是「金臺唱道忙」，所以要「祝筵皇帝壽無疆」，也因此「多少青雲客」每每集於講堂，來與之論道參禪。子雍既在皇城，自然就與此地的「青雲客」相應，這裏就是她的弘法道場，也是她接物利生的本懷願力。因此子雍也會遇到這樣的狀況：

> 問尼何處住？尼曰：「皇城內」。師曰：「萬歲爺在宮中麼」？尼曰：「在秪在，只是不見人」。師曰：「太尊貴生」。尼拂袖而去。[75]

「皇城內」、「萬歲爺」可能是禪機之語，但禪機常是應對象狀況而

74 《子雍語錄》卷二，頁 824 下。

75 《子雍語錄》卷二，頁 823 下。

起，而且出自在北京又與皇族有所牽繫的子雍對話，很可能是以實然狀況來作為機鋒對答。

這樣的狀況不只在京城時如此，當子雍來到江南，於杭州碧霞禪院上堂，當日設齋供養者是官太夫人（也可能是關太夫人），應該是位官員眷屬：

> ……書記問：「昔日世尊，祇陀林中，須達長者布滿金磚，今日官太夫人為公子祖官供捨法被，設齋請和尚高陞法座，畢竟令他得何祥瑞」？師云：「永作皇朝柱石，恒為佛法金湯」。進云：「恁麼三秋生桂子，春暖長蘭孫」。師呵呵大笑，迺云：「指鉤別釣是英靈，尚有錦鱗出浪迎，疑擬收竿歸遠圃，恐怕辜負我同人，風和好，武林新，分明指點曹溪路，那個男兒莫被行」，打◯相，下座。[76]

官太夫人為其公子祖官供養法被，並設齋請子雍上座說法，書記代這位施主問：「有何功德」？子雍答以「永作皇朝柱石，恒為佛法金湯」，禪師對答本是對眾應機，所以這句話顯然點出官太夫人與其公子的身份。書記再進以那種富貴式、錦上添花式的祥瑞話：「三秋生桂子，春暖長蘭孫」，更顯得施主位高權貴之味，可見子雍與朝廷的關係連繫一直都在，金枝玉葉與貴族朝官的護法常在。

那篇代表杭州當地士紳請她住碧霞的〈杭州諸大檀護紳士請住碧霞公啟〉文末，列了二十八位檀護紳士名字，制表如下：

**【伍六 -15】《子雍語錄》記載之人物（三）：**
**碧霞禪院公啟署名之男居士：**
**杭州諸大檀護紳士請住碧霞公啟之人名錄**

| 名 | 字 | | |
|---|---|---|---|
| 趙吉士 | 凌紹雯 | 趙聖善 | 吳之錡 |
| 趙承烈 | 趙景行 | 陳慈永 | 嚴　竹 |
| 韓懋謙 | 朱　儁 | 趙承燾 | 趙嘉楫 |

76 《子雍語錄》卷四，頁 829 上。

| 徐張珠 | 姚廷愷 | 趙　瑜 | 顧之珽 |
|---|---|---|---|
| 張　鎮 | 韓　芳 | 周鼎鈞 | 凌紹英 |
| 趙　蘊 | 王子楫 | 王智錫 | 孫之驪 |
| 王子楣 | 姜　垓 | 蘇　茳 | 趙　蒔 |

這些以趙吉士領銜的當地士紳，列名啟文末尾，歡迎子雍住持於碧霞禪院，一位一位千里而來、初來乍到並非長久弘法於當地的北方女性禪師，能得到這麼多士紳的具名敦請，必是有「大護法」引介護持之故，所謂「大護法」也必然是指向她在皇族、官府的男女信眾。這二十八位士紳，沒有在語錄其他地方出現過，經查索，列於首位的二個人可得其梗概，即趙吉士與淩紹雯，但反向查索，卻無法在他們所留文獻看到有關子雍的痕跡，當然也未發現這篇公啟。這種現象雖然是很正常（在大敘事的歷史文獻中，屬於小敘事的女性資料本來就較邊緣、無蹤跡，能被留意者，都因某些特定視角），但也就無法百分之百確認列名的趙吉士、淩紹雯，就是此趙吉士、淩紹雯。

趙吉士（1628-1706），字天羽、恒夫，晚號寄園主人，原籍安徽休寧，後入籍杭州。清順治八年（1651）舉浙江鄉貢進士。康熙七年（1668）授山西太原府交城知縣，平定賊亂，治理功績顯著，又任戶部山西主事，補河南司、四川司主事。遷奉直大夫。再奉使揚州關鈔，兼督通州中南倉，後又入會典館，奉撰鹽、漕二書，康熙二十三年授朝議大夫，。晚年任國子監學正，寓居北京宣武門外的寄園，也居於西山僧舍禪院歸隱，後歸故里，康熙四十五年卒，享年七十八歲，有《萬青閣全集》、《寄園寄所寄》、《徽州府志》、《交城縣志》等著述。觀其文章，有巖居山寺之作，亦有募建寺院之舉，曾為遯菴和尚語錄寫序，請遯菴再住江門禪院等等，[77] 是儒者亦兼與佛門交遊之人。子雍在碧霞禪院時是康熙四十年（1701 年）秋，當時趙吉士已七十四歲了，應是朝臣退休養老之時，可能即回杭州養老乎？

77 趙吉士之著作《萬青閣自訂文集》序一〈江門禪院遯菴和尚語錄序〉、〈重修休寧建初寺序〉。啟一〈請遯菴和尚再住江門禪院啟〉。《燕山秋吟》有〈子中和尚從五臺受戒來慈蔭演法〉、〈楚僧方石歸故山贈行〉。《林臥遙集》有〈山行帶月返萬安禪院醉作〉等等，《四庫全書存目叢書》集部．別集類，冊 220，（臺南：莊嚴文化，1997 年），頁 198、220、244、509、593。

凌紹雯（？-？），他是《康熙字典》纂修官之一，當時為內閣學士兼禮部侍郎。這部字典是康熙四十九年（1710），由康熙親令張玉書、陳廷敬兩人為總閱官，凌紹雯、王景全等二十七人為纂修官，歷時六年才完成。根據《清稗類鈔》所載，他是杭州仁和人，康熙二十七年進士，因為「少習清書」，在殿式廷對時，用「清漢合璧體書寫，讀卷諸臣，靡可位置，乃以之殿二甲」。[78] 在由外族統治下的朝廷，這樣又有學養又能運用滿漢雙語的人才當然會受當朝重用，直到康熙末年還能受纂修字典之重任。

趙吉士入籍杭州，凌紹雯是杭州人，與杭州碧霞禪院有地緣關係，正所謂當地檀護士紳也，二人皆是清初朝廷能臣，都曾在北京居住，正符合之前所論：子雍之護法信眾與朝廷頗有關連，而且趙吉士與佛門人物多有來往，子雍在京城時，或許與他已經認識，她南下到碧霞上座開法，應該是這些大護法的敦請、護持，為其安排的。由此觀來，即使無法找到相對應的文獻，証明二人與子雍有交往，但從以上的線索來看，公啟上的趙吉士、凌紹雯即是此二人的可能性極高。他們當時可能在杭州，也可以不必在杭州，他們交待一聲，應該就能得到同鄉仕紳呼應，加以安排辦理整建碧霞禪院，敦請子雍上堂開法。

從公主帶領幾位夫人請開光來看，這幾位夫人必非泛泛之輩的平民百姓，她們應該是皇族或朝官之夫人，男居士中亦有圖司空、劉中丞的出現，再加上子雍有二次遇皇上之機會，都可推論她的護法信眾中有這麼一群金枝玉葉的女信眾與貴族朝官的男信眾。即使子雍離開北京，來到江南，這樣的護持力量仍然顯露無遺。

### （二）祝國與呵佛罵祖之間

#### 1、「國恩家慶」式的兩皆得利句

居於北京，面對這些金枝玉葉、貴族朝官的信眾們，子雍在宣說偈語、機鋒應對時常用「國恩家慶」式的語詞。例如有婆子問「德山與點

78 徐珂《清稗類鈔》冊 5，考試類（臺北：臺灣商務印書館，1966 年），頁 119。

心婆」的典故，子雍以機鋒語：「寧可截舌不犯國諱」應答。[79] 在永慶禪院進院時，是眾夫人設齋請上堂的，其上堂結語是：

……獨奮空拳，橫行海上，不居蘊界，使得六時，秖如建家立國一句又作麼生道？堯天永慶多恩澤，舜日常輝益兆民。[80]

「某某一句作麼生道」？這是禪門經常運用的機鋒問話，有時是學人問，禪師答，有時是禪師自問自答，問答之間有常理有非常理，運用之巧妙千變萬化，是藉問答點撥學人，使由無明翻轉成覺悟，就禪師來說，所問之問題常常是隨手拈來、應機應緣的，所以面對眾夫人們，她以「建家立國一句作麼生道」？來立機鋒，自答云：「堯天永慶多恩澤，舜日常輝益兆民」，堯舜，古代明君，其德惠如日如天般永慶常輝，將恩澤常施益於兆民。這一問一答是機鋒悟道話，亦可以是吉祥話，憑聽者心性取擇，「建家立國」可以是歸家悟道，堯舜明君是佛性本然，要將佛性本然「永慶常輝」，才得以潤世濟群。如不朝此解，由字面、落入世俗解亦是得當，因為作為朝官貴族之在場女男信眾，最吉祥之祝福無非國恩家慶、堯舜再臨，所以敏者得其深意，悟入「不居蘊界，使得六時」之實相，鈍者則歡天喜地，得到祝福，兩皆得利。這種「國恩家慶」之兩皆得利式的語句，頗常出現在子雍的機鋒說法裏，這與其居於京城有關，更與其應機於金枝玉葉、朝官貴族之信眾必然有關。在除夕晚參時：

師執如意云：「稽首能慶諸世間，無量殊勝福德聚，金輪統御四天下，曾施群生安隱樂，還有知恩報恩者麼」？良久，云：「一年三百六十日，唯有今朝最吉祥」。[81]

慶贊世間無量福德，慶贊國君能施群生，知恩報恩等句意，亦是表面慶贊解，深者實相解，兩皆得利之語句。要離開北京到南海朝禮普陀時，臨行上堂總結：

乃云：「燕山今日笑呵呵，永壽騎牛唱別歌，莫為富嫌千口少，多因祝國壯山河，高掛雲床朝海去，還為諸子願三多，但將好句





---

79 《子雍語錄》卷一，頁 820 上。

80 《子雍語錄》卷一，頁 819 下。

81 《子雍語錄》卷四，頁 831 上。

頻相囑，自然證得六波羅，理會麼」？靠柱杖，下座。[82]

「祝國壯山河」、「還為諸子願三多」等祝國慶願之「好句頻相囑」，讓大家「自然證得六波羅」，「自然」用得極好，自自然然、無痛無苦地在「好句」中得證菩薩行。這是子雍的慈悲願力！有姚護法為恩主關太夫人壽誕設齋上堂時，與僧問答後：

……迺云：「與金夫人酧恩報德，願祝公子壽筭遐齡，古今無二道，事久見人心，為一國賢人無二心，視黎民如一子，心同虛空界，說等虛空法，証得虛空身，無是無非法」，遂以拂子打○相，云：「但見皇風成一片，不知何處有封疆」。[83]

在為各類信眾及其家人祝福後，也以「為一國賢人無二心，視黎民如一子」之國事，來接「心同虛空界，說等虛空法」之佛法，結語更藉「皇風」、「封疆」來呈現「成片無拘」之心。又如居士問：「悟後如何」？子雍曰：「此是帝王都」等等。小到酬恩報德、長壽安康，中至賢人一心、視民如子，大至廣大無量、不一不異之法，將深淺層次全盤託出，也全盤皆是好句，讓大家在好句中自然得證。這種國恩家慶式的「好句」是「方便有多門」的應機展現。

對於這些居官人家之女男信眾，子雍隨緣應機，用他們的話講「要給他們」的佛法，有時講一有二，有時攤成三層來說，有時亦直接點出名枷利鎖之強韌，一次禪七結束小參：

解七小參……所以道：心生種種法生，心滅種種法滅，還知山僧落處麼？良久，曰：「相逢盡道休官好，林下何曾見一人」。[84]

諸行無常、諸法無我，所以心生，煩惱則有起有滅，涅槃寂淨則是道，因為心滅，心寂淨無別，則一切煩惱止息，這是佛法根本理趣，大家盡知如此，而且當面還說盡休官之好，但「林下何曾見一人」！對這些官場人物一記棒喝。

### 2、有功德否？

貴族朝官的男女信眾問法時，參禪法要是主要的問題，例如問「如

82 《子雍語錄》卷三，頁 825 中。

83 《子雍語錄》卷四，頁 829 中。

84 《子雍語錄》卷二，頁 823 中。

何是最初句」、「末後句」、「四賓主」等等，或隨緣應機之問。但額外地會特別出現，問「有功德否」的問題。這種問題有時是旁人代問的，例如在碧霞禪院上堂，拈香祝聖供養畢，就有書記發問：

> 書記問：「昔日世尊，祇陀林中，須達長者布滿金磚，今日官太夫人為公子祖官供捨法被，設齋請和尚高陞法座，畢竟令他得何祥瑞」？師云：「永作皇朝柱石，恒為佛法金湯」。進云：「恁麼三秋生桂子，春暖長蘭孫」。師呵呵大笑，迺云：「指鉤別釣是英靈，尚有錦鱗出浪逈，疑擬收竿歸遠圃，恐怕辜負我同人，風和好，武林新，分明指點曹溪路，那個男兒莫被行」，打〇相，下座。[85]





書記舉須達長者布金磚，供養佛陀說法場地的例子，來說官太夫人設齋等等佈施「畢竟令他得何祥瑞」？這樣的問法，讓人不禁想到梁武帝問達摩：「有功德否」？達摩答以「無有功德」的對話。後來禪門猛利之風亦承此見，子雍不同，她答：「永作皇朝柱石，恒為佛法金湯」，不說是否有功德，而正面地予以期許，希望她（他）們，是皇朝穩定的力量，也是佛法護持大護法。從這兒亦顯現出「國恩家慶」式的語言。書記又進以子孫綿延的吉祥話，要子雍進一步祝福，子雍「呵呵大笑」，這「大笑」耐人尋味，是笑贊其語？亦是笑世人對福祿壽喜之窮追不捨，不知一切如幻？是不直接點明如達摩所答「無有功德」之笑？是「方便有多門」之隨緣大笑？是笑破世人之見？正如子雍曾言：「談俗則違真，談真則違俗」，[86]以「大笑呵呵」讓信眾隨類各解也，一種曲垂方便、隨緣方便的特質也隱隱顯出。而子雍在在都在指點曹溪實相之路，有功德也好，無功德也好，都已在這法流中。

**3、捨替僧**

語錄中有二則捨替僧的例子。替僧者，替代權貴者出家，根據張爾岐（1612-1677）《蒿庵閒話》：

> 明朝凡皇太子諸王生，率皆剃度幼童一人為僧，名曰替僧，神宗

85 《子雍語錄》卷四，頁 829 上。

86 《子雍語錄》卷一，頁 819 下。

皇帝替僧各志善見張江陵集。[87]

明代凡是皇太子諸王出生，都剃度幼童一人為僧，替代太子、諸王出家修行。佛家有言：「出家乃大丈夫事，非將相所能為也」，俗話亦有「一子出家，九祖升天」，這些都在表達出家修行是極為難能可貴的，功德福報亦是殊勝無比。皇室諸王礙於地位不能出家（其實是不願放棄世俗享樂），但又想得到出家的功德福報，所以選擇某人，象徵自己出家。清初仍然延習這種作法，但一人還不只一位替僧，並有喇嘛的替僧，這些替僧雖然要過修行生活，但卻可以享受很好的禮遇。而從語錄的記載可知，捨替僧並非皇族的專利，朝官也會捨替僧，這二則捨替僧的記載，一則是舒夫人為其丈夫少司空捨替僧，一則是吳夫人送來替僧落髮，如下：

舒夫人為夫主捨替僧，請上堂。佛制相傳，捨僧替度，祖祖欽承，綿綿託付，即今少司空命沙彌佛宸，斬斷恩山，掃開魔路，參須實參，悟須實悟。喝一喝曰：「行來盡是功德林，挽起眉毛母（案：應是『毋』）自悞」。[88]

吳夫人送替僧落髮，請小參。手舉剛刀，削除萬病，落髮裙釵，更名祖勝，剔起慧燈，磨開智鏡，照徹十方，毗盧法性，喝一喝，曰：「昨朝還是塵中客，今日能為方外人」。[89]

吳夫人那一則，並沒有說明是為誰捨替僧，是為自己？還是為丈夫？其所捨替僧是「落髮裙釵」，應該是女性。如果是女性的話，比較可能是為吳夫人自己捨替僧，其法名為祖勝。她是由子雍親自執剃刀落髮的。舒夫人是為丈夫少司空捨替僧，因為其所替者為男性，所以應該是位男性、沙彌，法名佛宸。文中是請子雍上堂說法，似乎沒有親自主持佛宸的出家儀式，而且依戒律亦有所不宜。

捨替僧，本是一種移花接木的作法，顯露出上位者以權勢名位來作假，這些替僧有的是太監，也有可能是本想出家、有深厚佛緣的人，所

87 張爾岐《蒿庵閒話》卷一，《筆記小說大觀》六編（臺北：新興書局，1975 年），頁 4950。

88 《子雍語錄》卷一，頁 820 上。

89 《子雍語錄》卷一，頁 820 中。

以會作替僧可以說是利之所趨，從另一角度來看，也可以說是鼓勵贊助別人出家，但這些畢竟不符合佛法、出家的精神，這必然也是子雍心知肚明的，然而面對信眾要求為替僧剃度，並小參、請上堂，子雍說其乃「佛制相傳」、「祖祖欽承」，是祖祖欽承，卻非佛制相傳，顯然子雍在這一點上緣順了世俗價值，畢竟出家是好事，而且重要的是出家後的修為，如果真能勉勵修行，也會多一位真修實悟者。因此該為出家者儲備未來出家正知正見的，子雍仍然言所當言：「斬斷恩山，掃開魔路，參須實參，悟須實悟」、「剔起慧燈，磨開智鏡，照徹十方，毗盧法性」，這些都是身處世俗價值中可以起死回生之所在。於此再一次看到子雍處於真俗之間的取捨與其接引心切。

**4、祝國為何呵佛罵祖**

清初，正處於政權鼎革時期，許多忠貞之士大夫恥於歸依外族統治，遂自我放逐於世外，剃髮出家成為遺民僧，沒想到這些知書達理之讀書人在世俗可為儒師，出家成為禪師時，面臨上堂說法的祝聖，還是得遇上心中的難題，他們既不願承認清朝統治，上堂祝聖時所祝者卻是當今皇上與皇朝，如何當得了口？即使依清規開口祝聖，也免不了受到節操盡失之譏[90]。正是欲實踐儒者忠孝而出家，出家後亦被責以忠孝也。否則離世出家，是超離世間倫理架構（但亦不廢世間倫理架構），豈能單純用忠孝求之？子雍生於康熙朝，活動時間亦都在此時期，朝代更迭的得失於她並無多所困擾，反而因為她父親曾隨駕親征，而與皇族較為親近，當然順理成章認同於清朝，觀前所論，亦可清楚明白。

子雍雖然注重祝聖、使用抬頭格式崇隆帝王，並與皇朝貴族關係密切，言語亦多有國恩家慶、隨緣順世之語，但總是為了世人能識佛法之好，自然得證佛之知見，所以教化時禪師本色依然直貫其中，無法假藉，所以就有弟子問：

---

90 陳恒《清初僧諍記》記餘部分，有關遺民諍遺民僧者。談到黃　洲對遺民僧上堂祝聖之譏。其引《鮚埼亭集》卷十一〈黎洲神道碑〉云：「至遺老之以軍持自誨者，久之或嗣法上堂，公曰：是不甘為異姓之臣，反甘為異姓之子也。故其所許者，祇吾鄉周囊雲一人」。《鮚埼亭集外編》〈周囊雲集序〉：「囊雲逃禪而不肯上堂嗣法，高檗菴所以序之詳矣，當時如林閣學增志，方閣學以智，熊給事開元，皆逃禪之最有盛名者，然不能不為君子所譏，囊雲夐乎上矣。」，頁 270。

祝國為甚麼呵佛罵祖？師曰：知音知後更誰知。[91]

祝國是祝國，呵佛罵祖是呵佛罵祖，這是不同層次的問題，卻也有一體顯各面的巧妙，上堂後先祝聖祝國，是依清規而行，上堂後「國恩家慶」式的好句頻相囑，是隨緣順世，尊重世間秩序，亦含教化深喻。有時為了破除糾葛，一劍破解，就得直顯棒喝禪風，無有滯礙，務在破除眾生無明，所以身為禪師的子雍依然在祝國中呵佛罵祖，一律破斥盡盡，乃至佛法神聖見執。祝國是為了尊重世間倫理，呵佛是直指本懷，本懷直入，國與非國、祝與不祝都是特定時空下的兩物，執其兩端各有其非其是，而修道是在悟入空性，體悟實相，這是修道者本色。正如當董鄂妃去世，順治命人為其收靈骨，並請木陳弟子山曉上堂，當時就有僧人與之對答，山曉以棒打之，僧於是問道：「天子面前，何得干戈相待」？[92] 所謂干戈，指的就是臨濟竣烈的禪風，所以顯然臨濟棒喝在天子面前依然施展，呵佛罵祖在皇族貴婦前也未曾遜色。

這些金枝玉葉、朝官貴族的信眾，讓子雍面對世間權勢較大的人事物，如何在真俗之間達到她自己所說的「歸元無二路，方便有多門」，而能完成她茲茲念念的接引世人，這確實是一件挑戰。

### （三）嗣法弟子與師友、來參者

子雍之法嗣，應是「佛」字輩，語錄中明言嗣法弟子者為佛證、佛亮、佛智、鏡懸。「鏡懸」，沒有「佛」字，或許是字號之故，其是臨終前被付法的。侍者有祖圓、鏡懸、佛震、佛照、際廣、際輝。明言為替僧者是祖勝、佛宸。也出現為佛賢、覺智剃度的場面。永慶禪院之監院指明、維那慧山寶，是否即是其弟子，其實無法確認，但子雍為永慶禪院住持，故將之列入。名錄表格如下：



---

91 《子雍語錄》卷二，頁 822 下。

92 轉引自陳垣〈語錄與順治宮廷〉之丁、〈董后火化〉，頁 312-313。

**【伍六 -16】《子雍語錄》記載之人物（四）：**
**嗣法、出家弟子**

| 法　名 | 法事或詩偈 |
|---|---|
| 祖圓 | 侍者。語錄卷一之記錄者 |
| 鏡懸 | 侍者、嗣法門人。語錄卷二之記錄者，有臨終教化之記載 |
| 佛震 | 侍者。語錄卷三之記錄者 |
| 監院指明 | 永慶禪院進院設齋請上堂 |
| 慧山寶維那 | 永慶禪院進院上堂發問。誕日請小參 |
| 雲峰 | 元旦請小參 |
| 祖勝（沙彌尼） | 吳夫人所送替僧 |
| 佛光 | 超薦之而小參、佛事入龕 |
| 佛宸沙彌 | 舒夫人丈夫少司空替僧 |
| 佛賢 | 為其剃度落髮 |
| 覺智 | 〈剃度〉為其剃度 |
| 智西堂（法名應是佛智） | 〈付囑智西堂衣拂偈〉 |
| 佛證 | 嗣法門人 |
| 佛亮 | 嗣法門人 |
| 佛照 | 侍者 |
| 際廣 | 侍者 |
| 際輝 | 侍者 |

以下再列出呈現於語錄裏的禪門師友、來參訪者之僧尼，其中特別列出「僧」、「尼」之來參訪者，以呈現子雍之參訪學人，在性別上有僧、尼之別，在地域上有江南來，皇城內來的情況，這是其他女性禪師語錄所沒有的狀況。人物表格如下：

**【伍六 -17】《子雍語錄》記載之人物（五）：**
**禪門師友、來參訪者**

| 名號 | 法事或詩偈 |
|---|---|
| 齋崙超永 | 作序。師伯 |
| 觀音庵慧山 | 請師為斗母開光 |
| 古律範 | 上臺山妙德庵禮覲本師、〈省師四偈〉 |

| 名號 | 法事或詩偈 |
|---|---|
| 總大師 | 趙門蒼氏請上堂時問、上堂時問、機緣 |
| 仰大師 | 趙門蒼氏請上堂時問 |
| 善法叔 | 來訪相問 |
| 行真二禪客 | 〈為行真二禪客說法語〉 |
| 如如法兄 | 〈贈如如法兄〉 |
| 法宿 | 〈贈法宿詩〉 |
| 天童老和尚天岳 | 〈呈天童老和尚〉 |
| 瑞巖老和尚 | 〈老和尚請上堂陞座法語〉 |
| 石琳瑀 | 作跋。廣東南雄興雲禪院住持 |
| 從心庵方丈和尚 | 〈從心庵遇方丈和尚偈〉 |
| 卍庵大師 | 〈領眾結制小參法語〉 |
| 明圓 | 〈碧霞闔院公請啟〉，碧霞衣弟 |
| 正咸 | 〈碧霞闔院公請啟〉，碧霞監院 |
| 用照 | 列名語錄末。法侄 |
| 囉嘆僧 | 起七上堂時問 |
| 行脚僧（在西山永安寺） | 機緣問答——直進方丈 |
| 僧 | 機緣問答——指像問 |
| 僧 | 機緣問答——問正法眼藏 |
| 僧 | 機緣問答——師問趙州訪二庵主 |
| 僧 | 機緣問答——入門禮佛 |
| 江南僧 | 機緣問答——師問那裏來 |
| 南方僧 | 機緣問答——師問你在南方…… |
| 僧（河南來） | 機緣問答——師問那裏來 |
| 僧 | 機緣問答——問如何是永壽境 |
| 尼（西山來） | 機緣問答——師問何處來 |
| 尼 | 機緣問答——問世尊初生意旨 |
| 僧（江南來） | 機緣問答——師問甚處來 |
| 僧 | 機緣問答——問禮拜是不禮拜是 |
| 尼（住皇城內） | 機緣問答——師問尼何處住 |
| 僧 | 示眾 |
| 僧 | 示眾 |

## 三、北方之慈航普度

在子雍〈行實〉中，講述自己努力參學，誓願入聖超凡，並得護法信眾幫助得建寺院，然後有一段話特別引人注意：

> ……幸荷佛力感動，金枝玉葉護法宰官助建梵剎，稍立規模，接引後昆，於心甚切，然而修造尚未次第，安禪結制未盡本懷，利濟世人亦嘗曲垂方便，故有慈航普渡之稱。[93]

當寺院之創建稍有規模，她對於接引後學「於心甚切」，切切念念於救度眾生。然而所修所悟尚未建立次第以讓後人因循，在參禪結制等修行常軌上常常未能竭盡本懷，在利濟世人時亦嘗「曲垂方便」，所以被稱為「慈航普渡」，而慈航普渡正是觀音的稱號之一。這段頗為坦白，卻相當簡練的句子，令人好奇。這個稱號，超永在語錄序亦言及：「聞其實德感動閭聖，而有慈航普渡之稱」，[94]她被請至碧霞禪院弘法，杭州護法士紳之公啟也曾云：

> ……信心極宮闕轎帷，富貴之皇□迴異，護法遍宰官眷屬，風光之上國頓殊，固宜慈□百為，如來上機，推為大士者也。[95]

「推為大士」，大士即觀音也，此語連在受皇宮貴族極大護持之後，是否觀音大士之名得自皇城信眾？再從子雍自言「金枝玉葉護法宰官助建梵剎」之言，看來頗有可能。從子雍自己所言，我們無法得知其修造為何尚未次第？是接引心切又剛開始弘法之故？安禪結制為何不能竭盡本懷？是因為環境、信眾不能適應完整嚴整的禪林規矩？尤其是面對宮闕富貴之信眾？總之，她面對無法符合理想狀況的現實環境，又一時半刻無法改變，但接引之心又切，所以採取趨向眾生，以隨順融通的善巧方便來接引世人。她是如何「曲垂方便」的？改變了什麼去權宜方便？具體的方式我們無由得知，但檢視語錄，其中一段對答卻能整體架構出其「曲垂方便」之方向所在。子雍來到杭州碧霞禪院開法時，有讀書人來參問：

> 有一秀士問和尚：「未來，何所住」？師云：「三教同門」。進

93 《子雍語錄》卷四，頁 831 中。

94 《子雍語錄》超永序，頁 819 中。

95 《子雍語錄》卷四〈杭州諸大檀護紳士請住碧霞公啟〉，頁 830 中。

云：「既來，何所住」？師云：「南北通宗」。進云：「來後於何住」？師云：「覿面相逢」。又問：「南海朝山，潮音、梵音兩洞菩薩究竟在那處」？師云：「住即不是，是即不住」。又云：「梵音見相易，潮音見相難，畢竟如何」？師云：「洞水南流海岳新」。禮拜而退。[96]

秀士問的五個問題，可分成二組，前一組是：未來杭州時何所住？既來此地，又何所住？來之後，又何所住？「何所住」一詞語意豐富，依子雍之回答來推測，應該是問子雍：用什麼方式、法門來弘揚佛法？這個問題，秀士成為三個時間點來問：未來之前、既來之時、來了之後。結果子雍以「三教同門」、「南北通宗」、「覿面相逢」一一回應，正是：未來之前，以「三教同門」之精神、既來之時，以「南北融通」的平等精神；來了之後是「覿面相逢」，就是以和你面對面的「這個」來弘揚佛法。回答得意象清楚、呼應的當。

後一組有二個問題，都集中在「觀音」及其道場聖地普陀山。第一個問題是：到南海普陀山朝禮觀音，潮音、梵音兩洞的菩薩究竟在那裏？第二個問題是：梵音洞裏觀音相，易見，潮音洞中卻見相難，畢竟如何？觀音所顯為何有差別？究竟差別在那裏？普陀山有潮音洞、梵音洞，都是天然的海邊大崖洞，洞石與海水、光影相互衝激變化，長久以來傳聞洞中可見觀音顯相，甚為靈驗。子雍既有慈航普渡之稱，與觀音淵源頗深，朝禮普陀又是其南下江南的願望之一，所以秀士以普陀山的潮音洞、梵音洞為喻來問：「菩薩究竟在那裏」？亦即問：你（子雍）之人之法所顯在何處？子雍答：「住即不是，是即不住」，以「空」來回應。你問我所顯何處？殊不知凡所有相皆是虛妄，有所住、有所顯即非實相，實相者無住無別、不一不異。這是第一問。第二問，以潮音、梵音二洞見觀音相之難易來喻。潮音洞聳高狹長，無法入洞，梵音洞則可入洞觀看，所以才說「梵音見相易，潮音見相難」。同樣是觀音顯相，為何卻有難見、易見之不同？亦即問：你被喻有觀音普渡之慈，觀音本在南，如今怎在北？一時在南，一時在北，究竟差別在那裏？為何

96 《子雍語錄》卷四，頁 830 上。

有差別？子雍答：「洞水南流海岳新」，這是立於「有」來回應，你問我南北所顯有何差別？理則為一，事可萬紛，既問差別，就答以差別，此差別就是南流而來，海岳一新。南流江南開法，對子雍、對信眾而言，都是「一新耳目」的展現。

這二組五個問題，正將子雍的「曲垂方便」「慈航普渡」的弘法精神點了出來，因此下文將以觀音之形象、慈航普渡之力用為總攝，化分「三教同門」、「南北通宗」、「覿面相逢」來分析。





## （一）三教同門

明末佛教討論三教合一論者相當熱絡，包括雲棲、紫柏、憨山、藕益等大師都不同程度地提出這樣的看法，而將這種之前已有的融和思想推到高峰，他們以佛法俱足萬法的精神來包納儒、道，還是佛法視為最核心、圓滿者。[97] 三教合一論中對三教關係如何安排，各家說法各有偏重，但總的來說，合一、融通的觀點是很普遍的，不只佛教如此，道教、儒者之融和聲音亦不小，[98] 尤其是滲透入民間宗教，具體實踐於一般百姓的民間信仰中。[99] 這樣的討論與觀點也出現在北方的皇城之內，清初對佛教有興趣的二位皇帝：順治與雍正都曾思考過這個問題。順治曾在與憨璞、木陳對話時，問及三教異同，他問憨璞：

> ……而三教言心，議論不同如此，抑各有旨歸，迥不相合歟？言語雖殊，究竟則一歟？凡此疑義其分析明白，務歸一是，毋徒云：三教作一理儱侗之談也。師答：……上問：三教本同，後世奉之者有異爾，如迦文老子孔子其人雖異，其性豈有殊哉？猶之釋典中有禪有教有律，人遵一法，互相牴牾，此特末法比丘然則耳，溯之釋迦立教之初，豈不同出於一心之法耶？亦如禪宗又有五燈，雖宗旨容或不同，然臨濟曹洞諸師亦豈能外一心之法耶？

97 參考李霞《圓融之思──儒道佛及其關係研究》〈中國佛教史上的「三教合一」說演變〉、〈論明代佛教的「三教合一」說〉（合肥：安徽大學，2005 年），頁 260-271、282-291。

98 參考唐大潮《明清之際道教「三教合一」思想論》（北京：宗教文化，2000 年）。

99 例如羅教、便是以禪宗為主，參入儒道。民間信仰中的許多寶卷圖書，亦都採三教合一觀，只是偏重的主軸略有不同而已。

經云：一切治生產業，皆與實相不相違背，斯盍凡聖同源，無二無別，況三教聖人所立之法而有二乎？[100]

從順治的問話可知，他聽過三教本同的觀點，再加上自己所讀三教經典，所以才再進一步問憨璞究竟為何。從順治所問之內容已顯現順治的看法趨向：「經云：一切治生產業，皆與實相不相違背，斯盍凡聖同源，無二無別，況三教聖人所立之法而有二乎？」實相凡聖同源，無二無別，三教聖人所立之法應該也是如此。所以他之疑之問的重點是在於如何把「同源」、「一」這個道理說清楚。[101] 這便顯示即使順治個人如此熱愛參禪，但論及三教之差別，還是往融和的態度靠攏，這應該與親近的禪師有關，也與時代思潮影響有關。而且身為帝王，他所面對的漢人朝臣多是儒者，他自己又親近佛教，所以必須思考對儒、道要有所融通與平等對待，以免失去崇高超然的角地，而三教合一就是他如此作為的觀念依據。這種情況也發生在雍正身上，自認「禪師」的雍正亦有三教同出一源之論。[102] 這樣的作法，可以取得平衡、超越的地位，於帝王最有利，而這兩位於佛教親近的帝王都有這樣的討論與觀點，可見這種思潮流傳之廣遠。

子雍所處的是康熙一朝，亦即夾於順治與雍正之間，康熙的思想是以儒家為重，在一次日講官熊賜履講《論語》課程後與之對談：

上曰：「朕生來不好仙佛，所以向來爾講闢異端、崇正學，朕一聞便信，更無搖惑」。對曰：「帝王之道以堯、舜為極，孔孟之學，即堯、舜之道也。外此不特仙佛邪說在所必黜，即一切百家

100 《明覺聰禪師語錄》卷十二，《嘉興藏》冊 32，頁 295-296。

101 觀憨璞與順治的對答，順治一開始想了解三教到底是同？還是不同？要憨璞將之說清楚，不要籠統含糊只說「三教作一」。可見「三教合一」的說法他早已聽聞。是否當時他已有「三教應該是同」的觀點，所以憨璞在回答他時，說的內容是三教的不同，但結論卻還是「三教雖功行不同，及其到家則一也」。所以順治才又拮之：功夫不同，不夠說明之所以分成三教的原因，因為禪宗裏亦有功夫不同者如臨濟、曹洞等，但統歸佛教！所以要求憨璞在「心性本原的然相同處」加以說明清楚。由此可知順治偏向「本原相同」之了解，所問之重點在「一」上。憨璞接著說明本原處是「無有分別」。而此「無有分別」即是佛法觀點，並非儒、道之思，但順治並未就此再追問，憨璞亦未以此說三教乃不同也。

102 參考釋聖空《清世宗與佛教》第四章〈雍正的佛學思想〉之論。（見網頁：http://www.chibs.edu.tw/publication/grad-th/65/65-1.htm）

眾技，支曲偏離之論，皆當擯斥勿錄，庶幾大中至正，萬世無弊。[103]

康熙自稱「不好仙佛」，對儒者講「闢異端、崇正學」，便「不聞便信」，顯示認同以人倫為核心的儒家學說。而熊賜履的「外此不特仙佛邪說在所必黜，即一切百家眾技，支曲偏離之論，皆當擯斥勿錄」，其排他性之強，亦令人側目。一週後再於課後與熊賜履對談：

上曰：「朕觀朱文公家禮，喪禮不作佛事。今民間一有喪事，便延集僧道，超渡煉化，豈是正理」？對曰：「總因習俗相沿，莫知其非。……皇上既以堯舜為法，一切陋習，力行禁革，轉移風教，嘉與維新，化民成俗，未必不由此也」。上又曰：「人主勢位崇高，何求不得，但須有一段敬畏之意，自然不至差錯，便有差錯，也會省改，若任意奉行，略不加謹，鮮有不失之縱佚者。朕每念及此，未嘗一刻敢暇逸也」。[104]




熊氏建議康熙，何不從喪葬禮俗改革起，法堯舜之道，將一切陋習，力行禁革，轉移風教？但康熙對此表現出在上位者應有的「敬畏」之心，面對自己不認同的、超乎人倫想像的部份予以保留，不輕易打壓任何一方。[105]

帝王表達三教合一之論，或是對佛道發展要有敬畏之意的看法，多有平衡、超然、解爭之用，但作為一位佛教禪師，講三教合一等融通之論都是為了弘法之故。子雍作為京城的佛教禪師，面對以儒家為重，但不壓制佛道的帝王，面對諸如熊賜履之類的儒者，面對自來以儒家為正統的政治環境，而她也必然接受到三教合一的思潮，所以當她接引世人之心甚切，尤其是其信眾護法多為朝官及其女眷，更需要融通於儒道二家，以達到弘法的效果。有一次她的信眾圖司空往生時，為其對靈小參，說法語：

103 《康熙起居注》冊 1，康熙十二年十月初二日戊戌。（北京：中華書局，1984 年），頁 125。

104 《康熙起居注》冊 1，康熙十二年十月初九日乙巳，頁 127。

105 由康熙之「敬畏」意義來看，再加上他具體地於五台山、南巡時對佛寺賜額、捐銀等「廣結善緣」之舉，其對釋、道二家應有不妄加干涉，甚至兼納包容、勸善隨喜之意。

圖司空對靈小參。六十餘年古所稀，不被紅塵活計移，果能參透西來意，撞倒須彌粉碎微，雖則高官登極品，合家普利醒群迷，月在孤峰映徹底，大抵當陽會者希，古今無物可擬比，鐵面冰清顯大機，維摩妙用果無私，百千手眼重當時，今朝復現圖居士，來去分明任所之，以拂子畫〇，曰：「灼破虛空絕我相，儒禪合一見真師」。[106]

這位圖司空及其家人，顯然都在子雍座下參禪，他位居高官極品，但卻全家修學佛法，所以應該是儒佛兼修的居士，子雍贊美「不被紅塵活計移，果能參透西來意」，以在家人之身悟道，如維摩詰居士一樣。子雍對著往生者，勉勵他要領悟實相，顯現大機大用，自然來去分明，自由自在。這位圖司空既是朝官身份，必然是位有儒學素養之人，平時對儒、佛之間的關係也一定會與子雍討論，從子雍最後的祝福「灼破虛空絕我相，儒禪合一見真師」可知，面對這樣的信眾，她採取「儒禪合一」的融通觀點來教授，讓這些以儒學為基礎的讀書人能打破本位界線，心安理得接受禪學。而她如何融通的呢？就是以《金剛經》的無我相、無人相、無眾生相、無壽者相來抿除差異見而說：「儒禪合一」，而且這是真正可以師法的價值。她所宣說的「儒禪合一」，很明顯是針對儒者而言，有朝臣亦有秀士，但對女性信眾並沒有這種開示，即使是朝官的女眷，例如：

劉中丞慈母歸西，請師對靈小參。撒手歸西七十春，青蓮花裏現金身，從今脫下娘生襖，任意逍遙不染塵。[107]

青蓮花、現金身、脫下娘生襖，都是直接以佛法禪語來開導。對女眷直截以佛法為言，對儒者則強調「儒禪合一」，純然為了應機化導。又有一次對眾開示：

示眾。僧不僧，儒不儒，十字街頭當欹獻，凡不識，聖不知，呵呵呵，豈是溈山牯，也非楊岐驢。[108]

「僧不僧，儒不儒」，她運用雙向遮遣的方式來打破僧人、儒者的界

106 《子雍語錄》卷一，頁 820-821。

107 《子雍語錄》卷一，頁 820 下。

108 《子雍語錄》卷二，頁 823 下。

線，也將兩者融而貫通。「豈是溈山牯，也非楊岐驢」，也是如此雙破禪宗宗派界線。「凡不識，聖不知」又是雙破凡與聖，如此雙破下來，一般人就會陷入十字街頭般的徬惶，子雍卻來個「呵呵呵」，表達這才是融通無有差別之實相處。而當時所對之眾，應該有儒者在場。

除了面對朝官的儒學素養，需加以融通於佛法外，面對儒學觀點不那麼強或女眷或一般較貼近民俗道教之類的信眾，子雍也得面對佛與道的問題，為了接引眾生，她也採取融通的方式。例如她並不避諱使用「仙」字，來表達參禪閒適的生活：



> 一缽南園與北園，消磨歲月半枝禪，說我人間閒古董，半似神仙也是仙。
>
> 一道神光獨占先，幾回雲榻覓枯禪，無心了道心窮也，有意尋仙不遇仙。[109]



半枝禪、覓枯禪的歲月生活，像是人間閒古董般「半似神仙也是仙」。因為「無心了道」心是空，即使有意尋仙也不遇仙。將半禪、半仙、仙、枯禪、尋仙、不遇仙等仙、禪之間的界線忽而劃這兒，忽而劃那兒，是仙是禪都隨其自由自在。子雍有一首〈述懷〉詩，也曰：「障礙撥開存實義，塵埃暫息作真仙」，[110]以「實義」與「真仙」對舉，用真仙表達怡然自得之適意。

有一次為秀士寫〈挽秀士偈〉：

> 二十餘春訪斯道，日月並行無虛耗，野僧只顧坐禪床，不意林邊有大孝。
>
> 三教從來無可露，窮通一味任君行，已知富貴如霜泡，道業堅持達九天。[111]

佛教的離世出家，與儒家的倫理孝道，自來都有相違背之議論，子雍就以佛道、大孝之矛盾來表達自己與秀士，道之不同，但「只顧」、「不意」二詞卻展露自己過去修行時只在「一邊」，今日弘法時方覺「此方」亦有天地。但此方、彼方只是抉擇的不同，今日也因過去修行能量

---

109 《子雍語錄》卷二〈雜偈八首〉之二、六，頁 824 中。

110 《子雍語錄》卷一，頁 821 下 -822 上。

111 《子雍語錄》卷四，頁 830 上。

才讓她能跳脫此彼的相對圈限，所以「三教從來無可露，窮通一味任君行」，有露就有顯，有顯就有範圍限制，要體會三教之間無可限制之處，才能「窮通一味」，才能任君自由行，林邊可以有大孝，禪床亦可以有大孝。子雍依然在「空」性上說三教之窮通一味與自由自在。然而富貴於儒於佛都如浮雲霜泡，「無可露」、無可設限的道業是最需堅持的。

說道理時可以輕鬆地說三教合一、儒佛合一，但是以解脫、出世為核心的禪修精神下，面對信眾有祈福求壽等世間福祿之需求時，甚至以民俗、道教的儀式來要求禪師主持、參與時，這種具體的情境如何面對呢？在一次示眾說法時，子雍很俏皮，也很真實地表達弘法上佛道信仰之間的微妙拿捏：

> 示眾。符不書，斗不拜，時人說我會捏怪，從今放下接上流，不與尋常那樣待。卓拄杖曰：「知我，罪我，貴買，賤賣。[112]

書符、拜斗皆屬於道教的宗教儀式，符籙，以書寫特殊的圖文，達到鎮邪、剋煞、召換鬼神等功能。斗代表星辰，拜斗則是消災祈福延壽之科儀，都是於祈求平安順利等頗有功能性的科儀。儀式本為宗教修行方式之一，佛法以緣起性空為教，即使有儀式亦貫串空性之理，尤其禪門破除一切相，祖師們不拘形式的形象，顯然在前，這是子雍修行悟道的典範。但是當子雍成為一位弘法者，面對千差萬別的信眾，面對北京的人文環境，面對信眾這種傳統習俗式的祈福消災的需求，如何相應呢？子雍起初採取「符不書，斗不拜」堅持純粹的立場，但她很坦率地說「時人說我會捏怪」，這樣的情境考驗一位智慧的女禪師，不是害怕「別人說捏怪」，只是必須面對信眾世俗的需求，如何處理？想必她認真思考過個中的曲直與權實之間的拿捏，最後決定「從今放下接上流，不與尋常那樣待」，放下什麼？放下佛道之間形式上的界線，放下「破除一切相」的執心，放下我尊你俗的執著。接上流，接上世俗風尚之流，接上眾生之流，這一個放下、接流，充份顯現子雍決定融通的態度，但融通並非隨波逐流，融通不是降低標準，融通是為了接上眾生之流，這一接

112 《子雍語錄》卷二，頁 823 下。

才能垂手度眾，普度眾生，才能引導眾生入佛法之流。所以她「不與尋常那樣待」，不再以佛是佛、道是道的分割方式處理，由她來緣順這些形式時，這些儀式已不同於一般，而是貫入佛法元素，讓儀式本身翻轉成生命解脫的因緣，也讓信眾們能由此入解脫之門，由此慈悲接引眾生入佛法之流。這樣的作為，與一般禪師不同，可能會讓人們怪罪，認為曲從俗情、雜駁佛道，棄無為法而就有為法，所以她卓拄杖一聲曰：「知我，罪我，貴買，賤賣」，佛法是珍貴的解脫之道，是子雍參學二十餘年所悟，所以是「貴買」，但為了能接引更多的眾生入佛法之流，所以「賤賣」，以融通、引導的方式讓更多人能夠親近深刻的解脫之道，包括佛門之外的儒、道之人。





這種貴買、賤賣的說法，也用於她來到杭州碧霞禪院弘法時，有嚴趙二太夫人在元宵節解制時，請上堂：

> 元宵解制，千佛出世，大眾雲集，兩堂敬禮，天地與我同根，萬物與我一體，爛生薑，陳皂角，舊爪籬，破木杓，江北貴買，江南賤賣，有利無利，總之不離行市。[113]

來到江南則曰：「江北貴買，江南賤賣」，可見所謂「賤賣」指的就是弘法，而且是融通、普度地弘法。這種弘法是把佛法犧牲掉？亦是能曲垂方便更普化眾生？子雍自問：「有利無利」乎？並立即自答：「總之不離行市」，即使貴買賤賣，還是在行市中有買有賣，有買賣豈會毫無得利？不賣，永遠無人買，也無得買，更無獲利可言，子雍很逗趣地以買賣來喻弘法。只要把住佛法核心，貼近眾生所需，運用融通引導，總有弘法之功，總能為眾生開出一路。

那麼子雍是如何來融通的呢？語錄中出現二則與道教神祇有關的法事記載，二則主角都是斗母：

> 觀音庵慧山，請師為斗母開光。裝成法像，接引人間，能起法海波瀾，色相本來空寂，若論斗母眼光，日月未足喻其明，虛空未足喻其大，說甚麼豎窮三際，橫亘十虛，以筆點一點，曰：「權

113 《子雍語錄》卷四，頁 831 上。

將者個為天聽，顯露當陽著意看」。[114]

燒斗母像，晚參。一天星斗不分岐，大地眾生心自迷，多感老人親點破，試看星火燒須彌。[115]

一則是為斗母開光，一則是燒斗母像。斗母是北斗眾星之母，先天云始之陰神，又稱斗母元君、斗姥天尊。道觀內都有斗母殿，主祈嗣、延生，道教拜斗都以斗母為主尊。其形象為女形，有三目、四首、八臂，其中二臂手持日、月。斗母之「母」字亦有加上「女」字成為「姆」，亦有稱斗姥。這位道教神祇表現出來的性別，正與子雍相同，信眾請其主持斗母開光、燒斗母像等儀式，必然與子雍身為女性有關。

子雍被請為斗母開光。開光，是神（佛）像正式供奉時的一種儀式，開光者以朱筆對神像作點眼動作，象徵「開眼」、打開心眼，顯現大機大用。首先她以「接引人間」「能起法海波瀾」為斗母開眼定調：一位有大能力大慈悲接引眾生的女神。接下來她秉持佛法、禪宗破一切相之實相義曰：「色相本來空寂」，這一破，在融通佛道的儀式中，在一位道教女神之前，立刻貫注佛法實義。一立一破，宗旨完整表達。接下來子雍看著斗母的眼睛與其兩手所持的日、月，想著信眾對斗母的贊美之詞，這些形容詞並非斗母心眼的真正實相，因為此時的斗母心眼已被子雍先前定義過矣，所以更要破除「日月之明、虛空之大」之美稱，即使說「豎窮三界、橫亘十虛」，這些無限空間、時間的概念亦是執限。以佛法言，萬法為心之所現，所以破一切相、破一切形容，連無限的概念也破除，讓人們不以執相看斗母像，讓斗母的內涵比道教所給予的更加擴大，得到更深更廣的轉化。既能不執地看斗母，亦能於一切無執，所以面前這尊斗母像，成為入道之方便法門，成為與天（實相）相應相聽之方便道，它讓人們悟入空性、顯露「當陽」。當陽者，正是經常出現在禪門機鋒語之中，象徵佛性、悟性之顯發。子雍這麼一開眼，讓這位原是讓人們祈嗣延生的道教女神，瞬然成為可以修道悟入的權宜、方便處，這正是她「從今放下接上流，不與尋常那樣待」的融通用



---

**114** 《子雍語錄》卷一，頁 821 上。

**115** 《子雍語錄》卷二，頁 823 上。

心。

另一則是舉行「燒斗母像」儀式時的晚參開示，似乎將道教儀式與佛教參禪結合在一起，只是無法確認當時是否同時參禪打坐？斗母像之所以能燒，應該是紙糊而成，燒化斗母原來用意可能是以達天聽，而得祈福之應。因為斗母是北斗眾星之源，所以子雍在偈語中以「星斗」為喻。斗母化成北斗各星，所以星斗分截而現，但子雍以「一天」、「不分岐」來表達實相的圓滿、無分別，只是眾生無明心起，迷惑割烈而分人我，斗母是分歧前之本源，正可作為圓滿之象徵，正可作為點破人們分別心之觸發，所以「多感老人親點破」，子雍帶著感恩的心情，向這位道教女聖者致敬。當燒斗母像的星火燃起時，面對愈來愈熾烈的火焰，子雍貫以佛法之理，宣說「試看星火燒須彌」，她將燃燒的火焰化成滅除煩惱執著的智慧之火。須彌指須彌山，佛教的宇宙觀中，認為世界（三界）之組成是以須彌山為中心軸柱，生命各界均依此山建構，所以「燒須彌」正是象徵將所有萬相與執著都消熔迨盡，而得清清淨淨之佛性。很明顯地，子雍確確實實將這二次與道教斗母有關的儀式，化成佛法精神來教化宣說。





子雍為接引眾生，以融通的方式來容納儒、道之流，並貫以佛法之理，這也本是佛法實相悟處之大用，即其〈述懷〉所言：「果能悟到忘機處，信手拈來盡了然」，[116] 信手拈來，不論何教何學，都能了然，都是接引眾生之機，就如南方秀士所問：未來南方前，以何法教化？她答以：「三教同門」，所以所謂三教同門，其門甚寬普遍，由其接引入法流，這便是子雍慈航普渡的普門示現。

## （二）南北通宗

超永之所以為子雍寫序，其最大的動機是：想為北方女性禪師留下一個難得的典範證據，相對於南方出現許多真修實證、上堂開法的女性禪師們而言。而子雍也一直都有到江南朝禮南海普陀以及所謂「南詢五十三參」之願。她的法脈師承來自南方的密雲→木陳→遠庵→古律，

---

116 《子雍語錄》卷一，頁 821 下 -822 上。

雖然是在五台山受古律之法，但古律是受學於南方的遠庵，所以南方對子雍來說是法脈的故鄉。身為一位北方的女性禪師，與江南女性禪師不同的是，她要面對南北的問題，即使立基整個禪宗的發展，亦以惠能代表的南禪五宗為核心，所以對北方（女、男）禪師都或多或少有這樣的南北問題。[117] 所以就如前面所言，當她面對江南秀士的問題：「既來，何所住」？她回答：「南北通宗」。「南北通宗」即是子雍積極南北佛教交流的觀點，一方面代表南北通流無礙，一方面代表南北平等、無差無別。

清初南方佛教往北方傳播的一個顯著例子便是順治召請玉琳通琇（1614-1675）、木陳道忞（1596-1674）等禪師北上入皇宮說法。子雍的傳承則來自木陳一系。木陳之所以得順治召請，是緣於憨璞性聰（1610-1666）。

順治與佛法的關係極深，他在正史中的死亡記載，總是伴隨著「是否出家去了」的問題，給予人們無限的想像與討論，這也是清初的一大公案。順治與中土佛法的接觸是來自憨璞，他是百痴和尚之嗣，百痴是費隱之嗣，費隱與木陳一樣皆是密雲之徒，兩人皆是密雲一系，只是憨璞輩份低了二輩。他在順治十三年（1656）於都城南邊海會禪寺擔任住持，十四年（1657）秋天順治巡狩至此，遂得認識憨璞，不久僧錄司即傳旨延請憨璞入大內萬善殿，順治「至方丈，賜坐，問佛法公案，師應機酧對」，[118] 開始這一段罕見的皇上向僧人求道的過程，這期間還在萬善殿結制、上堂、小參。直到十七年（1660）八月，才得旨南歸。順治曾問他南方尊宿有何？憨璞遂推薦玉琳與木陳。[119] 二人便分別被請入





117 來京城弘法的僧人也會面對到這個問題，木陳的弟子天岸本昇，他也曾入萬善殿秉拂弘法，有一次：「萬善殿秉拂，萬仞崖前冰雪封，嬾僧高臥覓無縱，何緣歸省玲瓏畔，一櫂風吹到帝宮，皇風蕩蕩，南北宗通，同堂相聚，略展家風」。亦提從南方來北方帝宮是「皇風蕩蕩，南北宗通」。問題，可以是對立，也可以是消解對立的方法，所以禪師們常以這個問題來作為機鋒問答。《天岸昇禪師語錄》卷十三，《嘉興藏》冊 26，頁 716 上。

118 憨璞的語錄《明覺聰禪師語錄》末，馮溥〈明覺聰禪師塔銘〉并序。文內有這段過程的記載。《嘉興藏》冊 32，頁 321 下 -322 中。

119 關於憨璞之推薦玉林蓋無疑也，但木陳是誰推薦？雍正諭旨曾言憨璞推薦玉林，玉林再轉薦木陳。但《明覺聰禪師語錄》中有〈請天童木老人書〉（《嘉興藏》冊 32，頁 308 上），內容談及順治在萬善殿諮詢當代禪郢時，他介紹了木陳，並請木

京，得到順治禮遇。

木陳在順治十六年（1659）九月受召進京，也於萬善殿與康熙討論佛法，前後共八個月。於順治十七年五月十五日回山，比憨璞還早南歸。玉琳比木陳早一些入京，在十六年春天，不久就請還山，直到十七年秋天十月十五日（此時木陳、憨璞已歸），再度被請來京，次年正月順治即去世，王琳與弟子茆溪行森（1614-1677）為順治作佛事後，才辭去還山。憨璞被封為「明覺」，木陳被封為「弘覺」，玉琳被封為「大覺」。[120] 玉琳是天隱圓修（1575-1635）之徒，而木陳是密雲之徒，天隱與密雲皆是幻有正傳（1549-1614）之弟子，同出一門，發展略有不同，密雲道風激揚，在江南興起「臨濟復興」之勢，天隱傳法嚴謹，也為禪林多所敬重，清初兩人的弟子同能北上面聖弘法，對臨濟宗幻有這一系下，可謂是一大盛事。所以玉琳與木陳的北上，雖然引起南方禪門一段論諍公案，[121] 甚至換來被皇權封號、去號，伴君如伴虎似的任意揚抑之難堪，[122] 但就法門流傳來說，代表著南方禪法主流向北京弘揚，而且是向最高權位者皇帝弘揚。

玉琳、木陳來京，都有弟子隨侍協助，也得到相當的尊重，出入萬善殿，並在北京寺院住持弘法，例如玉琳的弟子：茆溪行森、骨巖行峰，木陳的弟子旅庵本月住持於善果寺，山曉本晳住持於隆安寺，天岸本昇住於山東青州法慶寺時，亦常入萬善殿秉拂，[123] 這些狀況都讓法門

陳能「慨然飛錫，莫負聖明之誠心」，可見憨璞不僅推薦玉林，亦推薦了木陳。可參考陳垣〈語錄與順治朝廷〉、〈湯若望與木陳忞〉，見《陳垣史學論著選》（臺北：木鐸，1982 年），頁 431 起、463 起。

120 後來又加封成「大覺普濟」、「大覺普濟能仁國師」。

121 木陳、玉琳北上宮廷弘法，因為受新朝召請之故，再加上南歸後的行為舉止，都引起南方佛教界，尤其是遺民僧強烈批判與爭議。這還包括對兩人的比較與評論。陳垣《清初僧諍記》卷三〈新舊勢力之諍〉就是論述這部份的重要著作，陳氏並比較二人的異同。

122 雍正就曾嚴厲批判木陳及所著《北遊集》，因其內容涉及順治性情以及如何禮遇遵敬木陳等事，引來雍正「乖謬之語，不堪觀閱」、「妄誕」、「盜竊名譽」、「誇耀恩遇，時俗卑陋」之斥。後來雍正親選超善、超鼎、超盛為茆溪之法嗣，希望能承繼比較不昌盛的天隱這一系，但到了乾隆卻論斥這三人「詐稱詔旨」云云，將他們逐出茆溪一脈，永不許入「超」字輩。雍正之言，參考釋聖空《清世宗與佛教》第三章〈雍正與佛教的關係〉（網頁 http://www.chibs.edu.tw/publication/grad-th/65/65-1.htm）、乾隆之事參見陳垣《清初僧諍記》，頁 266-267。

123 《天岸昇禪師語錄》卷九「再住青州法慶禪寺語錄」有：「大內歸，上堂問：聖主

流傳有所持續，在京城寺院或周遭區域的寺院繼續成長，形成此系禪師之後北上的因緣前導，當然也會促成北方修行者往南方參學此系師承的觸媒。

經過順治這樣的「榮寵」，南方來的禪法達到一陣眩亮，也很快的隨著順治戲劇化地死亡歸於沈潛，康熙朝不再出現僧人在大內與皇帝講佛法的情形，但康熙經常巡禮名山古剎，尤其六次南巡時撥金重修佛寺、接見僧人，又加以題額、賦詩、撰碑文等等，所題寫的著作數量甚至到達千餘。[124] 也曾應超永之請，為所編之《五燈全書》寫序，並由大內刻印入藏，不過一般而言，康熙的思想與施政作為，仍是以儒家為主，對佛道採取包容，面對佛教多是隨喜樂善的態度。其中，超永亦是密雲門下林野通奇（1595-1652）之法孫。子雍之師古律往南參學木陳之徒遠庵，得其傳承，可見密雲、木陳門下在北京的流傳、影響依然不斷。

南方當時是中國佛教的重心，康熙多次南巡有其治國、政治之目的，但卻也促進南北佛教的流通，將北方向南方拉近，無形中產生北方修行人往南參學之便利與動力，就如子雍往南朝聖的路線與康熙幾乎相同一樣。順治敦請禪師北上，其後繼者亦陸續而來，將南方禪法向北弘揚，也促發北方修行者接觸南方禪者的機會，進而往南參學，就如子雍之師古律一般。兩位帝王，對佛教態度不同，無形中促發南北佛教的流動。遠庵未隨木陳來北京，古律在北方或是受木陳在京弟子影響，才往南參就於他。子雍居京城，師承有南方法脈的古律之法，又積極往南方朝聖，甚至在杭州傳承弟子，於南方留下法脈，這些例子顯示順治、康熙這段時間，帝王的作為對南北佛教流動所產生的效果。

當年禪宗六祖惠能前往黃梅禮拜五祖弘忍時，弘忍第一句便問他：

> 祖問曰：「汝何方人？欲求何物」？惠能對曰：「弟子是嶺南新州百姓，遠來禮師。惟求作佛，不求餘物」。祖言：「汝是嶺南

---

恩及林埜吾師，道重宸衷，闕庭留供即且置，奉旨開堂事若何？師云：……」。卷十三亦有「萬善殿秉拂，……」。其時間應該是木陳在京之時與留京之後，頁 697 上、716 上。

**124** 據印鸞章編《清鑑綱目》〈聖祖康熙〉卷五記載，康熙寫寺廟匾額，多至千餘。（上海：上海書店，1985 年）。

人，又是獦獠，若為堪作佛」？惠能曰：「人雖有南北，佛性本無南北，獦獠身與和尚不同，佛性有何差別」？[125]

惠能是南方廣東人，弘忍是在湖北黃梅縣東山的東禪寺，弘忍問他從何而來？欲求何物？惠能據實以答，弘忍刺探他：你是嶺南獦獠之人，怎有資格求作佛？惠能回以直探本源的千古名句：「人雖有南北，佛性本無南北」。從此這樣的問話，經常出現在禪師與初參者之間的機鋒對答，成為一種悟入的門徑。由兩人的對話可知，南方廣東相對於北方湖北是較無佛法之地，但自從南方的惠能「一花開五葉」興起禪宗五宗，再加上政治文化南遷種種因素，南方漸次成了禪宗核心之地，尤其是江南一帶，[126] 到子雍所處的清初依然是如此。這是一種現實狀況，不需要以「佛性本無南北」來遮掩，也不能將它變成口頭空泛之禪語，所以這個話題常被禪師用來作為機鋒問答，如唐代趙州從諗（778-897）：

有僧從雲峰來，師云：「上座莫住此間，老僧者裡只是避難所在，佛法盡在南方」。云：「佛法豈有南北」？師云：「直饒你從雲居、雪峰來，也只是箇擔板漢」？云：「未審那邊事如何」？師云：「你因什麼夜來尿床」？云：「達後如何？」師云：「又是屙尿」。[127]

趙州弘法於北方，雲峰義存（822-908）弘法於南方，兩人都是大善知識。趙州講「佛法盡在南方」，做個鉤子，看這條從南方來的魚會不會上鉤？僧人雖以「豈有南北」從「無」來答，臨機應對，禪師之眼銳利，看來趙州不讓他輕易以祖師話語來搪塞，還要再堪驗堪驗他，所以就諷刺僧人只會食人殘羹剩飯，破破他的「豈有南北」，看是口頭禪乎？從趙州之問答，看得出南方佛法之盛是現實的狀況。當南方是佛法、禪宗重心時，南北交流之於北方的意義是比較大的，所以子雍才有朝禮南海普陀、南詢五十三參之願。但北方又是政治權力中心，如果能



125 《六祖大師法寶壇經》行由品第一，《大正藏》冊 48，頁 347 下。

126 嚴耀中《江南佛教史》第十章〈江南禪風〉，談到「中唐以降，禪宗的各宗各派都紛紛流向江南，尋求發展的一席之地。……所謂南禪宗在唐末以后幾乎變成江南禪宗。……自唐宋之間起，禪宗諸派雲集江南…… 」。（上海：上海人民，2000 年），頁 195-196。

127 淨慧法師編《趙州禪師語錄》卷下（臺北：圓明，1993 年），頁 131。

得到北方皇權的禮遇護持，不管是形式上或實質上都會產生很大的、立即的弘揚力量，雖然它背後可能潛藏著更大的危機。

在語錄機緣問答中經常看到子雍問來者：「你從那裏來」？這些被載入語錄中標明來處的參訪僧人有八則，其中來自南方的有四則，其餘是來自河南、西山（京城）、皇城、滿州，被統稱為「江南、南方」來的比例相當高，甚至還有南方秀士來訪[128]，這些南方僧人與子雍的對答如下：

> 問：「你從那裏來」？進曰：「南方」。師豎拳曰：「南方還有這箇麼」？進曰：「若無，爭到者裏」。師便打。
>
> 問：「那裏來」？僧曰：「江南」。師曰：「到這裏作甚麼」？進曰：「親近和尚」。師以手打圓相曰：「識得這箇，許你親近」。
>
> 問：「你在南方親近幾箇和尚」？僧曰：「一箇」。師曰：「那一箇」？僧豎拳。師曰：「死了、燒了，這一箇在甚麼處」？僧無語。師打曰：「假雞聲韻難瞞我，未肯蒙籠放過關」。[129]
>
> 僧參。師問：「甚處來」？僧曰：「江南來」。師曰：「揚子江昨日水到（案：倒）流是否」？僧曰：「和尚莫眼花」。師便打。僧曰：「和尚自領一半」。[130]

從對話中可以體會，所謂「南方來」、「江南來」、「南方還有這箇麼」、「你在南方親近幾箇和尚」，標示著「另一個區域」的意義，亦即呈現南北相對的概念。為何有頗高比例的南方參學者？一方面顯示在皇室善意的催化下，從南而來的參學僧尼仍繼續來往著。一方面是否顯示子雍發願江南朝聖，所以特別注意南方來的修行人？或是語錄記載者，特別認為子雍為代表的北方與以參學者為代表的南方，這種南北相對的對話是很有意義的？總之，在子雍語錄中呈現出很明顯的南北對舉。

128 《子雍語錄》卷一，頁 821 中。
129 《子雍語錄》卷一，頁 821 中。
130 《子雍語錄》卷二，頁 823 下。

當子雍如願來到江南，朝禮南海普陀山、南詢五十三參式的參訪名山大剎，其中與其自宗：臨濟宗最有關係的就是禮拜祖塔、開法碧霞禪院以及傳承法嗣。她前往寧波天童寺、平陽寺、瑞嚴寺禮拜祖塔，包括密雲、木陳、遠庵等人的舍利塔分別在此，並在瑞嚴寺時，被方丈請上堂陞座開示。她向密雲自稱「遠孫」，向木陳自稱「元孫」，稱遠庵為「遠祖」，向這幾位自己法嗣之所來者，以禪機的方式敬上最高之敬意，禮謝法恩。圓滿她回歸法流的用心。密雲之塔院在天童寺，子雍到天童時先有〈神塔〉一首，將拜塔之心情道出：

> 拖泥帶水入天童，不是求名欲覓宗，一見真龍開八面，棒頭惡氣露機風。[131]





辛苦千里而來「不是求名」而是「欲覓宗」，覓宗尋根是最重要的目的，而這一覓這一見，即是「一見真龍開八面」，感受到臨濟宗風之猛烈，這也是密雲的風格，他是明代天童寺復興的重要人物，子雍前往掃塔時有〈密祖掃塔法語〉：

> 湘之南，潭之北，中間有黃金，充一國，無影樹下合同□，璃琉殿上無知識，恁麼道太尊貴生，衹今遠孫三千里外到來，帶得清風千縷、明月一珠，正欲供養，未審我師祖今日必定作麼生相見？拈香云：「犀因玩月紋生角，象被雷驚花入牙」。[132]

子雍自稱「遠孫」，自三千里外到來，帶著清風、明月欲供養師祖。木陳之塔院在紹興平陽寺，在天童的則是爪髮塔，位於天童寺旁的玲瓏巖。[133] 不知子雍是在天童禮木陳，還是到紹興平陽？從她標題：「先祖弘覺開山老祖」云云來看，似乎是在紹興平陽寺。總之當她面對木陳塔院時，亦恭敬寫下掃塔法語：

> 元孫成如為
>
> 先祖弘覺開山老祖拈香掃塔法語

---

131 《子雍語錄》卷三〈神塔〉，頁 827 上。

132 《子雍語錄》卷三〈密祖掃塔法語〉，頁 827 上。

133 木陳南歸後，旋謝事天童，歸金粟，又隨營建會稽之平陽寺，成為開山祖。不久康熙十三年（1674）夏，示寂，塔於平陽黃龍峰下，在天童設爪髮塔。平陽寺在今紹興平水縣平陽村化鹿山下，古有興福觀，木陳於康熙四年（1665）於興福觀舊址興建佛寺，初名興福平陽寺，開立平陽堂，後來木陳一系弟子都以此為祖庭。

> 瞻之彌高，仰之彌堅，德厚配地，高明配天，恁麼說話，大事佛頭撒糞，醬裏添鹽，雖然如是，若不登高望，焉知宇宙寬？喝一喝。云：「今日到來無一事，謾將幽韻作長吟」。[134]

在木陳塔前，子雍自稱「元孫」，頗以師承為重，既感恩又崇隆，但又曰：「今日到來無一事」，只是將長久以來回歸法流之心願化作一段法語長吟罷了。自己的師祖遠庵之塔院亦在寧波瑞嚴山開善禪寺，[135] 通稱瑞巖寺，當時的方丈應是古律之師兄眉山睟，子雍到瑞巖寺掃遠庵之祖塔亦有法語：

> 為掃
>
> 瑞巖遠祖塔法語
>
> 神鼎闢開謳祖眼，多年坐斷清關流，白日青天轟霹靂，惡聲毒氣滿皇州。喝一喝云：「還家盡是兒孫事，祖父何須更出頭」。[136]

所謂「惡聲毒氣滿皇州」是否指遠庵曾到北京弘法？還是指古律傳承其禪風，而將之弘揚皇城？不管如何，都代表遠庵的臨濟霹靂禪風已傳到京城。看來子雍對這種家風也相當親切，它同樣在古律身上顯發，也同樣在她心中一派相承著。

到了杭州子雍不僅被請在碧霞禪院開法，表示「既來」，則「南北通宗」，南北佛教宗門得以相通互流。而後更進一步地，她還在此付予法脈傳承：

> 付囑智西堂衣拂，偈曰：「燕山一派向南流，到處分明月映州，打破機關全體現，自然瀟灑更何求」。[137]



134 《子雍語錄》卷三〈元孫成如為先祖弘覺開山老祖拈香掃塔法語〉，頁 827 上。

135 瑞巖與天童寺同在寧波，現已荒廢無存，據聞僅存光緒三十二年（1906）所建的藏經閣，及光緒聖旨碑、藏經閣碑記各一塊。當地闢為寧波市北侖區九龍峰國家森林公園之瑞巖景區。筆者曾於民國 95 年 8 月中前往，入森林公園前有一水庫，進入公園後不久，左邊區域即是瑞巖寺舊址，二塊碑記分立二邊，並有告示說明瑞巖寺之沿革，未見藏經閣。前有小溪圍繞，旁有軍區，不得進入，軍營所在亦是瑞巖寺範圍。據聞藏經閣在軍營內保管。再往前右轉一段路後，即見一座煥然一新的大寺院，面臨水庫，已完工近八成了，即當地復建的新的瑞巖禪寺。

136 《子雍語錄》卷三〈為掃瑞巖遠祖塔法語〉，頁 827 中。

137 《子雍語錄》卷四，頁 830 上。

據子雍語錄中顯示，其付囑之弟子有佛證、佛亮、鏡懸、？智西堂。依排序「智西堂」，應該名為佛智。智西堂即是子雍在杭州時所傳承的法嗣弟子，也只有對智西堂的付囑有記載下偈語。這次付囑偈言前二句表達出子雍傳法的心境：「燕山一泒向南流，到處分明月映洲」，古律向南參學，得遠庵傳承，回北方，傳承給子雍，所以子雍承接從南而來的法脈，並在北方弘揚，如今這樣的傳承亦能自立，成為「燕山之一脈」，往南流傳，所以到江南不僅是被動地南詢五十三參，也不僅是回歸地禮拜祖塔，還是主動地留下法脈傳承，在南方留下北方的法種。這不只是從南到北、從北回南的交流而已，而是化被動為主動，之前是南方在北方留下法種，今日卻是北方在南方留下法種，正是將法種處處種下。而法種是為救度眾生之用，不為權位與榮耀，也沒有孰本孰末，所以是「父子從來無可傳」，[138] 子雍運用水月的意象顯現，水中月，能顯示月光之大用，也顯示虛幻本質，立於此才能真正說傳承，也才是真正的傳承法脈，而說「到處分明月映州」，千江有水千江月。因此這一次傳法，是代表北方燕山「到」南方，而不是北「回」南，如此一來，子雍所傳法脈是南乎？是北乎？明著為北，暗藏有北亦有南，至此已無論南與北矣。這正是子雍「南北通宗」之另一層深意所在。

如果說南下江南掃祖師塔院，是回歸老師古律的法脈根源，是南（遠庵）→北（古律）、北（子雍）→南（禮拜祖塔）的回歸，那麼在杭州碧霞禪院開法，甚至在此授予傳承法脈，則成為南（遠庵）→北（古律）、北（子雍）→南（禮拜祖塔）、北（子雍）→南（傳下法脈），確立法源再注新水的燕山一派向南傳。南北宗門如此有被動、有主動的交流下，何者是南？何者是北？即使遠溯至臨濟宗之創始者臨濟義玄（？-866），乃山東曹州南華縣人（今山東定陶之南），弘法於河北鎮州真定（今河北省正定市），禪門五宗根源都來自南方惠能一脈，但五宗中的臨濟宗則是由北方人所創，初始亦弘揚於北方。子雍往南回歸於密雲、惠能之法流，在北也正是臨濟之源頭所在，南北，何為

138 當弟子鏡懸臨終，子雍面對面為其點撥法要，綿綿密密絲毫不放過，顯示子雍在法上的明覺，以及對弟子殷殷切切之法情，最後「師以偈付云：喚應尋常誰不曉，及乎按劍總茫然，分月好個神仙訣，父子從來無可傳」。《子雍語錄》卷四，頁830下。

根？何為末？交錯縱橫已無有差別矣。於是南北之分別可以一起消泯於無形，正是本居南海的觀音慈航，卻從北方而來普渡。子雍說「南北通宗」，包含嚮往佛法淵藪之江南、回歸這樣的傳承，也有泯除南北差異、平等自立之實踐。在平衡、自主的「南北通宗」下，六祖惠能「人雖有南北，佛性本無南北」之千古警語，好似得到一陣回音。

### （三）覿面相逢

當杭州秀士問「來後於何住」？子雍答以「覿面相逢」，這個「覿面相逢」，不論在南在北，都可覿面相逢，而面對面所相逢者，就是女性禪師子雍成如也，而之所以面對面，正是觀音普門示現的救渡精神。

在幾次上堂，參訪學人都會針對男女性別來發問，她的性別也讓她在曲垂方便接引世人時，被信眾連接到同為示現女性的觀音，而稱為「慈航普渡」。在「三教同門」一節談到，語錄中記載她為斗母開光、燒斗母像儀式中的法語，顯然信眾亦因性別而請她參與或主持這位道教女神的儀式。一位女性禪師因為性別與融通的教化方式，讓信眾依不同的需求與想像，將之與佛道二位女聖者：觀音、斗母作某些程度的關連。然而這種曲垂方便、隨緣融通，在子雍心中並非完全沒有困擾，它是經過一段思考的過程而成。進永慶禪院，面對眾貴夫人說法時她談到：

> ……乃曰：「談俗則違真，談真則違俗，醫得眼前瘡，剜卻心頭肉，歸元無二路，方便有多門，見月休觀指，歸家罷問程，到者裏，同殺、同活、同生、同死，獨奮空拳，橫行海上，不居蘊界，使得六時……」。下座。[139]

弘法時，依俗來說，則違背實相；以實相說法，則違背世俗之見，這是兩難之處。眾生因無明迷惑，所思所想所求都在顛倒夢想之中，當然與悟者所見所悟相違逆，但悟者慈悲接引，希望世人醒覺，但面對世人所求，又不得不隨順俗情，此時又將面對「醫得眼前瘡，剜卻心頭肉」的顧此失彼，子雍將這種狀況比喻得相當真摯情切、語重心長。「歸元無

139 《子雍語錄》卷一，頁 819 下。

二路，方便有多門」、「不居蘊界，使得六時」，子雍終究是摸索出一條化消兩難之道，走出既「無二」又「多門」之路，外示方便有多門，內蘊實相不二路，掌握住佛法之要義，又能接引世人以方便。因此她也叮嚀徒眾：「覓月休觀指，歸家罷問程」，不要在「方便」的「指頭」上打轉，要得月歸家才是。子雍如此真切的思考，正是其「曲垂方便」慈航普度的用心。

慈航普渡，一般都用在觀世音菩薩身上，因為其特質就在大慈大悲，以「應以何身得度者，即現何身而為說法」的依緣應化，以「念彼觀音力」的聞聲救苦，甚至化成千手千眼來普度眾生，成為「普門」救度。觀音本是已成正覺的正法明如來，倒駕慈航居菩薩位，是為了救度眾生，其悲願之大，在佛教菩薩中形象鮮明，也發展出女性形象。佛菩薩已超越性別，在印度，觀音的形象亦非女身，到了中國，觀音發展出女性形象，女性、慈母柔軟慈愛的特質，正與菩薩慈悲特質巧妙密切的結合，更讓觀音信仰成了深入民間的「戶戶觀音」，甚至還通於道教被其所崇仰。依緣應化、聞聲救苦、示現柔慈女相，這些觀音特質，與子雍的女性、曲垂方便的接引心切，正是信眾將兩者結合的主要因素。一種為外相示相之相應，一種為慈悲精神之相應。

語錄中常常出現弟子藉引觀音來問：若是和尚當如何？正是所謂「覿面相逢」，見相，問心要。例如在永慶禪院上堂時有婆子首先請問：

> 婆子問：大悲千手眼，如何是和尚的正眼？師曰：你眼不能見。[140]

婆子以千手千眼的觀音形象為引子，也一樣問有觀音稱號的子雍：什麼是你的正眼？在觀音聖誕日上堂，有婆子問：

> 大士誕日上堂，婆子問：觀音大士有三十二應，和尚今日應那一相？師曰：我者裏一相也無。……乃曰：今朝慈航道人因大士上堂，為眾說法，貴圖報德酬恩，思量無法可說……[141]

140 《子雍語錄》卷一，頁 819 下。

141 《子雍語錄》卷一，頁 820 上。

在此她還自稱「慈航道人」，亦有秀士來訪時曰：「終日訪慈航」，[142] 可見觀音慈航、慈航普渡於她、於信眾都是一個已流傳且共知的稱號。此日是觀音聖誕，又有婆子以觀音之三十二應身，問子雍：你今日應具那一相？子雍回以「我者裏一相也無」，以否定「我」這一邊的方式，掃除三十二應身之名相。前一例關於千手眼之回答，子雍則是答「你眼不能見」，以否定「你」那一邊的方式來泯除對方之分別。在此在彼，把觀音之相、我之相、我之眼、眾生之眼都一一破除，其禪機之活潑可見一斑。

子雍也曾主動拈來觀音相應的法門來說法。某個元旦弟子請小參，子雍藉著寺院裏寂寂無聲與鄰家爆竹慶祝對比，說觀音其及修學法門：「無情說法能親切，遍界觀音不覆藏，為報現前參學士，耳根圓妙絕商量」。[143] 到碧霞禪院時有秀士亦以普陀山潮音、梵音二洞所見觀音來問，顯然信眾是因其慈航普渡之稱，便以觀音事蹟為引子來發問法要。她發願朝禮南海普陀，應該亦是相應這樣的期許，弟子在她出發前請上堂法語，有問：

> 進云：只如觀音大士端居巖畔，欲逢不逢，欲見不見，師又作麼生語會？師云：「不惟彈指觀深妙，又听慈音語細微」。進云：「高揖釋迦，不拜彌勒，甚又要禮覲觀世音菩薩去」？師云：「秪知金色貴，那識錦江春」？[144]

弟子以觀音「欲逢不逢，欲見不見」、「高揖釋迦，不拜彌勒」等否定面來問，子雍便用正面來回答：不只要觀深妙、亦要聽慈音。以及：只知一邊之貴，不知另一端之春。這些回答都顯示其由「空」轉「有」之妙處，這也是曲垂方便接引眾生之力用，觀音倒駕慈航亦是如此，所以子雍朝禮南海、南詢五十三參之行，便是不拘於「空」的實踐，她藉由這樣的流通實踐「南北通宗」、「三教同門」，亦實踐觀音普渡的精神。

142 《子雍語錄》卷三，頁 825 中。

143 《子雍語錄》卷一，頁 820 中。

144 《子雍語錄》卷三，頁 825 中。

將子雍與道教女神斗母相連繫，應該主要是性別的因素，會作如此相應，可見子雍之信眾性質應多有三教兼納、佛道兼容者，所以才會請一位女性佛教禪師來為道教母性神祇舉行儀式，而且可能還認為女性宗教師為母（女）聖者主持儀式才是最恰當的。斗母又稱斗姥天尊，是先天元始之陰神，陰者，母也，是依「道，可以為天下母」的觀點而說的。所以其象徵道體，象道之母：

> 其妙相紫光圓融，稟一炁玄元之象，它是相應於無極生太極之理的。手持日月二輪，應陰陽二氣，以象太極之意。四頭磊落，應四象也，八臂垂雍，應八卦也。道經以：斗姥居大梵天宮，綜日月星辰，為北極之母。[145]

其形象是三目、四首、八臂，二手持日月，象徵太極生二儀：陰陽二氣。四頭相應於四象，八臂則相應於八卦。曾在「高宗為金兵所困時，聞空中有輦豬聲，仰見斗姥天尊，四頭八臂乘匕豕之車，現紫金巨光，大施扶危護駕之法力，斗姥自靈顯神通之後，乃為世人祀奉日隆，崇為斗極至尊之神，以能消災解厄，保命延生也」。[146] 現今常見道觀中有斗母殿，中奉斗母，旁有六十位太歲星君，有拜斗儀式，為攘災解厄、保命延生，這是道教科儀之一。清初北京有斗姥宮，依《欽定日下舊聞考》：

> 〔臣等謹按〕斗姥宮，本朝康熙三十四年建，乾隆二十二年奉敕修。北極殿額曰神武鎮斗姥閣，前楹額曰延壽閣，閣中額曰普慈，皆聖祖仁皇帝御書。[147]

康熙為斗姥閣撰「普慈」額，這兩個字如果用來撰觀音之額，亦頗符合，而與觀音密切結合、被稱為慈航普渡的子雍，信眾將之與斗母相關連，也是順理成章。

子雍到江南時被請至碧霞禪院開法，此碧霞院之沿革如何，不得而

145 《道教諸神聖紀》〈斗姥天尊聖紀〉（宜蘭：道教總廟三清宮管理委員會，2004年），頁 15。

146 《道教諸神聖紀》〈斗姥天尊聖紀〉，頁 15-16。

147 于敏中等《欽定日下舊聞考》卷五十五，冊 2，（北京：古籍，2001 年），頁 890。

知，不知是否與道觀有關？除非因應地名、山名等川景物，否則佛教寺院名稱較少有「碧霞」者。再加上子雍常和宗教女聖者有所相連的情況來看，是否此「碧霞」是指北方泰山女神「碧霞元君」？碧霞元君的信仰極盛於明清兩代，京城就有俗稱東頂、西頂、南頂、北頂、中頂的五座碧霞元君廟，[148]香火極盛，據《欽定日下舊聞考》記載清初時：

> 二月，都人進香涿州碧霞元君廟，不論貴賤男女，額貼金字，結亭如屋，坐神像其中，繡旗瓶鑪前導，從高梁橋歸，有雜伎人騰空旋舞於橋岸，或兩馬相奔，人互易之，或兩彈追擊，迸碎空中。……四月八日，燕京高梁橋碧霞元君廟，俗傳是日神降，傾城婦女往乞靈祈生子，……四月一日至十八日，傾城趨馬駒橋，幡樂最盛，碧霞元君誕也。[149]

「不論貴賤男女」、「傾城婦女」、「傾城趨馬駒橋」等盛況，顯然進香碧霞元君廟是一場相當熱鬧的民俗慶典。這樣的宗教活動情形，正是子雍所處的時代，所處的京城狀況，但語錄中並未有她參與的蛛絲馬跡，只留下南方「碧霞」禪院之名，而此禪院又無道觀的線索痕跡，所以於此只能存而無論矣。

與子雍覿面相逢，她接引心切之慈悲、曲垂方便之融通，運用「三教同門」、「南北通宗」之觀點，信眾把她與觀音相結合，作為禪風竣烈的禪師，配上慈悲普門的觀音，頗有正反相合之妙，這在佛教內也頗正常。由於其「三教同門」的作法，也讓信眾將她與斗母牽連在一起，便讓跨出佛教，與道教母（女）聖者相關連。而由「南北通宗」的觀點，一位北方來的慈航普渡，在南方朝拜普陀觀音、回歸禮祖；一位承習南方禪法、在北方弘法的女禪師，又在南方傳承其法脈，這些都是實踐南來北往的交流與南北無別平等的效果，這種種作為都可歸攝於觀音之慈悲精神，也是子雍慈航普渡之精神，她有一首雜偈曰：

148 東頂在東直門外。南頂在豐台區大紅門外南頂村。西頂亦稱廣仁宮碧霞元君廟，俗稱娘娘廟，有清聖祖御制碑、乾隆御書聯額並御制詩碑，在海澱區藍靛廠。北頂在朝陽區大屯北頂村。中頂在右安門外十里草橋。

149 于敏中等《欽定日下舊聞考》卷一百四十七，頁 2353、2355。

一點靈臺耀古宗，同門出入也難同，度人寶筏常無倦，一片婆心不借中。[150]

以一點靈臺、悟處為核心，三教同門為方便，但「同門出入也難同」，「也」字用得頗妙，沒有對立，是既隨順又難同，可謂「同」又「難同」，如此曲垂、「不借中」，只為一片婆心「度人寶筏常無倦」。禪家常用「老婆心」比喻禪師用心良苦、再再點撥接引，此時子雍自喻「一片老婆心」，真可謂名符其實！





## 四、到江南訪道弘法

子雍的〈行實〉很具體地表達自己「欲請五十三參并朝南海之願」，朝南海，即朝拜南海普陀山觀音道場。五十三參，即南詢五十三參，典故來自《華嚴經》善財童子到南方向五十三位散諸各處的大善知識，參詢菩薩行之道。就這樣，應該在她五十三歲左右，康熙三十九年（1700）春天，開始這段朝聖南詢之旅程。

### （一）南詢之原因、意義與典範

子雍將自己的江南行定位為「五十三參并朝南海之願」，並在多處提到「南詢五十三參」，所以《華嚴經》善財童子是她南行的典範人物，這是無庸置疑的，善財童子往南參訪各大菩薩處，觀世音菩薩就是其中之一，其地點在補怛洛迦山：

> 善男子！於此南方，有山名：補怛洛迦，彼有菩薩，名觀自在，汝詣彼問菩薩，云何學菩薩行、修菩薩道。……爾時善財童子，……漸次遊行，至於彼山，處處求覓此大菩薩，見其四面巖谷之中，泉流縈映，樹林蓊鬱，香草柔軟，右旋布地，觀自在菩薩，於金剛寶石上，結跏趺坐，無量菩薩，皆坐寶石，恭敬圍遶，而為宣說大慈悲法，令其攝受一切眾生，善財見已，歡喜踊躍，合掌諦觀，目不暫瞬。……菩薩告言：善哉善哉，善男子！汝已能發阿耨多羅三藐三菩提心，善男子！我已成就菩薩大悲行

150 《子雍語錄》卷二〈雜偈八首〉之四，頁 824 中。

解脫門。善男子！我以此菩薩大悲行門，平等教化一切眾生，相續不斷，善男子！我住此大悲行門，常在一切諸如來所，普現一切眾生之前。[151]

善財因之前菩薩的介紹，往南方走，來到補怛洛迦山，觀自在菩薩的道場，欲請教「云何學菩薩行，修菩薩道」。於是善財尋走到補怛洛迦山時，見這裏四面巖谷，泉流縈映，樹木蓊鬱，香草柔軟，是個很美麗的地方。當時觀自在菩薩結跏趺坐於金剛寶石上，宣說菩薩大悲行門，平等教化一切眾，相續不續。住此大悲行門，能「常在一切諸如來所，普現一切眾生之前」。觀音這種普門示現的菩薩特色，無怪乎也被稱為慈航普渡的子雍也常有「覿面相逢」之說，在法而言，是親證親見之意，在人而言，即是普現之意。是以子雍效法善財，欲往南參禮相對於補怛洛迦山的南海普陀山，就是她的最重要的目標。

子雍語錄中有十首頌古，其中四首集中於趙州公案上，分別是〈趙州窠窟〉、〈趙州為人〉、〈趙州草鞋〉、〈公案圓來問趙州〉，其餘主人翁各有不同：〈南泉斬貓頌〉、〈婆子頌〉、〈德山托缽頌〉、〈女子出定頌〉、〈香巖上樹頌〉、〈讚陵青婆子〉。顯然子雍對趙州公案頗有心得，亦多所琢磨。她以教授「如何是祖師西來意」話頭為主，趙州對此話頭的問答是禪林的著名公案，也是子雍的教材。趙州是山東人，屬於北方人，自幼出家，隨業師到安徽參訪南泉普願（748-835），在南泉座下悟道，南泉寂後，他開始展開行腳，各處參訪行化，所謂「自攜瓶錫，遍歷諸方」，並常自謂曰：「七歲童兒勝我者，我即問伊，百歲老翁不及我者，我即教他」。[152] 年至八十，才住持於趙州城東觀音院（今河北省趙縣）四十年，受到河北燕王、趙王的護持，禮敬有加，最後活到一百二十歲。八十歲前幾乎都是到處行腳的趙州，禪林因此有「趙州八十猶行腳」之語，其所到之處有今天的山東、河北、江西、湖南、湖北、浙江、安徽省等地，參訪的對象遍及當時大江南北的

151 《大方廣佛華嚴經》卷六十八，〈入法界品三十九之九〉，《大正藏》冊 10，頁 366 下。

152 淨慧法師《趙州禪師語錄》〈趙州真際禪師行狀〉，（臺北：圓明，1993 年），頁 15-16。

重要禪者，包括寒山、拾得、百丈、黃檗、臨濟等等。[153] 這樣一個行腳天下、遍歷諸方的禪師，本就是禪林參學遊方的典範，與其同為北方人的子雍，對其公案亦多所著墨，還以其話頭教授弟子，趙州行腳的典範更是必然深植子雍心中。

子雍在悟道弘法之後，還有南詢的心願，觀〈行實〉所言，絕非臨時起意，而是多年的心願，在〈天寧寺講道〉有云：「幾年意欲去朝山，求佛求心說易難，知因夜雪梅開早，好伺南詢五十三」、「誠心日日鎖眉頭，多為因緣出遠遊」。[154] 顯示到江南是其多年心願。並曾到天童寺禮祖塔時有：



> 拖泥帶水入天童，不是求名欲覓宗，一見真龍開八面，棒頭惡氣露機風。[155]



蘊積多年的心願、千辛萬苦、或搭船或行腳、山間水邊地千里而來，才到寧波天童寺，除了寧波外海的普陀山外，這裏是她南詢的最南端了，子雍略帶自嘲地說：「拖泥帶水入天童」啊！這麼辛苦來禮祖塔，不是為了求名，而是要「覓宗」，果然祖師們棒頭喝下之禪風，依然虎虎生風，威風八面。這對子雍來說，應該充滿著回歸法脈大流的感動，法法互印、知音相見的激勵。當她要南下起程前，上堂說法，弟子還以觀音為問：

> 進云：「只如觀音大士，端居巖畔，欲逢不逢，欲見不見。師又作麼生語會」？師云：「不惟彈指觀深妙，又听慈音語細微」。進云：「高揖釋迦，不拜彌勒，甚又要禮覲觀世音菩薩去」？師云：「秖知金色貴，那識錦江春」？[156]

以觀音大士為機鋒，並直接點出子雍此行要去「禮覲觀世音菩薩去」，子雍答以：世人「那識錦江春」！「觀音的錦江春」，正是象徵南方對子雍的魅力所在，再加上子雍被稱為「慈航普渡」，傳承之來源、南方

153 陳星橋〈廣參苦行存典範，古柏千年播禪風——趙州和尚生平化跡與趙州禪的歷史影響〉，《法音》第 8 期，2002 年。

154 《子雍語錄》卷三，頁 826 上。

155 《子雍語錄》卷三，頁 827 上。

156 《子雍語錄》卷三，頁 825 中。

的佛法環境，使得南海、普陀、江南寺院對子雍來說更加親切與神聖，所以子雍總結而說：「燕山今日笑呵呵，永壽騎牛唱別歌」，[157] 她將騎牛往南唱別歌去了。到杭州碧霞禪院，有〈上堂偈〉：

野納南詢為度生，越海朝山寓武林，告報現前參學士，莫教辜負老婆心。[158]

南詢之行，朝聖、訪道、禮拜祖塔，上山下水，一腳一步地觀山觀風觀鳥觀花，這一切都是禪師弘法能力的豐富養份，也是度化眾生的擴增深化，她在北京早就被稱為慈航普渡，這樣的接引心切與願力，自然化入在南詢之時，一路上可以廣學一切度眾法門，亦可以隨緣啟悟眾生，不停地吸收與給與，匯成她普渡的願力。

所以綜合起來，南詢之原因有如下幾個：一、她接引心切，被稱為「慈航普渡」，與觀音的形象精神相結合，故有朝拜南海觀音之願。二、她的傳承根源來自南方，為密雲之下木陳一系，所以南詢大有回歸傳承之用意。三、當時南方之文化根柢豐厚，佛教禪門在南方亦是如此，許多著名禪院集中於江南一帶，這樣的佛法叢林，自然吸引子雍探尋詢訪。四、南詢的過程，充滿各種訪道與度眾的機會，正是她慈航普渡願力之實踐。

而子雍南詢之意義，便是她南詢原因之實踐，即：一、主動去與和自己一樣「現女相」、「慈航普渡」的觀音菩薩相應。二、回歸法脈源流。三、如童財童子，廣學一切菩薩法門。四、成就度眾之願力，在南方留下法脈，實踐南北通宗。這部份的分析，具見「北方的慈航普渡」一節。

### （二）南詢開始之時間與次數

除非語錄卷次沒有按時間排序，卷三、卷四的內容其寫作時間也參差不齊，否則語錄卷三、卷四就是子雍南詢朝聖之路寫下的詩偈，亦即在康熙三十九年至四十年之間，卷四末即是到達最後地點：杭州碧霞禪

157 《子雍語錄》卷三，頁 825 上。

158 《子雍語錄》卷四〈上堂偈〉，頁 829 上。

院，時間為康熙四十年的秋天，一直到冬天都在這裏。所以南詢的時間應該就落在這個時段。亦即從康熙三十九年春天開始，到康熙四十年冬天的杭州為止。

但是這中間的詩偈，從〈本庵起身朝海上堂法語〉開始，中間頗明確地穿插在京城的作品，如〈初秋感懷〉有「香飄桂子憶南州，雨滴芙蓉露正稠」句，代表在秋天時節她已在北方，也才有「憶南州」之語。[159] 又，〈新蓋禪堂偈〉：「新結茅廬古殿傍，如何佳饌別人間，等閒識得渾沱意，不向南尋五十三」，[160] 結了茅廬就不向南尋五十三了，所結茅廬應該就在北方。即使在出發前的上堂法語，弟子就有「願垂鸚鵡林中唱，一道秋光滿載歸」、[161] 在〈京都引眾送行讚詩十首〉中亦有「諸子漫言情念切，秋來依舊看歸鴻」句，[162] 在在顯示秋天會回來的訊息。之後還有〈京都十問〉、〈桃花口孫居士領眾護法等請上堂法語〉，桃花口在天津北運河，是她再度回北京了？那麼接下來的江南詩偈，就是再度南詢的作品嗎？

又，在語錄卷三、卷四有二組（各二首）「遇皇上」的詩偈，其中一組紀年「辛巳」，亦即康熙四十年（1701）。一組並沒有標出時間。出現在這兩卷中，代表時間點是落在康熙三十九年至四十年南詢朝聖之時，那麼是否子雍在江南遇見皇上了？康熙南巡了六次，於康熙三十八（1699）年二月展開第三次南巡，五月回京。四十二年（1703）正月第四次南巡，二月十一日到江蘇，隔天到虎丘、杭州，三月回京。（原本在四十一年（1702）九月要展開第四次南巡，但行至德州（山東）太子生病，就回鑾）。這二個時間點，剛好在子雍詩偈所題的康熙四十年之前與之後，並非這個時間點，除非歷史記載有缺漏，否則這一年康熙都在北方，子雍不可能於此年在江南遇見皇上。子雍確定是在康熙四十年秋天以後來到杭州碧霞禪院，然而她這一年又在北京遇見皇上，可見她





159 《子雍語錄》卷三，頁 826 中。所以〈初秋感懷〉之前出現的〈新年上堂法語〉，應該是在江南所作。

160 此二首詩偈分別見《子雍語錄》卷三，頁 826 下。

161 《子雍語錄》卷三，頁 825 上。

162 《子雍語錄》卷三，頁 825 下。

遇見康熙的時間應該是去杭州之前、朝南海普陀之後（否則見皇上詩應該放在所有南詢詩之前）。這與前面所提：南詢詩偈中穿插著在北方的詩偈，有二次甚至數次下江南的可能，都指向同一個方向，所以子雍到江南的次數不只一次，是極有可能的。而且根據筆者推論，她在康熙四十年辛巳年，遇見皇上的地點與時間，應該是在天津周圍與永定河有關的區域。

而子雍在天津桃花口被孫居士等請上堂說法，應該就到桃花寺，她留下「高掛輕帆二月天，和風綠柳送行船，桃花兩岸聞啼鳥，無限漁歌夕照前」等法語，[163] 康熙四十四年（1705），康熙第五次南巡回鑾時，亦來到桃花寺，留下一首《點絳唇》詞。

這段南詢的路程，由子雍所寫的詩偈來看，大概可推得：時間大約開始於康熙三十九年春天，秋天回京，隔年二月再度乘船南詢，這段時間二度遇見康熙，一次是在子雍開始第二次南詢時，第二次便不知何時了？依順序應該在這之後。如果在這之後，子雍與康熙所遇之地點，其時間點也應該是在北京，是否子雍又回到北京一次呢？！如果是的話，那便形成三次南詢了？！

### （三）由康熙南巡來看子雍南詢之路線

子雍〈行實〉談到：「欲請五十三參并朝南海之願已遂，茲則兢兢業業，唯守暮鼓晨鐘，苦修實行……」。[164] 南詢之行已圓滿完成了，接下來就是兢兢業業，謹守「暮鼓晨鐘」作個清修實行的修行人。但值得注意的是「請」這個字，似乎南詢是向某人某處申「請」而來的？為何需要「請」？是需要信眾護持經費之意？這似乎沒有在使用「請」字，還是向皇族、官府「申請南詢」？「南詢」需要經過官方批准？或官方贊助？這跟她信眾多為皇族、朝官有關嗎？這一點是頗耐人尋味的。

子雍於南詢時多次提到買舟、乘船，她應該也是循著京杭大運河往南的，最遠到達寧波、普陀山，運用水路會比陸路來得便捷、輕快，子

---

**163** 《子雍語錄》卷三，〈桃花口孫居士領眾護法等請上堂法語〉，頁 826 下。

**164** 《子雍語錄》卷四，頁 831 中。

雍這樣的選擇是可以想像的，而我們要了解她的路程，就必需要知道南北交通的運河路線。首先是京杭大運河，它是世界最長的古運河，是從北京→通州（此段稱為通惠河）→天津（此段稱為北運河）→滄州→德州（山東）→臨清（此段稱為南運河）→聊城→濟寧→徐州（江蘇）→淮安→揚州→鎮江（江南運河開始）→常州→無錫→蘇州→杭州（浙江）。連貫天津、河北、山東、江蘇、浙江，運用了海河、黃河、淮河、長江、錢塘江等水系，全長 1794 公里。[165]

因為京杭運河只到杭州，要到寧波，還要利用浙東運河往南，浙東運河從晉代就開掘，歷代都有疏浚，其路線是從：杭州三堡（經錢塘江）→蕭山之西興→紹興錢清鎮，經柯橋入紹興城區→上虞→餘姚，與姚江會合→與甬江交會，至寧波出海。連接了錢塘江、曹娥江、姚江、甬江。有 78.5 公里，這些江水因為水位高低不同，歷史上都是分段航運的。[166] 所以子雍從北京南下，經天津，一直到達寧波，運用水路走了京杭大運河、浙東運河，而這中間可能因為運河銜接的關係，運河與目的地的距離，而必然交雜陸路之行。

除了這二條南北運河外，子雍還西至安徽省，參拜九華山等道場，這就不是運河的路線了，依子雍留下的詩偈地點，都在長江沿岸，而且在這些詩偈中有〈省師四偈〉，其中有「萬里長江一葉舟，風波歷遍志難酧」句，[167] 不管是說她的老師或子雍自己，都代表她到達長江流域，所以推論子雍往安徽也應該是走水路，這次是沿長江往西行，京杭大運河與長江有交會的地點是在鎮江，所以子雍應該是由鎮江沿長江入安徽省等地，最遠到達池州府，再行陸路或長江支流到九華山。回程也再依長江到鎮江、杭州等地。另外，子雍還曾渡海到普陀山，普陀山在東海上，屬於舟山群島，距離寧波外海頗近，所以子雍應該是由寧波渡海到





**165** 參考 http://134.208.10.81/cpedia/Content.asp?ID=72299&Query=3：中國大百科智慧。以及 http://zh.wikipedia.org/wiki/%E4%BA%AC%E6%9D%AD%E5%A4%A7%E9%81%8B%E6%B2%B3：維基百科、京杭大運河。(2013.05.06)

**166** 引自嘉興文化信息網站：〈積淀深厚的浙東運河文化〉：http://www.jxcnt.com/news/files/0601/060126_120052.php

**167**《子雍語錄》卷四〈省師四偈〉之四，頁 828 上。

普陀的。[168]總合而言，子雍的南詢，運用了京杭大運河、浙東運河，以及長江流域，而且還渡海到普陀山。

康熙六次南巡的交通，水陸參雜，往江浙之行，都以水陸為主，也就是靠京杭大運河，還運用到浙東運河一小段，其到達的江浙地點，都是楊州、蘇州、杭州、江寧（南京）等地，最遠由浙東運河到杭州東南的蕭山縣。整體來看，康熙的南巡路線範圍，不如子雍南詢之遠之廣，子雍最南到寧波並出海到普陀，還西至安徽九華山。就時間來看，康熙來回時間最長的是康熙四十六年第六次南巡的：一百一十七天。最短的是康熙二十三年第四次南巡的：五十八天。第一次南巡時，十一月二十五日他從江蘇北部桃源縣，乘舟沿運河到蘇州是十二月二日，約八天左右。[169]依康熙的時間來比觀，子雍從北京到寧波，比康熙這一段行船距離要拉長到三至四倍，其時間就要近一個月左右了，更何況皇上的行船速度應該會比較快（不過也要考慮天候），所以也可能要超過一個月的行船時間。子雍從春天去，秋日回，這樣的時間是蠻恰當充裕的。

整個運河系統的交通路線，在明清兩代極為發達，有所謂漕運系統機構來掌管，讓南方的物資可快速北上，讓南北來往的網絡便捷，而子雍運用這樣的水路交通網絡，這麼大範圍的南詢，如果能得到官方在行船上下、出入關卡的協助，在安全上或速度上都會有很大的助益，之前所提到的「請」南詢之願，會不會是指子雍向官方報備，得到某種程度的官方協助？即使是如此，子雍之來往應該不是完全由官方處理，因為從詩偈得知，她還曾經晚上沒有地方可住宿。不過，從康熙頻繁地運用運河來往南巡，以治水為南巡最重要任務，因此必然會對運河的行船、營運、設備等都帶來更大的便利性與安全性，而這樣的狀況，對子雍南詢而言正是無形的大環境助力。



168 由地圖也可清楚看出普陀山就在寧波外海。現今前往普陀山有兩條線路，一者從上海出海，一個則從寧波出海。從上海距離較遠，筆者民國 94 年前往時，普通慢船下午登船，隔天早上才到。快艇也要四個小時左右。從寧波出發，需先到沈家門，再由沈家門到普陀山，普通船半小時，快艇十五分鐘。筆者為了探訪子雍南詢禮拜祖塔路線，於民國 95 年暑假到寧波天童寺等地，寧波火車站周遭之旅行社大都以招攬普陀山遊客為主。可見寧波往普陀這條路線，由古至今。

169 史景遷《曹寅與康熙》第四章「南巡」（上海：上海遠東，2005 年），頁 147。

清初建國不久，為了治水、融通滿漢等等治國因素，康熙二十三到四十六年（1684-1707），二十四年之間康熙南巡六次，這是歷朝皇帝少有的狀況，作為北方民族的滿族人，向南方拉近與理解、甚至示威，都有統治上的必要，應該也有對文化高度發展的南方充滿好奇吧！對於世居京城的子雍而言，南方對她亦應有某種好奇與神聖感。子雍南詢的全部時間，康熙三十九年到四十年（1700-1701），剛好處於康熙第三次南巡之後一年、第四次南巡之前二年，我們無法明確得知康熙的南巡是否帶給子雍南詢如何具體的影響，一個是高高在上的皇帝，一個是在歷史大敘述中被忽略的女性、禪師。兩者都在這段時間，循相同的水路運河路線興沖沖地「兩袖春光出禁城，一腔心事向南傾」，[170] 去做她（他）各自認為最重要的事，如果以康熙為參照點，與子雍對看，康熙是「南巡」，子雍是「南詢」，一個是政治上的巡歷與統治，一個則是宗教上的回歸訪道之行，而後者還走得更遠更寬。





## （四）南詢之過程

### 1、京都徒眾送行

當她第一次南詢時，京都方面的弟子信眾曾有一場盛大的送行，為此子雍寫下了〈京都引眾送行讚詩十首〉，詩中子雍流露出濃厚地依依不捨，所謂：

> 昨逢諸子話離情，無限愁腸向外傾，分付庭花休著疾，恐驚珠露占秋英。[171]

「無限愁腸向外傾」，大大方方將離情愁緒直接表達，又如「諸子漫言情念切，秋來依舊看歸鴻」、「燕山在念愁雲密，直待秋高色自清」、「柳色囊衣話歲寒，桃紅猶憶別離難」等都是離情依依，而且也引起她對燕山玉水的北京之熱情：

170 《子雍語錄》卷三，頁 825 下。

171 與以下所引，為〈京都引眾送行讚詩十首〉之第一、六、七、九，俱見《子雍語錄》卷三，頁 825 中、下。

惟愛燕山玉水情，清風明月兩相迎，株禽也解知端的，飛近征車作遠盟。[172]

也有對南下途程之景致與道訪清明的期待：「買得輕舟欲指南，滿懷明月素心憨」、「輕帆高掛五雲中，千里道程一望窮，兩岸蘆花天際外，日光超出海門東」，[173] 這一趟南詢之旅，是她多年所願，悟者心靈清明，但並非無情之人，所以：

莫嫌懶拙兩無心，雲自無心鳥自吟，風透花明香有韻，何須意外更相尋。禪心不獨野雲知，蘆月梅花欲寄誰，離情有意情難遣，道合無心道亦宜。[174]

離情之生，是欲相尋卻不見而產生的，子雍以雲無心、鳥自吟、風透花明，皆有其香有其韻，表達出「無心」、「何須相尋」之意，這首詩從「無心」為核心，而這種無心即是禪心，禪心卻是野雲、蘆月、梅花皆知，是物我一體，既是物我一體，也有離情，但此離情如是「有意」，便有執著，則難遣，如是「道合無心」下的離情，此離情亦是道之宜也。子雍這段心情表露得大方不扭曲，禪心無心之掌握也是明確十足。

**2、經過之地點**

子雍開始展開南詢，由於相關資料的缺乏，除了上文所推論的起程時間、可能次數等外，並無法完整理出其南詢所到之處的地點順序，今依語錄中在江南所寫的詩偈順序列表如下（沒有指涉地點的詩偈不列入，其中有二則是遇見皇上）：

172 《子雍語錄》卷三〈京都引眾送行讚詩十首〉第五首，頁 825 中。

173 《子雍語錄》卷三〈京都引眾送行讚詩十首〉第二、八首，頁 825 中下。

174 《子雍語錄》卷三〈京都引眾送行讚詩十首〉第四、十首，頁 825 中下。

## 【伍六 -18】《子雍語錄》呈現的南詢地點與詩偈

| 地　點 | 詩　偈　名 | 目前所在地 |
|---|---|---|
| 京都 | 〈京都引眾送行讚詩十首〉 | 北京 |
| 柯城 | 〈上柯城讚馮居士〉 | 浙江紹興柯橋[177] |
| 揚州拈花庵 | 〈揚州讚拈花庵〉 | 江蘇中部揚州市 |
| 天寧寺 | 〈天寧寺講道〉 | 江蘇南部常州市 |
| 京都，遇見皇上 | 〈辛巳遇皇上偶呈二絕〉 | 應該在北京區域 |
| 短姑道頭 | 〈短姑道頭〉 | 浙江普陀山 |
| 金山塔 | 〈金山塔〉 | 江蘇鎮江金山寺 |
| 天童寺 | 〈密祖掃塔法語〉、 | 浙江寧波 |
| 平陽寺 | 〈先祖弘覺開山老祖拈香掃塔法語〉 | 浙江紹興[178] |
| 瑞巖寺 | 〈掃瑞巖遠祖塔法語〉〈老和尚請和尚上堂陞座法語〉 | 浙江寧波北侖區 |
| 京城，遇見皇上 | 〈遇皇上恩口占二偈〉 | 應該在北京區域 |
| 寒山 | 〈偶遇寒山漫成〉 | 蘇州？ |
| 虎丘 | 〈登虎丘〉 | 蘇州 |

175 名為「柯城」者，是在浙江西南邊的衢州府，但依子雍運河、長江等路線，會突兀地冒出一個脫離運河甚遠的地點嗎？而浙東運河離開杭州，進入紹興時，有名柯橋者，筆者猜測此柯城或許就是柯橋？！子雍如果確實是到紹興平陽寺禮木陳塔的話，那就極有可能即是柯橋鎮了。

176 木陳圓寂於紹興平陽寺，其塔院就在此附近的黃龍峰，但天童寺卻亦有其爪髮塔在，不知子雍是在天童禮木陳塔院，還是到紹興平陽寺禮塔？子雍法語名稱是〈先祖弘覺開山老祖拈香掃塔法語〉，木陳為平陽寺之開山住持，所以使用「開山老祖」之銜，應該是指紹興平陽寺無誤，如果是在天童寺，必不會如此標題。再加上從運河路線看來，要到寧波之前，紹興是必須經過的，她來到紹興，沒有不到此地之理，所以在此就列為紹興平陽寺。筆者再於民國 96 年 5 月 12 日來到紹興化鹿山下的平陽寺，此刻正在大興土木中。寺廟建築僅存藏經樓為古物，因屋樑幾百年來都無有積塵結網，所以被稱為無塵殿。殿內除了木陳之塑像外，還供有木陳圓寂時的坐缸，陶製、八角形，繪有圖樣，其中一面有：「傳臨濟正宗三十一世平陽開山第一代敕封弘覺國師之塔」文字。寺中僧人云木陳塔院已毀，可能會重建。寺前今建成平水江水庫，原為若耶溪流域，想必子雍來平陽寺時，是從主運河下船，再循若耶溪而來。

| 地　點 | 詩　偈　名 | 目前所在地 |
|---|---|---|
| 下三山 | 〈到下三山〉 | 安徽蕪湖、當塗之間、於長江邊 |
| 采石磯 | 〈題采石磯〉 | 安徽馬鞍山市西南 |
| 二郎東梁山、西梁山 | 〈二郎東西兩梁山〉 | 安徽當塗與蕪湖的長江岸邊，分立兩山 |
| 蕪湖縣節婦居 | 〈偶到蕪湖縣節婦居〉 | 安徽蕪湖縣 |
| 九華山、甘露庵 | 〈朝九華山夜行宿甘露庵〉 | 安徽池州市東南九華山 |
| 頂淨觀 | 〈朝頂淨觀偶成〉 | 安徽九華山 |
| 從心庵 | 〈從心庵遇方丈和尚偈〉 | 安徽九華山 |
| 望江臺 | 〈到望江臺〉 | 安徽池州之歷山 |
|  | 〈下山偶題〉 | ？ |
| 碧霞庵 | 〈碧霞庵對靈小參〉、〈碧霞監院暨杭城諸大護法及諸山耆宿公請進院法語〉等等 | 浙江杭州吳山 |

這些地點必然無法代表子雍所有到過的地點，但可以作為「點」的代表。如果依此表的順序、又如果兩次遇見皇上都在北京，那麼以此為段落就有三次南詢：第一次到了紹興柯城、揚州、常州等地。第二次是到普陀山、鎮江、紹興、寧波天童寺等地。第三次則是蘇州、安徽蕪潮、馬鞍山、九華山、歷山等地。最後來到杭州，參訪西湖各寺院後，被延請至吳山碧霞禪院開法。

如果不以這樣的段落來分，綜合而言，子雍所經城市有運河路線（包括渡海）：揚州、鎮江、常州、蘇州、杭州、紹與、寧波、普陀山。有長江路線的：安徽馬鞍山、當塗、蕪湖、九華山、歷山。最後到達的地點，可以確定是杭州，當時是康熙四十年的秋天，一直到冬天，她都還在這裏的吳山碧霞禪院。

**3、行腳、迷路、住宿之困難與禪心**

這段經歷大約二年時間的南詢過程，除了行程順序不明外，還有許多生活細節都無由知道。例如我們無法知道南詢之路，子雍是否單獨前往？還是有道友相伴？她的經費如何？是否有事先計劃前往那些寺院？等等，在這些詩偈中並看不出來，但卻有她住宿寺院的詩偈，叢林寺院多有讓參學僧掛單的傳統，看來她參訪寺院，亦多掛單於寺院，這也是她最好也最安全的住宿方式。子雍乘舟走的主線是運河水路，但寺院多在陸地山林之中，即使有雇車而行，也必然有許多地方車子未到，需靠雙腿行腳，深入山巔極野，所以這段路程她出入山林，走來相當辛苦，例如到寒山時，有〈偶遇寒山漫成〉：

> 不計途程到寒山，罕風串耳過巖邊，虎頭到處雲隨步，龍藏喧時鳥聽禪，坐斷十方成大歇，任他苦海枉熬煎，爐中火冷煙消後，月影移來已半弦。[177]

此寒山，不知在何處？應該是經過一段不算短的路途後，偶遇寒山，寒風串過耳邊、巖邊，在這樣的充滿各種變數的山裏，子雍仍參禪入定，坐斷十方，讓所有的苦海熬煎都歇謝，任憑外界生生滅滅，天幕垂黑，起了爐火，爐火也在禪定中火冷煙消，半弦月影已然移將過來。「火冷煙消」、「月影移來」頗有靜寂中顯明象之清幽。子雍的南詢過程，辛苦與禪心處處顯現。在朝九華山時有〈朝九華夜行宿甘露庵〉：

> 策蹇穿林路幾層，禪家磬報暮煙平，到來只恐無尋處，認取甘露一盞燈。[178]

「策蹇穿林」地爬著九華山路一層又一層，夜已漸漸逼近，只聽見寺院之磬聲、炊煙，黑夜已降，怕找不到路，只得「認取甘露一盞燈」的方向，繼續向前。子雍當晚應該找到甘露庵了，並住了下來。此詩寫來亦頗有禪意。這種住宿寺院的記載，亦出現在她參學時，但卻是被人拒絕、獨坐到天明的經驗，見〈參方日晚投山寺不納感賦〉云：

> 遠去參方甚是難，晚歸山寺莫安單，中宵露坐心同寂，萬里飄蓬味不酸，笑彼庸僧無具眼，錯看我輩當愚頑，清風明月荒郊□，幽鳥啣花過竹關。[179]

「遠去參方甚是難」！子雍第一句就點出遠去參訪的困難，很晚才找到

177 《子雍語錄》卷四〈偶遇寒山漫成〉，頁 828 上。
178 《子雍語錄》卷四〈朝九華夜行宿甘露庵〉，頁 828 中。
179 《子雍語錄》卷一〈參方日晚投山寺不納感賦〉，頁 822 上。

寺院，卻不被接受，將她拒之門外，把她當成「愚頑」之徒，不肖之輩所以不敢接納，她只好「中宵露坐」而「心同寂」，「心寂」用得很好，即使別人用差別相看她，但她這個萬里飄蓬的佛子心也不酸，氣也不酸，因為心寂而自在。但還是要笑笑那位庸僧，錯看這位參方之法子，笑完，仍然中宵露坐在天地間、荒郊外，享受清風明月，看幽鳥啣花過。這種求宿被拒絕的經驗，應該不少吧！有〈下山偶題〉：

> 昨夜山頭透體寒，一身樵悴未曾眠，此番別去愁難遇，帶雨迎風下九盤。[180]

昨夜身體已透寒，而且「一身樵悴未曾眠」，是否也是求宿寺院被人拒絕？此刻還得帶風迎風下山去，不過心裏還想著此次一離去，這方天地之景之心，不知何日還能再來？出門在外這麼長的時間，再加上要日行夜走，或趕路或閒走的，這都得要辨得方向才行，尤其是北方外地來的人，對南方的種種必然有所不適應、不熟悉，所以迷路的經驗對子雍來說，可能也是經常出現的經驗，正如她在參學時，朝五臺山時亦曾迷路，後來是感得文殊菩薩現身指示才找到路！她清楚地寫道：

> 峰巒疊翠號清涼，煙雨幽深覓上方，踏破青山紅日現，從空湧出法中王。[181]

五臺山、清涼山是文殊菩薩的道場，子雍在這層層山峰巒疊翠裏、煙雨幽深中尋覓著上方寺，踏破青山仍不見，最後得見文殊法中王從空中湧出，示現出方位。還有一首〈山行〉，可能是之前參學或遊山時所寫：

> 策杖穿林撥落紅，忽聞清磬度秋風，再來只恐無尋處，好記懸崖一古松。[182]

策杖穿林地入山中，只聽到秋風與磬聲，怕到時候再來時找不到路，所以要記好懸崖邊的一棵古松。又是這種迷路的「只恐無尋處」心情。迷路最令出外者頭痛，如果再加上天色已黑，那就更加難以預料，出門在外之困難層出不窮，是可想而知的，更何況是一位古代女性的禪師！這樣的經驗多了，有一次她可能作了一場迷路之驚夢，在夢中她卻有所轉

180 《子雍語錄》卷四〈下山偶題〉，頁 828 下。

181 《子雍語錄》卷一〈朝五臺山路迷失感菩薩現身指示賦以紀異〉，頁 822 上。

182 《子雍語錄》卷一〈山行〉，頁 821 下。

化，而成一詩，醒來後將之寫下〈驚夢夢中成語〉：

迷蹤失路吼雷音，耳聽何如眼見親，未出母胎觀自在，一靈獨照現全身。[183]

在迷蹤失路時，口叫、耳聽、眼見皆有誤有親，有所差別，有迷有知，但佛性覺性卻是「未出母胎觀自在」，是無迷無失，雖只是一靈獨照，卻是照破所有無明煩惱的智慧利劍。又有一次，她見樵夫將蘆柴束成一束而寫下：「砍得蘆柴誰把挑，擔頭鉞斧插平腰，今朝難保來朝事，且供寒爐一夜燒」[184]，運用所見情境，化喻禪理，有體有用，更有「見物應機」的銳利。而山中之行，亦有閒情逸致，見〈旅泊〉云：

閒攜竹杖出松陰，不盡山花送客心，萬紫未舒藏雪密，一腔清韻點秋金。[185]

拄著竹杖，走在松蔭下，山花無盡的送客心，紫花未舒卻有萬，色藏仍見雪白彰，最是傳神一秋金。子雍首以「閒」起，末以「秋金」點染清韻，甚為鮮亮。想是旅泊途中一段美妙風光。

她行經的過途經常以水路為主，到安徽時，便有一首〈二郎東西兩梁山〉：

臨機莫要避刀鎗，拼死和他戰一場，殺卻二郎機巧破，天涯無處不金湯。[186]

東西兩梁山是分處長江兩岸的兩座山，東梁山在安徽當塗縣西南，西梁山是在巢湖市和縣，這兩座山，石狀巉岩，東西相向，對峙如門，形勢險要，有「天門」之稱。這首詩應該是子雍從長江行船而過的感受。她以險要的山勢、二郎機巧，來喻參禪悟道要勇猛精進，勇往直前，「莫要避刀鎗」，要與無明、煩惱拼一死戰，不能被其所降伏，殺卻無明之機巧心，才能如金湯護衛般護衛著佛性、悟性，此時天涯無處不是覺悟本色！無處不是佛性展現！事事物物皆不被煩惱所迷惑。又見有〈舟行〉：

183 《子雍語錄》卷四〈驚夢夢中成語〉，頁 828 中。
184 《子雍語錄》卷四〈樵夫蘆柴一束偶成〉，頁 828 中。
185 《子雍語錄》卷二〈旅泊〉，頁 824 下。
186 《子雍語錄》卷四〈二郎東西兩梁山〉，頁 828 中。

春風二月泛行舟，兩岸鶯聲送客遊，柳色半含情漫切，孤帆高掛逐金鷗。[187]

春天時節子雍要舟行上路，她寫下鶯聲柳色情漫切地為她送行，而「孤帆高掛」帶出方外女禪師之心境。另有一首〈行腳偈〉寫她參學時的體會：

猶憶挑包昔日忙，遊山翫水出雲鄉，揚眉瞬目皆三昧，大地無非般若堂。[188]

拿著行腳的背包，遊山玩水似地出入山雲水間，這是一間大自然的佛法教室，正是處處三昧，無非般若。行腳雖忙，但還頗怡然自得於處處是道場。

這段南詢路程是難是易，正如她來到桃花寺上堂所說的：「桃花兩岸聞啼鳥，無限漁歌夕照前，會得底，塗中受用，不會得底，世諦流布」。如果能善加體會，這段過程的萬象紛紛，都能受用無窮，若不能體會，只是成了南來北往的旅程，縱有辛苦、努力之名，也只是世間法罷了，人生這一趟路不也是如此？至於行路、迷路、住宿等事，雖然多有險阻，但畢竟是「一向只為朝山而來」，「縱有風霜大野，何處不是衲僧家放身命處」？[189]

對交通便利、資訊發達的現代人而言，要像子雍走這樣一趟的路程，尚且需要大費周章、計劃周詳，過程的安排也很不容易，何況在清初那樣的環境下，一位北方來的女性禪師，發願到南方「南詢五十三參」地訪道禮祖，走了這麼長的路途，殊是不易，可謂難行而行，她可能遇到的困難，以及想像不到的困難，必然林林總總數之不盡，雖然從語錄中無法全面看到子雍的困難，但從其隻字片言中，已然顯現出這段過程之辛苦以及她由境應機的禪心。禪林本有禪子遊方的傳統，亦上承《華嚴經》善財童子「法門無量誓願學」的傳統，在各處參學訪道中，或為修煉、或尋機緣明師，或廣學法門，或隨緣度眾，這對男性禪子來說，就只是遊方以及是否去遊方的問題，但作為一位女性的子雍，在傳

187 《子雍語錄》卷二〈舟行〉，頁 824 下。

188 《子雍語錄》卷一〈行腳偈〉，頁 821 中。

189 《子雍語錄》卷三〈桃花口孫居士領眾護法等請上堂法語〉，頁 826 下。

統的嚴守閨門、婦德母職之教下，因離世出家而得到抽離的機會，這已非易事，子雍再發願遊方訪道，更主動地、自主地擴開女性在時間與空間的自由度，打破時人限制女性空間時間的概念，這種具體展現出來的時空自由度，不僅當時一般女性沒有，可能連某些宗教女性也自我設限而付之闕如。所以子雍的南詢，其所要突破的困難以及突破的意義，必然都超過於一般男性禪子的遊方。這就成了女性因佛法得到追尋心靈深度的可能，也因禪林參學遊方得到時間、空間自主的可能。子雍未悟道前，遍歷諸方參學有二十餘年多之久，受傳承弘法後，又發願千里南下，展開南詢五十三參式的朝聖訪道，這種行腳式、遊方式的參禪訪道，作為女性禪師的子雍，接受佛法禪門的傳統，並真真實實、勇往直前地將之實踐出來，也讓她的禪法因遍歷諸方而有萬象風光的意境，這是子雍成為修行人的最重要特質，也因為她是女性，更將這項特質的意義發揮得淋漓盡致。





## 五、弘法道場

參學二十餘年、在京城進禪院弘法、南詢行腳至寧波普陀、九華山等，「大地無非般若堂」，不管是居處或遊方，都是子雍之道場，都是其弘法處。南詢遊方於其他章節論之，在此將對定點寺院來考述。

有關語錄記載的幾個道場，筆者尋找各種方志文獻線索，企圖找到同名的寺院，並檢索是否有與子雍相關的資料，但直到目前為止，都沒有一絲發現。在北京區域的有永安寺、洪恩寺、永慶寺、永壽寺，還有同名寺院可為參考。在涿州的雨花庵以及在杭州的碧霞禪院，則付之闕如，考察當地之方志並未記載到有此名的寺院。不知是歷史文獻本來就無法完整將曾經存在的東西完全留下？還是因為文人執筆對女性有先天上的漠視？還是資料留存在某處，尚待尋索！？即使如此，為了讓將來可能發現新資料來鋪路，還是先將沒有具體成果的檢索過程呈現出來，以待來日。

依子雍語錄所留下的記錄顯現，她曾開法過的寺院共有：永安寺、洪恩寺、永慶禪院、永壽庵、雨花庵、碧霞禪院。另有桃花寺是被請上堂。其中碧霞禪院進院的儀式、公啟都頗為隆重，語錄裏留下較明確的記載，故將完整呈現這二篇公啟以略見當時之情形。

由於庵、寺、禪院之名稱，在語錄中都會互用，此三個名稱，本為指涉寺院的大小，較小為庵，但有時也會混用，例如碧霞禪院，也稱為碧霞庵，所以行文時不強為統一。

## （一）永安寺與洪恩寺

永安寺與洪恩寺的出現是在〈行實〉的記載：

> ……然後受本師古律和尚印證，出住永安、洪恩二寺。[190]

依〈行實〉的語言順序，這二寺應該是在受古律禪師印證之後，首先接任的，也就是子雍最初開法寺院。子雍生活在北京一帶，曾往南方參學、朝聖，並也在杭州住持開法過，但基本上是以北京為根本，所以永安、洪恩應該是在北京附近！

除了這段記載外，在語錄卷一「機緣」還提到：「在西山永安寺有一箇行腳僧直進方丈……」，[191] 除此之外，沒有再出現與這二寺相關的記載。語錄的機緣記載的是子雍面對弟子、學人的參禪問題所展現的機鋒教化，這段記載雖然明言西山永安寺、直進方丈，但到底是：「住在西山永安寺的行腳僧」直進方丈？還是子雍在西山永安寺時，有一個行腳僧直進方丈？這又有歧義了。所以由此也無法百分之百地確定證明子雍就是在西山永安寺住持。在沒有其他資料可佐證下，只得先將名為永安寺、洪恩寺者羅列出來，以俟來者。經過蒐集後，在北京名為永安寺者有三處：石虎胡同南大院、香山、廣安門外玉河鄉。洪恩寺者，僅得在良鄉縣西南二十里者。現列表說明如下：

---

190 《子雍語錄》〈行實〉，頁 831。

191 《子雍語錄》「機緣」，頁 821。

## 【伍 - 六 -19】北京地區名為永安之寺院地點

| 地點 | 情況 | 出處 |
|---|---|---|
| 石虎胡同南大院 | ……再東即崇文門大街，在以上區域以南之東西胡同，……自是而南曰平樂園……曰石虎胡同，有永安寺…… | 《燕都叢考》三編，頁 491 |
| | 永安寺，石虎胡同南大院。《燕者叢考》三，一八。無可考，或即今之永壽寺歟？ | 《北平廟宇通檢》，外一區，頁 115 |
| 香山 | 永安寺　在香山。 | 康熙《宛平縣志》卷二營建下寺觀，頁 52。 |
| | 香山寺在瓔珞巖之西……乾隆十一年御製香山寺詩 寺建於金世宗大定間，依巖架壑，為殿五層，金碧輝映。自下望之，層級可數，舊名永安，亦曰甘露…… | 《日下舊聞考》八六，頁 1446 |
| | 十方普覺寺，俗稱臥佛寺，唐時建，在唐名兜率，元名昭孝，名洪慶，明曰永安……，本朝世宗賜今名…… | 《宸垣識略》卷十五，頁 300 |
| | 永安寺，喇嘛諾本駐錫所，也在西苑萬壽山。<br>香山寺，在靜宜園瓔珞巖之西，寺為金剎，本名永安，一名甘露…… | 《順天府志》卷十六，頁 243、247 |

| 地點 | 情況 | 出處 |
|---|---|---|
| 廣安門外，玉河鄉池水村 | 【原】永安寺有敕建碑。（臣等謹按）永安寺，明嘉靖四十四年碑一，都察院右僉都御史安邑胡志夔撰。碑稱寺在玉河鄉，經始於萬曆四十年，落成於次年，萬壽戒壇宗師法諱惠安者行戒精嚴，住持茲寺。 | 《日下舊聞考》九五，頁 1591 |
| | 永安寺，在玉河鄉，萬曆四十四年建。日下舊聞考 | 《畿輔通志》一七八，頁 5836 |
| | 永安寺在玉河鄉，明萬曆年建。 | 《宸垣識略》一三，頁 271 |
| | 又永安寺，萬曆四十年建，有明嘉靖四十四年碑一，右都御史胡志夔撰。舊聞考九十三。 | 《順天府志》卷一七，頁 277 |

資料來源：

康熙、王養濂等修《宛平縣志》，《中國地方志集成》、北京府縣志集之第五冊，（上海：上海書店，2002 年）。

光緒、萬青黎等修纂《順天府志》，《中國地方志集成》、北京府縣志集第一冊，《順天府志》一，（上海：上海書店，2002 年）。

乾隆、于敏中《日下舊聞考》，（北京：古籍，2001 年）。

宣統、黃彭年等編《畿輔通志》，（臺北：華文，1968 年）。

民國、陳宗蕃《燕都叢考》，（北京：古籍，1991 年）。

民國、許道齡《北平廟宇通檢》，《中國佛寺志叢刊》第一冊（揚州：江蘇廣陵古籍刻印，1996 年）。原為國立北平研究院史學研究會鉛印本。

永安寺三個地點之一：石虎胡同南大院，其地點與永壽寺（參見下文）相同，所以《北平廟宇通檢》才曰：「或即今之永壽寺歟？」或許永安寺與永壽寺是同一寺院吧？在《順天時報叢談》就直接稱「石虎胡同之永壽寺」，並指出其是明代有名之古剎[192]，這個懷疑與連結，對子雍而言是頗值得注意的，因為子雍就住持過永安寺與永壽寺！但子雍之永壽寺在北城，而此處在外城，還是有所差異。

洪恩寺，京城附近並無「洪恩寺」，但有「洪恩靈濟宮」，以及「弘恩寺」者。洪恩靈濟宮，明永樂時即建，是祀南唐徐知證及其弟知諤。並非佛教寺院，也沒有改成佛教寺廟的記載。[193] 至於弘恩寺，「弘」、「洪」之轉或有可能，其位置是：





**【伍 - 六 -20】北京地區名為洪恩之寺院地點**

| | | |
|---|---|---|
| 良鄉縣西南 | 〔原〕弘恩寺在良鄉縣西南二十里，萬曆年建。良鄉縣冊<br>〔臣等謹按〕弘恩寺，明萬曆年間建，本朝康熙五十七年重修。乾隆七年毀於火，奉旨修復。正殿恭懸皇上御書額曰秀挹龍泉。乾隆十一年御製弘恩寺詩，恭載卷內。…… | 《日下舊聞考》卷一三三，頁 2147 |

資料來源：乾隆、于敏中《日下舊聞考》，（北京：古籍，2001 年）。

## （二）永壽寺與永慶寺

超永為子雍寫序時，稱呼其為「永壽尼子雍成如禪師」。依禪門稱謂傳統，永壽尼之「永壽」，指的是住持的寺院。一般而言，會以某寺名冠在某住持之名號前，是因為曾經住持過此寺院，或是最早住持的，有時候更是因為這位住持在此寺院弘法興隆，得到好的迴響與名聲，而該寺院也因其得以揚名之故，有時是因為在此寺院住持較久，有時是因為有開創、復興之功故。所以，將「永壽」冠在子雍名號之前，永壽之於子雍，必定是有這麼一層關係。

語錄中記載了三次子雍的入院法語，分別是在：永慶禪院、雨花庵、碧霞禪院。此中卻沒有永壽庵（寺、禪院）的入院法語。子雍進永慶禪院是康熙三十年（1691），入雨花庵是康熙三十八年（1699）冬

---

192　轉引自陳宗蕃《燕京叢考》第三編〈外三區各街市〉，頁 540。

193　于敏中《欽定日下舊聞考》卷四十四，頁 691-695。

日，到碧霞禪院大約是康熙四十年（1671）左右，而超永的序卻早於康熙三十八年（1699）仲秋就寫了，比子雍到雨花庵、碧霞禪院都要早，所以顯然在康熙三十八年之前，子雍曾經住持過名為永壽的庵院。能符合這個時間的就是語錄卷一，標有「子雍如禪師住永慶禪院語錄」的這一卷。卷首有進院法語，法語末尾有「堯天永慶多恩澤，舜日常輝益兆民」句，這句話可以單純看成吉祥慶贊之語，亦可連想為入「永慶禪院」的雙關慶賀語。但除此之外，其他部份並沒有永慶禪院的字眼。不過卻有一首〈永壽即事〉詩，詩文明顯表達永壽是一座在北城的古剎。而且到了卷二，標題「永壽尼子雍如禪師語錄」，已經冠上「永壽」之名，子雍在此卷中亦多次自稱「永壽」，甚至到了卷三還是如此。卷三是南海朝聖的語錄，標題沒有「永壽」字，只在首行有「本庵起身朝海」句，衡諸卷內文字有自稱「永壽」者，此「本庵」或為永壽庵歟？如果是的話，永壽庵即是她根源、常住之所，亦即不管她到永慶禪林、雨花庵，甚至後來的碧霞禪院，她都會回歸永壽庵。

另一方面，《五燈全書》列入子雍時，使用的是「永慶子雍如禪師」，而《五燈全書》的編輯恰好就是為子雍寫序的超永，超永為何一面在序中使用「永壽尼」，一面卻在燈錄中使用「永慶」？觀之超永《五燈全書》是在康熙三十二年（1693）編輯完成，三十六年（1697）刻印完成，子雍是於康熙三十年進院永慶寺，所以編輯《五燈全書》時，有可能子雍在永慶寺，還未到永壽寺，而等超永寫序時，已在永壽寺住持，所以才冠以永壽尼之名。依常情，寫序之對象只有一人，要弄錯並不容易，所以永壽之名，應有其明確性。《五燈全書》除了超永編輯外，還有超揆擔任校閱，一者是西山聖感寺住持，一者是玉泉山華嚴寺住持，都住持於京城寺院，子雍也同樣活動於此，近在眼前的事物，理應不會將永慶、永壽錯置，而且語錄亦清楚表明「住永慶禪院」，所以永慶亦是明確的。

衡諸各種資料，「永壽」禪院對子雍而言，應該是比較重要的庵院。所以如果子雍既住持過永慶禪院，也住持過永壽禪院，為何語錄中卻只見永慶禪院的進院法語，卻沒有比較重要的永壽庵院之進院法語？

還是永慶，又名永壽？還是永慶之「慶」字誤刻，應該是「壽」字才對？但這是最明顯的首卷標題，應該不致於校勘有誤？！這些疑問，因為沒有具體資料可憑，只得存疑不論，尚待釐清。

**1、永壽寺**

因為在語錄中永壽寺的存在相當隱誨不明，再加上子雍弟子與皇朝貴族、官宦都有關係，說法時每每恭祝當今聖主，甚至有二次遇見皇上、今上公主駕臨的記載，讓人不禁懷疑，會不會「永壽」是指大內宮廷宮殿？子雍曾入大內弘法？檢視明清的紫禁城宮殿，確實有「永壽宮」者，是內廷西六宮之一，據《日下舊聞考》：





> 咸和右門之西相對為純佑門，中間南向者曰永壽門，門內為永壽宮。〔臣等謹按〕順治十二年重建永壽宮，前殿恭懸皇上御書額曰：令儀淑德。[194]

永壽宮建於明永樂十八年（1420），清順治十二年（1655）、康熙三十六年（1697）都曾重修，是明代嬪妃、清代后妃的居所。引文內之皇上，即是乾隆，他親筆寫門額「令儀淑德」。宮壁東面還懸有乾隆《聖制班姬辭輦贊》、[195] 西壁懸《班姬辭輦圖》，在在都表徵出永壽宮作為后妃居處的性質。如果在內廷宮中依后妃等女眷的佛教信仰需求，有佛堂、禪堂之設置，作為女性禪師的子雍，來往內廷更加方便，所以被延請入內講經說法、上堂小參、舉行佛事，是頗有可能的。何況超永在序文中曾言其讀了子雍語錄：

> 讀之，語雖無文，然斤斤篤至，時露本色，機用穩實而不迷昧，聞其實德感動閭聖，而有慈航普渡之稱。[196]

所謂「感動閭聖」，似乎是指宮廷之聖、宮闈之聖，慈航普渡之稱，是出自閭聖，那麼子雍一定是曾於宮內弘法。

---

194 于敏中《欽定日下舊聞考》卷十五，頁 208。

195 于敏中《國朝宮史》卷八：「永壽宮班姬辭輦圖 御製贊曰：王者求賢，爰載後車，左右前後，正士與俱，景仰休風，三代之隆，何逮漢季，嬖媵輦從，一言稱善，如圜斯轉，永鑒班姬，遠彼婉孌」。《筆記小說大觀》第 8 編、冊 8。（臺北：新興書局，1988 年），頁 4810。

196 《子雍語錄》，頁 819 中。

然而，從語錄卷一〈永壽即事〉詩中卻看到：「北城梵剎古，像設妙莊嚴，轉法何先後，隨緣任苦甜，不思不議妙，似有似無拈，問眾知誰會，堅持須合尖」。[197] 很顯然詩中指出永壽是在「北城」，而且是座古寺。如此一來，永壽指向「永壽宮」的可能性就消失了。然而，即使如此，語錄中都在在顯示子雍面對的居士群幾乎都是皇族官宦夫人，而「今上公主」的出現，都集中在語錄一卷，此卷的時間點即在永慶寺與永壽寺之時，所以這些皇族官宦之婦女居士必然與永壽寺關係密切，是重要的護持者，也是子雍的重要護法，換言之，永壽寺有其皇族、貴族屬性存在，甚至包括子雍個人亦是如此。

去除掉永壽為永壽宮的可能性後，再查索北京城是否有名為永壽的寺院？經檢視歸納如下幾個地點：

**【伍六 -21】北京地區名為永壽之寺院地點**

| 地點 | 內文 | 出處 |
|---|---|---|
| 安定門內、王佐胡同 25 號（原 14 號） | 永壽庵，在舊鼓樓大街王左胡同十四號碑一。 | 《北京廟宇徵存錄》，頁 22。 |
| | 永壽寺，（尼僧廟）坐落內五區王佐胡同十四號，建于明，屬私建。不動產土地一畝一分餘，房屋十八間，附屬塋地一段。管理及使用狀況為住持管理，房屋自用，供佛焚修。廟內法物有佛像及神像十一尊，大小鐵磬各一口，生鐵香爐一個，錫五供一堂，三經各一部，另有石碑一座，水井一眼。 | 《北京寺廟歷史資料》，頁 559 |

197 《子雍語錄》卷一，頁 821 下。

| 地點 | 內文 | 出處 |
|---|---|---|
| | 永壽庵（王佐胡同 25 號）<br>這座廟的名字沒有標在乾隆圖中，但是它的建築標得很清楚。它大概是明代的廟宇。現在還保存有兩個完整的院子和山門，[200] 山門上面刻有「永壽寺丙子中秋，周又忱敬書」。北圖存有一張 1660 年的碑石拓片。這是一塊重修碑，證明這座廟在清初之前已經存在。立此碑的是二十一位吏部和都察院的滿族大臣。可惜從拓片看，碑已經磨損得很嚴重。<br>這是另一個田野調查必要性的列子：如果只看地圖，我們就可能會忽略這座廟宇。（案：以下記載碑文） | 呂敏〈乾隆十五年「京城全圖」二排六段；初步調研北京鐘樓一帶的廟宇〉，法國遠東學院、2002 年，頁 25。摘自：http://www.chinesefolklore.com/9/mslt.files/00520.htm |
| | 永壽寺<br>位於安定門內王佐胡同 25 號（原 14 號）坐北朝南。<br>據上世紀 50 年代調查，主要建築有山門、前後殿及配殿。山門一間，為磚腿如意門筒瓦大脊硬山頂，石額刻「永壽寺」。正殿三間，前出廊，筒瓦大脊硬山頂，明間懸匾，書「浩然正氣」；後殿三間，亦為筒瓦大脊硬山頂，前出廊，明間匾額為「諸法空相」。殿前有順治十七年（1660 年）《重修永壽庵記》碑 1 座，南向，額雕雲龍紋，刻「萬古流芳」，高 1.6 米，寬 0 · 55 米，厚 0 · 1 米，座高 0 · 35 米，寬 0 · 62 米，厚 0.3 米。廟內原有泥像和精致的金屬佛像，明宣德間鑄鐘及一些壁畫。 | 網站：皇城文化 http://www.bjdclib.com/web_lib/hcwh/sycg/021.htm |

198 呂敏於文章前面列有狀況總表，永壽寺在 2002 年的狀況是：「今存兩個完整的院子和山門，全部居住佔用」。

| 地點 | 內文 | 出處 |
|---|---|---|
| 崇文門外大街、石虎胡同 4 號 | 永壽寺在石虎胡同，係舊剎，有敕賜額。 | 《宸垣識略》卷九，p166 |
| | 永壽寺，在崇外石虎南大院四號，僧顯瑞。 | 《北京廟宇徵存錄》，頁 30 |
| | 永壽寺坐落外一區界石虎胡同四號，建於前明萬曆年，屬募建。本廟面積二畝五分，房屋四十間。管理及使用狀況為主持管理并信仰燒香。廟內法物有前殿釋迦佛、如來佛、阿彌陀佛三尊，羅漢像二十尊，後殿觀音三尊，東配殿關聖像三尊，西配殿達摩一尊，木長方桌四張，木質五供八件，大鐵磬一口，小鐵磬兩口，鐵質鐘一口，鐵質香爐一個，白石爐座一個，另有槐樹兩株。（案：頁 436 之記載與此略同） | 《北京寺廟歷史資料》，頁 31、436 |
| 阜成門內，大茶葉胡同、觀音庵 10 號[201] | 永壽觀音庵，在觀音庵十號，僧禪秀，西山觀音寺下院。 | 《北京廟宇徵存錄》，頁 17 |
| | 案：該館藏有清康熙二十七年（1688）之〈永壽觀音庵重修碑〉、同治三年（1864）釋湛祥〈重修永壽觀音庵碑記〉。前一塊碑文表示此庵位於阜成門內，建於明萬曆年間，[202] 創建之緣由與萬曆皇后有關，並由其命太監所建。兩塊碑文都沒有與女性禪師、子雍成如相關的文字。 | 網站：中國國家圖書館·館藏珍品、碑帖菁華 |

199　經網路蒐尋，永壽觀音庵的地點為現今的大茶葉胡同 28 號。

200　同治三年（1864 年）孟秋穀旦的〈重修永壽觀音庵碑記〉拓本，台灣中央研究院傅斯年圖書館，亦有收藏。有二幅、一篆額。釋湛祥撰。

| 地點 | 內文 | 出處 |
|---|---|---|
| | 永壽觀音庵，（普通剃度子孫寺廟）坐落阜成門內、大茶葉胡同、觀音庵十號，建于乾隆年，屬募建。[203] 不動產土地南至北面寬九丈五尺，東至西十一丈五尺，房屋二十間。廟內法物有銅佛像一尊，泥菩薩像兩尊，泥關公像一尊，另有石碑一座，樹四株，木柜兩個。 | 《北京寺廟歷史資料》，頁 545 |
| 在縣西南十里 | 永壽寺，在縣西南十里 寺創于明僧真英，繼之者僧性澗，訖事者僧寂經，有曹葉碑記。 | 光緒《順天府志》卷二十五，地理志七、寺觀、房山，頁 424 |
| 饅頭村 | 永壽寺 在饅頭村。 | 康熙《宛平縣志》卷二營建下寺觀，頁 52 |
| 阜成門外關廂 | 永壽庵，（比丘尼廟）坐落阜外關廂，建于清初，屬私建。不動產土地一畝，房屋十二間。管理及使用狀況為清苦自修。廟內法物有佛像 12 尊，禮器 4 件，法器 2 件，另有槐榆樹六株。 | 《北京寺廟歷史資料》，頁 565-566 |
| 阜成門外下關 167 號 | 永壽庵，坐落西郊一分署阜成門外下關一百六十七號，建于清康熙年，屬私建。本廟面積約一畝餘，房屋十二間。管理及使用狀況為歷代繼續管理以便信仰及宏法用。廟內法物有觀世音菩薩一尊，關聖帝君一尊，鐵磬一口。 | 《北京寺廟歷史資料》，頁 213 |
| 永定門內粉店口西 | 在永定門內粉站口西，僧松山。 | 《北京廟宇徵存錄》，頁 38-39 |





201 依位置，這座永壽觀音庵應該與留存二座石碑的永壽觀音庵為同一個，不知為何此處卻曰：建于乾隆？

| 地點 | 內文 | 出處 |
| --- | --- | --- |
| | 永壽庵，（尼僧廟）坐落永定門內、粉店口內四號，建于清道光十九年，屬私建。[204]（案：以下省略）。 | 《北京寺廟歷史資料》，頁 569 |
| | 永壽庵，坐落外五區、粉店胡同四號。建于光緒二十一年，屬私建。（案：以下省略） | 《北京寺廟歷史資料》，頁 213 |

資料來源：

康熙、王養濂等修《宛平縣志》，《中國地方志集成》，北京府縣志集之第 5 冊。（上海：上海書店，2002 年）。

光緒、萬青黎等修纂《順天府志》。《中國地方志集成》、北京府縣志集第 1 冊，《順天府志》一。（上海：上海書店，2002 年）。

民國、許道齡《北平廟宇通檢》，《中國佛寺志叢刊》第一冊（揚州：江蘇廣陵古籍刻印，1996 年）。原為國立北平研究院史學研究會鉛印本。

民國、張江裁撰《北京廟宇徵存錄》，《中國佛寺志叢刊》第二冊（揚州、江蘇廣陵古籍刻印，1996 年）。1943 年編著。

《北京寺廟歷史資料》，（北京：中國檔案，1997 年 12 月）。

呂敏〈乾隆十五年「京城全圖」二排六段；初步調研北京鐘樓一帶的廟宇〉

http://www.chinesefolklore.com/9/mslt.files/00520.htm

中國國家圖書館．館藏珍品、碑帖菁華 http://res2.nlc.gov.cn:9080/ros/index.htm

表中所列，共有八個地點，如果阜成門外關廂與阜成門外下關 167 號為同一地點的話（資料對兩者的描述，不動產大小與房屋間數都相同），那麼就有七個地點有永壽庵。這七個當中，「永定門內粉店口」的永壽庵，創建的年代是在子雍的時代之後，所以排除其可能性。剩下的六個地點分別是：安定門內王佐胡同、崇文門外石虎胡同、阜成門內大茶葉胡同、縣西南十里、饅頭村、阜成門外。之前已提，子雍有一首

202 此永壽庵，建於道光十九年，與底下建於光緒二十一年、建於乾隆者，都晚於子雍的年代，不可能是子雍住持的寺院，所以只簡單標出，下文便省略之。

〈永壽即事〉詩，指出永壽為「北城梵剎古」，[203] 而這六個地點，崇文門、阜成門在京城西區，崇文門在南區，饅頭村在宛平縣以及縣之西南都是在北京城的西南邊。只有安定門內王佐胡同的永壽庵是位於北城。

依這些資料來看，如果子雍確定是在北京永壽庵院開法的話，可能就是在安定門內的王佐胡同永壽庵了。就如上表所示，這座永壽庵在民初還留存一座碑，是順治十七（1660 年）立的重修碑，衛國祚撰，碑文磨損嚴重，在可辨識的文字中，有二十一位吏部和都察院的滿族大臣的立碑者。[204] 這也符合永壽庵可能具有的皇貴族屬性。此庵在這之前已存在，甚至是明代即有，這也符合子雍所言的「梵剎古」。然而卻沒有尋到有關子雍，甚至女性禪師、比丘尼的記載。這座永壽庵現今還有兩個完整的院子和山門存在，山門上面刻有“永壽寺丙子中秋，周又忱敬書”，院落也被民居所佔用。

除了王佐胡同的永壽庵沒有子雍的記載，其他永壽庵的文獻中，亦沒有與子雍相關的內容。

值得注意的是，有關王佐胡同永壽庵的資料出處，都是民國以後的，換言之，就筆者目前所見，民國之前的文獻並沒有記載到它，所以根據文獻在民初編成的《北京廟宇通檢》就沒有它的存在，顯然它的出現是經由留存的碑文及現存的建築來確立的。無怪乎呂敏在其田野調查文章中說：

> 這座廟的名字沒有標在乾隆圖中，但是它的建築標得很清楚。它大概是明代的廟宇。現在還保存有兩個完整的院子和山門……。
>
> 這是另一個田野調查必要性的列子：如果只看地圖，我們就可能





---

203 北京在紫禁城之外的城區，康熙二十五年（1686）朱彝尊《日下舊聞》合內外城為中、東、西、北、南，而南城指的是外城，到了乾隆三十九年（1774）于敏中《日下舊聞考》時，內城自為五城，外城亦各自為五城。外城的街西則有北城、西城。如此一來即有兩個北城！北京的大興土木集中在乾隆時期，而子雍的年代離朱彝尊成書時間只差距十年左右，應該是與朱彝尊記載的區域劃分相同。北城即是單指紫禁城北方區域。

204 呂敏該文，有殘文的內容。該碑文拓片北京圖書館有收藏，台灣的中央研究院傅斯年圖書館亦有收藏。筆者之前曾借出查看，磨損相當嚴重，應該與呂文所說是同一碑的拓本。

會忽略這座廟宇。[205]

它確實存在，卻沒有顯現在文獻中，書寫的文人號稱蒐集細密，卻也是有所遺漏，是眼光所擇？還是被書寫者不夠份量？這是頗值得思考的問題。後人再由各種文獻蒐羅，層層相因，但是開始時沒有記載，接繼者又無實地訪察，只是以文繼文，無所發明，終至還是無跡可尋矣。[206]

最後附帶一個資料，可能與子雍之永壽有關，也可能無關，只是存此以待來者或以供想像。之前考述永壽之地點都在北京地區，而記載杭州地方資料的《武林坊巷志》在〈東里坊四〉也有「永壽寺」的記載，其引《東城雜記》曰：「永壽寺，在慶春、艮山二門城隅之間，四面皆菜畦野沼，舊名永壽庵，為南海普濟寺下院。康熙四十三年，聖祖仁皇帝南巡，賜御書額永壽寺」。又引《大清一統志》、雍正《浙江通志》：「永壽寺，在府城東園，舊名永壽庵。本朝康熙四十三年敕賜額」。以及《杭都雜詠》：「永壽寺，在艮山門城隅之間，東岳廟左。四面皆菜畦野沼。舊名永壽庵，為南海普濟寺下院。國朝康熙四十三年聖祖仁皇帝南巡幸寺，賜御書永壽寺額」。[207] 這個記載有幾個關連點：1、康熙第四次南巡的時間：與子雍南詢的時間差不多，當在碧霞寺之後。2、南海普濟寺之下院：南海普濟寺為觀音道場，子雍亦有慈航普渡之稱。3、康熙題的寺額：觀音道場之下院，康熙將寺額題為永壽，





205 呂敏〈乾隆十五年「京城全圖」二排六段；初步調研北京鐘樓一帶的廟宇〉，法國遠東學院，2002 年，頁 25。

206 文獻資料無法呈現完整的狀況，這是文獻本然的本質，但這種不完整性、不見性，有時是人為觀念的盲點，也包括許多無何由的狀況。例如之前檢尋永安寺時，對石虎胡同永安寺的著錄，是在民國初年陳宗蕃的《燕都叢考》，在這之前的《順天府志》並無記載，為此，他曾在按語中懷疑曰：「《順天府志》此處附近有石板胡同、殺豬營、雙關帝廟諸名，今俱不見。今其地有火雞胡同、廣興園大院、鳥槍胡同、老虎洞、纓絲胡同、黃雀胡同、白衣庵、地藏庵、永安寺、風箱胡同、黃士坑、鐵香爐諸名，又俱為《順天府志》所不載，而河泊廠地域頗廣，順志亦不載之，何也？」又，其引《順天時報叢談》：「……他如木廠胡同之天仙廟，石虎胡同之永壽寺，上三條、上四條之天仙廟、崇恩觀、臥雲庵、無量庵，均為明時有名之古剎，惟在東城之寺觀，士大夫鮮有遊歷之紀錄，故一切碑碣已無可考。」文章中談到東城的寺觀，少有士大夫遊歷的紀錄，所以即使有碑碣留下，也無從考循其歷史。為何東城少有士大夫遊歷的紀錄呢？不得而知。所以文獻依靠士大夫留下，文獻便被士大夫的狀況左右。

207 丁丙《武林坊巷志》，並引了《樊榭山房集》：〈月夜自草堂步至永壽寺東皋余雪〉詩、張鉽〈永壽寺暑夜露坐同余慈柏舅岳作〉詩。（杭州：浙江人民，1990 年）冊 6，頁 612-613。

子雍在北京有慈航普渡之稱，亦有永壽之名。兩個永壽皆與觀音有關係，子雍與康熙皇朝的關係若隱若現，難道子雍於碧霞之後曾來此開法得康熙之賜額乎？

**2、永慶寺**

接著是永慶寺，也是將北京城中名為永慶的寺院列表如下：

**【伍六 -22】北京地區名為永慶之寺院**

| 地點 | 內文 | 出處 |
|---|---|---|
| 教子胡同2號 | 【原】永慶寺在教子衚衕，無碑記可考。<br>（臣等謹按）永慶寺今尚存，殊隘陋，惟有一鐘，鑄萬曆壬寅五月字。 | 《日下舊聞考》卷六〇，引《析津日記》，頁 988 |
| | 永慶寺在教子胡同，今尚存，殊隘陋，有鐘一，上鑄萬曆壬寅五月字。 | 《宸垣識略》卷一〇，頁 200 |
| | 又永慶寺 在教子胡同，無碑記可考。惟一鐘鑄萬曆壬寅五月字。（案：下引筠廊偶筆文） | 《順天府志》卷一六，頁 268 |
| | 筠廊偶筆：宣武門外教子衚衕永慶寺，最為卑陋，僧文然居。祖師殿前，白楊、古柏各二。余寓北鄰，時過訪，壁有聯云：石壓筍斜出，巖垂花倒開。乙卯再過，已示寂，賦詩弔之：古菴如空山，幽絕招提境。春風扣禪扉，斜日林間靜。小別二十年，依然磬聲冷，不見白頭僧，閒階踏松影。 | 《藤陰雜記》卷七，頁 66 |
| | 永慶寺，在廣安門內轎子胡同，僧玉明。 | 《北京廟宇徵存錄》，頁 36 |

| 地點 | 內文 | 出處 |
| --- | --- | --- |
|  | 永慶寺，坐落外四區界內教子胡同二號，建于明，屬募建。本廟面積約四畝，房屋三十四間。管理及使用狀況為出租，廟內法物有羅漢、天王、彌勒、韋馱等泥像各一尊，破鼓一面，鐵磬一口，香爐一個。 | 《北京寺廟歷史資料》，頁 32 |
|  | 永慶寺，坐落外四區教子胡同二號，由明代募建，至道光二十八年道修，不動產土地約四畝，房屋三十四間。管理及使用狀況為自行管理，本寺房間除供佛外，餘皆出租。廟內法物有大鐵鐘、小鐵鐘、鐵磬各一口，舊供桌一張，瓦石供五件，破香爐一個，佛像二十一尊，神像十二尊。 | 《北京寺廟歷史資料》，頁 435 |
| 阜成門外八里莊，慈壽寺旁 | 【原】慈壽寺旁有庵曰摩訶庵……右即法藏庵，為摩訶別院，僧無鉉所創，無鉉善琴。<br>【補】……入八里莊堡為摩訶庵，又西為永慶寺，又西為慈壽寺……<br>（臣等謹按）……永慶寺、元福宮及文昌殿銅像俱廢。<br>【增】永慶禪林在摩訶庵之西，舊名法藏庵。<br>（臣等謹按）法藏庵碑二，皆按察副使都人劉效祖撰，嘉靖戊申季秋立。 | 《日下舊聞考》卷九七，頁 1613-1616 |
|  | 法藏庵在摩訶庵右，又名永慶禪林，為摩訶別院。 | 《宸垣識略》卷十三，頁 276 |
|  | 其西為法藏庵，摩訶庵之別院也，僧無鉉所刱，無鉉善琴，今名永慶禪林，內有碑二，皆按察副使劉效祖撰，嘉靖戊申立。（案：於慈壽寺之西） | 《順天府志》卷十七，頁 280 |

| 地點 | 內文 | 出處 |
|---|---|---|
| | 永慶寺，坐落西郊一分署七段八里庄街內路北十三號，建立年代失考，明萬曆年重修，屬私建，本廟面南北十四丈，東西八丈，房屋十二間，附屬房二十間。管理及使用狀況為代傳管理，別無使用。廟內法物有佛像十二位，另有石碑二座。 | 《北京寺廟歷史資料》，頁 33 |
| 馬鞍山萬壽寺戒壇（即戒台寺）附近 | ……出阜成門四十里，渡渾河，山肋疊，徑尾岐，辨已。又西三十里，過永慶庵，盤盤一里而寺（案：指萬壽寺戒壇）…… | 《帝京景物略》卷七〈戒壇〉，頁 416 |
| | 【原】戒壇在西山最深處……遠望西北一峰如靈壁石，以為戒壇必在其下。過永慶庵，呼山僧問之，曰極樂峰也。西行不五里，石闌丹壁，已至寺門。<br>（臣等謹按）永慶庵，今無考。<br>【原】過永慶庵一里，為萬壽戒壇…… | 《日下舊聞考》一〇五，頁 1737-1739 |

資料來源：

明、劉侗、于奕正《帝京景物略》，（上海：遠東，1996 年）。

乾隆、于敏中《日下舊聞考》，（北京：古籍出版，2001 年）。

乾隆、吳長元《宸垣識略》，（北京：上京古籍，2000 年）。

清、戴璐《藤陰雜記》，《近代中國史料叢刊三編》第二十六輯，（北縣：文海，1987 年）。

光緒、萬青黎等修纂《順天府志》。《中國地方志集成》、北京府縣志集第 1 冊，《順天府志》一。（上海：上海書店，2002 年）。

民國、張江裁撰《北京廟宇徵存錄》，1943 年編著。《中國佛寺志叢刊》第二冊，（揚州：江蘇廣陵古籍刻印，1996 年）。

《北京寺廟歷史資料》，（北京：中國檔案，1997 年 12 月）。

從此表可知，共有三個地點名為永慶寺：廣安門內教子胡同、阜成門外八里莊、馬鞍山萬壽寺附近。廣安門在京城西南方，阜成門在西區，馬鞍山在西山深處，也是在京城西邊，三個地點，都在京城西邊。子雍的語錄中有多次記載到西山，連後來弘法的雨花庵，也在西南方的涿州，其大部分的活動區域似乎都在此，而永慶寺的幾個可能性也都在西邊，兩者確實有密切的地緣關係。

### （三）本庵、雨花庵、桃花寺

語錄在卷三的第一則，是〈本庵起身朝海上堂法語〉，依內文可知，朝海者，朝南海普陀也。而本庵為何呢？之前有永慶寺、永壽寺、雨花庵，此處的本庵指的是這三者的那一個？還是另有一個本庵？之前考察永壽寺與永慶寺時，認為可能指的是永壽寺，但無確切答案，只得留待來日資料。

雨花庵，在語錄中明確點出請法者是「涿州坡河屯信士」，此庵應該也在此地。涿州在北京市左下方，而坡河屯這個地名今日還在，如果位置沒有變的話，就在涿州的中南端。

桃花寺，在天津桃花口，是子雍南詢過程中被居士等人短暫留止於此，留下上堂法語。桃花寺，建於元代或明初時期，在天津北運河左岸，本為觀音寺，因北運河堤岸和寺的周圍種滿桃樹，便被稱為桃花寺。明隆慶二年（1568）曾大興土木，由於景色美麗，文人墨客常於此留下詩句。康熙四十七年（1708），康熙南巡回鑾時，途經桃花寺，見桃花盛開，遂題留《點絳唇》詞一首，桃花寺之聲名遂更遠揚。[208]

### （四）碧霞禪院

碧霞禪院則有一些線索：

#### 1、在杭州的吳山，何克捨宅

子雍在碧霞禪院的進院法語，標示的是〈碧霞監院暨杭城諸大護法

208 「新華網天津北辰區北倉鎮」網址：http://big5.xinhuanet.com/gate/big5/www.tj.xinhuanet.com/wangqun/2006-10/28/content_8078059.htm (2013.05.11)〈點絳唇詞〉為：「再見桃花，津門紅映依然好。回鑾才到，疑是春兩報。錦纜仙丹，星夜盼晨曉。情飄渺，艷陽時裊，不是垂陽老」。

及諸山耆宿公請進院法語〉，[209] 王治的跋也說：「初秋憩武林，……諸善信慕其道者，延請吳山之碧霞菴中，……」，[210] 由此得知，碧霞禪院是在杭州的吳山。再從〈碧霞闔院公請啟〉：

茲啟碧霞禪院，本鷲嶺之分支，實吳山之勝地，自洛下傳衣以後，儼忉利之天，暨何克捨宅而還，並證菩提之果。……[211]

除了亦表達在吳山之外，有「何克捨宅」之語，何克何人？至今還未能查索到。這篇公啟最後署名「碧霞衣弟明圓監院正咸等仝和南拜啟」，所謂衣弟，是指同一衣缽者乎？明圓應為寺院名，正咸者，為明圓監院，其為何人？目前亦還無法得知。





在《杭州府志》卷三十八〈寺觀五〉引自嘉慶《縣志》：「碧雲庵，在舟枕山，舊名碧霞庵，乾隆二十六年重建」。[212] 而舟枕山（又稱娘娘山）在杭州餘杭。碧霞庵如果在餘杭，應該會直接稱餘杭，不會以武林、杭州來稱，所以在餘杭的可能性不高。

**2、環翠樓、密公源流**

〈杭州諸大檀護紳士請住碧霞公啟〉有段記載：

……吉士等用是締緝精藍，結集法侶，座設碧雲院內，徑開環翠樓前，蘭宮廓茲隘巷，桂殿依彼崇巖，今復購財（材）募匠，加以禪堂，剪棘斬荊，增之丈室，密公源流具在，不教頭上安頭，香師締造維艱，且喜佛堂有佛。……舊庵較新庵而出色。……[213]

吉士者，即囑名二十八位之第一位。特別值得注意的是「座設碧雲院內，徑開環翠樓前」、「香師締造維艱」、「舊庵較新庵而出色」句，可知應該是之前就有寺院名為碧雲，子雍到來時，護法在此增設禪堂、丈室，以迎子雍。但檢視相關方志，卻沒有碧雲寺院之蹤跡。

環翠樓，並非樓名，它是路徑名，是可通往吳山山上的一條石階古徑，兩旁綠樹茂盛，屋舍隱於綠樹叢中，拾級而上，彷彿環繞在完全翠

209 《子雍語錄》卷四，頁 828 下。

210 《子雍語錄》卷末，頁 831 下。

211 《子雍語錄》卷四，頁 830 下。

212 龔嘉儁修、李楁纂《杭州府志》卷 38〈寺觀五〉。《中國方志叢書》華中地方，冊 199。（臺北：成文，1974 年），頁 855。

213 《子雍語錄》卷四，頁 830 中。

緣之中。《武林坊巷志》〈環翠樓〉引用文獻指出，這裏又稱大隱坊，因為宋徽宗時處士徐奭曾經居住在此。[214] 從石階而上，到達一個大平台，便可到東岳廟。所以碧霞禪院「徑開環翠樓前」，應是環翠樓路前有徑可到碧霞吧！？

至於「密公源流具在」，是指碧霞庵曾有密公者住持？還是指子雍的傳承來源：密雲圓悟？這些疑問，確實需要更多的資料才能解答。

子雍在杭州碧霞禪院的狀況，語錄留下比較明顯的記載，〈碧霞庵對靈小參〉、〈碧霞監院暨杭城諸大護法及諸山耆宿公請進院法語〉，包括〈山門〉、〈彌勒〉、〈伽藍〉、〈韋馱〉、〈大殿〉、〈方丈〉、〈上堂偈〉、〈上堂法語〉，這些法語偈頌可知，子雍入院之儀式過程，也知略知碧霞禪院之格局。之後還有舉行剃度、禪七等等修行活動，還在此傳承法嗣智西堂。

在入院時當地仕紳還張貼公啟〈杭州諸大檀護紳士請住碧霞公啟〉，碧霞禪院之原住眾則有〈碧霞闔院公請啟〉，顯得相當正式。有二十八位人士署名的杭州諸檀護仕紳之公啟如下：

> 蓋聞法教得偉人而盛，福緣因勝地而彰，不求濟物利生，何以超輪消劫，公延易水之賓，永作吳山之主，一介先睿座下，片言敬啟臺端，恭惟
>
> 子雍大和尚，臨濟正宗，天童嫡派，三條椽下，十年坐破蒲團，七尺單前，一旦豁開戶牖，通人達士盡鬥機鋒，福地名山俱留轍跡，琅函赤軸，[215] 撰實錄於篇篇，碧宇金扉，建法幢於處處，信心極宮闕幨帷，富貴之皇□迴異，護法遍宰官眷屬，風光之上國頓殊，固宜慈□百為，如來上機，推為大士者也。頃以浮杯南海，遂爾飛錫西湖，兩峰三竺，洵遹會之難邀，百劫千生，實遭





214　丁丙《武林坊巷志》豐下坊二〈環翠樓〉：「……《康熙府志》大隱坊，即大井巷，北宋徽宗朝處士徐奭居此，徵辟不起，賜號沖晦先生。……《心蘇集》〈季蔚招同諸公吳山環翠樓〉：吳山青未了，上即玉皇宮，古觀雲階里，居人石級中，星浮諸嶺小，海挾大江通，何日金仙反，簫聲入碧空。」。（杭州：浙江人民，1990年），冊 2，頁 479-481。

215　琅，美玉之一種。琅函，裝書的箱函。亦有道書之意。赤軸，古代書籍捲軸裝的一種方式。有曰赤軸青紙、赤軸黃卷。

逢之罕覯，吉士等用是締緝精藍，結集法侶，座設碧雲院內，徑開環翠樓前，蘭宮廓茲隘巷，桂殿依彼崇巖，今復購財（才）募匠，加以禪堂，剪棘斬荊，增之丈室，密公源流具在，不教頭上安頭，香師締造維艱，且喜佛堂有佛，舊鉗錘於爐鞴之中，練三千末學，灑香水於優曇之上，開提百萬群生，將見小井彙大井以同源，舊庵較新庵而出色，薰修齋祓，苾蒭行滿功圓，恭敬奉持，檀越意符心合，十方雷動，四眾雲騰，謹啟

法末趙吉士　淩紹雯　趙聖善　吳之錡
　　趙承烈　趙景行　陳慈永　嚴　竹
　　韓懋謙　朱　儁　趙承燾　趙嘉楫
　　徐張珠　姚廷愷　趙　瑜　顧之珽
　　張　鎮　韓　芳　周鼎鈞　淩紹英
　　趙　蘊　王子楫　王智錫　孫之□
　　王子楣　姜　垓　蘇　茌　趙　蒔[216]

首先表達喜得有人從北而來弘法，再點出子雍之法脈、修悟。更指出子雍在宮闕幨帷得到信任護持，更有宰官眷屬諸大護法，被推崇為觀音大士。子雍南詢普陀，到江南杭州，趙吉士等人在碧霞院內建禪堂、丈室，恭請子雍在此進院弘法，望能開化群生。而原碧霞禪院住眾所發布的是〈碧霞闔院公請啟〉：

伏以絳雲永蓋，長開祇樹之園，綠玉為堦，久展曇花之谷，演四十九年之正法，傳心豈止千秋，提一百八□之綱，叉手更無隻字，兩儀雖分躔度，二曜並麗寰區，龍象咸歸，人天景仰，恭惟子雍和尚法座下，毓秀名閨，揚芬望族，勝情朗韻，不耽粉黛之華，味道譚經，靡事綺紈之習，慕清涼之淨域，蓮社遄依，領玄要之深機，獅林萃止，所以受持衣缽，常次第於王城，飄灑香花，亦周流於海寓，摩珠慧鏡，已映雙眉，梵唄潮音，時盈兩耳，既明真以道器，自得意而忘筌。茲啟碧霞禪院，本鷲嶺之分支，實吳山之勝地，自洛下傳衣以後，儼忉利之天，曁何克捨宅

216 《子雍語錄》卷四〈杭州諸大檀護紳士請住碧霞公啟〉，頁830中。

而還，並證菩提之果，幢垂纓絡，表瑞采於前輪，枝結薝蔔，散遙光於後葉，冀名藍之永盛，藉法棟以維持，圓等渴想威儀，欣承提命，願施坐具，聽敷鹿女之經，共白門樋，高設鴿王之座，用涓黃道祇候青軿，[217]伏願鳳羽來儀，鸞音載肅，寶航初引，沼同泛於醍醐，金鑰重開，宮齊輝乎玳瑁，敬抒葵牘，奉迓芝輿，曷勝引領瞻依之至

碧霞衣弟明圓監院正咸等仝和南拜啟[218]

這篇公告除了表達對子雍悟道、弘法之佩服，更運用很多關乎女性的形容詞，例如「兩儀雖分躔度，二曜並麗寰區」、「毓秀名閨」、「不耽粉黛之華」、「靡事綺紈之習」、「飄灑香花」、「摩珠慧鏡、已映雙眉」、「祇候青軿」、「鳳羽來儀，鸞音載肅」、「葵牘」、「芝輿」等等，來讚譽、歡迎女性禪師子雍。這樣的請啟公告，其他男性禪師語錄亦有，而另一位女禪師季總到蘇州慧燈禪院時亦有一篇請住開堂啟。[219]



---

217 軿，車箱前的帘子。或有布帘的車子。因為車箱四周掛有帘子，較為隱蔽，所以多為貴族女子所乘坐。

218 《子雍語錄》卷四〈碧霞闍院公請啟〉，頁830中下。

219 《季總禪師》〈眾護法請住蘇州慧燈禪院開堂啟〉，頁443上。

# 第七章　女性禪師之宗教空間

經過前面的修悟行傳，以及師承、弘法網絡的分析觀察，本章以女性視角來綜合討論這七位女性禪師修行過程的這些重要面向，亦即是她們的出生、婚姻、出家、師承、遊方參學、道場、信眾與弘法活動等；而這些重要面向之所以有意義，是因為其中頗多地方是有異於男性禪師的，這些男女不同的差異點，亦即是社會文化給予男女性別不同的宗教空間；但作為女性禪師，她們處於這樣的差異，卻又以自身的修證來衝擊這樣的差異，這對女性宗教空間的問題體現及問題衝突、問題解決，都是有其意義的。

因為是從女性觀點出發，所以會將視野擴及整個時代（包括世俗與禪門）與女性的關係，並和其他女性、同類男性（比丘）作比較。例如討論出家時，必然關照她們的婚姻狀況、守寡與出家的關係，進而與比丘、節婦相比，並從方志的著錄狀況檢證其對節婦與比丘尼的差別待遇，更有舉揚女性不侒佛的預設立場。例如討論參學時，從她們參學遊方的狀況擴及到整個禪門對參學、尤其是女修行人遊方參學的看法，並與比丘狀況相比，這當中亦體現世俗對女性出遊的觀點。諸如此類，將於下列節次一一呈現。

## 第一節　出生、出家與師承

### 一、出生背景

綜觀七位女性禪師之出生背景，祇園為處士胡日華之女，季總之祖父劉幻臣曾為蘇州刺史，外祖父為南贛中丞，一揆之曾祖父為大司寇孫植，父親太學孫茂時，兄弟為理學名士。寶持為孝廉金九成孫女，其丈夫為明末殉節者徐世淳之子。子雍父親周志祥，曾隨駕出征有功。祖揆與義公則不詳。總約而言，屬於士大夫家族的比例甚高。

七人中出生最早的是祇園，明萬曆二十五年生（1597），出生最晚的是子雍，清順治五年生（1648），直到康熙四十年（1701）都還在，大約跨越近百年。除了子雍之外，其他六位之活動時間點都有交集，甚至有的還彼此認識。寶持未出家前曾參學於祇園，祖揆與義公在參學路上曾為同參，當祇園在伏獅禪院第五年時，季總來到江南，四年後季總住持慧燈禪院、祇園也在那一年離世，這四年，二人即使沒見面，也應該對彼此有所耳聞才對。



## 二、在倫理規範、佛門規約下的女性、節婦、比丘尼



### （一）七人與婚姻之關係

祇園等女性禪師出家前是否曾有過婚姻？祇園、季總、一揆、寶持都曾經歷過婚姻，季總與寶持確知有兒女：季總有二子一女，寶持應該有四子。季總未婚嫁前曾懇求出家，但不為父親所允，遂許字陳氏，子雍也是父母迫之婚嫁，但不知最後是否進入婚姻？義公，八歲出家，應該沒有婚姻經歷。祖揆則不得而知。七位當中，四位有婚姻經歷，二位有被迫婚嫁之記載，一位沒有經歷婚姻，一位狀況不明。

### （二）寡婦出家與棄室出家

祇園等四位經歷過婚姻的，都是在丈夫去世之後出家，但夫死與出家之時間點，並非很直接，祇園十八歲出嫁，不久便守寡，一日忽感生死到來，將何作主？遂精勤修道，直至父母皆去世後，三十五歲才出家。季總，夫死後，經過幾翻修行，有所悟入後，才於三十四歲出家。一揆，二十三歲夫死，二十七歲於祇園座下有悟後，出家。寶持，夫死後多久出家無法確知，但應該差距不會太久，而在丈夫生前，她與丈夫早就深入佛法修為了。所以整體來看，丈夫去世與她們出家是否有直接關係，實難論斷。唯有一揆，丈夫生病時，有禪門老師相與談道論生死，一方面切身感受到無常之苦，一方面亦得知有解脫生死之教化，夫死後，遂起修道之念，是夫死與其修道關連性較明顯的一個例子，但她

還是在修證悟入後才出家的。祇園她們有些是婚前即有志於修道，有些是夫死觸感無常而志於修道，有些是忽感生死無法把握而志求修道，有些是夫婦早已同修佛法，所以「夫死」並非一定是這些寡婦修道出家的直接原因，反而可以肯定的是，她們都是有志於修行解脫，甚至有所悟入後才出家的，而守寡似乎是提供她們能夠專修、出家的一個絕佳時空與機會。

在家庭倫理架構甚堅實的社會中，女性進入婚姻是常態也是必然，縱於結婚前有出世之念，亦不容易得到認同而跳出，觀季總、子雍父母之例子，亦可知其一二，故進入婚姻後，又能選擇出家，惟有夫死成寡才較有可能，換言之，寡婦的身分能提供較無阻礙的出家機會，從另一角度來說，有出離之志者，或因為死亡等無常現象而產生離塵之志者，會因為寡婦的身份意外得到一個選擇的機會，一個自主的機會，選擇跳出家庭倫理的架構。





有趣的是，男性禪師經歷過婚姻才出家者亦所在都有，顯而易見的，祇園之師祖密雲，棒喝截迅、直指人心，是帶起臨濟復興之大師級人物，他便是棄室出家的，《天童密雲禪師年譜》曾談到：

> ……二十二年甲午，師二十九歲。嘗語侍僧：我二十九歲決志出家，是年十二月區分家事，安置妻兒竟，乃縱觀川原遊歷城市，覺步履輕鬆，如人放下百二十觔擔子相似。[1]

他安置好妻兒，離開家後，覺得像放下重擔似的輕鬆，密雲自述〈行繇〉亦言及：

> ……向緣家貧營繫，不能純一修行，至二十九歲纔得棄室，……我棄室當夜，夢著新鞋一雙，於行路次，一時脫落鞋底。遂因先父引見先師，三十歲乃出家。[2]

在棄室當晚，夢到穿新鞋，一時鞋底脫落，此意象隱喻禪門「桶底脫落」開悟。不管是「棄室」還是「安置」，都是妻子還在之時。而明末四大師之一的雲棲袾宏（1535-1615）亦是別妻出家，妻子還賢德地成

1 《天童密雲禪師年譜》，《嘉興藏》冊 10，頁 76。

2 《密雲禪師語錄》卷六〈行繇〉，《嘉興藏》冊 10，頁 35。

全他，因為若強為阻攖，「後將以我為不賢婦，誤君事也」。[3] 他們都是妻子活著時，離妻出家，反觀經歷過婚姻的女性禪師，都是夫死後才出家的，而且據袾宏之《雲棲共住規約》之「剃髮式」下，除了無關性別之基本考核外，有女人求剃度時，特別要遵守之門檻：

一，女人求剃，必其父母翁姑夫主子孫親送，否則堅卻勿允。[4]

而男性出家與親屬之關係，則是要：

一，父母親送，如無父母，須係極親……八，非家緣未了……[5]

「親送」有允許同意之意，男子只要「父母親送」、「非家緣未了」，女人「必其父母翁姑夫主子孫親送」。崇禎初年的法雨在杭州理安寺曾有「出家七種不留」，其第一、二、三條即為：

不為生死真實修行出家者不留。父母不許者不留。強棄妻子者不留。……[6]

其與雲棲規約有異曲同工之妙，只是此處指明「強棄妻子」，由此亦可窺見這種情形是頗容易發生的。一者是務必丈夫等人的親送，一者是強調不能強棄妻子，同樣在家庭倫理架構下，男女性別對生命規劃的自主權力，孰多孰寡，不言可喻。

### （三）盡捨資財後出家

值得一提的是，祇園與一揆以寡婦身份出家時，都強調將一切資財俱捨，包括婆家與娘家的。祇園之父親雖為處士，但胡家在地方為世族大戶，她守寡後回家，志願修行，捐奩田二十三畝給父親出資改建的樂善庵，自己就在樂善庵旁的胡庵修行，立志不住俗家，所以〈祇園行狀〉云：

……三十四歲喪母，決志出家，所有屋產衣飾等一切俱捨，翁姑

3 《孝義庵錄》〈紀賢〉之「庵主太素師」，《蓮池大師全集》冊 8（臺北：華藏淨宗學會印），據光緒年間金陵刻經處《雲棲法彙》影印。頁 5105-5106。袾宏的妻子後來也出家，法名袾錦，號太素。

4 《雲棲共住規約》別集〈二十二、剃髮式〉，《蓮池大師全集》冊 8（臺北：華藏淨宗學會印），頁 4874。

5 《雲棲共住規約》別集〈二十一、求住式〉「出家」，頁 4872。

6 釋寶月撰《武林理安寺志》卷六〈法雨大師出家七種不留〉，《中國佛寺誌叢刊》冊 77，（楊州、江蘇廣陵古籍，1996 年），頁 306。

兄嫂留師不住。……嘗言：昔年在俗家稱素封，及一心向道，寸絲不掛，空手出家，時值暑天，惟身穿夏布粗衣而已。[7]

出家時一切屋產衣飾俱捨，空手出家，祇園不但將娘家給的妝奩捐捨，也未取夫家資財，甚至還留下「自置數畝」田，作為供膳二親之用，再一次引祇園〈復常翁居士〉信見之，常翁者，應是俗世先夫之兄弟：

遠承垂念，知二位大人尊體康泰，欣慰無量，幸添兩令嗣，常氏家門重興，某願足矣，所云田事，某昔日告別時，面對二大人言過，某痛念生死事大，無常迅速，時不得人，發憤要明此事，辭親棄俗，甘旨不供，不能盡世間孝道，所以某將從前自置數畝奉二親供膳，聊表寸心，以免不孝之罪，久後可付令嗣，以作先道伴饗祀，以盡某在常門一番事也。去年四月八日掩關，一切併捐，所謂傳佛心印，續佛慧命，豈細事哉？故只杜門守愚且以度日耳。[8]

以自置數畝田作為奉養公婆之用，之後再將之付予過繼先夫之姪子，作為祭祀之資，她這樣的安排，除了表達出家之堅志外，更於世間倫理上有個圓滿交待，一者有過繼子嗣可傳香火，二者對奉養公婆之倫理責任有個交待，亦對過繼之子有個交待。這當然也因為父母在背後的支持與愛護。一揆要出家時，對財產的處理亦是如此：（師翁指祇園，師指一揆）

……師翁即印可，披剃，壬辰付囑，其真參實悟，根器迅利如此。由是師將盛門授產返還盛氏，孫門嫁貲仍歸孫氏，赤條條不留一物，親戚共嘆莫及，而生敬焉。[9]

一揆將夫家給予的財產還給夫家，自己父母給的嫁貲也歸回孫氏，空手出家，因而贏得敬意。祇園、一揆離俗的決心坦蕩磊落，但世俗的倫理價值，不是說自己想離便能離的，為能了結此事，對此有所交待，以資產交換倫理責任，這樣一來，應該會讓她們的出家之路阻礙較少，較為順利！否則女性出家時還得「父母、翁姑、夫主、子孫親送」，層層關

---

7 《祇園語錄》〈祇園行狀〉，頁 437 中、439 上。

8 《祇園語錄》卷上〈復常翁居士〉，430 中。

9 《一揆語錄》〈一揆行實〉，頁 16 中。

卡，也實在不是簡單的事。

## （四）節婦與比丘尼之間

因此寡婦、節婦與信佛修道、出家為尼之間，無形中產生密切的關連，[10] 是故以下便來討論之。

寡婦受到貞節的自我、社會要求鼓勵，尤其在明清時期，她們的生活常是足不出戶、不苟言笑，環境與心靈受到強烈的自我約束，所以長齋禮佛、繡佛茹素便常常成了她們心靈的歸宿，也因此常見有家族建家庵、祠堂，作為家中守寡女眷禮佛修持之場所。寡婦守貞與出家人戒淫獨身之戒律，也產生具體的連結，因此除了志求解脫的心志內涵不同外，寡婦與比丘尼對貞節的堅持、禮佛持齋修為，都有著相當高形式上的類似性。而比丘尼剃度圓頂，為標準形式，但亦有閉關苦行之短髮形象（於「祇園之寫真」，詳細提及），而節婦為了誓願守貞不移，也有斷髮毀容之舉，這在外形上也就更趨近於某些時候的比丘尼。

節婦與比丘尼之間，雖然同樣都有守貞等等類似性，但是要從此到彼，並非必然順理成章，除了在家、出家角色截然不同，後者更須守戒、具備堅實修道之心志外，更因為在重視傳宗接代的觀念下，即使守寡也須為宗祧繼承作交待，這層關係必然要得到恰當的處理才能離開，再加上出家人稱之為方外，一旦出家為尼，就跳出倫理價值體系之「外」，有一套出世修行生活可循，於此並不被社會核心價值所讚許，但就某方面來說，出家之角色又反而擁有更大的行動自由，也因此才會有對三姑六婆、尼師來往於寺院、閨門，勾串色情、誘拐婦女之撻伐，所以在家寡婦守貞與出家為尼守戒仍是不同的兩種角色，而且，前者受到的肯定遠遠超過後者，亦即雖然兩者同為守貞，但在家守貞遠比出家守貞還來得更受尊重，從這裏可以看出對守貞的兩套價值標準：同樣是守貞，一者在倫理價值裏，一者跳出倫理價值，但只會讚許前者。或許也因為體認到以「貞節」來定位比丘尼有些不中其的，也或許傳統的倫

10 陳玉女〈明代婦女信佛的社會禁制與自主空間〉（下），曾據《古今圖書集成、閨媛典》之節烈孝婦的奉佛人數，加以統計分析。《成大歷史學報》第三十號（臺南：成功大學歷史學系，2006 年 6 月），頁 46-56。

理價值觀根本沒辦法定位跳出倫理的女性，所以會刻意忽視之，甚至因為無法定位，遂有排斥與恐懼，為避免失序，遂有意無意地加以污名化。

從方志之著錄來看，在列傳系統裏，女性全部被收納於列女傳中，男性則大大揮灑於官宦、文學、儒士、孝義、隱逸、方技等等社會價值體系裏，並佔去了列傳大部分的篇幅，以光緒、許瑤光等修《嘉興府志》之列女傳為例，其將列女大致分為：后妃、公主、壽母、賢母、賢婦、孝婦、孝女、貞女、貞婦、烈女、烈婦、節婦、才媛等類型，[11] 在這些類型當中，以烈婦、烈女、節婦為大宗，除了「公主」、「才媛」以地位、才學來論之外，其他都以家庭道德角色為中心，沒有著錄比丘尼之餘地，其實她們應該要與比丘一樣納入「方外」或「仙釋」項內，而這七位女性禪師能開法上堂，並有語錄行世，也理應被方志之「方外」所著錄，今依目前查索到的祇園、一揆、寶持、季總等四人被地方志實際著錄之情形來觀察：





**【伍七 -1】四位女性禪師被方志著錄之類別表**

| 名號 | 康熙《嘉興府志》 | 嘉慶《嘉興縣志》 | 光緒《嘉興府志》 | 衡州、南嶽等志 |
|---|---|---|---|---|
| 祇園 | 仙釋 | — | 方外、才媛 | — |
| 一揆 | 談祇園時兼及之 | — | 列女之貞婦 | — |
| 寶持 | 烈女 | 列女之賢母 | 列女之賢母 | — |
| 季總 | — | — | — | 仙釋 |

資料來源：

康熙《嘉興府志》，指袁國梓纂修者。

嘉慶《嘉興縣志》，指司能任重輯者。

光緒《嘉興府志》，指許瑤光等修者。

衡州、南嶽等志，指乾隆陶易修、李德纂《衡陽縣志》、康熙、朱袞重修《衡岳志》等方志。

11 此依許瑤光等修《嘉興府志》之列女傳分類，頁 1907。

四人當中，只有祇園、季總被列入「仙釋、方外」這一項，而祇園在光緒版還被同時列入「方外」與「才媛」，顯然也想表達祇園有語錄、詩作之情況，列入「才媛」時，以「胡氏」為標，沒有以「祇園」為名：

> 胡氏，處士胡日華女，適諸生常公振，未幾而寡，中歲皈空門，住梅會里伏獅院，有詩。

顯然撰志者知其為尼，而且列之於「方外」，仍願意納之於「才媛」，或因為朱彝尊於《明詩綜》著錄之功乎？特別值得觀察的是一揆與寶持，她們都被著錄於「列女」傳中，卻沒有被列入「方外」，一揆是「貞婦」，寶持為「賢母」。寶持因為教子嘉炎有成，當時應該也知道其已出家，但只記載其「長齋禮佛」，卻沒有列入「方外」。方志撰者也知道一揆「守貞志寂」於參同庵：

> 孫貞女，名一揆，鍾瑞妹，守貞志寂，鍾瑞建參同精舍，以遂其志焉。[12]

一揆曾有過婚姻，應該屬於「貞婦」，方志未言其夫，只言其兄子麟（鍾瑞），應是子麟為地方著名學者故，遂也誤冠一揆為貞「女」。不管貞女或貞婦，皆著重於守貞上，撰志者既知參同庵，便應知其已出家為尼，既知「志寂」，卻沒有將之列入「方外」傳。為表彰她們二人守貞之志、教養之功將之列入「列女」傳，亦無可厚非，也因她們在此方面之事功確實較為明顯，據〈一揆行實〉所云，一揆頗有當時節婦之志之行，包括丈夫生病時「醫禱不效，願以身殉」，後來覺得徒死無益，遂「思投入空門，為出世計」，夫亡後，「毀容變服，茹素持誦，日不下樓，一意焚修」，還曾割股療疾，[13]這些都是標準的節婦觀念與行為，甚至她在語錄裏還有〈李貞女讚〉詩。寶持則是其子嘉炎，官至內閣學士，還曾於朝殿受皇上親問，有這麼光耀門楣的兒子，自然是「賢母」之列。但她們出家後，都能上堂說法、發行語錄、寫作詩偈，卻沒有被列入「方外」，而且還是落在「貞婦賢母」之列，顯然撰志者只關注



---

12 許瑤光等修《嘉興府志》卷六十四〈列女、貞女〉、孫貞女。頁 1950。

13 《一揆語錄》〈一揆行實〉，頁 16 上中。祇園示寂時，一揆曾割股療之。

「貞節」，特別漠視、無意、不關心，甚至是不鼓勵這些守貞婦女為尼及其為尼後的狀況，所以即使「貞婦」、「賢母」出家，成為一樣守貞的守戒比丘尼，甚至成為有修證能弘法的女性禪師，卻沒有得到相對的重視。即使受到正常對待的祇園，朱彝尊將之納入《明詩綜》時，也是從節婦來論：「毋論空間行業，即以節婦論亦宜，存其片言，以當鳳樓誡也」，[14] 顯然士大夫們常以貞節來論女性，當女性入空門為尼，還是習慣採取節婦這個角度，否則就是從文學才女的角度而為「才媛」，而方志「方外」項下甚少著錄「尼」之一類，即使少數方志有著錄，也頂多一、二個，人數極為稀微，[15] 起碼與明末清初這群繁盛的女性禪師現象無法成正比呈現，這在在都顯示士大夫們或不習慣或無意用正面態度來看待女性為「尼」這個角色。





由此觀來，也無怪乎其他三位女禪師：義公、祖揆、子雍沒有被著錄，因為義公沒有婚姻，自然不會是節婦，她出家三十九年，努力參究，上堂說法，一揆讚其「聰慧絕世，瀟灑出群」。[16] 祖揆，婚姻狀況不明，她禪機恣暢，詩才更是行雲流水，氣象高明。子雍，或從婚姻跳出，或拒絕婚姻，參學二十年，奮勇自京南行，弘教京城江南。她們既沒有貞女節婦之名可托，比丘尼之名又遭漠視，自然遺落於方志史冊之外，真可謂藉貞節之名而托，不倫不類，無貞節之名可憑，沈封灰飛。

## （五）舉揚女性不佞佛

「方外」之於列傳，居列傳之末，在儒家教化的觀點下，是聊備一格之位，雖然不被倫理教化所喜，但仍有不可棄取之精華，不得不留下的傳統，嘉慶、司能任重輯《嘉興府志》於「方外」小序即云：

魏收魏書撰〈釋老志〉，劉知幾譏焉，然自收史以後，多有為之

---

14 朱彝尊《靜志居詩話》卷二十三〈女冠、尼〉，《明代傳記叢刊》冊 8，（臺北：明文書局），頁 466-467。

15 例如許瑤光等修《嘉興府志》於「方外」下，著錄祇園、智緣、明修三位比丘尼。汪曰楨《南潯鎮志》，在「方外」下別立「尼」類，著錄智緣一人。司能任重輯《嘉興縣志》所列「方外」，未有著錄比丘尼。

16 《義公語錄》一揆跋，頁 6 上。

立傳者矣，地志人物附以羽流緇侶，蓋用其例。明謝鐸《赤城志》，於釋道削去，不留一字，論者不以為是也。嘉興自至元志以仙梵名篇，而縣之湯、何兩志，皆分紀釋道二家，今按其時代先後，合為一篇，題曰方外，以附于列傳之末。[17]

謝鐸（1435-1510）編纂《赤城新志》時刪掉寺觀釋道，認為這些文獻於治世無補。這是一個極端的作法，論者「不以為是」，但由此可看出，作為列傳之末的「方外」處於存與不存之間，常是因歷史體例傳承而賴以存焉。「方外」所載有釋有道，釋者以比丘為主，比丘之於列傳，處於末，正如比丘尼之於比丘，亦處於「方外」之末，少見其蹤跡。一般而言，比丘受到的正面看待還超過比丘尼，當士人與比丘僧來往，屬於文人雅趣、深入禪味、超然方外之交，但女性與比丘尼來往，則往往被懷疑或深怕在從事踰矩、色情之勾當，尤其是深閨節婦，更經常被勸戒不要跟尼師來往，在地方志列女傳中，多有提到信佛者，如曰長齋禮佛、誦經繡佛等等，但更見舉揚節婦之不佞佛、不入佛寺的美德見識，拈幾則南潯、嘉興的貞節婦女來觀察，即知其梗概[18]，例如南潯鎮的董嗣暐妻茅氏（1588-1620）：

茅氏，附監生董嗣暐妻，歸安花林茅國縉女，萬歷丙午嗣暐卒，方病劇時，氏刲臂肉和藥以進，卒弗效，侍孀姑，長齋禮佛以終其身，守節十五年卒，年三十三，嗣暐弟斯張為賦旌志詩。[19]

董嗣暐即祇園弟子義川養父董嗣昭之弟，嗣暐（1586-1606），二十一歲卒，病劇時，茅氏割臂肉和藥進，十九歲守寡，侍孀姑，長齋禮佛，守節十五年，被列節婦。又有嘉興縣之楊某聘妻吳氏：

吳秀瓊，嘉善農家女，許嘉興楊氏子，及笄，斷髮誓不嫁，父母不能強，遂居家學佛齋素，以紡績自給。一日忽云：「今四月

17 司能任重輯《嘉興縣志》卷二十七〈列傳七、方外〉，頁 179。

18 簡瑞瑤《明代婦女佛教信仰與社會規範》第四章〈士僧階層所見婦女信佛的典範行止〉（臺北縣：稻鄉，2007 年），頁 133-152。其運用彭際清《善女人傳》、釋震華《續比丘尼傳》、《古今圖書集成、閨媛典》引了一些婦女信佛的資料，也談到節婦常是長齋禮佛，但亦有另一種不喜與僧尼往來的類型。而筆者認為這二種情況並非平行並立，「長齋禮佛」是個比較自然的呈現，而不喜與僧尼往來，亦即「不佞佛」的觀念與行為，則帶有濃厚儒家士人意識形態的提舉。

19 汪曰楨《南潯鎮志》卷十八〈節烈〉，頁 318。

十九日當西歸，沐浴更衣，端坐而逝」。[20]

夫歿，她斷髮誓不嫁，居家奉佛。亦有嚴從愛妻朱氏：

> 庠生嚴從愛妻朱氏，長史朱綬女，歸嚴三載，夫亡，年二十二，哀毀骨立，茹齋奉佛，紡織奉姑。……守貞四十餘年。[21]

夫亡，朱氏茹齋奉佛，守貞四十餘年。還有不嫁的周貞女：

> 周貞女，周尚文女，七歲父亡，無姊妹弟兄，與母孤苦度日，及長，母將擇配，女念家貧願奉養以終，誓不適人，……族有某氏孀姑，勸其同處，長齋繡佛，冰操如一，旌，年五十四。[22]

周氏不願嫁人，只願奉養父母以終，遂與族裏之寡婦同處，長齋繡佛，冰操守貞。貞女節婦共同以奉佛為生涯。又有南潯鎮之刑勝奎妻李氏：

> 刑勝奎妻李氏，年十七歸邢，甫七月夫亡，茹苦守志，父夙擅歧黃術，得其傳，因以醫稍稍自給，長齋繡佛，募資重建重真堂，居之焚修禮誦，諸婦女之樂潛修者，群往依焉，守節五十餘年，卒于廟，光緒二十六年題旌建坊于朝真廟前。[23]

夫亡，以醫術為生，也是長齋繡佛，守節五十餘年，並募資金建廟堂，「諸婦女之樂潛修者，群往依焉」，大家一起焚修禮誦，同時被方志記載的守貞女：愛姐、瑞香也都是參與焚修者，[24] 所以貞節婦女長齋禮佛者實在不少，甚至有些還相與為伴共同焚修。節婦長齋禮佛者多，佛教修行戒律之種種內涵，都足以讓貞節婦女得一個心靈安頓與行為準則，這與士大夫之價值觀是相合的，但另一方面，貞女節婦或來往佛寺、或結伴焚修、或與比丘尼來往，這些為了信佛而有的行動結伴之自由，卻讓他們擔心不已，擔心三姑六婆串門子的效應會敗壞風俗，實則是對婦女自由行動的恐懼。於是方志上常見顯揚「不佞佛」、「不入佛寺」之為有見識者，例如南潯鎮之姚松年妻李氏：





20 袁國梓《嘉興府志》卷十七〈人物一、列女〉，頁 684。「及笄」之後，光緒之府志有「楊歿」二字。

21 袁國梓《嘉興府志》卷十七〈人物一、列女〉，頁 686。

22 許瑤光等修《嘉興府志》卷六十四〈列女、貞女〉，頁 1949。

23 周慶雲《南潯志》卷二十四〈列女一〉，頁 256。

24 周慶雲《南潯志》卷二十四〈列女一〉，頁 256。

> 姚松年妻李氏，李象榮女，道光辛卯年二十四，夫亡，撫嗣子守節，孝事翁姑，生養死葬，或勸以事佛祈福，氏曰：命由天定，佞佛何益，生平不入寺廟，年五十餘。[25]

李氏守節孝養，生平卻不入寺廟，認為「佞佛何益」。又有周寅亮妻沈氏：

> 周寅亮妻沈氏，江蘇震澤平望人，太學生沈巢峰女，……氏下撫遺孤，上事尊嫜，刺繡紡績以資生計，日用瑣屑，專賴十指，拮据，無瘁容，亦無憂色，……湖俗信鬼，婦女多入廟燒香，氏獨不為所惑，嘗曰：「以嘉言懿行為子孫講解，可以身體力行，因果之說未足憑也」。人服其識見之超。[26]

江南南潯一帶多「信鬼」，婦女多入廟燒香，沈氏「獨不為所惑」，大家都佩服她「識見之超」。顯揚其不惑於鬼神，也正彰顯她能專重人世之理則，亦即儒家倫理之化，這份倫理準則即家庭之所立、節婦之所基，也是士大夫們之價值所在。顯揚其不入廟燒香，正恐懼婦女行動自由所可能引發的男女敗俗，以致於社會失序。又例如周昌大妻董氏，她是位賢妻良母：

> 周昌大妻董氏，同邑董邦基女……氏生平不苟言笑，不佞佛，不事鬼神，而樂善好施，歲糜鉅款無吝色，……其為善不懈類如此。……[27]

董氏樂善好施，也不苟言笑，還特別發揚她「不佞佛、不事鬼神」的德性。嘉興縣的盛善持妻褚氏：

> 舉人盛善持室褚氏，名鳳鳴，字梧生，孝侍舅姑……閨門以內禁彈詞……，尤惡佞佛……[28]

褚氏是位賢母，亦是節婦，她孝養公婆，閨門內亦禁彈詞，還特別強調她「尤惡佞佛」。亦是嘉興縣之吳夢寅繼妻陳氏：



---

25 周慶雲《南潯志》卷二十四〈列女一〉，頁 250。

26 周慶雲《南潯志》卷二十四〈列女一〉，頁 253。

27 周慶雲《南潯志》卷二十四〈列女一〉，頁 254。

28 許瑤光等修《嘉興府志》卷六十四〈列女、賢母〉，頁 1915。

生員吳夢寅繼妻陳氏，性慈惠，生三子，撫前子女踰己出，性不佞佛，臨終命諸子曰：「汝輩讀書當崇實行，浮華無益也，喪事勿用浮屠，但盡心殯葬，勿之有悔而已」。……[29]

陳氏除了性格慈惠外，其重要德性便是「不佞佛」，崇實無華，講求盡心。

諸如此類的例子，雖然表面上看起來有記載「長齋禮佛」亦有記載「不佞佛」的女性，似乎正反皆有，但深思之，兩者的性質是不同的，一般而言，記載某人都以其「作了某事」為主，如果描寫其「不作某事」、「拒絕某事」，應該就是對「某事」有價值判斷在，否則不作之事甚多，為何要特別點明？顯然，不是有所諷刺便是要特別舉揚其「不作某事」，而「作了某事」，是在眾多作為中，選擇某些作為來記載，雖然亦有價值判斷之味，但這種價值判斷是比較細微的，何況女性能被認定的事功本就無多，節婦之生活更是如此，所以直載其「長齋禮佛」，顯然只是對其「有作為之事」作現實現象的描述，「不佞佛」之語則不同，它幾乎都是在對比的狀態下呈現的，不管或女性本身或撰志者本身，都是針對其他女性之信鬼神福報、出入佛寺等事採取反對的態度，所以才「不作為」、才舉揚其「不作為」，認為這樣才是正確的，所以特別舉揚「不佞佛」之意特別明顯。

而所謂「不佞佛」，就是「不事鬼神」，這樣便能讓家庭倫理價值更為堅實純粹，所謂「不佞佛」，就是「不入寺廟」，這樣便能限制婦女，尤其是貞節婦女之行動自由，避免脆弱的男人受到誘惑。強調舉揚「不佞佛」、「不事鬼神」、「不入寺廟」之德性，浮現出士大夫對節婦經常沈浸於長齋禮佛所引生的超方世外、自由行動的「道不同」之不以為然與「男女之防」之憂慮戒心，也因此更能推之，呼應前面所論：士大夫對女性為尼不習慣正面看待的心態。



29 許瑤光等修《嘉興府志》卷六十四〈列女、賢母〉，頁 1920。

## 三、來自密雲派下之師承法脈

### （一）七人之師承法脈

祇園等七位女性禪師都來自臨濟楊岐派下，而且都出自明末密雲禪師門下，其師承與世系表如下：（**粗體字**為女性禪師）

**【伍七 -2】七位女性禪師之師承世系表**

**（約明萬曆至清康熙之間）**

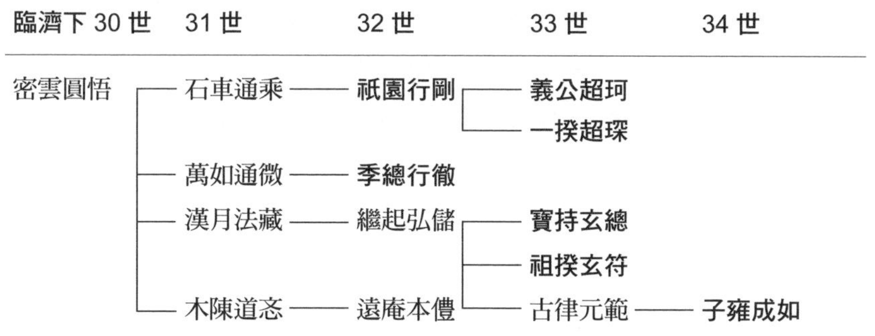


漢月與繼起這一系，在清初與遺民有很密切的關係，繼起甚至被稱為「以忠孝作佛事」，符應寶持之夫家背景，頗有一定的關連性。祇園承自石車、密雲，石車去世得早，於密雲、漢月之諍論無涉，祇園師徒三人也連帶地立於這場紛諍之外，所以她們三人與寶持、祖揆二人，在師承上看似處於清初僧諍的相對的兩方，但實則都處於諍論之外。不過禪法風格卻受師承影響而有所差異，這將於禪法部分論之。

季總為山茨之法子，山茨承自天隱法嗣，並非密雲門下，但山茨離世太早，季總到江南參方，萬如付予法脈，才因此入密雲此系，這個轉折甚為有趣，機緣多端本無定論，但可由此窺知密雲門下當時法緣之廣，攝受許多優秀人才，並能對女修道者採取正面看待。而山茨深蘊古風、愛隱山林，這一點，季總亦受老師的深切影響。

木陳曾受順治召請入殿說法，恩寵一時，被賜為弘覺國師，子雍法脈傳自木陳這一系，子雍在北京弘教，信眾亦多有皇宮貴婦，後來也勇往江南參方，與其師承頗有類似之因緣。

## （二）作為傳承象徵之源流頌

七位女性禪師之祇園、義公、季總都有〈源流頌〉之作，祖揆則有類似源流頌者。

〈源流頌〉，是為本宗歷代祖師寫小傳與偈頌。這樣的文體形式在明代中期後才漸次流行，甚至作為付法的信物之一，所以其作為法脈傳承之象徵意象是非常明顯的。[30] 祇園為臨濟門下，其〈源流頌〉，便從第一世南嶽讓禪師寫起，直到第三十五世石車禪師，共 35 位，顯示祇園上承這個臨濟法脈源流而來，為「正統法脈源流」，其偈頌內容，則針對每位祖師表達自己的體悟、機鋒，亦有展現悟境之意。祇園寫到石車為止，接下來應該是祇園自己，她的「被寫入」則是其嗣法弟子的工作，嗣祇園之法、繼主伏獅禪院的是義公，《義公語錄》之〈諸祖源流頌古〉就是擔負起這個責任，從第一世南嶽懷讓，直到石車，接著也是最後一個，即是「第三十六世祇園行剛禪師」。將祇園寫入這條法脈之中，也是《義公語錄》對師門最重要的意義之一。所以祇園與義公兩人之源流頌，也標示出女性禪師傳承女性禪師的意象。

同樣為祇園嗣法弟子的一揆，應該亦可寫作源流頌，但她的語錄卻未見這類的作品，應該是她嚴謹貞實的個性，謹守分寸與純粹，畢竟祇園是付囑義公繼席伏獅的。

季總之〈源流頌〉，亦從第一世南嶽讓禪師，寫到第三十四天童悟禪師、第三十五世龍池微禪師，標示其承密雲、萬如之法脈。如果山茨付其法嗣的話，她所寫的便應是第三十四天隱圓修、第三十五世山茨通際。季總雖得悟於山茨，但法脈傳承之事，有其形式上的意義，從〈源流頌〉很能表達出來。

祖揆所寫的是一組「類源流頌」，並未標明源流頌之名，而且沒有小傳，只有偈頌，從初祖達摩寫起，至六祖、南嶽等，最後是三峰（漢月）、靈嵒（繼起）。因為繼起之語錄只有部分留存，無法完整得知法嗣弟子、傳承之情形如何。

30 關於明代中期後「源流頌」起源與意義、形式，長谷部幽蹊《明清佛教教團史研究》（日本：同朋舍，1993 年），頁 342，第九章第二節〈宗派の發展と源流頌〉，有詳實的考證論說。

## 第二節　參學遊方與靜守為妙

禪門裏的參學遊方，從馬祖、石頭時代之「走江湖」已非常流行，也形成參禪必然的一種修行活動，在四處尋師訪道中，尋找悟道之時節因緣，也在悟後遊方各處，隨緣弘法，讓身心於叢林道場、村野田舍、人來人往中磨練，同時標示著師無常師，法無常法、隨緣自在之核心價值。

祇園等七位女性禪師都有參學訪道之經驗，季總甚至遠從南嶽到江南，子雍從北京到杭洲、普陀山、九華山。看到這些女性禪師如此活躍地來往各道場參究修行，甚至弘法，不禁令人讚賞，也好奇她們如何解決身為女性、比丘尼，在參學訪道過程的種種設防與不友善的環境，例如不管僧俗（士人與僧侶）多一再告誡，要杜絕婦女「入佛寺」，甚至士人還會舖設婦女「不佞佛」、「不與尼來往」為美德，再加上佛教內部「尼不獨行」等相關戒律，這些觀念作法都將原本即不利於女性出外的環境變得更加惡劣。但是從這些女性禪師語錄中並無法確知她們遇到怎樣的困難？如何解決這些問題？只有約略幾則線索可觀，所以以下先綜合她們或參學或訪道或行化所到之區域、運用的交通，再觀察當時佛教內部對此之看法，並就幾條有意義的線索予以對看討論。

### 一、七人參學訪道之區域與交通

祇園出家前後，都有參學之舉，並集中在她修悟的過程，具體可知者，其參學區域有海鹽、鹽官等皆屬嘉興一帶。弘法之伏獅也地處嘉興縣，後來曾到過當湖、鹽官、杭州等地，到當湖時有「舟尚未泊岸」語，到鹽官後有「掛帆梅溪」句，[31] 顯然她來往這這二個地方都是乘舟行水路。

義公，除了活動於伏獅所在地的嘉興梅里外，還到南潯般若庵閉關養病，也曾到杭州，而她參學時曾到過杭州、蘇州。其參學訪道都在出家之後，主要呈現在修悟過程。

一揆，世居嘉興府城，到屬於嘉興縣的梅里參學祇園，並在此出

31 《祇園語錄》卷下〈祇園行狀〉，頁 438 中。

家，當時亦是買舟行船而來。後來靜居之參同庵亦在嘉興府城附近。之後曾到華亭（今上海市鬆江區）、太湖洞庭山、穹窿山等，亦有行舟之記載。其出家前後都有參學訪道經驗，主要在出家後。

寶持，在嘉興之妙湛禪院、鹽官之南洵禪院弘法，主要是到蘇州靈巖山寺參學，並曾在「靈嵒坐夏」，[32] 亦即三個月的結夏安居。其出家前後皆有參學之舉。

祖揆，於太湖東山出家修行，亦到蘇州靈巖山寺參學於繼起，也住持過嘉興之妙湛禪院，並曾到過昆山，為另一位女禪師仁風印祝壽。





季總，衡陽人，到南嶽參學於山居的山茨，悟入後住山修行。後來到江南。她循湘江北上，經洞庭湖，再入長江東行，經武昌、漢口、金陵到鎮江，開始她在江南之遍歷，其中有訪道亦有弘化，舉凡江蘇中北部之興化，南部之宜興、蘇州、太倉、盛澤，浙江之嘉興、當湖、杭州等，都有她的足跡。在俗為僧都曾參學訪道，以出家弘化時為主。

子雍，她多次參學於五臺山，弘化北京，有至西山、桃花寺、涿州等地，並發願效法善財五十三參，南詢善知識，從北京往南，經京杭大運河之楊州、鎮江、常州、蘇州、杭州，還有杭甬運河路線之紹與、寧波等地，以及到海上之普陀山。亦有走長江路線之安徽馬鞍山、當塗、蕪湖、九華山、歷山等地。其參學訪道主要集中在出家後，特別是弘化之時。

以上是語錄所呈現的七位女禪師之參學訪道或弘化之區域，其實際狀況應該不只如此，但亦可由此得知其梗概：祇園師徒三人都以嘉興為主，兼及蘇州，寶持是蘇州、嘉興兼重。祖揆則是以蘇州為主，兼及嘉興。四人主要活動於嘉興、蘇州這一帶江南區域，也是當時禪法最興盛的地區。季總與子雍所涵蓋的區域則是最大，子雍由北而南，再兼及往東到普陀，向西到九華山。季總從西而來，遍歷江浙一帶。

從語錄中所能得知她們出外之交通住宿等細節，實在不多，但可確定的是她們在較長距離之路程，應該都以水路運河而行，再兼走陸路。

32 《寶持禪師》卷下〈師在靈嵒坐夏〉，頁 709 中。

子雍下江南走運河，是「買得輕舟欲指南」，[33] 一揆與母親是「買舟往梅谿」，[34] 季總之泛沅湘水，[35] 祇園之掛帆梅溪等，應該是因為江南水路縱橫，行舟反而方便快速，康熙南巡亦運用的京杭大運河，更是便利輕快，還可避免舟車之顛簸。

## 二、道場面對女修行者之氛圍

出家人為修行而參學訪道，行腳四方，這是禪門修行傳統亦是參禪重要的一環，[36] 北宋睦庵善卿《祖庭事苑》卷八「行腳」有云：

> 行腳者。謂遠離鄉曲，腳行天下，脫情捐累，尋訪師友，求法證悟也。所以學無常師，遍歷為尚。善財南求，常啼東請，蓋先聖之求法也。永嘉所謂游江海，涉山川，尋師訪道為參禪，豈不然邪。《中阿含》〈帝釋偈〉云：「我正恭敬彼，能出非家者，自在游諸方，不計其行止，往則無所求，啀無為為樂」。又高僧慧乘，事祖強為師。年十六，啟強曰：「離家千里，猶名在家沙門，請遠游都鄙，以廣見聞」。強乃從之。夫是行腳之利，豈不博哉。[37]

所謂「腳行天下，脫情捐累，尋訪師友，求法證悟」，以「學無常師」之精神，遍歷為尚。並舉善財童子、常啼菩薩、永嘉、《中阿含經》、慧乘之言行來證明行腳參學之利，慧乘甚至還言：「離家千里，猶名在家沙門」，離家千里甚且不夠精進，可見「游江海、涉山川，尋師訪道為參禪」的必要性。行腳參方，十方雲遊，既為尋師訪道，亦須有所居處，有師有居者，自然就是散諸各地的寺院叢林了，故一般寺院叢林都有接納行腳雲水僧的傳統，如宋、宗頤《禪苑清規》卷一就有〈辨道具〉、〈裝包〉、〈掛搭〉等關乎參學出入寺院的規矩。明末袾宏住持

33 《子雍語錄》卷三〈京都引眾送行讚詩十首〉第二首，頁 825 中。

34 《一揆語錄》〈一揆行實〉，頁 16 中。

35 《季總語錄》卷四〈泛沅湘登法海禪院〉，頁 464 中。

36 蔣義斌〈中國僧侶遊方傳統的建立及其改變〉曾討論僧人遊方的問題。《中國文哲研究通訊》第十六卷、第四期（2006 年 12 月），頁 197-208。此期也討論到道教仙遊、文人「道與藝」、遊於藝等文章。

37 睦庵善卿《祖庭事苑》卷八，《新纂卍續藏》冊 64，頁 432 下 -433 上。

雲棲寺，以嚴整著稱，其作《雲棲共住規約》，亦有〈暫到客眾〉、〈十方雲水〉等項，並於〈各執事條約〉之「知客」、「山門」等，有接待十方來者之規約，例如〈暫到客眾〉有云：

> 暫到或僧或俗，不曾面識者，無論高下，俱要誠心請問尊姓尊號，上剎何處，貴宅何處，曾與本師相會與否，不可怠慢，或有無賴之徒，又當外敬內防。不可一例輕信，以致失事。[38]

於〈十方雲水〉有一條：

> 一，十方堂供聖像瑠璃香燭魚磬，安單有定位，勿亂。晚聽大堂開靜，輪數人出領眾課誦，課誦畢，俱至本單止靜，一一隨禪堂規式，……。
>
> 一，近午時到，候午齋，隨眾。近晚時到，候晚食，隨眾。纔飯畢到者，補飯，晚到，留一宿，次日早行，天雨待雨住，有病待病愈。病愈以能飯為則。……
>
> 一，朝去暮來之輩，平常相待，有遠方初到本山者，齋堂具茶湯菓餅待之，乃送歸單，毋得輕忽。[39]

整體而言，對於認真修行，願遵清規的參學者，都敬重歡迎之。遇到不守清規者，便「善言勸化，不聽，則白眾查明、跪香鳴鼓，遣出」。[40]所以這些參學遊方來的僧人，只要按照叢林規約，依寺裏規定之生活作息，一般都可以掛單住宿，並一起從事坐禪結制等修行功課一段時日。

但是現實的情況卻對比丘、比丘尼產生不同的對待，問題出在許多大叢林道場都是比丘道場，比丘尼入比丘道場自然有許多須設防、不方便處，尤其為了戒行清淨，亦為明末四大師之一的紫柏（1543-1603）還曾告誡比丘道場的僧眾：

> ……飲食男女，人之大欲，故能制大欲者，則可與言無上覺道也。……現前大眾，……斷須共遵佛敕，杜絕女人無令入寺，女人既不入寺，自然德香清遠，泉石生光，……現前大眾，各各要





38 《雲棲共住規約》下集〈五、暫到客眾〉，《蓮池大師全集》冊 8（臺北：華藏淨宗學會印），頁 4833。

39 《雲棲共住規約》下集〈七、十方雲水〉，頁 4836。

40 《雲棲共住規約》下集〈七、十方雲水〉，頁 4837。

知好惡，必以波羅提木叉為汝大師，無得怠慢，無貽後痛。[41]

紫柏語重心長，殷殷護持戒行之心，溢於言表，所以他希望僧人寺院都須遵佛制戒律，因此，要「杜絕女人，無令入寺」，才能「德香清遠，泉石生光」。《雲棲共住規約》之「僧約」第一條即曰：

破根本大戒者，出院，……習近女人者，出院，受戒經年不知戒相者，出院，親近邪師者，出院。[42]

雲棲寺屬於比丘道場，其規約本為比丘所設，故所謂「習近女人者，出院」，有其理所當然之處，所以「修身十事」第七條「不近女」又曰：

謂年少尼僧，結為道友，人間婦女，拜作乾娘，數往族家，探親望眷，乃至母未七十，子與同居，不避譏嫌，皆名近女。[43]

當引申為實際運作時，為避譏嫌，便有許多設防之舉，甚至對尚未七十歲以上的母親也要有所避諱。在晚明叢林弊病紛生之際，這種講求戒行清淨的道場與大師，是為有識者所共讚歎的，也因此也在明末清初帶起一股律學復興之風，[44] 這些規約之制定，應非只為針對女性而來，實則是為約束警戒男性之比丘，免得意志脆弱受外境之影響。但因為舉目所見有規模的叢林道場大都為比丘道場，本為約束男性的，卻反倒大大地制約女性修行者了，因為女人不能進佛寺之規定，遂成了女人不能進入所有有修行規模的寺院，這些有規模的寺院具備嚴整的修行功課、修證有成的老師、努力進境的道友、一日不作、一日不食的良好傳統等等可共修共成的優良條件，所以如果要嚴格執行這些「女人不入寺」、「不近女」的規條，女修行者，包括比丘尼遂成無叢林道場可去，無老師可參。因此，實際狀況也並非如此僵化，在男性禪師語錄或文集裏也經常見他們為女修行者上堂開示，袾宏《雲棲共住規約》之「律堂」下有：

一，年未六十而受婦女歸依者，罰錢五百文，出院。[45]

41 紫柏撰《紫柏老人全集》卷四〈示覺山寺僧眾〉（臺南：和裕書局，1997 年），頁 242-243。

42 《雲棲共住規約》別集〈一、僧約〉，頁 4847。

43 《雲棲共住規約》別集〈二、修身十事〉，頁 4854-4855。

44 可參見釋果燈〈見月律師與明末清初之律學復興〉，《海潮音》八十三卷第八期～八十四卷第七期。

45 《雲棲共住規約》上集〈三、律堂〉，頁 4811。

其「剃髮式」下，亦有女人求剃應遵守之門檻，雖然都因女性之性別而有額外的設防規定，但也顯示仍可接受婦女歸依、受女人求剃。否則祇園等七位女性禪師，除了義公、一揆的老師是祇園外，其他五位的嗣法師皆為男性禪師，如果他們無法當面教授，她們無法前往道場參學問法，如何能證悟嗣法？

不過畢竟這種「女人不令入佛寺」等規約對男性修行來說，有其正面的價值，再加上戒律亦有一些男女之防的規定，所以確實在女性禪師之參學訪道上造成許多不便，並也因此形成一些融通方式。例如祇園，從其行狀可知，她未出家前即往金粟寺參問密雲，又在金粟寺受戒出家，但是即使出家後，誓不住俗家，卻還是住在屬於祠堂、私庵性質的胡庵，所以每每見其到金粟參問後，就回庵或閉關禁足，或又參一年，然後復上金粟參問，再回庵參究，又往金粟，來來回回於金粟、胡庵之間，如果她是男性、比丘，應該早就直接住入金粟寺修行了。但也由此看出金粟寺是讓比丘尼、女人入寺院的。後來她還曾在金粟設齋請石車上堂、石車示疾時亦命她回金粟付祖衣，甚至有時參問後，祇園又有呈偈之舉，從這些來回金粟的情形觀之，似乎有短期居住之感，從後來接繼石車住持金粟的費隱禪師，其所制定〈叢林兩序須知〉之「知客須知」、「監寺須知」可為之證明：

> 尼師女客到山，須安置女客堂，毋得混雜。（知客須知之一）
> 本處女客到山，宿食語言，應知照顧，但不得親厚。（監院須知之一）[46]

當尼師女客到來時，要別置於女客堂，不能混雜，而且「宿食語言」，要多加照顧，但不得親厚，顯然尼師女客到金粟時，可宿可食。即使像清規嚴整的袾宏雲棲寺，祇園、義公、一揆師徒都曾前往過，參加水陸法會等等。而義公在般若庵時，為了請來當地癱病的靈隱寺侍師打禪七，也有「女庵不便擅為」之念，便請來般若庵之所有權者董帷儒作公開透明之見證者，才能打禪七，於是「菴中分為兩堂打七，侍師不時進





**46** 費隱通容〈叢林兩序須知〉，《新纂卍續藏》冊 63，頁 669、672。

堂策勵」，[47] 在這次禪七，義公有了修行上的重大突破。另一位女禪師寶持也曾在老師繼起的道場靈巖山寺，結夏安居三個月，結夏是四月十五至七月十五，這三個月中僧侶於寺院內專心修持，解制後才能離開，所以寶持在靈巖山寺坐夏，起碼三個月的時間居住在此，想必應該也如金粟寺一樣，有「食宿語言」應照顧、不親厚，不得混雜的別置區隔。有時大叢林亦有分院小庵的存在，亦即在本寺周圍有小院小庵，或許這些分院便會用來安置來山的尼師女客。其他女禪師亦是如此來往參學，義公參石雨、繼起，一揆也曾參學牧雲、木陳、天岸、靈機等，寶持、祖揆到繼起處，子雍三上五臺等，她們在清規之嚴格與開通間的夾縫，努力實踐她們的生命深度，這不是把女人拒絕於佛寺之外，要她們獨自在家念佛參禪能達到的效果，因此沒有訂定極嚴格清規者的「法外開恩」，成就了這些女性禪師，也可能成就許多沒有在歷史留下姓名的女修行者。

而女性禪師之間的連結也在這當中出現，女禪道場也於焉展開，例如一揆曾受維極行致之請，到杭州雄聖禪院擔任結制之首座。也曾到南潯萬壽禪院叩謁常一老師，祖揆也曾到昆山靈峙寺為仁風禪師祝壽，維極、常一、仁風都是女性禪師，雄聖禪院、萬壽禪院與靈峙寺都是尼眾道場。而祇園等人她們所住持的道場，更是道道地地的女禪道場，一一展開弘化，讓女性能有自由自在來往修行的空間與師資，不必享受別置一區，不得混雜、不得親厚之處處設防。

## 三、比丘尼參學遠行之氛圍

在比丘尼戒裏，有出外不能獨行的戒律，須有道友相伴才行，根據《摩訶僧秖比丘尼戒本》云：

> 若比丘尼，無比丘尼伴行不得出聚落界，除餘時。餘時者，不欲病是名餘時。是法初罪僧伽婆尸沙。
>
> 若比丘尼，離比丘尼一夜宿，除餘時。餘時者，若病時、賊亂圍城時，是名餘時。是法初罪僧伽婆尸沙。……

47 《義公語錄》，頁 5 上。

若比丘尼，於船渡處獨渡河者，是法初罪僧伽婆尸沙。[48]

比丘尼沒有同伴不能離開聚落，除非生病。比丘尼不能單獨夜宿，除了病時、賊亂圍城之時，比丘尼渡船時也不能單獨渡河。總之應該是為了安全起見，需要有同伴道友同行才可以，否則即是犯戒。在雲棲寺建立嚴整清規的袾宏，其〈沙彌律儀要略〉是針對受比丘戒前之沙彌律儀，有〈參方第二十三〉：

遠行要假良朋〇古人心地未通，不遠千里求師。

附，年幼戒淺，未許遠行，如行，不得與不良之輩同行〇須為尋師訪道，決擇生死，不宜觀山翫水，惟圖遊歷廣遠，誇示於人〇所到之處，歇放行李，不得徑入殿堂，一人看行李，一人先進問訊，取常住進止，方可安頓行李入內。[49]

這些律儀為「近為比丘戒之階梯，遠為菩薩戒之根本」，所以會因「年幼戒淺」而採取較多的保護禁戒，所以在參方上，認為年幼戒淺，「未許遠行」，如行之，則要有良朋，並教導一些入他方道場之禮節。由此可看出，特立參方一項，重點在於參方遠行要有良朋，而非「未許遠行」上，沙彌都可如此，比丘參方自然沒有問題，故湛然《慨古錄》即使寫到參方之病，也認為有其存在必要：

……禁遊行者，古人以生死不明，遠涉江湖，參求知識，故有行腳之稱，今則不然，一以焚香為由，間踏州縣，訪探名山，似名行腳，去古實遠，然則習以成風，不能禁絕，凡欲遠遊於千里外者，必於本司批給執照，然後許其遠出，不爾則如私行論，如千里內者，但照牒而已，如叢林見行腳者至，必討執照并牒登簿，以便稽查，如無執照度牒者，不許容留，若人情苟納者，查出則私行私納，一并究罪，如欲共住，將牒呈納庫司，乃可，如欲起身，則查無過咎，付還度牒，如此則負罪逃匿者莫之能混，如此則比今之所謂禁遊食僧道并來歷不明者，何嘗萬一矣。[50]

湛然對於朝廷「禁遊行僧」的作法，頗有意見。他認為遊方是因為生死

48 法顯共覺賢譯《摩訶僧祇比丘尼戒本》，《大正藏》冊 11，頁 557 中。

49 袾宏《雲棲法彙》之〈沙彌律儀要略〉，《嘉興藏》冊 32，頁 593 上。

50 湛然《慨古錄》，《新纂卍續藏》冊 65，頁 369 上中。

大事未明，才要參求知識，遠涉江湖，雖然當時有些僧侶藉遊方之名，實則到處進香遊玩，與遊方參學之本意不合，但仍認為這是禪林的行腳傳統，不能禁絕，禁絕也沒有用，只能以稽查度牒等方式作有效之管理，一方面讓僧人仍有參學之實，一方面也能避免負罪逃匿者、來歷不明者混在其中，這是對於參學訪道在修行與防弊的兩全其美方式：不能禁絕，但有效管理。但如果是比丘尼遠行他方這個問題，他們不是沒有思考，就是以不同的方式來思考，袾宏於〈沙彌尼比丘尼戒錄要〉之列補有二條戒規與說明是這樣的：

> 不得招集婦女做會。
>
> 註：如正月十五、二月十九、四月八、臘月八，做會念佛等事，俱不可作，只靜守為妙。
>
> 不得普陀天台等處領眾燒香，及聚集婦女湖船等處做會。
>
> 註：尼僧守身，當比在家女人加倍謹慎，遠出他方，恐招譏謗，成群做會，或起風波，不可不戒。[51]

袾宏認為比丘尼之守身當比「在家女人加倍謹慎」，所以佛戒只曰要有同伴同行，他更進一步認為，做會念佛等事，都不可作，甚至遠出他方、成群做會，恐招譏謗、或起風波，亦都不可不戒。看來這些禁戒，完全只為不惹人譏謗非議，真可謂「設防保護」之至。這一方面顯示對清淨戒行的極盡嚴謹之要求，一方面亦透露當時比丘尼有領眾燒香、聚集婦女湖船做會的強盛活動力，而這些現象招來某些衛道人士「譏謗」，讓有心人士藉故起「風波」，使佛門人士分外擔憂，所以強烈要求比丘尼自我約束。反觀袾宏在雲棲規約對參學來僧，謹慎卻正常地誠心接待，是有所不同的。雖然「僧」字，不一定只指比丘，但前面所引湛然對遊方僧的處理方式，應該是以比丘為論說主體，根本沒有思考到比丘尼遊方的問題，即使談到了，其處理方式應該也與袾宏相去不遠。所以遊行僧，有弊端，不必禁絕，只要有效管理、慎重把關便可，而比丘尼遠出他方，會惹譏謗，亦可能有弊端，卻要不可不戒，靜守為妙，顯然對比丘、比丘尼的處理方式，有截然不同的處理。



---

**51**　袾宏《雲棲法彙》之〈沙彌尼比丘尼戒錄要〉，頁 594 下、595 下。

從祇園她們的語錄裏，也會看到與同參一起入室參問的狀況，但並非每次參問都有這樣的記載，沒有記載同伴並不見得就一定只有一人，所以到底每次都有同伴同行與否，實乃難以判斷，尤其是長途跋涉的季總與子雍，她們二人的語錄都無法顯現是否有道友同行，甚至張銖為季總語錄作序時還曰：「楚水吳山，雲蹤殆徧，單瓢隻杖，萍跡著奇」，[52] 這樣的文句是否能證明季總只有一人上路？也難確說。這麼長的一段路途，交通、食宿等等問題都非簡單之事，她們如何處理這些事呢？不得而知。但可以確定的是，她們都有「遠出他方」，也在弘法時，做了正月十五日之元宵、二月十九之觀音誕、四月八日之佛誕、臘月八日之臘八等上座開法、小參之會。





## 四、季總、子雍之借宿例子

倒是季總、子雍二人有幾則關乎參方訪道時的住宿之事特別值得注意，她們當時都已是比丘尼的身份，行止在外之住宿居處，除了是住持寺院外，季總曾向道友借靜室居住，[53] 也有居士欲築庵留居，[54] 她剛從南嶽下山，到武昌時還有「遭寓處失火，……漢口道俗請住普提菴」[55] 的經歷，並有一次向尼庵借宿，引此詩〈過高橋普度尼菴借宿〉見之：

> 踏破蒼苔訪舊蹤，新花嫩柳映海容，山光四顧寒煙暮，挂錫何妨聽曉鐘。[56]

應該是天色已晚，所以向尼庵借宿，雖然四顧寒煙，還可以掛錫聽曉鐘，心境頗為幽靜，想必尼庵有接納之，反觀子雍某次借宿掛單的經驗，就沒有這麼幸運了，她遇上被拒於門外的窘境，再引此詩見之〈參方，日晚投山寺不納感賦〉：

> 遠去參方甚是難，晚歸山寺莫安單，中宵露坐心同寂，萬里飄蓬味不酸，笑彼庸僧無具眼，錯看我輩當愚頑，清風明月荒郊□，

52 《季總語錄》張銖序，頁 442 下。

53 《季總語錄》卷四〈借靜室住冰禪人詩以贈之〉，頁 465 上。

54 《季總語錄》卷四〈檇李胡奉谿居士築菴留居作此以辭〉，頁 465 中。

55 《季總語錄》卷二〈行實〉，頁 454 上。

56 《季總語錄》卷四〈過高橋普度尼菴借宿〉，頁 467 上。

幽鳥啣花過竹關。[57]

子雍亦是時間太晚，想要投山寺掛單，卻不被收納，只好中宵露坐荒郊，身處清風明月，讓她發起「遠去參方甚是難」、「笑彼庸僧無具眼」之感慨。季總有標明是「尼庵」，子雍此處未標明是尼庵，「庸僧」二字亦無法確定是比丘或比丘尼，但時日已晚，想必也無法選擇，而且從北京迢沼千里而來，子雍應該不會沒有牒譜等身份證明，不過還是遭到拒絕，庸僧拒絕的理由為何呢？詩中只言「庸僧」視子雍為「愚頑」之輩，此「愚頑」是指比丘尼之女性身份？還是單純只是不想隨便收納陌生的僧人？詩中並未進一步點出。袾宏〈沙彌尼比丘尼戒錄要〉之列補有一條戒行是：

不得容留遠方比丘尼宿夜。

註：止可留飯，不可留宿，切宜守定此規，乃至本地尼僧年輕不誠篤者，亦不可留宿。[58]

這是指尼庵本身不得容留遠方比丘尼宿夜，即使本地年輕不誠篤之尼僧亦不可留宿。這樣的戒規本意在於使尼庵清淨，勿使閒雜人等任意打擾，避免混亂道場，但這對比丘尼之參學訪道甚為不利，比丘道場已不讓女人入佛寺了，勉強來個別置區隔，如果連尼庵亦不得留人宿夜，比丘尼如何能順利參學訪道呢？總之這段經驗頗令人玩味，亦反映出女性禪師參學遊方時的辛苦，也同時隱約透顯比丘尼在參學遊方上的困難性。

## 五、用雙腳走出靜守制約

雖然上文所舉袾宏之尼戒錄要、規約等等，其作法都採取極端避嫌的方式，一切以靜守為上，但袾宏在杭州雲棲寺領眾修行之清規嚴整是明末律學復興的一個實踐指標，聲譽卓著，不管是當世或後代都給予極大的讚賞佩服，即使祇園本人亦在圓寂前到雲棲寺修水陸儀文，「見蓮大師遺風不墜，戒律精嚴」，因而告誡弟子也要「嚴守戒律，行解相

57 《子雍語錄》卷一〈參方日晚投山寺不納感賦〉，頁 822 上。

58 袾宏《雲棲法彙》之〈沙彌尼比丘尼戒錄要〉，頁 594 下 -595 上。

應」，[59]不可空口白談，自誤誤人，一揆圓寂前，亦要弟子將「雲棲規約」刊之在板，分掛山門、佛殿、齋堂。另有智緣比丘尼，是一揆初參之師，住持南潯萬善庵三十幾年，以禪淨雙修教化，很得敬重，其規制也是悉依雲棲袾宏之法。[60]戒律清淨是修行的重要防護罩，是修行的腳踏實地處，祇園、一揆所重視者應該即是在此。清規嚴整是總約而言，但若從性別角度來對看，同樣是清規嚴整，對比丘、比丘尼的嚴整程度卻有所不同，一般而言，出家人要比俗人在自我要求上更為深刻嚴謹，所以當社會對女性行為規範要求得比男性更多時，勢必造成僧團內部對比丘尼的行為規範亦會要求得更多，而且以「靜守」為主，以為避嫌，就如袾宏所言「尼僧守身，當比在家女人加倍謹慎」，所以戒律規約上的性別差異，因嚴整之名，嚴整了女性、比丘尼之行為，也可能因此制約壓縮了女性之時空心靈，這對講求自覺覺他的修道不見得是個好的環境。而當時各各叢林執行之清規必然多端，或寬或嚴，有方便有制約，不會只以袾宏所定為惟一版本，否則如果確實依袾宏所定清規來實踐，可能無法產生祇園這七位女性禪師。

而與一般世俗女性相比，祇園等七位女性禪師為了尋求生命出路，勇敢走出她們的參學路、弘法路，尤其是季總與子雍，更是行到千里之外，乘舟陸路、上山下海，顯然擁有更多開拓空間的機會與勇氣，這應該是發奮修行所帶來的。

參學訪道入佛寺、弘法遊方處處行，這些對男性禪師來說再平常不過的修行方式，對女性禪師來說，存在著一定的不便與禁戒，許多清規禁革的思考基礎，都以比丘為主體，使得原本為設防男性心性脆弱的規約，卻反過來制約了女性。當這些制約特別嚴格起來而被鼓勵讚賞時，同時也代表所要制約的對象處於不被制約的狀態，當有些制約是針對性別而特別嚴格起來時，也同時代表所要制約的性別處於不被制約的狀態，它正在蠢動，正要奮起，正在活絡，或許正要走向毀滅，也或許正是朝向新生，所以最最重要的是，祇園等人她們用雙腳真實履踐出一條



59 《祇園語錄》卷下〈祇園行狀〉，頁 438 下。

60 周慶雲《南潯志》卷二十三〈方外〉、智緣，頁 238。

女性禪師的參學弘法之路，甚至毫不遜色於男性禪師之走江湖行腳，她們在制約與活絡的夾縫中走出自己，也拋離不良環境，修證開悟，弘化度眾，見證新生。

祇園師徒、寶持、祖揆之行履都集中於嘉興、蘇州等江浙一帶，而季總與子雍則較為廣泛，故特別以「季總、子雍訪道弘化路線圖」來呈現之。

## 圖十四　季總、子雍訪道弘化路線圖
## （虛線為子雍，實線為季總）

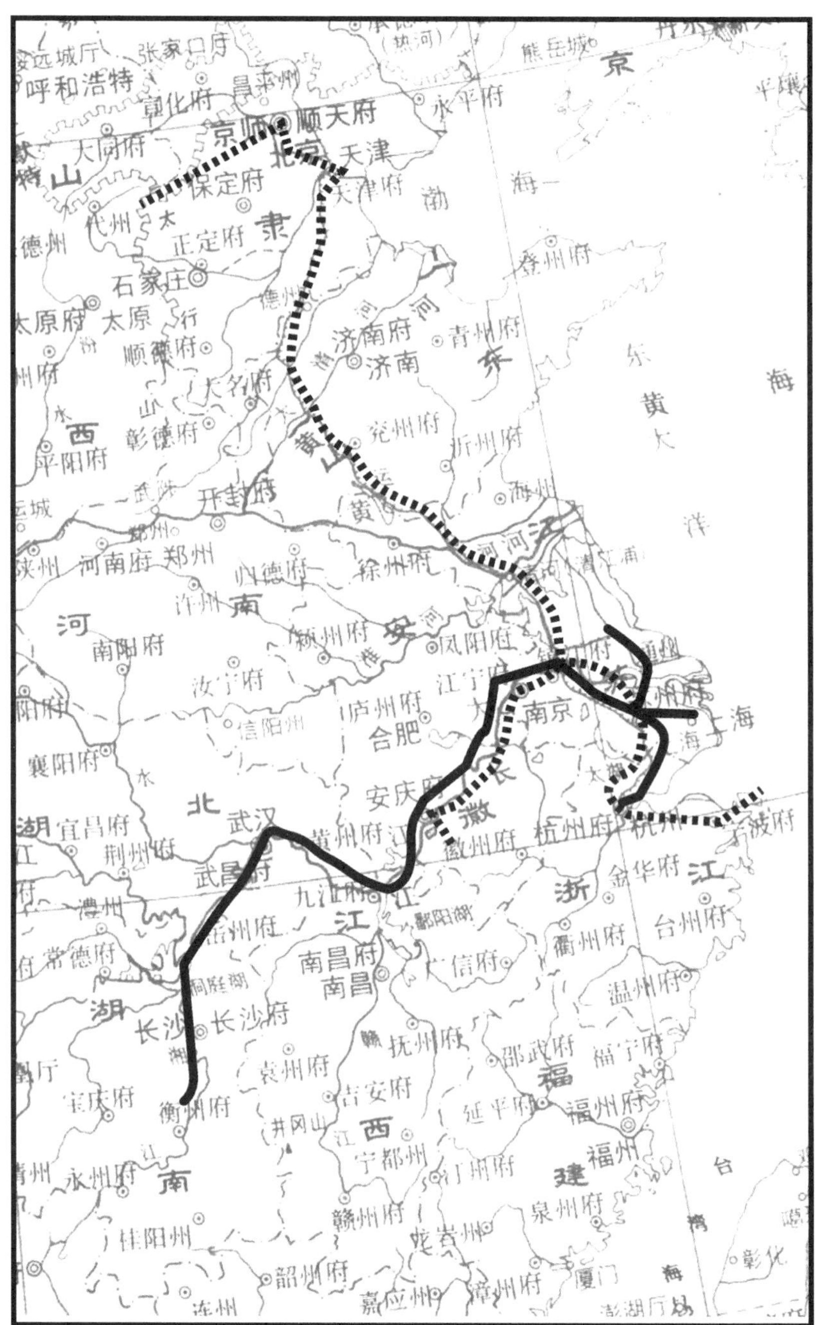

# 第三節　道場、信眾與弘法活動

對證悟者來說，自覺覺已，覺他之事，常常是為報師恩法乳與付囑，替眾生留下智慧火種，而女性禪師的覺他弘法，又別具性別上的意義，她們上堂開法之空間即是住持的道場，有了道場即代表說法度眾，對外開放，說法度眾即會產生宗教活動，宗教活動也是由信眾之參與。在個論時即以「宗教活動、道場空間、弟子信眾」架構論述，在此更以此架構配合時代與禪門相關因素，以女性視角切入來綜合觀察分析。

## 一、私庵毀興與敬守清規

有弘法空間來上堂開法，對女性禪師是很重要的指標。因為法在已身，可現可隱，一旦有人請法，至某道場空間，即是正式教化的開始。昔日之女禪師從總持下來，信相、末山、實際、慧光等等，常只見她們機鋒語句，亦有上堂說法度眾，卻未能呈現較完整之說法內容，祇園等七位女性禪師之語錄便能補實這樣的遺憾，語錄就是在呈現上堂開法之內容，這些內容就在她們住持的道場內表現出來，以這個道場空間為中心，形成宗教公開場所，信眾四方集來受法，亦可藉信眾之力，共建擴大道場。祇園等七位女性禪師所住持、上堂過的寺院道場，都於各分論詳細討論，在此便就道場清規及私庵性質予以討論。

### （一）七人住持之道場

祇園主要在嘉興梅里，義公則來往於嘉興梅里與南潯。一揆，主要也在嘉興。季總則以蘇州為主。寶持在嘉興、鹽官（亦屬嘉興府）。祖揆在太湖東山（屬蘇州）、嘉興。子雍，在北京與杭州。其具體庵院名稱列表如下：

**【伍七 -3】七位女性禪師之修行住持庵院表**

| 女禪師名 | 修行之庵院 | 住持之庵院 |
| --- | --- | --- |
| 祇園 | 胡庵 | 梅里伏獅禪院 |
| 義公 | 南潯般若庵 | 梅里伏獅禪院 |

| 女禪師名 | 修行之庵院 | 住持之庵院 |
|---|---|---|
| 一揆 | 梅里伏獅禪院 | 嘉興參同庵、梅里伏獅禪院、南潯般若庵 |
| 季總 | 南嶽山居茅舍 | 興化普度庵、當湖善護禪院、嘉興如如庵、嘉興國福禪院、太倉積慶庵、盛澤圓明寺、蘇州慧燈禪院 |
| 寶持 | — | 嘉興妙湛禪院、鹽官南詢禪院 |
| 祖揆 | 東山靈瑞庵 | 嘉興妙湛禪院 |
| 子雍 | — | 北京永安寺、洪恩寺、永壽寺、永慶禪院、涿州雨花庵、天津桃花寺、杭州吳山碧霞禪院 |





## （二）對戒行清規之重視

道場的管理，關乎戒行清規的防護，體認到戒律不興造成佛門各種亂象，明末清初時期有多位大師級的人物開始對戒律之學有所重整、著疏、實踐與提倡，如見月讀體（1602-1679）、雲棲袾宏、蕅益智旭（1599-1655）等，帶起了一股戒學復興的風氣。其中見月讀體就是專弘律學的大家，其所選輯的《傳戒正範》，成為明末以來叢林傳戒的重要典據之一。[61] 他在弘光元年（1645）建立《叢林十條規約》來律己律人，實踐於寶華山，被多所推崇。這十條規約中有一條是：

> 諸方叢林多安化主，廣給募疏，方丈讚美牢籠，執事訊勞趨敬，故今矜功欺眾，把持當家，大錯因果，退息檀信，今華山不安一化主，不散一緣簿，道糧任其自來，修行決不空腹。[62]

禪林中為了募款，對施主多所酬應，甚至造成「矜功欺眾、把持當家」而「大錯因果」，被利益、名聞利養所扭曲，造成僧人無法專心辦道修行，以道殉利。所以見月瀟脫地認為「道糧任其自來」，堅信「修行決不空腹」，而主張「不安一化主，不散一緣簿」，以杜絕這種扭曲。這樣的主張，同樣也出現在女性禪師祇園身上，她自順治四年（1647）來

---

61 釋果燈〈見月律師與明末清初之律學復興〉（三－五），《海潮音》雜誌 83 卷，第 10-12 期，（臺北：海潮音，2002 年 10-12 月）。

62 見月《一夢漫言》卷下。其與《安樂集》、《格言別錄》合刊（臺北：新文豐，1990 年），頁 57。

到伏獅禪院住持時：（師指祇園）

> 或又以常住錢穀為念，師遂引丹霞終身一布納，趙州所臥惟一折腳床，匾檐山餐橡栗過日，楊岐破屋不蔽風霜，清苦淡薄，元是衲子家風、祖先模範。昔芙蓉楷和尚終身不發疏簿，不請化主，我當效之。至今敬守清規、不立化主，皆先師作法之良也。[63]

祇園告訴弟子們，以丹霞、趙州、楊岐的清苦淡薄為範，要效法宋代芙蓉道楷（1043-1118）「終身不發疏簿、不請化主」的清淨行。[64] 所以弟子們也跟著謹遵這樣的清規。祇園的這種堅持，讓她在弘法上被形容為「法矩嚴肅」，才因此能於嘉興這個文化城鎮以女相服眾。[65] 也就如前所言，祇園在往生前，到雲棲寺見識到袾宏教團之戒律精嚴，甚有同感。

一揆則頗遵祇園之教，對於寺院管理以冷淡風規為核心，一向「素恥募化」，[66] 但因為時日混亂，屢遭歲欠，為了參同四五十人的資糧，陷入進退維谷之境，相當辛苦，語錄中還曾呈現一首〈華亭勉力行化口占一偈〉。[67] 平日在參同庵糾眾打七時，都「悉尊報恩規則，鉗錘甚嚴」，[68] 圓寂前也依其兄子麟之意，更以「雲棲規約」作為參同庵之清規。語錄裏還有一則〈禪堂規約〉序，提醒大眾要真參實證，[69] 可惜未把規約內容條列出來，否則就可以比對其規約與袾宏之規約是否有比丘、比丘尼道場之性別差異。

季總，也強調為僧須自勵，曰：「參禪不持戒，縱使廣智多聞，未免被八風所動，五欲所牽，何能超出三界，證大涅槃」，[70] 寫序的嚴大





63 《祇園語錄》卷下〈祇園行狀〉，頁 438 上。

64 芙蓉楷是宋朝道楷禪師，他在〈祇園正儀〉中談到：「……山僧行業無取，忝主山門，豈可坐費常住，頓忘先聖附囑，今者輒欲效古人，為住持體例，與諸人議定，更不下山，不赴齋、不發化主，……務要省緣，專一辨道……」。《新纂卍續藏經》冊 63，頁 166-167。

65 《祇園語錄》卷下〈祇園行狀〉，頁 438 上。

66 《一揆語錄》〈一揆行實〉，頁 17 上。

67 《一揆語錄》〈華亭勉力行化口占一偈〉，頁 12 下。

68 《一揆語錄》〈一揆行實〉，頁 16 下。

69 《一揆語錄》〈禪堂規約〉，頁 13 中。

70 《季總語錄》卷二〈新戒求開示〉，頁 449 下。

參云：「師律已凜如嚙雪，領眾肅若啣枚，毫無假借」。[71] 寶持之「情懷冷淡如秋水，門徑蕭條有白雲」、[72]「一笠荒邨，蕭然自寄」。[73] 祖揆之「把茆自立好生涯，銕鑄飯鐺一腳折」，[74] 寫序的行際亦言其：「大師善藏其用，退席閒居，嚴冷風規，足莊僧史」。[75] 子雍到江南參學訪道後也曰：「茲則競競業業，唯守暮鼓晨鐘，苦修實行」。[76] 她們重視戒行，也都自律清嚴，並如此教示門下弟子。

祇園、一揆等強調戒律精嚴、冷淡家風時，不知如何處理時人對女性修行者採取設防靜守之趨向？義公在祇園座下時，但亦前往杭州、蘇州等道場叢林參問，祇園另一位弟子一音，於祇園在世時，便在當湖善護庵上堂開法，一音還有幾次領眾到男性禪師費隱、百痴之道場請法的例子，顯然祇園並沒有限制她們，也沒有要求她們只是靜守為妙、戒之遠行，即使以嚴守戒律相誡於弟子，也是持「當今禪和見到者多，行到者少」，須「行解相應」、「不可口口談空，撥無因果」等原因 [77]，並非為了防譏毀、避風波。所以可以肯定的是，體認到戒律清規於比丘、比丘尼上的差異性，為女性找到最好的修行方式，並非就認為戒行嚴整不重要，相對的戒行是為了守護身心，幫助修行，所以相當重要，何況所謂戒行嚴整也不一定非用靜守的方式不可，祇園、一揆等人應該亦是體認到這一點，才在這些大師人物提倡清規、重整戒學的反省下，如法而行，也能活用之，讓比丘尼或女修行者能夠一樣擁有一般修行者的修行方式與內涵，不會因為性別因素而受到額外的限縮與制約。其實在女庵實行叢林清規，因為同為女性，可免除那些被設防的不便，反而可以正常運作，讓一同修行的女性，也能有良好的修行環境，一方面掌握參究悟道的核心，一方面共同維護戒行，得到外界的尊重。





---

71 《季總語錄》嚴大參序，頁 442 中。
72 《寶持語錄》卷下〈董庵西堂過訪〉，頁 709 下。
73 《寶持語錄》卷下〈示門下諸子〉，頁 713 中。
74 《岳華集》卷五〈述志〉，頁 758 上。
75 《祖揆妙湛錄》行際序，頁 715 中。
76 《子雍語錄》卷四〈行實〉，頁 831 中。
77 《祇園語錄》〈祇園行狀〉，頁 438 下。

### （三）與私庵之關係

祇園等女性禪師們修行住持的寺院，看來是以私庵性質居多，所以她們的道場與私庵之間的關係非常密切，其規模大多介於「庵」與「院」之間，所以語錄之用詞常是「庵」、「院」互有。

「庵」的本意，原指小型的隱居草屋茅舍，如有宗教性質，則是家庭祭祀，或是家族女眷的小型佛教修行處所，這些女眷又跟貞女節婦有關。而「庵」，也可以是指士人歸隱之處，也可以是某僧人獨創，或尼僧草創，所以不一定專指比丘尼道場，但因為大叢林都為比丘道場，因為女性身份的關係，許多女修行者、比丘尼不得不居於這種鄉里小型道場裏，所以「庵」便被冠上「尼」字，成了比丘尼修行處所之名稱，也因此與家族、私人關係較為密切，多為某家族或某個人所捐贈，他們有些還仍擁有庵院的所有權，撇開七位女禪師，周慶雲《南潯志》著錄「蓮界庵」者：

> 蓮界庵，在南柵蓮界衖，明陸充孚，字劍池，妻吳氏因無子，建觀音堂於祠墓之旁，為夫婦焚修之所，歿後葬庵南，延尼姑主之，供奉充孚夫婦神位，歲時祭享，其墓庵基賦稅，迄今歸陸氏公堂完納。[78]

蓮界庵，本為無子的陸充孚夫婦焚修之所，後來不知誰先亡，總之二人歿後就葬在庵南，並請比丘尼來主之，供奉夫婦神主，歲時祭祀，庵院稅賦由陸氏家族處理。這便是私庵的一種類型。而所謂「私」者，更指未在官府定額之內，沒有官方賜額等官方認定，所以大部分的地方志多不太願意著錄私庵，這也可以說明為何這七位女禪師的道場大部分都沒有著錄於方志，就目前查索有著錄者只有伏獅禪院（楊謙《梅里志》）、般若庵（周慶雲《南潯志》）。

祇園之胡庵即是典型的私人祠堂所形成的私庵，伏獅禪院之前身董庵，亦是董家捐贈作為家族女眷修行之用，義川之般若庵也是如此，一揆之參同庵是其兄出資所建，亦是這種取向，寶持之妙湛禪院，有稱「妙湛園」，應該亦是私庵性質，其南詢禪院以及祖揆之靈瑞庵，應該

78 周慶雲《南潯志》卷十五〈寺觀四〉、「蓮界庵」，頁 163。

亦是私庵。這些私庵，有些經過女性禪師之住持後，才漸漸脫卻私家庵院的痕跡，就如祇園將董庵之「董」改為「伏獅」，「庵」也因她規模變大成為「院」，董庵變成伏獅禪院，也代表要從私人庵堂要轉成十方道場。

在這七位女性禪師當中，惟有在北京的子雍，似乎比較可能避開與私庵為伍的命運，她在天子腳下，又有許多官宦信眾，其所住持之永壽、永慶禪院應該不會是私庵吧？！她到南方來，於杭州碧霞禪院開法，有二十八位官宦仕紳署名敦請，碧霞應該也非私庵吧？！也被仕紳聯名敦請的，還有季總到蘇州慧燈禪院住持時，是由葉紹顒領銜的三十位居士，葉紹顒當時已隱居蘇州，這份名單有許多遺民身份者，亦有一些初入官場者，頗難判斷私庵與否。其他季總在江南出入的寺院應該亦有私庵，而季總未出家前在家中閉關修行，並未明言設為私庵，出家後到南嶽山居，應該就屬於私庵性質，甚至是比私庵還更私庵了。





## （四）在禁毀與蓬勃之間弘法

這些私創之小庵小院，在明朝中後期非常繁盛，但是卻是官府、士人的眼中釘，命運多舛。在嘉靖六年、十六年、二十二年官方為了所謂有違風化，易引亂端，多次命令將比丘尼發回改嫁，庵寺拆毀變賣的幾次禁毀尼庵行動，萬曆三十三、三十四年在江南亦曾捉拿諸尼。明世宗嘉靖六年，禮部尚書方獻夫等人奏准，命令將比丘尼發回改嫁，庵寺拆毀變賣。嘉靖二十二年又再重申勒令禁革比丘尼。[79] 其中，在嘉靖十六年（1537 年），有南京禮部尚書霍韜，積極推行禁毀私創尼寺或變相尼寺，並命令比丘尼還俗。當時他查察了南京內外私創尼寺六十八所，假借土地祠堂，其實窩藏尼姑而有與人奸淫之事的變相尼寺就有七十一所，五十歲以的比丘尼有二百三十八名，五十以下的有二百一十名。官

79 邱仲麟〈論明世宗禁尼寺——社會史角度的觀察〉，淡江大學歷史系編《中國政治、宗教與文化關係國際學術研討會論文集》（臺北：淡江大學歷史系，1994 年），頁 305-309。又簡瑞瑤《明代婦女佛教信仰與社會規範》第二章〈統治階層的宗教管理措施與民間社會的宗教規範〉，曾整理明代歷朝帝王官僚對婦女佛教信仰之管制成表格。（臺北：稻鄉，2007 年），頁 22-27。

吏家屬妻女入庵的有三十三名，合計近五百人。[80] 他命令將這些尼寺廢除：

……查先年奉旨，僧徒化正還俗，伏睹聖上德意，蓋厚倫理，敦風化首務也，所司全不奉行，至今庵院如故。……各庵銅像，該城收送工部銷毀，以備鑄別用，具數呈部查考，其供佛物器，及各家前後捨施財物，盡聽尼僧各自均分。庵院地基田土，盡數報部，召人承賣取價，均給尼僧還俗，以資養贍。各尼年五十以下俱令出嫁，五十以上不願嫁者，著親屬領回，相依居住。敢有容匿尼僧，漏報庵院，先將地方人等拿問。尼僧聽令一月內歸還本家，該得財物地基田土價銀，聽赴部告領。[81]

由此顯示，之前就有要僧人還俗的命令，但是執行不力。現在由霍韜再次執行，而且針對比丘尼，他要求將庵院所有財產向官府報備，再均分給比丘尼讓他們作為還俗生活之用。並要五十歲以下的比丘尼各自找良家婚配，五十歲以上的如無法婚配的就要依親去，如無親可依可以安排入養濟院安養。而且：

……土地祠原有佛像、窩住尼姑者，俱合折毀，改作社壇，或作社學。……合先示諭各尼，年五十以上不能配人者，聽各依親居住，無親可依者赴部報名，送養濟院存恤。五十以下聽自擇配，為良人妻妾，如三個月後不肯擇配及無人肯取者，發為軍妻，庶幾情法兩盡，而人無怨悔。……再照指揮等官家屬妻女投為尼姑，及侯、伯、士夫之家窩宿尼姑，皆干礙法例，且玷行檢。各尼有系職官親屬，及系勛戚、侯、伯、士夫家庇護者，地方人等登門禮勸。各官自行分付各尼尚早還俗，依親居住，為地方表率，毋恃勢撓法，以壞聖上德化，敢有隱匿尼、庵，被人首出，該城地方官秦、領右人等通行參治。[82]

強制將有比丘尼居住的祠堂改為社壇或社學，如果五十歲以下者三月後

80 霍韜《霍文敏公全集》卷九下〈南京禮部公行〉。清同治刻本。參考轉引自何孝榮《明代南京寺院研究》，頁 123 ～ 125（北京：中國社科 2000 年）。以下運用到《霍文敏公全集》之資料皆轉引自此書，其於霍韜在南京毀禁尼寺之事有詳細之論。

81 霍韜《霍文敏公全集》卷九下〈南京禮部公行〉。清同治刻本。

82 霍韜《霍文敏公全集》卷九下〈南京禮部公行〉。清同治刻本。

都還無法婚配，就可能要將之配給軍人。如果貴族、士大夫眷屬有為尼者、或窩藏庇護比丘尼者，要自己自首，起先會加以勸告，之後就要治罪。對於官家、士大夫的女眷為尼者，「窩宿」於侯伯、士夫家者，也都是「于礙法例，且玷行檢」，要登門勸請還俗云云。

這次禁毀尼庵的政策，沈德符《萬曆野獲編》也曾提到：

> 丁亥（明嘉靖六年）后又十年，而霍文敏韜為南禮卿，首逐尼僧，禁毀其庵，金陵一片地頓爾清淨。……霍去，而尼復集，庵復興，更倍往日矣。[83]





可以想見當時私自創庵、私自為尼的頗多，所以引起朝廷關切，大規模地毀禁之。但是等到霍韜離職後，尼又再來集，庵又再復起，而且比以往更加倍。顧起元（1565-1658）完成於萬曆四十五年（1617）左右之《客座贅語》亦談及：

> 嘉靖問，霍文敏公為南大宗伯，檄毀城內外諸淫祠，一時尼菴之拆毀者亡算，顧當時祇行汰除，而不計尼之亡所歸者，是以久而漸復營建，至今日而私刱者，閭閈間且比比矣。[84]

在霍韜禁毀之下，當時南京許多尼菴拆毀無數，尼無所歸，所以不久後又漸復營建，到此時，私創尼庵在鄉里間比比皆是。另一方面，《比丘尼傳》亦從比丘尼的立場來記載當時住在南京法華庵的覺清比丘尼所遭遇的狀況：

> ……庵小而貧，清日種植園蔬，自食其力。嘉靖中，有湛甘泉霍渭崖者，不信三寶，蔑視僧尼，命士卒拆毀庵觀，破損佛像，境內大小伽藍，皆不能免。清知厄運當前，無法挽回，乃率徒眾遠避。[85]

禁毀尼庵的政策使得「金陵一片地頓爾清淨」，這代表著一般士大夫的看法，而對於佛教中人而言，則是「厄運當前」、「境內大小伽藍，皆

---

83 沈德符《萬曆野穫編》卷二十七〈毀黃姑寺〉，《筆記小說大觀》‧15 編‧冊 6。（臺北：新興書局，1977 年）

84 顧起元《客座贅語》卷二〈尼菴〉，《歷代史料筆記叢刊》元明史料筆記（北京：中華書局，1997 年），頁 68。

85 釋震華《續比丘尼傳》卷三，頁 53。

不能免」，面對官方強力作為，大家無能為力，又不想被迫還俗，只好「率徒眾遠避」。

當時官方禁毀尼寺的原因為何呢？霍韜曾在〈正風俗疏〉中談到：

> 男女有別，古之制也，尼僧內無夫家，上無父母，下無嗣育，不亦可憫乎？名為修行，實則敗倫，自污己身，復污人妻女，不亦可惡乎？聖天子在上，拳拳化正僧徒，所以明人倫。南都尼僧之弊如此，何以奉揚聖化乎？[86]

原因有二：一者以儒家人倫之理來說，而憐憫他們無父母可依、無夫可依靠，無後代子孫可養育承繼。二者以敗壞社會風俗來說，當時或有假名之事，或是男子假扮為尼在尼庵誘騙婦女，或是讓惡少有可乘之機，專在尼庵誘婦女通姦等等，所以有些尼庵就淪為淫亂之溫床，因此要加以廢除。這一方面顯示將家族倫理對女性的價值觀，強加在比丘尼身上，只是包上憐憫的外衣；一方面是對「三姑六婆」之一的比丘尼、尼庵感到極度的不信任。在《明會典》記載的僧尼政策，亦有很多禁止僧尼私自剃度、私創尼庵，甚至不容許婦女出入寺庵、對犯姦不法者嚴加重罪者，[87] 到了清代也依然有多次申明禁止女性入佛寺的政策。

如此被官府視為嚴重風化問題的私創尼庵、比丘尼，在許多明清的話本筆記小說亦多呈現淫亂的形象。而清初康熙五十年也對這種小庵院有緊縮之禁令，並嚴厲執行，據倪師孟等纂《吳江縣志》卷十一〈寺觀〉所云：

> 按明初小寺觀院庵歸併叢林，乃歸併其僧道於叢林，令不敢為非，且得盡毀，改小寺觀院庵以為里社壇也，此固洪武中善政之一，永樂以後，又屢禁創建，顧有司奉行不力，僧道散處小寺觀院庵者仍多，而私自創建者亦不少。本朝無歸併法，而私自創建之禁較明加嚴，會典所載歷歷可據。康熙五十年 諭曰：「直省創建寺廟多占據百姓田廬，既成之後，愚民又為僧道日用，湊集銀錢購買田地，以致民田漸少，且遊民充為僧道，窩藏逃亡罪

86 霍韜《霍文敏公全集》卷四上〈正風俗疏〉。

87 《唐會要、五代會要、明書、明會典選輯》中《明書》卷 104〈僧道〉。藍吉富主編《大藏補編》冊 17（臺北：華宇，1985 年）。

犯，行事不法，實擾亂地方，向原行禁止，因日久漸馳，著各督撫及地方官，除原有寺廟外，其創建增造，永行禁止。」大哉王言，尤足令人凜然也。[88]

明初，將一些小寺觀院庵歸併入叢林，並改小寺觀院庵為里中社壇，永樂以後，又屢禁建，但卻奉行不力，「小寺觀院庵者仍多，私自創建者亦不少」，到清朝，對禁止私自創建這些小庵小院的政策較明代更嚴，康熙五十年有諭旨：因為建設寺廟使民田減少，增加遊民之窩藏與不法，以前的禁令已漸馳，故要重新嚴格執行。這是除了風化、治安問題外，還有經濟的問題。



私庵、尼庵造成的風俗、治安、經濟等等問題，必然不是空穴來風，一些胡作非為者藉私庵為所欲為，對在私庵、尼庵正當修行的修行者來說，應該頗為困擾，因為他們要一起承擔這項污名，再加上私庵受惠於私人家族，同時也會受制於此，如果家族成員或有變遷或對宗教態度轉變等等因素，也會讓修行者受到很大的影響。祇園圓寂後，義公與一揆在伏獅遇到「人情皆變」、「受盡委曲」的困擾，使得法門蕭條，無以為繼，即或與伏獅為私庵有關。

由於女修行者沒有大叢林道場可依止，而所謂清規嚴整的大叢林又都嚴防女性，更使得女修行者沒有良好的宗教空間與師資可憑，所以不管良莠皆只能限縮於私創庵堂，而私庵中的尼庵又被懷疑是違反風化之溫床，所以禁毀之私庵有很大比例是尼庵，更何況還有針對尼庵而來的，然而，藏污納垢的尼庵需要有所制裁，但清淨修行的尼庵，卻因這一竿子的禁絕，也被打翻了，她們賴以靜修行道的地方同時得被懷疑與禁毀。

明末清初這些對私庵尼庵的禁毀，與顧起元所言：毀了又復建，甚至比以往加倍的情況，呈現出時嚴禁時蓬勃，屢屢禁絕，卻禁之不絕，就蓬勃面來看，既然出家，就要離俗居住之道場，這是基本的需求，再加上大量的貞女節婦，她們多有長齋禮佛以度終生之願，也需要一個清淨之地，可以或住或來往，甚至一般婦女也有這樣的需求，在禮教之

**88** 倪師孟、沈彤《吳江縣志》卷十一〈寺觀〉之「後記」。《中國地方志集成》、江蘇府縣志輯、冊 19，（江蘇：江蘇古籍、上海書店，1991 年），頁 419。

下，尼庵就是很適當的場所，比丘尼與女修行者可以在這裏有個安頓之處，這是自然需求的發展。就被禁毀面來看，尼庵受官府、士人的極度不信任、不認同、懷疑譏毀，視為違亂風化的溫床，終至毀之而後快。

而比丘尼與尼庵亦受到雙重的壓力，在佛教內部，為免影響比丘修行，對她們作某些排斥性的設防，為免受譏毀起風波，被要求靜守於尼庵而不出；在世俗世間，視她們為三姑六婆，卻還俗之，尼庵更是違害風化之場所，欲毀禁之，再加上私庵性質的不確定性，更讓她們的修行環境不得不謂之內外交迫。然而，內外交迫雖然是個主調，實際發展的現象，似乎是在制約與開通、禁毀與蓬勃之間參差擺盪，有些苟延殘喘之處，更有些間歇裂縫源源不絕而出。

這就是祇園等人修行弘法時所面對的道場狀況，她們在嚴禁與蓬勃之間參差擺盪的私設尼庵中修行，並以自身修證贏得眾信，住持開法，並得以漸次擴大規模，形成女禪道場。沒有私創的尼庵，她們的修行空間幾乎無處可去，弘法教化也無處發輝，也沒有女禪師可言，更無法提供女修行者一個良好的修行空間。同時也呈現女修行者尤其是比丘尼，沒有大叢林道場可收納安居，可住持開法的現象。

## 二、弟子信眾之性別與秀士皈求剃染

### （一）信眾交遊之僧俗性別

這七位女性禪師之弟子信眾呈現於語錄者，有出家比丘尼弟子、女居士弟子，亦多有士大夫階層的男居士，也有不少不知名亦不知性別僧俗的禪人、道人隨學問道。以比較明顯的以祇園為例，除了比丘尼弟子外，女居士也是其入門弟子，而且有法名，男居士亦有求法、設齋請上堂等，人數並不亞於女居士，但未見有法名者，另外也有闔家皈依為弟子者。此闔家是否包括男性？不得而知，所以到底男居士是否有成為弟子者？無法確定。

另外，在上堂說法是常有「僧參問」之記載，有些還同時有「尼」來參問等字眼，「僧」與「尼」對舉，「僧」應該即是比丘了，所以比丘來女性禪師道場參問的情形，應該所在多有。而與她們來往的禪門師友，亦多有比丘之出現。

所以總約而言，成為入門弟子者以比丘尼、女居士為主（只有出現一個例外，下面論之），但外圍之男居士、比丘之問法亦頗常見，尤其是男居士，在語錄裏有時還比女居士人數多，而為數不少的道人禪人，應該是隨學的女修行者。

## （二）信眾交遊之類型區域

祇園之信眾以梅里、海鹽為主。女居士多有法名，雖有闔家為信眾者，男居士殷勤問法，但卻未見男居士有法名的。嗣法弟子有七人。





義公，呈現出來的信眾甚少。

一揆，則是以嘉興一帶人士為主，禪門師友同道之來往特別熱絡。而且同住參同庵之弟子就有四五十人之多，這些人的名諱都無法得知。嗣法弟子有四位。

季總，有不少禪門師友之來往，居士與其夫人亦不少，皆以蘇州之士大夫群為主，亦有一群某道人禪人隨學。出家弟子不明確。

寶持與祖揆，顯示出一些似同參似弟子的某道人者，尤其祖揆特別多，她與其他女禪師、尼師之交往也能顯現出來。惟男女居士群卻出現得不多。

子雍，最有特色的是擁有宮中貴婦之信眾，包括今上公主。男居士多為官宦者，其中還與皇上、公主有所交涉。

比較起來，祇園在嘉興形成的、季總在蘇州形成的女禪效果，其攝受士大夫信眾的能力最為明顯。義公、一揆承師之力卻只能漸衰而微。寶持與祖揆雖有上堂說法，但似乎集中於修行人彼此之間的互動。子雍未在江南文風熾盛之土上，其信眾在北方落於官方，到江南則成了「蜻蜓點水」，雖然其「點水」亦是重量級的。

士大夫的支持對祇園等女性禪師甚為重要，從她們語錄序言多由這些士人居士所寫，便可知之，《祇園語錄》有朱茂時、吳鑄二人之序，義公、一揆者，分別由高以永、施博寫序，季總，更是譚貞默、嚴大參、葉紹顒等人所寫，祖揆為張大圓、李模所寫，他們都是頗有名望的士人居士，或受學於她們座下，或心折於她們的修證教化，都曾參與女禪師們的教化活動，請上座參問等等，而這些居士的顯揚讚歎，對女禪師們的名聲傳揚，必然有所幫助，語錄之出版入藏也應該或多或少受此助力。然而，當萬曆年間，顧起元《客座贅語》談到霍韜禁毀尼庵後，尼庵又再復建，所以他建議對尼庵、比丘尼要列冊掌握，「申飭厲禁，無使滋蔓」，並曰：「至於講經說法，男女混殽，晝夜叢沓，尤當禁戢」，[89] 如果果真這樣規定而執行，祇園等人就不會有男居士信眾的支持，也就無法得其助力，無法讓弘法功能擴大，她們自己在參學時，也無法就學於男性道場，也就無得修行開悟。





### （三）女居士弟子的現象

論祇園之弟子信眾時，曾談及一個現象，即在女性禪師語錄中呈現的女性，如果能知其來歷者，都因她們的丈夫或兒子留名於史志之故，而她們的來歷也只限於當她們是賢母節婦時才會了知，否則也無法得知，是知是某人之妻之母而已。

有些女性禪師語錄內的人物，留名的男居士還比女居士多，例如祇園，但比起其他男性禪師語錄之人物，其女居士出現的比例是比較高的。而且男居士會與其妻或母（夫婦、母子）一起出現，甚至有闔家成為信眾的情況，雖然無法明確得知是女居士帶領來的，還是男居士，但可以發現，學佛之男居士，其家族女眷會來皈依女性禪師，而其本身則另外皈依男性禪師，雖然男居士亦會前來問法、設齋等等，但在所謂皈依入門弟子上，會形成男女禪師分工的現象。換言之，在男女設防的傳統環境下，女性禪師之存在讓女修行者多了一種較適當、友善、貼切之環境與師友的選擇，以符合社會男女之防的道德觀念。[90]

亦有獨自出現的男居士，由此更可以顯現女性禪師在弘化交遊上的

89 顧起元《客座贅語》卷二〈尼菴〉，頁 68。

90 陳玉女〈明代婦女信佛的社會禁制與自主空間〉（上）、（下），談及婦女從事各項宗教活動，受到社會男女之防之疑猜與禁制，所以採取只以比丘尼來往的自我約束，所謂：「婦女借助女尼以滿足宗教及心理上的需求，女尼則成為閨中婦女探知社會消息的重要媒介，是防範婦女直接觸犯社會規範的一道保護層」。《成大歷史學報》第二十九、三十號（臺南：成功大學歷史學系，2005 年 6 月及 2006 年 6 月），頁 121-164、43-90。

活躍與廣度，不因性別而拘限，這以祇園、季總為典型。

獨自出現的女居士亦有，但都無法得知其來歷，這些女居士應該還包括無數不少以法名稱呼的道人、禪人在內，雖然無法確認其性別，但極為可能是女修行者。

### （四）秀士皈求剃染

特別令人注目的是，就戒律而言，比丘尼不能收受男子為剃度弟子，亦即不能有比丘弟子，而這些女性禪師是否有比丘弟子？從語錄中看不出這樣的跡象，惟有一個例外，出現在子雍身上，有某位南方秀士進堂相見參問，在子雍「母子又相逢」機鋒後，秀士深信折伏，「隨即皈求剃染」，[91] 不知後來子雍果然有為其剃度乎？如果果然子雍收受其為剃度弟子，便成為比丘弟子了！

當石車授祇園代表法脈之如意時，「諸方禪侶，無不疑駭」，到文薈萃的伏獅弘法時，便有人認為「恐此鎮難以行化」，這些都是因為祇園是女性的關係，祇園遇到這樣的問題，其他女禪師應該也難以避免，甚至祖揆還以機鋒銳利，善勝這類挑戰為著名。談這個問題，不禁讓人想到湛然（1561-1626），在萬曆三十五年所撰《慨古錄》對明末佛教衰微之痛心揭露：

> 昔者摩訶波若波提乃佛之姨母也，欲求出家，佛不之許，姨即轉——阿難，阿難為請，佛云：女人出家減我正法千年，阿難曰：蠢動含靈皆有佛性，豈女人獨無耶，如其有之，云何不令出家？外道聞之，以為佛心不普，如是啟請再四，佛告阿難：若彼女人能將我八敬法者，乃可出家，否則不可。八敬法者：百歲比丘尼見二十歲新戒比丘，應承迎禮拜，二十歲新戒比丘見百歲比丘尼不應承迎禮拜，百歲比丘尼見二十歲新戒，應脩供養，二十歲新戒比丘見百歲比丘尼不應脩供，乃至說過等亦如是，阿難領旨，教誡波若波提，波若波提願脩敬法，佛云：猶減正法五年。
>
> 今也，沙門多有傍女人住者，或有拜女人為師者，或女人為上

91 《子雍語錄》卷一〈系三日後〉，頁 821 中。

輩，公然受沙門禮，而漫不知為非者，所謂滅正法者，不其然乎？……[92]

湛然此處指出當時沙門多有「傍女人住者」、「拜女人為師者」，並有女人為上輩，公然受沙門禮敬等違反八敬法之情形，卻不知其為非。依其前後文來推斷，此處的女人應是指向比丘尼，即使指的是俗世女性，也無法排除比丘尼。這是湛然在佛教叢林中的觀察，基本上已經可以去除儒家倫理觀念來看比丘尼，但卻也無法不落以男性為中心的論點。這牽涉到佛陀當年允許女性出家的情況：佛陀本來不答應女性出家，因弟子阿難相求才應允，但要求比丘尼多守戒律，並遵行八敬法，其中有比丘不可禮拜比丘尼等規定，即使戒臘較高的比丘尼也要禮拜比他戒臘輕的比丘，並因此產生女性出家將造成正法減一千年的說法。所以湛然以此來批判，所謂「滅正法者，不其然乎」？觀之湛然寫此批判的時間，那時祇園都還沒開始修行！此時即有沙門拜女人為師者等情形，顯然真是個大解構的時代，也是一個提供各種可能性的時代。想來，除了子雍這個例子之外，祇園她們算不上驚世駭俗的女禪者，甚至連改革者都稱不上，而且還相當謹守僧人本份，以清規戒行自律並戒律弟子，尤其祇園更有這樣的特質，她們只是單純地、直截地以證悟來接引學人，以平等教化女性，擴清女性迷障，並以自身修證來擴清對女性有下劣想的男性，若僧若俗慕名而來，承其教化而去，如此而已。對拜女人為師有異議者，往往搬出戒律，是擔憂正法淪喪之深心，亦是佛陀設戒形成聖言量所致，他們擔憂整體戒律不受重視已有所不及了，女性的問題只是其中一環，於是隨順世俗以封閉制約的方式來處理，根本無法從佛陀設戒之時代背景、佛法核心來思考，這是無法跳脫當代思考邏輯的宿命，也是無法拓清佛陀設戒之本懷，而後者在今日尚且無法得到普遍理解，何況在當時。然而子雍與南方秀士那段精彩的機鋒對話，與高潮迭起的結局，讓人靈光一亮，想對那個時代的某種特質以及包括祇園在內的七位女性禪師表達敬意。



**92** 湛然圓澄《慨古錄》，《新纂卍續藏經》冊 65，頁 373 上。

## 三、弘法活動與男性禪師無異

祇園等人從語錄顯現出來的宗教活動，跟男性禪師語錄所呈現的並無二致，舉凡上堂陞座、小參、晚參、示眾、機緣、偈語、示法語，以及拈古、頌古、詩偈、題贊等等文學類型皆有。

有時單純曰上堂，有時則有：夏日、請對靈、設齋、中秋、施主、臘八日、因雪、歲旦、閱懺、完懺、燈節、誕辰設齋會、到村庵、大士誕日某剃度、春日期滿、安居、道舊相訪等等各種上堂。

由此亦可看出她們亦有夏天之結制、解制（夏安居），冬天之開爐、解制（冬安居），亦舉行禪七、精進期，除夜、歲旦亦仍上堂小參地教化用功，在許多節日亦或上堂或小參，例如元旦、元宵、端午、浴佛、中秋、觀音誕辰、成道日、立春、冬至、甚至還有祈雨小參、月夜小參、深秋小參、病起小參、送竈上堂等等。並有超薦、慶誕之請上堂，亦有佛事：掛鐘板、請佛像、起龕、封龕、舉火、入塔、起棺等等。並不時得有人機緣參問，純然是一片禪門教化風光，與男性禪師無有差異。





## 第四節　以修行實踐走出性別制約

由祇園等七位女性禪師之出家、參學、師承來看，在出家背景上，論及節婦與出家、比丘尼的關係，體現出如果有婚姻狀態，她們多為寡婦出家，與男性禪師常是棄室出家不同。還特別看到祇園、一揆盡歸婆家、娘家之資產，空手出家心志。進而觀察到士人在史冊著錄上無法正面看待比丘尼，並特別舉揚婦女「不佞佛」、「不入佛寺」為德性見識。在師承法脈上，她們都來自密雲一系，展現出密雲門下之開放風氣。從她們的參學訪道，論及當時寺院面對女修行者的戒防氛圍，為免社會譏毀，亦對比丘尼參學遠方之「靜守為妙」、「不可不戒」的告誡，並從季總、子雍二人的例子，窺見其借宿寺院之辛苦，更重要的是她們七位都以雙腳穿越種種制約，成功得完成參學之路。

在修悟之後，由道場、信眾與活動來看，從她們的道場與私庵關係密切，論及當時官方、士人禁毀尼庵等等非常極端不友善之作法與看法，體現出私庵、尼庵蓬勃的生命力，而她們在蓬勃與禁毀之中，建立道場，也要求敬守清規，走出自己的弘法之路。她們的信眾性別、類型、區域，除了明顯地女性弟子（比丘尼、女居士）外，也論及比丘尼收受男性弟子的狀況，尤其是比丘弟子的問題，並由子雍一例，透露出有「秀士皈求剃染」。而女禪師們經常受僧人、男居士之機鋒參問，士大夫之男居士在弘法上也展現出對她們極大的幫助。至於她們的宗教活動，與一般男性禪師無異，諸如夏安居、冬安居、上堂小參等，非常豐富也很嚴謹。

如果婦女不佞佛之舉揚非常成功，如果婦女不能出入佛寺執行得非常徹底，如果比丘尼戒止參學遠方，靜守為妙，為禪門一律遵行，如果私庵尼庵之禁毀，持續認真執行，如果講經說法都沒有男女混雜，如果拜女人為師，是這麼行不得與痛心疾首，那麼，祇園這些女性禪師或許就不會出家，也無法遠方參學，無法於大叢林參究居止，更無法於小庵小院清淨修行，更無法有道場弘法，也無法有男居士信眾可以為之寫序留名，也無法悄悄地看到竟然有秀士膽敢拜女人為師，於是祇園等七位女性禪師就不會出現，也無法出現，而這些狀況對男性來說，卻沒有多大影響，但是更重要的是，這些極端現象並沒有發生。

雖然有這些種種設防與禁錮，但祇園等女性禪師走出心靈的禁錮，也走出世間的設防，走出灰暗，實踐出生命的自主，也自主地以嚴謹的清淨戒行自持教化。

女佛陀01

# 七優曇華

明末清初的女性禪師 上

**Senen Udumbara :**

**Female Zen Masters In The Ming-qing Transitional Period**

作　　者　蘇美文
執行編輯　莊涵甄
美術編輯　張育甄
出　　版　全佛文化事業有限公司
永久信箱：台北郵政26-341號信箱
訂購專線：（02）2913-2199
傳真專線：（02）2913-3693
發行專線：（02）2219-0898
匯款帳號：3199717004240 合作金庫銀行大坪林分行
戶名：全佛文化事業有限公司
E-mail：buddhall@ms7.hinet.net
http://www.buddhall.com
門　　市　新北市新店區民權路95號4樓之1（江陵金融大樓）
門市專線：（02）2219-8189
行銷代理　紅螞蟻圖書有限公司
台北市內湖區舊宗路二段121巷19號（紅螞蟻資訊大樓）
電話：（02）2795-3656　　傳真：（02）2795-4100
初　　版　2014年03月
I S B N　978-986-6936-75-3(上冊)
軟皮精裝定價　新台幣580元

國家圖書館出版品預行編目資料

七優曇華:明末清初的女性禪師 / 蘇美文著-
初版. -- 新北市 : 全佛文化, 2014.03 冊 ; 公分.
ISBN 978-986-6936-75-3(上冊:軟皮精裝)
ISBN 978-986-6936-76-0(下冊:軟皮精裝)
1.禪宗 2.佛教傳記 3.佛教說法
226.69　　　　102004328

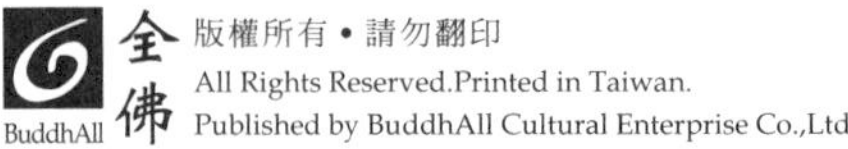



Published by BuddhAll Cultural Enterprise Co.,Ltd.